collection tempus

Jean-Chr

LOUIS XVI

II. 1786-1793

PERRIN
www.editions-perrin.fr

© Perrin, 2005
et 2010 pour la présente édition
ISBN : 978-2-262-03431-3

tempus est une collection des éditions Perrin.

LOUIS XVI

Pour en savoir plus
sur les Éditions Perrin
(catalogue, auteurs, titres,
extraits, salons, actualité…),
vous pouvez consulter notre site internet :
www.editions-perrin.fr

1

La Révolution royale

Le voyage de Cherbourg

La cinglante défaite de La Hougue sous Louis XIV, la descente des Anglais dans le Cotentin pendant la guerre de Sept Ans puis plus récemment le conflit des Amériques avaient souligné le grave inconvénient pour la France de ne pas posséder de port naturel servant de refuge et de base opérationnelle dans la Manche, contrairement à la côte sud de l'Angleterre qui en regorgeait. Pas plus Dunkerque, toujours menacé d'ensablement, que Le Havre, trop petit pour abriter des escadres, n'étaient capables d'y suppléer. C'est cette lacune que voulut combler Louis XVI en décidant de construire à l'extrémité du Cotentin, en avant de la rade ouverte de Cherbourg, alors modeste bourgade de pêche, une digue en eau profonde, créant une rade artificielle capable d'accueillir une vraie flotte de guerre*. La France, devenue grâce à lui puissance navale de premier ordre, devait se prémunir contre toute éventualité, y compris une revanche du Royaume-Uni. Les travaux furent confiés dès 1783 au directeur du génie et des fortifications, le marquis de Caux, et à un ingénieur des Ponts et Chaussées, Louis Alexandre de Cessart, qui utilisèrent un impressionnant système de caissons de bois de chêne lestés de pierres et de moellons et dont le principe

---

* Il en fit lui-même un magnifique dessin à la plume.

est encore utilisé de nos jours pour l'implantation des plates-formes pétrolières. Ces cônes tronqués partiellement immergés et placés à une soixantaine de mètres les uns des autres devaient être équipés de batteries de canons et reliés par des amas de pierres perdues où se fixeraient les herbes marines et les coquillages. Il était prévu que la digue, située à 4 kilomètres au large, serait elle-même longue d'environ 4 kilomètres. Un projet original, gigantesque, estimé à 30 millions de livres, sans commune mesure avec la digue de La Rochelle imaginée par Richelieu. Le premier caisson avait été coulé le 6 juin 1784.

Calonne proposa à Louis XVI d'aller inspecter le chantier qu'avaient déjà visité le maréchal de Castries et le comte d'Artois. Le roi accepta de bonne grâce cette escapade hors des palais royaux, d'autant qu'il s'agissait de stratégie navale et qu'il avait grande envie de voir la mer. Le mercredi 21 juin 1786, à 5 heures et quart du matin, il partit de Rambouillet tout guilleret – sans la Cour ni la reine, enceinte de son quatrième enfant, la petite Sophie –, accompagné seulement de ses ministres de la Guerre et de la Marine, Ségur et Castries, du prince de Poix, capitaine des gardes du corps, du duc de Villequier, premier gentilhomme de la Chambre, du duc de Coigny et du marquis de Cubières, ses deux écuyers, et d'une vingtaine de gentilshommes, d'une escouade d'officiers de bouche, de valets de chambre et de pages. Son train était fort réduit : quelques berlines et cabriolets, trente-trois bidets, soixante-six chevaux de trait et, fait plus étonnant, aucun détachement militaire hormis quelques gardes du corps à cheval. Sa sécurité devait être assurée par les garnisons et les milices locales.

En homme organisé et studieux, Louis avait soigneusement préparé son voyage[1]. Tandis que son allemande toute simple, attelée de quatre chevaux, cahotait sur les routes de Normandie, il consultait les cartes de Cassini et les mémoires contenant les principales données économiques, démographiques, militaires, historiques, folkloriques des pays traversés. C'était Calonne qui les avait rédigés, avec le concours des sieurs Cordier de Launay, intendant de la généralité de Caen, et de Maussion, intendant de Rouen.

Un extraordinaire contact s'établit tout de suite entre le monarque et les populations locales. Lui si emprunté, si mal à l'aise à la Cour, trouva d'emblée son public au milieu des braves gens de la campagne, jouant le rôle du roi simple et débonnaire, à l'embonpoint bienveillant, répondant à leur attente admirative, distribuant les aumônes et les exemptions d'impôt. Ce mélange de bonhomie et de spontanéité naturelle faisait merveille, comme si se jouait à près de deux siècles de distance une nouvelle épopée henricienne. Plusieurs témoins notèrent son humeur joyeuse. A Houdan, une femme en larmes implorait à genoux des secours pour ses douze enfants. « Je vois un bon roi, s'écria-t-elle, je ne désire plus rien dans ce monde ! » Elle voulut l'embrasser. Louis accepta en riant et lui rendit son baiser. A L'Aigle, ce fut un aubergiste qui lui donna l'accolade. A Falaise, où son parcours était jonché de fleurs, il fut accueilli par cinquante jeunes filles en blanc et rose. Pour la première étape, il passa la nuit au château d'Harcourt, propriété du gouverneur de Normandie. Au dîner, servi pour cent couverts, d'une somptueuse simplicité, la duchesse demanda au roi la grâce de six déserteurs qui allaient être pendus à Caen. Le roi l'accorda dans les acclamations générales. « Vive le bon roi Louis XVI ! – Vivez vous-mêmes, mes enfants ! »

Le 22 juin à 10 heures, le cortège parvint à Caen où une foule gigantesque l'ovationna. Afin que le peuple pût le voir à son aise, il fit marcher sa voiture au pas et refusa l'escorte militaire. Le maire et les échevins lui présentèrent les clés de la ville, sur lesquelles était gravée la devise : *Apertis cordibus* (« A cœurs ouverts »). Cérémonie touchante, pleine d'émotion. La vieille France renouait avec l'antique tradition des Joyeuses Entrées. On lui présenta quelques placets qu'il reçut aimablement. A Sainte-

Croix-Grand-Tonne, sur la route de Bayeux, il s'arrêta dans une modeste auberge au bord de la route et demanda des œufs frais, du pain de ménage et du beurre. Le tenancier tomba des nues en voyant le roi s'asseoir à la table d'hôte. Tout le village étant accouru, Sa Majesté offrit une tournée générale. Une jeune paysanne enceinte se tenait à l'écart, n'osant approcher :

« Qu'avez-vous donc, jeune femme ? lui demanda-t-il.

— Monseigneur (*sic*), je suis enceinte d'un garçon que ma mère me refuse pour mari ; daignez me l'accorder.

— Votre état est blâmable, lui répondit le roi, mais votre demande est légitime. Je veux que vous soyez mariée pour mon retour et je vous dote[2]. »

Le roi tint parole et l'auberge prit le nom d'*Auberge fortunée*. Un conte de fées !

En voiture, Louis s'interrogeait : « Pourquoi reçois-je ici des témoignages d'amour auxquels je ne suis point habitué ? » Et cela, moins d'un mois après la gifle du Parlement et les cris d'hostilité des faubourgs. Comme personne n'osait lui répondre, il reprit : « Je le vois, il faut qu'on m'ait fait une mauvaise réputation. » Cette communion avec la France profonde, loin des intrigues de la Cour, lui remontait le moral. Vite, il griffonna un billet à la reine : « L'amour de mon peuple a retenti jusqu'au fond de mon cœur : jugez si je ne suis pas le plus heureux roi du monde. »

A l'étape de Bayeux, une nouvelle fois on lui présenta les clés de la ville. Il se contenta d'avaler un verre de vin tandis que l'on changeait les chevaux. On repartit allégrement, sous un soleil radieux. Ce bocage de basse Normandie avait été fortement sinistré l'année précédente par la sécheresse. Par manque d'herbage, on avait dû abattre une grande partie des bestiaux. Les indigents étaient nombreux et la plupart des hôpitaux et établissements de charité se trouvaient en déficit chronique. Louis XVI fit un don de 8 000 livres aux deux maisons de Caen (Calonne avait suggéré d'aller jusqu'à 10 000, mais le roi, toujours économe, n'avait pas tenu à pousser plus loin, par ces temps difficiles, la générosité publique).

On atteignit les environs immédiats de Cherbourg le 22 vers 10 heures et demie du soir. Le long du chemin allant de la Montagne du Roule au centre-ville, les habitants avaient disposé de petits pots de suif ou de saindoux allumés. L'arc de triomphe de la place d'armes, édifié en huit jours, ainsi que le port étaient pareillement illuminés. Le clergé était venu en procession, avec le dais et l'encensoir. Louis fut ravi de cet accueil. Il alla souper à l'abbaye Notre-Dame-du-Vœu où il retrouva l'inévitable marquis de La Fayette qui ne manquait aucune occasion de parader. Il fit aussi la connaissance du commandant militaire de la place, le colonel Charles François du Mouriez, l'inspirateur des grands travaux de la rade et futur vainqueur de Valmy et de Jemmapes.

Ce du Mouriez, petit homme nerveux, élégamment vêtu, au visage énergique et aux cheveux poudrés, qui s'empressera sous la Révolution d'accoler à son nom sa particule aristocratique, était un personnage plein de ressources. Ingénieur, diplomate marqué par les idées encyclopédistes, officier de cavalerie décoré de la croix de Saint-Louis, il avait été licencié avec les troupes après la paix de 1763 et avait couru l'aventure en Espagne et au Portugal. Après avoir brièvement repris du service actif lors de la campagne de Corse en 1768 et 1769, il était reparti pour la Pologne et la Suède, chargé de missions dans le cadre du Secret du roi. Mais, désavoué par le duc d'Aiguillon, il avait été embastillé puis relégué au château de Caen. Louis XVI l'avait réintégré dans son grade de colonel et, ayant apprécié son *Précis sur la défense de la Normandie*, l'avait nommé commandant de Cherbourg.

Le roi dormit peu cette nuit-là. Le 23, à 3 heures du matin, il était sur pied pour assister à la marée montante, à l'immersion du neuvième cône (il en était prévu en tout une vingtaine pour la digue est). Il avait revêtu un habit écarlate de lieutenant général des armées navales, brodé de lys d'or, conçu pour l'occasion, avec une culotte de même couleur et un gilet chamois, boutonné de diamants. Des bas blancs serraient ses robustes mollets bien en chair. Sitôt la fin de la messe, on le conduisit aux chantiers navals, déjà bruissants d'activité. On lui présenta les ingénieurs et les officiers. Il nota scrupuleusement leur nom. Grâce aux fiches de Calonne soigneusement apprises, il donnait l'air d'être au courant de leur carrière et de leurs faits d'armes, au grand ravissement des intéressés.

Dans l'aurore naissante à la douce et pâle luminosité, digne d'un tableau de Joseph Vernet, il put admirer, au fond de la rade, la silhouette sombre et superbe des vaisseaux de l'escadre d'évolution, pavoisés de pavillons et de flammes multicolores, entourés d'une quantité de chaloupes, de bricks et de goélettes, qui abandonnaient leurs gréements au balancement de la houle. Quelle vue éblouissante ! C'était la première fois que Louis contemplait la mer, telle un lac d'émeraude agité de petites crêtes d'argent vif, humait le vent salé du large, bref prenait le sens de l'immensité du monde. Le rêve de son enfance, enfin, se réalisait...

Le roi embarqua au bassin Chantereyne dans un canot de vingt rameurs gantés de blanc. Comme il avait maculé de goudron son bel habit, on lui proposa d'en changer. Non ! Taché, il le trouvait plus seyant ! Sa joie éclatait. Le temps était couvert, la mer devenait houleuse. Seul de son escorte, Louis XVI semblait avoir le pied marin. La taille impressionnante des constructions en bois de chêne, ces pyramides des mers, donnait à ces travaux une dimension pharaonique. Le monstre marin de 20 mètres de haut et de 50 mètres de diamètre à sa base fut mis à l'eau, sous les salves d'artillerie des forts, puis tiré par une multitude de petites galères attelées en triangle. « Vive le roi ! Vive le roi ! » criaient à pleins poumons les ouvriers des chantiers, auxquels répondaient dans un écho lointain les équipages des navires. Immobilisé à l'endroit de son immersion, le cône fut lesté de plusieurs milliers de tonnes de pierres apportées par de légères embarcations, grâce aux différentes ouvertures pratiquées dans ses flancs. Un travail titanesque*.

Au moment opportun, Louis, la lorgnette à la main, ordonna l'immersion qui se fit en vingt-huit minutes, sous les hourras de la foule massée sur le port et dans le déchaînement des batteries côtières et navales dont le bruit sourd se répercutait en écho dans la rade, comme un grondement d'orage. Un accident tragique dont le roi fut témoin endeuilla la cérémonie : la mort d'un charpentier, tué par le câble mal tendu d'un des cabestans chargés de maintenir l'équilibre du cône pendant la manœuvre[3]. Le roi, qui avait saisi par la manche un médecin, le pressant d'aller secourir cet infortuné, fit accorder sur le fonds des Invalides une pension à sa veuve et aux quatre sœurs du défunt. Il fit une première visite au *Patriote*, vaisseau neuf de 74 canons, la coque doublée de cuivre, où l'accueillit le chef d'escadre, le comte d'Albert de Rioms, qui s'était illustré pendant la guerre d'Amérique. Au lieu de prendre l'escalier officiel qu'on avait aménagé, il monta à bord par l'échelle ordinaire. « Il manque quelque chose au *Patriote*, dit-il. – Quoi donc, Sire ? – Le pavillon de lieutenant général, que je vous ordonne de hisser à votre bord[4]. » Ainsi lui annonça-t-il sa promotion. Louis XVI stupéfia l'état-major par la pertinence, la minutie et la sagacité de ses questions, le niveau de ses connaissances navales, digne d'un vieux loup de mer. Après avoir accosté à l'île Pelée où il examina avec le plus vif intérêt un nouvel affût de canon, il rembarqua pour aller inspecter la fosse du Gallet où l'on envisageait de creuser un bassin. Le soir, il présidait encore un souper de gala auquel les principaux officiers de l'armée de terre et de la marine avaient été conviés.

* Le dernier sera immergé en juin 1788. Malheureusement, de violentes tempêtes ébranleront les cônes et les déplaceront. Le port sera reconstruit sous le Premier Empire et inauguré par Napoléon en 1813.

Le 24 fut le jour de la revue navale. Le roi commanda les évolutions du *Patriote*, au milieu d'une flottille de vingt frégates et corvettes. Il fit tirer plusieurs coups de canon, afin d'examiner les effets de ricochet des boulets sur la mer. Le lendemain, nouvel exercice, par mauvais temps. « Où nous mène ce vent ? demanda-t-il à M. de Rioms. – Sire, en Angleterre. – Oh ! J'irais volontiers ! Les Anglais ne me recevraient pas mal et, dans ce pays-là, on ne trompe point les rois[5] ! » Le 25, Louis fut conduit à la pointe de Querqueville, à l'ouest de Cherbourg, où un fort devait bientôt s'élever. Au retour, il voulut visiter à l'improviste quelques navires : la corvette *la Blonde*, les frégates *la Félicité* et *la Junon*, le cotre *le Malin*. Puis il se rendit au port de commerce, aux approches de la grande écluse. Partout sur les quais c'était la même euphorie : « Vive le roi ! Vive le roi ! », à quoi celui-ci répondait : « Vive mon peuple ! Vive mon bon peuple ! » Il était transporté d'enchantement : « Je n'ai jamais mieux goûté le bonheur d'être roi que le jour de mon sacre et depuis que je suis à Cherbourg[6] ! » Louis aimait l'atmosphère fusionnelle des grandes rencontres. Ses bains de foule étaient pour lui des bains de jouvence.

Le soir, il soupa à bord du *Patriote*. « Au milieu des mets recherchés dont la table était couverte, le roi vit un pâté qu'on semblait dédaigner. Il demanda sa composition. – "Du poisson salé, lui dit-on : c'est la ressource des marins en mer." Le monarque voulut y goûter : – "Je le préfère, dit-il, à tous ceux de Versailles[7]." »

Le 26, passant sous des arceaux de verdure, le cortège quitta Cherbourg pour se rendre à Honfleur. Là, le monarque monta à bord de la frégate *l'Anonyme*. Les habitants en costume régional, les femmes en coiffe se pressaient sur le quai qui a gardé aujourd'hui encore le pittoresque de sa capitainerie et de ses maisons de bois à colombages. « Laissez-les s'approcher. Ce sont mes enfants », fit le roi qui s'impatientait devant le service d'ordre. La foule, sautant de joie, jetait en l'air chapeaux et bonnets.

On traversa l'estuaire de la Seine. Sur la corvette composée d'un équipage de la marine marchande, le commandant, M. de La Touche, se mit à lancer un juron à l'adresse de ses hommes, mais s'en excusa aussitôt auprès de Sa Majesté : « Il n'y a point de mal, répondit Louis XVI, c'est la langue du métier, j'en aurais bien fait autant ! » Au Havre, il visita les calfats et assista au lancement d'un navire. « Rien n'est plus beau ! » s'exclama-t-il. A Rouen où il fut accueilli par une foule innombrable, sous des arcs de triomphe de fleurs, au son des bombardes du vieux Palais et des carillons des églises, le duc d'Harcourt et le maréchal de Castries lui présentèrent ces messieurs du Parlement. Puis il déjeuna au palais archiépiscopal du cardinal de La Rochefoucauld, dont les portes étaient restées grandes ouvertes, de façon à permettre au peuple de voir son roi se restaurer. Le soir, il gagna Gaillon, résidence champêtre du prélat. On était un vendredi, jour maigre. On attendit donc minuit une pour servir un souper gras. Enfin, le roi rentra, par la route de Vernon, Mantes, Meulan, Triel et Saint-Germain, en compagnie du héros des Deux Mondes qu'il avait aimablement invité dans sa voiture. Comme les acclamations se faisaient moins denses, Louis s'écria : « Je m'aperçois que j'approche de Versailles, mais j'en sortirai plus souvent et j'irai plus loin que Fontainebleau. » Son valet de chambre Thierry fut étonné de sa métamorphose : « Notre maître, mandait-il à son ami M. des Longsparcs, est revenu comblé de joie et des bénédictions qu'il a reçues sur son passage. Je sais plus qu'un autre combien il en est digne[8]. »

Une tout autre image du roi était apparue au cours de cet intermède enchanteur, loin des conventions et de l'atmosphère compassée de Versailles où Louis semblait se morfondre. Il avait fait montre de curiosité, étonnant par l'ampleur de ses connaissances jusqu'aux professionnels les mieux avisés, s'intéressant particulièrement aux techniques et surprenant chacun par son amabilité, sa délicatesse, lui qu'on disait si rustre. Vis-à-vis des populations locales, non seulement il avait su faire preuve d'affabilité et de bienveillance, mais il avait eu ce qu'on appellerait aujourd'hui le sens de la communication, trouvant le mot juste pour chacun, le geste symbolique qui émeut, témoignant de son attention aux humbles, sachant se mettre à leur portée, tout en gardant la dignité de son état. Les bains de foule, le contact humain lui avaient autant plu que son rôle de père du peuple. Mais où donc était passée sa timidité ? Au comte d'Hector, commandant de la Marine à Brest, qui avait fait le voyage de Cherbourg, il avait annoncé son intention de visiter ainsi tous ses ports[9]. Les événements en décideront autrement.

Le plan de Calonne

En cet été de 1786, après avoir joué la cigale pendant trois ans, Calonne eut l'impression que la terre se dérobait sous ses pieds. Il n'était plus possible de continuer ainsi. Pour 475 millions de livres de recettes budgétaires, les dépenses atteignaient 575 millions. Le déficit était donc de 100 millions au moins. Les anticipations (revenus consommés d'avance) dépassaient les 250 millions. La banqueroute tant redoutée menaçait. Que faire ? Lancer un programme d'économies, rogner encore sur les dépenses de la Maison du roi ? Emprunter ? On avait levé, en trois ans, plus de 650 millions et maintenant les prêteurs se dérobaient ! Augmenter les impôts ? Mais, depuis la fin de la guerre d'Amérique, on ne cessait de promettre leur baisse imminente ! Le plus préoccupant était que le troisième vingtième de Joly de Fleury arrivait à échéance à la fin de l'année. Comment croire que le Parlement, dans les dispositions d'esprit où il se trouvait, ce Parlement en lutte larvée contre le pouvoir, qui venait d'acquitter Rohan, en autoriserait le renouvellement ? Une banale réforme des finances ne pouvait créer suffisamment de matière imposable. La machine était grippée. Restait une seule solution, novatrice, audacieuse, que le contrôleur général avouait avoir étudiée depuis vingt ans : la refonte de ce qu'il y avait de vicieux dans la constitution de l'Etat. Une révolution, oui, mais une révolution royale !

« Ce plan, expliquait-il, vous assurera de plus en plus l'amour de vos peuples ; il vous procurera la suprême satisfaction de les rendre heureux ; il vous tranquillisera à jamais sur l'état de vos finances ; il élèvera votre puissance au plus haut point et votre nom au-dessus des grands noms de cette monarchie dont vous mériterez d'être appelé le législateur. »

On ne pouvait lui faire grief de manquer de largeur de vues ! C'était un langage que Louis, attentif au bonheur de ses sujets, était disposé à entendre. Et puis, s'il en était besoin, une flatteuse comparaison avec Henri IV emporta ses dernières réticences. Le 26 août 1786, Calonne remit à son maître un rapport d'une douzaine de pages, résumant ses propositions, intitulé *Précis d'un plan d'amélioration des finances*. L'anecdote conte que le roi s'exclama : « Mais c'est du Necker tout pur que vous m'apportez ! »

A la vérité, c'était plutôt du Turgot, mais corrigé, complété, amplifié, avec l'avantage, au lieu de fragiliser le trône, de le consolider. Une thérapie de choc ! De quoi s'agissait-il en effet ? D'en finir avec les abus, les exemptions, les privilèges, d'instaurer rien moins que l'égalité des Français devant l'impôt, tous titres, tous grades, toutes dignités, toutes qualités confondus, de réformer l'agriculture, le commerce, bref de construire les bases d'un Etat royal moderne, rationnel et unifié... Les particularismes provinciaux disparaîtraient. La distinction des ordres sociaux ne subsisterait plus que sur le plan honorifique. Et Calonne d'entrer dans le détail : on établirait la liberté du commerce des grains, on supprimerait les barrières intérieures, les traites (droits de douane), on diminuerait la gabelle, on réformerait le domaine de la Couronne dont une bonne partie serait aliénée sur plusieurs années, on transformerait la Caisse d'escompte en une banque nationale, on créerait des assemblées municipales, des assemblées de districts et des assemblées pro-

vinciales dans les pays d'élections (près des trois quarts
de la France), de sorte qu'on atténuerait la distinction
entre pays d'états et pays d'élections*, enfin et surtout on
remplacerait les deux vingtièmes subsistants par un impôt
de quotité (proportionnel aux revenus par conséquent,
dont le montant ne serait pas, comme la taille, déterminé
à l'avance). Cet impôt permanent, payable en nature,
frapperait tous les revenus fonciers, quelle que soit la
qualité de leur propriétaire, sans exemption, immunité ou
abonnement, sans distinction entre terres ecclésiastiques,
nobles ou roturières, la *subvention territoriale*[10]. Même les
apanages princiers, même le domaine royal y seraient
assujettis. L'avantage du paiement en nature était
double : il évitait la circulation monétaire, difficile dans le
monde rural dépourvu de numéraire et subissant fréquemment de mauvaises récoltes, et surtout il préservait
de l'érosion monétaire. Dans sa conception, c'était un
impôt permanent, ce qui était en soi un trait de modernité. Les terres seraient divisées en quatre catégories
selon leur rentabilité. En l'absence d'un cadastre fiable, il
reviendrait aux états provinciaux et aux nouvelles assemblées provinciales non de voter cette subvention territoriale, mais de la répartir le plus équitablement possible.
Une des particularités du programme était de faire élire
ces assemblées au suffrage indirect par les propriétaires
sans distinction de statut social. L'objectif était d'éviter la
domination du clergé et de la noblesse, comme l'avait
montré *a contrario* l'expérience limitée de Necker. Calonne
se révélait par là le parfait représentant de cette
monarchie administrative qui n'avait cessé de se construire

---

* Les états provinciaux, à la différence du projet d'assemblées
provinciales de Calonne, avaient le privilège de consentir à
l'impôt. De ce fait, la fiscalité en pays d'états était moins lourde.
Le roi, en vertu du respect des traités et conventions d'incorporation de ces provinces au royaume de France, ne pouvait théoriquement abolir les états. Calonne projetait sans doute à terme
d'aligner leur régime sur celui de ses assemblées provinciales.

sur le terrain mouvant et accidenté de la société d'ordres. Une décentralisation en trompe-l'œil permettait de faire participer les administrés à la répartition des impôts, toujours mal acceptés, mais les intendants ne disparaissaient pas. Bien au contraire, il était prévu qu'ils exerceraient leur vigilante tutelle sur les assemblées nouvelles auxquelles ils auraient libre accès.

On le voit, on était loin d'un catalogue d'expédients fiscaux, destinés à répondre à l'urgence du moment. Aucune de ces idées n'était neuve (la subvention territoriale, taxe en nature, n'était qu'une reprise de la fameuse *dîme royale*, imaginée par Vauban, et du *cinquantième* de Pâris-Duverney), l'originalité résidait dans la synthèse qui en était faite. On se trouvait devant un plan de despotisme éclairé, rationalisant l'Etat, s'appuyant sur le peuple ou plutôt sur la grande et moyenne bourgeoisie, desserrant l'étau des ordres privilégiés et restaurant le pouvoir royal dans toute sa puissance. C'était, comme le dit John Hardman, la « révolution de Napoléon plutôt que celle des droits de l'homme[11] ».

On a l'habitude de faire commencer la Révolution par l'ouverture des états généraux à Versailles, le 5 mai 1789. Cette périodisation facile mais arbitraire, estampillée par des générations de manuels scolaires et universitaires, a l'inconvénient d'ignorer l'importance des événements tumultueux et convulsifs qui se sont déroulés les trois années précédentes. Il paraît plus logique, et surtout plus fructueux du point de vue de la réflexion politique, de considérer que la Révolution française débuta à l'été de 1786 par cette « Révolution royale », contre laquelle se dressa immédiatement une « Contre-Révolution », prenant la forme d'une fronde aristocratique et cléricale, bientôt relayée par une vigoureuse fronde parlementaire. La question reste de savoir si cet épisode majeur aurait pu déboucher sur « une révolution sans la Révolution », pour reprendre l'expression de Michel Vovelle[12].

Un fait est certain, le plan de Calonne – qui conduisait à une nuit du 4 Août avant la lettre, comme le reconnaissait un historien aussi peu suspect de conservatisme que Louis Blanc – attaquait de front des intérêts et des puissances redoutables, des droits ancestraux en apparence indéracinables, ceux de l'Eglise de France notamment qui, dans l'opération, risquait de voir disparaître son statut particulier, ses prébendes, ses immunités fiscales. Le clergé séculier et les diverses communautés monastiques allaient devoir payer la subvention territoriale au même taux que tout le monde, évaluer leurs biens fonciers et se soumettre à l'inquisition humiliante d'un cadastre.

Le contrôleur général, qui décidément voyait grand et se rattrapait de ses trois années d'inaction, méditait quelques projets complémentaires en prolongement de sa réforme : le retour des protestants dans la communauté nationale, le transfert progressif de certaines responsabilités administratives des parlements vers les assemblées provinciales, la constitution d'un vrai gouvernement homogène, ordonné autour d'un Premier ministre, chef du Trésor et de l'administration des finances, fonctions, bien entendu, qu'il ambitionnait d'occuper[13]... A cela s'ajoutait la révolution industrielle attendue du traité de libre-échange avec l'Angleterre, qui devait modifier à moyen terme la donne économique et faire émerger des couches sociales nouvelles.

L'objection venait d'elle-même : comment opérer un bouleversement de cette ampleur avec l'obstruction prévisible des parlements ? Animé d'un indéfectible optimisme, l'astucieux contrôleur général y répondait par avance : on enregistrerait les trains d'édits par lits de justice dans tous les parlements de France, après avoir soumis le plan des réformes à une assemblée des Notables qui l'aurait chaleureusement approuvé[14].

La consultation d'une telle assemblée était une vieille recette de la monarchie. Elle permettait d'obtenir le *consensus* des élites, laïques ou religieuses, sur des mesures visant au bien et à la conservation de l'Etat, sans mettre en branle la lourde et redoutable procédure des états généraux. Tandis que les membres de ce dernier organe, émanation de la Nation, étaient des élus présentant des « doléances », ceux de ce type d'assemblée étaient choisis individuellement par le souverain pour donner un « avis ». C'était un Conseil élargi, d'une durée limitée, composé de membres du clergé, de la noblesse et d'officiers royaux. Henri IV en avait tenu un en 1596. D'autres assemblées des Notables avaient été convoquées à Rouen et à Paris en 1617 et 1618 ainsi qu'à Fontainebleau en 1625. La dernière s'était réunie en novembre 1626 sur la proposition de Richelieu.

Le contrôleur général aurait pu envisager un moyen plus radical, en tentant un coup de force à la Maupeou, qui aurait supprimé les abus et rénové les parlements. Débarrassée de ces corps rétrogrades, la Révolution royale se serait mise en place sans grande résistance et aurait ouvert la voie au salut financier. Calonne n'osa aller jusque-là. Il savait Louis XVI trop scrupuleux pour revenir sur sa malheureuse décision de 1774. Pour l'heure, les conditions politiques ne s'y prêtaient pas.

Le Conseil divisé

Séduit par le discours de son ministre, très intéressé à l'idée de laisser son nom à une réforme en profondeur des institutions, le roi réagit cependant avec prudence. Il devinait que le Conseil d'Etat serait divisé, voire majoritairement hostile. On y comptait de chauds partisans de Necker, comme Ségur et Castries, deux libéraux conservateurs représentant la haute aristocratie d'épée, plus conservateurs que libéraux du reste, vrais féodaux haïssant la monarchie absolue et tout ce qui pouvait ressembler à une manifestation de l'autorité royale (Castries ne qualifiait-il pas Louis XVI d'« implacable maître » ?). Ces deux hommes tenaient dans un mépris hautain l'ancien intendant de Flandre et d'Artois. Le baron de Breteuil, secrétaire d'Etat à la Maison du roi et homme de la reine, qui souhaitait l'instauration d'une monarchie constitutionnelle à prédominance aristocratique, partageait peu ou prou leurs convictions anti-absolutistes. Il était jaloux de Calonne, ouvertement brouillé avec lui. Il y avait aussi le garde des Sceaux, Armand Thomas Hue de Miromesnil, conservateur obstiné, toujours en embuscade, obstacle à toute réforme sérieuse. Intermédiaire entre le Conseil d'Etat et la magistrature, il jouait depuis treize ans les bons offices auprès des parlements. Il était devenu, dans une certaine mesure, le représentant de leurs intérêts au sein du Conseil.

Calonne pressait le roi d'adopter son plan avant l'expiration du troisième vingtième, le 31 décembre 1786, de façon à ne pas se mettre sous la dépendance des Notables. De toute façon, on devait aller vite, car la perception d'un impôt en nature était longue à réaliser. Il suggérait de tenir l'assemblée pendant le séjour d'automne de la Cour à Fontainebleau (du 9 au 15 novembre). Mais Louis XVI, moins confiant que son ministre dans la docilité des Notables, préféra prendre son temps[15]. Au préalable, il devait soumettre la question à son comité de gouvernement, cet organe officieux de décision qui comprenait, outre Calonne, Vergennes et Miromesnil, puis à une séance plénière du Conseil d'Etat.

L'accord de Vergennes, chef du Conseil royal des finances, était essentiel. Le ministre des Affaires étrangères se laissa vite convaincre et devint un chaud partisan du plan, ce qui renforça d'autant l'ardeur du roi. Avec le timoré Miromesnil, il en alla autrement. Le garde des Sceaux ne pouvait qu'être hostile à une manœuvre destinée à faire pression sur le Parlement. Dans une série de lettres inquiètes au souverain, il éleva des objections plus ou moins pertinentes[16]. La France, insistait-il, est un pays disparate, composite, avec des régimes juridiques d'une telle diversité, des particularismes et privilèges en si grand nombre qu'il est inimaginable de légiférer pour l'ensemble du royaume. Comment lever une subvention territoriale unique là où les provinces « font corps », comme en Bretagne, Languedoc, Bourgogne, Navarre, Flandre, Artois, Cambrésis, Bigorre, avec leurs états provinciaux ou leurs assemblées de communautés[17] ? C'était précisément le système que Calonne, héritier spirituel de Richelieu, voulait progressivement abolir. Se trouvant isolé au sein du comité de gouvernement, Miromesnil demanda l'élargissement des discussions à l'ensemble du Conseil d'Etat, où il pouvait compter sur l'appui de Castries, Ségur et Breteuil.

Louis passa du temps à rassurer son frileux et grincheux garde des Sceaux, dont l'accord était nécessaire, car la sanction des Notables ne dispensait pas de l'enregistrement au Parlement. Voyant avec inquiétude qu'on ne pourrait adopter sa réforme avant la fin de l'année 1786, Calonne proposa au roi de transmettre aux magistrats au moins deux mesures d'urgence, l'une touchant le droit de timbre sur les actes, l'autre l'aliénation des biens de la Couronne, de façon à donner un ballon d'oxygène aux finances. Mais Miromesnil fit savoir que ceux-ci n'accepteraient jamais. Probablement n'avait-il pas tort. On y renonça donc[18].

Soudain, le chef de la magistrature parut illuminé par la grâce : il trouva excellent le plan de Calonne[19] ! Cette palinodie était une ruse, évidemment. Ne pouvant s'opposer à la volonté conjuguée du roi et de ses deux collègues du comité restreint, il se promettait de saboter l'entreprise par la bande, aidé de ses amis de « grande robe ». Si Louis XVI prit ce ralliement pour un revirement de la magistrature, il se trompait. En attendant, avec son équipe ministérielle réduite – tenant à l'écart la reine, ses frères ainsi que les secrétaires d'Etat – il dressa dans le plus grand secret la liste des personnalités à convoquer, pesant et soupesant les rangs, les responsabilités, les opinions, le zèle, les susceptibilités et les nécessités de l'Etat.

La convocation royale

Le 29 décembre, enfin, le souverain, à la sortie du Conseil des dépêches, annonça son intention de convoquer pour le 29 janvier suivant une assemblée des Notables et de leur communiquer ses vues « pour le soulagement de son peuple, l'ordre de ses finances et la réformation de plusieurs abus[20] ». Louis avait l'esprit en ébullition. « Je n'ai pas dormi de la nuit, confia-t-il le lendemain à Calonne, mais c'est de plaisir ! » Très au fait de la politique étrangère, il avait laissé jusque-là ses ministres et contrôleurs généraux s'occuper des affaires intérieures. C'était la première fois qu'il s'y investissait personnellement à ce point et il entendait mener l'affaire jusqu'au bout. Jamais, depuis Louis XIII et Richelieu, union aussi étroite n'avait existé entre un ministre et son roi.

Les membres du Conseil d'Etat ne partageaient pas son enthousiasme. Le maréchal de Ségur fut de mauvaise humeur et très sceptique sur la réussite de l'opération. L'autre maréchal, Castries, fou de rage d'avoir été tenu à l'écart, le prit encore plus mal[21]. A sa missive empreinte d'un orgueil amer, le monarque aurait pu répondre avec hauteur, comme n'aurait pas manqué de le faire le Roi-Soleil. Mais au nouvel Henri IV il parut désagréable de chagriner un vieux serviteur. Il lui expliqua, avec sans doute plus de bonté que de sincérité, que ces mesures ne regardaient que la finance et non les affaires générales de l'Etat... En réalité, on avait voulu garder le secret et ne pas s'embarrasser des obstacles prévisibles, mais c'était une erreur psychologique que d'avoir tenu si longtemps le Conseil dans l'ignorance. Quand Calonne, fragilisé, cherchera des appuis, ce n'est pas auprès de lui qu'il en trouvera, au contraire.

Dans le public, la nouvelle fit sensation. Personne ne s'attendait à pareil coup de théâtre. Elle suscita l'enthousiasme de tous ceux qui se lamentaient de la sénescence des institutions, comme l'astronome Bailly, le comte de Mirabeau, le marquis de La Fayette, le pasteur Rabaut Saint-Etienne... Leurs idées réformatrices coïncidaient ou semblaient coïncider avec celles de Calonne. Tout paraissait uniforme dans le camp des hommes de progrès. Ce n'est qu'à l'épreuve des faits que les conceptions allaient évoluer et se préciser, les nuances et les divergences apparaître, les fossés se creuser, les personnalités s'affronter. Mirabeau, qui se vantait d'avoir suggéré cette consultation à Calonne, écrivait à Talleyrand : « Je regarde comme un des plus beaux jours de ma vie celui où vous m'apprenez la convocation des Notables qui sans doute précédera de peu celle de l'Assemblée nationale. J'y vois un nouvel ordre des choses qui peut régénérer la monarchie... »

L'auguste aréopage comportait 144 membres (autant que les conseillers du parlement de Paris), dont les deux Fils de France (Provence et Artois) et les cinq princes du sang (le duc d'Orléans, le prince de Condé, le duc de Bourbon, le prince de Conti et le duc de Penthièvre), 14 membres du clergé (dont l'abbé de Talleyrand-Périgord, Mgr de Juigné, archevêque de Paris, Mgr Champion de Cicé, archevêque de Bordeaux, Mgr Boisgelin de Cucé, archevêque d'Aix, Mgr Arthur de Dillon, archevêque de Narbonne, et le plus intrigant, le plus politique de tous, Etienne de Loménie de Brienne, archevêque de Toulouse, qui se targuait du soutien de la reine...), et 36 gentilshommes titrés appartenant à la haute aristocratie d'épée (Harcourt, Noailles, Choiseul, Nivernais, Broglie, La Rochefoucauld, Clermont-Tonnerre, Bouillé, d'Estaing...). Les gens de robe comptaient 38 membres des parlements et autres cours souveraines (Chambre des comptes, Cour des aides, Conseils souverains d'Alsace et de Roussillon), dont les premiers présidents des parlements de Paris, Toulouse, Bordeaux, Grenoble, Dijon, Rouen, Aix, Rennes, Pau, Metz, Besançon, Douai, Nancy, sans oublier le lieutenant civil de la Prévôté. Il y avait 12 conseillers d'Etat, parmi lesquels l'ancien lieutenant de police Jean Charles Lenoir et l'intendant de Paris Louis de Bertier de Sauvigny, 25 représentants des municipalités et 12 députés ordinaires des pays d'états. Il fut convenu que les votes seraient recueillis par tête et non par ordre. Il est vrai que le tiers n'était pas représenté en tant que tel (il n'y avait que quatre roturiers).

Les Notables reflétaient assez bien la société de corps avec son écrasante prépondérance nobiliaire, épée et robe confondues. Telle était la règle pour ce type d'assemblée, et Louis XVI n'y avait pas dérogé. Il ne fallait pas espérer y trouver des écrivains, des philosophes, des avocats, des savants, bref d'authentiques représentants des Lumières. C'était la société traditionnelle qui était appelée à se réformer elle-même. A ce titre du reste, quelques erreurs dans le choix et de fausses manœuvres furent commises. Mgr de Boisgelin, par exemple, l'une des figures de proue de l'Eglise de France, ne reçut sa lettre de convocation qu'avec plusieurs jours de retard. Il en fut outré et plein de ressentiment envers le contrôleur général. Le nom du marquis de La Fayette, inscrit parmi les premiers, fut rayé par le roi puis rétabli après les représentations de Castries et de Ségur.

Débordant toujours d'optimisme, Calonne se flattait d'obtenir l'agrément des Notables en leur parlant le langage de la raison. Sans doute s'attendait-il à rencontrer des incompréhensions et des résistances du côté du clergé et des membres du Parlement, mais il était persuadé que la noblesse de cour, facile à gagner par les faveurs, jointe aux officiers du roi et aux représentants des villes et des états, l'appuierait[22]. Moyennant quelques sacrifices financiers, les privilégiés pourraient ainsi sauver leur prééminence honorifique, la seule susceptible de subsister dans le nouvel ordre des choses. Il comptait en outre sur l'engagement du roi, la pression de l'opinion publique, l'action des deux Fils de France et des cinq princes du sang, placés à la présidence des sept bureaux, à qui il avait rendu d'estimables services.

C'était ne tenir pour rien le poids des intérêts, les égoïsmes de caste, les fourberies de Miromesnil et les crocs-en-jambe de ses deux adversaires déclarés, Necker et Loménie de Brienne. C'était oublier les idées à la mode, le goût immodéré de la contestation qui se déployait dans les salons, la tentation de jouer au Parlement d'Angleterre. Une partie des courtisans voyait dans les Notables un embryon de Chambre haute à l'anglaise. L'influence de la philosophie nouvelle modifiait ainsi le regard porté sur une institution des plus traditionnelles. Calonne, dont on ne saurait nier les qualités d'homme d'Etat, avait aussi des naïvetés parfois confondantes dont il se mordra les doigts. Croyant ménager Brienne, ne lui avait-il pas laissé le soin de désigner les membres du clergé ? « Il s'est jeté dans nos filets, fit celui-ci en se frottant les mains, nous le tenons ! »

La séance inaugurale de l'assemblée fut repoussée à plusieurs reprises en raison de la maladie de certains ministres. Calonne, surmené, crachait le sang, le « sang du peuple », ricanaient les opposants. Un jour, son ciel de lit lui tomba sur la tête : « Juste ciel ! » s'exclama-t-on. Un vrai « lit de justice » ! Plus grave, Vergennes, rongé par la goutte et de terribles douleurs d'estomac, trépassa dans la nuit du 12 au 13 février. Louis ressentit sa disparition comme une perte incalculable pour l'Etat. La veille, il avait contremandé sa chasse. Au petit matin, il pleura à l'annonce de cette nouvelle. « Je perds, dit-il, le seul ami sur lequel je pouvais compter, le seul ministre qui ne me trompa jamais. » Tenant de la monarchie traditionnelle, n'aimant pas les parlements, Vergennes aurait pu être d'un grand secours pour la difficile période qui s'annonçait. Mais sa prudence légendaire l'aurait-elle poussé à défendre le contrôleur général au-delà du raisonnable ? Sa mort, en tout cas, isolait un peu plus Louis XVI qui ne pouvait compter que sur Calonne. Calonne, dernier marchand d'illusions !

Pour remplacer le défunt aux Affaires étrangères, la reine poussa son candidat, le comte de Saint-Priest, familier de Necker, qui avait été ambassadeur à Lisbonne et à Constantinople. Mais le roi lui préféra un homme à lui, le comte Armand Marc de Montmorin de Saint-Hérem, son ancien menin, ambassadeur en Espagne. C'était un fidèle serviteur, au caractère malheureusement mou, qui était loin d'avoir la valeur de son prédécesseur. Castries, en réparation de la vexation qu'il venait de subir, se précipita pour demander le poste de chef du Conseil royal des finances, laissé vacant par Vergennes. Louis refusa.

Tous ces contretemps étaient fâcheux. Il avait fallu soutenir la Bourse qui baissait dangereusement, notamment les actions de la nouvelle Compagnie des Indes et de la Compagnie des Eaux. Commençant à connaître le détail du plan par la rumeur, les Notables, qui, à Versailles, erraient d'auberge en auberge, avaient eu le temps de former des coteries et de se préparer à la résistance. Huit jours avant l'ouverture de l'assemblée, le fébrile contrôleur général n'avait pas encore rédigé les mémoires que l'on devait diffuser aux participants. Confiant dans sa grande facilité de travail, il se laissait constamment déborder par les solliciteurs. Avec l'appui d'une petite équipe, composée notamment de l'abbé de Talleyrand-Périgord, d'un avocat célèbre, Pierre Jean Gerbier, de l'intendant Chaumont de La Galaisière, membres du Conseil royal des finances, de Du Pont, ancien collaborateur de Turgot, et du baron de Cormeré, il se mit à la tâche au dernier moment. La nuit précédant la réunion de l'assemblée, il travaillait encore à son discours. Rose, la jolie soubrette que son valet de chambre lui prêtait de temps en temps pour le « distraire », se plaignit de ce « qu'il avait passé la nuit à faire des ratures » !

Les Notables à Versailles

Il était prévu que l'assemblée tiendrait ses séances dans la grande salle de l'hôtel des Menus-Plaisirs à Versailles, avenue de Paris, où s'entassaient les accessoires des fêtes du Grand Canal. Attaché à donner le maximum d'éclat à la cérémonie d'ouverture, le roi prit soin de régler les questions protocolaires. Enfin le grand jour arriva. Ce jeudi 22 février 1787, vers 10 h 30, il sortit de son cabinet en habit à manteau et alla entendre la messe à la chapelle, flanqué de ses frères, des princes du sang et des grands officiers de la Couronne. Il quitta le château une demi-heure plus tard, escorté des gardes du corps et de quelques compagnies à cheval de sa maison. Comme il faisait un temps magnifique, une foule nombreuse se pressait sur le parcours du cortège. Devant l'hôtel des Menus-Plaisirs stationnaient des détachements de gardes françaises, de gardes de la Porte et de la prévôté de l'Hôtel ainsi que des Cent-Suisses. Louis XVI fut accueilli par le prince de Conti et le duc de Penthièvre. Le trône de velours violet à fleurs de lys, surmonté d'un dais en satin violet parsemé lui-même de lys, se dressait sur une estrade.

Autour du monarque prirent place ses deux frères, les princes du sang, les ducs et pairs, les maréchaux de France et les membres de la haute noblesse, en habit à manteau avec cravate et chapeau à plumes. Faisant face au roi, à droite, les membres du clergé portaient soutanes, rochets, camails et barrettes. Derrière eux se trouvaient les magistrats de la Chambre des comptes et de la Cour des aides. A gauche se tenaient les délégués des parlements en simarre noire et, au centre, les députés des pays d'états et les chefs des municipalités en habits et manteaux. Splendeur chamarrée de l'ancienne France…

Le roi salua l'assemblée puis se recoiffa. Il était environ 11 heures et quart. Son discours dura deux minutes. Après un hommage à son ancêtre Henri IV, premier roi de la branche des Bourbons, dont, confia-t-il, il s'efforcerait de suivre l'exemple, il rappela le but de cette réunion : améliorer les revenus de l'Etat, assurer une répartition plus équitable des impositions, libérer le commerce des entraves qui le gênaient et, autant que possible, soulager les indigents.

Dans la tradition des séances royales, il revenait au garde des Sceaux de prononcer le discours. Cette fois, celui-ci n'enfila que quelques banalités ampoulées et passa la parole au maître d'œuvre du projet, le contrôleur général. Le tableau de la situation que dressa ce dernier était particulièrement flatteur et contrastait, à l'en croire, avec celle qu'il avait trouvée en arrivant aux affaires : alors, les caisses étaient vides, les effets publics dépréciés, « l'alarme était générale et la confiance détruite ». Et Calonne d'énumérer les signes tangibles de restauration financière et de prospérité dont on devait être redevable au roi depuis le retour de la paix. Puis soudain, presque sans transition, le discours, hâtivement construit au cours d'une nuit fiévreuse, bascula dans le pessimisme. Les chiffres crépitèrent : 220 millions restant à payer au titre des dettes de guerre, 80 millions d'autres dettes, 176 millions d'anticipations sur l'année à venir, 80 millions de déficit ordinaire né du déséquilibre des revenus et des dépenses... Une ahurissante confusion dans la comptabilité publique que Calonne avoua n'être parvenu à démêler qu'après un an de travail. Ce diagnostic frappa de consternation l'assemblée, qui avait en mémoire le tableau complaisant de l'honorable M. Necker et son excédent flatteur de 10 millions. Le contrôleur général martela : le déficit en France existe depuis plusieurs siècles... Ses progrès sont devenus effrayants : 74 millions à l'arrivée de l'abbé Terray, 40 millions à son départ ; 37 millions sous M. Necker ; 80 millions en 1783... L'orateur se garda de donner le montant exact de celui du moment, mais il annonça que le cumul total des emprunts de 1776 à 1786 atteignait 1,25 milliard, ce qui laissait mal augurer du chiffre manquant.

Quelle voie prendre ? Impossible d'économiser ni de proclamer la banqueroute. Ne reste qu'un chemin escarpé mais inévitable : réformer les abus, rationaliser l'Etat, dégager de nouvelles ressources en supprimant les privilèges indus. Plus clairement que Turgot, Calonne montrait que la rénovation du pays passait par une refonte rationnelle des structures héritées de l'Histoire. Leur remise à plat permettrait de supprimer les disparités régionales choquantes et d'accroître la rentabilité de l'impôt. « Oui, Messieurs, c'est dans les abus que se trouvent ces fonds de richesses que l'Etat a le droit de réclamer et qui doivent servir à rétablir l'ordre. »

Quand Louis XVI leva la séance, il était environ une heure et demie de l'après-midi. Calonne le séducteur avait parlé une heure et six minutes. Chacun avait admiré l'élégance de ses phrases, le brio ciselé de sa langue. Mais sous le vernis trop flatteur, sous le ton de suffisance et les tournures insidieuses perçait une tragique réalité dont on n'avait pas deviné jusque-là l'ampleur et qui avait comme assommé l'auditoire : l'affreux délabrement des finances royales auquel on entreprenait si tardivement de remédier. C'était à se demander si l'orateur n'avait pas noirci le tableau afin de dissimuler les insuffisances de sa propre gestion. Le projet de s'en prendre à des privilèges ancestraux parut de mauvais augure et indisposa le clergé et la noblesse. Le discours comportait en outre une grave maladresse : malgré la promesse faite à Necker de ne pas attaquer sa gestion, Calonne n'avait pu s'empêcher d'envoyer quelques pierres dans son jardin, laissant entendre que le déficit s'était poursuivi sous son administration, contrairement à ce qu'en disait son *Compte rendu*. Or, l'assemblée comptait maints thuriféraires du banquier genevois, cet oracle, ce parangon de vertu, cet homme de progrès et des Lumières ! Mais Calonne se sentait en terrain sûr. Pour verrouiller toute opposition, il avait pris soin de présenter ses propositions comme conformes aux idées du roi, ce qui n'était pas faux. Quittant les Menus-Plaisirs, n'avait-on pas entendu Louis XVI dire d'un ton décidé que tout cela était son œuvre et qu'il y veillerait ?

Les premiers mémoires de Calonne

Le déroulement des travaux avait fait l'objet d'un soigneux protocole. Chaque semaine, pendant un mois, les bureaux devaient examiner les projets gouvernementaux et, en fin de semaine, se réunir chez Monsieur pour en arrêter les conclusions. En cas de désaccord, il était convenu qu'un comité interministériel se tiendrait chez le garde des Sceaux. Enfin, l'assemblée générale se prononcerait sur les projets ainsi amendés.

Une première série de six mémoires fut d'abord communiquée (trois autres séries étaient prévues). Le premier concernait la création d'assemblées provinciales. C'était la reprise, avec des améliorations, du _Mémoire sur les municipalités_ de Du Pont. Les assemblées de paroisse seraient élues par les propriétaires terriens disposant d'au moins 600 francs de revenu. Ceux n'atteignant pas ce seuil pourraient se regrouper en vue d'un suffrage collectif. Au-dessus de ces assemblées primaires, des assemblées de district réuniraient des députés d'une trentaine de paroisses et éliraient à leur tour les membres de l'assemblée provinciale. Contrairement aux expériences en cours dans le Berry et la haute Guyenne, ces assemblées n'étaient pas des corps administratifs, mais de simples organes consultatifs, élus. La distinction des trois ordres y était supprimée. Autant dire que les propositions de Calonne minaient l'antique système de castes au profit d'une société dominée par les notables et les propriétaires terriens (la richesse mobilière, en revanche, était ignorée, mais n'oublions pas la prédominance écrasante de la richesse foncière à cette époque). Ces organes devaient avoir, parmi leurs attributions, la répartition des impôts : clergé et noblesse ne pourraient plus s'exempter eux-mêmes, couvrir leurs fraudes ou se débarrasser du fardeau sur la roture. Les assemblées s'occuperaient également des questions de corvées, de voirie locale (grands chemins et canaux) et pourraient faire au roi des propositions. Dans l'intervalle de leurs sessions, un bureau de six membres permanents traiterait des affaires courantes.

Le second mémoire abordait l'épineux problème fiscal. Le projet était non moins audacieux. Il supprimait les deux vingtièmes restants sur les revenus fonciers, avec ses multiples abonnements et exemptions, au profit d'une subvention territoriale unique, frappant toutes les terres sans exception à un taux allant de 2,5 à 5 % suivant leur qualité ou leur rendement*. Il reviendrait aux assemblées provinciales de classer les propriétés dans ce sens. Ce nouvel impôt perceptible en trois termes, les 1er octobre, 1er janvier et 1er avril, serait payable exclusivement en nature, de sorte que « l'impôt augmenterait par la culture et la culture s'améliorerait par l'impôt ». On prévoyait que, dans un premier temps, il rapporterait environ 88 millions. Précurseur d'une longue série de grands argentiers, Calonne était persuadé d'avoir inventé l'impôt intelligent !

Le troisième mémoire avait trait à la dette du clergé. On sait que celui-ci avait toujours refusé de se soumettre à une obligation fiscale. Premier ordre de la société, il versait au roi une contribution volontaire, le don gratuit, variable, qui, de 1715 à 1789, ne dépassa pas en moyenne 3 à 4 millions de livres par an. Il avait à sa charge, il est vrai, outre les dépenses des paroisses et du culte en général, celles relevant de l'éducation et de l'assistance hospitalière, qui étaient considérables. Il estimait qu'il devait affecter en priorité ses revenus à sa mission apostolique, sociale ou caritative. Le don gratuit était donc financé par des emprunts, dont le montant cumulé avoisinait 140 millions de livres. Le service de cette

---

* Il était prévu que les revenus mobiliers, les revenus du commerce, de l'industrie, des offices continueraient d'être assujettis à des vingtièmes spécifiques.

lourde dette représentait les cinq sixièmes du budget annuel de l'Eglise (environ 10 millions sur 12,3 en 1784). Pour y faire face en partie, un décime était levé sur certains biens ecclésiastiques. Tout cela était fort complexe, mais d'une complexité voulue : elle permettait au premier ordre de faire valoir qu'il aidait l'Etat par ses emprunts, de préserver son autonomie grâce à un système fiscal et financier entièrement indépendant, reposant sur une puissante charpente administrative de receveurs généraux et une armée d'agents fiscaux et de commis. L'ordre du clergé était un vrai pouvoir, d'une indépendance redoutable, au-dessus de tout contrôle. Il s'était arrogé un droit appréciable que n'avaient pas les deux autres, celui de consentir collectivement à l'impôt.

L'introduction de la subvention territoriale menaçait de mettre à bas cet édifice. Taxée comme les autres propriétaires, l'Eglise n'aurait plus à verser le don gratuit, mais elle ne pourrait pas non plus honorer le service de sa dette. Le plan de Calonne n'esquivait pas cette difficulté. Il prévoyait que l'Etat supporterait les intérêts des emprunts en cours, tandis que l'Eglise aurait à constituer un fonds d'amortissement de sa dette, alimenté par l'aliénation de ses droits de chasse et de certains de ses biens.

Après le mémoire sur le clergé, trois autres suivaient : le premier avait trait à la réduction de la taille d'un dixième (avec plafond d'une journée de travail pour les pauvres et dégrèvement pour les paroisses indigentes) et à la suppression de la capitation pour les privilégiés, afin de les amadouer et leur faire avaler la pilule de la subvention territoriale ; le second portait sur le libre commerce des grains, qui devait favoriser la hausse des fermages et des rentes foncières, le dernier sur la substitution à la corvée d'une taxe en argent pendant trois ans, à titre expérimental, taxe calculée sur la taille de manière à en exonérer les nobles (concession au statut personnel des sujets : il ne s'agissait pas de refaire l'erreur de Turgot). La lecture des six premiers mémoires prit toute la journée du vendredi 23. Les discussions en commission commencèrent le lendemain, après les inévitables querelles de préséance.

La vigueur de l'opposition

Le sémillant contrôleur général se heurta d'emblée à une assemblée extrêmement politisée, échaudée par l'annonce du déficit, épouvantée par les réformes et déterminée à en découdre avec lui. Encore modérées sur les assemblées provinciales, les discussions se déchaînèrent sur la subvention territoriale. Il eut à subir les vagues d'assaut conjuguées des amis de Necker et du haut clergé emmené par Loménie de Brienne, tous encouragés en sous-main par Miromesnil et, plus sournoisement, par Monsieur qui aurait aimé pousser au Contrôle général son ancien surintendant, Cromot du Bourg. Ses meilleures intentions étaient dénigrées, comme il l'avouait à son ami d'Angiviller, directeur des Bâtiments du roi[23]. Chacun ne songeait qu'à arranger ses propres affaires, sans se soucier de l'intérêt général. Le duc d'Orléans, l'homme le plus riche de France, dont le revenu avoisinait les 7,5 millions, avait estimé que cette « plaisanterie » de subvention territoriale lui coûterait 300 000 livres. « Avec les intendants, expliquait-il au marquis de Bouillé, je m'arrange et je paie à peu près ce que je veux, et les administrations provinciales me feront payer à la rigueur. »

La tactique des opposants était habile. Elle consistait à approuver les grands principes des réformes pour en contester aussitôt leur application par une infinité d'objections. Excellente idée que ces assemblées provinciales, clamaient-ils en chœur ! Mais elles créeraient une regrettable confusion des rangs et une humiliation insupportable des deux premiers ordres lorsqu'elles seraient présidées par des hommes du tiers état. C'est un « projet républicain », grommelait Angran d'Alleray, lieutenant civil du Châtelet de Paris, « une espèce de démocratie » dans laquelle le peuple perdrait le respect qu'il doit aux deux autres ordres, renchérissait l'abbé Fabry, député du clergé des états d'Artois[24]. Le plébéien, s'indignait le duc d'Harcourt, s'y trouverait à l'égal du ministre de l'autel, du noble, du magistrat, « nés pour protéger leurs vassaux[25] ». D'accord pour ces assemblées, à condition que la présidence en revienne à un membre de la noblesse ou du clergé ! Et surtout, qu'elles ne soient pas placées sous la dépendance de l'intendant ou du commandant de la province ! La crainte était grande, parmi l'épée et la robe, de voir le pouvoir central se renforcer. Telle était par exemple l'opinion de La Fayette qui trouvait l'autorité des intendants « souvent trop funeste[26] ».

Quelle merveilleuse idée aussi que de vouloir soumettre tous les sujets de Sa Majesté à l'impôt ! Mais peut-on imaginer pire méthode que cette subvention territoriale dont le paiement en nature allait soulever d'insurmontables difficultés ! Le fond en est vicieux, lâcha Loménie de Brienne. « Vicieux ! lui rétorqua le comte d'Artois, mais c'est ainsi que vous percevez toutes les dîmes[27] ! » A la vérité, la plupart des Notables tenaient cette taxe pour inconstitutionnelle, comme l'avait tout de suite souligné le bureau de Monsieur : fondée sur un besoin spécifique et temporaire, comment pouvait-elle être perpétuelle ? L'idée que tout nouvel impôt devait être consenti par la Nation commençait à faire son chemin. Le Blanc de Castillon, procureur général au parlement d'Aix, disait avec une belle assurance que le principe d'un impôt perpétuel de quotité surpassait la compétence des Notables, des cours souveraines et même « l'autorité du roi ». Ce droit appartenait aux seuls états généraux[28]. Beaucoup, comme Angran d'Alleray, justifiaient les exemptions fiscales des ordres privilégiés par la vieille division trifonctionnelle de la société : le prêtre doit au roi ses prières, le seigneur son sang et l'homme du commun son argent[29]. Bref, il fallait ne rien toucher à l'antique constitution du royaume. Même l'aliénation des chasses ecclésiastiques pour rembourser les dettes du clergé déplaisait fort. Mgr de La Luzerne, évêque duc de Langres, trouvait « qu'il serait certainement très désagréable pour un évêque, et surtout pour un évêque duc et pair, de ne pouvoir faire tuer un lièvre autour de sa résidence et de voir des paysans venir tirer sous les fenêtres de son château[30] ».

Le déficit continuait de troubler les esprits. Le maréchal de Beauvau, partisan de Necker, Angran d'Alleray, Le Blanc de Castillon, le duc de Guines, La Fayette, entre autres, revinrent sur la question. En 1781, commentaient-ils, on nous a dit qu'il y avait un excédent budgétaire, aujourd'hui on nous annonce un profond déficit. Nous voulons juger sur pièces, voir les états d'il y a six ans et ceux d'aujourd'hui. Avant de réformer, il serait peut-être bon de rendre des comptes un peu plus précis ! Longtemps illusionnés par les propos lénifiants des contrôleurs généraux successifs, les grands du royaume semblaient découvrir avec effarement la brutale réalité d'un pays saigné financièrement par la guerre d'Amérique. Le comte d'Artois, qui avait pris fait et cause pour la Révolution royale, y compris dans ses aspects les plus antinobiliaires, fit remarquer à Mgr de La Luzerne que le compte rendu de M. de Calonne avait reçu l'approbation du roi, « fruit d'un long travail ». « L'un des deux est faux ! » s'exclama le prélat, et Artois répondit : « Oui, sûrement un des deux, et celui d'aujourd'hui me paraît plus sûr que l'autre[31]. »

Sentant que les choses tournaient à l'aigre, le contrôleur général prit soin d'expliquer à Necker qu'il avait été obligé de parler du déficit, mais qu'il s'était gardé de faire allusion à son *Compte rendu*, comme convenu[32]. Le Genevois ne l'entendit pas de cette oreille. Comment ! Ce dispendieux charlatan osait lui faire la leçon ! Il explosa, criant à la diffamation et brandissant son honneur blessé. Louis prit la défense de Calonne, expliquant à Castries, qui servait d'intermédiaire et essuyait ses accès de mauvaise humeur, qu'il était certain des chiffres, qu'il les avait examinés et qu'il interdisait en conséquence à l'ancien directeur général des Finances de faire la moindre justification publique ou d'imprimer quoi que ce fût.

Le salon mondain de l'élégante et piquante Mme de Beauvau, au faubourg Saint-Honoré, était le quartier général des partisans de l'ancien banquier. Y venaient également les tortueux prélats de la coterie de Loménie dont la suprême habileté, comme le souligne Besenval dans ses *Mémoires*, consistait à intéresser une partie de la noblesse à leurs querelles de sacristie[33]. Miromesnil et sa clientèle de gens de robe, dont le premier président du parlement de Paris, Etienne François d'Aligre, formaient la troisième cabale, poussant au Contrôle général une de leurs créatures, Le Camus de Néville, intendant de Bordeaux (créature, le mot n'est pas trop fort : Néville passait en effet pour être le fils naturel de Miromesnil). Le soir, les parlementaires présents à Versailles se retrouvaient chez lui pour des discussions chaleureuses et animées. Chaque premier président informait ses correspondants de province des dernières décisions, de façon à présenter une opposition uniforme dans tous les parlements du royaume[34]. De ces ténébreux conciliabules, Calonne était instruit et avertissait le roi qui fit surveiller les correspondances de son garde des Sceaux. C'est dire si le Conseil d'Etat était divisé !

Calonne réagit

Peu à peu le contrôleur général sentait monter en lui l'anxiété. D'après ses derniers pointages, la subvention territoriale allait être rejetée à la majorité. Il lui fallait obtenir un nouvel appui du roi, l'engageant davantage encore. Dans ce but, il le pria d'approuver un nouveau mémoire de son cru, intitulé *Supplément sur l'impôt territorial*, qui ferait connaître à ces messieurs les points non négociables de la réforme, à savoir que toutes les terres y seraient assujetties, sans exception ni possibilité de rachat ou d'abonnement à tarif réduit, que le taux varierait selon leur rendement[35]. Louis XVI donna son approbation.

Le 28 février 1787, Calonne fit remettre ce mémoire aux présidents des sept bureaux, ce qui ne l'empêcha pas d'ouvrir des discussions officieuses avec l'opposition, notamment avec les cinq principaux prélats, les archevêques de Narbonne, Aix, Toulouse, Bordeaux et Reims. Le 1er mars, selon les *Mémoires* de Weber, il aurait demandé à Loménie de Brienne une trêve. « Ne soyons qu'au roi et à l'Etat. Il n'y a personne ici qui ne doive frémir si cette opération échoue : c'est une dernière ressource. [...] Faisons un marché, vous et moi : soutenez mon opération et ensuite prenez ma place[36]. » L'autre se contenta de ricaner. Sans ambages, Mgr de Dillon lui déclara : « Vous voulez donc la guerre ? Eh bien, vous l'aurez. Nous vous la ferons bonne, mais franche et ouverte. Au moins, vous vous présenterez aux coups de bonne grâce. – Monseigneur, répondit Calonne, en jetant un œil sur Brienne, je suis si las de ceux qu'on me porte par-derrière que j'ai résolu de les provoquer de front. »

Le 2, une conférence se tint chez Monsieur où vinrent les six autres présidents de bureau, accompagnés chacun de cinq membres de leur commission. Calonne, placé pour ainsi dire sur la sellette, fut soumis à un feu roulant de questions lui laissant à peine le temps de répondre[37]. A la mauvaise volonté, aux attaques souvent grossières, aux objections imprévues, aux bottes captieuses il opposa un calme olympien, répliquant avec éloquence et clarté, reprenant le fil de son discours à chaque interruption. Au milieu d'un déchaînement de passions, difficile à imaginer chez des gens si raffinés, rien n'était parvenu à ébranler son flegme imperturbable. Son « talent prodigieux », selon le mot de Talleyrand, forçait l'admiration de ses adversaires[38]. Mais on allait à l'impasse. Vainement, il avait tenté de raisonner ces furieux. « Le besoin de l'Etat crie ! » leur dit-il. Loménie lui rétorqua : « Il fallait agir il y a un an, avant que le besoin criât. »

A l'issue de cette séance qui avait duré près de six heures, le programme gouvernemental était mis à mal sur ses points essentiels : non seulement il était admis que l'assemblée pourrait discuter librement de tout, mais le contrôleur général avait dû avouer un déficit de 112 millions (dont 12 millions au titre des imprévus). Acceptant de faire la part du feu, il renonçait à la perception en nature de la subvention territoriale, l'essentiel étant pour lui l'équité dans sa répartition. Les opposants avaient virtuellement gagné quand, le 3 mars, Loménie de Brienne avança une contre-proposition que Calonne se déclara prêt à discuter : la subvention territoriale serait perçue en argent et d'une durée limitée. Il serait possible de s'y abonner. La note de réponse du ministre rectifiait humblement à la hausse le montant du déficit : 115 millions...

Necker profita du tumulte pour intervenir ; il demanda à comparaître devant les Notables. Le roi commit l'erreur d'imposer silence à Calonne, prêt à en découdre. Brillant orateur et habile technicien comme il l'était, disposant des ressources documentaires suffisantes pour désarçonner son adversaire, il avait les moyens de venir à bout de son adversaire qui se serait sans doute contenté de faire vibrer la corde sensible.

Hormis le comte d'Artois et le clan Polignac, représenté à l'assemblée par le prince de Robecq, hormis deux ou trois conseillers d'Etat, dont Claude Lambert et Pierre Laurent de Villedeuil, personne ne soutenait fermement Calonne, ni Monsieur, bien entendu, ni les princes du sang, qui se dérobaient. Les représentants de la noblesse d'épée à l'assemblée condamnaient dans le contrôleur général ce qu'ils exécraient le plus, le « despotisme ministériel », se doutant bien que l'égalité fiscale, l'imposition de tous les Français et la tyrannie du cadastre contribueraient au nivellement social et anéantiraient leurs libertés immémoriales au seul profit du trône. Les parlementaires – les robes rouges – étaient sur la même longueur d'onde. Ils se souvenaient de Calonne, l'homme à robe noire, qui s'était acharné sur le procureur général La Chalotais. Quant au clergé, crispé sur ses privilèges, qu'il tenait pour la juste contrepartie de ses devoirs sociaux et religieux, il était à la pointe de l'opposition. C'était lui qui avait le plus à perdre. Rien ne devait changer de son statut et très peu de celui des autres. Ces grands prélats n'étaient pourtant pas des médiocres, de sombres ignorants ou des cervelles d'oiseau comme Rohan. Très au fait des questions d'administration, ils avaient l'habitude des manœuvres de couloir et des tactiques d'assemblée. Le fastueux Mgr de Dillon, qui présidait l'assemblée du clergé de France et les états du Languedoc, n'était pas un enfant de chœur ; Mgr de Séguiran, évêque de Nevers, passait pour un expert financier de haut vol, de même que Mgr Dulau, archevêque d'Arles, ancien agent général du clergé ; Mgr de Boisgelin avait à Aix la réputation d'un organisateur hors pair. Leur chef de file, Loménie de Brienne, moins solide techniquement sur le plan financier, était fort du soutien de la reine et de la cour de Vienne. Se posant ouvertement en chef de l'opposition, il avait conscience qu'en ces jours cruciaux il jouait sa carrière politique. Il se voyait déjà le successeur de Richelieu, de Mazarin ou du cardinal de Fleury.

Pourtant, les discussions continuaient. A la demande de Louis XVI, chaque bureau établit un bref résumé de ses propositions. Sur ces bases, une nouvelle réunion se tint chez Monsieur. Des progrès avaient été accomplis. On ne pouvait taxer les Notables d'immobilisme. Ils avaient eu la bonté d'adopter ce qui gênait le moins leurs privilèges : la réduction de la taille, la réforme de la corvée, la libre circulation des grains ; ils acceptaient le principe des assemblées provinciales, du doublement du tiers et même du vote par tête. Mais, en contrepartie, ils revendiquaient la présidence exclusive de ces organismes. En aucun cas ils ne se résolvaient à la « compression des états et des rangs ». Cinq bureaux sur sept finirent par adopter le principe de l'égalité de l'impôt, mais ce fut pour rejeter la subvention territoriale en nature et adopter la proposition de Loménie de Brienne d'une taxe de durée limitée, payable en argent. Quant aux dettes de l'Eglise de France, leur examen était renvoyé à l'assemblée générale du

clergé, ce qui était une manière de leur réserver un enterrement de première classe.

Toutes ces contre-propositions étaient d'ailleurs subor-
données à l'examen par les Notables du déficit et des
mesures d'économie à envisager. Cette prise de pouvoir
par un organe consultatif, qui se transformait insidieuse-
ment en assemblée délibérante, était inadmissible. Un
Richelieu se serait tiré de ce mauvais pas en congédiant
d'autorité ces messieurs. Calonne, temporisateur, homme
de dialogue et de compromis, au surplus robin d'origine
modeste, impressionné par les princes du sang et les
grands seigneurs aux illustres blasons, n'était pas de cette
trempe. De plus, il ne se sentait pas suffisamment appuyé
par Louis XVI, ennemi des coups d'éclat, qui ne voulait
pas passer pour un despote, comme il l'avait confié à Castries. Après l'étape des Notables, n'oublions pas qu'il restait celle du Parlement. On était loin d'en avoir terminé.
Calonne essaya donc de finasser.

Le 12, à l'assemblée plénière, il affecta de croire que
seules des divergences de forme l'opposaient aux participants. Et pour faire diversion, il aborda la suite du programme, exposée dans huit autres mémoires. C'étaient
des réformes de fond de tiroir, touchant au droit de jauge
et courtage, à celui de marque des fers, de la fabrication
des huiles et savons, à l'impôt sur le tabac, qui provoquè-
rent quelques bâillements significatifs. Il en vint à un plat
plus consistant : la suppression des douanes intérieures.
D'après ses calculs, le fisc risquait de perdre 5,5 millions
de recettes annuelles, mais il avait l'intelligence de ne pas
s'en inquiéter : l'expansion économique et la disparition
de la contrebande intérieure compenseraient largement ce
manque à gagner. Du reste, le « reculement des barrières » s'imposait après le traité de libre-échange signé
avec l'Angleterre. Dans le souci de simplifier et d'humani-
ser la gabelle, Calonne proposa enfin un plan de réduction de cet impôt dont la répartition serait confiée aux
assemblées provinciales.

Mais ces propositions n'intéressaient plus les Notables qui s'irritaient de ne pas recevoir satisfaction du pouvoir royal sur les états financiers. Ils accusaient le ministre de dénaturer leurs propos. Bref, le fossé de la suspicion s'élargissait. Le duc d'Orléans renonça à siéger et s'en alla chasser. Les protestations des différents bureaux se multipliant, Louis XVI accepta d'incorporer leurs réclamations au procès-verbal de la séance du 12 mars.

Enhardis par ce premier succès, les Notables prirent des initiatives qui ne leur appartenaient pas. Ils pétitionnèrent, émirent des *arrêtés*. Le bureau du prince de Conti proposa l'abolition pure et simple de la gabelle, sans se soucier du déficit. La Fayette, qu'on avait peu entendu jusque-là, fit voter par le bureau du comte d'Artois une motion demandant la libération sans condition de tous les contrebandiers de la gabelle. Chacun s'agrippait à sa motte de terre, ergotant et discutaillant sans fin.

L'appel au peuple

Le débat politique avait gagné l'opinion éclairée. Une curieuse fièvre sévissait dans les salons du faubourg Saint-Germain, particulièrement chez la duchesse d'Enville, où se retrouvaient Condorcet, La Fayette, Du Pont et le duc de Liancourt. Dans les clubs à l'anglaise qui s'étaient ouverts au premier étage des galeries du Palais-Royal, on parlait de la subvention territoriale entre deux parties de whist. Mirabeau, de son côté, était mécontent de ne pas avoir été invité à siéger, lui qui se serait bien vu au secrétariat de l'assemblée, à la place de Du Pont. Le 18 mars, le public avait pu prendre connaissance de son violent pamphlet, intitulé *Dénonciation de l'agiotage* qui, sans ménager la politique de Necker, s'en prenait à Calonne et à ses amitiés douteuses dans les milieux d'affaires. (Un de ses caissiers, chargé de soutenir les actions de la Compagnie des Eaux et de la Compagnie des Indes, s'était suicidé.) Pour échapper à la lettre de cachet, l'imprévisible Provençal s'était réfugié dans les Pays-Bas autrichiens, mais il avait fait mouche. L'impopularité de son ancien employeur ne faisait que s'amplifier. Louis XVI allait-il le sacrifier comme Turgot ? A bon droit, Calonne s'en inquiéta. « Ne craignez rien, lui répondit le roi, j'étais enfant alors ; maintenant je suis homme. »

Tous deux méditèrent un grand coup politique : en appeler au peuple, par-dessus les élites, sans consulter le Conseil d'Etat trop divisé. L'affaire fut tenue secrète jusqu'au lundi 2 avril, veille des vacances de Pâques. Ce jour-là, l'imprimeur Pierres, de Versailles, publia le texte intégral des quatorze mémoires de Calonne, précédé d'un copieux *Avertissement*, rédigé par l'avocat Pierre Jean Gerbier et sans doute corrigé de la main même du roi. Le dimanche des Rameaux 1er avril, un extrait de cet *Avertissement*, tiré à plus de 40 000 exemplaires, fut diffusé dans Paris par des colporteurs et lu en chaire par les curés. On le distribua en province jusque sur les marchés des petites villes.

L'objet de ce texte était d'instruire l'opinion des véritables intentions du roi et de répondre aux campagnes de désinformation des Notables. Non ! Il ne s'agissait pas de décréter de nouveaux impôts, mais de réformer les abus et de permettre une perception plus exacte de ce qui revenait au souverain. Le peuple y gagnerait un allègement de charges d'au moins 30 millions, auxquels s'ajouterait la suppression du troisième vingtième. « Des privilèges seront sacrifiés… Oui, la justice le veut, le besoin l'exige. Vaudrait-il mieux surcharger encore les non-privilégiés, le peuple ? Il y aura de grandes réclamations… On s'y est attendu. Peut-on vouloir le bien général sans froisser quelques intérêts particuliers ? Réforme-t-on sans qu'il y ait des plaintes ? »

Louis et Calonne avaient compris la nécessité d'en appeler à l'opinion publique, cette force nouvelle et irrésistible à laquelle Necker, avec son *Compte rendu*, avait dû son succès et qui pouvait servir d'étai à un pouvoir menacé par les nantis. Sans doute y avait-il danger à élargir le débat, mais le risque était accepté : il s'agissait de sauver la souveraineté royale. C'était du reste une vieille tradition que cette alliance de la royauté et du tiers contre les baronnies et les féodalités. D'instinct, Louis XVI avait toujours préféré son peuple à la Cour – on a vu quelle avait été sa joie lors de son voyage à Cherbourg –, mais dans le microcosme versaillais la pression de la société aristocratique, religieuse et laïque était telle qu'il avait été dans l'incapacité de faire prévaloir ses sentiments. Sous son règne, la puissance des privilégiés s'était même accentuée, comme en témoigne l'édit de Ségur. Maintenant cette idée refaisait surface, dans un contexte d'aspiration au changement qui lui redonnait consistance.

Les Notables le comprirent. C'était tout l'édifice de la monarchie, appuyé sur la société d'ordres et la noblesse, qui était en cause. C'est « indigne de l'autorité royale », fit le procureur Le Blanc de Castillon. Le bureau de Monsieur se scandalisa de voir « se rompre la chaîne invisible qui lie tous les citoyens à l'obéissance et contient le peuple par l'exemple et l'influence des grands ». Celui du duc d'Orléans s'offusqua du procédé, de même que le bureau du duc de Bourbon : « La forme insolite d'une sorte d'appel au peuple répugne à la constitution d'un Etat monarchique où les intentions du souverain ne se transmettent jamais à la Nation que par l'organe des lois. »

Sans se démonter et avec un brin de provocation, Louis XVI confirma aux Notables son plein accord sur le texte de l'*Avertissement*, ajoutant de manière faussement ingénue qu'il n'y avait rien trouvé qui pût leur faire de la peine ! La fermeté royale eût été payante si elle avait trouvé un point d'appui populaire. Malheureusement, l'appel tomba à plat. Une indifférence totale ! Pis, ce fut de la part des libellistes et des journalistes populaires un rejet unanime de Calonne, victime de sa réputation de légèreté, tenu pour un courtisan ambitieux, gaspilleur et malhonnête, contrastant avec l'auréole de vertu dont on parait son rival Necker, l'homme qui plaisait à tous. La Bourse baissa, les capitalistes, les financiers s'inquiétèrent.

Pour Louis XVI, isolé plus que jamais, le silence de l'opinion fut un terrible choc.

La journée des Dupes

Le roi subit alors une pression énorme, insupportable, de la part de son entourage, pour qu'il disgraciât son contrôleur général, infiniment plus forte qu'au moment du renvoi de Maupeou ou de Turgot. Pour ces deux derniers, il avait au moins donné son acquiescement, pour Calonne ce fut pis, on lui força la main ! Au harcèlement des Notables, aux charges maladroites de La Fayette partant en guerre contre ce « monstre de l'agiotage » et l'accusant sans preuve de prévarication, s'ajoutèrent les sourdes manœuvres des clans Brienne, Necker et Miromesnil. Fielleusement, les gardes du Trésor royal firent croire au roi qu'il n'y avait plus un sou dans les caisses et que sous huitaine il faudrait proclamer la banqueroute[39]. Fidèle à ses méthodes, Miromesnil mit une nouvelle fois en garde son maître contre le dangereux personnage qui voulait le brouiller avec les évêques, les nobles et les ministres réunis, et menaçait le bonheur de son règne[40]. Il lui fit parvenir une correspondance de l'ancien contrôleur général Joly de Fleury, assurant qu'il n'y avait point de déficit à son arrivée aux Finances (ce qui était en contradiction avec ses affirmations précédentes…).

L'entrée en lice de Marie-Antoinette fut déterminante. Son antipathie pour Calonne, nourrie au fil du temps, renforcée par l'affaire du Collier, s'était transformée en haine. N'y voyons aucun raisonnement politique : la petite reine n'aimait pas Calonne, elle voulait s'en débarrasser, voilà tout. Elle était en froid pour cette raison avec Artois et le groupe Polignac. Cette étourdie ne comprenait pas que, par son attitude d'enfant capricieuse, elle protégeait les mutins des Menus-Plaisirs. Besenval lui en fit le reproche : « Moi ! répondit-elle ; point ! j'étais absolument neutre. – C'est déjà trop que d'être neutre dans une telle circonstance [...]. Soyez bien convaincue, Madame, que la gloire ou le discrédit du roi rejaillit toujours sur vous[41]. »

Son candidat, Loménie de Brienne, qui était aussi celui de Mercy-Argenteau, fit parvenir au roi un mémoire dans lequel il proposait un plan de réformes acceptable : 20 millions d'économies, une subvention territoriale modifiée en impôt de répartition fixé à 50 millions, 20 millions de droit de timbre... Le roi l'apostilla par des remarques pertinentes qui balayaient certaines de ses fanfaronnades. Sur les mesures d'économie, c'était le scepticisme : « Ce serait beaucoup si l'on arrive aux 20 millions sans diminuer les troupes ou la marine. » Méconnaissant les mécanismes financiers élémentaires, Loménie de Brienne croyait réduire d'autorité les taux d'intérêt des emprunts. Louis lui répondait : « Il est sûr qu'il y a une grande économie et réelle en diminuant le taux d'intérêt de l'argent ; mais cela ne se peut faire que quand le crédit est bien assuré et qu'on est assez fort en argent pour faire la loi aux capitalistes[42]. » Un mémoire complémentaire de Mgr de Boisgelin posait clairement la candidature de Brienne à la succession de Calonne et se portait fort du soutien des Notables à son programme de rechange[43].

Sentant sa chute prochaine, le contrôleur général joua son va-tout. Il courut chez le roi se plaindre de la reine. Si l'on en croit lord Holland, qui tenait le fait de l'intéressé, « Louis XVI haussa d'abord les épaules à l'idée que la reine (*une femme*, comme il l'appelait) se formât ou hasardât une opinion à ce sujet. Puis M. de Calonne lui certifiant que la reine avait parlé de son projet et l'avait censuré, le roi fit appeler Sa Majesté, et, après l'avoir durement et même grossièrement réprimandée de ce qu'elle se mêlait d'affaires "auxquelles les femmes n'ont rien à voir", il la prit par les deux épaules et, au grand ébahissement de Calonne, la fit sortir de l'appartement comme un enfant pris en faute : "Me voilà perdu", se dit Calonne[44] ».

On comprend que Marie-Antoinette, après une telle scène, ait résolu la prompte disgrâce du contrôleur général. La tâche n'était pas mince. Elle savait le roi têtu. Il fallait le chambrer, ruiner son engouement « incroyable » pour lui. Faute de le convaincre des bonnes intentions des Notables, du moins pouvait-on lui suggérer de faire du « calonnisme » sans Calonne : l'absence d'autorité morale, l'impopularité croissante de l'homme rendaient quasiment impossible la poursuite de son plan en sa compagnie. Madame Adélaïde elle-même renchérit. Les grandes manœuvres durèrent une partie de la semaine sainte.

Calonne lança une nouvelle contre-attaque. Il proposa au roi la constitution de ce qu'on pourrait appeler un ministère de combat, homogène et ramassé. Miromesnil et Breteuil seraient renvoyés et remplacés, l'un à la Justice par un cousin de Malesherbes, Chrétien François de Lamoignon, président à mortier au parlement de Paris, l'autre à la Maison du roi par Jean Charles Lenoir, conseiller d'Etat et ancien lieutenant général de police de Paris. Le comte de Puységur, lieutenant général, prendrait la place du maréchal de Ségur, et l'amiral d'Estaing celle de Castries. Le roi l'accepta, mais, apprenant que son protégé Breteuil allait être démissionné, Marie-Antoinette fit une violente scène à son mari. Elle le harcela jusqu'à ce qu'il revînt sur sa décision[45]. D'après un récit du duc de Montmorency, Louis bouda, l'injuria, mais finit par s'incliner. Soit, Breteuil resterait et Calonne s'en irait, mais, par une sorte de compensation, à son tour il vitupéra Miromesnil qui avait tout fait pour saboter son entreprise. « Puisque vous en êtes là, Sire, lui dit Provence, survenu entre-temps, renvoyez les deux. »

Ainsi, en ce jeudi saint 5 avril 1787, véritable journée des Dupes, Calonne, après avoir tout gagné pendant quelques heures, avait perdu l'essentiel, sa propre place. Louis proposa le Contrôle général à Antoine Chaumont de La Millière, intendant des Ponts et Chaussées et des Hôpitaux, qui avait mis en œuvre la réforme des corvées en novembre 1786. Dans sa lettre, il lui expliquait sa ferme détermination de maintenir l'architecture essentielle de son plan, tout en admettant que, sur des points mineurs, on pourrait tenir compte des objections des Notables[46].

Le vendredi et le samedi saint, Calonne sollicita en vain une audience du roi. A Pâques, il reçut son congé. Il est mort le jour de la Résurrection, plaisantèrent ses ennemis ! Miromesnil, qui venait de perdre une de ses filles, fut ménagé jusqu'au lendemain, jour où il apprit son remplacement par le président de Lamoignon. Le roi passa le reste de sa mauvaise humeur sur Necker qui venait de publier sans autorisation un mémoire justifiant son ancienne gestion. Le 12, il l'exila à vingt lieues de Paris. « Tout Paris, écrit Mme de Staël, vint visiter M. Necker pendant les vingt-quatre heures qu'il lui fallut pour faire les préparatifs de son départ[47]. » On s'y précipitait d'autant plus que le geste apparaissait comme un défi à Louis XVI.

Le mot de la fin revint à Chamfort : « On avait laissé tranquille M. de Calonne quand il a mis le feu, dit-il, et on l'a puni quand il a sonné le tocsin ! » Plaisante formule qui n'est que partiellement vraie. Dans les coulisses de la vieille monarchie, le feu couvait depuis longtemps, et c'était le « vent d'Amérique » qui l'avait brusquement fait partir.

2

Loménie de Brienne

Brienne au pouvoir

Par qui remplacer Calonne ? Avec sa gouaille des mauvais jours, Louis avait grommelé qu'il ne voulait « ni
neckraille ni prêtraille ». Il tenait à poursuivre son programme royal, quitte à en rabattre sur certains points,
afin d'arracher l'accord des Notables. Ce programme, il le
jugeait essentiel, indispensable même pour l'avenir de la
Couronne et la prospérité de son peuple. C'est dans cette
perspective qu'il imagina de nommer un homme de paille
au Contrôle général. Chaumont de La Millière s'étant
dérobé, il fit appel à Michel Bouvard de Fourqueux,
vieillard goutteux et fatigué, qui avait l'avantage d'avoir
collaboré avec Calonne aux mémoires de la quatrième
section. Celui-ci accepta le poste comme un soldat en service commandé, prêt au sacrifice. C'était un juriste, bon
magistrat et bon administrateur ; malheureusement, au
témoignage de Saint-Priest, il n'entendait rien à la politique, y compris à de simples articles de gazette[1]. Aussi
n'ouvrira-t-il jamais la bouche au Conseil. En l'accueillant
à la Chambre des comptes, le président de Nicolaï lui
avait déclaré avec une malicieuse perfidie : « Il vous a été
donné, Monsieur, d'éclairer sans éblouir... L'Etat avait
besoin de vertus délicates et de talents modestes : on vous
a nommé... » D'abord consigné à Versailles, puis installé à
l'hôtel du Contrôle général, rue Neuve-des-Petits-Champs

à Paris, Calonne, en accord avec le roi, continuait de tirer les ficelles. Sa lettre de renvoi avait été des plus « honnêtes », et M. de Montmorin, chargé de la lui porter, avait reçu instruction de l'accompagner de « choses flatteuses[2] ». L'ancien ministre travailla jour et nuit durant une semaine à l'achèvement des mémoires de la quatrième section, puis il fut invité à s'éloigner en sa campagne de La-Croix-de-Berny, non loin de Paris.

Le 23 avril, Louis se rendit à l'assemblée pour y présenter son programme révisé et y faire lire les textes de la quatrième section. Il avait tenu compte de certaines exigences figurant dans le mémoire de Loménie de Brienne, qu'il avait annoté : la présidence des assemblées reviendrait aux ordres privilégiés ; la subvention territoriale serait limitée et ajustée en montant et en durée au volume du déficit ; le clergé y serait soumis mais pourrait administrer sa dette et lever ses décimes ; les états des recettes et dépenses seraient communiqués ; des économies d'une quinzaine de millions seraient réalisées. On applaudit à ces concessions. Mais quand il fut question de la hausse très sensible du papier timbré et de la réforme des aliénations du Domaine, le pouvoir se heurta à la même mauvaise volonté des Notables. Signe de perte de confiance, le cours des effets royaux baissait dangereusement. Fallait-il capituler ? Parti comme on l'était, il n'y avait malheureusement pas d'autre issue. « Quel changement en quinze jours ! exultait Brienne. Le roi a repris avec la Nation le ton qu'il doit avoir ! » L'archevêque trouvait un malin plaisir à contempler la mise à mort du pauvre Fourqueux. Terrible épreuve pour Louis XVI, totalement isolé.

Et les ministres eux-mêmes s'en mêlèrent. Le baron de Breteuil, le comte de Montmorin et le nouveau venu au Conseil, le président Chrétien François de Lamoignon, se concertèrent. Connaissant l'extrême répugnance du monarque pour Necker et n'ignorant pas le vœu de la reine, ils en vinrent à la conclusion qu'il fallait appeler l'archevêque de Toulouse. Disposant de la pleine confiance des Notables, lui seul pourrait sortir le pays de la crise. Ils montèrent chez le roi. On imagine la grimace de celui-ci. Un prêtre athée, aux mœurs dissolues, à qui il avait barré la route de Notre-Dame (« Il faudrait au moins à Paris un archevêque qui crût en Dieu ! » s'était-il alors exclamé) ! Un prétentieux mitré ! Un démagogue en camail, incompétent en matière financière ! Tout en lui lui répugnait, y compris ses quintes de toux opiniâtres et cet horrible eczéma qui lui rongeait le visage et le corps et qui, comme il le disait avec sarcasme, faisait tomber en poussière tous les papiers passant entre ses mains. Il lui fallut se soumettre. « Peut-être, dit-il à ses trois interlocuteurs d'un ton de Cassandre, vous repentirez-vous du conseil que vous venez de me donner ? »

Le même jour, 23 avril, il reçut l'arrogant postulant. Fait significatif, la reine assista à l'entretien. Le prélat, persuadé de ramener l'aisance financière grâce à l'appui des Notables, se crut assez fort pour poser deux conditions avant de prendre en main les affaires : le retour de Necker, qui lui serait associé, et la convocation des états généraux. Louis eut un haut-le-cœur : « Quoi ! Monsieur l'Archevêque, vous nous croyez donc perdus ? Les états généraux ?.... Oh ! On peut bouleverser l'Etat et la royauté, tout ce que vous voudrez, hors ces deux moyens ! Réformes, économies, la reine et moi sommes tout prêts, mais, de grâce, n'exigez ni M. Necker ni les états généraux[3]. » Il ajouta : « Avec vous, je peux me passer de lui ! »

Brienne n'insista pas. Le 1er mai au matin, il entra au Conseil d'Etat avec rang de ministre et reçut la présidence du Conseil royal des finances, le poste de Vergennes, qui donnait à son titulaire la prééminence en matière budgétaire. On ne pouvait, en effet, nommer un prince de l'Eglise aux fonctions trop techniques et peu reluisantes de contrôleur général des Finances. Le même jour, Bouvard de Fourqueux démissionna. Par égard pour lui, on lui conserva sa place silencieuse au Conseil. Il fut remplacé par Pierre Charles Laurent, seigneur de Villedeuil, maître des requêtes et intendant de Rouen, un simple exécutant aux ordres de Loménie de Brienne.

Le changement de cap

Ainsi, en ce printemps de 1787, la Révolution royale de Louis XVI et de Calonne avait été plus ou moins dénaturée par la contre-révolution aristocratique, par le refus des ordres privilégiés de participer à l'effort fiscal et la savante dérobade de trois ministres, Miromesnil, Castries et Breteuil. Une manière sommaire, très imparfaite, de parlementarisme semblait s'instaurer. La réalité du pouvoir passait aux mains de l'archevêque de Toulouse, fort de l'appui des Notables. Du Pont s'en désola. Avec l'échec de l'impôt universel de quotité, c'était l'abandon de « la constitution vraiment sociale » de Calonne. « La France, écrivait-il le 11 juillet, est devenue une république où il reste un magistrat décoré du titre et des honneurs de la royauté, mais perpétuellement obligé d'assembler son peuple et de lui demander de pourvoir à ses besoins, auxquels les revenus publics seraient, sans ce nouveau consentement national, perpétuellement insuffisants[4]. » Une comparaison revenait souvent dans les propos, et il serait surprenant que le roi n'y eût pas prêté attention, étant donné son goût pour l'histoire de l'Angleterre : la chute de Strafford, le plus fidèle ministre de Charles Ier, abandonné par lui et condamné à mort par ses ennemis du Parlement, avait été le commencement de la fin du malheureux Stuart[5]…

L'erreur de Louis XVI et de Calonne fut de ne pas s'être donnés les moyens d'imposer leur révolution par le haut. Ce n'est pas en consultant une assemblée représentative du type de société que l'on voulait transformer que l'on pouvait abattre le mur de l'argent et des privilèges. Fallait-il au préalable réformer la magistrature et domestiquer les parlements ? C'était peut-être la voie à suivre. La monarchie manquait en réalité de relais au sein de l'opinion, comme l'avait prouvé l'échec pathétique de son appel au peuple. Malgré ses efforts, elle n'avait pas assez de propagandistes, de publicistes, de plumes, polémistes ou passionnées, capables de persuader l'opinion que l'union de la Couronne et du tiers état, voulue par le monarque, était la meilleure manière de mettre fin aux abus. Etouffé par le clergé et la haute noblesse, le pouvoir royal souffrait d'un tragique déficit de communication. Lent et pataud comme un animal antédiluvien, il n'avait pas su s'adapter aux temps nouveaux, conquérir l'espace politique public qui s'était ouvert dans la société des Lumières. Lucide et réformateur en certains côtés, il demeurait aveugle et rétrograde en d'autres. La situation nouvelle exigeait rapidité et flexibilité. Il n'y parvenait pas. Il est vrai que communiquer n'est pas seulement transmettre, c'est aussi faire partager. Or la monarchie était plus que réticente à partager le domaine dont elle détenait jalousement le monopole, la politique. Certes, elle avait conservé des temps louis-quatorziens ce goût de la pompe et de la magnificence qui en imposait par ses « cérémonies de l'information » – grandes parades militaires, solennités du sacre, des lits de justice ou de réunion des Notables par exemple –, mais ce style de propagande condescendante, qui servait davantage à éblouir qu'à convaincre, s'adressait à la Nation ordonnée et hiérarchisée, non à la foule atomisée des citoyens, où se forgeait l'opinion.

La nomination de Brienne ouvre un chapitre nouveau dans l'histoire du règne. Louis, amer, découragé, sombra dans un état de dépression grave. Il avait conscience qu'en se faisant imposer quelqu'un dont il ne voulait pas par une assemblée de simples conseillers, il infligeait à la fonction royale une défaite majeure. Sans doute éprouvat-il du ressentiment à l'égard de la reine, mais en même temps, en plein désarroi, il semblait ne plus pouvoir se passer d'elle. Nœud psychologique complexe ! Devant ses échecs répétés, il avait perdu confiance. Comme toujours, les contrariétés se répercutèrent sur son état physique. En proie à des sentiments d'humiliation, de frustration, frappé de dégoût et d'apathie, il donnait l'impression de vouloir se retirer des affaires. Crise dépressive, asthénie, autisme, aplasie psychologique, dérive schizophrénique, le diagnostic est difficile à prononcer, mais ne doutons pas de la profondeur du mal.

L'échec de sa révolution a été l'un des grands drames de sa vie, vécu comme un traumatisme. Le caractère du roi, tel que nous le décrivent habituellement les Mémoires et récits du temps – faiblesse, hésitation extrême, indifférence, dépendance à l'égard de sa femme, sans oublier ses silences si lourds et si pesants –, prend à ce moment-là sa vraie dimension. Pour calmer ses nerfs, il multiplie les parties de chasse. Alors que les Notables sont encore en session, son agenda montre qu'il s'absente les 11, 14, 16, 19, 21 et 24 avril. Une fringale d'évasion et de grand air l'étreint, manière de se fuir lui-même. Au cours de l'une de ces chasses, on raconte que, s'étant retiré à l'écart dans la forêt, le prince de Poix, son capitaine des gardes, le découvrit accablé, le visage baigné de larmes[6]. « Le corps s'épaissit, écrit Mercy-Argenteau à Joseph II le 14 août, et les retours de chasse sont suivis de repas si immodérés qu'ils occasionnent des absences de raison et une sorte d'insouciance brusque très fâcheuse pour ceux qui ont à la supporter. La reine est presque la seule qui ne se ressente pas de cet inconvénient ; elle est crainte, respectée par son époux[7]… » Louis XVI n'est plus Louis XVI, ou plutôt si, il commence à ressembler au modèle conventionnel ! Le 19 mai, selon Mercy, il pleure chez la reine sur l'état tragique dans lequel se trouve le royaume. Un mois et demi auparavant, il lui contestait le droit de se mêler de politique !

A partir de ce moment, l'influence de cette dernière, jusque-là discrète et limitée, devint sensible. Elle participait aux comités ministériels, sans toutefois assister au Conseil d'Etat, toujours présidé par le roi. Agissant comme une sorte de co-souveraine, elle n'intervenait pas seulement pour favoriser ses clients, elle pesait sur la ligne politique. Ne nous méprenons pas sur ses intentions. Elle y mettait tout son cœur, toute son intelligence ; elle croyait bien faire, agir dans l'intérêt de son mari dont elle voyait les déficiences, plutôt que par goût du pouvoir. Elle souffrit d'ailleurs de cette intrusion dans un domaine qu'elle connaissait mal et fut vite gagnée par une sorte de découragement qui ressemblait à celui du roi. C'est à partir de cette époque qu'elle prit ses distances avec la ligne politique de Choiseul, mort en 1785, et du clan pro-autrichien, en dépit des représentations impatientes de Mercy-Argenteau. Déjà, en février 1787, elle avait eu des réticences à proposer le comte de Saint-Priest, jugé pro-autrichien, en remplacement de Vergennes. « Il prit tout à coup à la reine, se désolait Mercy-Argenteau, le scrupule qu'il n'était pas juste que la cour de Vienne nommât les ministres de celle de Versailles… » Un scrupule qu'elle n'avait pas eu lors de l'affaire de Bavière et celle de l'Escaut. Il reste que, s'il y avait un domaine dans lequel Louis XVI n'entendait céder à personne un pouce de terrain, pas plus à Brienne qu'à la reine, c'était celui de la politique étrangère.

Louis XVI s'était si fortement engagé derrière Calonne qu'il n'avait aucun moyen de le désavouer. Loménie de Brienne le comprit. Pour sauver la face – car il fallait la sauver – il ne restait qu'une méthode : frapper durement l'ancien contrôleur général non pas comme un homme politique, mais comme un criminel qui avait surpris la bonne foi de Sa Majesté. C'est ce que l'archevêque fit sans état d'âme, cherchant à prouver qu'il avait frauduleusement détourné de l'argent public. En réalité, le flamboyant Calonne, qui n'était pas sans défauts, loin s'en faut, ne s'était pas enrichi personnellement. Arrivé avec des dettes, ce panier percé repartait traqué par les mêmes créanciers. Mais il avait utilisé 11,5 millions de livres pour soutenir la Bourse qu'un syndicat de spéculateurs, encouragé par Breteuil, faisait baisser. Si quelqu'un méritait d'être fustigé dans cette affaire, c'était plutôt le pesant baron qui avait joué contre le crédit de l'Etat pour enfoncer son adversaire ! La seule erreur commise par Calonne, trop pressé, était de ne pas avoir observé les formes requises : il avait usé de la procédure des *acquits de comptant,* permettant de délivrer des ordonnances de paiement sans justification.

Poursuivi avec une rigueur implacable, le banni se retira sur sa terre d'Hannonville, près de Verdun, puis en Hollande et enfin en Angleterre. Il eut l'humiliation de devoir rendre le grand collier du Saint-Esprit. La rage au cœur, il nourrira une violente rancune contre la reine et sa créature, Breteuil. Quant aux Polignac, plus ou moins éloignés pour leur soutien à l'homme déchu, ils ne furent autorisés à revenir à Versailles qu'au début de juillet. L'amitié de la reine pour la petite duchesse Jules s'était refroidie.

Voici donc à l'œuvre Etienne Charles de Loménie de Brienne. A soixante ans, en dépit de ces dartres qui répugnaient tant au roi, il présentait un visage ouvert, intelligent, avec un large front, un fin nez aquilin et un petit œil malin, rusé même, disait Marmontel. Il appartenait à une vieille famille du Limousin qui avait poussé ses rameaux en Champagne – la prestigieuse terre comtale de Brienne avait été acquise par elle en 1627 – et avait donné plusieurs grands serviteurs à la monarchie : Antoine de Loménie, seigneur de La Ville-aux-Clercs, Henri Auguste et Louis Henri, comtes de Brienne, tous trois secrétaires d'Etat de Henri IV, Louis XIII et Louis XIV. Mais la famille avait plus de lustre que de fortune. Né le 9 octobre 1727, notre Loménie fut convaincu que l'Eglise offrirait à son ambition, qui n'était pas mince, une promotion plus rapide que la carrière des armes. Aussi, abandonnant son droit d'aînesse à son cadet, entra-t-il dans les ordres. Il fit ses études au séminaire de Saint-Sulpice, se lia d'amitié avec des esprits libres, comme d'Alembert, l'abbé de Véri, Turgot, Boisgelin, l'abbé Morellet... La vérité est qu'il n'avait aucune vocation religieuse. Il assimila avec une grande facilité la doctrine chrétienne, le droit canon, mais demeura dans son for intérieur vaguement déiste, voire athée. Après une thèse en Sorbonne qui fit quelque bruit, à cause de certaines propositions hasardeuses, il réussit à cacher ses pensées, s'efforçant de ne pas blesser le clergé traditionnel, s'indignant avec ostentation du progrès de l'irréligion et des mauvais livres et se montrant d'autant plus rigoureux sur la discipline ecclésiastique qu'il était lui-même relâché dans ses mœurs. Qui n'appréciait sa souplesse, sa vive intelligence et ses belles manières ? A vingt-cinq ans il était grand vicaire de l'archevêque de Rouen, à trente-quatre évêque de Condom, à trente-six archevêque de Toulouse et à quarante-trois membre de l'Académie française. Il plaisait aux femmes et les femmes lui plaisaient. Aussi les bonnes fortunes ne lui manquaient-elles jamais. Outre les aventures féminines, il collectionnait les riches abbayes : Bassefontaine, Moissac, Moreilles, Saint-Wandrille, auxquelles il ajouta plus tard Saint-Omer et Corbie… Très attaché à l'esprit de corps, cet émule du cardinal de Retz était le premier à défendre les droits de l'Eglise et les prérogatives de l'épiscopat. Il exerça, pour cette raison, une forte influence sur les assemblées générales du clergé. En 1766, Choiseul le choisit comme rapporteur de la Commission des réguliers, chargée de réformer les ordres religieux. Beaucoup étaient en crise et connaissaient un dépérissement rapide : violation des vœux de pauvreté, d'obéissance et de chasteté, dépenses somptuaires en bâtiments, autoritarisme des abbés, absence de piété, études insuffisantes, mauvaise influence du jansénisme et des idées nouvelles… La Commission, comme l'a montré Pierre Chevallier, procéda à une épuration brutale, souvent sans discernement. Les impératifs économiques et financiers l'emportaient sur les soucis de spiritualité, car l'épiscopat lorgnait les biens monastiques pour subvenir aux besoins de ses diocèses[8]. Le nombre de religieux passa de 26 674 en 1766 à 16 235 en 1789. Trois cent soixante-six maisons sur 2 966 furent supprimées. Des ordres entiers, qui souffraient d'un manque de recrutement, disparurent. Loménie n'y alla pas de main morte – ne l'avait-on pas surnommé l'« anti-moine » ? –, mais finalement il se montra davantage réformateur que destructeur.

C'était, du reste, un administrateur brillant. Dans son diocèse de Toulouse, il avait rétabli l'usage des conférences ecclésiastiques où de savants missionnaires faisaient assaut d'apologétique et de théodicée (mais il s'abstenait d'y paraître). On lui devait aussi la construction du canal de Brienne, joignant la Garonne au canal du Midi. Ses manières aisées de grand seigneur ondoyant contrastaient avec le ton froid et sévère qu'il savait parfois prendre, au point que certains, bien à tort, soupçonnèrent ce douceâtre aux allures papelardes de cacher un tempérament impérieux. Fin lettré, bibliophile averti, Brienne avait un caractère conciliant et le sens inné du compromis qui le rendaient peu apte aux décisions énergiques et tranchantes. Le duc de Montmorency-Luxembourg, qui le connaissait bien, lui trouvait « un extérieur doux, simple, facile, une conversation enjouée, une gaieté naturelle, une sorte de laisser-aller, un travail aisé[9]... » Excellente observatrice, Mme de Staël avait saisi l'ambivalence du personnage, soupçonnant une futilité molle sous le feu ardent de l'ambition et le vernis du mondain talentueux qui savait en imposer : « L'archevêque de Toulouse, écrit-elle, n'était ni assez éclairé pour être philosophe, ni assez ferme pour être despote ; il admirait tour à tour la conduite du cardinal de Richelieu et les principes des Encyclopédistes ; il tentait des actes de force, mais reculait au premier obstacle[10]. »

Les Notables remerciés

Persuadés qu'avec un des leurs au pouvoir, la monarchie allait tomber sous leur tutelle, les Notables et les grands aristocrates étaient au comble de la félicité. Le bouillonnement intense des idées, en ce bref moment de l'Histoire qui précède le grand basculement, permet de comprendre le cheminement intellectuel de certains hommes, pourtant partisans d'un retour à une monarchie traditionnelle à prédominance aristocratique, vers un régime nouveau.

Jusque-là, hormis quelques penseurs isolés, philosophes ou brillants utopistes, on n'envisageait l'avenir qu'en regardant le passé, dans l'espérance d'un grand bond en arrière, vers l'âge d'or. Les arguments des ennemis de l'absolutisme prenaient appui sur une histoire de France recomposée. Dans un simplisme déconcertant, ils soutenaient après Boulainvilliers que l'aristocratie seule descendait en droite ligne des conquérants francs, lesquels avaient imposé leur tutelle sur le peuple gaulois dont les enfants étaient les roturiers. Les libéraux, derrière l'abbé de Mably, partageaient leur conception historiciste et raciale, mais en tiraient des conclusions diamétralement opposées : c'était aux descendants des fiers Gaulois de se libérer de leurs oppresseurs séculaires[11].

Certes, il y avait eu la grande expérience américaine, qui avait marqué les esprits, mais personne n'aurait osé transposer à l'ancien monde les formules radicales du nouveau. L'idée que l'on pût construire quelque chose d'inédit venait – en partie du moins – de la crise des années 1787-1788. L'Histoire cessait d'être un éternel recommencement, un cycle s'enroulant sur lui-même. Le temps devenait linéaire : on partait pour fonder, non pour reconstruire.

Ce glissement progressif vers la modernité se manifeste, par exemple, chez un homme comme La Fayette. Dans un premier temps, prisonnier lui aussi des pesanteurs françaises, on le vit soutenir à l'assemblée des Notables des thèses rétrogrades : on ne peut modifier à la légère, disait-il, une constitution vieille de huit siècles. Et d'en appeler au respect des formes anciennes, de ces lois fondamentales du royaume, sur lesquelles s'arc-boutaient les parlements. Le système monarchique ne doit pas être uniquement populaire ; les distinctions entre citoyens sont nécessaires à la dignité royale[12]. C'est Calonne et Louis XVI qui faisaient pour l'heure figures de révolutionnaires en voulant bouleverser l'ordre des choses ! Mais, bientôt, il s'aperçut qu'il fallait inventer plutôt que restaurer, écrire une nouvelle constitution (qu'il appelait – allusion là encore au passé – une « Grande Charte »). L'idée que l'on pût codifier par un texte les rapports entre les pouvoirs venait évidemment du rationalisme des Lumières. Elle avait été expérimentée dans le Nouveau Monde par les pères fondateurs de la jeune République américaine. Mais n'était-ce pas Louis XVI, avec son plan de réformes inachevées, qui l'avait inconsciemment acclimatée en France ? Ne démontrait-il pas que l'on pouvait toucher sans tabou à ce qui avait été agencé par l'Histoire ou la Providence ?

Le 21 mai, faisant l'éloge de Loménie de Brienne au sein de son bureau, La Fayette réclama la convocation d'une assemblée « vraiment nationale[13] ». Stupeur du comte d'Artois qui présidait : « Quoi ? Monsieur, vous demandez la convocation des états généraux ? *La Fayette* : – Oui, Monseigneur, et même mieux que cela. *Artois* : – Vous voulez donc que j'écrive et que je porte au roi : *M. de La Fayette, faisant la motion de convoquer les états généraux* ? *La Fayette* : – Oui, Monseigneur[14]. » Brienne, qui ne voulait pas rouvrir le débat, prit aussitôt ses distances avec son ancien collègue.

Cette séparation entre anciens et modernes demeurait, à ce moment-là, à peine perceptible, car tous, libéraux conservateurs – anglomanes ou *insurgents* –, d'un côté, féodaux réactionnaires, de l'autre, restaient soudés contre le pouvoir royal. Depuis le triumvirat, ils formaient un front patriotique uni. Leur division n'éclatera qu'à l'automne de 1788. Faire appel aux états généraux, comme l'idée commençait à se répandre après les propos de Le Blanc de Castillon, procureur général d'Aix, et l'initiative spectaculaire de La Fayette, maintenait l'ambiguïté. C'était encore une forme ancienne d'institution à laquelle on pensait, avec sa structure d'ordres. On n'arrivait pas à s'abstraire totalement du schéma selon lequel le renouvellement de la monarchie passait par un retour au passé. L'idée d'une pareille convocation, si elle inquiétait Louis XVI et les tenants de la monarchie absolue, ravissait les aristocrates les plus rétrogrades, persuadés qu'ils parviendraient avec son appui à mettre la royauté sous tutelle.

Insensiblement, la fracture s'aggravait entre Brienne et les Notables. C'est bien connu, la fonction transforme l'homme. Lui aussi, maintenant, voulait sauver la monarchie, et le roi, qui lui avait d'abord fait grise mine, commençait à l'en louer. Brienne voyait que ses anciens amis ne le comprenaient plus, semaient des embûches sous ses pas.

Comme promis, les Notables reçurent communication des pièces comptables. De ces états fort complexes et embrouillés, comme toutes les finances de cette époque, il était malaisé de tirer des conclusions, sinon que le déficit s'avérait probablement supérieur à celui annoncé. Dans cette perspective et pour montrer sa bonne volonté, le roi accepta de faire des économies supplémentaires, 40 millions au lieu des 15 prévus, et les Notables admirent la nécessité – au moins à titre provisoire – d'un effort fiscal supporté par tous. En outre, afin de s'assurer que les désordres financiers ne se reproduiraient plus, le bureau de Monsieur, auquel les autres emboîtèrent le pas, proposa de mettre sur pied un comité chargé de surveiller le Contrôle général et la destination des fonds. Un contrôle du contrôle, en somme ! Ce comité serait composé de cinq personnalités indépendantes, d'abord désignées par le roi dans les trois ordres, puis cooptées. Brienne était prêt à en admettre l'idée quand Louis XVI s'y opposa avec colère. Non ! Jamais ! Ce serait mettre la monarchie en lisière ! Cette dernière péripétie avait convaincu le souverain qu'il fallait se débarrasser au plus vite de ces contestataires inutiles et malfaisants. Il voyait que la stratégie de Brienne, appelé pour surmonter leur obstruction, avait fait long feu : on n'avait obtenu leur accord ni sur les réformes ni même sur le financement d'un emprunt urgent de 80 millions.

Le 25 mai se tint la sixième et dernière séance des Notables. La pompe solennelle reprit ses droits. On utilisa le même cérémonial qu'à l'ouverture. Le roi se rendit aux Menus-Plaisirs avec « tout l'appareil de la monarchie ». Discours, génuflexions, froissements des grandes robes noires ou rouges, amples saluts de chapeaux à plumes et de mortiers, tout paraissait réglé comme un ballet, un ballet de comédie évidemment. Le roide et fier Lamoignon avait remplacé le souriant et obstiné Miromesnil. Après quelques propos lénifiants de Sa Majesté sur la recette et la dépense qu'il fallait mettre « de niveau », ces importants dignitaires furent chaleureusement remerciés par le garde des Sceaux pour avoir « préparé et facilité la révolution la plus désirable, sans autre autorité que celle de la confiance ». La reine et les augustes frères de Sa Majesté allaient donner l'exemple du zèle et du patriotisme en faisant des économies ; c'était un engagement sacré dont ils étaient les dépositaires. Lui succéda Loménie de Brienne. Il tint à rassurer, lui aussi : « Le roi est bien éloigné, Messieurs, de vouloir atteindre aux formes et aux privilèges des deux premiers ordres. Il sait qu'il y a dans une monarchie des distinctions qu'il est important de conserver ; que l'égalité absolue ne convient qu'aux Etats purement républicains ou purement despotiques ; qu'une égale contribution ne suppose pas la confusion des rangs et des conditions ; que les formes anciennes sont la sauvegarde de la constitution[15]. » Il reprenait une partie du programme de Calonne, amendé dans un sens aristocratique. Les assemblées provinciales tiendraient compte des distinctions entre les ordres. La corvée en nature serait remplacée par un supplément de la taille. Le montant du déficit, estimé finalement plus proche de 140 millions que des 115 avoués par son prédécesseur, serait publié au plus vite. Et l'on ferma le ban par les congratulations du comte de Provence, de l'archevêque de Narbonne, des magistrats délégués et du prévôt des marchands. Au revoir, ou plutôt, adieu, Messieurs !

Le bilan était désastreux. Non seulement cette assemblée obscurantiste n'avait rien apporté de constructif, mais son obstruction entêtée avait fait obstacle au programme de modernisation de la monarchie et de la société ardemment souhaitée par le roi. Pis, à cause d'elle, on avait ouvert la boîte de Pandore : l'opinion connaissait maintenant le délabrement des finances et l'incapacité du pouvoir à y remédier seul, et ce fait était grave. Le refus des Notables, devant lesquels le pouvoir avait avoué son impuissance financière et étalé sa détresse, prouvait que les élites du pays ne lui faisaient plus confiance. Le trône en sortait ébranlé. On le voyait à la montée de l'irrespect envers le roi et la reine. Les folles dépenses de la Cour étaient montrées du doigt : la construction de nouvelles écuries à Rambouillet, l'acquisition du château de Saint-Cloud…

La faillite de la politique gouvernementale ouvrait la voie aux états généraux. L'idée d'une constitution faisait son chemin. Les corps privilégiés considéraient que la monarchie, dans sa fureur égalitaire et réformatrice, avait rompu le pacte séculaire les unissant à elle. Une refondation s'imposait qui, éliminant le « despotisme ministériel », affermirait leurs chartes, leurs libertés et leurs franchises. Vieille idée féodale que celle du pacte liant le roi à ses sujets. On la trouvait chez les monarchomaques du XVIᵉ siècle (Hotman, Languet, Althusius…) ou chez les théoriciens antiabsolutistes des XVIIᵉ et XVIIIᵉ siècles (Claude Joly, Boulainvilliers…). « Pacte » signifiait respect des droits des deux parties contractantes et gouvernement modéré, mixte au sens aristotélicien. En la reprenant dans un sens, certes, différent, Jean-Jacques Rousseau, avec sa notion de contrat social, semblait lui avoir donné une nouvelle jeunesse.

Autre conséquence de l'échec des Notables et non des moindres : le débat sur l'égalité devant l'impôt avait

instillé dans le corps social la dialectique de la lutte des
ordres, qui ne s'achèvera qu'en 1789 avec leur disparition définitive. Or cette dialectique, née des distorsions
fiscales entre Français, n'était nullement inscrite dans la
logique d'une société éclatée en une multitude de classes
ou de sous-catégories : haut clergé bien renté et curés
congruaires*, vieille noblesse d'épée et noblesse de fraîche
date, noblesse de cour et noblesse de province, bourgeoisie d'offices et bourgeoisie commerçante, laboureurs et
coqs de village, fermiers et manouvriers... Les transformations économiques avaient partiellement effacé l'antique
hiérarchie sociale, fondée sur le rang et l'honneur. Fiscalement, il n'est pas douteux que les inégalités et les injustices étaient criantes, mais elles ne passaient pas entre les
ordres. Une bonne partie de la petite noblesse, par
exemple, payait la capitation et les vingtièmes ; en pays
de taille réelle, elle supportait la taille sur les terres roturières. La subvention territoriale lui paraissait un cauchemar non parce qu'elle portait atteinte à sa position
sociale, mais parce qu'elle accroissait sensiblement ses
charges. La bourgeoisie des grandes villes était dans une
situation infiniment plus agréable. Exemptée de la taille,
elle avait un niveau de vie qui la rapprochait des gentilshommes aisés. Et ne parlons pas des financiers et fermiers
généraux dont la fortune talonnait celle des princes. La
multiplicité des rangs, le foisonnement des statuts et des
conditions personnelles ne prédisposaient pas à ce regroupement trifonctionnel, largement arbitraire. C'est l'agitation des Notables, jointe bien entendu à la revendication
égalitaire des salons, qui avait fait paraître sous une
lumière crue l'archaïsme de cette ancienne division
sociale. Par tactique, le roi et Calonne, lors de l'*Avertissement* de Gerbier, s'étaient emparés de cette entité artifi-

---

* On appelait « portion congrue » la pension annuelle que
versait le titulaire d'un bénéfice ecclésiastique au prêtre desservant (par extension, l'expression désigne, on le sait, un traitement à peine suffisant pour vivre).

cielle afin de s'opposer aux ordres privilégiés. Là encore, ce fut bien la Révolution royale, avec ses velléités audacieuses de réformes et son impuissance à les mettre en pratique, qui ébranla le mur déjà lézardé du vieil édifice et déclencha la Révolution tout court.

Les premières réformes

Il fallait donc faire des économies. La reine s'y prêta avec zèle, pour montrer qu'elle soutenait son « petit chapeau violet » (Brienne), alors que le roi, démoralisé, traînait les pieds avec dégoût et scepticisme[16]. On réduisit le personnel de la maison du roi en supprimant plusieurs services de l'administration des chasses, fauconnerie, louveterie, vautrait ; on fusionna la grande et la petite Ecurie, au grand dam du brave Coigny, qui y perdit son emploi et fit un esclandre devant le souverain ; le nombre des chevaux passa de 2 215 à 1 195. Tout cela faisait renâcler ce sectateur de saint Hubert qu'était le petit-fils de Louis XV. On fit des coupes sombres dans l'administration des postes, le duc de Polignac abandonnant au passage ses fonctions de directeur général ; on tailla dans le vif du maquis broussailleux des pensions de la Cour, au désespoir de la haute noblesse, privée de son argent de poche, et l'on décida même que plusieurs châteaux seraient vendus, La Muette, Madrid, Vincennes, Choisy et Blois (ce qui était plus facile à dire qu'à faire).

Brienne réforma l'administration centrale. Il revivifia le Conseil royal des finances, tombé en désuétude, le fusionna avec le Conseil du commerce et décida qu'il se réunirait au moins une fois par mois. Ce nouveau Conseil royal des finances et du commerce comprenait – outre Brienne – le contrôleur général, six ministres d'Etat et deux conseillers d'Etat. Le Contrôle général fut lui-même réorganisé. Les dix-huit bureaux et commissions relevant du Conseil d'Etat furent regroupés en cinq. Rationalisation de l'Etat donc.

En mars 1788, un autre changement d'importance se produisit, bouleversant des habitudes multiséculaires : le Trésor royal n'eut plus qu'une seule caisse centralisant les recettes et les dépenses, au lieu d'une multitude de caisses autonomes affectées à des dépenses particulières, ce qui avait rendu jusque-là difficiles voire impossibles les péréquations. L'unité budgétaire, avec laquelle nous sommes aujourd'hui familiarisés, était réalisée. Le compte rendu prévisionnel promis aux Notables pour l'année 1788 parut le 28 avril de cette année-là. C'était un tableau clair et surtout fidèle, qui n'avait rien à voir avec les jongleries hasardeuses de Necker. Malgré les 30 millions d'économies réalisés, au prix d'efforts méritoires, le déficit attendu s'élevait à 160 millions. Cet accroissement n'avait rien d'alarmant. Il était dû à la hausse des annuités d'amortissement de la dette. Leur réduction était prévue pour 1790...

Un Conseil de la guerre, placé sous la direction du comte Jacques de Guibert, théoricien militaire, auteur d'un *Essai général de tactique* (1770), entreprit une nouvelle réforme de l'armée. Par ordonnance du 30 septembre 1787, les gendarmes de la garde, les gardes de la Porte, les chevau-légers furent dissous, une ordonnance ultérieure supprima tout le corps de la gendarmerie. Disparut également l'Ecole militaire, déjà mise à mal par M. de Saint-Germain. L'ordonnance du 17 mars 1788 ramena le nombre des maréchaux de France de 18 à 12, supprima les 359 brigadiers et fixa à 160 le nombre maximum des lieutenants généraux, les surnuméraires devant disparaître par extinction. La solde des simples soldats fut augmentée. La réforme touchait le système de punition (les coups de plat de sabre, si décriés, étaient maintenus), les uniformes, le style des manœuvres, le tout inspiré de la discipline et de la tactique prussiennes.

Brienne avait eu le mérite de résister sans faiblir à sa principale clientèle, la vieille aristocratie et la noblesse de cour. Il leur réserva néanmoins quelques compensations. L'ordonnance de Ségur de mai 1781 exigeait, on s'en souvient, quatre quartiers de noblesse du côté paternel pour une promotion au grade de sous-lieutenant. Une dérogation était admise en faveur des fils de chevaliers de Saint-Louis ayant servi en qualité de capitaines. Le Conseil de la guerre supprima cette exception tenue pour inacceptable par les gentilshommes. Disciple du chevalier d'Arc, auteur en 1756 d'un célèbre traité sur la *Noblesse militaire ou le Patriote français*, Jacques de Guibert rêvait de consacrer la pure et authentique noblesse au seul métier des armes.

Malgré la brièveté de l'expérience, il n'est pas inutile de dire un mot de la mise en place des assemblées locales et provinciales. La réforme était sensiblement différente de celle de Calonne : au lieu de supprimer les ordres, Brienne les avait réintroduits, mais en accordant au tiers état la moitié des sièges. Il avait instauré un cens électoral réservé à ceux qui payaient au moins 10 livres d'impôt foncier ou personnel ainsi qu'un cens d'éligibilité de 30 livres. Entre deux sessions se réunissait une commission intermédiaire, comprenant deux procureurs-syndics, l'un appartenant aux premiers ordres, l'autre au tiers état. Outre l'assiette, la répartition et la levée de l'impôt, les assemblées s'occupaient de l'administration des Ponts et Chaussées, des établissements de charité et de la police économique.

L'application sur le terrain accentua les différences. Les membres des assemblées locales s'organisèrent librement, tandis que, dans un premier temps, ceux des assemblées provinciales furent désignés par l'administration royale (il était prévu que le principe électif prévaudrait à partir de 1790). Sous l'effet d'une double poussée, à la fois aristocratique et décentralisatrice, ces assemblées passèrent sous le contrôle des nobles et des notables aisés, malgré la double représentation et le vote par tête (des nobles, écuyers ou chevaliers, s'étaient glissés dans les rangs du tiers, ce qui faussait le jeu). Tous les hobereaux, les gentillâtres des campagnes se réveillèrent, heureux de retrouver en leur pays honneurs et considération, de présider aux côtés du curé et du syndic élu les assemblées de paroisses dont beaucoup étaient tombées en désuétude, d'élire des assemblées de départements (nos actuels cantons) : « On sera enfin quelque chose loin de la capitale », écrivait l'un d'eux[17]. La réaction aristocratique trouvait là moyen de s'insérer dans le mouvement général d'aménagement du monde rural et d'amélioration économique. La société traditionnelle s'ouvrait au progrès, aux Lumières, aux idées philosophiques et philanthropiques, avec la ferme intention de s'installer aux postes de commande. La haute noblesse, également, était ravie. Elle prit le contrôle des assemblées provinciales, émanations des assemblées de départements, installées au chef-lieu de la généralité. Sur les vingt assemblées provinciales créées, dix portèrent à leur présidence des prélats (tous « hauts et puissants seigneurs »), les dix autres choisirent des nobles titrés, dont quatre ducs et pairs. Les grands bourgeois, magistrats, avocats du tiers état trouvèrent également sans difficulté leur place au sein de ces institutions. C'est ainsi qu'émergea un personnel politique nouveau qui, fort de cette première expérience, allait faire parler de lui quelques mois plus tard, au moment des états généraux : Talleyrand, Mirabeau, Merlin (de Douai), Barnave, Mounier, le comte de Narbonne, les frères Lameth, le vicomte de Noailles, Lavoisier, Thouret...

Bien qu'ayant des fonctions consultatives et non exécutives, ces assemblées commencèrent à empiéter sur le pouvoir des intendants, prolongeant le mouvement général d'avancée des corps au détriment de l'administration royale. Sous son parfum aristocratique, cela prenait un air de liberté que l'on n'avait pas vu depuis un siècle et demi. Revanche tardive de la noblesse française sur l'œuvre de Richelieu ! « Nous nous enrichirons de la dépouille de l'intendant, écrivait le duc de Praslin au comte de Sérant (à l'occasion de l'assemblée provinciale d'Anjou), et plus il perdra de son existence, moins il aura de pouvoir : alors, tout deviendra notre patrimoine[18]. » Cette puissante vague de décentralisation ira à son terme sous la Constituante, avec le triomphe généralisé du principe électif, y compris en matière judiciaire et religieuse, menant à une complète anarchie, jugulée par le pouvoir jacobin, ce successeur implacable des rois de France...

Il y eut çà et là des frottements, des résistances, des querelles d'attribution, vives parfois[19]. Les parlements, toujours sourcilleux, craignirent pour leurs pouvoirs. Des pays d'états comme la Flandre wallonne ou l'Artois préférèrent maintenir leur ancien système, tandis que les généralités de Bourges et de Montauban conservèrent les assemblées créées par Necker. Mais d'autres pays d'états, comme le Hainaut ou la Provence, voulurent rénover leurs états provinciaux tombés en désuétude sur le modèle des assemblées de Loménie de Brienne, adoptant le principe de la parité entre le tiers état et les deux autres ordres[20].

L'édit de tolérance

Le ministère Brienne avait une coloration « philosophique » évidente, rappelant l'époque de Turgot : Malesherbes, le grand esprit éclairé de son siècle, était redevenu ministre ; un homme de lettres, académicien, Louis Mancini-Mazarini, duc de Nivernais, l'un des douze pairs qui avait signé en 1771 une protestation contre la suppression des anciens parlements, accédait au Conseil d'Etat sans avoir de portefeuille ; le comte de Guibert, amant de feu Mlle de Lespinasse, était apprécié des salons à la mode ; Du Pont, Condorcet, l'abbé Morellet étaient les principaux conseillers de Brienne.

Au crédit de ce gouvernement, il faut mettre indiscutablement l'édit de tolérance en faveur des non-catholiques du 17 novembre 1787. La révocation de l'édit de Nantes par Louis XIV en 1685, en supprimant tout culte religieux autre que le culte catholique, avait rendu la situation des réformés intenable non seulement du point de vue spirituel, mais aussi pratique. S'ils n'abjuraient pas, leurs mariages n'étaient pas légaux ; leurs enfants étaient considérés comme bâtards, leurs héritages rendus impossibles. Officiellement, le protestantisme n'existait plus en France. Dans la réalité, il survivait toujours dans la clandestinité du Désert. Avec l'évolution des mœurs et des mentalités, cette situation choquante ne pouvait plus durer. Depuis longtemps déjà, le pasteur Rabaut Saint-Etienne, l'avocat Target, le président de Lamoignon, La Fayette et Malesherbes, dont c'était un des grands sujets de préoccupation, œuvraient courageusement en faveur de la reconnaissance des droits civils des non-catholiques. En 1785 et 1786, ce dernier avait remis au roi deux mémoires sur la question : le premier pour apaiser ses scrupules (le serment du sacre...), le second pour définir les principes généraux et les limites de la réforme à envisager. Sur ces bases, Breteuil, chargé en tant que ministre de la Maison du roi de la surveillance des affaires de la « Religion Prétendue Réformée » (RPR), avait présenté à Louis XVI un rapport sur la situation des calvinistes dans le royaume.

Calonne et lui, chauds partisans d'un assouplissement de la législation, s'étaient heurtés à l'hostilité résolue de Miromesnil. Loménie de Brienne n'avait plus cet obstacle. Raisonnant davantage en homme politique qu'en homme d'Eglise, il voyait dans l'idée de tolérance civile le moyen d'attirer les capitaux des grandes banques protestantes, dont on avait un besoin urgent... Cette réforme lui était politiquement utile. C'était une des raisons pour lesquelles, en juin 1787, il avait fait nommer Malesherbes ministre d'Etat sans portefeuille.

Le projet d'édit accordait aux calvinistes le droit d'exercer librement les commerces, arts, professions et métiers divers, tout en prenant soin de réaffirmer que l'Eglise catholique jouissait des droits et honneurs du culte public, tandis que les sujets non catholiques étaient « déclarés d'avance et à jamais incapables de faire corps ». Il permettait aux calvinistes d'accéder à l'état civil, avec tous les effets s'y rattachant : baptêmes, mariages et sépultures seraient enregistrés devant le juge ou le curé ; les funérailles seraient célébrées, accompagnées d'inhumations dans un lieu distinct.

Malgré sa relative prudence, le projet provoqua le mécontentement de membres haut placés de la hiérarchie catholique, tels l'archevêque de Paris, Mgr Leclerc de Juigné, ou l'évêque de Dol, Urbain René de Hercé. Mais tous n'y étaient pas hostiles, ainsi Mgr d La Luzerne, évêque de Langres et neveu de Malesherbes. De son hôtel de la rue Saint-Honoré, la maréchale de Noailles menait la fronde des bigotes. Cette belle âme était d'autant plus acrimonieuse que son opulente pension venait d'être amputée de près de la moitié par mesure d'économie ! La tante du roi, Madame Louise, pieuse et charitable personne au demeurant, qui n'allait pas tarder à s'éteindre en son Carmel de Saint-Denis, éleva elle aussi de vives protestations. Elle fit mettre son couvent en prière afin d'éviter à son neveu les flammes de l'Enfer ! Sa disparition l'avant-veille de Noël fut exploitée pour empêcher le roi de signer un tel document. « Vous répondrez, Sire, devant Dieu et devant les hommes, disait l'évêque de Dol, des malheurs qu'entraînera le rétablissement des protestants. Madame Louise, du haut du Ciel où ses vertus l'ont placée, voit votre conduite et la désapprouve[21]. » Le parti anti-huguenot se mit à diffuser des libelles qui rencontrèrent un grand succès dans l'opinion. Mais Louis tint bon. L'édit, signé le 17 novembre 1787, fut registré au parlement de Paris le 29 janvier suivant, après quelques retouches mineures et un vif combat d'arrière-garde au cours duquel le conseiller Jean-Jacques d'Eprémesnil, catholique, disciple des théosophes Martinez Pasqualis et Louis Claude de Saint-Martin et dignitaire maçon de la loge parisienne de Saint-Joseph, s'était écrié en montrant le Christ au mur : « Voulez-vous donc le crucifier une seconde fois ? »

Pour les réformés, cette révocation de l'édit de Fontainebleau de 1685 n'était qu'un premier pas. Le pasteur Rabaut Saint-Etienne aurait voulu obtenir la liberté de culte et le libre accès aux charges publiques, mais l'opinion n'y était pas favorable. Certains parlements de province, ceux de Bordeaux, de Besançon et de Douai notamment, avaient même rejeté l'édit du roi. Ceux de Grenoble et de Toulouse y firent plusieurs restrictions. « Le plus grand nombre des habitants de Paris, écrit Mallet du Pan en janvier 1788, est contre l'idée de tolérance. De toutes parts, on entend à ce sujet des propos du temps de la Ligue[22]. » Paradoxalement, un an et demi plus tard, c'est ce même peuple « ligueur » qui fera la Révolution, point de départ de l'émancipation définitive des protestants français...

La tolérance avait encore bien du chemin à parcourir, mais la bonne direction avait été prise. « Monsieur de Malesherbes, lui aurait dit Louis XVI, vous vous êtes fait protestant ; moi, je vous fais juif ; occupez-vous d'eux[23] ! » Le fait est que le ministre – philosophe lança une enquête détaillée sur la situation des quelque quarante mille juifs du royaume et qu'il travailla à l'extension de l'édit de 1787 à leur cas. Leur condition en cette fin du XVIIIe siècle avait déjà beaucoup évolué, mais elle variait d'une région à l'autre. Tandis que les juifs portugais de Bordeaux et de Bayonne, descendants de ces marranes qui avaient fui l'Inquisition espagnole au XVIe siècle, jouissaient des privilèges des régnicoles, ceux d'origine germanique des provinces de l'est, en butte à l'hostilité de la population, n'avaient théoriquement aucun droit de cité, même si dans certaines villes de Lorraine ils bénéficiaient d'une relative bienveillance. En 1784, Louis XVI avait autorisé par lettres patentes la construction d'une synagogue à Nancy et d'une autre à Lunéville (cette dernière édifiée par Charles Augustin Piroux, richement décorée et couverte d'emblèmes royaux, subsiste en partie). D'autres mesures furent prises tout au long du règne : exemption de péage corporel, privilège de négocier dans les colonies d'Amérique ou d'Afrique, ouverture d'un cimetière à Paris, statut particulier pour l'Alsace... Il restait à dresser l'acte général d'émancipation de la « nation juive », pour lequel œuvraient avec ardeur, entre autres, un homme d'affaires de Strasbourg, Auguste Cerf-Beer, nommé par Louis XVI directeur général des fourrages militaires, ainsi que le curé d'Embermesnil, près de Lunéville, le célèbre abbé Henri Grégoire, membre de la Société royale des sciences et des arts de Metz... « *Charité* est le cri de l'Evangile, écrivait ce dernier, et quand je vois des chrétiens persécuteurs, je suis tenté de croire qu'ils ne l'ont pas lu. Déchirez l'Evangile ou suivez-en la morale[24] ! »

Le ministère Brienne a été diversement apprécié des historiens, selon qu'ils mettaient l'accent sur les mesures novatrices ou rétrogrades. Ce mélange d'ancien et de nouveau a quelque chose de singulier, mais on ne saurait nier la sincère volonté de novation de l'archevêque ni l'importance des réformes qui affectaient l'armature de la société, même si elles ne répondaient sans doute pas aux pleines aspirations égalitaires du tiers état, comme le plan de Calonne du reste. Malheureusement, parce qu'elles étaient menées de main molle, le trouble des esprits s'aggravait, trouble qu'aucun discours royal ne venait apaiser.

La France affaiblie

La réforme du statut des protestants en France avait été accélérée par l'immigration de plusieurs milliers de calvinistes qui fuyaient la Hollande, où depuis 1781 régnait la guerre civile, et à qui on avait accordé la liberté d'exercer librement leur culte[25]. En effet, le stathouder Guillaume V d'Orange-Nassau, fils de la princesse Anne d'Angleterre, chef des forces armées des Provinces-Unies, aspirait comme ses prédécesseurs à devenir souverain héréditaire de plein droit. Curieux personnage que ce bon gros rond, au nez épaté et au regard vide, fier de sa race jusqu'à la morgue, opiniâtre et dissimulé, manquant à la fois d'esprit et de vigueur. Cet orgueilleux malléable était tout entier dominé par son ardente et énergique épouse, Wilhelmine de Prusse, nièce du Grand Frédéric. Son ambition monarchique se heurtait au républicanisme patricien de la grande bourgeoisie d'affaires d'Amsterdam et de Rotterdam, attachée à préserver ses libertés, et à leurs bourgmestres ombrageux et têtus. En septembre 1786, les bourgeois, aidés du petit peuple des paysans et des pêcheurs « patriotes », avaient pris le pouvoir à La Haye, contraignant le prince d'Orange à fuir son palais et à se retirer avec sa femme dans les provinces de l'est, en Frise et en Gueldre, les seules à lui rester fidèles.

En mai 1787, le stathouder, à la tête de son armée composée surtout de mercenaires, s'empara d'Utrecht. Il était soutenu et subventionné par l'ambassadeur d'Angleterre à La Haye, l'entreprenant sir James Harris, qui voyait là le moyen rêvé de faire pièce à la diplomatie française et de rompre l'isolement de son pays depuis la guerre d'Amérique. Le 7 juin, les états généraux, organe représentatif de la fédération, nommèrent une commission chargée de mobiliser le pays contre la menace absolutiste. Le 28, de Nimègue, la princesse Wilhelmine, accompagnée d'une forte escorte, décida de se rendre à La Haye, sous prétexte de proposer une médiation, en réalité pour y organiser une manifestation orangiste. Elle fut arrêtée à Schoenhoven, à la frontière de la province de Hollande, et retenue prisonnière par des milices bourgeoises, avant d'être autorisée à rebrousser chemin. Bien qu'il n'ait pas approuvé l'opération, son mari, Guillaume V, fut piqué au vif par ce camouflet.

Il appela à la rescousse le nouveau roi de Prusse, Frédéric-Guillaume II, frère de Wilhelmine, plus audacieux que le vieux Frédéric II. Après l'échec de pourparlers entre les deux camps, le 12 septembre, une armée prussienne de vingt mille hommes, sous la direction du duc de Brunswick, déferla sur le plat pays et écrasa sans

merci les patriotes hollandais. Le 20, Guillaume V rentrait
à La Haye. Le 12 octobre, Amsterdam, dernier foyer de
résistance, capitula après avoir tenu deux jours derrière
ses mauvais remparts.

Qu'allait faire la France ? Le 10 novembre 1785, Vergennes avait conclu avec les Provinces-Unies un traité
d'alliance défensive dans la perspective d'une lutte contre
l'Angleterre. Dans la situation critique où le pays se trouvait, avec la montée de la contestation nobiliaire, beaucoup pensaient que la guerre pourrait servir d'utile
diversion. Elle rassemblerait autour du trône les aristocrates épris de gloire et avides de récompenses, raffermi-
rait la discipline dans l'armée, impressionnerait le peuple,
qui comprendrait enfin la nécessité d'un tour de vis fiscal.
Telle était l'opinion du ministre de la Guerre, le maréchal
de Ségur, qui avait proposé de constituer à Givet un camp
de vingt-cinq bataillons placés sous le commandement du
lieutenant général de Rochambeau. Telle était aussi celle
du maréchal de Castries, qui voyait d'un œil favorable la
reprise sur les mers de la lutte avec l'Angleterre. La
France, certes, n'avait pas pu suivre à même niveau
l'intense effort d'armement naval britannique après la fin
de la guerre d'Amérique, mais elle avait modernisé sa
flotte, doublé ses navires de cuivre et achevé quelques
unités plus modernes. Quant à Don Quichotte-La Fayette,
sanglé dans son bel uniforme blanc et or, il se voyait déjà
capitaine général de l'expédition.

Le 16 août 1787 se tint un Conseil d'Etat, divisé comme
d'habitude. Montmorin, qui faisait là ses premiers pas
comme ministre des Affaires étrangères, se montra hésitant, tandis que Malesherbes se déclara par principe
contre la guerre. Loménie de Brienne, qui tenait à achever
sa réforme dans la sérénité, y fut également hostile, esti-
mant que la France n'avait pas les moyens de se lancer
dans de nouvelles aventures. Quant à Louis XVI, il n'était
guère chaud à l'idée de soutenir si près des frontières de
nouveaux *insurgents* aux aspirations républicaines. Le

petit peuple du parti patriote, qui combattait aux côtés de la bourgeoisie néerlandaise, ne lui disait rien qui vaille. « Le roi, écrivait Montmorin au début de la crise, a déclaré qu'il aimerait mieux renoncer à l'alliance que de livrer la Hollande à une démocratie pure[26]. » On se contenta donc d'envoyer à Amsterdam quelques canons et une poignée d'instructeurs, manière de remplir ses engagements à moindres frais.

Les rapides succès de l'offensive prussienne, qui ne rencontra aucune résistance sérieuse, joints à l'envoi par le cabinet britannique d'une puissante escadre le long des côtes néerlandaises, réglèrent la question. La France, qui quatre ans auparavant avait si brillamment imposé son arbitrage à l'Europe, s'inclina, s'effaçant de la scène internationale. C'en était fini de la brillante politique d'équilibre de Vergennes, conquise de haute lutte. Elle s'écroulait comme « un château de cartes[27] », y compris au nord et à l'est, où le roi fut incapable d'aider la Suède en Finlande, ni d'empêcher la guerre entre la Russie, soutenue par l'Autriche, et l'Empire ottoman. De Londres à Saint-Pétersbourg, en passant par Vienne et Berlin, on faisait des gorges chaudes des difficultés internes de la France, qui anéantissaient ses ambitions et son prestige accumulés « pendant deux cents ans », comme l'écrivait Catherine II avec jubilation. Le 15 avril 1788, deux traités d'alliance, l'un anglo-hollandais, l'autre prusso-hollandais, furent conclus, complétés le 13 août par une alliance défensive anglo-prussienne tenant sous sa griffe tout l'Ouest européen. Quelle revanche pour l'Angleterre de Pitt, placée au ban des nations quelques années plus tôt[28] ! Non seulement Louis XVI n'avait pas respecté le traité avec les Provinces-Unies, perdant du même coup toute influence à La Haye, mais il se trouvait en butte à la mauvaise humeur des cadres de l'armée et à l'amertume de nombreux gentilshommes, meurtris dans leur honneur devant sa reculade peu glorieuse et l'immolation des patriotes hollandais. Ce sentiment d'humiliation et de frustration permet de comprendre en partie la nette dégradation de la discipline au sein de l'armée à partir de l'été de 1788 et son rapide ralliement à la Révolution[29]. Dans l'atmosphère de l'époque, on peut se demander si la voie militaire, qui répondait à l'attente du pays, à son anglophobie viscérale, n'aurait pas été le meilleur moyen de compenser l'inquiétante usure du pouvoir royal et de faire passer les réformes fiscales. Un Louis XVI revêtant l'uniforme de son régiment, montant à cheval et marchant, panache au vent, à la tête de ses troupes, aurait peut-être changé le destin de la France...

3

La fronde des parlements

Le rejet des édits

Voici l'heure du Parlement. Après la fronde des Notables, la fronde parlementaire ! Brienne avait commis une faute tactique : au lieu de passer en force sitôt close l'assemblée des Menus-Plaisirs, il avait pris le parti de soumettre sa réforme aux magistrats, arrêt par arrêt, en commençant par ceux soulevant le moins de difficultés. La libre circulation des grains, la création des assemblées provinciales, la transformation de la corvée en une prestation en espèces, qui ne coûtaient rien aux privilégiés, avaient été adoptées entre le 17 et le 27 juin 1787. En revanche l'impôt sur le timbre, qui quadruplait la taxe et frappait les actes et transactions entre sujets, y compris les livres de commerce, affiches, annonces, almanachs, journaux, mémoires judiciaires, faire-part de mariage ou de décès, fut rejeté le 2 juillet. Les imprimeurs, les libraires, les banquiers, la juridiction consulaire, les Six-Corps des marchands de Paris, lésés par cet édit, avaient fait pression sur les magistrats. La première escarmouche survint : le conseiller-clerc Le Coigneux de Bélabre demanda que le Parlement prît connaissance, avant tout nouvel enregistrement, des états financiers communiqués aux Notables et des mesures d'économie promises par la Cour. Louis XVI fit répondre que cette requête outrepassait les droits de ses conseillers. Le comte d'Artois, qui, en séance, avait défendu fermement le roi, s'attira cette réplique d'une insolence inouïe de Robert de Saint-Vincent : « Rappelez-vous que les Anglais ont détrôné sept rois et coupé le cou au huitième... » Et comme le jeune prince menaçait d'envoyer « faire f... les magistrats », le même ajouta : « Si Monsieur n'était pas frère du roi, la Cour devrait décréter sur-le-champ et le faire descendre à la Conciergerie, pour avoir manqué de respect à cette assemblée[1]. » S'ensuivit au long du mois de juillet une guérilla avec le pouvoir royal. Aux itératives représentations des conseillers, le monarque opposa le 15 juillet une froide fin de non-recevoir. Le lendemain, sous l'influence du conseiller-clerc Sabatier de Cabre, le Parlement déclara que seuls les états généraux étaient en droit d'accorder des impôts nouveaux à titre perpétuel. Ces remontrances furent présentées à Versailles le 26 et largement diffusées dans le public le lendemain.

L'idée des états généraux était dans l'air depuis le coup d'Etat de Maupeou. On en avait parlé aux Notables. Mais, pour la première fois, le Parlement enclenchait le processus devant une opinion impatiente et fébrile, marquée par l'aspiration au changement. Cet appel de la part d'un corps qui, par tradition, s'était toujours méfié de cette institution surprenait, car il est vrai qu'il faisait figure de suicide politique de la haute cour. L'explication nous en est donnée par Marmontel et le publiciste Linguet : la plupart des parlementaires étaient convaincus que le gouvernement n'oserait jamais les réunir. Agiter ce spectre était simplement un moyen de faire peur et d'amener le roi à des concessions[2].

Si le droit de timbre avait soulevé un tel tollé, qu'en serait-il de la subvention territoriale appelée à remplacer les deux vingtièmes ? Le 30 juillet, bien qu'elle ait été transformée en impôt temporaire, celle-ci fut implacablement rejetée. Les partisans de l'archevêque de Toulouse au sein du Parlement n'avaient pourtant pas ménagé leurs efforts, notamment le conseiller Lefèvre d'Amécourt[3]. Ce jour-là, le Parlement répéta haut et fort que seuls les états généraux étaient habilités à consentir de nouveaux impôts. Cette motion, votée par 72 voix contre 48, avait été présentée par un petit groupe de têtes chaudes qui commençait à émerger. Il comprenait notamment le jeune et influent conseiller à la troisième chambre des Enquêtes Adrien Jean François Du Port (ou Duport) de Prélaville, âgé de vingt-huit ans, à l'éloquence nette et précise, à la pensée rigoureuse. Ce jeune homme de bonne famille attendait de la Nation assemblée une constitution nouvelle de l'Etat, limitant les prérogatives royales. A ses côtés se trouvaient les conseillers-clercs Sabatier de Cabre et Le Coigneux de Bélabre ainsi que l'ardent et inquiet Huguet de Sémonville, grand amateur d'intrigues. Mais le plus ovationné était Duval d'Esprémesnil qui avait à plusieurs reprises croisé le fer avec le pouvoir. C'était un petit homme replet de quarante-deux ans, vif et colérique, orateur intarissable, à l'emphase théâtrale et ampoulée. Fier de sa noblesse récente, il avait épousé les thèses aristocratiques les plus extrêmes.

Ce groupe d'intrépides tenants de l'obstruction systématique n'aurait pas eu tant d'importance s'il n'avait été soutenu par une phalange puissante de pairs de France : le duc de Montmorency-Luxembourg, « premier baron chrétien », l'un des grands dignitaires de la franc-maçonnerie, fondateur en 1773 du Grand Orient de France, défenseur acharné des privilèges, le duc de La Rochefoucauld, admirateur des *insurgents* et ami intime de La Fayette, les ducs de Praslin, d'Aumont, de Béthune-Charost, d'Uzès et de Luynes. Ces grands barons, désireux de démanteler l'absolutisme à leur profit, étaient mécontents des réformes de la maison du roi et des pensions de cour opérées par Brienne. Leur irrévérence, leur insolence à l'égard du couple royal n'avaient pas de bornes. Le duc d'Orléans les soutenait sans vouloir paraître leur chef de file. Les jeunes magistrats des Enquêtes et des Requêtes, dont plus de la moitié étaient des nobles de fraîche date, étaient émerveillés par la résistance des noms prestigieux de l'armorial, fascinés par la familiarité et la connivence qui s'instauraient entre eux, prêts à adopter leurs mots d'ordre. Le recrutement du front patriotique ne s'opérait pas seulement sur des affinités idéologiques, mais sur les fondements très anciens du clientélisme nobiliaire[4].

Cela explique les surenchères auxquelles se livraient les extrémistes. Ces bons apôtres de la tolérance, qui mobilisaient la claque et exaltaient des sentiments généreux, étaient les premiers à vouloir faire taire ceux qui pensaient autrement qu'eux. Les conseillers modérés parvenaient difficilement à se faire entendre. Ils étaient rejetés, dénoncés, diabolisés comme des traîtres. Les princes du sang n'osaient plus venir, les ducs et pairs fidèles au roi étaient découragés. Seul le cauteleux Provence, par ses avis ambigus, parvenait à préserver sa popularité, naviguant entre les clans et les partis.

Le 2 août, recevant à Versailles le premier président Etienne François d'Aligre, le roi, debout devant la cheminée, lui dit d'un ton courroucé avant de lui tourner le dos et de lui claquer la porte au nez : « Je vous ferai savoir mes volontés. » La crise prenait une tournure d'une gravité extrême. Dans un mémoire à Louis XVI, Malesherbes, fort inquiet, lui conseillait de ménager les magistrats, car, expliquait-il, ceux-ci, gonflés de l'appui grandissant de l'opinion publique, s'exprimaient au nom du pays tout entier. « C'est le parlement de Paris qui parle, parce que c'est le seul corps qui ait le droit de parler [...]. C'est donc à la Nation entière que l'on a affaire ; c'est à la Nation que le roi répond quand il répondra au Parlement[5]. » Sous couvert de sagesse et de modération, l'argument était spécieux : comment croire en effet que la Nation dans son ensemble voulait le maintien des privilèges fiscaux ? Et d'ailleurs, qu'était-ce que la Nation ? Comment pouvait-elle s'exprimer collectivement ? C'était là un raisonnement subversif que Louis ne pouvait admettre. Lui seul, en effet, faisait corps avec elle. C'était lui et uniquement lui, en tant que souverain, qui exprimait ses désirs. Il était le point central où convergeaient toutes les diversités, le lieu de rencontre unique du *politique*, où se dégageait l'intérêt général face aux intérêts particuliers des sujets.

Pour imposer ses volontés à ses conseillers récalcitrants, Louis convoqua le 6 août à Versailles un nouveau lit de justice. Dans le petit discours d'introduction qu'il prononça avant de passer la parole à son garde des Sceaux, il déclara : « C'est toujours avec peine que je me décide à faire usage de la plénitude de mon autorité et à m'écarter des formes ordinaires ; mais mon Parlement m'y contraint aujourd'hui et le salut de l'Etat m'en fait un devoir. » Dans la salle des gardes du corps où se déroulait la séance et où s'entassaient plus de quatre cents personnes, il faisait une chaleur torride. Pendant l'intervention de Lamoignon chacun remarqua que Louis, de retour d'une chasse sans doute bien arrosée, somnola quelques instants et même se mit à ronfler[6]. On se donnait discrètement des coups de coude. L'atmosphère pourtant n'était pas à la plaisanterie. Le premier président éleva de vives critiques contre l'augmentation des impôts depuis le début du règne et condamna en termes sévères les déprédations de l'administration. Il renouvela le refus de son corps d'entériner les nouveaux textes et réclama la convocation des états généraux. Le lit de justice valant enregistrement forcé de l'édit du timbre et de la subvention territoriale, il n'y avait pas à tenir compte de ces opinions. Néanmoins, par leurs airs offusqués, les magistrats s'étaient taillé un beau succès. Quand ils regagnèrent leurs voitures dans la cour du château, ils furent applaudis par la foule qui les attendait.

Le 7 au matin, au Palais de justice, le Parlement se constitua en Chambre des pairs, avec une douzaine de ducs, dont Charost, Luxembourg, Mgr Leclerc de Juigné, Mgr de La Rochefoucauld, mais sans les princes du sang qui n'avaient osé suivre. Après une séance de huit heures, il rendit à la majorité des voix un arrêt déclarant « nul et illégal » l'enregistrement fait en lit de justice la veille. C'était un acte de rébellion auquel la monarchie avait déjà été confrontée, mais qui n'en était pas moins très préoccupant. Le libraire Hardy note dans son journal qu'une foule nombreuse et enthousiaste, répandue dans les salles du palais, applaudit bruyamment les « pères du peuple ». C'était l'euphorie. Le 10, Adrien Du Port prononça un vibrant discours contre l'arbitraire, le « vizirat » des ministres et le scandale des lettres de cachet. Ne pouvant attaquer de front le roi, il chargea l'homme qui avait le plus bénéficié de sa confiance, Calonne, ce fripon, ce dilapidateur, ce fauteur de désordre, qui avait menti, caché la véritable situation des finances et escroqué l'Etat... Le Parlement adopta ses conclusions et convoqua l'accusé à la barre.

Louis XVI ne pouvait laisser attaquer son ancien contrôleur général sur une politique qui avait été la sienne. Autant son exil et son humiliation répondaient à une nécessité d'Etat – celle de préserver le roi –, autant le désir de le faire comparaître en justice traduisait celui de l'inculper indirectement. Le Conseil cassa donc cette décision.

Le 13, l'infatigable Duval d'Eprémesnil faisait voter à une large majorité un arrêté déclarant les impôts enregistrés de force le 6 « contraires à tous les principes, maximes et usages du royaume ». En d'autres termes, il appelait à la grève de l'impôt. Le palais était noir de monde ; la foule avait envahi les cours, les escaliers, les salles ; l'atmosphère était survoltée. Des applaudissements frénétiques accompagnaient les orateurs jusqu'à leur carrosse. D'Eprémesnil fut porté en triomphe. Quelle griserie ! Tous ensemble, on allait mettre au pas le roi, la reine et son damné archevêque. La réplique royale ne se fit pas attendre...

L'exil à Troyes

Dans la nuit du 14 au 15, des escouades de gardes françaises, accompagnées de fusiliers, se rendirent aux domiciles des magistrats, porteurs d'un ordre d'exil à Troyes. Le 17, Monsieur et son frère Artois allèrent, le premier à la Cour des comptes, le second à la Cour des aides, faire enregistrer les édits, comme ils l'avaient été devant le Parlement. Le comte de Provence, considéré comme un prince patriote, eut peu de mal à se faire entendre. « Courage, Monsieur, lui criait-on, vous êtes l'espoir de la Nation ! » En revanche, Artois, réputé pour son intransigeance, fut conspué et sifflé. Pour le défendre, ses officiers furent obligés de mettre l'épée à la main et de chasser la foule qui s'enfuit en s'écrasant dans les escaliers. Il y eut des morts et des blessés. Blanc comme un linge, tremblant d'émotion, le prince rentra à Versailles et se mit au lit. Le roi lui-même était mal en point, sujet à des troubles digestifs et des migraines, qu'explique sans doute la crise politique. Il « fuyait dans la maladie », dit Evelyne Lever[7].

L'exil du Parlement déclencha un violent mouvement populaire. L'opinion, chauffée à blanc, était exaltée. Libellistes et caricaturistes s'en donnaient à cœur joie pour stigmatiser *Madame Déficit*, surnom dont avait hérité l'Autrichienne depuis son entrée en politique. Epigrammes et chansons obscènes couraient les rues. Cela tournait au délire. Plusieurs jours durant, des manifestations bruyantes se déroulèrent dans Paris, des bandes de jeunes cassant tout sur leur passage. Il faut avoir à l'esprit que le Parlement faisait vivre quantité de professions auxiliaires : 600 avocats, 800 procureurs, 500 huissiers, sans compter la basoche tumultueuse des clercs et des commis, les écrivains publics et les porte-chaises. Le Parlement installé à Troyes, c'était toute la cléricature du Palais qui se retrouvait au chômage. « J'y perds tout ce que j'avais », écrivait à son frère l'avocat Raymond de Sèze, le futur défenseur du roi en 1792. Le menu peuple, notamment la jeunesse nombreuse et désœuvrée de l'île de la Cité, se rangeait derrière les exilés, pour le plaisir de conspuer le gouvernement et de réclamer en chœur les états généraux, dont il ne savait rien. La troupe dut intervenir pour ramener le calme et évacuer le palais de

Thémis. Par ordre du baron de Breteuil, le lieutenant général de police Thiroux de Crosne ferma tous les clubs, y compris les clubs d'échecs et la Société des chevaliers de Saint-Louis. La première semaine de septembre, les soldats du guet patrouillaient encore, jour et nuit, dans les rues de l'île et les quartiers du centre, assistés d'escouades de gardes françaises et suisses. Le maréchal de Biron, commandant de Paris, avait dû faire venir des dragons et des carabiniers.

On se trouve là au cœur du paradoxe qui caractérise cette période étrange, généralement méconnue, que d'aucuns ont appelé la Pré-Révolution, mais qui était déjà la Révolution, avec ses remous et ses violences : un pouvoir réformateur, modernisateur, qui cherchait à rationaliser les structures de l'Etat, à répartir plus équitablement l'impôt, agissant dans l'intérêt bien compris du peuple, se trouvait obligé d'user des voies d'autorité contre une coalition anti-absolutiste aussi vaste qu'hétéroclite, à la fois aristocratique et populaire. Tout ce qu'il proposait passait pour du despotisme !

Faute de témoignage direct, il n'est pas aisé de connaître les positions des dirigeants à ce moment. Il semble que Brienne ne se soit pas engagé très avant dans la punition du Parlement. L'idée d'envoyer les magistrats à Troyes, près de sa terre de Brienne où il pourrait plus facilement renouer le dialogue avec eux, venait de lui. La volonté de châtier les exilés était à imputer plutôt au clan des « durs », la reine, Artois, Lamoignon, qu'au roi qui rêvait cependant de prendre sa revanche sur les humiliations subies depuis des mois. Puisqu'on ne l'avait pas écouté avec le plan Calonne, Louis le désenchanté s'était retiré dans sa tour d'ivoire, laissant se dérouler avec scepticisme l'expérience de Brienne, mais, face au Parlement, il veillait à ne pas perdre son autorité ni ses prérogatives, n'ayant pas peur de braver les robes longues et leurs fallacieuses arguties juridiques. On peut même dire que la contrainte dont il avait été victime l'avait rendu, en ce domaine, plus combatif que jamais. Il en faisait, plus qu'une affaire de principe, une question de dignité.

Le 20 août, on remarqua une démarche intempestive et inattendue du duc d'Orléans qui présenta à son royal cousin un plan de réforme de l'Etat, écrit par le chancelier de ses ordres, le marquis Charles Louis du Crest, frère de Mme de Genlis. Ce mémoire réclamait le renvoi du ministère et la constitution d'un gouvernement par conseils aristocratiques, qui rappelait la polysynodie de la Régence. Du Crest posait sa candidature au poste de surintendant des Finances, qu'on aurait ressuscité. Inutile de dire que Louis XVI balaya d'un revers ces vieilleries, regardant d'un air inquiet ce cousin trop bien intentionné qui lui donnait des conseils tout en épousant les thèses de l'opposition.

Pendant ce temps, à Troyes, au palais des comtes de Champagne, ces messieurs du Parlement continuaient à défier le gouvernement et à réclamer les états généraux. La fièvre gagna les autres cours. Le Châtelet et le présidial de Lyon intervinrent en faveur des exilés. Nombre de présidiaux et de bailliages du ressort de Paris refusèrent de publier les nouvelles lois. Ils furent rejoints par les parlements des autres provinces : Aquitaine, Bretagne, Dauphiné. Le manque de capitaux aussi se faisait sentir. Les banquiers ne prêtaient plus. Certaines garnisons n'avaient plus de quoi payer la troupe. Mirabeau, revenu en France après la chute de Calonne, s'étonnait du changement de climat : « Du chaos tranquille, dit-il, ce pays-ci a passé dans le chaos agité[8]. » Louis XVI, fort de son bon droit, s'obstinait. « Ce n'est point à mes cours de justice à demander les états généraux, assenait-il le 25, c'est à moi à juger si les circonstances les exigent ; j'ai jugé qu'elles ne les exigeaient pas[9]. »

Le 26, devant l'aggravation des tensions, il se résolut, à contrecœur, à nommer Brienne principal ministre. Ainsi, ce que ni Maurepas, ni Vergennes, ni Necker, ni Calonne n'avaient pu lui arracher, celui-là venait de l'obtenir de

Marie-Antoinette. Le terme de « principal ministre », parfois en usage sous la monarchie, était-il une concession sémantique pour épargner la susceptibilité du monarque, qui s'était toujours refusé à prendre un Premier ministre ? Il semble plutôt qu'on ait dû renoncer au titre pour des raisons de circonstances : une telle nomination exigeait des lettres patentes dûment enregistrées. On ne voulut pas chatouiller sur ce point les exilés de Troyes ! Datée du lendemain, une circulaire de Louis XVI informait les ministres et secrétaires d'État d'avoir désormais à notifier à Mgr de Toulouse les sujets les plus importants, de façon à ce que celui-ci pût les traiter directement avec lui. C'était un progrès considérable par rapport à la structure jusque-là hétérogène du pouvoir, dans laquelle chaque ministre se comportait comme un roitelet. Le gouvernement y gagnait en unité. Le cabinet de Brienne fut certainement le plus cohérent du règne, d'autant que cette nomination décida Castries à démissionner. Un maréchal de France ne peut obéir à un archevêque ! A la reine, le vieux soldat avoua qu'en tant que Français il était favorable à la réunion des états généraux, tandis qu'en tant que ministre il était persuadé qu'une telle institution risquait de détruire l'autorité royale[10]. Il ajouta, ce qui en disait long sur ses préjugés « féodaux », que si un homme de robe lui succédait, c'en était fini de la Marine française ! L'œuvre accomplie par le duc n'en était pas moins remarquable. Castries fut un grand ministre. Avec l'appui du roi, il avait poursuivi la construction d'une flotte de combat moderne, amélioré le recrutement et les conditions des équipages, réorganisé les grades de la hiérarchie, créé une caisse des Invalides. On lui devait aussi le développement de plusieurs ports : Port-Vendre, Sète, Agde, Brest, Toulon, sans oublier naturellement Cherbourg. Il parvint à céder son fauteuil non à un robin, mais à un authentique aristocrate, le comte César Henri de La Luzerne, neveu de Malesherbes, apparenté aux Lamoignon et gouverneur général des Iles-sous-le-Vent.

Le maréchal de Ségur démissionna aussi[11]. Il fut remplacé par le frère cadet du principal ministre, le comte de Brienne, maréchal de camp, âgé de cinquante-sept ans. A défaut d'expérience dans le département de la Guerre, celui-ci était bon philosophe et dévoué à son aîné. Le 30 août, l'austère et probe conseiller d'Etat Claude Guillaume Lambert succéda au Contrôle général des finances à Laurent de Villedeuil, qui n'y avait pas fait d'étincelles.

La séance royale

Homme de dialogue, Brienne se sentit obligé de reprendre les négociations avec les parlementaires. Chacun d'ailleurs y avait intérêt, le principal ministre parce que la situation se détériorait à vue d'œil et que le spectre de la banqueroute se profilait, les magistrats parce que la justice était paralysée à Paris et qu'ils commençaient à regretter les doux plaisirs des bords de Seine.

A la fin d'août, un compromis sauva la face des adversaires. La subvention territoriale et l'impôt sur le timbre passeraient à la trappe et, en échange du maintien provisoire des deux vingtièmes et de l'enregistrement de cinq emprunts pour un montant total de 420 millions et de quelques impôts supplémentaires, échelonnés sur cinq années, le roi accepterait de convoquer les états généraux au plus tard en 1792. Ce compromis sacrifiait ce qui restait du plan de Calonne au profit d'une politique financière à courte vue, dont l'artisan était Brienne qui voulait gagner du temps. Pétrifié dans un silence effrayant, le roi laissa faire.

Le Parlement fut rappelé d'exil. Son retour à Paris fut un triomphe, une griserie générale. On fit des feux de joie ; on tira des feux d'artifice ; on enfonça à plaisir les auvents des marchands ; on brûla Calonne, Breteuil et la duchesse de Polignac en effigie, et un mannequin de paille représentant la reine faillit connaître le même sort.

Pour l'enregistrement des emprunts, il fut convenu que le roi irait tenir au Palais une « séance royale », qui ne serait pas formellement un lit de justice et, bien qu'en présence de Sa Majesté, les magistrats seraient autorisés à exprimer leurs doléances sur les édits. L'atmosphère promettait d'être houleuse. « Je dois le dire, écrivait Alexandre de Lameth, toutes les personnes de la Cour, tous les chefs militaires engageaient le Parlement à la résistance. » Les magistrats furent convoqués pour le 19 novembre à 8 heures du matin.

Cet esprit d'ouverture s'accompagna d'un rappel à l'ordre. Dans son discours d'accueil, le roi infligea même à ses conseillers une volée de bois vert : « Je veux tenir cette séance pour rappeler à mon Parlement des principes dont il ne doit pas s'écarter. Ils tiennent à l'essence de la monarchie et je ne permettrai pas qu'ils soient menacés ou altérés. » S'il était prêt à convoquer les états généraux, il voulait montrer qu'il le faisait librement. Plus la pression se renforçait, plus il éprouvait le besoin de réaffirmer sa prééminence, au-dessus de tous les ordres et corps composant la Nation. « Je ne souffrirai jamais qu'on me demande avec indiscrétion ce qu'on doit attendre de ma sagesse et de mon amour pour mes peuples […]. Mes parlements doivent compter sur ma confiance et mon affection, mais ils doivent les mériter en se renfermant dans les fonctions qui leur ont été confiées par les rois, mes prédécesseurs, en ayant attention de ne pas s'en écarter, de ne s'y refuser jamais, et surtout en donnant à mes sujets l'exemple de la fidélité et de la soumission[12]. »

Le garde des Sceaux enchaîna dans la même veine par un roide sermon sur l'autorité absolue du roi, à qui appartenait la puissance souveraine de son royaume et en qui résidait le pouvoir législatif, sans dépendance ni partage. Cela rappelait la séance de la Flagellation de 1766. Mais il laissa entendre que, si les parlements enregistraient les nouveaux emprunts, la tenue des états généraux serait envisageable, sans que l'on pût en fixer d'ores et déjà la date.

Après lecture des édits, on passa à l'audition des opinions, durant sept heures d'affilée ! La grande majorité des conseillers donna son agrément aux édits. Trois d'entre eux s'y opposèrent : l'abbé Sabatier de Cabre, Fréteau de Saint-Just et Robert de Saint-Vincent. A son tour, le fougueux Duval d'Eprémesnil, qui avait participé aux négociations avec Brienne, prit la parole. Bien qu'il fût de fort méchante humeur parce que sa voiture avait dû céder sa place à celle du comte d'Artois, il proposa un nouveau compromis : on enregistrerait les deux premiers édits et on convoquerait les états généraux pour 1789. Dans un grand mouvement oratoire, il en appela à la générosité royale : « Sire,... d'un mot vous allez combler tous les vœux. Un enthousiasme universel va passer, en un clin d'œil, de cette enceinte dans la capitale, de la capitale dans tout le royaume. Un pressentiment qui ne me trompera pas m'en donne déjà l'assurance ; je le lis dans le regard de Votre Majesté ; cette intention est dans son cœur, cette parole est sur ses lèvres, prononcez-la, Sire, accordez-la à l'amour de tous les Français. »

Il se produisit alors un bref instant de flottement, un moment unique, peut-être, où l'Histoire aurait pu basculer. Louis XVI, comme il l'assura lui-même le lendemain à l'archevêque de Paris, fut prêt à abandonner les résolutions de fermeté arrêtées en Conseil et à répondre favorablement à la requête de l'orateur. Mais il se reprit et se raidit, comme tous les timides dont on veut forcer la main. En saura-t-on jamais les raisons ? Le ton peu amène de Duval d'Eprémesnil ? Ses dernières paroles trop familières ? Le sentiment qu'en cédant il abandonnait irrémédiablement son pouvoir absolu ?

Lamoignon s'avança pour prendre l'ordre. Allait-on compter les voix, bien que l'on fût en présence du monarque ? Tout indiquait que la grande majorité des conseillers était prête à voter l'enregistrement de l'édit. Mais Louis se leva et prononça ces paroles de clôture : « Après avoir entendu vos avis, je trouve qu'il est nécessaire d'établir les emprunts portés dans mon édit.

J'ai promis les états généraux avant 1792 ; ma parole doit vous suffire. J'ordonne que mon édit soit enregistré[13]. » Fermez le ban !

Cela fit l'effet d'une douche glacée. Comme le roi s'apprêtait à quitter la salle, Philippe d'Orléans s'avança et osa l'interpeller publiquement. Il lui demanda si la séance qui venait de se dérouler était un lit de justice ou une séance royale. « Une séance royale », répondit Louis, sommé en quelque sorte de répondre. « Elle est illégale, rétorqua le duc. Je demande qu'il soit mentionné que l'enregistrement est fait du très exprès commandement de Sa Majesté. »

Evénement inouï, qui frappa de stupeur l'assistance. « L'histoire entière de la monarchie, écrit Talleyrand, n'offrait rien de semblable. On avait vu des princes du sang résister, les armes à la main, à la puissance du roi ; on n'en avait point vu essayer de poser des bornes constitutionnelles à son autorité[14]. »

Louis, interloqué, bégaya une réponse qui dénotait sa surprise autant que sa colère : « Cela m'est égal… Vous êtes bien le maître !… Si ! C'est légal, parce que je le veux[15]. »

Cette mémorable séance, où l'on était passé tout près du compromis, s'achevait donc par un échec retentissant. La réplique du souverain renforçait l'opposition dans sa conviction que l'on avait versé dans le pur autocratisme : quelque absolu que fût son pouvoir, le souverain devait gouverner selon les formes. Si Louis XVI avait voulu imposer l'enregistrement de l'édit, blâmaient les censeurs, il lui eût fallu tenir un lit de justice et prononcer les paroles consacrées ! Cette séance royale, où l'on entendait les avis des juges sans les compter, avait été improvisée et mal conçue. Cependant, sur le fond, le roi avait raison. Il restait dans la plus pure tradition de la monarchie française. Les robins, n'étant que ses conseillers, ne pouvaient lui imposer de décision.

Par son attitude, Orléans parut comme le chef de file de l'opposition royale. Après le départ du monarque, les conseillers qualifièrent d'illégales les formes de la séance et de l'enregistrement. Le duc fut porté en triomphe jusqu'à sa voiture. Louis en fut choqué à l'extrême. Sans doute surévalua-t-il le danger que représentait ce piètre personnage qui le haïssait. Ce cousin encombrant, arrière-petit-fils du Régent, n'était pas apte à tenir le rôle politique qu'un moment la Révolution lui tendra sur un plateau. C'était un jouisseur aimant, comme dit Brissot, les conspirations qui ne duraient pas plus de vingt-quatre heures[16]. Les *Mémoires* de son amie et ancienne maîtresse, Mrs. Grace Dalrymple Elliott, nous le montrent tel qu'en lui-même, oisif, léger, dissipateur, ne lisant pas et n'approfondissant rien[17]. Pour l'heure, personne encore ne songeait à un changement de dynastie, à l'image de la *Glorious Revolution* de 1688, mais il était de fait que le premier prince du sang, de surcroît l'homme le plus riche du royaume, osait contrecarrer l'action du roi. Du point de vue capétien, cette figure politique avait toujours été considérée comme infiniment plus redoutable qu'une révolte parlementaire. Car un prince est capable, par le jeu des amitiés et des fidélités, de lever des partisans en nombre considérable. Déjà quelques grands étaient prêts à le suivre : Montmorency-Luxembourg, La Rochefoucauld, Béthune-Charost, Praslin et d'Aumont… Le Palais-Royal n'était pas seulement un tripot et un lieu de débauche, mais un centre politique actif où se retrouvaient libellistes et pamphlétaires. L'or y côtoyait la fange.

Une punition s'imposait. Le 20 novembre au soir, le baron de Breteuil remit à Philippe d'Orléans une lettre de cachet du roi le priant de se retirer dans sa propriété de Villers-Cotterêts où il pourrait chasser à loisir. L'exil ! Dans la nuit, deux des meneurs de la fronde, le conseiller-clerc Sabatier de Cabre et Fréteaux de Saint-Just, furent arrêtés et conduits en voiture rapide, l'un dans les prisons du Mont-Saint-Michel, l'autre à la citadelle de Doullens. On avait voulu punir moins l'insolence de leurs discours que leur collusion supposée avec Orléans. Le lendemain matin, une députation du Parlement se rendit à Versailles

avec le registre officiel, sur lequel Louis XVI d'un trait nerveux raya l'arrêté pris à la suite de la séance royale.
Brienne et la Cour respirèrent. La situation avait été rétablie, le plan quinquennal allait être appliqué. La reine, qui
avait été pour beaucoup dans ces décisions énergiques,
regrettait seulement qu'il eût fallu, sous la pression de
l'opinion, promettre les états généraux. Il est vrai qu'on
s'était donné cinq ans et que ce laps de temps permettrait
peut-être aux finances publiques de se rétablir et à
Louis XVI d'oublier sa parole.

La poursuite de l'agitation

Le premier des cinq emprunts enregistrés apporta aux
caisses royales 120 millions. Mais l'épreuve de force continuait. A la fin de l'automne, l'agitation faisait tache
d'huile en province où les parlements, gagnés par la fièvre
politique, s'efforçaient d'empêcher les réunions d'assemblées provinciales, annulaient les réquisitions des commissaires pour l'enregistrement des édits. Le roi ne cédait
pas. Des députations de robes longues s'en venaient à
Versailles et l'on biffait sur les registres leurs arrêts intem-
pestifs. Sitôt de retour à leur chef-lieu, les frondeurs
recommençaient.

Le 4 janvier 1788, l'actif Adrien Du Port présenta avec
succès une motion contre les lettres de cachet, déclarées
nulles, illégales, contraires au droit public et au droit
naturel : « La monarchie dégénère en despotisme puisqu'il
est vrai que les ministres, abusant de l'autorité du roi, dis-
posent des personnes par les lettres de cachet[18]. » Sans
désemparer, Louis XVI convoqua les magistrats et raya cet
arrêt devant eux. La guerre continuait, comme un éternel
recommencement...

Les revendications des parlements étaient à peu près
identiques à celles de la première fronde de 1648 :
l'*habeas corpus*, l'abolition de la fonction d'intendant et

des lettres de cachet. Tout au long du XVIIIe siècle, ils avaient remâché les mêmes idées, avec une remarquable constance. Leur contestation du pouvoir, pour violente qu'elle fût, n'était pas en soi antimonarchique : les parlements étaient des corps qui s'inséraient dans l'ordre royal, dont ils respectaient scrupuleusement les formes quelle que fût la violence de leurs attaques. Leurs acrimonieux refus d'enregistrement étaient toujours intitulés : *Très Humbles et Très Respectueuses Remontrances que présentent au roi, notre souverain seigneur et maître, les gens tenant sa cour de parlement* ; lorsque le monarque paraissait devant eux, ils s'agenouillaient et ne se relevaient qu'avec sa permission. Il ne pouvait en être autrement. Mais ils ne se rendaient pas compte que leurs travaux de sape détruisaient les fondements de l'édifice auquel ils devaient leur existence. Ils ne voyaient pas que le monde avait changé, que l'opinion s'émancipait, que partout soufflait un vent de libération qui allait se retourner contre eux. Entourés d'honneurs et de respect, attachés viscéralement à ces formes désuètes d'hommages et de considération qui les gonflaient de vanité, ils vivaient dans un univers irréel, décalé, sans imaginer qu'un volcan s'apprêtait à jaillir à leurs pieds. Et même quand celui-ci jaillira, ils demeureront aveugles et sourds. « Tout cela finira par un arrêt du Parlement », s'exclamait encore d'Eprémesnil en 1790, ce même d'Eprémesnil qui quatre ans plus tard partira pour l'échafaud dans la charrette de Malesherbes…

L'accusation de despotisme lancée contre Louis XVI, qui sera reprise par certains historiens, ne résiste pas à l'analyse. Le roi restait parfaitement fidèle à la doctrine de la monarchie administrative, comme le montrent les commentaires qu'il apostilla en marge du mémoire sur les municipalités de Turgot, dont il prit connaissance à cette époque. S'il voulait l'égalité fiscale, il ne souhaitait bouleverser ni les rangs, ni les dignités traditionnelles, ni la distinction des ordres dans les pays d'états. Son autorité devait s'exercer dans l'équilibre et la modération. « On voit… que M. Turgot est l'ennemi de la variété des ordres qui composent les pays d'états et de la hiérarchie de leurs assemblées qui conservent, en France, les facultés et les honneurs des différents individus et forment la hiérarchie de mes sujets, sans laquelle il ne peut exister nulle part de monarchie[19]. » En revanche, il tenait les intendants pour l'outil indispensable du pouvoir central dans les provinces. « L'administration des intendants, à quelque abus près, est ce qu'il y a de mieux dans tout mon royaume ; ce n'est pas de ce côté-ci que l'Etat se trouvera pris en défaut principal[20]. » Quant aux états généraux, ils ne pouvaient être réunis que de façon ponctuelle, et leurs avis n'engageaient point le souverain. « L'idée de former des états généraux perpétuels est subversive de la monarchie, qui n'est absolue que parce que l'autorité n'est point partagée[21]. » Retenons la date de ces commentaires : 15 février 1788. Devant la marche des événements, le roi sera bien obligé d'évoluer.

Et les escarmouches avec le Parlement continuèrent. Louis mit en garde les cours contre la tentation d'un gouvernement des juges : « Si la pluralité de mes cours forçait ma volonté, la monarchie ne serait plus qu'une aristocratie de magistrats, aussi contraire aux droits et aux intérêts de la Nation qu'à ceux de la souveraineté[22] » (17 avril). En vain ! Deux jours plus tard, un jeune conseiller des Enquêtes, Anne de Goislard, comte de Montsabert, faisait décréter par ses collègues que la perception des vingtièmes ne pourrait se faire que selon les anciennes modalités, sans vérification des changements de revenus imposables, sous prétexte qu'il revenait aux représentants de la Nation de voter les nouveaux subsides au roi.

La réforme Lamoignon

Tous les efforts de conciliation entrepris par Brienne avaient été vains, y compris la libération des deux magistrats emprisonnés et le retour à Paris du duc d'Orléans. L'acharnement du Parlement devenait une affaire d'Etat. Pour en finir, Louis XVI, Brienne et Lamoignon concoctèrent une réforme en profondeur des institutions judiciaires. C'était, en quelque sorte, un retour à la case départ. On prenait la route qu'on avait refusé d'emprunter en 1774 à cause des mauvais conseils de Maurepas !

On créerait 47 tribunaux de grand bailliage, servant de cours d'appel aux présidiaux, devenus des tribunaux de première instance en lieu et place des tribunaux de bailliage. On supprimerait le maquis touffu des juridictions auxiliaires : Bureau des finances, élections, greniers à sel, tables de marbre, chambre du Domaine... Les justices seigneuriales, difficiles à abolir, car elles faisaient partie du droit des fiefs, verraient leurs fonctions réduites à des tâches de simple police et d'instruction préliminaire. Les parlements, dont les ressorts seraient démembrés, ne jugeraient plus que les affaires criminelles contre les nobles et les affaires civiles impliquant des litiges supérieurs à 20 000 livres. Surtout, ils perdraient le contrôle sur les lois du royaume qui leur permettaient de refuser d'adopter un texte en fonction des particularités provinciales. L'idée sous-jacente était évidemment d'unifier la législation à toute la France. A Paris, la deuxième et la troisième chambre des Enquêtes ainsi que la chambre des Requêtes étaient supprimées et le nombre des conseillers réduit à 67.

Pour l'enregistrement et la conservation des actes royaux, édits et ordonnances, on créerait une Cour plénière, séparée du parlement de Paris, dont les membres, princes, évêques, maréchaux de France, présidents à mortier, conseillers de la Grand Chambre, maîtres des requêtes, seraient nommés par le roi... Ce tribunal suprême, qui avait déjà été prévu par l'ordonnance de novembre 1774, était moins une assemblée permanente de notables que la résurrection de la _Curia regis_ médiévale. Cette dissociation entre le politique et le judiciaire, dépouillant la Robe du contrôle législatif et fiscal, allait donc plus loin que la réforme du chancelier Maupeou, qui s'était contentée de changer le personnel judiciaire et d'abolir la vénalité des offices. Ici on modifiait le système judiciaire en profondeur (mais on gardait, il est vrai, la vénalité et le système des « épices », au moins provisoirement). A ces dispositions générales s'ajoutait la réforme de la législation criminelle, étudiée par un comité présidé par Thouret. Il s'agissait de rendre plus humaine la justice du roi. Ainsi, la déclaration du 1er mai supprima l'interrogatoire sur la sellette et abolit la « question préalable », qui était en réalité la torture (la « question préparatoire » pour obtenir l'aveu du coupable avait été abolie le 24 août 1780).

A Versailles régnait une atmosphère de coup d'Etat. Dès le 24 avril, Marie-Antoinette écrivait à son frère Joseph II : « Nous sommes au moment de faire de grands changements dans les parlements ; on pense à les borner aux fonctions de juges et à former une autre assemblée qui aura le droit d'enregistrer les impôts et les lois... » Pour garder le secret sur les édits en préparation, des sentinelles furent placées devant les issues de l'imprimerie royale et les ouvriers y furent étroitement consignés, mangeant et dormant dans l'atelier. Mais ce diable de Duval d'Eprémesnil parvint à se les procurer. La petite histoire conte que, pour 500 livres, il aurait soudoyé la femme du typographe, qui lui aurait lancé de la fenêtre les textes enfermés dans une boulette de terre glaise. Pour d'autres, ce serait le conseiller Huguet de Sémonville qui, abusant de la confiance de Brienne, les lui aurait communiqués[23].

Toujours est-il que d'Eprémesnil incita ses collègues à faire serment de ne tolérer aucune innovation à la constitution et d'inscrire dans le marbre les lois fondamentales du royaume en leur donnant un caractère très extensif, de façon à limiter au maximum le pouvoir royal (alors que jusque-là celui-ci avait toujours joué de leur obscurité) : on y incluait l'inamovibilité de la magistrature, le caractère sacré des « capitulations » et traités d'incorporation des provinces au royaume de France, l'obligation de consulter les états généraux, « régulièrement convoqués et composés » pour créer de nouvelles taxes, la liberté individuelle (*habeas corpus*)…

Beaucoup de conseillers jurèrent. C'était, onze mois plus tôt, le serment du Jeu de paume, dans sa formulation réactionnaire. Le Conseil du roi, naturellement, cassa l'arrêt et donna ordre d'appréhender les deux agitateurs, Goislard de Montsabert et Duval d'Eprémesnil.

Ceux-ci furent prévenus par un agent haut placé – peut-être le lieutenant de police Thiroux de Crosne ou le baron de Breteuil, ministre de la Maison du roi (ancien choiseu-liste, ce dernier n'avait pas encore rompu avec son idéal d'une monarchie constitutionnelle). Ils quittèrent leur domicile et vinrent se réfugier au sein du Parlement. C'est alors que se déroula la fameuse « séance des trente heures » (5 et 6 mai), riche en rebondissements. Le Parlement unanime plaça les deux inculpés sous sa protection et décida d'envoyer au roi une délégation conduite par son premier président. Cette délégation fit antichambre à Versailles dans l'après-midi du 5, le roi refusant de la recevoir sans qu'une audience eût été sollicitée à l'avance et dans les formes. A 11 heures du soir, le Palais était investi par des gardes françaises et suisses, baïonnette au fusil, ainsi que par des sapeurs, équipés de haches. Le marquis d'Agoult, capitaine des gardes françaises, s'avança et réclama les deux conseillers. Cris et protestations indignés de l'assemblée. On ergota sur le texte de l'ordre royal présenté par l'officier. Quelqu'un fit remarquer à d'Agoult qu'il ne portait pas de tenue réglementaire, attendu qu'il n'avait point son hausse-col de service ! Cela tournait à la farce, au tohu-bohu. « Nous sommes tous d'Eprémesnil et Goislard ! Si vous prétendez les enlever, enlevez-nous tous ! » criait-on. D'Agoult, humilié, se retira. Mais ce fut pour revenir le lendemain, accompagné de l'exempt de robe courte. Le Parlement, qui siégeait en permanence depuis la veille, continua sa résistance jusqu'à midi. Alors, de guerre lasse, les deux magistrats se livrèrent d'eux-mêmes, non sans avoir déclaré que, pour ne pas exposer davantage la cour, ils cédaient à la force[24]. Une voiture solidement gardée conduisit d'Eprémesnil à l'île Sainte-Marguerite, une autre, où se trouvait Goislard, prit le che-min de Pierre-Encise, une rude forteresse qui dominait la Saône, non loin de Lyon. A la déception des opposants qui auraient aimé en faire des martyrs, ils y furent royale-ment traités ! Pour exécuter les ordres, Biron, colonel général des gardes françaises, craignant des représailles en cas de victoire du Parlement, avait refusé de se fier aux instructions du ministre de la Maison du roi et de son subordonné, le lieutenant général de police, et demandé de connaître les intentions personnelles du roi...

Le jeudi 8 mai 1788, les conseillers en robe rouge furent convoqués en corps à Versailles où ils assistèrent au lit de justice enregistrant la réforme Lamoignon. Pour la justifier, le roi rappela qu'il n'innovait pas, mais au contraire qu'il restaurait : « L'ordre que je veux établir n'est pas nouveau ; le Parlement était unique quand Phi-lippe le Bel le rendit sédentaire à Paris. Il faut à un grand Etat un seul roi, une seule loi, un seul enregistrement[25]. » Lamoignon insista : « Pour simplifier l'administration de la justice dans son royaume, le roi veut, Messieurs, que l'unité des tribunaux réponde désormais à l'unité des lois. »

« Louis XIV, au milieu de sa gloire, en pleine paix inté-rieure, avec des ministres vigoureux et respectés, eût à peine conçu l'idée d'une pareille révolution », notait le journaliste suisse Mallet du Pan dans son Journal personnel[26]. La réforme, sans nul doute, apparaissait comme une pièce essentielle de la Révolution royale, visant à établir un Etat moderne et unitaire sur les ruines de la société d'ordres et les caprices de l'Histoire. Malheureusement, elle n'en était plus que la pièce unique, puisque l'ancien plan de Calonne, visant à l'égalité des Français devant l'impôt, avait été abattu par les privilégiés, Notables et parlements associés.

Au lieu de regagner Paris, la plupart des conseillers se réunirent à l'hôtel de *la Bonne Auberge*, près du château, se passant la plume pour signer une énergique protestation contre cet esprit niveleur et ces innovations qui bouleversaient la constitution décentralisée de la monarchie, dont ils s'estimaient les gardiens vigilants. On en appelait aux mânes du président de Montesquieu, aux coutumes sacrées des provinces et des cours souveraines. Six ducs et pairs refusèrent de faire partie de la cour plénière : Fitz-James, d'Uzès, Montmorency-Luxembourg, d'Aumont, Praslin et La Rochefoucauld. Dans son impatience, le roi voulut tenir tout de suite la première séance de la nouvelle instance. Mais l'improvisation se retourna contre lui et fit chavirer le navire. « Les magistrats retenus par l'ordre du roi, écrit Weber, erraient dans les rues de la ville ou dans les appartements du château, sans jamais entrer dans la chambre préparée pour leur séance. Il fallut les renvoyer dans leurs terres, pour se donner le temps d'imaginer une conduite à tenir. On bafoua, on chansonna de toutes parts cette malheureuse cour plénière, morte avant d'être née[27]. »

On ne se contenta pas de chansonnettes. Dans la capitale, de nouvelles manifestations de soutien au Parlement éclatèrent. Les gardes françaises, qui avaient interdiction de faire feu, parvinrent à les réprimer sans difficulté. Les désordres furent beaucoup plus importants en province. Les parlements de Pau, Rouen, Rennes et Nancy prirent le relais de celui de Paris, refusant d'enregistrer les édits de mai et réclamant la convocation des états généraux. La caste judiciaire tout entière se révoltait et intimidait ceux qui soutenaient le projet de grands bailliages et de cour plénière. Le parlement de Normandie décida que son premier président cesserait toute correspondance avec le « sieur de Lamoignon, garde des Sceaux de France ». Chacun s'accrochait à ses immunités régionales et défendait la légitimité des justices féodales et seigneuriales. Le parlement de Pau, réinstallé de force par les paysans et les montagnards qui s'étaient emparés des canons de la ville, avait déclaré le « Béarn étranger à la France, quoique soumis au même roi ». La guerre des libelles faisait rage. Le parti ministériel avait su, pour une fois, embaucher quelques plumes brillantes – Marmontel, Linguet, Rivarol, les abbés Morellet, Maury et Papon – pour répandre des brochures apologétiques. Mirabeau et Condorcet soutenaient la réforme, tandis que La Fayette, qui avait longtemps appuyé les efforts de Brienne, rejoignait l'opposition.

La chute de Brienne

La cour plénière ne pouvant se constituer dans cette atmosphère et n'étant pas par conséquent en mesure d'approuver de nouveaux impôts, il ne restait plus qu'une planche de salut : échapper à court terme à la banqueroute par une augmentation substantielle du don gratuit consenti par l'assemblée générale du clergé. Le gouvernement lui demanda 8 millions payables en deux ans, ce qui était fort raisonnable. L'Eglise en payait autant pour les vingtièmes au lieu des 12 ou 13 prévus au taux normal. Un effort généreux était à sa portée. Loménie de Brienne espérait que son double statut de principal ministre et de haut dignitaire de l'Eglise lui permettrait d'emporter la partie. Il avait l'appui de deux présidents, Mgrs de Dillon (Narbonne) et de Boisgelin (Aix), et de l'influent Champion de Cicé (Bordeaux). Quelques rentrées d'espèces sonnantes et trébuchantes dans les caisses de l'Etat, et c'était le cordon de la bourse des banquiers qui se dénouait, le retour de la confiance et, avec lui, l'isolement du Parlement. Le clergé se réunit à Paris à partir du 5 mai sur un ordre du jour chargé[28]. A la clôture, quelle ne fut pas la surprise du chef du gouvernement de voir l'assemblée refuser au roi l'effort financier sollicité, et avec quelle insolente fatuité ! « Nous oserons dire à notre maître dont la magnificence égale la puissance : notre conscience et notre honneur ne nous permettent pas de consentir à voir changer en tribut nécessaire ce qui ne peut être que l'offrande de notre amour[29]. » En clair, le clergé revendiquait le droit absolu de fixer lui-même le montant de sa contribution. Les biens de l'Eglise sont sacrés, rappelait l'évêque d'Auxerre, Jean-Marie Champion de Cicé, frère de l'archevêque. Bref, au lieu des 8 millions demandés, l'assemblée, prétextant la hausse de la portion congrue due aux curés, n'accorda parcimonieusement que 1 800 000 livres, payables en deux ans.

Et sur sa lancée, elle se mit à faire des remontrances au roi, ce qu'elle ne s'était jamais permis, défendant « l'antique constitution » contre « cette philosophie téméraire » qui veut « tout détruire dans l'ordre politique comme dans celui de la religion », critiquant la cour plénière et le nouveau système judiciaire, apportant son entier soutien à l'aristocratie parlementaire et réclamant à son tour les états généraux. A l'origine de cette charge en règle se trouvait un jeune et ardent prélat, Mgr Lauzières de Thémines, surnommé le « d'Eprémesnil du clergé », qui ambitionnait la place de Loménie de Brienne...

Jamais l'empiètement des corps sur la prérogative royale n'avait été poussé si loin ; jamais leur égoïsme aveugle n'avait paralysé à ce point l'Etat. La vieille machine royale, qui, tant bien que mal, incarnait l'intérêt général, était une fois de plus menacée d'asphyxie. Jamais non plus la haine du roi et de la reine n'avait été aussi forte. Le 1er juillet, on avait trouvé un placard affiché sur la loge de Marie-Antoinette au Théâtre des Italiens : « Tremblez, tyrans, votre règne va finir ! » C'était désormais vers les états généraux que l'opinion se tournait. D'eux, le clergé, les aristocrates, les gens de robe attendaient tout uniment la consécration de leurs privilèges et l'abaissement du trône.

Louis XVI commençait à se résigner à leur convocation, mais dans un tout autre sens, afin de débloquer la situation. Ainsi s'exprimait-il dans sa réponse aux remontrances du clergé : « Mes paroles ne sont ni équivoques ni illusoires : c'est au milieu des états que je veux, pour assurer à jamais la liberté et le bonheur de mes peuples, consommer le grand ouvrage que j'ai entrepris de la régénération du royaume et du rétablissement de l'ordre dans toutes les parties[30]. » Il y avait sans doute une bonne part de tactique dans cette déclaration. Il fallait faire preuve d'ouverture d'esprit, sans se laisser enfermer par un calendrier de convocation. « Ne paraissez pas éloigné de convoquer vos sujets, lui répétait Brienne, mais retardez cette convocation le plus que vous pourrez : votre autorité ne peut qu'y perdre et votre royaume qu'y gagner fort peu[31]… » Curieux Brienne qui, en arrivant au pouvoir, avait demandé au roi cette réunion !

Cependant, en certaines provinces, lieux d'exil des parlements désobéissants, la situation continuait de se dégrader. L'armée dut intervenir pour rétablir l'ordre. A Grenoble, le 7 juin, tandis que sonnait le tocsin, le petit peuple s'opposa à l'ordre de dispersion qu'avaient reçu les magistrats. Une bonne partie de la ville vivait de la présence de son parlement. Le vieux duc de Clermont-Tonnerre, lieutenant général en Dauphiné, d'un naturel conciliant, fut contraint à la répression. Les manifestants jetèrent des pavés et des tuiles creuses du haut des toits sur les grenadiers du régiment Royal-Marine et vinrent assaillir l'hôtel du gouverneur, qui fut pillé. Le duc échappa de peu à la mort. Telle fut la « journée des Tuiles ». Devant l'ébullition générale, Clermont-Tonnerre, inquiet de l'état des troupes qui donnaient des signes de faiblesse, capitula et pria les magistrats de revenir au palais. Le peuple les accueillit avec transport. Le 14 juillet, le vieux et martial maréchal de Vaux, qui avait remplacé Clermont-Tonnerre, rétablit l'ordre avec un régiment de dragons.

En Bretagne, l'agitation prit une tournure tout aussi révolutionnaire. A Rennes, la foule en colère s'attaqua au commandant militaire Bussy et à l'intendant Bertrand de Molleville, qui fut blessé. Tous deux ne durent leur salut qu'à la fuite. A la tête des étudiants de l'école de droit en révolte se trouvait leur jeune prévôt Jean Victor Moreau, le futur général de la Révolution, vainqueur de Hohenlinden et rival de Bonaparte. Deux assemblées de six cents gentilshommes chacune, tenues à la mi-juin, l'une à Saint-Brieuc, l'autre à Vannes, décidèrent de dépêcher à Versailles douze d'entre eux afin de protester contre les édits[32]. Comme ils cherchaient à agiter l'opinion, Brienne les fit embastiller[33]. L'ordre ne revint à Rennes qu'à l'arrivée du maréchal de Stainville avec des troupes fraîches.

Le 25 juillet, pour des raisons assez obscures où l'ambition et la jalousie entraient sans doute en ligne de compte, le baron de Breteuil démissionna de ses fonctions de secrétaire d'Etat à la Maison du roi. Critiqué en mai par le colonel duc de Biron pour la brutalité de sa répression à Paris, tout en étant de cœur partisan d'une monarchie aristocratique, il semble qu'il n'ait pas apprécié d'avoir dû contresigner les ordres d'embastillement des gentilshommes bretons.

Cependant, l'agitation se poursuivait en Dauphiné où le jeune avocat protestant Antoine Barnave avait diffusé un retentissant manifeste intitulé *Esprit des édits enregistrés militairement au parlement de Grenoble le 10 mai 1788*. C'était une défense des parlements considérés comme les derniers remparts contre le despotisme. A son initiative et à celle d'un juge royal, Jean Joseph Mounier, une centaine de notables se réunirent le 14 juin dans la grande salle de l'hôtel de ville de Grenoble. On y décida la tenue, le 21 juillet, d'une assemblée des trois ordres au château de Vizille, construit par le connétable de Lesdiguières et pour l'heure propriété d'un riche industriel, Claude Périer. Le maréchal de Vaux laissa faire, de crainte d'envenimer la situation. Ce devait être la préfiguration de la résurrection des états du Dauphiné, abolis en 1628. On arborait en signe de ralliement les couleurs du dernier dauphin, Humbert II, ruban aurore et bleu céleste. La représentation des ordres était inégalitaire : à côté des 165 nobles et des 50 ecclésiastiques, le tiers état comptait 276 membres. Les grandes villes – Vienne, Valence, Montélimar, Gap, Orange, Bourgoin – n'envoyèrent aucun député et, sur les 1 212 paroisses de la province, seules 194 y adhérèrent.

Il n'en reste pas moins que la réunion de Vizille eut un retentissement considérable en France. L'assemblée décréta le rétablissement des états du Dauphiné, avec double représentation du tiers, et réclama la convocation des états généraux, la fin des privilèges fiscaux du clergé et de la noblesse et l'admission des roturiers à toutes les charges. Silence absolu, en revanche, sur l'abolition des ordres et du régime féodal[34]. L'originalité de Vizille tenait à la fois à l'union des trois ordres et au caractère national de ses revendications, contrairement aux idées autonomistes et particularistes qui agitaient le royaume. « Nous nous faisons gloire d'être Français et de remplir tous les devoirs attachés à ce titre : nous sommes prêts à donner, pour le soutien du trône, nos fortunes et nos vies, mais nous voulons les sacrifier et non pas les laisser ravir. »

Déçu par cette motion, Brienne n'en encouragea pas moins la restauration et la rénovation des états provinciaux, persuadé que ce moyen permettrait d'oublier les états généraux. Le 2 août, par exemple, un arrêt du Conseil ordonna la réunion à Romans d'une assemblée préparatoire aux états du Dauphiné dans laquelle le tiers état jouirait d'une double représentation par rapport aux deux premiers ordres[35].

Malgré tant de difficultés, la mise en place de la réforme judiciaire se poursuivait et dans certaines régions tout ne se passait pas si mal, notamment dans les ressorts de Paris, Toulouse, Bordeaux et Dijon. Beaucoup de villes aspiraient à posséder un grand bailliage ou un présidial. A Lyon, Orléans, Angoulême, Tours, Poitiers, Le Mans,

Beauvais, Sens, Langres, Rioms, Châlons, une partie de la magistrature avait succombé aux séductions du pouvoir. Les nouvelles assemblées provinciales restaient soumises, de même que les grands états provinciaux de Languedoc et de Bourgogne. On pouvait espérer que l'agitation retomberait et que, peu à peu, une nouvelle oligarchie de juges issus de la bourgeoisie fortunée remplacerait l'orgueilleuse aristocratie parlementaire, lorsqu'un banal incident fit s'effondrer le colosse aux pieds d'argile : une crise de trésorerie…

Dans la première semaine d'août 1788, tandis que Versailles s'apprêtait à recevoir avec faste les délégués de Tippoo Sahib, il n'y avait plus dans les caisses de l'Etat que de quoi faire face à deux ou trois jours de dépenses ordinaires. Le financement de 240 millions d'*anticipations* n'était pas assuré. C'était l'échec de Brienne. A court d'argent, il avait fait main basse sur les fonds des victimes de la grêle, la caisse des Invalides, des hôpitaux et des théâtres. Une goutte d'eau. Devant la grève des parlements, l'incroyable mauvaise volonté du clergé, l'obstruction frénétique des privilégiés, l'union de l'épée et de la robe, la complicité de la bourgeoisie d'affaires et des officiers du roi, il dut se résoudre aux états généraux. Le roi l'avait appelé pour repousser ce malheur ; il y était maintenant contraint, pour ranimer le crédit défaillant. Le 8 août, un arrêt du Conseil convoqua les états pour le 1er mai 1789 et différa la réforme judiciaire.

La fronde nouvelle l'avait emporté. Le roi avait capitulé. Plus qu'en banqueroute, la monarchie était en dépôt de bilan et c'en était fini de la royauté de droit divin ! Le vieux rêve de Boulainvilliers de limiter la monarchie, de la dénaturer par une forte dose d'aristocratie, de mettre la main sur l'Etat, allait enfin se réaliser avec la tenue de cet antique monument du XIVe siècle qui avait toujours fait le ravissement de la noblesse.

Brienne pourtant ne manquait pas de souplesse. Faisant contre mauvaise fortune bon cœur, il pensait que les états généraux permettraient de débloquer la situation politique et de calmer l'engouement général pour les parlements. C'est dire s'il se faisait une idée bien différente de celle du clergé, des aristocrates et des robins. Comme Calonne, il était maintenant convaincu qu'une alliance du tiers état avec la monarchie serait le meilleur moyen de briser la résistance des privilégiés. Quelle évolution ! Son expérience représentait une version édulcorée de la Révolution royale. Les opposants, du reste, ne s'y étaient pas trompés. Mais il avait un handicap de taille à surmonter : l'alliance du roi et de la Nation qu'il appelait de ses vœux était loin d'être faite. On se trouvait même dans une conjoncture politique totalement inverse : c'est le pouvoir central, dont la politique énergique avait essayé de briser l'obstruction des corps, qui se trouvait isolé. Rien n'avait changé depuis l'*Avertissement* de Gerbier. Le peuple voyait en Brienne un ministre tout aussi despotique que son prédécesseur. Enclin à apporter un soutien massif à ceux qui résistaient au pouvoir, le tiers état s'était laissé maladroitement enrôler sous la bannière de la Contre-Révolution. Ce front du refus était peut-être une alliance contre nature (elle agissait en tout cas au détriment des classes défavorisées, qui avaient intérêt à une plus grande justice fiscale), il n'en était pas moins puissant et actif, comme l'avaient montré les troubles à Grenoble, Vizille, Pau ou Rennes…

Le 16 août, un arrêt du Conseil instaurait une suspension des paiements en numéraire. Les pensions, la solde des troupes seraient payées en billets remboursables, dans un délai non précisé, portant intérêt au taux de 5 %. Ce fut la panique. La foule s'écrasait devant les guichets de la Caisse d'escompte pour échanger ses billets à court terme contre des espèces. Par crainte d'une émeute, Brienne avait fait doubler les troupes dans Paris.

L'annonce des états généraux ne suffisant pas à rétablir la confiance, le 19 août, Marie-Antoinette et Brienne se résignèrent à faire revenir Necker aux affaires. Le comte d'Artois et les Polignac avec lesquels la reine plus que jamais était en froid poussaient maintenant au renvoi du principal ministre, tandis que Louis XVI, toujours dépressif, muré dans l'inaction, se taisait, incapable de reprendre les rênes depuis l'éviction de Calonne. « Je crains beaucoup que l'archevêque ne soit obligé de partir tout à fait, écrivait la reine à Mercy le 19 août au soir. Et alors, quel homme prendre pour mettre à la tête de tout ? Car il en faut un, surtout avec M. Necker. Il lui faut un frein. Le personnage au-dessus de moi [*le roi*] n'en est pas en état, et moi, quelque chose qu'on dise et qui arrive, je ne suis jamais qu'en second, et malgré la confiance du premier, il me le fait sentir souvent […]. Le roi a une grande répugnance ; on n'a pu le déterminer qu'en lui promettant qu'on ne ferait que sonder la personne, en ne s'engageant à rien[36]. »

Brienne, pour sa part, s'accrochait. Il comptait sur sa protectrice et la nomination du Genevois comme contrôleur général. Les négociations se déroulèrent du 20 au 24 août, l'ambassadeur autrichien, ami de longue date de Necker, servant d'intermédiaire. L'astucieux banquier avait tous les moyens de faire monter les enchères. Il ne s'en priva pas. Il voulait tout ou rien. Il eut tout.

Telle était la situation en cet été de 1788, alors que le pays entier semblait s'être ligué contre l'Etat royal. « Le Parlement, la noblesse et le clergé ont osé résister au roi, disait prophétiquement Lamoignon : avant deux années, il n'y aura plus ni Parlement, ni noblesse, ni clergé[37]. » Sans doute n'était-il pas assez visionnaire pour annoncer qu'avant quatre ans, il n'y aurait également plus de roi…

4

En attendant les états généraux

Le retour imposé

La démission de Loménie de Brienne le 24 août fut suivie du retrait volontaire de Malesherbes du Conseil d'Etat. Ce n'était pas une nouvelle « Saint-Barthélemy des ministres », mais la fin d'une époque, celle de la dernière chance de la monarchie traditionnelle. L'archevêque regagna son siège de Sens – de santé fragile, il s'était fait donner ce riche archevêché en lieu et place de celui de Toulouse, trop éloigné de Paris –, puis son château de Brienne, en Champagne, avant de voyager en Italie. « Mon caractère n'était pas fait pour les temps d'orage et de troubles », avoua-t-il, ravi de retrouver sa belle bibliothèque de livres rares... A titre de dédommagement, il obtint le chapeau de cardinal, quelques menus cadeaux et pour sa nièce, Mme de Canisy, le poste de dame d'honneur de Madame Royale. Au moment de prendre congé du roi, il s'était hasardé à un dernier conseil : « Gardez-vous bien, Sire, de rappeler les parlements sans aucune condition, sinon votre autorité est anéantie et la monarchie avec elle[1] ! » Louis ne pouvait que souscrire à ce propos ; malheureusement, il n'était plus maître de la situation. Le lendemain 25, Necker fut nommé directeur général des Finances, en remplacement de Lambert, contrôleur général, et investi dans ses fonctions non par simple brevet, mais par acte du grand sceau[2]. Bénéficiant des dispositions prises en faveur des protestants, il fut créé deux jours plus tard ministre d'Etat, faveur qui lui avait été refusée sept ans auparavant. Membre du Conseil d'Etat, du Conseil des dépêches et du Conseil royal des finances et du commerce, il était pour ainsi dire Premier ministre, sans en avoir le titre, occupant une position bien supérieure à celle de 1776-1781. « Voici M. Necker, roi de France », ironisait Mirabeau.

Devant ces événements tragiques qui voyaient la faillite financière de l'Etat et l'effondrement du crédit, Louis s'était une fois de plus barricadé dans son mutisme. C'était Marie-Antoinette qui avait pris les rênes en main, moins par goût cette fois que par résignation, pour sauver ce qui pouvait l'être dans cette situation inextricable. C'est elle qui convoqua Necker avant de l'introduire chez le roi. Mais elle était inquiète : « L'archevêque est parti, écrit-elle à Mercy le 25, je ne saurais vous dire combien la journée d'aujourd'hui m'affecte. Je crois que ce parti était nécessaire, mais je crains en même temps qu'il n'entraîne dans bien des malheurs vis-à-vis des parlements. Je viens d'écrire trois lignes à M. Necker pour le faire venir demain matin, à 10 heures, chez moi, ici. Il n'y a plus à hésiter ; si demain il peut se mettre à la besogne, c'est le mieux. Elle est bien urgente. Je tremble, passez-moi cette faiblesse, de ce que c'est moi qui le fais revenir. Mon sort est de porter malheur ; et si des machinations infernales le font encore manquer ou qu'il fasse reculer l'autorité du roi, on m'en détestera davantage[3]. »

Tout se faisait à contrecœur, sous la tyrannie des événements. Louis XVI et Marie-Antoinette considéraient le retour au pouvoir du banquier genevois comme imposé par la nécessité, pour des raisons de salut public. Et encore le roi n'avait accepté d'avaler cette amère potion qu'à condition que le revenant fût en sous-ordre de Loménie. Mais même cela avait été impossible ! Sa défaite était totale. Sitôt qu'il eut signé sa lettre de nomination, il dit d'un air bougon : « On m'a fait rappeler Necker, je ne voulais pas, mais on ne sera pas longtemps à s'en repentir. Je ferai tout ce qu'il me dira et on verra ce qu'il en résultera[4]. » Il lui en voulait encore du dédain avec lequel en 1781 il lui avait presque jeté sa démission à la figure. Ce 25 août, c'était le jour de la Saint-Louis. Triste fête, triste roi et triste royaume !

L'annonce du départ de Loménie de Brienne et du retour de Necker provoqua des manifestations d'enthousiasme à la Bourse, au Palais-Royal et place Dauphine. La jeunesse estudiantine, la basoche, les jeunes apprentis parcouraient les rues en poussant des cris de joie, lançant des pétards et brisant les vitres des bourgeois qui refusaient d'illuminer leurs fenêtres, tandis que les filous en profitaient pour saccager échoppes et magasins. L'archevêque de Sens fut brûlé en effigie au pied de la statue d'Henri IV. La popularité du banquier genevois était pour l'heure bien étonnante, lui qui n'avait jamais rien fait d'extraordinaire en faveur du petit peuple et qui revenait avec l'assentiment intéressé des ordres privilégiés. Mais sa notoriété, sa réputation d'intégrité, de franchise, de compétence, abondamment entretenues dans les salons et le réseau de ses amis, faisaient de lui l'homme de la situation, le sauveur providentiel.

Le lieutenant général de police Thiroux de Crosne réagit mollement aux premiers débordements. Toutefois, le 28, le guet chargea et fit quelques blessés. Le lendemain soir, le tapage reprit et la fièvre monta d'un cran. On alluma de grands feux avec les guérites des sentinelles du Pont-Neuf et les baraques foraines de la Vallée de la Misère*. La vindicte populaire se tournait maintenant contre le garde des Sceaux que l'on brûla à son tour en effigie. Armés de pierres et de bâtons, des excités s'en prirent à des escouades de soldats du guet et de la garde à cheval de Paris, qu'ils désarmèrent et dévêtirent non sans sadisme. Restif de La Bretonne, témoin de ces scènes, vit

* Quai de la Mégisserie.

« des enfants de douze à quinze ans, des apprentis orfèvres et horlogers, des Savoyards, des Auvergnats et des charbonniers[5] ». Dans cette nuit remuante, où l'émeute grouillante et nerveuse s'exaltait, d'autres incidents éclatèrent place de Grève, rue Saint-Honoré, aux Halles, au marché Saint-Germain et au Port-aux-blés. Les faubourgs Saint-Antoine et Saint-Marcel s'agitèrent à leur tour. Il y eut huit tués selon la police, une cinquantaine selon le libraire Hardy.

Le samedi 30, le vieux maréchal de Biron, quatre-vingt-sept ans, le vainqueur de la guerre des Farines, réputé pour sa poigne, fut chargé de rétablir l'ordre avec plusieurs compagnies de gardes françaises et de gardes suisses. Il interdit tout rassemblement et fit sillonner la capitale par des patrouilles en armes. La majorité des victimes et des émeutiers arrêtés venait, non des faubourgs, mais des quartiers centraux. C'étaient des apprentis, des compagnons, des boutiquiers, de petits maîtres artisans, bref les futurs sans-culottes de l'an II. Ainsi, soutenue par les mauvaises rumeurs, s'était constituée au sein de la population parisienne une puissance que les autorités pouvaient encore réprimer, mais qu'elles ne maîtrisaient plus. La rue s'était élevée au rang d'acteur politique.

L'abandon des réformes

Cela faisait sept ans que Jacques Necker attendait, préparait sa revanche avec un étrange délice mêlé d'amertume, multipliant les notes, les mémoires, les ouvrages techniques ou moraux, comme ces trois gros volumes sur l'*Administration des finances*, ou cet épais traité sur l'*Importance des opinions religieuses*. Tout, sa secrète ambition, sa rage impassible, son ardente tension, tout était tourné vers ce retour tant brigué. Et voilà qu'il arrivait les mains vides, ne sachant que faire ni par quoi commencer devant l'ampleur de la tâche. Louis XVI et Marie-Antoinette avaient capitulé devant un homme indécis qui n'avait aucun plan arrêté, mais qui comptait sur l'éclat de ses services, son habileté de manieur d'argent, sa popularité passée et son inaltérable assurance pour tenir jusqu'aux états généraux. C'est à lui qu'ils s'en remettaient pour décider des grandes questions financières et fiscales !

En attendant, il essaya très honnêtement de parer au plus pressé, en colmatant les brèches de cet énorme vaisseau royal qui faisait eau de toute part. Son retour fit bondir en quelques jours le cours des effets publics de 30 %. Les impôts et taxes étant consommés d'avance, il prêta généreusement de sa poche 2 millions, afin de passer l'échéance du mois d'août, puis il obtint de la Caisse d'escompte un prêt à long terme de 25 millions de livres ainsi que trois avances de trésorerie totalisant 40 millions. Pour maintenir le crédit de cette institution, il n'hésita pas à confirmer le cours forcé de ses billets. Aux cent treize notaires parisiens il emprunta encore 7 millions, au taux de 6 %, remboursables en trente-sept annuités (jusqu'en 1825…), et 3 autres millions aux receveurs généraux et particuliers des finances, dont il décala d'un an le versement des gages. Le 14 septembre, il fit reprendre les paiements en numéraire, révoquant l'arrêt du Conseil du 16 août. Ces mesures n'étaient que des expédients, mais elles permirent de renflouer momentanément les caisses et de rassurer les rentiers[6]. Bref, on pouvait faire bien des reproches à cet encombrant enchanteur, mais force était de reconnaître qu'il gérait au mieux les affaires courantes, avec une discrétion inhabituelle.

La situation était préoccupante. Germaine de Staël, toute frémissante de joie du retour de son père aux affaires, s'inquiétait de l'avenir. « Sire, écrivait-elle le 4 septembre à Gustave III [dont son mari était l'ambassadeur en France], dans d'autres circonstances j'aurais appris avec plaisir à Votre Majesté la nomination de mon père, mais on lui remet le vaisseau si près du naufrage que toute mon admiration suffit à peine pour m'inspirer de la confiance[7]. » Le grand homme lui-même geignait de ne pas avoir eu à sa disposition les quinze mois inutilement perdus par l'archevêque de Sens. « Maintenant, il est trop tard ! » soupirait-il. Dans ses *Mémoires*, il expliquera qu'on aurait dû se contenter de faire approuver la réforme fiscale par les assemblées provinciales sans convoquer les états généraux. Mais le vin était tiré ; il fallait le boire...

La déclaration royale du 5 juillet avait levé la censure et fait appel à toutes les bonnes volontés pour émettre des suggestions sur les formes des futurs états généraux. Cela laissait supposer que le gouvernement ne se contenterait pas de reprendre le système de 1614, mais qu'il le moderniserait, l'adapterait à la situation présente. Dès lors, deux grandes interrogations s'étaient fait jour au sujet du nombre des députés et de leur vote. Le tiers état avait pris une place considérable dans la société du fait de l'urbanisation, du développement du capitalisme marchand, de l'accroissement des richesses mobilières, de l'émergence d'une grande et moyenne bourgeoisie. Ne fallait-il pas doubler sa représentation par rapport aux deux autres ordres, de façon à recevoir un maximum d'avis pertinents ? Dans l'affirmative, pour donner pleine efficacité à cette disposition, ne fallait-il pas instaurer le vote par tête, au moins pour les délibérations que les ordres pourraient être amenés à prendre en commun, comme cela se pratiquait dans les nouvelles assemblées provinciales ? Cela aurait atténué sans la supprimer la surreprésentation du clergé et de la noblesse (au total 1,5 % de la population).

Dans le contexte de révolte nobiliaire, la déclaration royale du 5 juillet n'avait rien d'innocent. Loménie de Brienne avait cherché à empêcher l'aristocratie de dominer les états généraux dont elle avait réclamé à cor et à cri la convocation. Cette attitude pouvait être interprétée comme l'amorce d'un retour à la politique du diviser pour régner, figure habituelle de l'histoire de la monarchie capétienne[8]. L'ambition de Brienne, en tout cas, était de renouveler en profondeur l'institution. Les députés seraient élus non par les vieilles assemblées de bailliages comme en 1614, mais par les nouvelles assemblées provinciales, avec double représentation du tiers et vote par tête[9]. Appuyant ces innovations et développant son point de vue dans un mémoire de deux cents feuillets, Malesherbes doutait que la division des ordres, « vieux débris de l'ancienne barbarie », pût longtemps subsister dans un pareil système et parlait prophétiquement de l'instauration d'une véritable *Assemblée nationale*, qui représenterait légitimement les intérêts du pays face au pouvoir souverain du roi. Il conseillait au roi de se présenter devant les états renouvelés avec un projet de constitution. C'était un moyen de sauver la monarchie en la transformant[10].

L'arrivée de Necker balaya ces projets. Le Genevois avait été impressionné par les manifestations qui avaient salué la chute de son prédécesseur. Ce déchaînement de violence urbaine lui avait fait très peur. Il était persuadé que la France se trouvait au bord de la guerre civile et qu'il fallait accélérer la réunion des états généraux et rappeler les parlements. Au lieu de maintenir la réforme de Lamoignon et d'annoncer le doublement du tiers, coup d'éclat énergique qu'il était seul à pouvoir se permettre grâce à sa popularité et qui lui aurait certainement valu le soutien de Louis XVI, il choisit la facilité. Sans état d'âme, il liquida la cour plénière et recula devant le doublement du tiers.

La question, désormais, était de savoir si l'on conserverait le reste de la réforme judiciaire – l'humanisation de la procédure criminelle, l'abolition de la question préalable, la suppression des tribunaux d'exception... – qui avait rencontré un large assentiment dans les milieux éclairés. Lamoignon, résigné à la disparition de son œuvre, était entré en pourparler à ce sujet avec les exilés du Parlement, par l'intermédiaire du conseiller d'Etat Foulon. Il fut convenu qu'en échange du maintien de trois ou quatre cours plénières (sur les seize prévues dans le ressort de Paris) et des réformes humanitaires, on rétablirait les parlements par un lit de justice, manière de sortir de la crise par le haut, c'est-à-dire par une démonstration de la puissance royale. Louis accepta le marché. Rendez-vous fut pris le 15 septembre, et les troupes de la maison du roi furent convoquées, comme en pareille circonstance. Mais, au dernier moment, le comte d'Artois et Necker conseillèrent au roi d'y renoncer, afin de ne pas envenimer la situation. Une majorité de présidents étaient résolus à faire lire au cours de cette séance un manifeste de défiance à l'égard du garde des Sceaux. Un tel coup d'Etat judiciaire, dans ce contexte, risquait d'embraser le pays. Il ne restait d'autre solution que de rappeler purement et simplement les cours et de renoncer aux réformes. La force de l'opinion, la fureur des manifestations contre Lamoignon, l'union des privilégiés et de la populace avaient fait reculer le principal ministre qui céda aux exigences des aristocrates triomphants et de la robe impérieuse. Sitôt annoncé, le lit de justice fut donc annulé.

Abandonné de tous, le garde des Sceaux donna sa démission le 14 septembre, non sans avoir âprement monnayé, par l'intermédiaire du comte d'Artois, une promesse d'indemnité de 200 000 livres, d'un duché et d'une ambassade pour son fils, car cette vieille famille parlementaire qui s'était dévouée à la cause royale ne pouvait désormais prétendre retrouver les bancs de la magistrature. Il se retira dans son château de Bâville, toujours traqué par la meute de ses créanciers. Le 23 janvier 1789, on le retrouvera mort dans le parc, à côté de son fusil de chasse : accident ou suicide ? Faute d'enquête approfondie, on ne l'a jamais su. Le roi le remplaça par le président de la Cour des aides, Charles Louis François-de-Paule Honoré de Barentin, ancien avocat général au parlement de Paris, personnage falot qui avait résisté aux édits de mai. Le choix de ce protégé de Miromesnil – « manière de mannequin qu'on affuble d'une simarre », disait Besenval – s'expliquait par la nécessité de retrouver un terrain d'entente avec les parlements.

Ces multiples flottements suivis d'affligeantes reculades et de dérobades en cascades étaient désastreux. Non seulement ils semaient le désarroi chez ceux qui avaient soutenu avec enthousiasme les réformes, mais ils jetaient le plus total discrédit sur le gouvernement royal dont plus personne ne comprenait la politique. « Des lois si récentes, écrivait Charles de Lacretelle, qui avaient été promulguées avec tous les signes de la colère du souverain et dans tout l'appareil de sa puissance, furent révoquées par lui-même, comme si elles avaient été l'ouvrage de la démence et de la tyrannie[11]. » Comment obéir aux fantaisies d'une girouette, faire son devoir au gré du « bon plaisir » incertain du roi ?

Le départ de Lamoignon provoqua une nouvelle explosion de joie, mêlée de vociférations rageuses. Les manifestations de rue durèrent trois jours. La nuit, on hurlait, on dansait, on tirait des pétards, on rançonnait les carrosses, on contraignait les cochers à saluer la statue d'Henri IV et les bourgeois à illuminer leurs fenêtres. Une jeune fille fut sauvagement violée, place Dauphine, et l'on brûla une fois encore, place de Grève, un mannequin du garde des Sceaux, revêtu d'une robe noire et d'un cordon bleu. La répression militaire s'abattit. On ne compta pas les morts et les blessés laissés sur le pavé. Dix mois avant la chute de la Bastille, le chaudron parisien bouillonnait déjà.

Une déclaration royale du 23 septembre rappela donc les parlements dans leur ancienne forme, ajourna la réforme judiciaire, à l'exception de l'abolition de la question préalable, et annonça la convocation des états généraux pour le courant du mois de janvier 1789. Quant à la réforme administrative, notamment la création d'assemblées provinciales dans les pays d'élections, elle fut carrément mise en sommeil[12]. Necker ou l'équilibre immobile !

Tout le monde désormais attendait comme le messie les états généraux, avec un immense espoir et une fiévreuse impatience. On comptait sur eux pour mettre fin à l'instabilité ministérielle, à l'arbitraire du gouvernement, pour instaurer un système fiscal équitable, garantir constitutionnellement la liberté civile et la liberté politique, bref pour ouvrir aux citoyens une ère de bonheur. Les rêves de sagesse et de modération se mêlaient aux plus grandes espérances, aux plus folles utopies, avec beaucoup de non-dits dans chaque camp. Les privilégiés escomptaient la préservation de leurs droits acquis, les bourgeois attendaient au contraire l'anéantissement des distinctions « gothiques » que plus rien ne justifiait. Louis, sceptique au départ, avait pris le parti de l'inévitable, pensant finalement qu'il pourrait en sortir des mesures permettant de stabiliser une situation devenue insensée et insaisissable.

La cassure du front patriotique

Contrairement à une idée reçue, Necker, en revenant au pouvoir, n'était nullement acquis aux revendications du tiers état. Selon son ami Malouet, il fut long à se rallier au principe de la double représentation. Son indécision s'ajoutait à celle, chronique, de Louis XVI et ternissait le prestige de celui-ci : « Ce n'était plus le roi qui parlait, écrivait Malouet, c'était l'avocat consultant de la Couronne, demandant conseil à tout le monde et ayant l'air de dire à tout venant : "Que faut-il faire ? Que puis-je faire ? Que veut-on retrancher de mon autorité ? Que m'en laissera-t-on[13] ?" »

Le 25 septembre, le Parlement, revenu d'exil, enregistra la déclaration royale du 23 et, sous l'influence des partisans de la révolution aristocratique – Duval d'Eprémesnil, Huguet de Sémonville, Robert de Saint-Vincent, l'abbé Le Coigneux –, en profita pour faire entendre sa voix. La surprise fut immense quand, grisés de leur popularité et forts de leur autorité de gardiens de la loi, les « pères du peuple » affirmèrent avec une tranquille assurance que les états devaient se tenir « suivant la forme observée en mil six cent quatorze », date de leur dernière réunion. En clair, cela voulait dire que, tirant un trait sur tous les bouleversements sociaux intervenus depuis la régence de Marie de Médicis et désavouant allégrement l'appel du roi du 5 juillet à la modernisation de la procédure, ils s'opposaient, au nom de la tradition et des anciennes coutumes, au doublement du tiers et a fortiori au vote par tête. En 1614, les ordres s'étaient exprimés entité par entité, chacun en définitive bénéficiant d'une voix. Si l'on répliquait ce système, il devenait impossible au tiers de briser l'alliance égoïste des deux premiers ordres. Pis encore, dans leurs préjugés de caste, ces messieurs du Parlement exigèrent que le tiers ne fût représenté que par des gens de robe ! Coup de tonnerre !

Ce moment est capital dans l'histoire de la Révolution, car il correspond à la première grande fracture à l'intérieur du front patriotique qui s'était constitué contre la monarchie depuis la réforme Maupeou. Ce front était hétérogène, mais sa lutte contre l'absolutisme royal et le « despotisme ministériel » en avait masqué jusque-là les contradictions internes. Lors de l'assemblée des Notables, l'opposition au pouvoir royal groupait à la fois des aristocrates réactionnaires et des libéraux. Héritiers et disciples de Fénelon ou de Boulainvilliers, les premiers ne pouvaient supporter l'idée que les Capétiens eussent fait l'unité de la France. Leur idéal était celui d'une monarchie féodale et décentralisée, limitée par la noblesse et les corps intermédiaires, dans laquelle le roi, entouré de ses douze pairs, *primus inter pares,* gouvernerait comme dans les romans de chevalerie. Heureux temps mérovingiens ! Davantage marqués par les Lumières et *L'Esprit des lois*, les seconds, libéraux (mais rarement démocrates), aspiraient à une monarchie tempérée, bâtie plus ou moins sur le modèle anglais, faisant la part belle aux notables aisés.

Ces gens avaient combattu ensemble sans avoir les mêmes conceptions. Songeons à deux personnages clés qui avaient œuvré en commun pour l'indépendance américaine aux côtés de Washington : le marquis de La

Rouërie, nostalgique de l'ère pré-absolutiste, qui fut de toutes les agitations bretonnes contre le pouvoir royal avant de devenir en 1793 un précurseur de la chouannerie[14], et le marquis de La Fayette, aux idées généreuses, qui allait jouer le rôle que l'on sait dans la Révolution de 1789 à 1792. Avant l'éclat de l'automne de 1788, rien ne semblait distinguer ces deux ennemis du pouvoir central, qui réclamaient tous deux une régénération de la France. Leur divergence date de ce moment.

Du jour au lendemain, ces messieurs de robes longues, adulés, tenus pour des héros, à la fois par les salons et la populace, furent voués aux gémonies. Prenons le cas de Jean-Jacques Duval d'Eprémesnil, dont nous avons déjà parlé. Il était considéré par le libraire Hardy, fidèle écho de l'opinion parisienne, comme un « magistrat humain et charitable », un « patriote martyr à jamais célèbre[15] ». Robespierre, avocat et membre de l'académie d'Arras, avait fait un vibrant éloge de ce farouche défenseur des libertés publiques, qui avait été de tous les combats contre l'absolutisme. « Il faut débourbonnailler la France », avait-il un jour déclaré avec une sidérante audace[16]. De retour de l'île Sainte-Marguerite où il avait été enfermé à la suite de la mémorable séance du 6 mai, il s'attendait à un fulgurant triomphe. A peine eut-il sorti le nez de son carrosse qu'on le hua copieusement et qu'on lui jeta des pierres. L'avocat général au parlement de Grenoble Michel Servan avait fabriqué une prétendue lettre du gouverneur de la citadelle provençale disant qu'un fou venait de s'échapper[17] ! Après l'idolâtrie et les ovations frénétiques, l'outrage ! Seul le conseiller Adrien Du Port, qui avait nettement pris parti pour le doublement du tiers, fut épargné par cette vague vengeresse.

Pour le courant libéral et égalitaire, qui allait prendre la dénomination de Parti national – terme qu'il faut entendre au sens large, comme une nébuleuse de groupes et de cercles aux structures lâches –, c'était le début d'un processus d'autonomie, hâtant sa maturation. Les nobles aux idées avancées percevaient mieux le sens de la solida-

rité avec les gens du tiers. Quant à la bourgeoisie opulente, qui refusait jusque-là son appartenance au tiers
état, pot-pourri social peu reluisant, et qui achetait à tour
de bras des offices anoblissants, elle prenait conscience,
devant la fermeture du second ordre (« Les chemins sont
fermés de toutes parts », notait le jeune Barnave dans ses
cahiers), de la nécessité de découvrir ses propres valeurs,
de modifier son système de hiérarchie et de bâtir la
société nouvelle autour d'elle en se dégageant des idéaux
de chevalerie et d'honneur ou de service du prince, qui ne
faisaient jamais que renforcer l'aristocratie.

Les états d'âme du roi

Louis XVI, pour sa part, se montrait fort inquiet. Au
début d'octobre, il eut un long entretien avec Malesherbes, que rapporte l'abbé de Véri dans son *Journal*.
Certes, l'ancien ministre-philosophe avait une fois de plus
décliné tout engagement politique, refusant de reprendre
les sceaux à son cousin Lamoignon (il aurait eu la responsabilité de tenir les états généraux), mais il était de bon
conseil.

« Je ne connais pas, disait-il, de position plus fâcheuse
que celle d'un roi dans votre situation présente. Vous avez
fait, dites-vous, plusieurs fautes. Cela est vrai. Mais vous
avez une consolation, c'est d'avoir toujours été dans l'opinion que vous faisiez bien et de n'avoir suivi que des
conseils que vous deviez croire bons [...]. J'ai revu der-
nièrement dans l'*Histoire de l'Angleterre* de David Hume le
morceau de Charles Ier. Relisez-le avec attention. Vos positions se ressemblent. Ce prince était doux, vertueux, attaché aux lois, point dur, point entreprenant, juste et
bienfaisant ; cependant il a péri sur l'échafaud. En voici,
je crois, la raison. Il arriva dans le moment où la dispute
s'élevait entre les prérogatives de la Couronne et celles de
la Nation. S'il eût cédé ses prérogatives, il eût été vil aux
yeux de ceux qui, par habitude de jeunesse et par les

avantages que la noblesse en retirait, les regardaient comme sacrées. Mais, d'autre part, il fut le plus faible dans le cours de la dispute pendant laquelle on lui arrachait à chaque instant une nouvelle concession. S'il fût né cinquante ans plus tôt, ses vertus en auraient fait le modèle des rois ; s'il fût arrivé cinquante ans plus tard, lorsque les droits mutuels étaient établis sans obstacle, il ne les eût pas transgressés et son règne eût été long et heureux. Votre position est la même. La question s'élève entre les usages précédents et les réclamations des citoyens. Heureusement, les querelles de religion n'y sont point mêlées.

« – Oh ! pour cela bien heureusement, dit le roi en prenant le bras de son ministre. Aussi l'atrocité ne sera pas la même.

« – D'ailleurs, conclut Malesherbes, les mœurs plus adoucies vous rassurent contre les excès de ce temps-là. Mais on vous arrachera par degrés plusieurs de vos prérogatives. C'est à vous de prendre en votre Conseil un plan décidé sur ce que vous ne devez jamais céder. Votre seule fermeté peut décider de la réussite d'un tel plan. Sans elle on ne peut rien prévoir d'assuré. Je répondrai pourtant que cela n'ira pas jusqu'au sort de Charles Ier, mais je ne répondrai pas de tout autre excès. Vous devez vous occuper à les prévenir.

« – Je le sens comme vous, répondit Louis XVI, mais nous voyons les gens mêmes de la Cour, vivant de la royauté, se tourner vers l'opposition[18]. »

Cette conversation a le mérite de montrer que la lucidité d'analyse du monarque rejoignait celle de son interlocuteur, mais surtout de révéler son sentiment d'impuissance, son pathétique isolement au milieu de tant d'ennemis qui se comptaient même parmi ceux qui lui tendaient la chemise ou lui tenaient le bougeoir. Sur les conseils de fermeté, Malesherbes ne se trompait probablement pas. Mais quelle erreur sur les atrocités et l'absence de querelles religieuses ! Pas plus lui que le roi ne pouvaient imaginer ce qui allait se passer ni prévoir que tous deux finiraient sous la lame mécanique du docteur Guillotin...

Et pourtant le pouvoir royal, longtemps tétanisé par la coalition des aristocrates et du tiers état, venait de récupérer un atout essentiel dans son jeu... Pour la première fois depuis des décennies, le Parlement était apparu sous son vrai visage de démagogue rétrograde. Il était déconsidéré, victime de la réprobation publique, et les forces d'opposition durablement cassées. A condition de se montrer réactif, cela lui ouvrait un espace politique nouveau et lui permettait de reprendre de la hauteur et de la vigueur en profitant des divisions nouvellement apparues. Louis en eut probablement conscience. Malheureusement, il y avait son principal ministre, qui avait fait revivre les parlements et qui demeurait indispensable pour tenir le crédit de l'Etat. Amer et désemparé, prêt à s'abandonner à la fatalité, il sentait qu'il n'était plus maître de rien ni de personne. Que faire ? Comment corriger le destin ? Au lieu d'affronter la tragédie prévisible, comme le lui conseillait Malesherbes, il s'isolait de ce monde mauvais où trop de conflits de pouvoirs et d'intérêts semblaient inintelligibles à son vertueux amour de la paix et de l'harmonie. Seules les longues parties de chasse en forêt parvenaient à conjurer son incoercible désir de fuite...

La seconde assemblée des Notables

Même si pour l'heure il approuvait *in petto* l'arrêt du Parlement du 25 septembre, Necker se trouvait dans un certain embarras, car cet arrêt soulevait des difficultés d'application. Les élections de 1614 s'étaient faites dans le cadre des bailliages, vieilles circonscriptions judiciaires et administratives qui n'existaient pas pour les provinces réunies depuis à la Couronne. Comment faire ? Des adaptations s'imposaient. N'osant se compromettre, il proposa de rappeler les Notables et de les consulter sur les questions pratiques, y compris celle du doublement du tiers.

On écarterait ainsi toute idée de calcul ou de manœuvre. Le roi souscrivit à cette proposition, malgré l'inconvénient de reculer les états généraux.

Le 5 octobre 1788 donc, un arrêt du Conseil rappela à Versailles cet éminent aréopage. Celui-ci comportait 147 membres, dont 40 n'avaient pas siégé dans la première assemblée. Elle se réunit à partir du 6 novembre au même hôtel des Menus-Plaisirs à Versailles, se répartit en 6 bureaux (au lieu de 7 précédemment), et répondit au total à 54 questions[19]. Necker respecta scrupuleusement son indépendance. Fidèles à leur indéracinable conservatisme, incurablement égoïstes, fermés à toute innovation, les Notables, par 111 voix contre 33, se prononcèrent sans surprise contre la double représentation du tiers. Un seul bureau l'accepta de peu, celui du comte de Provence, toujours soucieux de parfaire son image de prince éclairé. Parmi la minorité favorable figuraient les archevêques d'Aix, Bordeaux et Narbonne, et quelques grands seigneurs comme les ducs de La Rochefoucauld, de Mortemart et du Châtelet, le maréchal de Beauvau et La Fayette. Une majorité plus nette se dégagea pour laisser aux états le choix en certaines occasions d'une délibération commune. Enfin, près de la moitié des membres de l'assemblée considéra que le vote par tête devrait être préalablement consenti par chaque ordre.

Le 5 décembre, tandis que les Notables étaient encore en session, quelques jeunes conseillers des Enquêtes, dont Duval d'Eprémesnil, navrés de l'impopularité soudaine de leur compagnie et encouragés en sous-main par Necker, firent adopter par leurs pairs une interprétation plus souple de l'arrêt du 25 septembre précédent, s'en rapportant à la sagesse du roi sur la tenue périodique des états et la double représentation du tiers[20]. Ne nous y trompons pas. Cette capitulation avait ses limites. Loin d'être gagnés aux idées progressistes du parti national, les magistrats s'obstinaient à vouloir sauver leurs privilèges tout en bridant le pouvoir royal : selon eux, les ordres devraient continuer à délibérer séparément et les privilèges du clergé et de la noblesse à rester intangibles. Leur révolution était foncièrement antiégalitaire, mais elle était libérale : « La liberté individuelle, la liberté politique et la liberté de la presse, nous obtiendrons ces trois points pour la Nation ou nous périrons », écrivait alors Duval d'Eprémesnil[21]. Le vote du 5 décembre apparaît donc comme l'ultime avancée de la vague de réaction nobiliaire, avant son inexorable reflux devant la marée montante des patriotes. Cet arrêté, selon le conseiller Ferrand, « démonarchisait la France[22] ».

En tout cas, la manœuvre échoua. Le Parlement avait perdu définitivement son rôle moteur dans les luttes politiques. Il disparaîtra sous la Révolution, tombant sans regret dans la trappe de l'Histoire... Quand une délégation de magistrats fut introduite à Versailles par le directeur général des Finances, Louis XVI leur déclara avec une sobriété glacée : « Je n'ai rien à répondre à mon Parlement sur ses supplications. C'est avec l'assemblée de la Nation que je concerterai les dispositions propres à consolider, pour toujours, l'ordre public et la prospérité de l'Etat[23]. »

Le 12 décembre, jour de clôture de l'assemblée, cinq princes du sang, le comte d'Artois, le prince de Condé, le duc de Bourbon, le duc d'Enghien et le prince de Conti, remirent au roi un manifeste appuyant la conclusion des Notables sur la forme ancienne des états généraux :

« Sire, l'Etat est en péril ; votre personne est respectée : les vertus du monarque lui assurent les hommages de la Nation. Mais, Sire, une révolution se prépare dans les principes du gouvernement ; elle est amenée par la fermentation des esprits. Des institutions réputées sacrées, et par lesquelles cette monarchie a prospéré pendant tant de siècles, sont converties en questions problématiques, ou même décriées comme des injustices. [...] Tout annonce, tout prouve un système d'insubordination raisonnée et le mépris des lois de l'Etat [...]. Qui peut dire où s'arrêtera la témérité des opinions ? Les droits du trône ont été mis

en question [...]. Bientôt les droits de la propriété seront
attaqués ; l'inégalité de la fortune sera présentée comme
un objet de réforme[24]. »

Ce manifeste, qui provoqua la mobilisation et l'ire véhé-
mente du parti national, avait été préparé par le
conseiller d'Etat Robert Auget de Montyon, chancelier du
comte d'Artois et célèbre philanthrope, fondateur d'un
prix de vertu à l'Académie française. A trente et un ans,
abandonnant son insouciance et sa légèreté de caractère
– mais toujours écervelé –, le dernier frère du roi s'était
mué en chef de parti. Jusque-là, il avait loyalement soutenu Louis XVI, notamment au moment du plan Calonne,
mais devant la menace d'une crise à la fois politique et
sociale, il raidissait son point de vue. Il ne faut pas
confondre la position des princes avec la réaction nobiliaire, même si les deux courants se rejoindront plus tard
au sein de la Contre-Révolution. Artois et ses amis ne
voulaient aucune des recettes aristocratiques. Tout au
contraire, ils se présentaient comme les sauveurs de la
monarchie traditionnelle. Monsieur avait lu le texte et, si
sa prudence habituelle lui avait interdit de le signer, il ne
l'avait pas désapprouvé. Ainsi se faisaient jour trois
grandes forces politiques qui allaient entrer en conflit : les
défenseurs de l'absolutisme, les partisans de la réaction
aristocratique et le parti national.

Le résultat du Conseil

Cependant, Necker continuait d'être tiraillé entre son
penchant naturel pour l'ordre établi et son ardent désir de
suivre le large mouvement d'opinion en faveur du tiers. Il
louvoyait, sans parvenir à se faire une religion. « Toutes
mes liaisons, toutes mes habitudes, avouera-t-il, étaient
avec l'ordre de la société qui applaudissait à la décision
des Notables[25]. » S'il avait poussé le Parlement à revenir
sur sa décision, c'était dans l'espoir de favoriser un climat
consensuel. Les ordres privilégiés, à son sens, devaient

faire d'eux-mêmes un geste de générosité. Sans aller jusqu'au doublement, pourquoi ne pas envisager de faire élire quelques représentants supplémentaires de la bourgeoisie des grandes villes, afin de satisfaire les légitimes aspirations du monde des affaires et du négoce ? Telle était l'idée qu'il exprimait dans un premier rapport[26]. La chute de la Bourse après le fracassant manifeste des princes l'incita finalement à se rallier au vœu populaire. Du pays tout entier montait un sourd grondement. « Si vous ne doublez pas le tiers, disait le marquis de Lally-Tollendal, il se décuplera ! » Une étincelle, écrivait l'intendant de Besançon à Necker, suffirait à allumer un gigantesque incendie et à jeter six cent mille hommes en armes dans les « horreurs de la jacquerie[27] ».

Louis XVI et Marie-Antoinette étaient pour leur part acquis à la double représentation. Cela venait de la terrible déconvenue qu'ils avaient essuyée lors de la crise de mai. « La noblesse et le clergé, confia la reine à Augeard, son secrétaire des commandements, ont bien des torts vis-à-vis de nous ; ils nous ont abandonnés ainsi que les parlements[28]. » Et Marie-Antoinette de clamer avec crânerie : « Je suis la reine du tiers, moi[29] ! » La violente opposition de la noblesse bretonne avait également renforcé le roi dans son idée de s'appuyer sur le tiers, afin de restaurer son autorité[30]. Quand, le 28 novembre, les Notables, à l'instigation du prince de Conti, avaient voulu adopter un arrêté demandant instamment au roi que « la constitution et les formes anciennes fussent respectées », celui-ci leur avait répondu sèchement de ne pas s'occuper d'une question étrangère à leur mission.

Cette alliance avec le roi était aussi le souhait du tiers. « Il existe maintenant en France, déclarait l'avocat Michel Servan du parti national, une sédition d'environ vingt millions de sujets de tous les âges, de tous les sexes, qui ne demandent qu'à s'unir à leur roi contre deux ou trois cents magistrats, quelques centaines de grands seigneurs, la petite légion sacrée des évêques et autres consorts[31]… »

La délicate question de la double représentation du tiers nécessita la réunion de plusieurs comités particuliers, organisés par le roi, Necker et Barentin. Les ministres étaient invités à passer deux par deux et à donner leur point de vue. Louis y consacra de longues heures, écoutant attentivement les arguments, sans jamais laisser filtrer sa pensée. L'objectif était de parvenir à un consensus, le roi reprenant à son compte la méthode des petits groupes informels chère à feu M. de Maurepas. Mais les pressions étaient énormes, surtout de la part des aristocrates. La veille de la tenue du Conseil décisif, Louis trouva accroché au mur de son cabinet privé, à la place du portrait de son grand-père, celui de Charles Ier ! Enfin, le 27 décembre, se tint un Conseil élargi se composant du garde des Sceaux Barentin, des six ministres d'Etat – Necker, directeur des Finances, Montmorin, ministre des Affaires étrangères, La Luzerne, ministre de la Marine, Bouvard de Fourqueux, le duc de Nivernais et Saint-Priest, ministres sans portefeuille – et des deux secrétaires d'Etat non ministres, Laurent de Villedeuil, à la Maison du roi, et Puységur, à la Guerre. Après de nombreuses discussions, Barentin, Laurent de Villedeuil se déclarèrent farouchement contre, le duc de Nivernais, plutôt contre mais avec nuance. Puységur, d'abord contre, rallia le camp des pour, qui devint majoritaire. Enfin Louis XVI se prononça. On attendait avec impatience son opinion : lui aussi se déclara pour. Marie-Antoinette assistait pour la première fois au Conseil. Elle garda, dit Barentin, « le plus profond silence ; il était cependant aisé de démêler qu'elle ne désapprouvait pas le doublement du tiers[32] ».

Le *Résultat du Conseil d'Etat du roi tenu à Versailles le 27 décembre 1788*, vendu en brochure de vingt-six pages, eut un grand succès. Il montrait que le roi s'écartait des princes et de leur audacieux manifeste pour suivre la voie plus originale d'une monarchie populaire. Outre le doublement du tiers, le Conseil décida, contrairement à l'avis des Notables, que chaque bailliage serait représenté proportionnellement à sa population, et, contrairement au souhait du parti national, que les électeurs du tiers auraient la liberté de porter leurs suffrages sur des membres du clergé ou de la noblesse. Rien n'était dit, en revanche, sur la délibération par tête. Le terme même de *Résultat du Conseil* est totalement inhabituel. Necker avait eu une telle crainte des réactions de l'aristocratie qu'il n'avait pas osé donner à la décision du Conseil la forme d'un arrêt du roi. De peur qu'on lui reprochât d'avoir influencé Louis XVI, il avait préféré se dérober derrière une décision collégiale qui engageait la totalité des ministres et des secrétaires d'Etat.

Son rapport, publié à la suite du *Résultat,* donnait quelques précisions complémentaires. Le roi acceptait l'idée d'une tenue périodique des états généraux qui contrôleraient le budget de l'Etat ainsi que la création de nouveaux impôts et qui décideraient de l'opportunité de supprimer les lettres de cachet et d'instaurer la liberté de la presse. On allait donc tout doucement vers une monarchie constitutionnelle.

Restait une question : en quel lieu se tiendraient les états ? Barentin, approuvé par Marie-Antoinette, souhaitait une salle éloignée de la Cour, à Noyon ou Soissons. Necker préférait Paris où se trouvaient la majorité des créanciers de l'Etat, qui pourraient faire pression sur les députés de province. Finalement, Louis XVI choisit Versailles, sans donner de raison. Deux interprétations sont généralement avancées, l'une malveillante (le roi ne voulait pas « déranger ses chasses et ses commodités »), l'autre bienveillante (Versailles était la seule ville de France capable de loger tant de monde aisément et à moindre coût). Une troisième retiendra notre attention : la vigueur de la rébellion provinciale durant l'été a peut-être incité le monarque à ne pas se tenir trop éloigné d'un organe réputé dangereux...

Une commission, présidée par le garde des Sceaux, composée de quatre conseillers d'Etat et d'un maître des requêtes, se chargea de fixer dans le détail la procédure

électorale en s'appuyant sur les suggestions des Notables.
Ce règlement, avalisé par le roi en son Conseil, fut publié
le 24 janvier 1789. Pour être électeur ou éligible il fallait
être de sexe masculin, âgé de vingt-cinq ans au moins,
être né Français ou naturalisé, domicilié et compris au
rôle des impositions. A l'exception des vagabonds et des
mendiants et du vote des femmes (seules les aristocrates
héritières d'un fief purent voter par procuration), on
n'était pas loin du suffrage universel. La circonscription
était le bailliage (dans le Nord) ou la sénéchaussée (dans
le Sud et en Bretagne). Les provinces d'états qui avaient
envoyé des députés aux états généraux de 1614, auxquelles on adjoignit le Béarn et la Navarre, furent autorisées à faire de même. Des règles particulières furent
admises pour l'Alsace, les Trois-Evêchés, la Lorraine et le
Roussillon. Quant aux petits pays d'états, comme la
Flandre wallonne, l'Artois, le Hainaut et le Cambrésis,
dont les institutions furent jugées insuffisamment représentatives, ils furent soumis au régime ordinaire des
bailliages, tout comme le Languedoc et la Bourgogne,
pays d'états qui avaient été en 1614 assimilés à des pays
d'élections. Paris était doté d'un régime spécial assez res-
trictif sur le plan du suffrage (excluant les apprentis et les
compagnons), divisé en soixante districts, avec des assemblées d'électeurs qui joueront plus tard un rôle de premier
plan dans les journées révolutionnaires.

Côté clergé, l'avantage fut donné aux curés de campagne, tandis que les chapitres des cathédrales ne se
virent octroyer qu'une voix par groupe de dix membres et
les communautés régulières une voix par couvent. Pour le
second ordre, il fut admis que toute personne ayant
acquis la noblesse transmissible pourrait voter au chef-
lieu de son bailliage, qu'elle fût ou non en possession d'un
fief, que celles qui en étaient titulaires étaient autorisées
à voter là où elles exerçaient leurs prérogatives seigneuriales. Les roturiers, quant à eux, éliraient leurs représentants par l'intermédiaire des paroisses, des communautés

et des corporations auxquelles ils appartenaient. Pour le tiers, le suffrage était à deux ou trois degrés.

Afin de faciliter la formation d'une volonté collective ou du moins de parvenir à des compromis acceptables par tous, le roi insista pour que les députés fussent munis de mandats représentatifs, avec des instructions suffisamment larges pour prendre des décisions sans devoir en référer à leurs électeurs. Le mandat impératif donné par les états du Dauphiné à ses délégués de ne participer qu'aux délibérations communes l'inquiéta beaucoup, preuve qu'il comptait sur l'émergence d'un accord et ne souhaitait pas se débarrasser des états en y semant la zizanie, comme l'avait fait Marie de Médicis autrefois.

Le règlement électoral du 24 janvier 1789 était précédé d'un préambule rédigé par le roi, qui fut lu dans toutes les églises de France : « Nous avons besoin du concours de nos fidèles sujets pour nous aider à surmonter toutes les difficultés où nous nous trouvons, relativement à l'état de nos finances, et pour établir, suivant nos vœux, un ordre constant et invariable dans toutes parties du gouvernement qui intéressent le bonheur de nos sujets et la prospérité de notre royaume. » Cette paternelle sollicitude provoqua bien des larmes d'attendrissement chez les petites gens attachés à leur « bon roi »...

La bataille des idées

Libraires, colporteurs, marchands de livres furent libérés de la Bastille. Conjuguées avec l'arrêté du 5 juillet qui encourageait la publication de tous les écrits susceptibles d'éclairer la nation, ces mesures ouvrirent les vannes à l'opinion publique, entraînant une marée de pamphlets, de libelles et de brochures, une prise de parole généralisée, une logorrhée de discussions plus ou moins oiseuses, d'autant plus que, dans la perspective des élections,

Louis XVI, dès la mi-novembre 1788, avait accepté la réouverture des sociétés fermées en août 1787.

L'un des clubs les plus influents était la Société des Trente, qui regroupait de riches seigneurs, des ecclésiastiques huppés et de très influents bourgeois. Elle avait son siège chez Adrien Du Port, à Paris rue du Grand-Chantier (tout un programme !). On s'y réunissait les dimanches, mardis et vendredis, de 5 heures à 10 heures du soir. Parmi les sociétaires, on comptait les ducs d'Aiguillon, d'Aumont, de La Rochefoucauld, de Luynes, de Montmorency-Luxembourg, le maréchal de Beauvau, les marquis de La Fayette et de Condorcet, Du Pont, le président Le Peletier de Saint-Fargeau, l'avocat général Hérault de Séchelles, Mgr de Talleyrand-Périgord, nouvel évêque d'Autun, les deux frères Lameth, les banquiers Clavière et Panchaud, l'avocat Target, l'abbé Sieyès et le vicomte de Mirabeau. A l'image de la Société de l'Harmonie universelle, d'obédience mesmérienne, la Société des Trente s'était dotée de ramifications en province, de comités locaux dans les grandes villes et disposait de commissaires chargés d'assurer les liaisons.

Il y avait d'autres foyers de discussion comme le club de Valois, animé par le duc d'Orléans, celui des Enragés, qui se réunissait au Palais-Royal chez le restaurateur Masse, celui des Colons (de Saint-Domingue), la Société des Amis des Noirs de Brissot, la société dite de Viroflay, le salon des Arts, le cercle de l'abbé Morellet ou le cénacle du financier Kornmann… D'abord membre de la Société des Trente, Duval d'Eprémesnil rompit avec Adrien Du Port et créa, en compagnie du duc de Luxembourg et de l'abbé de Barmond, un club de sensibilité aristocratique, le Comité des Cent.

L'historien Augustin Cochin, sans adopter la thèse éculée du complot délibéré de la franc-maçonnerie, a bien montré le rôle primordial joué par ces cercles, ces cafés, ces cabinets de lecture, académies locales, associations d'étudiants, loges maçonniques ou mesmériennes, bref ces sociétés de pensée, dans la formation et la manipulation de l'opinion, la diffusion des mots d'ordre et l'appropriation du discours démocratique[33]. Ils formaient un système oligarchique, une « machine », dit Cochin (comme on parle de machine électorale), orientée vers le même but, mais que personne ne dirigeait consciemment.

Un peu partout, sous l'impulsion des clubs parisiens, les provinces, les communautés de villes, les municipalités, les assemblées diocésaines, les corporations, y compris les Six-Corps de Paris, délibéraient, réclamaient le doublement du tiers aux états généraux (on dénombra plus de huit cents pétitions). Des ballots de brochures patriotiques partaient du Palais-Royal, de la rue du Grand-Chantier ou des loges parisiennes. La contestation s'infiltrait comme une sève ardente dans la vieille structure corporative de la monarchie, circulait par capillarité dans ses membres ankylosés. Sous les arcades du Palais-Royal, au café de Foy ou à la Rotonde, dans les arrière-salles des estaminets, des orateurs improvisés se prenaient pour Solon et péroraient à n'en plus finir. Au milieu de tempétueuses harangues ou de cotonneuses palabres, on réclamait une constitution écrite, remplaçant les imparfaites lois fondamentales du royaume. Les projets politiques se multipliaient, relayés par des pamphlets ou des brochures de vulgarisation : les *Droits et Devoirs du citoyen* et les *Observations sur l'histoire de France* de l'abbé de Mably, réédités pour l'occasion trois ans après sa mort, les *Réflexions impartiales sur la grande question qui partage les esprits* de Duval d'Eprémesnil, le *Catéchisme du tiers état* du marquis d'Antonelle, la *France libre* de Camille Desmoulins, l'*Offrande à la patrie* de Jean Paul Marat, *Le Gouvernement sénati-clérico-aristocratique* de l'ex-jésuite et publiciste Cerutti, *L'Impôt territorial* de Linguet, les *Idées sur le despotisme* et *Sur la forme des élections* de Condorcet... Le catalogue de la Bibliothèque nationale de France recense plus de deux mille cinq cents pièces pour cette période. C'est dire le foisonnement de cette littérature politique. De ce flot tumultueux on ne retiendra, à titre d'exemples, que trois ouvrages, représentatifs des courants de la monarchie administrative, du libéralisme aristocratique et du parti national. Trois brochures, trois auteurs radicalement différents.

On ne s'étonnera pas de voir la *Lettre adressée au roi par M. de Calonne le 9 février 1789*, publiée à Londres, exprimer le premier courant. Calonne y reprenait bien entendu ses propositions à la première assemblée des Notables, l'égalité fiscale, la généralisation d'assemblées provinciales élues, aux pouvoirs étroitement encadrés, mais y ajoutait d'autres réformes : la refonte du Code criminel, l'instauration de jurés, la liberté individuelle et celle de la presse. L'innovation la plus intéressante concernait les états généraux. Puisque le doublement du tiers avait été décidé, il ne fallait pas y revenir. Pour maintenir la distinction des rangs et des honneurs, indispensables dans une monarchie, on transformerait cette vieille assemblée médiévale en une Chambre des communes et une Chambre haute à l'anglaise. Réunies périodiquement, ces assemblées approuveraient la création de nouveaux impôts et contrôleraient l'administration financière. En revanche, pour le reste, le roi conserverait la plénitude de sa souveraineté et de son pouvoir législatif.

Loin d'être une crispation sur des institutions surannées, l'écrit de Calonne apparaît comme un essai d'adaptation intelligent de la monarchie administrative à l'évolution rapide du contexte politique et social. Mais l'ancien contrôleur général, exilé en Angleterre, était fortement déconsidéré à la Cour. Sa lettre au roi, critiquée par deux brochures patriotiques, l'une de l'abbé Cerutti, l'autre de Barnave[34], aura peu d'influence en France. Infléchissant sa pensée dans un sens contre-révolutionnaire, Calonne deviendra l'un des théoriciens politiques des émigrés et le conseiller du comte d'Artois. Son évolution politique rejoignait celle du clan Polignac qui l'avait soutenu pendant son ministère.

Les *Mémoires sur les états généraux, leurs droits et la manière de les convoquer*, parus à la fin de 1788, eurent un succès considérable (quatorze éditions). Ce texte d'une rare violence avait pour auteur un obscur gentilhomme du Vivarais, Louis Emmanuel Henri Alexandre de Launay, comte d'Antraigues, neveu du comte de Saint-Priest, mais à qui les honneurs de la Cour avaient été refusés faute de quartiers de noblesse suffisants.

Son pamphlet dégageait une haine irréductible de la monarchie de droit divin, du despotisme royal et ministériel, tyrannie accusée de réduire les citoyens au rang d'esclaves. A lire son exaltation constante de la Nation, appelée à se libérer de ses jougs (les Bourbons et la noblesse de cour), son apologie des états généraux, dépositaires de la souveraineté nationale, ses références innombrables à Jean-Jacques Rousseau (dont l'auteur se disait l'ami intime), on pourrait se méprendre sur l'orientation politique du comte d'Antraigues, voir en lui un farouche révolutionnaire aux idées avancées. Grave erreur ! L'homme était un nostalgique de l'ère féodale et de la monarchie aristocratique, comme son ami Duval d'Eprémesnil qui lui écrivait à propos de son mémoire : « Rien ne m'a fait autant plaisir depuis le *Contrat social*[35]. » Antraigues situait clairement l'âge d'or dans le passé : « Il faut rétrograder pour chercher dans le bonheur de nos pères l'espoir d'une résurrection nationale[36]. » Marchons à reculons pour retrouver l'origine perdue de la nation ! Pour ce grand lecteur de Tite-Live et de Plutarque, la république, synonyme de la toute-puissance aristocratique, était regardée avec sympathie[37]. A l'origine, rappelle-t-il, les rois de France étaient élus et déposés par le peuple (entendez les seigneurs). Il applaudira à la Déclaration des droits de l'homme mais vomira les décisions de la nuit du 4 Août. Plus tard, quand il rejoindra les rangs de la Contre-Révolution et deviendra un agent secret du comte de Provence, la presse jacobine parlera de sa « grande trahison ». Nouvelle erreur ! L'homme restera toujours fidèle à lui-même, haïssant la démocratie absolutiste tout autant que l'absolutisme des rois. Plus tard, lui et son petit groupe d'amis joueront la politique du pire, n'hésitant pas à s'allier à l'extrême gauche révolutionnaire pour renverser le roi.

La seule brochure qui eut un succès supérieur à la sienne fut celle de l'abbé Sieyès, *Qu'est-ce que le tiers état ?*, parue anonymement au début de 1789, puis signée à partir de la quatrième édition. Né à Fréjus le 3 mai 1748, Emmanuel Joseph Sieyès, fils d'un directeur de la poste, avait embrassé la carrière ecclésiastique sans vocation, poussé par ses parents. « Séminariste aux mauvaises lectures », personnage « sombre et tourmenté[38] », il devint administrateur et grand vicaire de Mgr de Lubersac, évêque de Chartres. En 1786, il fut nommé commissaire de ce diocèse à la chambre souveraine du clergé de France, puis l'année suivante élu parmi les représentants du clergé à l'assemblée provinciale de l'Orléanais. Ce rationaliste froid, dédaignant les goûts aristocratiques des prélats, était tout entier animé par la passion égalitaire.

Qui ne connaît la formulation lapidaire du programme du tiers état, exposée dès les premières lignes de ce brûlot : « Qu'est-ce que le tiers état ? Tout. Qu'a-t-il été jusqu'à présent dans l'ordre politique ? Rien. Que demande-t-il ? A y devenir quelque chose » ! Pas plus la noblesse que le clergé, affirme-t-il, ne sont habilités à parler au nom du peuple. Ce sont des corps étrangers, dont les prétendus droits sont contraires à l'intérêt général. « Le tiers état est la Nation complète », ce qui fait sa puissance et sa force invincible, si bien que ce n'est pas « à devenir quelque chose » que Sieyès invite finalement le tiers, mais bien à être « tout ». « Le tiers seul, dira-t-on, ne peut pas former les états généraux. Eh ! tant mieux ! il composera une assemblée nationale. » Quant aux aristocrates qui prétendent descendre des guerriers francs, prenons-les au mot ! Renvoyons « dans les forêts de Franconie toutes les familles qui conservent la folle prétention d'être issues de la race des conquérants et d'avoir succédé à leurs droits » ! Il est plus flatteur de descendre des Gaulois et des Romains que « des Sicambres, des Welches et autres sauvages sortis des bois et des étangs de l'ancienne Germanie » !

Le parti national s'était exprimé par de nombreux écrits, ceux de Mounier, Volney, Servan, Rabaut Saint-Etienne, Condorcet, Bergasse, Roederer, qui reflétaient sans doute mieux l'état d'esprit encore hésitant et confus de ce vaste courant. Mais la puissante nouveauté, le radicalisme de la brochure de l'abbé Sieyès, sa vigueur incisive venaient de ce qu'elle exaltait la force des non-privilégiés. Elle posait en termes clairs le problème de la souveraineté nationale, celui du pouvoir constituant, distinct du pouvoir législatif, et par là même la subordination du monarque dans la constitution à venir. Si la Nation se dressait unifiée face au pouvoir royal, il était clair que celui-ci n'existait plus, puisque, vivant de la diversité des corps et des ordres, il ne tirait son existence que du monopole du politique qu'il incarnait.

La crise climatique et frumentaire

Dans la recherche des causes de l'explosion révolutionnaire, l'historien doit se garder d'un double écueil, celui de tout expliquer par la crise économique ou au contraire par la seule force des idées. Il est certain que, sous l'influence du marxisme, une large partie de l'école historique française a longtemps privilégié la première analyse, s'enfermant dans des concepts faux ou simplificateurs comme celui de « féodalité » pour définir l'Etat royal, ou dans des catégories sociales parfaitement inopérantes, parce que trop vagues, comme celles de « bourgeoisie » ou d'« aristocratie », sans tenir compte des mentalités, des aspirations des différentes couches sociales à l'intérieur d'un même ordre, refusant d'envisager l'autonomie ou l'indépendance des structures socio-politiques par rapport aux conditions économiques.

En réaction contre cette explication, des historiens, à la suite des travaux de François Furet, ont eu tendance à privilégier le domaine de l'idée pure, comme si la seule diffusion d'un pamphlet ou l'agitation frénétique de quelques clubs suffisait à ébranler les foules, à leur faire prendre les armes et à les jeter dans la rue. Quand l'Histoire s'enflamme aux brûlots des intellectuels, c'est souvent un feu de paille. Il ne faut donc pas négliger le poids des facteurs économiques.

L'approche des idées ne va pas sans celle des faits économiques, et c'est le rapport complexe du social au politique, leur va-et-vient constant, leur action adjuvante qui déterminent l'événement, sans que l'infrastructure économique soit nécessairement déterminante. Si la maturation intellectuelle et la crise des structures de l'Ancien Régime avaient été assez avancées, c'est peut-être à la fin du règne de Louis XIV, pendant ces « années de misère » qui vont des années 1693-1694 au « grand hyver » de 1709 (qui firent deux millions de morts au total), que la Révolution aurait éclaté : jamais à l'ère moderne la condition des Français n'avait été aussi tragique.

Cela dit, il est clair que, de 1787 à 1789, l'aggravation brutale de la situation économique a joué un rôle sinon primordial, du moins essentiel dans la fermentation des esprits et les réactions viscérales des foules, amplifiant ce courant de mécontentement à l'égard de la Cour, déjà si vivace au temps de l'affaire du Collier, et relayant la remise en cause des bases sociales par les milieux aisés et éclairés.

En 1787, les pluies d'automne avaient rendu difficiles les semailles. L'année suivante fut particulièrement humide, marquée par une série d'orages violents accompagnés de grêle. L'un d'eux, survenu le 13 juillet, dévasta une bonne partie du Bassin parisien (Beauce, Soissonnais, Picardie)[39]. Des régions entières furent sinistrées, du Calaisis à l'Angoumois en passant par la Normandie, le Maine et le Poitou. En certains endroits, la récolte baissa des trois quarts. Seules les vendanges furent bonnes, trop bonnes précisément : le cours des vins s'effondra ! Or, le profit viticole était un surplus essentiel dans le revenu de la paysannerie, en Champagne, en Bourgogne, en Ile-de-France, dans les pays de la Loire. Le Bordelais, quant à lui, était ruiné.

Il fallut revenir à la police des grains. Un arrêt du Conseil du 7 septembre interdit la sortie des blés hors du royaume. Un autre du 23 en défendit l'achat hors des marchés. Des primes furent accordées aux importateurs. Mais rien ne paraissait endiguer la hausse du prix des farines et du pain. Necker se démena avec une vigueur remarquable pour écarter la disette et assurer les besoins urgents, faisant acheter à l'étranger 1,4 million de quintaux de grains et de farine[40]. Le problème du ravitaillement l'obsédait, le rendait malade. Comment éviter que Paris manquât de pain pendant vingt-quatre heures ? On faisait des heures de queue devant ses trois cents boulangeries. La ville consommait un million de livres de pain par jour. Un gros pain de quatre livres, représentant la nourriture quotidienne d'une famille de quatre personnes, coûtait 9 sous en novembre, 12 sous en janvier, 14, 15 voire 20 au printemps, soit autant que le gain journalier d'un manouvrier ou d'un petit artisan qui non seulement mangeaient à peine à leur faim, mais se trouvaient dans l'incapacité de subvenir à leurs autres besoins, nourriture complémentaire, habillement, loyer...

L'automne de 1788 et l'hiver qui suivit furent très froids. Dans nombre de provinces, le gel et les intempéries empêchaient les subsistances de circuler. Les moulins à eau étaient paralysés, leurs roues scellées dans la glace. Le bois de flottaison avait cessé de circuler sur les rivières. Les animaux n'avaient plus rien à manger. L'herbe, la paille étaient gelées et les grains pourrissaient. Comme du temps de la guerre des Farines, on commença à dénoncer les accapareurs. On répandit des calomnies contre Necker, accusé de collusion avec eux. Soucieux de soulager les misères, le roi fit distribuer des secours aux indigents et allumer de grands feux aux carrefours de Versailles. On ouvrit des ateliers de charité pour occuper les chômeurs. Les curés organisèrent des soupes populaires. Les institutions d'assistance, les hospices, les hôpitaux généraux étaient submergés.

A Paris, où le thermomètre descendit jusqu'à $-18°$, la Seine gela pendant presque deux mois, de même que la Loire. On n'avait pas connu pareille rigueur depuis 1709. Le dégel, au lieu d'apporter un soulagement, fut tout aussi désastreux, laissant place à des inondations catastrophiques coupant les voies de communication. Puis vint la difficile période de la soudure entre deux récoltes (de juin à août). A Paris, le 14 juillet 1789, le prix du pain atteignit son record, jamais égalé depuis 1715...

A la crise agricole s'ajouta la crise industrielle. Si l'on neutralise les chiffres du commerce colonial, les exportations étaient en baisse. Le chômage frappait les grands centres textiles, qui débauchaient massivement des dizaines de milliers d'employés ou d'ouvriers : Abbeville, Troyes, Lyon, Sedan, Rouen, Louviers, Elbeuf... Les faillites se multipliaient. Les patrons accusaient facilement de tous ces maux le traité de libre-échange Eden-Rayneval, signé avec l'Angleterre. Mais il était évident que la concurrence n'était pas seule responsable de la crise manufacturière. Il fallait aussi tenir compte de la baisse du pouvoir d'achat des classes pauvres, obligées de se restreindre. Comme des plaies bien visibles, les misères accumulées s'étendaient à tout le royaume, jetant sur les grands chemins un nombre impressionnant d'affamés, de gueux à la recherche d'un peu de pain pour survivre... On était au bord de la famine. A Paris, on dénombrait environ cent vingt mille indigents sur une population de six cent mille habitants, sans compter l'afflux d'errants, de miséreux venus des campagnes avoisinantes. Pour l'Etat royal, l'effondrement des rentrées fiscales lié à ces dérèglements climatiques était un désastre.

La disette provoqua l'insécurité, la peur, la haine et la sauvagerie. Presque tout le royaume fut affecté par des émeutes de subsistance : pillages de boulangeries, de greniers à sel ou de granges dîmières, destructions de bureaux des gabelles, attaques de convois de grains, expéditions contre les fermes générales, saccages des maisons de notables, des hôtels de ville, représailles contre les meuniers, accusés de fraudes, ventes à cours forcés, refus de payer les droits seigneuriaux... Partout dans les villages le tocsin résonnait. Edifié par Ledoux, le mur des Fermiers généraux cristallisait la colère des Parisiens : « Le mur murant Paris rend Paris murmurant. » Avant même la Grande Peur de l'été de 1789, la France était entrée dans un cycle chaotique de violences. Jean Nicolas recense 58 émeutes en 1788 et 231 rien que pour les premiers mois de 1789[41]. Instants d'autant plus dramatiques que l'on ne pouvait plus faire la différence entre les chômeurs entraînés dans les manifestations, les vagabonds poussés à la révolte, les mendiants errants et les malfaiteurs professionnels. Hippolyte Taine a écrit avec exagération sans doute sur ce sujet mais il est certain que cette union des affamés, des bandits et des patriotes, stimulée par des agitateurs et des démagogues, allait dans les mois et les années à venir nourrir les insurrections parisiennes.

Ce cataclysme social n'était pas une simple guerre des Farines généralisée, une flambée d'*émotions populaires* dues à l'inclémence du temps. Il s'inscrivait dans le mouvement révolutionnaire, car les gémissements de l'armée des ventres creux, le cri pathétique des affamés étaient, cette fois, portés par l'espoir d'une issue politique : le mirage des états généraux, cette panacée universelle qui viendrait sortir le petit peuple de sa misère. Les Français, qui avaient connu pendant quelques décennies une lente amélioration de leur sort, n'étaient plus disposés, comme au temps du Roi-Soleil, à supporter avec fatalité le retour de la pénurie. Prenant conscience de leur pouvoir, ils faisaient leur apprentissage politique dans un sens qui n'était sans doute pas celui souhaité par les riches notables de la Société des Trente. Phénomène inquiétant, les troupes, qu'on avait dû disséminer pour réprimer la multiplicité des mouvements insurrectionnels, avaient fait preuve d'une grande mollesse sinon de passivité. L'impuissance du gouvernement n'en était que plus frappante, ce qui explique la formation des premières milices bourgeoises d'autodéfense.

La campagne électorale

La conception que se faisait le roi de ces élections peut, à première vue, nous paraître bizarre. A aucun moment, en effet, il ne voulut intervenir dans la désignation des candidats, ni même élaborer un programme auquel auraient pu se rallier des députés des trois ordres. A l'exception de quelques individualités perspicaces, comme Malouet, qui aurait souhaité un engagement du pouvoir royal et des candidats soutenant son action, ce point de vue était partagé par la majorité des intervenants. La neutralité du roi allait très loin. Quand le duc de Liancourt, grand maître de la Garde-Robe, lui demanda s'il pouvait représenter la noblesse du bailliage de Clermont-en-Beauvaisis, désireuse de le mandater pour limiter le pouvoir royal, il lui répondit qu'en convoquant les états généraux il avait permis à ses sujets de lui faire toutes suggestions concernant le bien de l'Etat et qu'en conséquence, jusqu'à la réunion de cet organe, il ne dirait rien des diverses délibérations électorales, pourvu qu'elles fussent faites selon les formes[42].

Ce n'était pas de la pusillanimité. S'il laissait la campagne se dérouler sans lui, c'est que cela correspondait à sa conception des états généraux, qui devaient représenter la diversité des intérêts et non la divergence des idées politiques. La Nation exprimait en corps ses desiderata, ses demandes concrètes par l'intermédiaire de ses mandataires naturels, en rédigeant des cahiers de doléances par paroisses ou corporations puis des cahiers généraux par bailliages, tandis que le roi, incarnation de la Nation,

conduisait la politique du royaume. Selon le droit monarchique, le pouvoir législatif lui appartenait tout entier, les
états généraux ne pouvant en aucune manière faire la loi,
mais seulement émettre des souhaits, comme il le faisait
remarquer à Necker en annotant le projet du discours
inaugural qu'il allait prononcer[43]. Et s'il devait admettre
une limitation à son propre pouvoir, par la réunion périodique des états généraux par exemple, ce ne pouvait être
que de son plein consentement.

Louis XVI n'avait pas réalisé qu'avec la liberté d'expression, la réouverture des clubs et des sociétés de pensée,
on venait de changer de type de société : d'une société
verticale, corporatiste et hiérarchisée, façonnée par l'Histoire, on était passé à une société horizontale, atomisée,
faite d'individus égaux, à un peuple d'électeurs, une
société démocratique dans sa nature. Entre 1750 et 1788,
avec les salons et la naissance de la « sphère publique
bourgeoise », les deux types de légitimité avaient coexisté
tout en se combattant. Désormais, c'était la légitimité
démocratique, définissant une dimension nouvelle du
champ politique, qui prévalait. La contre-société avait
profité de la porosité de l'ancienne pour répandre les
idées nouvelles. La position du roi, concevable dans le
cadre du vieux système social d'ordres et d'états, devenait
dans le nouveau une formidable erreur d'appréciation. Au
moment où le peuple faisait irruption sur la scène politique, l'engagement du monarque aux côtés du tiers état
contre l'aristocratie lui aurait permis de reprendre et sans
doute de gagner la Révolution royale, au prix de la disparition de la société d'ordres.

La nature ayant horreur du vide, la carence du pouvoir
allait faciliter la politisation intense du pays. La rupture
du front patriotique à l'automne, suivie du *Résultat du
Conseil* puis de l'inertie gouvernementale modifiaient les
enjeux du combat. La fureur du parti aristocratique contre
Louis XVI se trouvait contrebalancée par la montée en
puissance du parti national. Comme Mallet du Pan

l'observait dès janvier 1789, « le débat public avait changé de face. Il ne s'agissait plus que très secondairement du roi, du despotisme et de la constitution ; c'était une guerre entre le tiers état et les deux autres ordres, contre lesquels la Cour avait soulevé les villes[44] ».

Guerre ! Le mot était repris par Mirabeau : « Guerre aux privilégiés et aux privilèges, voilà ma devise ! Les privilèges sont utiles contre les rois, mais ils sont détestables contre les nations et jamais la nôtre n'aura d'esprit public tant qu'elle n'en sera pas délivrée[45]... » Le peuple ne combattait plus seulement pour la liberté – comme les aristocrates –, mais pour l'égalité des droits, l'égalité juridique et fiscale. Cela ne voulait pas dire, du reste, que Mirabeau, qui avait été un moment proche de Calonne, fût antimonarchiste : « Je serai dans l'Assemblée nationale, dit-il, un très ardent monarchiste, parce que je sens profondément combien nous avons besoin de tuer le despotisme ministériel et de relever l'autorité royale[46]. » Entre la monarchie populaire de Louis XVI et la démocratie royale de Mirabeau y avait-il tant de différences ?

Dans l'esprit du roi et de Necker, non seulement le pouvoir n'avait pas à s'impliquer dans les élections, mais il ne devait y avoir ni candidature organisée, ni campagne électorale, ni profession de foi des candidats ; leur désignation devait se faire de façon spontanée au chef-lieu de bailliage. Là encore, par ignorance de phénomènes politiques aujourd'hui bien connus, on voguait dans l'angélisme. La réalité, sur le terrain, fut différente. Les grands, les riches, les puissants mobilisèrent leurs réseaux de clients, distribuèrent des subsides et des avantages divers, utilisèrent toutes les ressources des candidats à la députation ; en l'absence de partis politiques et sans même qu'il y ait eu à proprement parler d'état-major centralisé tirant les ficelles, les sociétés de pensée avançaient des noms, organisaient la promotion de leurs poulains, diffusaient des slogans. Faute d'un espace démocratique ouvertement reconnu, les influences secrètes l'emportaient.

Pour la rédaction des cahiers de doléances, au « peuple réel » se substitua un peuple fictif, fait d'avocats parisiens, de curés, de tabellions de province ou de coqs de village, sachant écrire et parlant au nom des sans-voix qui ne savaient signer que d'une croix. Par exemple, Robespierre, à Arras, rédigea le cahier de doléances de la corporation des savetiers, Choderlos de Laclos, le maître-jacques du parti orléaniste, l'*Instruction envoyée par S.A.R. le duc d'Orléans pour les personnes chargées de sa procuration aux assemblées de bailliage*, Sieyès, les *Délibérations à prendre dans les assemblées de bailliage*, etc.

Ces quelque soixante mille cahiers, rédigés par les bailliages, constituent pour l'historien une source d'une exceptionnelle richesse sur la France de 1789. Malgré la répétition des modèles du parti national, ils gardent leur originalité propre et forment un miroir assez fidèle de la société française, de ses besoins, de ses peurs. Leur dépouillement fut effectué pendant les premières semaines des états généraux et donna lieu à un rapport de synthèse du comte de Clermont-Tonnerre, lu au Comité de Constitution de l'Assemblée nationale le 27 juillet 1789. Les cahiers étaient fort différents selon les ordres, les corps de métier, les terroirs, reflétant la diversité, la disparité de la France d'Ancien Régime, avec sa bigarrure de coutumes, de jurisprudences, de privilèges, de régimes fiscaux. Les dissonances et les contradictions des revendications locales prouvaient que l'émiettement social l'emportait sur l'unité nationale. Les vœux personnels s'y mêlent aux griefs généraux, l'emphase y côtoie la naïveté, les formules stéréotypées voisinent avec des protestations d'une touchante spontanéité[47].

L'unanimité se faisait jour sur la forme du régime. Nul ne remettait en cause le caractère monarchique du gouvernement. La personne du roi était considérée comme inviolable et sacrée. Les cahiers témoignaient même d'une grande confiance envers Louis XVI, « père du peuple et régénérateur de la France », « roi sauveur », « monarque libérateur », « meilleur des rois », vers qui convergeait un

« transport d'amour et de reconnaissance ». On ne lui disputait pas son droit d'être le dépositaire du pouvoir exécutif, à condition qu'il respectât les traditions régionales : « Le roi de France ne sera reconnu en Provence que sous la qualité de comte de Provence », disaient les gens de Vitrolles. « Aux bénéfices [*ecclésiastiques*]… Sa Majesté ne présentera que des Catalans », affirmait la noblesse du Roussillon. Quelques idées forces se dégageaient comme le respect de la propriété privée ou la liberté individuelle (suppression des lettres de cachet), la réunion périodique des états généraux, leur consentement à l'impôt et à l'emprunt, le vote par tête.

Les cahiers des communautés rurales se plaignaient de la vie chère, critiquaient le régime fiscal, la lourdeur, l'iniquité de la taille, des gabelles, des vieux droits féodaux, seigneuriaux ou ecclésiastiques (champarts, dîmes, banalités…), le partage des communaux et les clôtures. La crise économique avait avivé la rigueur de toutes ces contraintes.

De son côté, la noblesse voulait la transformation de la monarchie absolue en monarchie constitutionnelle, de façon à confisquer à son profit une partie du pouvoir. Une majorité de cahiers du clergé et de la noblesse acceptait, au moins en principe, l'égalité fiscale. Mais une minorité se crispait dans son refus : le bailliage de Saint-Flour, en haute Auvergne, par exemple, où la noblesse était pauvre, ou encore le bailliage de Rouen, où la noblesse était riche, mais souvent d'origine bourgeoise et parlementaire, et donc d'autant plus attachée à ses privilèges de caste. Dans les pays de taille réelle, comme le Dauphiné, où l'impôt n'était pas payé sur les terres réputées nobles, les réticences étaient aussi vives. Frapper des terres nobles, qui avaient passé de main en main au cours des générations, c'était injustement les dévaloriser, alors qu'elles valaient plus cher du fait précisément de leur dégrèvement…

La campagne électorale et les élections se déroulant sur fond de crise, il ne fut pas étonnant de voir éclater un peu partout des incidents, des flambées de colère et de violence, qui s'abritaient derrière des prétextes politiques. Il y eut des troubles graves en Franche-Comté, mais surtout en Bretagne et en Provence, où la noblesse et le tiers état s'affrontèrent à propos du droit des états provinciaux à désigner des députés.

En Bretagne, de fortes disparités sociales prévalaient. La noblesse pauvre s'accrochait farouchement à ses droits et privilèges et rejetait les nobles de fraîche date. Le 29 décembre 1788, aux états de Bretagne qui se tinrent à côté du palais ducal de Rennes, dans la grande salle des Cordeliers tapissée d'hermine et de lys, les membres du second ordre prièrent instamment Sa Majesté de ne pas appliquer à leur province la double représentation du tiers. Ce dernier naturellement protesta. La situation fut bloquée, car de tradition les décisions étaient prises à l'unanimité des ordres. Le 3 janvier 1789, le roi suspendit les séances, à la fureur des aristocrates, écœurés par sa trop grande bienveillance à l'égard du tiers. Les 26, 27 et 28 janvier, éclatèrent des manifestations et des affrontements entre les patriotes (étudiants en droit et jeunes ouvriers) et des bandes de domestiques et de cochers stipendiés par la noblesse. Des coups de feu furent échangés, des armureries pillées. Il y eut des morts. L'agitation se propagea à Nantes, Quimper, Caen et Angers.

A Aix-en-Provence, Mirabeau, tribun populaire, plus tonitruant et talentueux que jamais, se taillait un franc succès en s'en prenant aux ordres privilégiés, particulièrement aux prétentions de la noblesse locale qui refusait d'accueillir dans ses rangs les gentilshommes non fieffés. Exclu de son ordre, il rédigea un *Appel à la Nation provençale* dans lequel il réclamait la citoyenneté pour tous et l'égalité devant l'impôt. Le tumulte gagna Marseille, Toulon, La Seyne, Salernes, Aups, Brignoles, Saint-Maximin, Le Luc. A Riez, l'évêque dut payer 50 000 livres pour ne pas voir brûler son palais, sans pouvoir sauver ses archives, qui disparurent dans les flammes. A Hyères, les bâtiments de la Ferme générale, l'hôtel de ville et les magasins à blé furent pillés par des bandes paysannes armées. Le 26 mars, Aix était aux mains des émeutiers. Le premier consul, M. de La Fare, échappa au massacre. Il fallut l'intervention et la médiation de Mirabeau pour ramener l'ordre. Les édiles étaient épouvantés. Cette agitation, ayant pour cause la misère, se dressait contre l'intransigeance des privilégiés plutôt que contre Versailles. On se félicitait du doublement du tiers et l'on criait partout : « Vive le roi ! »

Depuis plusieurs mois, le pays semblait se décomposer, se morceler. La société d'ordres s'en allait en lambeaux. Tandis que Mirabeau écrivait son *Appel à la Nation provençale*, Maximilien de Robespierre faisait publier un *Appel à la Nation artésienne* et l'avocat Thouret adressait son *Avis aux bons Normands*. Epousant un moment les revendications régionalistes, la modernité se coulait dans le cadre vétuste de la vieille société, secouant partout le joug des oligarchies.

L'affaire Réveillon

A ces crises régionales s'ajouta à Paris, à la fin d'avril, une imprévisible explosion de violence sociale. L'émeute était dirigée contre deux patrons, le riche fabricant de papiers peints Réveillon et un opulent entrepreneur de salpêtre, Hanriot[48]. Quoique d'un naturel dur et cassant, Réveillon était un patron philanthrope qui, pendant le rude hiver de 1788, avait payé ses ouvriers à ne rien faire, au lieu de les débaucher, et versé 50 000 livres d'aumônes à son curé. Sa manufacture royale employait trois cent cinquante ouvriers. Il professait des idées libérales, souhaitant la suppression des droits d'octroi sur la farine, suivie d'une baisse du prix du pain et d'une réduction progressive des salaires des ouvriers, sans toucher à leur pouvoir d'achat. Il s'en expliqua à l'assemblée électorale du district de Sainte-Marguerite le 23 avril. Ses propos, mal interprétés, firent scandale chez ses employés, plutôt bien traités, qui ne retinrent de ses discours que l'idée de baisse des salaires et qui voyaient leur paie passer de 25 ou 30 sous à 15 par jour... Il n'en fallut pas davantage pour les jeter dans la rue, rejoints, par solidarité, par un très grand nombre de menuisiers, ébénistes, chaudronniers du faubourg Saint-Antoine, par des tanneurs, peaussiers, débardeurs, flotteurs de bois du faubourg Saint-Marcel, tous bâton à la main. A cette population d'artisans, de manouvriers et de gagne-deniers vinrent se mêler de nombreux indigents, ruraux des environs, privés de travail par les intempéries de l'hiver, mécontents de la cherté du pain et tentés par la filouterie.

L'émeute dura plus de deux jours. Dans la nuit du 26 au 27 avril, les premiers cortèges se formèrent, particulièrement au faubourg Saint-Marcel, aux cris de : « Mort aux riches ! Mort aux aristocrates ! Mort aux accapareurs ! Le pain à 2 sous ! A bas la calotte ! » Les manifestants qui avaient commencé à tourner dans les faubourgs, dévastant au passage quelques entrepôts de bois, s'en prirent, rue de Cotte, à la maison du salpêtrier Hanriot qui avait, dit-on, les mêmes conceptions que Réveillon et qui eut juste le temps de s'enfuir avec sa famille. Ils cassèrent, brûlèrent et pillèrent meubles, effets, linges, voitures et cabriolets, faisant main basse sur les sept chevaux de l'écurie et la basse-cour.

La sécurité de la capitale reposait en permanence sur un petit nombre d'archers du guet à pied et à cheval et de soldats de la garde de Paris auxquels on adjoignait, en cas de nécessité, des soldats du régiment des gardes françaises, stationnés dans la capitale. Le lieutenant général de police, Thiroux de Crosne, fort inquiet et qui n'avait pas vu la situation s'envenimer, se concerta longuement avec le duc du Châtelet, colonel des gardes françaises, et Besenval, colonel des gardes suisses. La nécessité de renforts s'imposait. Il fit appel, dans la nuit, à cent cavaliers du régiment Royal-Cravate*, casernés à Charenton, et à quelques compagnies de Suisses, basées à Courbevoie.

Le lendemain, au lieu de s'apaiser comme on pouvait l'espérer, l'émeute repartit de plus belle. Thiroux de Crosne fut extrêmement surpris de la détermination et de la combativité des séditieux. Les soldats tenaient solidement l'entrée de la propriété de Réveillon, l'hôtel de La Ferté-Titon, au carrefour du faubourg Saint-Antoine et de la rue de Montreuil. Retranchés derrière des barricades improvisées, ils couchaient en joue les émeutiers, qui n'osaient s'avancer. Dans l'après-midi, passèrent par là plusieurs carrosses, dont celui du duc d'Orléans, qui se rendait aux courses de Vincennes. De sa portière, le cousin du roi prêcha l'apaisement : « Allons, mes amis, du calme ! de la paix ! Nous touchons au bonheur. » Il faisait allusion à la prochaine réunion des états généraux. Et il distribua le contenu de sa bourse à la volée. On ovationna le bon prince : « Vive notre père d'Orléans ! » Dans la soirée, à la barrière du Trône, les gardes françaises ouvrirent les barricades pour laisser passer le carrosse de la duchesse d'Orléans, pressée de rentrer au Palais-Royal. La foule en profita pour s'engouffrer dans la brèche et envahir les jardins et la maison de La Ferté-Titon, qui fut saccagée de la cave aux combles. La splendide bibliothèque disparut dans les autodafés allumés dans le jardin. « Les Huns, les Hérules, les Vandales et les Goths ne viendront ni du nord, ni de la mer Noire, ils sont au milieu de nous », écrivait dans le *Mercure de France* Jacques Mallet du Pan.

Les émeutiers, qui avaient découvert les deux mille bouteilles de vin de Réveillon, en ressortirent ivres pour la plupart, formant un noir et menaçant cortège dans la rue du faubourg Saint-Antoine. Certains audacieux montés sur les toits jetaient sur la troupe des tuiles, des morceaux de cheminée et autres projectiles. Des boulangeries, des épiceries furent dévalisées. Bientôt, des coups de feu

* Déformation de Royal-Croate.

sporadiques partirent de la foule en furie. Les cavaliers du Royal-Cravate, les gardes françaises et suisses qui les flanquaient, reçurent l'ordre de riposter à volonté. Vers 7 heures du soir, après une intense fusillade, l'ordre était rétabli.

La nuit, l'agitation reprit. Des attroupements se formèrent dans différents quartiers, notamment du côté du Pont-Neuf et du Pont-au-Change. Le faubourg Saint-Antoine fut occupé et quadrillé par le régiment du Royal-Cravate au complet. Des canons légers furent disposés aux points névralgiques.

Le bilan était lourd. Du côté des soldats, 12 tués et 80 blessés. Les pertes des émeutiers sont plus difficiles à établir : 25 selon les commissaires du Châtelet, 900 d'après le marquis de Sillery. L'historien Jacques Godechot arrive pour sa part à une estimation d'au moins 300 morts, ce qui ferait de cette émeute l'une des journées les plus meurtrières de la Révolution à Paris, après le 10 août et les massacres de Septembre, mais avant le 14 juillet[49].

A Versailles, Louis XVI fut à la fois stupéfait et embarrassé. Laurent de Villedeuil, le secrétaire d'Etat à la Maison du roi, étant malade, Thiroux de Crosne lui avait adressé directement une correspondance de dix lettres sur le sujet. Le monarque vit les inconvénients d'une politique répressive au moment où, de toutes les provinces du royaume, se rassemblaient plus de onze cents représentants de la Nation. Il se contenta donc de déférer à une cour prévôtale du Châtelet la dizaine d'insurgés arrêtés, sans entreprendre d'autres recherches. Cinq ouvriers, trouvés ivres morts dans les caves de Réveillon, furent condamnés aux galères et deux autres, jugés plus coupables, envoyés à la potence.

Pour échapper à la fureur populaire, Hanriot avait trouvé refuge au donjon de Vincennes et Réveillon à la Bastille, ce qui était pour le moins paradoxal. Mais tout l'était dans cette convulsion populaire où l'on entendit crier : « Vive le roi ! » « Vive M. Necker ! » « Vive le tiers état ! » Une chose est assurée : pas plus que la guerre des

Farines, l'émeute n'a été commanditée par un prince du sang, en l'occurrence le duc d'Orléans, agitateur inconséquent, comme on l'a vu, qui ne fut jamais un meneur. Capable tout au plus de stipendier quelques pamphlétaires venimeux, de répandre des calomnies contre son royal cousin, d'ouvrir les galeries du Palais-Royal à l'agitation fiévreuse des clubs et aux péroraisons des orateurs, Orléans, esprit brouillon et dilettante, n'avait ni l'âme trempée d'un chef ni la sombre persévérance d'un conspirateur. Ce serait une erreur de voir dans ce prince faible et veule, ami du confort et des plaisirs, l'un des grands inspirateurs des journées révolutionnaires, comme d'aucuns l'ont cru, son cousin Louis XVI le premier du reste. S'il y contribua, ce ne fut que de façon marginale. Pourtant une véritable faction se rassembla autour de lui, désireuse de le voir jouer un rôle capital dans les événements. Choderlos de Laclos en était l'instigateur principal[50].

L'affaire Réveillon fut un mouvement spontané, né de la colère et de la misère, une fièvre populaire, brutale certes, mais atypique et circonscrite dans le temps et l'espace, explosant comme une de ces bouffées de violence propres à l'Ancien Régime.

Les élus

Pour procéder à l'élection des députés, on se réunit dans les églises ou les cathédrales après la messe, ou dans la maison commune. Une grande incertitude régnait sur les limites des bailliages. On cite cette lettre de convocation expédiée par le garde des Sceaux : « M. le lieutenant général du bailliage de Comminges, à Comminges », alors que le comté de Comminges n'avait ni bailliage, ni lieutenant général, ni même de ville de Comminges ! Le processus s'étala sur plusieurs semaines, avec un nombre d'abstentions variable selon les régions et les catégories sociales (principalement à Paris et chez les brassiers et manouvriers). Les affrontements furent violents au sein des assemblées du clergé. Les élus n'arrivèrent que progressivement à Versailles, un peu ébahis, perdus dans cette grande ville, à la recherche d'une auberge ou d'un garni. Leur nombre total – 1154 – représentait presque trois fois celui des états généraux de 1614 : 291 pour le clergé, 285 pour la noblesse et 578 députés pour le tiers état. L'infériorité du clergé et de la noblesse, qui atteignaient chacun moins du tiers des députés, venait de l'absence des délégués bretons qui, après la crise de l'hiver, avaient décidé, dans leurs assemblées de Saint-Brieuc, de boycotter l'élection comme contraire à l'acte d'union de la France et de la Bretagne de 1532, ce qui infléchira plus tard l'équilibre des votes et l'orientation des débats.

Au sein du clergé, on notait une grande proportion de prêtres de paroisse et de curés de campagne, tel l'abbé Grégoire qui s'était fait connaître par son soutien au statut civil des protestants. Ils l'emportaient de loin sur les 46 évêques et archevêques. Cela tenait à la capacité électorale largement attribuée au bas clergé par le roi et Necker. L'étonnement vint de l'élection au bailliage de Haguenau et Wissembourg du cardinal de Rohan qu'on avait un peu oublié depuis l'affaire du Collier. Louis XVI s'en montra fort irrité. Parmi les figures dominantes, on relevait les noms de Mgr de Juigné, archevêque de Paris, de Champion de Cicé, archevêque de Bordeaux, de Le Franc de Pompignan, archevêque de Vienne, de Dillon, archevêque de Narbonne et président des états de Languedoc, de Boisgelin, archevêque d'Aix, de Lubersac, évêque de Chartres, de Talleyrand, évêque d'Autun, de La Fare, évêque de Nancy, de l'abbé de Montesquiou, agent général du clergé, de l'abbé Maury, académicien et orateur réputé, du moine chartreux Dom Gerle.

Contrairement au clergé où dominaient les couches les plus pauvres, celles des fameux curés congruaires qui éprouvaient un fort ressentiment à l'égard des dignitaires prébendés, la noblesse titrée et particulièrement la haute aristocratie représentaient la grande majorité du second ordre, avec des noms aussi prestigieux que La Rochefoucauld, Luynes, Noailles, Montmorency, Mortemart, d'Aiguillon, Choiseul ou Liancourt, sans compter le duc d'Orléans, qui, après quelques échecs, s'était fait élire député de la noblesse de Crépy-en-Valois (qui ne comptait que cinq électeurs). Beaucoup avaient derrière eux une carrière militaire, dont La Fayette, son beau-frère Noailles, Charles et Alexandre de Lameth. Moins nombreux étaient les gentilshommes campagnards et les magistrats du Parlement, comme Adrien Du Port, Fréteau de Saint-Just, Le Peletier de Saint-Fargeau ou Duval d'Eprémesnil. Le capitaine de dragons Jacques Antoine Henri de Cazalès, fils d'un conseiller au Parlement, représentant de Rivière-Verdun, près de Toulouse, sera l'un des plus fougueux orateurs de la droite. Sous l'influence du baron de Batz, le bailliage de Tartas, au pays d'Albret, avait désigné son représentant en la personne du comte d'Artois, sans qu'il fût candidat. Ce fut la seule élection que Louis XVI se permit d'annuler. Son cadet ne pouvait devenir ouvertement son rival politique !

Au sein du tiers état les membres des professions judiciaires, juges, avocats, gens de lois, procéduriers, dominaient : Target, Thouret, Tronchet, Mounier, Barnave, Lanjuinais, Le Chapelier et un avocat d'Arras, Maximilien de Robespierre – si peu connu au début que les comptes rendus de l'Assemblée nationale l'appelleront Robert-Pierre. Face à ces 218 magistrats et 181 avocats, peu nombreux étaient les écrivains ou les savants, comme Volney, Bailly, Du Pont de Nemours, et les authentiques paysans ; les ouvriers, les artisans manquaient à l'appel alors que les gens de finances ou d'industrie, les commerçants n'étaient pas plus d'une centaine (voilà qui est bien peu pour une Révolution qu'on s'est longtemps plu à qualifier de bourgeoise et de capitaliste !). Le tiers enfin comptait un ancien intendant de la Marine, Pierre Victor Malouet, élu de Riom, et quelques transfuges célèbres : l'abbé Sieyès, récusé par le clergé de Chartres pour son impiété, élu député à Paris, et le comte de Mirabeau, représentant la sénéchaussée d'Aix.

Les acteurs étaient en place pour la grande épreuve...

La crise majeure du règne

La grand-messe de l'ouverture

L'ouverture de la session des états généraux, prévue pour la fin d'avril, fut reportée au 5 mai, en raison notamment des retards pris dans l'aménagement de la salle des Menus-Plaisirs dont on dut doubler la superficie après la tenue des assemblées des Notables. Peut-être aussi faut-il voir dans ce délai une manœuvre dilatoire du parti des princes qui ne désespérait pas de voir l'assemblée échouer et les élus se disperser. Les trois personnages chargés de superviser les travaux, l'architecte Pâris, le secrétaire d'Etat à la Maison du roi, Laurent de Villedeuil, et le responsable du garde-meuble royal, Thierry de Ville d'Avray, étaient proches en effet de la faction du comte d'Artois.

Cette faction était fort active[1]. En février, l'ambitieux prince de Condé, qui tirait les ficelles derrière Artois, avait fait une démarche personnelle auprès du vieux Jean-Baptiste de Machault, en sa terre d'Arnouville. Machault, l'homme à poigne de la monarchie administrative, à qui Louis XVI avait préféré Maurepas au début de son règne, Machault, quatre-vingt-huit ans, serait-il le sauveur de la France ? Les conservateurs comptaient sur lui pour remplacer Necker, pour lever une contribution volontaire sur les grandes fortunes et délivrer le royaume de l'abomination des états généraux. Il s'agissait, comme toujours, de faire pression sur le roi. Artois lui avait déclaré sans ambages que « sa couronne était en danger, que Necker était un second Cromwell[2] ». Mais Louis avait haussé les épaules.

Tandis que l'on clouait les dernières planches du décor des Menus-Plaisirs, le grand maître des cérémonies, le jeune et élégant marquis de Dreux-Brézé, arrêta le costume des députés, sur les conseils du comte de La Galissonnière, élu de l'Anjou : chape rouge pour les cardinaux, rochet et camail avec soutane violette pour les évêques, et soutane et manteau long pour les curés et les autres ecclésiastiques ; pour les membres de la noblesse, habit à manteau noir, veste chamarrée d'or et culotte noire, bas blancs et chapeau à plume blanche à la mode d'Henri IV (clin d'œil aux états de 1614). Quant aux députés du tiers, à qui le port de l'épée était interdit, un sobre et sévère habit noir, rehaussé simplement d'une cravate de mousseline, leur était dévolu, leur tricorne ne devant porter ni ganse ni bouton. Ces rigoureuses prescriptions vestimentaires créèrent, on s'en doute, des vexations dans le bas clergé et les gens du tiers.

Le malaise s'accentua lors de la présentation des députés à Versailles, dans l'après-midi du 2 mai, après leur passage chez le tailleur. Dans la chambre du roi, les élus des deux premiers ordres eurent droit à l'ouverture des deux battants de la porte, tandis que ceux du tiers durent se contenter d'un seul. Ces derniers défilaient à la va-vite. Sans entendre l'énoncé de leur bailliage d'origine, Louis causait avec ses deux frères et de pimpants seigneurs, tout en regardant d'un œil distrait cette interminable cohorte. Le seul élu à retenir son attention fut le père Gérard, laboureur, député de la sénéchaussée de Rennes, qui, avec ses larges braies et son gilet rustique brodé des paysans de l'Ouest, tranchait sur les habits noirs de ses collègues : « Bonjour, mon bonhomme ! » lui lança-t-il familièrement*,

_____

* Ce bref moment de distinction royale suffit à le rendre populaire. David le peignit avec ses quatre enfants, et Collot d'Herbois donna à son almanach le nom de *Père Gérard*...

ce qui prouve qu'il n'avait été pour rien dans ces vétilles protocolaires.

La séance d'ouverture fut précédée le 4 mai d'une procession solennelle de l'église Notre-Dame à l'église Saint-Louis, à laquelle participèrent le roi, la reine, les princes du sang et les quelque huit cents députés qui avaient déjà gagné la ville. Louis XVI arriva dans son carrosse du couronnement tiré par huit chevaux, entouré de ses gardes du corps, de trompettes, de tambours et des cavaliers de la Grande Fauconnerie, commandés par le comte de Vaudreuil, ayant chacun un gerfaut sur le poing. Il était accompagné de ses frères, de ses neveux et du duc de Chartres. Le duc d'Orléans, du fait de son élection dans les rangs de la noblesse, s'était exclu du cortège des princes. La tiédeur hésitante du printemps faisait oublier les cruelles intempéries des mois précédents, mais les pavés de Versailles gris et bombés étaient encore humides d'une averse récente.

La procession s'ébranla aux accents du *Veni Creator*. Les Récollets, seul ordre religieux présent dans la ville royale, marchaient en tête, suivis du clergé des deux paroisses et de la musique de la Chapelle royale. Les députés avançaient deux par deux, un cierge allumé à la main. Mgr Leclerc de Juigné portait le saint sacrement sous un dais dont les cordons étaient tenus par Monsieur, le comte d'Artois et ses deux fils, les ducs d'Angoulême et de Berry. Venait ensuite le roi, ayant à sa droite les princes du sang, les ducs et pairs, les grands dignitaires de la Couronne et à sa gauche la reine, Madame, la comtesse d'Artois, Madame Elisabeth, la duchesse d'Orléans et la princesse de Lamballe. Les régiments des gardes françaises et des gardes suisses étaient alignés le long du parcours. Versailles fêtait dignement la France. Dix mille spectateurs, dont beaucoup venus de la capitale, s'entassaient dans les rues décorées de tapisseries et pavoisées d'oriflammes. Les porches, les fenêtres, les toits, tout était noir de monde. Le roi reçut de nombreux applaudissements. Marie-Antoinette, vêtue d'une robe passementée d'or et d'argent, envoya, devant les balcons de la petite Ecurie, un baiser au dauphin, très malade, précautionneusement étendu sur des coussins. L'Américain Gouverneur Morris vit la scène. Les filles de joie du Palais-Royal lui crièrent : « Vive Orléans, à jamais ! » Elle blêmit et manqua défaillir, rattrapée par les bras de Mme de Lamballe...

La grand-messe commença à 4 heures à Saint-Louis. Il revint à Mgr de La Fare, évêque de Nancy, de prononcer l'homélie qui dura plus d'une heure et demie, sur le thème de la religion comme bonheur et force des empires[3]. Le prélat maladroit présenta au roi « les hommages du clergé, les respects de la noblesse et les très humbles supplications du tiers état ». Son discours, déclamatoire et confus, critiquait les Lumières et les abus du temps, notamment le luxe de la Cour, comparé à la misère des campagnes, maudissant la lourdeur des impôts, la violence des gabelous. Le roi dormait ou feignait de dormir. Malgré ses envolées démagogiques, l'orateur gardait les préjugés de son ordre et, lorsqu'il aborda la question de l'égalité devant l'impôt, il affirma sans ambages que « la renonciation aux exemptions pécuniaires était un sacrifice volontaire que personne n'avait le droit d'exiger ». En regagnant sa voiture, Louis à nouveau reçut de vibrantes ovations, moins nombreuses pour la reine.

La journée fut marquée par quelques incidents protocolaires : les évêques avaient été mécontents de voir des curés se glisser dans leurs rangs ; à Notre-Dame, par provocation, quelques personnes du tiers s'étaient assises sur les bancs réservés aux nobles, notamment La Révellière-Lépeaux, l'épée au côté et en habit non réglementaire. Au grand jeune homme au manteau incrusté d'or et de pierreries venu les déloger avec sa canne d'ébène à pommeau d'ivoire – c'était le marquis de Dreux-Brézé –, celui-ci avait répliqué avec superbe : « Qui êtes-vous, Monsieur, pour le prendre sur un ton pareil avec les députés de la Nation française[4] ? » Il ne faudrait pas enfler exagérément ces querelles qui ont toujours existé dans la monarchie bourbonienne, société hiérarchisée, marquée par des « cascades de mépris », mais il est intéressant d'observer que la plupart éclataient soit entre la haute aristocratie et la noblesse seconde, soit entre les princes du sang et les ducs et pairs. Cette fois, elles affectaient principalement les relations entre le tiers et les ordres privilégiés. Les susceptibilités étaient à fleur de peau.

La séance du 5 mai

Sans être éblouissante, la grande salle des Menus-Plaisirs avait fière allure dans son décor néo-classique de bois et de stuc, avec sa double et majestueuse colonnade dorique et sa grande estrade surmontée d'un imposant dais empanaché (le même que celui du sacre de Reims !), d'où pendait une lourde draperie de velours violet, brodée de lys et frangée d'or. Trois immenses verrières, tendues de taffetas blanc, dont l'une ovale au plafond, tamisaient une céleste lumière. Une douzaine de bas-reliefs en marbre rappelaient les grands moments de l'Histoire de France et une galerie de bustes représentait l'impressionnante succession des rois capétiens.

L'installation des onze cents députés et des deux mille spectateurs dura bien quatre heures, dans la fébrilité, l'improvisation et la bousculade, le marquis de Dreux-Brézé n'ayant à sa disposition qu'une douzaine d'huissiers et de hérauts d'armes. Chacun avait conscience de l'enjeu historique de cette session. A droite de l'estrade royale prirent place les membres du clergé et, face à eux, les élus de la noblesse. Ceux du tiers se massèrent, comme prévu, au fond de la salle, séparés des deux autres ordres par une petite balustrade. Les tribunes en gradin, situées de part et d'autre, applaudirent l'arrivée des députés du Dauphiné – on se souvenait de Vizille – et ceux de Bretagne, à cause des incidents de Rennes. Un murmure parcourut l'assemblée à la vue du tonitruant Mirabeau, reconnaissable à son air d'imperator et à son mufle de taureau, grêlé de petite vérole. Il était universellement réputé, tant pour ses qualités oratoires que pour sa pugnacité. Autre déclassé, le duc d'Orléans recueillit le plus grand succès en cherchant son siège parmi les rangs de la noblesse.

Enfin le roi entra, revêtu du grand manteau de l'ordre du Saint-Esprit, portant un chapeau à plumes où scintillaient d'éblouissants diamants, dont le _Régent_ de 137 carats. Ce n'était plus le jeune homme élancé et radieux de Reims. A près de trente-cinq ans, sa stature s'était épaissie, son teint s'était légèrement cuivré, sa démarche paraissait alourdie. Un air de bonhomie naturelle, empreint de dignité, frappa l'assemblée. Tout le monde, tête nue, se leva pour l'acclamer longuement. Dans ce grand rendez-vous qui scellait les retrouvailles du peuple et de son roi, on attendait beaucoup de sa bonté, de sa justice, beaucoup trop sans doute... « La crainte ou l'espérance de l'avenir, comme disait Beugnot, dévorait le présent[5]. »

Il gagna l'estrade dans un grand ballet soyeux de révérences et de déférente politesse, accompagné de la reine, des grands officiers de la Couronne, des dames d'honneur. Il rayonnait. Marie-Antoinette, somptueusement belle, en robe de satin mauve sur une jupe de soie blanche, coiffée d'un bandeau de pierreries piqué d'une aigrette de héron, paraissait plus nerveuse. Louis salua l'assemblée et s'assit. Le silence se fit. Le coup d'œil était splendide. Jamais la monarchie française n'avait paru si puissante dans sa pompe séculaire, si inébranlable dans ce déploiement de grandiose magnificence, sous les lourds plis des tentures fleurdelysées, au milieu de ce grand moutonnement d'or, de rouge et de noir, devant cet imposant monarque en vêtement de gloire.

Tandis que tous restaient debout, reine comprise, le roi commença la lecture de son discours : « Messieurs, ce jour que mon cœur attendait est enfin arrivé, et je me vois entouré des représentants de la Nation à laquelle je me fais gloire de commander… » Sa voix forte, mais peu expressive, porta jusqu'au fond, malgré une acoustique exécrable. C'était un appel à l'harmonie et à la raison, assorti de paternelles mises en garde contre la dérive des surenchères : « Une inquiétude générale, un désir exagéré d'innovations se sont emparés des esprits et finiraient par égarer totalement les opinions si on ne se hâtait de les fixer par une réunion d'avis sages et modérés. » La crise financière n'était pas niée : « La dette de l'Etat, déjà immense à mon avènement au trône, s'est encore accrue sous mon règne ; une guerre dispendieuse mais honorable en a été la cause ; l'augmentation des impôts en a été la suite nécessaire et a rendu plus sensible leur inégale répartition. » Mais il se montrait sceptique sur les remèdes : « J'ai déjà ordonné dans les dépenses des retranchements considérables. Vous me présenterez encore à cet égard des idées que je recevrai avec empressement ; mais malgré la ressource que peut offrir l'économie la plus sévère, je crains, Messieurs, de ne pouvoir pas soulager mes sujets aussi promptement que je le désirerais. » Il attendait donc de ces messieurs de nouvelles ressources nées de l'égalité fiscale. « Je ferai mettre sous vos yeux, poursuivait-il, la situation exacte des finances et, quand vous l'aurez examinée, je suis assuré d'avance que vous me proposerez les moyens les plus efficaces pour y établir un ordre permanent et affermir le crédit public. »

Après ce bref discours, interrompu à plusieurs reprises par de chaleureuses acclamations, le roi fit dire par un héraut d'armes qu'il autorisait les députés à se couvrir. Un nuage de plumes blanches s'éleva dans la salle. Selon l'étiquette, le tiers état devait rester découvert, mais une bonne partie de ses représentants suivit la noblesse. « Découvrez-vous ! Découvrez-vous ! » leur répétait à mi-voix le grand maître des cérémonies, soulevant des mur-

mures de protestations. Louis XVI nota l'entorse au protocole. Usant d'une petite ruse, il enleva alors son chapeau,
contraignant tout le monde à l'imiter.

M. de Barentin, garde des Sceaux, en simarre violette et
cramoisie, se dirigea vers le trône, mit un genou à terre,
demanda comme d'usage l'autorisation de prendre la
parole et revint à reculons vers son tabouret. Son discours
fut long, fade, ennuyeux, académique. Il évoqua la possibilité de nouveaux impôts et la réforme de la procédure
civile et criminelle. Sa voix était si faible, si nasillarde
qu'une bonne partie de l'auditoire n'entendit rien. Mais
du néant pouvait-il surgir quelque chose ?

Enfin, se leva de la table des ministres, située au pied
de l'estrade, l'homme tant attendu, l'idole du peuple, en
habit noir semé de paillettes d'or, replet, éclatant, Necker,
le magicien Necker ! Sa voix ne portait pas. Ecrivain, son
style était déjà lourd et insipide ; orateur, il se révéla pire
encore, emphatique, filandreux et surtout, comme Barentin, à peu près inaudible. Il en prit conscience, car au bout
de quelques instants, la voix épuisée, il demanda au roi la
permission de faire lire la suite de son discours-fleuve. Un
certain Broussonet, secrétaire perpétuel de la Société
d'agriculture, dont il avait repéré la puissance du timbre,
prit le relais, trois heures durant, d'une voix forte mais
monocorde. Le texte parlait de chiffres, de technique
financière, de dettes, puis du déficit, qui se réduisait à
56 millions et qu'il détaillait avec une joie rassurante
(c'était 20 millions de moins qu'au temps de Brienne). Ce
tour de passe-passe, qui escamotait l'arriéré de la dette
publique, était en contradiction avec le propos inquiet du
roi. Il énumérait les dépenses de la Cour, maison du roi et
maisons princières réunies, qui atteignaient, avec le flot
des vieilles pensions, 35 millions. Usant d'une rhétorique
pâteuse, les répétitions furent innombrables, de même
que les lieux communs. Les tribunes étouffaient leurs
bâillements. A défaut de vendre des illusions, Necker était
devenu marchand de sable ! S'il posait le principe de
l'égalité fiscale, les amabilités adressées aux ordres privi-

légiés, auxquels il ne serait demandé que des sacrifices volontaires, indisposèrent inutilement le tiers. Au lieu de flatter la multitude de ces délégués, il leur répéta que Sa Majesté les assemblait non parce qu'elle avait besoin d'eux, mais parce qu'elle le voulait bien ! Arrivant enfin à la grande question du vote par tête, il se prononça plutôt contre, sauf cas particulier, à la déception d'une large partie de la salle. Le pire était qu'au milieu de ses longueurs insupportables, de ses maladresses, rien ne surgissait – aucun plan, aucune proposition éclairante, aucune idée neuve –, sinon le brouet insipide d'un commis de boutique endimanché[6]. Personne ne savait où l'on allait. Le pouvoir paraissait à court d'idées. A tous, Necker apportait la preuve qu'il était peut-être homme de bonne volonté, mais sûrement pas homme d'Etat.

L'estomac privé de nourriture et de boisson depuis le matin, aucun député, pas même dans les rangs du clergé et de la noblesse, ne lui manifesta ses encouragements. Le roi se leva, salua – ce qui réveilla l'auditoire, qui se mit à applaudir – et s'esquiva rapidement. Jusqu'au dernier moment on avait redouté une intervention de l'incontrôlable Mirabeau qui aurait pris la parole en présence de Sa Majesté sans y avoir été invité et qui aurait réclamé le vote par tête ou la réunion permanente des états. Il n'en fut rien. L'enfant terrible de Provence avait préféré attendre son heure.

La « tragédie centrale »

Les états généraux s'étaient ouverts sur le vide. Alors qu'au commencement un immense espoir avait animé les délégués, dans les jours qui suivirent la déception gagna les plus enthousiastes. Durant trente-six jours, du 6 mai au 10 juin, malgré les flots d'éloquence déployés – deux orateurs émergeaient et s'opposaient au sein du tiers état, Mirabeau et Malouet, l'un révolutionnaire, l'autre modéré –, la lourde institution semblait frappée de léthargie, paralysée par une question qui n'aurait dû soulever aucune difficulté : la vérification des pouvoirs des élus. En réalité, derrière ce point de procédure se cachait un argument politique capital : si les ordres validaient les élections de leurs membres respectifs, le principe du vote par ordre allait définitivement s'imposer. Mirabeau et ses amis avaient vu le piège. Le tiers discuta longuement s'il fallait ou non envoyer vers le clergé ou la noblesse des commissaires afin de persuader les deux premiers ordres. Mais, dès le 11 mai, ayant vérifié les pouvoirs de ses membres, la noblesse se déclara « constituée » et, malgré diverses médiations, toutes les propositions de compromis échouèrent. Louis, affligé par l'âpreté des tensions et des disputes oiseuses, porta son mécontentement sur le second ordre : « Plus de déférence de la part de l'ordre de la noblesse aurait peut-être amené la conciliation que je désirais[7]. »

Pendant ce temps, les irréductibles de la Cour étaient convaincus qu'il fallait renvoyer Necker et dissoudre les états. De leur point de vue, le plus grand danger résidait dans une entente entre le roi et le tiers, contre les deux ordres privilégiés. Sous prétexte d'étiquette, de rendez-vous à organiser, de discours à préparer, de date de conseil à arrêter, Barentin, qui partageait leur point de vue, dressait barrage aux députés, isolant le monarque derrière un impressionnant mur de silence[8]. C'était pire qu'au temps de Maurepas ! La volonté de manipulation du garde des Sceaux transparaît clairement des soixante-seize lettres et billets qu'il adressa à Louis XVI d'avril à juillet et qui ont été publiés par l'historien Aulard. Jamais il ne trouvait un moment pour lui faire recevoir une délégation du tiers !

L'absence de communication entre le souverain et les élus du tiers entraîna une totale incompréhension. Ce fut, comme l'a bien vu John Hardman, la « tragédie centrale » du règne, qui conduisit à l'effondrement de l'autorité royale et fit croire à la duplicité du roi[9]. Le concept de tiers état avait été réactivé par Calonne dans le but de dégager la monarchie de la menace d'étouffement de la réaction nobiliaire. Certes, dans un premier temps, la politique royale s'était heurtée au front des privilégiés. L'*Avertissement* de Pierre Jean Gerbier avait été un échec. Mais la rupture du front patriotique, la naissance du parti national, en affaiblissant sensiblement les aristocrates, avaient rendu au pouvoir une marge de manœuvre inespérée. La lutte entre les ordres lui permettait de reconstituer son espace politique. Malheureusement, pas plus Louis XVI que Necker n'avaient saisi l'occasion inouïe que leur tendait le destin et qui était une victoire a posteriori des idées de Calonne. Le roi, profondément dépressif, ne gouvernait plus que par intermittence, entêté dans son mutisme habituel. Sa volonté de se tenir à l'écart des élections avait été une erreur, une méconnaissance de son rôle naturel de souverain capétien, contraire au comportement traditionnel de la monarchie française depuis au moins deux siècles.

Le 3 juin, l'assemblée du tiers état déclara qu'elle ne voulait aucun intermédiaire entre elle et le monarque. Jean Sylvain Bailly, mathématicien et astronome, membre de l'Académie des sciences, qui conduisait une de ses délégations, demanda à être reçu sur-le-champ par celui-ci. L'homme était un modéré, respectueux envers la Couronne. Necker revint avec la réponse royale qu'un rendez-vous devait être pris par l'intermédiaire du garde des Sceaux. Grande maladresse ! Une des faiblesses de Louis XVI, dont se servait allègrement son entourage, était sa crainte de commettre une erreur d'étiquette, alors que celle-ci aurait dû constituer un levier de gouvernement, comme pour Louis XIV. Barentin, contacté par Bailly, trouva une fois de plus moyen d'éluder le rendez-vous[10].

Le duc de Nivernais, lui, obtint une audience le même jour, en présence de Necker. Profondément affecté par les querelles byzantines des ordres, il conseilla au roi d'arrêter clairement une ligne de conduite. Lui seul pouvait rétablir l'harmonie. Louis ne répondit pas. Le duc insista. A nouveau, un terrifiant silence. Ce fut Necker qui, finalement, ouvrit la bouche pour dire : « C'est encore trop tôt[11]. »

La mort du dauphin

Les circonstances ne favorisaient pas non plus le contact entre le roi, pudique et secret de nature, et le tiers. Depuis plus d'un an le petit dauphin Louis Joseph Xavier François était malade. L'angoisse rongeait ses parents. « Mon fils me donne bien de l'inquiétude, écrivait Marie-Antoinette à Joseph II le 25 février 1788. Quoiqu'il ait toujours été faible et délicat, je ne m'attendais pas à la crise qu'il éprouve. Sa taille s'est dérangée, pour une hanche qui est plus haute que l'autre et pour le dos dont les vertèbres sont un peu déplacées et en saillie. Depuis quelque temps, il a tous les jours de la fièvre et il est fort maigri et affaibli[12]. » Elle attribuait ces souffrances au « travail de ses dents » et pensait que le bon air de Meudon pourrait le guérir. C'était, malheureusement, l'inexorable tuberculose, qui s'était manifestée – sur un terrain sans doute déjà miné par l'hérédité – après son inoculation à La Muette par le docteur Brunier, médecin des Enfants de France. « Mon fils, écrivait Marie-Antoinette le 16 juillet 1788, a des alternatives de mieux et de pire qui, sans détruire l'espérance, ne permettent pas d'y compter[13]. » Petit, docteur de Fontenay-aux-Roses, venait chaque jour le voir. Il le torturait de vésicatoires. Le mal faisait des progrès effrayants. La seule distraction de cet enfant triste, mais qu'on disait fort intelligent (comme l'oncle mort si jeune et dont il portait les prénoms), était de se promener sur un âne. Il devenait rachitique et bossu, avec de longues jambes, le buste court et la tête enfoncée dans les épaules. Le petit moribond ne pouvait plus marcher que soutenu par deux personnes, la cage thoracique enserrée dans un corset de fer. Qu'il était loin le garçonnet malicieux de Mme Vigée-Lebrun, jouant en compagnie de sa sœur avec un nid d'oisillons, ou l'enfant au calme et grave sourire peint par Alexandre Kucharsky, avec sa canne et son petit habit bleu[14] ! Il expira le mardi 4 juin 1789 à une heure du matin, âgé de sept ans et trois mois. Louis XVI arriva à Meudon dans l'après-midi, ignorant le drame. D'ordre du duc d'Harcourt, gouverneur du dauphin, son secrétaire Lefèvre s'opposa à ce qu'il vît le cadavre, conformément à l'étiquette.

« Le roi parut quelques minutes après, raconta Lefèvre, et j'exécutai l'ordre que je venais de recevoir. Le roi s'arrêta de suite en sanglotant : "Ah ! Mon fils est mort ! – Non, Sire, répondis-je, il n'est pas mort, il est au plus mal." Sa Majesté se laissa tomber dans le fauteuil près de la porte. La reine entra presque aussitôt, se précipita à genoux entre ceux du roi qui, en pleurant, lui cria : "Ah ! ma femme, notre cher enfant est mort, puisqu'on ne veut pas que je le voie !" Je répétai qu'il n'était pas mort. La reine, en répandant un torrent de larmes, et toujours les deux bras appuyés sur les genoux du roi, lui dit : "Ayons du courage, mon ami, la Providence peut tout, et espérons encore qu'elle nous conservera notre fils bien-aimé." Tous deux se relevèrent et reprirent la route de Versailles. Cette scène fut pour moi admirable, cruellement douloureuse et ne sortira jamais de ma mémoire. Il me semble toujours voir un bon cultivateur et son excellente compagne en proie au plus affreux désespoir de la perte de leur fils chéri[15]. »

Le roi avait une tendresse profonde pour ce fils aîné. Sa mort ne lui rappelait que trop celle de son propre frère. Consumé par le deuil et la fatalité, il était d'autant plus accablé que c'était lui qui avait ordonné son inoculation. Implacable destin où toutes ses initiatives, même les meilleures, semblaient échouer ! Une tragique souffrance habitait aussi le cœur de Marie-Antoinette. Dans cette traversée du silence, personne ne pouvait comprendre leur distante pudeur, leur muette douleur, leur secret désarroi.

Les églises sonnèrent le glas ; on ferma l'Opéra, et les théâtres firent relâche. La dépouille embaumée de l'enfant fut placée dans un petit cercueil de velours blanc clouté d'argent et exposé dans la chapelle de Meudon. Son cœur fut porté au Val-de-Grâce et son corps à Saint-Denis[16]. Le deuil officiel de la Cour fut fixé à deux mois et demi. Le roi commanda mille messes à l'archevêque de Paris, cent à l'abbé de Saint-Denis et autant au supérieur des Quinze-Vingts, « à prendre sur les dépenses de l'argenterie ». En d'autres temps, la disparition de l'héritier du trône aurait plongé la France entière dans le chagrin. Elle laissa indifférents les députés des états. Le 17 décembre 1790, se remémorant ce triste souvenir, Marie-Antoinette écrira à son frère Léopold, le nouvel empereur : « A la mort de mon pauvre cher petit dauphin, la Nation n'a pas seulement eu l'air de s'en apercevoir. A partir de ce jour-là, le peuple est en délire et je ne cesse de dévorer mes larmes. » Le dernier fils du couple royal, Louis Charles, âgé de quatre ans, devint dauphin de France.

Le 6 juin, le tiers avait élu Bailly comme doyen. De façon protocolaire, celui-ci était venu le surlendemain avec plusieurs députés jeter de l'eau bénite sur le cercueil de l'enfant. Mais, très vite, la politique avait repris le dessus. Une nouvelle délégation du tiers conduite par lui insista pour voir le roi. Louis trouva la demande incongrue, insupportable. « Il ne m'est pas possible dans la situation où je me trouve, fit-il répondre, de recevoir M. Bailly ce soir, ni demain matin, ainsi que la députation du tiers état. Montrez ce billet à M. Bailly pour sa décharge. » Le roi et la reine se contentèrent d'entendre brièvement les condoléances des trois ordres. Mais comme le tiers faisait une nouvelle tentative pour l'approcher, Louis, excédé, s'exclama : « N'y a-t-il pas un père parmi ces gens-là ? » Le roi ne comprenait plus le tiers et le tiers ne comprenait plus le roi. Son image de monarque débonnaire et paternel se brouillait. Pourtant Bailly lui avait déclaré : « Vos fidèles communes n'oublieront jamais cette alliance du trône et du peuple contre les aristocraties. »

Le fossé se creusait, d'autant qu'aux Menus-Plaisirs l'inaction des états généraux engendrait l'exaspération. Manifestement, le tiers attendait un signe du pouvoir en sa faveur. Déconcerté par la défaillance royale, il redoutait un sabotage organisé par son entourage. Tandis que sur le devant de la scène péroraient les Mounier, les Buzot, les Volney, les Boissy d'Anglas, des tractations secrètes se déroulaient dans l'ombre. C'est ainsi, par exemple, que les élus de Bretagne prièrent Bertrand de Molleville, ancien intendant de leur province pendant la révolte nobiliaire, d'être leur interprète auprès de Necker, afin de connaître les instructions royales auxquelles ils étaient prêts à se soumettre. Ils souhaitaient aider Sa Majesté à rétablir son autorité, de façon à contenir la noblesse et les parlements. Bertrand de Molleville ne put rencontrer le directeur général des Finances, qui par principe refusait toute communication particulière avec les députés pour échapper au reproche de corruption ! Or, ces députés loyalistes représentaient la fraction la plus extrême du tiers état, exprimant une haine viscérale des nobles et des privilèges. Ils étaient tous membres de ce Club breton, animé par deux avocats au parlement de Rennes, Lanjuinais et Le Chapelier, qui allait former le noyau dur du club des Jacobins[17]…

Malgré son audace verbale, sa démagogie habituelle et le caractère tranché de ses propositions, Mirabeau lui-même attendait des ouvertures de la Cour pour se rapprocher d'elle. Son rival dans l'art oratoire, Malouet, le comprit et lui organisa une entrevue avec Necker, considéré comme le seul rempart contre le parti intransigeant du comte d'Artois. Mais c'était peu dire que le Genevois et le Provençal ne s'appréciaient pas. Leur incompatibilité d'humeur était totale, sans doute parce que l'un et l'autre couraient après la popularité. Leur rencontre le 11 juin se solda par un échec. Necker, hautain et peu perspicace, crut que Mirabeau voulait se vendre. « Votre homme est un sot, lança ce dernier à Malouet. Il aura de mes nouvelles[18]. »

L'absence de programme à la séance inaugurale du 5 mai, le deuil de la Cour avaient renforcé l'impression de passivité et de vacuité totale du pouvoir royal. On comprend dans ces conditions que la majorité des mandataires de la Nation, encouragés par les applaudissements constants des tribunes et le sentiment rayonnant de leur puissance, aient été tentés de prendre l'offensive après l'impasse de la vérification commune des pouvoirs. Faute d'une « Révolution par le haut », ils résolurent d'en faire une par « le bas ».

L'offensive révolutionnaire

L'historien américain Timothy Tackett, qui a étudié en détail l'évolution de la pensée de ces députés à partir de leurs Mémoires, journaux personnels et correspondances, a montré comment des gens nullement déterminés à mettre à bas les fondements séculaires de la monarchie devinrent peu à peu des révolutionnaires, au terme d'un processus non prémédité, fruit de l'antagonisme entre les ordres et de cette espèce de dynamique de groupe qui saisit les députés dès les premières séances. Robespierre parlait de « la voix auguste et touchante de notre roi qui nous offre le bonheur et la liberté » ; Boissy d'Anglas évoquait son « autorité sacrée » et le futur jacobin Vernier invitait ses compatriotes à l'aduler : « Ne redoute rien de ton idolâtrie pour tes rois [...]. Presse-toi autour du trône [...]. Mérite par ta soumission les bontés de ton roi[19]... » Selon Timothy Tackett, le refus intraitable de compromis de la part de la noblesse a été le « facteur essentiel du changement de position de la majorité du tiers et de l'élaboration du consensus révolutionnaire[20] ».

Le 10 juin se produisit le premier acte d'insubordination. Le tiers somma solennellement les deux autres ordres de se réunir à lui pour une vérification commune des pouvoirs. Il fallait sortir de la légalité, « couper le câble », comme disait de sa voix fluette l'abbé Sieyès, ce doctrinaire qui prenait des airs d'oracle. N'ayant pas reçu de réponse, le 12, le tiers se mit à valider de manière unilatérale l'élection des députés, bailliage par bailliage, en négligeant les absents. Le lendemain, trois curés du Poitou, les abbés Le Cesve, Ballard et Jallet, se réunirent à lui sous les acclamations. Le 14, ce fut le tour de cinq autres, dont l'abbé Grégoire.

Restait à cette assemblée, qui se voulait un corps autonome, puisque les deux autres ordres demeuraient sur leur quant-à-soi, à adopter un nom : au début, on avait parlé des « Communes », référence à l'Angleterre qui avait achevé d'irriter Louis XVI. Mirabeau proposa la dénomination de « Représentants du peuple français ». Sieyès avança les termes de « Représentants de la Nation » et Mounier ceux d'« Assemblée légitime des représentants de la majeure partie de la Nation ». Bertrand Barère de Vieuzac, élu du tiers de la sénéchaussée de Bigorre, suggéra : « Représentants de la très majeure partie des Français dans l'assemblée nationale. » Trop compliqué ! Au soir du 16 juin, un inconnu, Jérôme Legrand, avocat d'un bailliage du Berry, énonça la formule la plus simple : « Assemblée nationale ». Le lendemain, Sieyès reprit la proposition à son compte et, fort de sa notoriété, la fit adopter par 491 voix contre 89 (parmi les opposants figuraient Mounier et Malouet ; Mirabeau était absent). Puis on vota une adresse à Louis XVI pour lui faire part de cette décision, au cri de « Vive le roi ! ». « Ce décret, dira avec pertinence Mme de Staël, était la Révolution même[21]. » Dans la foulée, Bailly, qui avait proposé sa démission de doyen, fut élu à la tête de la nouvelle assemblée. Le même jour, celle-ci décréta sa souveraineté en matière fiscale et autorisa « provisoirement » la levée des impôts jusque-là « illégalement établis et perçus ».

Enfin, pour rassurer les créanciers, elle se porta garante de la dette publique.

La disposition de l'hôtel des Menus-Plaisirs favorisait ses ambitions. Deux salles avaient été aménagées aux étages pour le clergé et la noblesse, tandis que le tiers restait dans la salle principale, bientôt surnommée la « salle nationale ». Cela contribuait à lui donner le sentiment qu'il était plus représentatif de la Nation que les deux autres ordres. L'assemblée faisait aussi l'apprentissage des délices et poisons des débats parlementaires : l'emphase, l'intolérance, le sectarisme, la diabolisation des récalcitrants, stigmatisés comme « ennemis du peuple ». L'astronome agitait vainement sa sonnette au milieu des babillages et jacasseries de tous ces avocats enfiévrés ! On créa plusieurs comités spécialisés d'une vingtaine de membres chacun, dont un comité de règlement, un comité de rédaction pour les adresses et un comité des subsistances, chargé du prix des grains. On sentait le désir des députés de s'emparer du pouvoir législatif et de contrôler le Conseil du roi.

Le 19 juin, par 149 voix contre 137, les délégués du clergé décidèrent de se joindre au tiers. C'était une étape décisive dans le démantèlement des ordres. Le 20 au matin, sous une pluie torrentielle, les élus du tiers trouvèrent les Menus-Plaisirs fermés et entourés de gardes françaises. Des affiches placardées annonçaient la tenue le 22 d'une séance royale : les préparatifs exigeaient la fermeture des salles. Aggravé par l'inclémence du ciel, ce prétexte mesquin poussa l'exaspération à son comble. Chacun était persuadé que l'intention du roi était de dissoudre les états généraux. Le docteur Joseph Ignace Guillotin, député de Paris, suggéra à son ami Bailly d'installer l'assemblée non loin de là, rue Saint-François, à la salle du Jeu de paume. Proposition adoptée ! Les hommes en noir s'y rendirent en cortège, suivis du public fidèle qui assistait à leurs délibérations et encourageait leurs surenchères. Le décor était moins chatoyant : une haute et longue salle aux murs sales et nus, éclairée par quelques baies grillagées, sans autres sièges que quatre ou cinq bancs*. On s'y entassa. Que faire ? Sur quoi délibérer, sans ordre du jour ni documents de travail ? Certains, dont Sieyès et Le Chapelier, proposèrent de se transporter à Paris : c'était prendre une voie dangereuse, en se coupant du roi. Mounier suggéra plutôt de prêter un serment solennel, comme l'avaient fait onze mois plus tôt les états du Dauphiné au château de Vizille. Appuyé par Bailly et les avocats Barnave, Le Chapelier et Target, le texte fut bientôt arrêté, voté et signé à l'unanimité, à l'exception d'un député, Joseph Martin-Dauch, élu de la sénéchaussée de Castelnaudary, qui brava les cris de ses collègues en refusant de cautionner un acte n'ayant point reçu l'approbation royale. On parvint à faire sortir cet insoumis par une porte dérobée avant qu'il se fît écharper ! Le texte du serment était ainsi conçu :

« L'Assemblée nationale, considérant qu'appelée à fixer la constitution du royaume, opérer la régénération de l'ordre public et maintenir les vrais principes de la monarchie, rien ne peut empêcher qu'elle ne continue ses délibérations, dans quelque lieu qu'elle soit forcée de s'établir, et qu'enfin partout où ses membres sont réunis, là est l'Assemblée nationale :

« Arrête que tous les membres de cette Assemblée prêteront à l'instant serment solennel de ne jamais se séparer et de se rassembler partout où les circonstances l'exigeront, jusqu'à ce que la constitution du royaume soit établie et affermie sur des fondements solides, et que, ledit serment étant prêté, tous les membres, et chacun d'eux en particulier, confirmeront par leurs signatures cette résolution inébranlable[22]. »

Séance mémorable qu'illustrera plus tard un célèbre tableau de David ! On mesure les étapes du coup de force institutionnel. Une majorité de députés des états généraux, outrepassant les pouvoirs limités donnés par leurs

---

* Alors que l'hôtel des Menus-Plaisirs a disparu, cette salle du Jeu de paume est toujours visible à Versailles.

commettants, s'était d'abord considérée comme représentant la Nation unifiée. Forte de cet état, elle avait arraché au roi le pouvoir législatif. Cette fois, elle s'arrogeait le pouvoir constituant, donc le droit d'écrire une nouvelle constitution, limitant et réglant les prérogatives du monarque. Le consentement de celui-ci n'était pas nécessaire, puisque désormais c'étaient les élus qui, à sa place, incarnaient la Nation. Mirabeau et la minorité du 17 juin (Malouet, Mounier…) s'étaient ralliés à la majorité, sans bien comprendre, dans l'exaltation du moment, la portée de leur geste.

Le lundi 22 juin, les députés de l'Assemblée nationale apprirent que la séance royale était reportée au lendemain. Comme le comte d'Artois avait retenu pour la semaine la salle du Jeu de paume (c'était sa manière à lui de faire la Contre-Révolution !), ils s'installèrent dans l'église Saint-Louis avec la permission des marguilliers. C'est là qu'ils accueillirent dans l'enthousiasme 144 curés et 5 évêques, dont l'archevêque de Bordeaux, Champion de Cicé, qui avaient décidé de se rallier à eux. Deux membres de la noblesse du Dauphiné les suivirent, le marquis de Blacons et le comte d'Agoult. Certains autres n'osaient le faire en raison du mandat impératif reçu de leurs électeurs. La séparation en trois ordres paraissait maintenant obsolète.

Le revirement du roi

Pendant ce temps, à la Cour, Louis était écrasé, prostré. Il semble bien que la suggestion de se retirer quelques jours au château de Marly lui ait été faite par le petit groupe des Polignac, acquis aux idées du comte d'Artois. Il s'agissait de l'isoler davantage des ministres, afin de mieux le manipuler. Il y séjourna du 14 au 21 juin, avec quelques apparitions à Versailles pour tenir les conseils.

Après de longues semaines d'inaction, Necker et lui étaient tombés d'accord sur la nécessité d'une nouvelle séance solennelle aux états généraux. L'annonce en avait été faite par le ministre le 17 juin, lors du Conseil des dépêches. Pour répondre aux aspirations du tiers, un compromis était envisagé : pour toutes les décisions d'intérêt général, y compris l'organisation des futurs états généraux, le vote par tête serait admis. En revanche, pour ce qui touchait aux droits féodaux et ecclésiastiques, le vote par ordre serait maintenu. Necker, très marqué par les idées constitutionnelles anglaises, pensait que tôt ou tard la France évoluerait vers un système bicaméral. Louis, attaché à la représentation tripartite et connaissant les inconvénients du système d'outre-Manche, y était pour sa part opposé.

Il fut convenu qu'un Conseil se tiendrait le vendredi 19 à Marly, afin d'arrêter les textes de la séance. Necker voyagea dans la même voiture que ses trois alliés ministériels Montmorin, La Luzerne et Saint-Priest, et leur lut le texte de son intervention, mais ses interlocuteurs étaient distraits et ses paroles se perdirent dans les cahots de la route[23]. A leur arrivée, la reine, Artois et Provence tentèrent de le dissuader de présenter son plan, jugé trop accommodant à l'égard de ces séditieux du tiers état qui venaient de se proclamer collectivement Assemblée nationale.

Marie-Antoinette, jusque-là attachée comme le roi à soutenir le troisième ordre, avait radicalement changé d'opinion sous l'influence d'Artois qui l'aurait, selon le baron de Staël, gendre de Necker, enrôlée dans le « complot infernal dirigé contre le ministre des Finances[24] ». Ecartons l'image abusive d'une reine impérieuse et décidée. Elle aussi était désemparée par la mort de son enfant. Sous son port hautain qui en imposait, elle cachait une nature hésitante, plus vulnérable qu'on ne pense. Ses choix politiques, on le sait, ressortaient davantage de pulsions affectives que de raisonnements froids et logiques. Elle avait voulu être la reine du tiers ; elle considérait maintenant que celui-ci faisait fausse route et, par ses proclamations intransigeantes, menaçait tout l'édifice monarchique. Son beau-frère, le comte de Provence, revenu de ses illusions libérales, n'était pas loin de penser de même. Louis, fragilisé par tant de turbulences, familiales et politiques, ne pouvait rester insensible aux arguments que sa femme, ses frères, ses amis Polignac, son entourage lui répétaient à longueur de journée.

Cependant, Necker avait refusé de céder aux objurgations de la reine, et le Conseil s'était ouvert comme prévu[25]. Comme étranger au monde, le roi était resté silencieux, n'élevant aucune objection aux propositions de son ministre, malgré les critiques portées par son garde des Sceaux pour qui ne pas sévir revenait à dégrader la dignité du trône[26]. Il avait tenu bon, restant sur une ligne de conciliation avec ses turbulents sujets du tiers. Le Conseil allait se terminer, les portefeuilles étaient refermés et on allait fixer la date de la séance solennelle des états lorsqu'un officier de service entra, s'approcha du fauteuil royal et murmura quelques mots. Louis se leva, demanda à ses ministres de l'attendre et sortit. Montmorin, qui se trouvait à côté de Necker, remarqua que seule la reine pouvait se permettre d'interrompre le Conseil d'Etat. C'était exact. Quand le roi rentra, il leva la séance sans décider de date[27].

Le lendemain 20 juin, Necker fut retenu à Paris au chevet de sa belle-sœur, Mme de Germany, mourante. La pression sur le roi atteignit alors son paroxysme, si l'on en croit une lettre du chevalier de Coigny, membre du groupe des Polignac, à l'évêque de Soissons :

« Ce matin, la reine et son frère [*probablement Artois*] sont entrés chez le roi, lui ont demandé ce qu'il comptait faire ; il a paru comme à l'ordinaire fort incertain, disant que la chose, au fond, ne valait pas la peine de se tourmenter ; que, puisque tous les états généraux n'avaient pas agi uniformément dans le protocole de leur cérémonial, on pourrait les laisser s'accommoder à leur fantaisie. "Mais, lui a-t-on répondu, voilà le tiers qui vient de se déclarer Assemblée nationale. – Ce n'est qu'un mot. – Il a pris un arrêté pour déclarer illégale, dorénavant, la manière actuelle de lever l'impôt. – Ma foi, a répliqué le roi, marchand qui perd ne peut pas rire ; et comme c'est lui qui paie l'impôt, il ne me surprend pas en voulant que l'on en régularise la levée."

« La conversation a duré quelque temps sur ce ton ; puis la reine, ne pouvant se contenir, a montré le trône ébranlé par les factieux, une conspiration flagrante formée dans le but de changer l'ordre de la succession au trône, ajoutant que tout ce qui se faisait était non dans l'avantage du peuple, mais afin d'aider un prince coupable à s'emparer de la couronne.

« Au moment où cette princesse parlait avec le plus de chaleur, on a annoncé une députation secrète du parlement de Paris ; elle était accompagnée du garde des Sceaux, et M. d'Eprémesnil y figurait aussi. Elle venait supplier le roi de dissoudre les états généraux dont l'existence compromettait le salut de la monarchie […]. Le garde des Sceaux venait à son tour prévenir le roi qu'il était dangereux de souffrir plus longtemps l'audace du tiers ; il a dit que tous ces avocats, ces juges subalternes, ces curés de campagne ne demandaient qu'un soulèvement général, qu'ils empiétaient déjà sur la prérogative royale, et qu'il serait coupable de tolérer leurs excès.

« Sur cette entrefaite, M. le cardinal de La Rochefoucauld accompagné de M. l'archevêque de Paris ont paru à leur tour ; chargés du pathétique, ils se sont en entrant précipités aux genoux de Sa Majesté, en le conjurant par saint Louis et par la piété de ses augustes ancêtres de défendre la religion cruellement attaquée par la philosophie, qui compte parmi ses partisans presque tous les membres du tiers […] ; et, pour le prouver, ils ont mis sous les yeux du roi plusieurs lettres écrites par les nommés Boissy d'Anglas, Rabaut de Saint-Etienne et autres, dont ils se sont procuré les missives, je ne sais comment […].

« Il paraît que ceci a fortement ébranlé le roi ; il a demandé d'une voix émue d'où l'on en avait tant appris […]. Lorsque notre chère duchesse [*Mme de Polignac*], portant Monseigneur le dauphin et tenant Madame Royale par la main, est entrée, la reine a pris ses enfants avec vivacité, les a poussés dans les bras de leur père et a conjuré celui-ci de ne plus balancer à confondre les projets des ennemis de la famille. Le roi, touché de ses larmes et de tant de représentations, a cédé et a témoigné sur l'heure le désir de tenir un Conseil[28]... »

Un second Conseil se tint en effet ce jour-là à Marly, en l'absence du directeur général des Finances. Les premiers textes préparés par lui furent passés au crible par le rapporteur, le conseiller d'Etat Chaumont de la Galaisière[29]. Un troisième Conseil, élargi aux frères du roi, aux secrétaires d'Etat non ministres (Laurent de Villedeuil et Puységur) et aux quatre conseillers d'Etat chargés de la convocation des états généraux (La Michodière, d'Ormesson, Vidaud de la Tour et Chaumont de la Galaisière), se réunit à Versailles le dimanche 21. Necker, qui était présent, défendit son plan, soutenu par Montmorin, Saint-Priest et La Luzerne, sans convaincre la majorité. Celle-ci était très remontée contre la séance du Jeu de paume dont Louis XVI avait appris la teneur pendant la chasse. Après la proclamation du 17, c'était une nouvelle atteinte, plus directe encore à ses droits. Ce défi cette fois l'irrita. Jamais les parlements, au plus fort de leur rébellion, n'avaient été si loin. Il ne comprenait pas, manifestement, la nouveauté de la situation. Vidaud de la Tour se chargea d'arrêter les textes de la « séance royale » (c'étaient les termes naguère utilisés par Lamoignon et sur lesquels insistait le comte d'Artois). Un dernier Conseil, le lundi 22, les entérina. Consterné, Necker, désormais minoritaire, désapprouva l'esprit et l'orientation des mesures prises. Ainsi, par un curieux chassé-croisé, les positions s'étaient inversées : le Genevois, qui avait eu tant de mal à adopter le doublement du tiers, prônait maintenant la conciliation avec celui-ci, tandis que le roi, mécontent de sa désobéissance et de ses audaces, avait fini par rallier les partisans de la fermeté.

La séance royale du 23 juin

Au matin du mardi 23, le cérémonial de l'ouverture reprit ses droits, avec grand déploiement de troupes du château aux Menus-Plaisirs. Chacun gagna sa place. Ces messieurs du tiers durent attendre sous la pluie que le clergé et la noblesse fussent installés. L'atmosphère était bien différente de la première fois. On sentait croître la tension, l'anxiété. Le public n'avait pas été admis dans les tribunes. Qu'allait-il se passer ? Louis XVI arriva à midi, escorté de ses gardes du corps, de ses pages et de la fauconnerie, accompagné des princes du sang et des grands officiers de la Couronne. Pas un seul vivat ne s'était élevé sur le parcours. Une surprise attendait tout le monde, le roi compris : à la table des ministres, installée en contrebas de l'estrade royale, le tabouret de Necker était vide...

Le monarque attendit quelques instants l'arrivée du directeur général des Finances, en vain. Dans un silence maussade, Louis commença alors d'une voix mal assurée son discours très bref, qui était un rappel à l'ordre : « Je dois au bien commun de mon royaume, je me dois à moi-même de faire cesser vos funestes divisions... »

Un secrétaire d'Etat donna ensuite lecture des décisions royales : maintien des trois ordres, considérés comme une part essentielle de la constitution du royaume, et formation de trois chambres, représentant la Nation et délibérant par ordre et à huis clos. S'il encourageait la tenue de quelques séances en commun (et même le vote par tête aux assemblées plénières), Louis XVI les excluait pour les prérogatives de chacun des ordres, la forme à donner aux prochains états généraux, les propriétés féodales et seigneuriales.

Le monarque reprit la parole pour annoncer la lecture par un secrétaire d'Etat d'une *Déclaration* de ses intentions, comportant trente-cinq articles. « Je puis dire, sans me faire illusion, que jamais roi n'en a autant fait pour aucune Nation [...]. Ceux qui, par des prétentions exagé-

rées, retarderaient encore l'effet de mes intentions paternelles, se rendraient indignes d'être regardés comme
Français. »

Ce catalogue des « bienfaits » comportait l'abolition de
la taille remplacée par le vingtième ou par toute autre
contribution, la suppression du droit de franc-fief (que les
roturiers devaient payer lorsqu'ils possédaient une terre
noble), le vote annuel des impôts et des dépenses budgétaires par les états provinciaux, qui se généraliseraient,
avec double représentation du tiers, la diminution des
gabelles, la réforme des droits de douane et de l'organisation de la justice, l'abolition de la corvée royale. Sans être
formellement décidée, la suppression des lettres de cachet
ainsi que la liberté de la presse restaient à l'étude. Etaient
maintenus, en revanche, les privilèges honorifiques des
ordres et les dîmes (mais le clergé était appelé à participer aux finances publiques sur d'autres bases que le don
gratuit). Enfin, mesure pourtant très attendue, l'égal accès
aux charges civiles et militaires n'était pas reconnu.

Une dernière fois, Louis, reprenant de la hauteur,
s'adressa à l'Assemblée : « Si, par une fatalité loin de ma
pensée, vous m'abandonniez dans une si belle entreprise,
seul je ferais le bien de mes peuples ; seul je me considé-
rerais comme leur véritable représentant. » Il réaffirmait
sa prérogative de souverain, comme point d'équilibre central des corps et des ordres : « Réfléchissez, Messieurs,
qu'aucun de vos projets, qu'aucune de vos dispositions ne
peuvent avoir force de loi sans mon approbation spéciale.
Ainsi, je suis le garant naturel de vos droits respectifs, et
tous les ordres de l'Etat peuvent se reposer sur mon équitable impartialité. »

On sentait, par ce mélange de concessions et de mises
en garde, la volonté royale de délimiter rigoureusement le
champ des réformes et de clore le mouvement contesta-
taire. Quelques applaudissements timides ponctuèrent la
séance. Le roi termina par ces mots : « Je vous ordonne,
Messieurs, de vous séparer tout de suite et de vous rendre

demain matin chacun dans les chambres affectées à votre ordre. »

La majorité de la noblesse, la minorité fidèle du clergé obtempérèrent. Les autres, le tiers état et ceux qui l'avaient rejoint, refusèrent, comme ils l'avaient décidé la veille. Au marquis de Dreux-Brézé, qui insistait auprès de Bailly pour faire évacuer la salle, celui-ci répondit : « Je crois que la Nation assemblée ne peut pas recevoir d'ordre[30]. » Cela parut bien timide à ce cabochard de Mirabeau qui, enjambant les bancs, lança théâtralement à l'adresse du maître des cérémonies sa fameuse apostrophe (ciselée en partie par la postérité) : « Allez dire à ceux qui vous ont envoyé que nous sommes ici par la volonté du peuple et que nous n'en sortirons que par la puissance des baïonnettes[31]. »

Après une infructueuse tentative d'évacuation de la salle, c'est sans doute par un dépit mêlé de fatalisme que Louis XVI aurait dit, dans un de ces écarts de langage qu'il affectionnait : « Ils veulent rester ; eh bien, foutre, qu'ils restent[32] ! » Il avait d'autres préoccupations. Tandis que les députés proclamaient leur inviolabilité, il était rentré au château au milieu d'une foule hostile. Arrivé à ses appartements peu après midi, il prit connaissance de la lettre de démission de Necker. Persuadés que leur ministre chéri avait été renvoyé, les manifestants forcèrent les grilles du château, mal défendues, et s'avancèrent dans les cours, les escaliers et les couloirs, jusqu'aux portes des appartements royaux, protégées seulement par quelques gardes du corps. Dans cette conjoncture périlleuse, Marie-Antoinette se montra pleine de sagesse et d'habileté. C'est elle qui, vers 6 heures du soir, malgré sa répugnance pour Necker, le fit venir et le conduisit chez le roi[33]. Tout au long du chemin allant de l'hôtel du Contrôle général au château, celui-ci fut follement acclamé. « Le roi, contera-t-il, ne me témoigna point de mécontentement, mais, de concert avec la reine, il me demanda de renoncer à la résolution que j'avais prise de quitter le ministère et il me le fit d'une manière si pressante que je me rendis à ses volontés. L'agitation violente qui régnait à Versailles ne me permettait pas même d'hésiter[34]. » Emu par la détresse royale, il acceptait donc de rester, n'osant pas en un pareil moment poser de conditions. Dans le fond, c'était un sentimental plus qu'un calculateur.

Il triomphait. N'avait-il pas prévu ce malheur ? Sa dérobade, véritable blâme infligé à Louis XVI, lui avait épargné le probable désaveu de l'Assemblée. Elle avait redoré sa popularité au détriment de celle du monarque et fait de lui l'arbitre de la situation, le sauveur de la monarchie. Le pouvoir légitime se trouvait brusquement supplanté par le pouvoir de l'opinion ! Renversement inouï ! A Necker qui se plaignait des sacrifices qu'il avait déjà faits et de ceux qu'on lui demandait de nouveau, Louis coupa la parole : « C'est moi, Monsieur, qui ai fait tous les sacrifices, qui les fais de tout mon cœur, et vous vous en attribuez tout l'honneur ; vous voulez attirer à vous toute la reconnaissance[35]. » Cette remarque reflétait en cet instant dramatique toute l'amertume du roi face à la popularité usurpée du Genevois.

Le duc du Châtelet, colonel du régiment des gardes françaises, fit observer à ce dernier que les vociférations de la foule étaient autant d'insultes à Sa Majesté. Il le priait donc de sortir par la porte de glace donnant sur la grande galerie. Mais le héros du jour ne voulut pas pousser l'abnégation à ce point. Marchant triomphalement la tête haute, il fut acclamé et raccompagné jusque chez lui dans un délire général. Des milliers de personnes étaient dans la rue, qui tentaient de lui baiser les mains, de toucher son habit, comme un saint. Toute la soirée, ce fut la fête chez les Necker, où se pressaient les grandes dames et les seigneurs de la Cour, les députés de l'assemblée, tous ravis de la cinglante défaite de Louis XVI en cette journée décisive qui avait commencé par le déploiement d'un appareil militaire impressionnant et finissait par un roi à genoux devant un banquier étranger ! On tira même un feu d'artifice devant l'hôtel du Contrôle général.

Jamais le couple royal n'avait ressenti pareille humiliation !

Le sens politique de la séance royale du 23 juin a été mal interprété. Il convient de distinguer le fond de la forme. La forme était volontairement raide et rogue. Louis, très remonté par son entourage, agacé par les prétentions du tiers, avait voulu donner l'impression d'une reprise en main. D'où le cortège en majesté, le déploiement appuyé de la pompe royale. A bien des égards, ce rappel à l'ordre était une nouvelle séance de la Flagellation, un lit de justice par lequel le souverain avait voulu faire prévaloir son point de vue sur la représentation nationale, comme il l'avait fait sur les parlements. Sa cassation de toutes les décisions du tiers depuis le 17 juin parut inutilement provocatrice, éloignant des députés qui auraient pu rallier son plan.

Sur le fond, il en allait tout différemment. Le projet proposé n'était ni une version nouvelle de la monarchie administrative à la Turgot ou à la Calonne, ni une réaffirmation du pouvoir absolu du roi, assortie de maigres concessions. Tout au contraire, c'était l'acceptation d'une bonne partie des revendications de l'opposition aristocratique. La déclaration du 23 juin aménageait la monarchie dans un sens à la fois libéral et réactionnaire, durcissant la division de la société en trois ordres et concédant à des assemblées élues sur cette base le droit de voter l'impôt. Par cette décentralisation, le pouvoir acceptait de se dépouiller d'une bonne partie de ses prérogatives au profit des autorités locales et aristocratiques. Le rôle des intendants, par exemple, était totalement passé sous silence. Ce programme, qui mettait fin à l'alliance entre la monarchie et le tiers état, répondait assez bien aux demandes du front patriotique avant la grande rupture de l'automne de 1788. Les débordements des 17 et 20 juin, en effrayant Louis XVI qui ne voulait à aucun prix « d'un corps législatif composé d'une seule chambre[36] », l'avaient poussé à se rapprocher de Barentin, de la reine et du

comte d'Artois, tout en faisant des concessions aux aristocrates.

Nous ne connaissons pas en détail le projet primitif de
Necker, si ce n'est par ce qu'en dit celui-ci dans son *Histoire de la Révolution française*[37]. A l'exception d'un ou
deux points – d'importance, il est vrai –, il ne semble pas
avoir été très différent de celui du roi[38]. Présenté le 5 mai,
ce programme royal aurait vraisemblablement entraîné
un tonnerre d'applaudissements non seulement des deux
ordres, mais du tiers état. Mettant fin à l'absolutisme
louis-quatorzien, il fondait une monarchie proche du
schéma de Vizille, étape vers une monarchie constitutionnelle. Le 23 juin, il arrivait trop tard.

La révolution de la souveraineté

Les journées des 17 et 20 juin avaient opéré en effet un
phénoménal déplacement de pouvoir à l'intérieur de
l'Etat, mettant à bas l'édifice séculaire de l'entreprise
capétienne, édifiée autour de l'omnipotence de l'autorité
royale face à la société de corps et d'ordres : le tiers état,
auquel s'étaient joints progressivement les représentants
des deux autres ordres, s'était proclamé Assemblée nationale, arrachant au monarque non seulement le monopole
de l'espace politique, mais la souveraineté tout entière.
Ses premières décisions montraient qu'il entendait exercer
sans équivoque la plénitude du pouvoir législatif. La formule : « L'Assemblée entend et décrète... » remplaçait
celle du Conseil d'Etat : « De par le Roy... » Le serment du
Jeu de paume était à la fois la conséquence de ce premier
coup de force et une étape nouvelle dans la rupture : c'est
elle désormais, cette assemblée unique, sans aucun
contre-pouvoir, qui, investie de la souveraineté de la
Nation, allait régler l'organisation des institutions, fixer
par un texte solennel la règle du jeu, alors que jusque-là
la France n'avait eu qu'une constitution coutumière non
écrite et assez floue, centrée sur la *potestas absoluta* du

roi. Le 9 juillet d'ailleurs, complétant sa résolution du Jeu de paume, l'assemblée s'autoproclamera « Assemblée nationale constituante ».

Par cette rupture, on était passé d'une représentation de la Nation à l'ancienne, assise sur la juxtaposition des intérêts sociaux au sein d'une société pyramidale, à celle d'une Nation moderne, fondée sur un corps politique unifié, englobant l'ensemble des citoyens. Evénement majeur dans l'éclosion de la société politique et de l'Etat-Nation, bref dans l'avènement de la modernité.

Ce n'était certes pas une rupture formelle avec la royauté. Nul ne songeait à la république. La personne même du roi était respectée. Les députés, qui n'avaient pas encore pleinement pris conscience des conséquences de leur audacieux coup d'Etat, se gardaient de vouloir offenser le trône. Ils désiraient « maintenir les vrais principes de la monarchie », comme si ces principes étaient encore compatibles avec le monisme de la souveraineté nationale. Pourtant, c'était au sens propre une subversion totale de l'ordre public que la France avait jusque-là connu, mettant à bas l'ensemble de l'architecture conceptuelle élaborée au long des siècles. Le monarque, dépouillé de toute légitimité propre, désacralisé, n'était plus qu'un « pouvoir constitué ». Il devait attendre de l'Assemblée, incarnation du peuple souverain, la définition et la délimitation de ses prérogatives qu'il n'exercerait plus que par simple délégation. Un acte constitutionnel réglerait son sort et ses droits. C'en était fini de la transcendance du mystère capétien, auréolé du sacre de Reims, dans lequel s'ancrait son autorité. Incarnation de l'Etat avant 1789, il se trouvait ravalé au rang de fonctionnaire de la Nation, dans l'attente de sa feuille d'affectation...

Telle était l'idée de dictature absolue de Sieyès, absolue en ce sens que, comme le droit divin, il n'y avait rien au-dessus, sinon la loi naturelle. Les 17 et 20 juin avaient vu triompher les principes de son plan. Certes, tous les membres du tiers état ne partageaient pas la même approche. La conception de Mirabeau, par exemple, était bien différente : mariant dynastie héréditaire et système représentatif, il envisageait une sorte de pacte négocié entre les deux mandataires de la Nation, le roi et l'Assemblée, dotés chacun d'une légitimité propre, sans qu'aucun d'eux pût faire prévaloir sa supériorité. Le Provençal, tout comme Malouet et Mounier, se situait du côté de Montesquieu (le pouvoir arrête le pouvoir), tandis que Sieyès avait opté pour une formule dérivée de Rousseau, celle d'une assemblée « interprète de la volonté générale ».

Ce concept d'une souveraineté unique, originelle, appartenant à la Nation et s'incarnant dans une assemblée omnipotente, formait un terrible écueil qui allait peser lourd sur la suite de la tragédie révolutionnaire et le déferlement des événements. A l'absolutisme monarchique, qui n'était, on le sait, qu'une fiction, compte tenu des contre-pouvoirs existant dans la France de l'Ancien Régime, s'en substituait un nouveau, autrement plus redoutable, qui allait rapidement se débarrasser de tous les freins et de toutes les entraves institutionnelles possibles, l'absolutisme national. La souveraineté passait d'un homme, le roi, à l'autorité fortement limitée dans la pratique, à la Nation, représentée par une assemblée unique, vite livrée à la démagogie et à la surenchère des factions. Un pouvoir faible, menacé il est vrai d'arbitraire, faisait place à un pouvoir fort, détenteur par principe de toute autorité, exécutive, législative et judiciaire, et enclin par son origine comme par sa nature au despotisme. Dès le 28 juillet 1789, la notion de crime de lèse-Nation allait se substituer à celle de crime de lèse-majesté. C'était tout dire.

Il est permis de penser que tous les maux ultérieurs de la Révolution, les désordres, la violence sauvage et collective, le déchirement tragique des factions, ont trouvé leur origine dans cette appropriation de la souveraineté sans partage par une assemblée élue. La Terreur, comme l'a bien montré Patrice Gueniffey, ne fut pas un produit extérieur à la Révolution. Elle n'était certes pas inscrite dans les idéaux universalistes de liberté, d'égalité, de tolérance ou de justice, mais dans l'ampleur du déplacement des pouvoirs, dans la perturbation profonde de leur champ de forces, poussant la Révolution à lutter contre toutes les traditions, les croyances, les institutions coutumières, bref à imposer la table rase, par la contrainte contre les personnes, au mépris des droits nouvellement revendiqués[39]. Au lieu de créer un contre-pouvoir démocratique à l'autorité royale, l'Assemblée affirmait sa volonté hégémonique en décrétant l'effacement du pouvoir gouvernemental, baptisé « pouvoir exécutif », pour mieux souligner son insignifiance et sa totale subordination au seul pouvoir créateur, celui de la loi. Le pouvoir judiciaire chargé d'appliquer mécaniquement la loi, sans possibilité de l'interpréter, n'était pas mieux traité[40].

En posant les problèmes en termes « métaphysiques » de souveraineté et de monopole de la légitimité, le mouvement révolutionnaire s'était interdit une évolution pacifique vers la démocratie moderne, comme l'avait fait, par exemple, un siècle plus tôt, le Royaume-Uni avec le *Bill of Rights*, qui fixait concrètement – sans réflexion abstraite sur la source originelle de l'autorité – des limites au pouvoir royal, limites qui évoluèrent ensuite au fil du temps, avec la société elle-même. Aujourd'hui encore, la reine en son Parlement, c'est-à-dire au milieu de ses conseillers, est considérée comme souveraine et source de tous les pouvoirs (*the Fountain of powers*). La fiction monarchique, avec sa connotation médiévale, sert de support virtuel à la réalité démocratique, l'une des plus solides du monde. La révolution américaine, avec sa Constitution fédérale de 1787 et sa stricte séparation des pouvoirs, sut pareillement éviter les flots de sang. Il est vrai qu'elle se déroula dans une société nouvelle, dégagée d'un système de castes rigide.

Le renvoi de Necker

Les 24, 25 et 26 juin, plusieurs prélats, dont Mgr Le Franc de Pompignan, évêque de Vienne, et quarante-sept nobles, dont le comte de Clermont-Tonnerre, Adrien Du Port, les frères Lameth et le duc d'Orléans lui-même, rejoignirent le tiers. L'archevêque de Paris, qui avait failli être lynché le 24 dans une rue de Versailles, fit de même. Le duc de Montmorency-Luxembourg, président élu de l'ordre de la noblesse, qu'effrayaient les orages qui s'annonçaient, invita le roi à résister. Celui-ci l'interrompit et, le prenant par le bras, lui dit d'un ton irrité : « Vous les avez voulus, vous les avez demandés, ces états généraux. Eh bien ! les voilà ! »

Que faire devant l'insubordination généralisée ? Comment garder dans ces conditions la forme ancienne des états généraux ? Le 27 juin, sur les conseils réalistes de Necker et de la reine*, Louis XVI entérina ce changement, en ordonnant au reste du clergé et de la noblesse de rejoindre l'Assemblée nationale. Au duc de Montmorency-Luxembourg qui lui faisait valoir encore que la division des députés en trois chambres « enchaînait leur action » et conservait la sienne, le roi fit cette réponse : « Monsieur de Luxembourg, mes réflexions sont faites. Je suis déterminé à tous les sacrifices. Je ne veux pas qu'il périsse un seul homme pour ma querelle. Dites à ma fidèle noblesse que je la prie de se réunir aux deux ordres. Si ce n'est pas assez, je le lui ordonne ; comme son roi, je le veux[41]. »

Au milieu de ces convulsions, les évolutions politiques des principaux groupes sociaux étaient déjà sensibles : c'était la crispation de la noblesse sur ses privilèges qui avait poussé, durant les mois de mai et juin, à la radicalisation du tiers. L'audacieuse révolution des « Communes »

---

* C'est du moins ce que dit Mercy-Argenteau dans sa lettre à Joseph II du 4 juillet 1789.

les 17 et 20 juin incita à son tour les aristocrates à se rapprocher du roi, eux qui, en 1787 et 1788, avaient été les premiers à lui déclarer la guerre.

Le dernier carré de l'ordre, derrière le capitaine de Cazalès, le vicomte Boniface de Mirabeau (le frère du comte, surnommé en raison de son embonpoint Mirabeau-Tonneau) et Duval d'Eprémesnil (ce pyromane qui avait allumé l'incendie et qui maintenant défendait les restes calcinés du trône), tenta une ultime résistance. Une lettre du roi les en dissuada[42]. Par ce refus délibéré de la guerre civile, Louis XVI semblait prendre la voie de la résignation. La popularité du couple royal remonta aussitôt : la foule qui, une fois de plus, avait pénétré dans l'enceinte du château, ovationna longuement le roi, la reine et le petit dauphin au balcon de la cour de Marbre. La nuit, les Versaillais illuminèrent. « L'affaire semble désormais terminée, notait l'Anglais Arthur Young, et la Révolution est achevée. » Mais la décision royale n'était-elle pas un simple repli tactique ?

A Necker qui lui avait demandé le renvoi de ses deux ennemis jurés, Barentin et Laurent de Villedeuil, Louis avait opposé une fin de non-recevoir. La confiance était loin d'être rétablie. Ainsi, au directeur général des Finances qui lui disait spontanément que si un jour ses services cessaient de convenir ou d'être agréables, il était prêt à se retirer le plus discrètement possible sur sa terre, hors de France, Louis XVI répondit : « Je prends votre parole. » « Je remarquai cette réponse, raconte Necker dans son *Histoire de la Révolution française*, mais l'air d'aisance ou le ton de bonté dont le roi l'accompagna et par-dessus tout le torrent des affaires qui m'entraîna loin de moi m'empêchèrent de réfléchir longtemps sur un mot dont un autre, peut-être, aurait été fort occupé[43]. »

Dès le 22 juin, le monarque avait donné ordre à plusieurs unités de l'armée de quitter leurs garnisons provinciales pour venir établir leurs cantonnements à Paris ou dans les environs : les régiments de Reinach, Bouillon, Nassau et Provence pour l'infanterie, les régiments de

dragons du Dauphin, de mestre de camp général, les hussards de Lauzun, d'Esterhazy et de Bercheny pour la cavalerie…, au total environ vingt-cinq mille hommes, compte
tenu des unités déjà sur place. Personne dans son entourage ne fut mis au courant, hormis le comte de Puységur,
secrétaire d'Etat à la Guerre, chargé du détail de l'opération. En outre, le monarque avait fait revenir d'urgence de
Normandie le vieux maréchal de Broglie : « J'ai besoin
auprès de moi, Monsieur le Maréchal, de quelqu'un de la
fidélité duquel je sois sûr et qui sache commander mes
troupes[44]. » Que préparait-il ?

Le 10 juillet, une délégation vint protester contre cette
concentration inopportune. Le roi répondit que ces
troupes avaient pour but d'assurer le maintien de l'ordre
et par conséquent la liberté des délibérations au sein des
états, mais que, si cette concentration leur causait
ombrage, il consentait volontiers à les transférer à Noyon
ou à Soissons, et lui irait s'installer à Compiègne[45].

Le samedi 11 juillet, Louis présida le Conseil des
dépêches. Selon Saint-Priest, « il était dans une anxiété
d'esprit qu'il déguisa en affectant plus de sommeil qu'à
l'ordinaire, car il faut savoir qu'il s'endormait fréquemment pendant la tenue des Conseils et ronflait à grand
bruit[46] ». En début d'après-midi, M. de La Luzerne, secrétaire d'Etat à la Marine, porta à Necker sa lettre de renvoi, lettre courtoise au demeurant, ce qui était inhabituel
de la part du roi qui se contentait en général d'un mot
très sec :

« Depuis que je vous ai engagé, Monsieur, à rester dans
votre place, vous m'avez demandé de prendre un plan de
conduite vis-à-vis des états généraux et vous m'avez montré plusieurs fois que celui de *condescendance extrême* était
celui que vous préfériez et que, ne vous croyant pas utile
pour d'autres, vous me demandiez la permission de vous
retirer si je prenais un parti différent. J'accepte la proposition que vous m'avez faite de vous retirer hors du
royaume pour ce moment de crise et je compte que,
comme vous me l'avez dit, votre retraite soit prompte et

secrète. Il importe à votre droiture et à votre réputation de ne donner lieu à aucune commotion. J'espère qu'un temps plus calme me mettra à portée de vous donner des preuves de mes sentiments pour vous[47]. »

Le ministre déchu eut l'intelligence de comprendre qu'il valait mieux se conformer aux souhaits du roi, par loyauté, peut-être aussi pour ménager l'avenir. Il reçut la nouvelle au moment de se mettre à table. Il n'en parla pas à ses convives. Vers 6 heures du soir, il partit discrètement avec sa femme pour Bruxelles où son gendre et sa fille vinrent les rejoindre, et de là tous gagnèrent la Suisse. « Il faut lui rendre cette justice, écrit Saint-Priest dans ses *Mémoires*, et convenir que, s'il avait voulu résister au roi en ce moment, il était à peu près le maître en faisant agir les factieux[48]. »

Ses deux plus chauds partisans au sein du ministère, Montmorin et Saint-Priest, furent démis en même temps. Le nouveau cabinet se composait du baron de Breteuil, chef du Conseil royal des finances, du maréchal de Broglie à la Guerre, avec pour adjoint le conseiller d'Etat Foulon, du duc de La Vauguyon, fils de l'ancien gouverneur du roi, qui reçut les Affaires étrangères. La Luzerne démissionna spontanément. Le maréchal de Castries pressenti pour le remplacer s'étant dérobé[49], son poste échut à Arnaud de La Porte, ancien intendant général de la Marine.

C'était un ministère de combat. Si le roi, sous l'influence de la reine, avait choisi pour l'animer Breteuil, c'était moins pour ses convictions favorables à une monarchie libérale et aristocratique dans le style de la déclaration du 23 juin que pour sa fermeté de caractère. « Son gros son de voix ressemblait à de l'énergie, écrivait Mme de Staël ; il marchait à grand bruit, en frappant du pied, comme s'il avait voulu faire sortir de terre une armée, et toutes ses manières décidées faisaient illusion à ceux qui avaient foi à leurs propres désirs[50]. » Dans le spectre politique du moment, Breteuil et Necker n'étaient pas si éloignés l'un de l'autre : ils « représentaient l'aile

droite et l'aile gauche de la coalition libérale et aristocratique[51] ». En confiant à ce matamore satisfait les intérêts
de la réaction absolutiste, Artois et les Polignac avaient
plutôt mal misé.

L'impressionnante concentration de troupes, combinée
au brutal renvoi de Necker, pose naturellement un problème d'interprétation de la politique royale. Selon la
thèse classique, exposée en 1906 par Pierre Caron et
reprise systématiquement par tous les manuels depuis
bientôt un siècle, c'était la preuve manifeste de la
volonté de la Cour, et du roi en particulier, de reprendre
en main la situation sur le plan militaire, de renvoyer les
états généraux et d'instaurer le couvre-feu dans Paris.
Louis XVI, rallié secrètement à la Contre-Révolution,
aurait donc trompé son monde en ordonnant le 27 juin
au clergé et à la noblesse de rejoindre les rangs du tiers
état. Machiavélique, il n'aurait agi que pour gagner du
temps. Le renvoi de Necker prévu vers la mi-juillet, mais
anticipé de quelques jours, devait coïncider avec le
déploiement des troupes, composées majoritairement de
mercenaires étrangers. Tel aurait été le premier acte
avant la dissolution des états et la répression organisée
par le ministère Breteuil. Le double jeu du roi, flétri par
les historiens de la Révolution, aurait commencé dès ce
moment-là[52].

Aucun document – mémoire, lettre ou billet adressés au
roi – ne permet d'accréditer cette thèse. Plusieurs indices
font au contraire douter de ses intentions malignes.
D'abord, les ordres donnés aux commandants des différentes unités ainsi qu'au maréchal de Broglie : il ne s'agissait nullement de prendre l'offensive, ni même de s'y
préparer. Le roi, inquiet de l'anarchie galopante qui se
répandait à Paris depuis l'affaire Réveillon, tenait avant
tout à prévenir les troubles, à endiguer les fureurs populaires, à protéger du pillage les marchés et les convois de
farine. Les instructions prescrites à Besenval, commandant des troupes à Paris, étaient de « donner les ordres les

plus précis et les plus modérés aux officiers [...], pour qu'ils ne soient que protecteurs, et *éviter avec le plus grand soin de se compromettre et d'engager aucun combat avec le peuple*, à moins qu'on ne se portât à mettre le feu ou à commettre des excès ou pillages qui menaçassent la sûreté des citoyens[53] ». Le 11 juillet, évoquant la possibilité d'une insurrection générale dans la capitale, Broglie recommandait à Besenval de se contenter de tenir la Bourse, le Trésor royal, la Bastille et les Invalides[54]... On ne pouvait trouver moins va-t-en-guerre que le maréchal, vétéran décrépit de la guerre de Sept Ans.

Il faut également prendre en compte l'évolution du roi depuis la guerre des Farines. Gagné par les idées pacifistes, il n'était pas prêt à ordonner de faire tirer sur la foule. L'effusion de sang lui faisait horreur, comme il l'avait dit au duc de Montmorency-Luxembourg.

Un autre argument s'oppose à l'idée d'un plan concerté : l'impression de passivité et d'impréparation que donna le nouveau pouvoir face à la crise. Si la décision du renvoi de Necker avait été la première étape d'un plan de retour à l'ordre, l'homme fort du régime, Breteuil, une fois pressenti par la reine et le roi, aurait dû arrêter immédiatement le train de mesures propres à contrôler la situation. Or il n'en fut rien. Pendant les quelque cent heures de son éphémère ministère, celui-ci chercha au contraire à négocier avec le duc d'Orléans, qui voulait se réconcilier avec Louis XVI[55], et à rassurer l'Assemblée nationale dans laquelle son cousin le comte de Clermont-Tonnerre exerçait alors la charge de secrétaire[56]... Son dernier biographe, l'Anglais Munro Price qui, en 1990, avait déjà mis à mal la thèse de Caron, s'appuyant sur les papiers inédits du marquis de Bombelles, conservés en Autriche, a avancé un nouvel indice allant dans le même sens[57]. Peu de jours avant son rappel, Breteuil avait été chargé par Louis XVI de lever secrètement auprès de ses amis financiers (dont le fameux baron de Batz) un emprunt de 100 millions de livres. Or le roi, dans son programme du 23 juin, tout en reconnaissant aux états généraux la prérogative de voter les impôts annuels, s'était réservé en cas de circonstances exceptionnelles – nous dirions de salut public – la faculté de lever librement jusqu'à ce montant. Connaissant le caractère extrêmement scrupuleux du monarque, il est permis de faire le rapprochement et de conclure que, loin de vouloir renvoyer les députés dans leurs foyers, il entendait appliquer dans cette conjoncture dramatique la règle qu'il venait d'énoncer.

Il paraît donc plus logique de penser que Louis XVI et son entourage n'ont fait que gérer au jour le jour une situation devenue insaisissable. Le 22, il signa les premiers ordres de rappel des troupes en région parisienne, dans la crainte de voir les troubles s'y multiplier, négligeant au passage de renforcer la garde de Versailles. Les incidents du 23 dans le château et le pourrissement de la situation le contraignirent à faire appel à d'autres unités. Le 27, le roi accepta le regroupement des trois ordres, sans renoncer en substance aux grandes lignes de son programme du 23. Mais il dit à Necker qu'il était prêt à abandonner les articles qui pouvaient blesser le tiers[58]. Qu'il ait continué de considérer les décisions de l'Assemblée des 17 et 20 juin pour totalement inacceptables semble probable, sinon certain. Il ne voulait en aucune manière se prêter à un diktat qui le dépouillait de sa condition et de sa dignité royales. Ce n'est pas pour autant, semble-t-il, qu'il avait décidé la dissolution des états généraux. La menace qu'il leur fit de les exiler en province, à Noyon ou à Soissons, pour le cas où la situation dégénérerait, était plutôt dans ses intentions. Lui-même, comme nous le révèlent les *Mémoires* du comte d'Angiviller, directeur général des Bâtiments, Arts et Manufactures, préparait sa fuite à Compiègne où son valet de chambre, Thierry, était déjà parti avec les diamants[59]. Il partageait ce secret avec les barons de Breteuil et de Batz. Dans son esprit, l'arrivée des troupes devait servir à intimider l'Assemblée. Il fallait montrer sa force pour ne pas avoir à s'en servir. C'était donc une dissuasion plutôt qu'une Contre-Révolution ! Louis ne semble pas avoir voulu aller au-delà et prendre le risque d'une guerre civile, comme l'avaient fait par exemple Anne d'Autriche et Mazarin un siècle et demi plus tôt en organisant le blocus de Paris.

La situation au sommet de l'Etat était fort confuse. Le roi seul avait décidé d'appeler Broglie et lui avait donné instruction de prévenir les troubles par des dispositions de nature défensive. La coterie du comte d'Artois, réconciliée avec Breteuil, créature de la reine et ancien ennemi juré de Calonne, poussait, elle, le baron au ministère. Louis XVI, qui rêvait de se débarrasser de Necker, agréa cette proposition, en raison notamment des liens que Breteuil entretenait avec les financiers. Le nouvel homme fort du ministère, dont la nomination fut connue le 12 juillet, avait le plan, non pas de dissoudre les états généraux, mais de leur imposer l'application du programme du 23 juin[60]. Mais, faute de temps, aucune concertation ne fut établie entre Breteuil et Broglie, nommé ministre de la Guerre.

La suite des événements ne recueillit pas l'aval du baron. Celui-ci en effet, avant sa nomination, ne souhaitait nullement le renvoi de Necker, du moins pas avant l'achèvement de la concentration des troupes autour de la capitale, soit vers le 18 juillet. Cette décision, grave faute tactique, reste un mystère. Elle fut sans doute prise par le roi dès le 8, à l'insu même des conservateurs du Conseil, Barentin et Laurent de Villedeuil, et du maréchal de Broglie, sous l'influence de la reine et surtout du comte d'Artois qui haïssait Necker[61]. Mais on n'eut pas besoin de trop le forcer, tant l'attitude du grand argentier le 23 juin l'avait ulcéré.

Paris s'enflamme

Paris, cependant, souffrait de la pénurie de pain. Le peu que l'on vendait aux foules, qui faisaient la queue devant les boulangeries, était malsain. Noirâtre et terreux, il provoquait des douleurs intestinales et des inflammations de la gorge. C'était malheureusement le sort de toute la France. Les importations de grains s'avéraient insuffisantes pour couvrir la période de soudure, particulièrement longue en raison des tardives moissons. Le prix du pain continuait donc de monter de façon vertigineuse. Les pillages de marchés, de greniers à blé, d'abbayes, déjà nombreux au printemps, se multipliaient dans les provinces. En Normandie, en Bretagne, en Champagne, en Picardie, dans le Lyonnais, en Languedoc, on ne comptait plus les rixes ni les échauffourées.

Le peuple affamé, affolé de fausses rumeurs, était à l'écoute des nouvelles de Versailles. Au Palais-Royal, où des orateurs improvisés attisaient le mécontentement, le duc d'Orléans avait même dû descendre dans les galeries et y prêcher la modération. Mais la nervosité se faisait chaque jour plus grande. Le 9 juillet, une « femme de condition », accusée d'avoir craché sur un portrait de Necker, fut déculottée et fouettée en public. On reparlait, comme en 1775, d'un « pacte de famine » conclu entre les accapareurs et de perfides aristocrates. On craignait principalement un coup de force contre l'Assemblée.

Pas plus le roi que son entourage ne pouvaient imaginer que l'insubordination gagnerait si rapidement l'armée. Depuis plusieurs mois déjà, les unités, dispersées, émiettées en petits détachements, subissaient les effets de la propagande révolutionnaire. Conformément aux ordres reçus, quelques régiments étrangers s'étaient installés dans Paris. Face aux appels à la fraternisation que lançaient quotidiennement les orateurs du Palais-Royal, les commandants de ces unités perdaient progressivement de leur autorité. Cantonné dans la capitale, le régiment des gardes françaises, orgueil des troupes de la maison du roi sous Louis XIV, était en pleine décadence. A la fin du mois de juin, une foule de patriotes parisiens avait pris fait et cause pour quatorze grenadiers de ce régiment, enfermés à la prison de l'Abbaye pour désobéissance. Les soldats, délivrés, furent conduits en triomphe au Palais-Royal. Le 10 juillet, quatre-vingts artilleurs de l'hôtel des Invalides désertèrent. Mais le plus grave fut que les Suisses, les Allemands, les dragons et les hussards, qui arrivaient de province, se laissaient gagner à leur tour, dans les villages de cantonnement, Sèvres, Issy ou Vaugirard. Le 15 juillet, le régiment suisse de Salis-Samade comptait soixante-quinze déserteurs.

Quand, dans la matinée du dimanche 12, l'annonce se répandit du renvoi de Necker, le feu, qui couvait sourde-ment, gronda avec violence. On craignait la dissolution des états généraux, la banqueroute, la disette, la famine peut-être. Juchés sur les tables du café de Foy, des agita-teurs appelaient aux armes. Le plus enragé était un jeune avocat-journaliste, Camille Desmoulins, qui, oubliant son bégaiement, adjurait la foule survoltée de se méfier de la « Saint-Barthélemy des patriotes ». Il avait sur lui un ruban vert dont il distribua les morceaux : « Prenons tous des cocardes vertes, couleur de l'espérance ! » lança-t-il, et, comme son ruban fut vite épuisé, ses auditeurs arra-chèrent les feuilles basses des arbres du jardin pour les mettre à leur chapeau. Dans l'exaltation empressée de cette journée, on ne s'était pas souvenu que le vert était aussi la couleur du comte d'Artois...

Un long cortège de plusieurs milliers de personnes se forma boulevard du Temple. Les manifestants avaient emporté du musée de cires de Pierre Curtius les bustes de Necker et du duc d'Orléans qu'ils promenèrent voilés de crêpe noir en signe de deuil. Des affrontements s'ensui-virent. Dans le jardin des Tuileries et sur la place Louis-XV, la foule se heurta au Royal-Allemand que commandait le prince de Lambesc. Les révoltés, auxquels se joignirent des gardes françaises en armes, repoussèrent les cavaliers en jetant des pierres et des chaises, jetées du haut de la terrasse des Tuileries. Le commandant des troupes de Paris, Besenval (« né davantage, disait-on, pour le service de Cythère que pour celui des camps », malgré ses soixante-sept ans révolus...), fit évacuer la troupe et la rassembla au Champ-de-Mars où il avait établi son quartier général. Puis il décida de lancer une contre-offensive en faisant passer plusieurs unités sur la rive droite, notamment le régiment de Salis-Samade. Mais, au lieu de les diriger vers le Pont-Royal (l'actuel pont de la Concorde n'existait pas), il commit la maladresse de leur faire traverser la Seine en bac, face aux Tuileries. Il perdit ainsi deux bonnes heures que les insurgés mirent à profit pour se renforcer et s'emparer d'armes dans les boutiques spécialisées. A 10 heures du soir, lorsque les troupes d'infanterie et de cavalerie se trouvèrent enfin regroupées, il était trop tard. L'obscurité leur interdisait toute action d'envergure. Sur les boulevards, le Royal-Allemand essuya une décharge de mitraille de gardes françaises mutinés. La situation devint si critique que Besenval préféra décrocher. Il fit rentrer les troupes dans leurs cantonnements, laissant Paris à l'émeute et aux émeutiers.

Les pillages se développèrent au cours de la nuit, au son grêle et lancinant du tocsin qui ajoutait à l'angoisse. Le 13 juillet, la capitale, travaillée par la faim et la peur, se réveilla au bruit du canon et des tambours qui battaient la générale, dans l'âcre fumée des incendies. Les déprédations étaient spectaculaires. Les quatre cinquièmes des barrières de l'octroi avaient été brûlés. Très tôt, le couvent Saint-Lazare, dont les riches provisions étaient destinées aux chômeurs et aux nécessiteux, avait été mis à sac, tout comme l'hôtel du lieutenant de police Thiroux de Crosne et le garde-meuble. A la Force, des prisonniers de droit commun avaient été libérés.

L'homme le plus inquiet de la situation était paradoxalement le duc d'Orléans qui craignait de voir mêler son nom à cette orgie et d'en payer les conséquences. Probablement n'avait-il pas la conscience tranquille, notamment dans l'incendie des barrières de l'octroi[62]. Le 13 juillet, sur le conseil de son égérie, Mrs. Elliott, il se rendit à Versailles présenter la chemise à son royal cousin et « prendre ses ordres ». Louis, qui ne pouvait le croire innocent, le toisa et, de sa voix la plus aigre, lui répliqua : « Mes ordres ? Je n'ai rien à vous dire. Retournez d'où vous êtes venu. »

Le même jour, une députation de l'Assemblée vint protester une nouvelle fois contre la disgrâce des ministres et l'inquiétante présence des troupes. Elle reçut la réponse du roi : « Je vous ai fait connaître mes intentions sur les mesures que les désordres de Paris m'ont forcé à prendre ; c'est à moi seul à juger de leur nécessité, et je ne puis y faire aucun changement[63]. » Louis réaffirmait le principe absolu de son autorité.

La situation avait de quoi effrayer les bourgeois, rentiers et financiers. Dans la matinée, les 407 électeurs du second degré aux états généraux décidèrent de constituer à l'Hôtel de Ville un Comité permanent et d'en confier la présidence à Jacques de Flesselles, prévôt des marchands. Une milice bourgeoise, encadrée par des gardes françaises et dirigée par le marquis de La Salle, fut rapidement mise sur pied. En quelques heures, ses effectifs passèrent de 12 000 à 48 000 hommes, avec pour seul signe distinctif, faute d'uniformes, une cocarde bleu et rouge à leur chapeau. On ne fut pas trop regardant sur la qualité des recrues. Dans la nuit du 13 au 14, les premières patrouilles de cette milice arrêtèrent plusieurs fauteurs de troubles. Certains, pris en flagrant délit de pillage, furent pendus. La signification de ces mesures était claire : la bourgeoisie parisienne essayait, d'un côté, de se placer à la tête du mouvement insurrectionnel et, de l'autre, d'endiguer les débordements. L'ordre de remettre toutes les armes aux assemblées de district fut donné à plusieurs reprises. Il ne fut jamais suivi.

Paris insurgé passa la nuit dans l'inquiétude d'un retour des troupes royales. Le Comité permanent était attentif à la moindre alerte. Des barricades furent édifiées sur les principaux axes, afin de briser d'éventuelles charges de cavalerie. L'armée, à vrai dire, était loin de songer à la contre-offensive. Les commandants des diverses unités avaient fait savoir au baron de Besenval qu'on ne pouvait plus compter sur elles, en raison de leur refus de tirer sur le peuple. Carte blanche était donc donnée aux Parisiens pour s'emparer des armes et des munitions entreposées aux Invalides et à la Bastille. Non seulement Broglie et Besenval n'avaient pas conçu de plan offensif contre les Parisiens, mais les rares dispositions défensives qu'ils avaient prises furent abandonnées.

Au matin du 14, quelques centaines de manifestants se présentèrent devant l'hôtel royal des Invalides. Le vieux gouverneur, le marquis de Sombreuil, et la garde effrayée n'opposèrent aucune résistance et laissèrent la foule envahir les magasins et s'emparer de 32 000 fusils et de 12 pièces de canons. Le Comité permanent demanda que les armes fussent affectées exclusivement aux miliciens. Une fois encore, il ne fut pas écouté. Les fusils furent distribués dans le plus grand désordre. N'ayant pas trouvé de poudre, les insurgés se dirigèrent vers la Bastille.

A l'assaut de la Bastille

Construite sous Charles V par le prévôt des marchands Hugues Aubriot, la Bastille avait été d'abord destinée à défendre les abords de Paris. Transformée en prison aristocratique, elle devint peu à peu, sous le règne de Louis XIV, une geôle ordinaire. Ce vestige des âges barbares restait le symbole de l'arbitraire royal et des lettres de cachet, le « temple de la cruauté et de l'horreur[64] ». Nimbées de mystère, ses hautes murailles grises et ses huit tours, dominant le faubourg Saint-Antoine, inspiraient une terreur obsessionnelle.

Avant de figurer dans les cahiers de doléances du tiers état de Paris, sa destruction avait été envisagée à plusieurs reprises par le gouvernement. Des projets avaient été soumis au roi. L'un d'eux consistait à aménager sur ses ruines une grande place Louis-XVI. Mais on avait reculé devant le coût de l'entreprise. Début juillet, la garnison avait été renforcée, et le gouverneur, Bernard René Jourdan de Launey, avait fait exécuter des travaux et entreposer des munitions, afin de mettre la forteresse en état de soutenir un siège.

Le 14 au matin, une horde menaçante envahit les abords de la prison dans l'espoir de recevoir de la poudre et des armes. A la députation conduite par l'avocat Thuriot de la Rozière qui lui demanda d'autoriser la milice bourgeoise à venir garder le château conjointement avec la garnison, Launey répondit qu'il avait reçu cette place du roi seul, et que, si elle était attaquée, il la défendrait. Mais il donna sa parole qu'il ne ferait pas tirer si la foule ne cherchait pas à s'emparer des ponts-levis.

En début d'après-midi, le nombre des manifestants avait encore grossi. Certains portaient des fusils pillés le matin aux Invalides. De la poudre avait été distribuée à l'Hôtel de Ville. Quelques hommes hardis escaladèrent cependant le toit d'une des échoppes installées le long du mur d'enceinte, sautèrent dans la cour dite du gouvernement et, avec des haches, sectionnèrent les cordes des balanciers. Les tabliers du grand et du petit pont de l'Avancée s'abattirent sur le sol avec fracas. Aussitôt plusieurs centaines d'émeutiers envahirent la cour et se précipitèrent vers les ponts-levis du château. Il semble que les premiers coups de feu soient partis de la foule. Une trentaine d'invalides, postés aux créneaux, ripostèrent. Le déclenchement de la fusillade fit croire à la trahison de M. de Launey. L'idée vite colportée que le gouverneur avait voulu tendre un piège au peuple provoqua une intense émotion.

A l'Hôtel de Ville, où l'on apportait les morts et les blessés, les manifestants, ivres de vengeance, continuaient de réclamer des armes, de la poudre et des balles. Comme Flesselles refusait de leur en distribuer, on l'accusa d'être de connivence avec Launey. Certains voulurent mettre le feu au palais municipal. Les membres du Comité permanent étaient atterrés.

Bientôt, de nouvelles colonnes d'émeutiers se dirigèrent vers la Bastille, disposant de trois canons et d'un mortier, qui furent pointés sur les ponts-levis. Launey demanda alors de capituler avec les honneurs de la guerre. Un billet fut tendu à travers une meurtrière pratiquée dans l'un des ponts-levis. Sur la parole donnée par le chef d'une des colonnes, le sous-lieutenant Elie du régiment de la reine, qu'il ne serait fait aucun mal à la garnison si elle se rendait, les battants s'abaissèrent. La meute s'engouffra, s'empara des armes, saccagea tout, jetant les archives par les fenêtres. On ne s'avisa qu'assez tardivement de délivrer les prisonniers : quatre faussaires, deux fous et un débauché, retenu à la demande de sa famille. Frappé à coups de crosses et de poings, son frac gris-blanc déchiré, Launey fut conduit à l'Hôtel de Ville. Il n'eut pas le temps d'en monter les marches qu'il fut massacré. Un garçon cuisinier, Desnot, « qui savait travailler la viande », se chargea de lui couper la tête avec son couteau de poche. Trois ou quatre officiers et autant de soldats de la garnison connurent le même sort. Quant à Jacques de Flesselles, il paya de sa vie son refus de fournir des armes. Il fut abattu d'un coup de pistolet, et l'on promena sa tête au bout d'une pique, ainsi que celles de M. de Launey et du major de Losme. Certains brandissaient les viscères d'une des victimes, au milieu de la joie collective. Hideuse allégresse poissée de sang ! C'était le même petit peuple, violent, barbare, carnassier, bouillonnant de pulsions sadiques, qui raffolait du spectacle des exécutions publiques et des cruautés raffinées – les écartèlements, la roue, les bûchers, le fouet, les gibets – que leur offraient régulièrement les juges du Châtelet et du Parlement.

Puis, dans la soirée, une forte pluie d'orage lava le sang des pavés et dispersa la fête funèbre de cette chaude et fumante journée. Selon certaines estimations, 83 assaillants avaient péri dans l'assaut, auxquels il faut ajouter une quinzaine d'autres, morts de leurs blessures. Les assiégés n'avaient eu qu'un tué et 3 blessés. Plus tard, on récompensa par des brevets les 954 « Vainqueurs de la Bastille » : c'étaient principalement des artisans, maîtres et compagnons (menuisiers, ébénistes, serruriers…), négociants, petits bourgeois et gagne-deniers des faubourgs. Mais il y eut, à n'en pas douter, des éléments louches, mendiants, vagabonds, pilleurs, voleurs, « gens sans aveu » et repris de justice, venus de la lie des faubourgs et des environs de Paris. Peu désireux de se faire connaître, ceux-ci ne firent sans doute pas la queue pour donner leur nom et se voir décerner un tel brevet.

La chute de la prison prit tout de suite un sens politique et une dimension symbolique forts : « Ainsi s'est accomplie la plus grande Révolution dont l'Histoire ait conservé le souvenir, écrivait dès le 16 juillet le duc de Dorset, ambassadeur de Grande-Bretagne à Paris […]. De ce moment nous pouvons regarder la France comme un pays libre, le roi comme un monarque dont les pouvoirs sont limités, et la noblesse comme réduite au niveau du reste de la nation[65]. »

6

La capitulation

15 et 16 juillet

La prise des Invalides et le siège de la Bastille ne furent connus à Versailles que le soir, vers 9 heures, en raison du blocus des ponts de Sèvres et de Saint-Cloud. Louis, sous-estimant la gravité de la situation, décida simplement de nommer des officiers généraux pour commander la garde bourgeoise. Sans doute pensait-il à une banale manifestation qui avait mal tourné. Avant de se coucher, il sortit son carnet et écrivit : « Rien », pour dire qu'il n'avait pas chassé. C'est plus tard, dans la nuit, que le duc de Lian-court l'informa de la chute de la forteresse. S'en serait suivi le fameux dialogue : « Mais c'est une révolte ? – Non, Sire, c'est une Révolution ! » Que le propos soit authentique ou apocryphe, il est sûr que le roi fut très ébranlé par le récit des morts de Launey et de Flesselles, les cruautés de la foule déchaînée, la défection des troupes. Cela ne pouvait que renforcer son rejet instinctif de la violence, son refus de verser le sang qui allait dicter désormais toute sa poli-tique. Au petit matin, lors d'un Conseil improvisé auquel furent admis quelques courtisans, comme le prince de Lambesc, le chevalier de Coigny et le duc de Liancourt, le roi écarta la suggestion du comte d'Artois de marcher sur Paris et décida au contraire d'en éloigner les troupes.

L'Assemblée était épouvantée, elle aussi, d'une situation qu'elle ne maîtrisait pas. Mais ces tragiques événements, qui s'étaient déroulés sans l'intervention des troupes royales cantonnées au Champ-de-Mars, la constitution d'une municipalité insurrectionnelle s'appuyant sur des milices bourgeoises consolidaient de manière inattendue sa position, face à un pouvoir royal démuni de tout instrument de coercition. Elle en profita pour demander l'éloignement des ennemis du Genevois, « ce vertueux ministre qui s'était dévoué à la gloire et au bonheur de la Nation ». Elle faisait confiance au monarque, à sa modération, à son sens de la justice, mais l'invitait à se débarrasser de ses mauvais conseillers, en clair de la cabale du comte d'Artois.

Au matin du 15, Mirabeau harangua la députation, conduite par La Fayette, qui s'apprêtait à monter au château : « Dites au roi, tonna-t-il de sa voix bien timbrée, que les hordes étrangères dont nous sommes investis ont reçu hier la visite des princes, des princesses, des favoris, des favorites et leurs caresses, et leurs exhortations, et leurs présents ; dites-lui que, toute la nuit, ces satellites étrangers gorgés d'or et de vin ont prédit dans leurs chants impies l'asservissement de la France et que leurs vœux brutaux invoquaient la destruction de l'Assemblée nationale... » Ce discours faisait allusion à la visite, la veille, de la reine, du comte d'Artois et de Mme de Polignac aux hussards cantonnés dans l'Orangerie du château.

La délégation ne partit pas, car, au même moment, le marquis de Dreux-Brézé annonça l'arrivée du roi. Celui-ci entra dans la salle des Menus-Plaisirs sans gardes, accompagné seulement de ses deux frères. Dédaignant le fauteuil de l'estrade, il parla debout et découvert. Il évoqua les événements affreux survenus dans la capitale et protesta contre les bruits laissant croire qu'il menaçait les députés. « Eh bien ! C'est moi qui ne suis qu'un avec ma Nation, c'est moi qui me fie à vous ! Aidez-moi en cette circonstance à assurer le salut de l'Etat ; je l'attends de l'*Assemblée nationale* ; le zèle des représentants de mon peuple, réunis pour le salut commun, m'en est un sûr garant ; et, comptant sur la fidélité de mes sujets, j'ai donné ordre aux troupes de s'éloigner de Paris et de Versailles ; je vous autorise, je vous invite même, à faire connaître mes dispositions à la capitale. »

C'était un appel au secours et une offre de collaboration. Il renvoyait les troupes, mais n'annonçait pas pour autant le rappel de Necker. Parmi ses paroles apaisantes, on remarqua qu'il avait utilisé le terme d'« Assemblée nationale » et non celui d'« états généraux » : il reconnaissait donc le coup de force révolutionnaire du 17 juin, abandonnait son programme du 23 ! S'il répétait, conformément à la tradition monarchique, qu'il ne faisait qu'un avec la Nation, il admettait à ses côtés une représentation politique unifiée. C'était un pas de géant en direction de la Révolution, réaffirmant l'injonction qu'il avait donnée le 27 juin aux deux ordres privilégiés de rejoindre le tiers.

Dans sa réponse, Mgr Le Franc de Pompignan, archevêque de Vienne et président de l'Assemblée en exercice, ne lui cacha pas que la cause principale des troubles venait des changements dans la composition de son Conseil. Le prélat n'évoqua pas expressément le retour de Necker, mais il était patent que c'était une invite pressante à le faire.

La capitulation – au moins partielle – du roi semblait sceller la réconciliation avec la représentation nationale. Louis, Provence et Artois revinrent à pied au château, entourés des députés, au milieu d'une foule nombreuse et bon enfant qui manifestait sa joie. Il faisait un temps superbe. Des spectateurs s'accrochaient aux arbres, aux grilles, aux statues. Une femme se précipita aux genoux du monarque et les embrassa. Quelle allégresse ! La marche dura une heure et demie. De partout fusaient des « Vive le roi ! ». La cour de Marbre fut envahie. On réclama la reine et ses enfants, le dauphin et Madame Royale qui se présentèrent au balcon sous les vivats. La musique des Suisses jouait un air de circonstance : « Où peut-on être mieux qu'au sein de sa famille ? » (air de

Lucile dans l'opéra de Grétry). Apothéose pleine d'ambiguïté : d'évidence, le roi n'était vénéré que s'il était soumis, comme un symbole politique sans moyen ni volonté.

Conduite par Bailly, une délégation de quatre-vingt-huit députés, répartis en quarante voitures, prit la route de Paris. Elle devait annoncer le retrait des troupes et tenter de ramener le calme dans la capitale, toujours en état de siège, dans la crainte d'une contre-offensive militaire. A certains endroits, des barricades se dressaient dans les rues dépavées. On avait l'impression d'un chaos général, mêlé d'une folie obsidionale. L'agglomération n'avait plus que trois jours de vivres.

Les députés furent reçus à l'Hôtel de Ville avec enthousiasme. On leur distribua des cocardes ; on leur pressa les mains ; on les embrassa. Place de Grève, une foule innombrable à laquelle se mêlaient des gardes nationaux, des gardes françaises et suisses, criait : « Vive l'Assemblée nationale ! Vive la Nation ! Vive la liberté ! Vive la patrie ! » On jouait des marches militaires ; on tirait le canon. « Toutes les rues, raconte un témoin, étaient remplies de soldats-citoyens ; on ne voyait que des forêts de piques et de fusils[1]. » Dans la grande salle, La Fayette relata la visite du roi aux Menus-Plaisirs. Les discours se succédaient, dans de flamboyantes envolées de patriotisme. On pleurait de joie. Après les commotions de la veille, on sentait un immense besoin de paix et d'harmonie. La Fayette fut invité à prendre le commandement de la milice bourgeoise, qui s'intitula garde nationale, et Bailly à devenir maire de la capitale. Tous deux acceptèrent. Pour honorer son action en faveur de la liberté, l'archevêque de Paris posa une couronne sur la tête de ce dernier. Puis les députés et les corps constitués allèrent chanter un *Te Deum* à Notre-Dame, afin de célébrer l'union du roi et de l'Assemblée et celle de l'Assemblée et de la Commune de Paris. L'immense cortège se dispersa aux alentours du Palais-Royal. Cependant, la foule sentait que sa victoire était incomplète : « Rendez-nous M. Necker ! criait-elle, c'est notre père. Renvoyez les ministres ! »

Toujours très actifs, les meneurs de la faction d'Orléans et du Palais-Royal faisaient circuler les mots d'ordre, mais comment croire qu'à eux seuls ils manipulaient un si vaste mouvement ?

Dans la nuit du 15 au 16, à Versailles, Louis XVI tint un nouveau Conseil, élargi à ses deux frères et à la reine. On examina d'abord la situation sur le plan militaire. Avec la défection ou la mutinerie des unités régulières, elle était dramatique, désespérée. Le maréchal de Broglie avoua son impuissance à juguler la sédition populaire. Il était impossible de faire usage de la force. Par un phénomène de contagion, les troupes, y compris les régiments étrangers, avaient rallié la cause « nationale ». La reine, qui avait déjà rassemblé ses bijoux et brûlé ses papiers, était prête au départ. Elle et le comte d'Artois proposèrent donc de quitter Versailles, trop près de l'émeute parisienne, et, comme aux temps de la Fronde, d'installer la Cour en province, sous la protection du dernier carré de fidèles. L'ambassadeur d'Espagne raconte, dans une dépêche à Florida Blanca, qu'Artois alla jusqu'à supplier son aîné à deux genoux[2]. Une ville de l'Est paraissait sûre : Metz, dotée d'une puissante citadelle. Monsieur s'y opposa, persuadé qu'on pouvait encore finasser avec la Révolution.

Louis hésita. Alors qu'il était d'accord avec la reine pour fuir, il voulait se sentir conforté par un Conseil unanime. « Enfin, Messieurs, il faut se décider, dois-je partir ou rester ? Je suis prêt à l'un comme à l'autre[3]. » Lui, qui pendant une bonne partie de son règne avait gouverné en tête à tête avec ses ministres et par petits comités, sans trop se soucier de son Conseil, n'attendait plus désormais son salut que de celui-ci, preuve de son grandissant désarroi. Le destin lui avait joué de si mauvais tours qu'il n'osait plus rien décider seul ! Plus tard, en février 1792, prisonnier aux Tuileries, il dira ses regrets à Fersen : « Je sais qu'on me taxe de faiblesse et d'irrésolution, mais personne ne s'est jamais trouvé dans ma position. Je sais que j'ai manqué le moment, c'était le 14 juillet ; il fallait alors s'en aller, et je le voulais, mais comment faire quand Monsieur lui-même me priait de ne pas partir et que le maréchal de Broglie, qui commandait, me répondait : "Oui, nous pouvons aller à Metz, mais que ferons-nous quand nous y serons ?" J'ai manqué le moment et depuis je ne l'ai pas retrouvé. J'ai été abandonné de tout le monde[4]. » Le fait est que les partisans de la fuite n'avaient aucun plan arrêté. Barentin, désespéré, glissa à Jacob Nicolas Moreau, historiographe du roi : « Je crois qu'il faut nous résoudre à une autre dynastie[5]. »

Le roi reçut ensuite Bailly qui lui décrivit la situation de la capitale, les risques d'émeute, dus à la prolifération des armes, et les mesures prises pour assurer l'ordre, l'approvisionnement et le paiement des rentes. Le maire l'assura du désir pressant des Parisiens de le voir. « C'est aussi mon intention », répondit Louis. Sur l'observation de son interlocuteur qu'il préférerait sans doute aller à Notre-Dame ou aux Tuileries plutôt qu'à l'Hôtel de Ville, le monarque repartit : « Non, j'irai à l'Hôtel de Ville ; quand on fait les choses, il faut les faire complètement[6]. » L'Assemblée enthousiaste décida que quarante députés le précéderaient afin de l'accueillir dignement, et qu'il serait accompagné d'une centaine d'autres députés.

Le roi, qui, la veille encore, espérait pouvoir garder son ministère, se résigna à son départ et au rappel de Necker à qui il envoya ces quelques mots :

« Je vous avais écrit, Monsieur, que dans un temps plus calme je vous donnerais des preuves de mes sentiments ; mais cependant la confiance que la Nation vous témoigne m'engage à hâter le moment de votre retour. Je vous invite donc à revenir le plus tôt possible reprendre votre place auprès de moi. Vous m'avez parlé en me quittant de votre attachement, la preuve que je vous en demande est la plus grande que vous puissiez me donner[7]. »

Ce billet pathétique fut porté à Bruxelles où l'on pensait trouver l'ancien ministre, avec une lettre plus pressante encore de l'Assemblée nationale : « Tous les moments sont précieux. La Nation, son roi et ses représentants vous attendent[8]... »

Le roi à Paris

Quand elle apprit la décision de son mari, Marie-Antoinette se précipita vers lui et insista, la larme à l'œil, pour qu'il y renonçât. En se jetant dans le chaudron parisien, il courait à la mort, c'était certain. Il pouvait être assassiné par un fanatique ou tué par une balle perdue ; au mieux, il risquait d'être gardé en otage. Louis, loin d'être inconscient, mesurait le danger, mais il ressentait cette visite comme une nécessité politique à laquelle il ne pouvait échapper. Son devoir l'y appelait. Avant de partir, il embrassa tendrement les siens. Puis il confia la lieutenance générale du royaume à Monsieur, comte de Provence – Monsieur dont il se méfiait comme peste : c'était dire sa crainte et sa résignation ! –, se confessa et communia. Il était prêt à marcher au supplice...

Le 17, à 10 heures du matin, pâle, le regard soucieux[9], il quitta Versailles sans ses gardes du corps, accompagné du maréchal de Beauvau, des ducs de Villeroy et de Villequier, du vice-amiral d'Estaing, commandant la garde nationale de Versailles, et du marquis de Nesle. La reine, le cœur palpitant, alla s'enfermer dans ses appartements avec ses enfants. « Elle envoya chercher plusieurs personnes de la Cour, relate Mme Campan ; on trouva des cadenas à leurs portes. La terreur les avait éloignées. Le silence et la mort régnaient dans tout le palais, les craintes étaient extrêmes ; à peine espérait-on le retour du roi[10]. » En cas de malheur, elle était prête à se réfugier au sein de l'Assemblée, où elle comptait prononcer un discours, dont elle avait rédigé le texte d'une main fébrile : « Messieurs, je viens vous remettre l'épouse et la famille de votre souverain ; ne souffrez pas que l'on désunisse sur la terre ce qui a été uni dans le ciel... » Et répétant ce dis-

cours elle s'exclamait, la voix entrecoupée de sanglots :
« Ils ne le laisseront pas revenir[11] ! »

La milice de Versailles servit d'escorte au roi jusqu'à
Sèvres, avant d'être relayée par celle de Paris. A la barrière de Chaillot, Bailly et vingt-cinq membres de la Commune l'attendaient avec les clés de la ville dans un bassin
de vermeil. Pour bien montrer que, dans ce nouveau cérémonial de l'Entrée, les rapports étaient inversés, le maire
lui déclara : « Sire, j'apporte à Votre Majesté les clés de sa
bonne ville de Paris. Ce sont les mêmes qui ont été présentées à Henri IV. Il avait reconquis son peuple, *ici le
peuple a reconquis son roi* ! »

La voiture avançait au pas. De chaque côté, les rues
étaient bordées de trois rangées de gardes nationaux et
de dizaines de milliers d'hommes portant un armement
hétéroclite : fusils, sabres, piques et faux[12]. Rares étaient
les « Vive le roi ! ». Tout le monde criait : « Vive la
Nation ! Vive M. Bailly ! Vive M. de La Fayette ! Vivent
nos intrépides députés ! » Quand le cortège atteignit le
Louvre et le Palais-Royal, le silence se fit, lourd et pré-
gnant. Adrien Duquesnoy, qui était du cortège des députés, observait le monarque, s'étonnant de sa placidité
bonhomme. Un air de « satisfaction » semblait habiter son
visage[13]. Que pensait-il ? Que ressentait-il ? Avait-il peur ?
Sous ce visage empâté, au front haut, au nez bourbonien
– irritant à force d'être lisse et marmoréen –, il cachait
timidité, appréhension, angoisse, souffrance. Comme
d'habitude, chez ce colosse aux yeux clairs, l'âme était
secrète et la sensibilité rétractile. Il désarmait par sa tranquille contenance, son calme olympien, trouvant la force
d'en imposer par son regard vide et limpide, par sa faiblesse souriante et son air bonasse.

« Sire, lui dit Bailly quand il fut parvenu à l'Hôtel de
Ville, j'ai l'honneur d'offrir à Votre Majesté le signe distinctif des Français. » Et de lui tendre une énorme cocarde
aux couleurs de Paris, bleu et rouge, entre lesquelles le
blanc royal semblait pris en otage. Tel était le nouvel
emblème de la liberté, le symbole de la Nation et de la

Révolution. Avec calme, Louis accrocha la cocarde à son chapeau puis, de la démarche dandinante qui lui était propre, monta l'escalier de l'Hôtel de Ville sous une inquiétante voûte de lames entrelacées brandies par des gardes nationaux. Comme le maréchal de Beauvau voulait écarter la foule, il répondit : « Laissez-les faire ; ils ne me veulent pas de mal ; ils m'aiment bien. » Dans la grande salle, il eut droit à un trône et à un discours d'accueil, mais les honneurs furent réduits au minimum. Bailly ne s'agenouilla pas quand il s'approcha pour prendre ses ordres, pas plus que les échevins. Ce n'était pas une séance royale, mais une séance municipale ! Cependant, dans l'enthousiasme, on vota l'érection d'une statue à Louis XVI, « Restaurateur de la Nation française », sur l'emplacement de la Bastille, dont on avait entrepris la démolition. Moreau de Saint-Méry, président de l'assemblée des Electeurs de Paris, crut lui faire plaisir en déclarant : « Votre naissance, Sire, vous avait destiné la couronne ; mais aujourd'hui vous ne la devez qu'à vos vertus[14]. »

Louis avait préparé un bref discours. La gorge nouée par la timidité et l'émotion, il bredouilla quelques mots. Bailly l'encouragea alors à se montrer aux fenêtres avec sa cocarde. De la Grève, noire de monde, montèrent de bruyants vivats. « Mon peuple peut toujours compter sur mon amour », dit-il simplement. Ces marques d'affection populaire, c'était tout ce qui lui restait de son prestige perdu de roi capétien. Charles V aussi, en son temps, avait été humilié par Paris et contraint d'arborer ses couleurs, bleu et rouge...

Le retour à Versailles se déroula sans incident. Tandis que le beau Gilbert paradait à l'avant-garde de l'escorte, Louis, dans son carrosse, impassible, ne desserra pas les lèvres. Il ne se faisait aucune illusion sur ce qui venait de se passer. Plus tard, dans le manifeste précédant son départ pour Varennes, il écrira : « Le roi s'étant déterminé à aller porter lui-même des paroles de paix pour la capitale, des gens apostés sur toute la route eurent grand soin

d'empêcher ces cris de "Vive le roi !" si naturels aux Français, et les harangues qu'on lui fit, loin de porter l'expression de la reconnaissance, ne furent remplies que d'une
ironie amère[15]. »

Durant toute cette journée, la tension avait été extrême
et l'on imagine avec quel soulagement et quelle joie il
retrouva les siens, vers 10 heures du soir. « Il se félicitait
dans les bras de la reine, de sa sœur et de ses enfants, de
ce qu'il n'était arrivé aucun accident, et ce fut alors qu'il
répéta plusieurs fois : "Heureusement, il n'a pas coulé de
sang, et je jure qu'il n'y aura jamais une goutte de sang
français versé par mon ordre[16]." »

Naturellement, la visite du roi dans sa « bonne ville »
de Paris s'était soldée par une amende honorable, une
humiliation, mais dès lors qu'il avait refusé de partir, il ne
pouvait qu'aller à Canossa. On ne souligne pas assez, en
revanche, le fait qu'il avait retourné la situation en sa
faveur. Après la bévue du 23 juin, après le sang de la Bastille, sans compter l'émotivité du petit peuple, son agres-
sivité à fleur de peau, ce n'était pas partie gagnée
d'avance. Sa bonhomie feinte lui avait permis de reconquérir un étonnant capital de sympathie. « Il est du
tiers ! » s'était exclamé un spectateur sur la place de
l'Hôtel-de-Ville en le voyant arborer les couleurs de la
France nouvelle. Si Paris autrefois avait bien valu une
messe, a fortiori elle valait bien une cocarde... Malheureusement, ce succès ne pouvait être qu'éphémère : tous
ses pouvoirs avaient été confisqués par l'Assemblée constituante. Sa bonté désarmée ne lui donnait aucun moyen
de modifier les rapports de force. Le nouveau pacte que le
monarque était censé conclure avec le peuple perdait tout
son sens, puisque l'une des parties était à terre, vaincue.

Le 17, se rendant à Versailles, Mercy-Argenteau avait
croisé en chemin le maréchal de Broglie et son état-major
à cheval, la mine déconfite, suivis de plusieurs régiments
de cavalerie et d'infanterie. Ce tableau le frappa : « Cette

longue colonne, écrit-il à Kaunitz, ressemblait à une armée en déroute après la perte d'une bataille[17]. » Le comte d'Artois était parti à l'aube. Un régiment de cavalerie l'avait escorté au départ du château, avec deux pièces de canon. Il avait gagné Chantilly. De là, rejoint par sa femme et ses enfants, il avait pris, à la tombée de la nuit, la direction de Charleville. Le prince de Condé, le duc de Bourbon, le prince de Conti avaient fui à cheval, sous des déguisements. Le clan des Polignac – le duc et la duchesse Jules, la duchesse de Guiche, leur fille, la comtesse Diane, sœur du duc, Mme de Polastron, Vaudreuil, l'amant de la duchesse Jules… – avait emprunté la route de l'Est, serrant bijoux et pièces d'or. C'était le début de l'émigration. Tous se mettaient à l'abri de la vengeance populaire. Dès la nuit du 13 au 14, des listes de proscription avaient circulé sous les arcades du Palais-Royal : Artois, Broglie, Besenval, Foulon… Emportant dans leurs malles leur monde, leur mode de vie et leurs illusions, les partants étaient persuadés que leur éloignement ne durerait pas et qu'ils reviendraient en vainqueurs, couverts de fleurs, dans une France débarrassée de son cauchemar. Louis XVI avait été particulièrement aimable avec Mme de Polignac : « Mon cruel destin me force à éloigner de moi ceux que j'estime le plus et que j'aime, lui avait-il dit, l'œil humide ; je viens d'ordonner au comte d'Artois de partir ; je vous donne le même ordre ; plaignez-moi, mais ne perdez pas un seul instant. Emmenez votre famille ; comptez sur moi dans tous les temps. Je vous conserve vos charges[18]. » Dernier confident de la reine, honni par tous, l'abbé de Vermond suivit lui aussi le chemin de l'exil, de même que le baron de Breteuil qui refusa de démissionner de ses fonctions de président du Conseil royal des finances. Etait-ce seulement pour leur sûreté que le roi avait forcé tous ces gens à partir ? Le fait est que tous les membres du « cercle de la reine », qui avaient exercé sur lui de si fortes pressions avant la séance du 23 juin, tous ceux qui, comme on disait alors, avaient « surpris la religion du roi », s'en étaient allés plus ou moins de force.

Artois et Condé en avaient versé des larmes de rage[19].
Louis pouvait bien se payer le luxe de faire semblant de
les regretter...

Ce beau monde envolé, dans la demeure royale régnait
une étrange atmosphère de silence et d'inquiétude. Les
couloirs, les antichambres étaient déserts, les appartements fermés. On en avait oublié jusqu'au sacro-saint
rituel monarchique. « Le malheureux roi, de retour à Versailles, raconte Besenval dans ses *Mémoires*, s'y trouvait
presque seul. Trois jours de suite, il n'y eut auprès de lui
que M. de Montmorin et moi. Les valets même le servaient à leur aise [...]. Le 19, j'étais entré chez le roi, tout
ministre étant absent, afin de lui faire signer un ordre de
donner des chevaux de poste au colonel du régiment des
Evêchés. Dans le moment où je lui présentai cet ordre, un
valet de pied se place familièrement entre ce prince et
moi pour voir ce qu'il écrivait. Le roi se retourne, aperçoit
l'insolent et court se saisir des pincettes. Je l'empêchai de
suivre ce mouvement d'une fureur très naturelle ; il me
serra la main pour m'en remercier, et je remarquai des
larmes dans ses yeux[20]. » C'était comme si le roi, à bout
de nerfs, avait voulu se décharger sur le dos de ce chena-
pan de toutes les frustrations accumulées ces jours derniers.

Les événements parisiens donnèrent le signal de la
révolution municipale qui s'empara d'à peu près toute la
France. Alors que les intendants et les subdélégués abandonnaient leur poste ou se cachaient, de nouveaux pouvoirs municipaux ainsi que des gardes nationales se
mirent en place, sans heurt dans l'ensemble. Paris, au
contraire, n'échappa pas au déchaînement de la barbarie.
Le 22 juillet, on arrêta le conseiller d'Etat Foulon, administrateur compétent, réputé pour sa sévérité. Il s'était
réfugié à Viry-Châtillon, chez son ami Sartine, après avoir
fait enterrer sous son nom un de ses domestiques qui
venait de mourir. Malheureusement, pas plus Bailly que

La Fayette, qui avaient voulu l'interner à la prison de l'Abbaye en attendant son procès, ne purent l'arracher à la vindicte populaire. Il fut traîné en place de Grève par des forcenés, accroché à la lanterne du coin de la rue de la Tannerie. Sa tête tranchée – la bouche bourrée de foin, parce qu'il aurait dit à ses paysans que « s'ils avaient faim, ils n'avaient qu'à manger de l'herbe* » – fut promenée dans les rues au bout d'une pique.

L'intendant de Paris Bertier de Sauvigny, lui aussi sur les listes des proscrits du Palais-Royal, fut arrêté à Compiègne. Il revint à Paris, couvert d'injures, molesté, martyrisé, découvrant avec horreur la tête « pâle et sanglante » de son beau-père, qu'on le força à embrasser plusieurs fois[21]. Bailly voulut l'envoyer à l'Abbaye, mais il ne fut pas plus écouté. La populace le saisit, le massacra et lui coupa aussi la tête. Un énergumène lui arracha le cœur et l'offrit au maire à la pointe d'une épée. Des hommes en pressèrent le sang pour le verser dans du café à infuser. Comment expliquer cette folie sanguinaire ? Qui avait transformé ce peuple de Paris, ce peuple des Lumières, naguère si gai, si insouciant, si généreux, si avide de plaisirs ? Même l'avocat Barnave, dont les idées s'étaient radicalisées, mais qui n'avait rien d'un féroce anthropophage, avait osé s'exclamer le 23 juillet à l'Assemblée : « On veut nous attendrir, Messieurs, en faveur du sang qui a été versé hier à Paris : ce sang était-il donc si pur[22] ? » (préfiguration du « sang impur » de la *Marseillaise*). L'effondrement de l'autorité autorisait toutes les audaces, agissait comme une rupture de digue, libérant soudainement toute la violence contenue dans l'homme : haine, sadisme, bestialité, pulsion de mort. La peur aussi, une peur largement mythique, a certainement été l'un des principaux ressorts de ce déchaînement populaire[23].

---

* C'était un thème récurrent à de nombreuses émotions : dès le XVIIe siècle on attribuait ces mêmes propos aux agents du fisc, contre lesquels on se soulevait.

Nouveau retour de Necker

Pendant ce temps, les suppliques du roi et de l'Assemblée trouvèrent Necker à Bâle, à l'hôtel des *Trois Rois*. Il hésita. Quel intérêt avait-il à revenir au milieu d'un tel chaos ? Sa femme lui conseilla de rester. Sa fille chercha à le persuader du contraire : sa gloire, son honneur, la France tout entière ne l'appelaient-ils pas ? Il se laissa convaincre, par devoir, par résignation, par crainte de se voir reprocher son manque de courage. « Je retourne donc en France, écrit-il à son frère, mais en victime de l'estime dont on m'honore[24]. »

Son voyage fut un triomphe de général romain. Il était acclamé dans le moindre village ; on se précipitait sur sa voiture ; on prenait joyeusement la bride des chevaux et la place du postillon pour lui faire honneur et le conduire à la maison municipale ; dans les champs, les femmes se mettaient à genoux, comme si elles croisaient le cortège du saint sacrement (le comble pour un calviniste !).

Il arriva dans la cité des rois le 29 juillet. Louis et Marie-Antoinette s'efforcèrent de lui faire bonne contenance. Mais comme celle-ci s'essayait à lui tourner un compliment, il lui répondit non sans hauteur que « rien ne l'obligeait à la reconnaissance[25] ».

L'Assemblée le reçut avec des transports de joie qui l'émurent, puis ce fut au tour de la municipalité parisienne de l'inviter. D'aucuns lui firent remarquer que rechercher dans la capitale un succès personnel, si peu de jours après la pénible visite de Sa Majesté, serait un nouveau coup porté à la Couronne, mais c'était trop demander à sa vanité : toujours avide d'extase, il courut au-devant des louanges et des ovations. Mme de Staël témoigne : « La population entière de Paris, écrit-elle, se pressait en foule dans les rues ; on voyait des hommes et des femmes aux fenêtres et sur les toits criant : "Vive M. Necker !" Quand il arriva près de l'Hôtel de Ville, les acclamations redoublèrent ; la place était remplie d'une multitude animée du même sentiment et qui se précipitait sur les pas d'un seul homme, et cet homme était mon père[26]. »

Courageusement, devant l'assemblée des Electeurs et la nouvelle assemblée des soixante districts, qui préparait la constitution d'une municipalité définitive, il plaida pour l'amnistie générale et intercéda en faveur de son compatriote Besenval, commandant les troupes de Paris, arrêté alors qu'il cherchait à gagner la Suisse avec un passeport du roi, et à qui on ne pardonnait pas d'avoir voulu briser l'émeute des 13 et 14 juillet.

Dans l'euphorie, l'assemblée des Electeurs entérina cette proposition généreuse, mais, poussée par l'intransigeance de Bailly, revint sur le pardon à Besenval. L'Assemblée nationale, piquée de voir les électeurs parisiens lui usurper son pouvoir de police, s'empressa de confirmer la détention de l'officier général à Brie-Comte-Robert, avant de le traduire devant le Châtelet pour crime de lèse-Nation. Necker, qui s'était impliqué dans cette affaire, sans jeter toutefois son prestige dans la balance, mesura les limites de son autorité, au point de songer à démissionner*. Malheureusement, c'était trop tard. Il était dans la nasse, contraint de persévérer dans ce qu'il appelait la « carrière d'épines[27] ».

L'autorité publique était en crise, l'Etat en ruines, le pouvoir en miettes, la société entièrement délitée. Qui commandait ? La Constituante, l'assemblée des Electeurs de Paris, Bailly, La Fayette ? Personne n'écoutait personne. C'était le désordre établi.

La partie se disputait, en réalité, entre trois légitimités : celle, traditionnelle, du roi, largement déconsidéré, mais qui conservait une certaine aura dans les provinces, surtout depuis son ralliement à la Révolution ; celle de

---

* Besenval fut acquitté le 1er mars 1790. En obtenant la suspension de son transfert à Paris à la fin de juillet, Necker l'avait sauvé d'une mort probable. L'intéressé lui en garda une reconnaissance éternelle.

l'Assemblée constituante, souverain collectif qui entendait incarner le « corps » invisible et immortel de la Nation (transposition de la théorie monarchique des deux corps) ; et celle de la rue, du peuple, de la démocratie insurrectionnelle, encouragée par le prodigieux essor de la presse de ruisseau qui commençait à s'élever contre la confiscation de la Nation par sa représentation. Ces trois légitimités en compétition étaient représentatives de trois souverainetés différentes : la souveraineté royale, la souveraineté nationale et la souveraineté populaire. Si l'on se trouvait au cœur d'une crise aussi grave, c'est bien parce qu'elle affectait le socle sur lequel était bâtie la société.

Necker n'ayant pas accepté le titre de Premier ministre que Louis XVI lui avait proposé, on créa pour lui un poste de « Premier ministre des Finances », avec pour adjoint un contrôleur général, dont la charge fut confiée à Claude Guillaume Lambert. De fait, il dirigeait le gouvernement. Barentin et Laurent de Villedeuil quittèrent leurs fonctions, tandis que ses anciens partisans qui l'avaient suivi dans sa disgrâce, Montmorin, Saint-Priest et La Luzerne, revinrent, le premier aux Affaires étrangères, le second au secrétariat à la Maison du roi, le troisième à la Marine. Quatre autres de ses amis se répartirent le reste des places : Mgr Champion de Cicé, archevêque de Bordeaux, devint garde des Sceaux ; le lieutenant général de La Tour du Pin-Paulin eut le secrétariat d'Etat à la Guerre, Mgr Le Franc de Pompignan, la feuille des Bénéfices, et le maréchal de Beauvau, une charge de ministre sans portefeuille. Le roi les avait délibérément choisis pour plaire à l'Assemblée. Celle-ci parut ravie, du moins au début. « Nous avons donc un ministère populaire, écrivait dans son *Journal* Adrien Duquesnoy, un ministère nommé par la voix du peuple ; jamais cela n'était arrivé[28]. » L'organisation du Conseil du roi fut elle-même remaniée[29] : le Conseil d'Etat, celui des dépêches et le Conseil royal des finances fusionnèrent, ce qui eût assuré une plus grande homogénéité au cabinet si l'Assemblée n'avait cherché constamment à empiéter sur ses prérogatives.

Les relations de Necker et des autres ministres avec l'Assemblée étaient difficiles, en particulier avec son Comité des finances. Alors que l'anarchie galopante se répandait dans le royaume, rendant impossible la perception des impôts – taille, capitation, vingtième, gabelle... – et des taxes diverses, alors que la baisse des effets publiques se poursuivait de façon vertigineuse et que les pillages de grains se multipliaient, les députés n'attachaient qu'un médiocre intérêt aux efforts anxieux du Genevois pour ramener la confiance et accroître les ressources. La plupart du temps, celui-ci ne communiquait avec eux que par mémoire, sans participer aux discussions.

La Grande Peur

Ce que l'on a appelé la « Grande Peur » est cette étrange réaction de panique en chaîne qui s'empara des campagnes dans les jours qui suivirent la prise de la Bastille, du 20 juillet au 6 août. Phénomène collectif complexe, protéiforme, qu'ont analysé avec rigueur Georges Lefebvre et plus récemment Anatoli Ado[30]. Se propageant de village en village avec l'arrivée des postillons, des employés des messageries, des rouliers, la rumeur courait comme une onde rapide et insaisissable, grossissant tel un torrent de montagne en crue : des brigands avaient été vus, des hordes de brigands, prêtes à déferler, à égorger femmes, vieillards et enfants. Sans prendre le temps de vérifier de tels racontars – il suffisait en général de vagabonds ou de contrebandiers entrevus pour entretenir le bouche-à-oreille –, le curé se mettait à sonner le tocsin, nourrissant à son tour l'épouvante : pour sûr, c'était une contre-offensive des aristocrates et des princes ! Ils voulaient se venger, affamer le peuple, s'emparer des blés et provoquer un rejet général de l'Assemblée nationale ! La maréchaussée étant trop faible et dispersée pour maintenir l'ordre, les ruraux firent comme les bourgeois : ils armèrent des milices d'autodéfense. Des solidarités nouvelles naquirent ainsi entre paroisses, entretenues par le sentiment patriotique.

Tout cela déboucha sur « une révolution dans la Révolution », ayant ses caractéristiques propres. La fin des moissons correspondait au paiement des divers droits dus par les ruraux : fermages, champarts, dîmes ecclésiastiques... A cause de la crise, ceux-ci n'avaient plus les moyens de les acquitter. Ne voyant venir à l'horizon aucun de ces bandits imaginaires, les paysans, anxieux d'engranger la belle moisson de l'été, après avoir raté celle de l'année précédente[31], se mirent à attaquer les châteaux, les abbayes, les monastères, qu'ils pillèrent et incendièrent par centaines, paralysant un peu plus l'activité économique du pays. Il s'agissait non seulement de rechercher des sacs de blé cachés, mais de faire disparaître les terriers, vieilles chartes médiévales et autres parchemins qui consacraient la servitude de la paysannerie.

C'est ici qu'apparaît la spécificité de l'explosion de 1789 par rapport aux anciennes émotions populaires des XVIIe et XVIIIe siècles, dans lesquelles les « gros bonnets » (seigneurs ou officiers) manipulaient aisément la révolte antifiscale contre l'Etat royal. Cette fois, on visait directement le régime seigneurial, les survivances de la féodalité : de ce fait, le mouvement prenait une dimension sociale nouvelle. On s'attaquait non seulement à l'aristocratie traditionnelle, mais aux notables ruraux et aux bourgeois, propriétaires de seigneuries, et à toute l'armée de leurs auxiliaires : feudistes, receveurs, intendants et gens d'affaires, intéressés à la perception des droits féodaux. Ces convulsions conduisirent à liquider la structure plus que millénaire de la seigneurie[32]. Fait curieux, qui montrait l'imbrication de la crise politique et de la disette, dans certaines régions les paysans, convaincus de l'alliance du roi et du tiers, pensaient, en détruisant les châteaux, accomplir la volonté du premier...

Frappés par l'ampleur de ce phénomène, les historiens en ont d'abord attribué la cause à quelque état-major secret de Paris ou de Versailles tirant les ficelles : les meneurs de l'Assemblée, le duc d'Orléans et ses amis du Palais-Royal, les clubs, les loges maçonniques... Georges Lefebvre a fait litière de ces explications simplistes. Les émeutes trouvaient leurs racines dans la déroute économique, la faim, la crainte de la famine, la hantise des accapareurs, l'importance des errants – pas loin d'un dixième de la population – qui déambulaient dans les campagnes de ferme en ferme à la recherche d'un gîte provisoire et d'un peu de nourriture. Dressant la cartographie du phénomène, l'historien a récusé l'idée de simultanéité et surtout celle d'un épicentre unique. Comme une onde de choc, la peur se répandit à partir de quelques foyers principaux. Paris ne fut atteint que plus tard, alors que plusieurs régions furent épargnées : une partie de la Flandre, de la Normandie, de la Lorraine, l'Alsace, le Bas-Languedoc, le Roussillon, le Pays basque.

C'est dans ce contexte d'une France à feu et à sang que se déroula la fameuse nuit du 4 août, nuit de cendre des privilèges[33]. Après la terre brûlée, la table rase ! L'impulsion venait du Club breton, réunissant une centaine de députés. Pas question de donner au roi les moyens militaires et policiers pour rétablir l'ordre. Mieux valait user d'un « stratagème[34] ». Le vicomte de Noailles, beau-frère de La Fayette, monta le premier à la tribune de l'Assemblée. Outre l'égalité de tous les Français devant l'impôt et leur égale accessibilité aux emplois civils et militaires, mesures déjà annoncées par le roi, il proposa le rachat des droits féodaux par les communautés et l'abolition des corvées seigneuriales, des mainmortes et autres servitudes personnelles. Le duc d'Aiguillon, l'un des seigneurs les plus riches du royaume, prit le relais, insistant sur la libération que représentait pour la paysannerie la fin de ces multiples vexations. Emportés par un immense élan d'enthousiasme, pris entre la peur et la générosité, les

orateurs se succédèrent sans distinction d'ordres, ecclésiastiques, nobles, bourgeois, surenchérissant de façon
théâtrale sur ces offrandes déposées sur l'autel de la
patrie : liquidés les privilèges pécuniaires ! Anéanti le
monopole de la chasse et des colombiers ! Sacrifiés les
privilèges des villes et des provinces ! Abolie la vénalité
des offices ! Ivresse des élans incontrôlés, jetant tout aux
orties, surtout les droits d'autrui (« Ah ! il nous ôte la
chasse, disait le duc du Châtelet en parlant de l'évêque de
Chartres, je vais lui ôter ses dîmes ! »). « Jamais, sans
doute, écrivait Duquesnoy, aucun peuple n'a offert un tel
spectacle ; c'était à qui offrirait, donnerait, remettrait aux
pieds de la Nation [...]. Grande et mémorable nuit ! On
pleurait, on s'embrassait. Quelle Nation ! Quelle gloire,
quel honneur d'être français[35] » ! Louis XVI, qui n'en pouvait mais, était proclamé « Restaurateur de la liberté française » ! Avec cette grande braderie, faite dans la
précipitation et la fébrilité, mais qui allait accoucher de la
France contemporaine, les bourgeois de l'Assemblée pensaient arrêter le bal sinistre des incendiaires de province.
Quant à la haute noblesse, ce sabordage ne lui faisait pas
peur : elle était sûre de conserver ses propriétés et son
rang dans la société, le rachat de ses droits lui permettant
de réinvestir ailleurs, à meilleur taux. Le 11 août, ces
mesures furent arrêtées en décret et, le 13, présentées au
roi dans la galerie des Glaces. Mais l'Histoire est fille
capricieuse. Supprimés, les droits ne seront jamais rem-
boursés...

En attendant, par vagues successives l'émigration
s'accélérait. Ce n'était pas seulement les riches, les grands
seigneurs qui partaient au trot des diligences et des voitures surchargées, effrayés par la recrudescence des
meurtres et des pillages. Il y avait aussi leurs domestiques, leurs fournisseurs, leurs relations, leurs clients,
leurs protégés. Des artisans, des paysans en grand nombre
fuyaient la France. Où allaient-ils ? Dans les Pays-Bas
autrichiens, en Rhénanie, en Hollande, en Angleterre, en

Prusse. Un certain nombre d'aristocrates rejoignirent le comte d'Artois à Turin où le roi de Sardaigne, Victor-Amédée III, beau-père du prince, s'était fait un plaisir de l'accueillir avec sa famille, après leur traversée des provinces belges et de la Suisse.

Les Droits de l'homme

Alors que la France, au bord de l'implosion, s'enfonçait dans une inextricable anarchie sociale, politique et financière, les députés s'attelèrent prioritairement à fonder une métaphysique politique. Cela montrait bien que la Révolution ne visait pas seulement à changer le régime politique du pays, mais à régénérer l'homme et la société en profondeur. Les dix-sept articles de la Déclaration des droits de l'homme et du citoyen, adoptés le 26 août, devaient servir de préambule à la nouvelle constitution qu'ils avaient entrepris d'écrire. L'Assemblée reconnaissait, « en présence et sous les auspices de l'Etre suprême », « les droits naturels, inaliénables et sacrés de l'homme » : liberté, égalité, propriété, sûreté, droit de penser, de croire, d'exprimer ses convictions, présomption d'innocence, séparation des pouvoirs, droit de résistance à l'oppression... La Déclaration réaffirmait la souveraineté de la Nation, mais, contrairement aux vœux du clergé, le catholicisme n'y était pas reconnu comme religion d'Etat.

Cette œuvre académique et philosophique, réclamée par certains cahiers de doléances, était imprégnée d'humanisme et de philosophie des Lumières. On y retrouvait l'empreinte de Montesquieu, de l'abbé de Mably et surtout de Jean-Jacques Rousseau. L'influence des déclarations américaines était certaine. Dès le 11 juillet, La Fayette avait proposé un texte sur lequel il avait consulté le représentant des Etats-Unis à Paris, Thomas Jefferson. Ce n'était pas pour autant un décalque des textes d'outre-Atlantique. Plus solennelle, plus rationnelle, plus abstraite, plus méthodique, la Déclaration française se voulait un dépassement universaliste des proclamations américaines.

Dans la conjoncture politique de l'époque, elle remplissait une fonction précise. Pour l'Assemblée, confrontée à la concurrence de la légitimité royale, c'était, explique Marcel Gauchet, une « arme majeure », un « maillon central » dans le long processus d'installation de la souveraineté nationale[36]. « Le 26 août, dit-il, légalise et consacre le coup de force du 17 juin[37]. » Il s'agissait, sans s'embarrasser de l'encombrante présence royale dont on ne savait trop que faire, d'aller jusqu'au bout de la logique de déracinement de l'Ancien Régime, assis sur la pyramide organique des ordres et des corps, en posant les bases du nouveau pacte social. Contre la tradition, les constituants élevaient le droit naturel. La Déclaration représentait donc une œuvre fondatrice et libératrice, dissolvant de façon irréversible les liens de l'ancienne société et réduisant les rapports sociaux au seul face-à-face de l'individu et de la puissance publique, incarnation de la volonté générale, sans aucun contre-pouvoir. Trois termes dominaient le texte : l'individu, la loi, la Nation. N'y figuraient ni le droit au travail, ni le droit de grève, ni les droits sociaux, syndicaux ou associatifs. Rien n'était dit sur la condition des protestants et des juifs. Rien sur la famille, sur la femme, sur l'enfant, sur les devoirs des citoyens. La Déclaration recomposait l'espace collectif sur une base individualiste, en attendant le Code Napoléon.

Le veto suspensif et le monocaméralisme

Lors de la réunion des états généraux, deux tendances au moins étaient apparues au sein du parti national : ceux qu'on appelait les « anglomanes », avec Mounier, Lally-Tollendal, Clermont-Tonnerre, Malouet et les amis du duc d'Orléans, qui préconisaient une monarchie tempérée par deux chambres, et les « Américains », plus nombreux, derrière La Fayette, Condorcet, Mirabeau, Sieyès, les frères

Lameth, Hérault de Séchelles, qui demandaient une assemblée unique représentative de la Nation. Avec l'accélération des événements durant l'été, les divisions s'étaient creusées, des scissions étaient apparues, des reclassements s'étaient opérés.

Les discussions devinrent plus vives lorsqu'on aborda la rédaction des premiers articles de la Constitution. Toute une fraction de nobles libéraux et de bourgeois modérés, derrière Mounier, Malouet, Virieu, Bergasse et Lally-Tollendal, qui avaient appelé de leurs vœux la disparition de l'Ancien Régime, étaient épouvantés des premières audaces révolutionnaires, de la désintégration sociale, des violences, des tueries populaires. Ils ne souhaitaient pas réduire à néant le rôle du roi, mais voulaient lui donner une part du pouvoir législatif sous la forme d'un droit de veto absolu sur les projets de lois votés par l'Assemblée[38]. Mirabeau partageait cette idée, tout en tenant ses distances. Un autre groupe informel était animé par ceux que l'on appellera bientôt les triumvirs, Barnave, Du Port et Alexandre de Lameth. Eux étaient prêts à consentir au monarque un simple veto suspensif, d'une durée limitée, tandis qu'au nom de la pureté de sa doctrine, l'intransigeant Sieyès professait doctement la subordination totale de l'exécutif au législatif et par conséquent l'absence de veto.

Le 22 juillet, on fit des travaux dans la salle des Menus-Plaisirs afin de construire des tribunes en gradins et en ovale, autour du bureau de l'Assemblée[39]. Cela facilita la répartition géographique des députés, en fonction de leurs orientations politiques. A la droite du président se placèrent les nostalgiques de l'ordre ancien, les Aristocrates ou *Noirs* (Mirabeau-Tonneau, Duval d'Eprémesnil, l'abbé Maury, Cazalès...), au centre les modérés, futurs *Monarchiens* ou *Impartiaux* (Mounier, Malouet, Lally-Tollendal, Clermont-Tonnerre, Virieu). Ces deux groupes, partisans du veto royal absolu, ne s'entendaient pas entre eux. Les Aristocrates, bien qu'ils se fussent rapprochés du trône et qu'ils aient mis une sourdine à leur rêve de réaction nobiliaire, haïssaient les modérés, dont beaucoup avaient soutenu Loménie de Brienne et étaient, comme Malouet – probablement le plus lucide et le plus intelligent de tous –, partisans de l'alliance du roi et du tiers[40]. Ils étaient tenté par la politique du pire. A la gauche du président s'installèrent les *Patriotes*, attachés à la prééminence de la représentation nationale (La Fayette, Sieyès, le triumvirat...). Au-delà venait l'extrême gauche ultra-démocrate et bientôt républicaine (Robespierre, Pétion...).

Les discussions de l'Assemblée produisaient dans le petit peuple parisien une grande exaltation. On y parla du veto comme « d'une espèce de monstre qui devait dévorer les petits enfants[41] ». Les explications étaient caricaturales sinon bouffonnes : « Sais-tu bien ce qu'est le veto ? Tiens, tu rentres chez toi. Ta femme t'a préparé ton dîner. Le roi dit : "Veto." Tu n'as plus rien. » Dans les cafés du Palais-Royal, le simple fait que l'Assemblée eût voulu en discuter le principe avait porté un coup terrible à son prestige. Cela se répercutait sur la tenue de ses séances où de fortes pressions plébéiennes s'exerçaient : hurlements des tribunes, pétitions comminatoires de groupes de citoyens, lettres anonymes, menaces de mort... Le dimanche 30 août, une première tentative de marche sur Versailles était même partie du café de Foy : quinze cents excités, sous la conduite du marquis de Saint-Huruge, un ami de Camille Desmoulins stipendié par Choderlos de Laclos, s'étaient heurtés à la garde nationale et avaient fini par se disperser à la barrière des Bonshommes.

Cependant, une question essentielle se posait : fallait-il soumettre le texte de la future Constitution à l'approbation du roi ? Si l'on appliquait à la lettre la théorie de la souveraineté nationale selon Sieyès, le monarque, n'étant qu'un simple rouage à l'intérieur du système, n'avait pas à s'exprimer sur les pouvoirs qu'on lui laissait. La difficulté venait de ce que Louis XVI, roi de France héréditaire, était investi d'une légitimité historique antérieure à celle de l'Assemblée et que c'était lui qui avait convoqué les états

généraux afin d'examiner avec eux les réformes à entreprendre. Comment faire chevaucher deux sources de pouvoir qui ne se recoupaient pas ? C'est ce qu'écrivait le
pasteur Rabaut Saint-Etienne : « L'Assemblée nationale
avait ce désavantage terrible, et qui l'a longtemps contra-
riée, de constituer une monarchie en ayant déjà le
monarque[42]. »

Mounier et ses amis, revenus du serment du Jeu de
paume, considéraient maintenant que le roi devait être
regardé comme une émanation de la Nation, au même
titre que l'Assemblée nationale, et s'entendre avec elle.
Cela rejoignait les conceptions de Louis XVI.

Un autre point des débats portait sur la question du
bicaméralisme. Le Comité de Constitution, dominé par
Mounier et ses amis du centre, soutenu par Necker, était
partisan de partager le pouvoir législatif en deux
chambres, comme en Angleterre, une Chambre des communes et une Chambre haute, héréditaire ou élue par les
assemblées provinciales[43]. Le roi n'y tenait pas. La plupart
des Aristocrates y étaient hostiles, convaincus qu'ils
avaient tout à perdre d'un système qui honorerait les
grands à leur détriment et qui, de surcroît, leur rappelait
la Cour plénière de Lamoignon et Loménie de Brienne. La
disparition des ordres n'avait pas effacé les rivalités et les
clivages sociaux au sein de la noblesse. Les Patriotes, pour
leur part, y étaient tout aussi opposés, par crainte d'élever
un nouveau patriciat sur les ruines de l'ancien. Le 8 septembre, par 849 voix contre 89, le principe de la chambre
unique l'emporta[44]. L'échec du Comité de Constitution
marqua un tournant dans l'évolution politique, montrant
l'impossibilité, dans le contexte révolutionnaire, de fonder
un système politique équilibré, s'inspirant de Montesquieu.

Le 11 septembre, l'Assemblée, sans suivre la position
extrême de Sieyès, décida, par 673 voix contre 325,
d'accorder au roi un droit de veto suspensif. Celui-ci perdait totalement l'initiative des lois, mais il héritait, en
quelque sorte, des anciens pouvoirs des parlements : le

droit d'enregistrement (promulgation) et de remontrance. On reconnaissait là les idées de Necker qui était entré en négociation avec le triumvirat par l'intermédiaire de sa fille, Mme de Staël[45]. Le roi s'était laissé convaincre, à la consternation des monarchistes, Aristocrates ou modérés confondus. Par esprit de conciliation, il avait accepté de donner des gages aux Patriotes. Giflés par leur échec, Mounier et ses amis démissionnèrent du Comité de Constitution. La question restait de savoir si le veto royal durerait une, deux ou trois législatures, dont on fixa la durée à deux ans chacune. A la demande de Barnave, la décision de l'Assemblée fut ajournée jusqu'à ce que le roi eût sanctionné les arrêtés mettant en forme les décisions du 4 août.

Le 18 septembre, Louis XVI expliqua sa position. Il acceptait le rachat des rentes foncières, l'admission de tous les citoyens aux emplois civils et militaires, la suppression des privilèges corporatifs et provinciaux, l'abolition du droit de colombier, mais il fit quelques observations sur la généralisation du droit de chasse et la suppression brutale de la vénalité des offices (entraînant le remboursement de toutes les charges). Il n'admettait pas la suppression unilatérale des annates, ces droits payés à la cour de Rome à chaque mutation de bénéfice consistorial. Une telle mesure, expliquait-il, impliquait au préalable une renégociation du concordat avec le Saint-Siège. Il y avait aussi la question des droits féodaux des princes germaniques possessionnés en Alsace, consacrés par le traité de Westphalie. On ne pouvait y toucher sans leur consentement. C'était, naturellement, le spécialiste des affaires étrangères qui parlait, et il parlait d'or, si l'on songe que cette épineuse question allait déclencher, deux ans et demi plus tard, la guerre européenne contre la France. Il fut aussi réservé sur l'abolition, sans indemnisation, des droits seigneuriaux personnels et des redevances pécuniaires qui parfois les remplaçaient. La fin des justices seigneuriales, tout en recueillant son approbation, lui paraissait prématurée, avant la mise en place de la grande réforme judiciaire prévue. Enfin, la suppression pure et simple des dîmes – et non leur remboursement, comme on l'avait tout d'abord proposé –, dîmes dont il évaluait le montant à 60 ou 80 millions de livres, lui paraissait folle et inconséquente : elle ne profiterait nullement à la majeure partie des citoyens, mais uniquement aux propriétaires terriens.

Ces réflexions « tout à fait intéressantes », notait l'ambassadeur de Venise à Paris, « prouvaient clairement que la sphère des connaissances de cette Assemblée était fort limitée[46] ». Elles montraient en tout cas un Louis XVI ouvert aux idées nouvelles, attentif à collaborer efficacement avec les députés et aux positions moins extrémistes que maints de ses partisans. Elles correspondaient aux principes d'égalité publique des citoyens qui avaient présidé à l'élaboration du plan Calonne et à la tentative d'alliance du roi et du tiers à la fin de 1788. Lui-même, on s'en souvient, avait supprimé dès 1779 le servage et la mainmorte (interdisant aux serfs de transmettre leur héritage à d'autres qu'à leurs enfants) dans les domaines de la Couronne. Et pour aider la Révolution, et non jouer la politique du pire, il avait envoyé durant l'été sa vaisselle d'argent à la fonte...

L'Assemblée, outragée que l'on pût douter de son infaillibilité législative, balaya ces considérations et somma le roi de promulguer les arrêtés en question. Louis en fut extrêmement vexé, mais ne broncha pas. Dans son manifeste de Varennes, il écrira : « L'Assemblée [...], non contente de dégrader la royauté par ses décrets, affectait du mépris même pour la personne du roi et recevait d'une manière impossible à qualifier convenablement les observations du roi sur les décrets de la nuit du 4 au 5 août[47]. » Le 21 septembre, il répondit qu'il en acceptait l'« esprit général » et décidait leur publication dans tout le royaume, se réservant de promulguer les mesures concrètes qui figureraient dans les lois futures[48].

Cette demi-approbation contenta les députés qui, le lendemain, par 728 voix contre 224, lui accordèrent le veto suspensif jusqu'à la fin de la troisième législature, c'est-à-dire durant six ans.

Pendant tout le débat relatif au veto, les pressions des révolutionnaires parisiens avaient terrifié les Aristocrates et les députés modérés. De concert avec eux, Necker et Montmorin proposèrent au Conseil de transférer l'Assemblée à Soissons ou à Compiègne, ce que Louis XVI avait d'ailleurs proposé dès le 12 juillet. « Le roi est bon, mais difficile à décider, déclara à son issue Necker à Malouet. Sa Majesté était fatiguée, elle a dormi pendant le Conseil. Nous étions de l'avis de la translation de l'Assemblée, mais le roi, en s'éveillant, a dit "Non" et s'est retiré[49]. » Faire semblant de dormir était un moyen pour lui de dissimuler son « anxiété d'esprit[50] ».

Le 2 octobre, l'Assemblée soumit à la sanction royale la Déclaration des droits de l'homme et du citoyen et les dix-neuf premiers articles de la nouvelle Constitution. Louis, monarque empirique, peu sensible aux grands principes philosophiques ou métaphysiques, jugea la Déclaration œuvre abstraite et vaine : « Je ne m'explique point sur votre Déclaration des droits de l'homme et du citoyen. Elle contient de très bonnes maximes propres à guider vos travaux, mais des principes susceptibles d'explications et même d'interprétations différentes ne peuvent être justement appréciés et n'ont besoin de l'être qu'au moment où leur véritable sens est fixé par les lois auxquelles ils doivent servir de base[51]. »

Les premiers éléments de la loi constitutionnelle, tels qu'ils ressortaient des articles déjà votés, réaffirmaient la souveraineté absolue de la Nation et la subordination du roi, attributaire du pouvoir exécutif, à la Loi. Au pouvoir législatif seul, confié à une chambre permanente unique, revenait l'initiative des lois, le vote des impôts et des emprunts publics. Le monarque, déclaré inviolable et sacré, disposait, comme on l'a vu, d'un droit de refus des actes du corps législatif suspensif jusqu'à la troisième législature.

Le 4 octobre, le roi fit des réserves sur ce dispositif, différant sa réponse lorsque l'ensemble des articles constitutionnels auraient été votés : « De nouvelles lois constitutives ne peuvent être bien jugées que dans leur ensemble : tout se tient dans un si grand et si imposant ouvrage. » Dans le nouveau partage des pouvoirs, lui-même aurait préféré garder l'initiative des lois. Néanmoins, il donna son « accession » – c'est-à-dire un avis favorable – aux dix-neuf articles qu'on lui avait présentés, en considération de la situation politique et sociale. Sur un point, toutefois, il insista : l'exécutif ne pouvait être seulement un organe figuratif, mais un pouvoir fort, dans l'intérêt même du peuple. Le métier de roi le lassait peut-être parfois, mais sa fierté lui interdisait de se transformer en roi fainéant. « Dans l'ordre actuel des choses, je ne puis protéger efficacement ni le recouvrement des impositions légales, ni la libre circulation des subsistances, ni la sûreté individuelle des citoyens. Je veux cependant remplir ces devoirs essentiels de la royauté. Le bonheur de mes sujets, la tranquillité publique et le maintien de l'ordre social en dépendent ; ainsi je demande que nous levions en commun tous les obstacles qui pourraient contrarier une fin si désirable et si nécessaire. »

L'attitude du roi était claire : il ne dressait aucun obstacle à la volonté nationale, il entrait dans le jeu de l'Assemblée, était prêt à se contenter des pouvoirs que lui laisserait la Révolution, à condition toutefois de conserver un minimum de prérogatives. Une fois encore, il faisait des observations pertinentes, discutait loyalement, appelait à une coopération mutuelle. Son ton vis-à-vis de la représentation nationale était plus que déférent : « Je modifierai mes opinions, j'y renoncerai même sans peine si les observations de l'Assemblée nationale m'y engagent, puisque je ne m'éloignerai jamais qu'à regret de sa

manière de voir et de penser[52]. » Cela irritait. Le pouvoir
« constitué » fut invité par Robespierre à plus de modestie
encore devant la majesté « du pouvoir constituant de qui
il émane[53] ». Quand, le 5 octobre au matin, l'Assemblée
prit connaissance des remarques royales, bon nombre de
députés, drapés dans leur arrogance, se cabrèrent et exigèrent une acceptation pure et simple. Qu'avait-il donc à
ergoter, à se dérober ? Il fallait en finir avec ses atermoie-
ments ! La pleine et entière souveraineté constituante ne
leur appartenait-elle pas ? Louis devait se soumettre ou se
démettre.

La nouvelle crise

Aux problèmes politiques s'ajoutaient des difficultés
économiques qui allaient engendrer une nouvelle explosion sociale et conférer à la Révolution une orientation
nouvelle. L'économie rurale sombrait dans la dépression.
La moisson de l'été de 1789 avait été bonne, mais très
délicate fut la période de la soudure. Les réserves de
l'année passée manquaient, en attendant l'arrivée des
grains nouveaux. La période qui suivit ne fut pas
meilleure. Malgré les efforts de Bailly et des nouvelles
autorités communales qui, dès la fin d'août, avaient fait
distribuer du riz (alors considéré comme une nourriture
de détresse), la question du ravitaillement prit à la fin de
septembre une tournure dramatique. Le 5 octobre, les
registres des céréales mentionnaient que depuis une
dizaine de jours n'étaient entrés dans Paris que 53 sacs de
farine et 500 setiers de blé. Des désordres se produisaient
devant les boulangeries où s'allongeaient les files
d'attente. On perdait patience. Des manifestations sponta-
nées, composées principalement de femmes, se formaient
dans les rues. On assiégeait les boulangeries aux cris de
« Du pain ! Du pain ! ». A nouveau s'enclenchaient des
mécanismes psychologiques bien connus : la disette faisait
craindre la famine et persuadait les petites gens des

manœuvres sinistres des « accapareurs », les meuniers, les boulangers, les fermiers, les municipalités, les communautés religieuses, les aristocrates. Et comme le pain de substitution, quand il y en avait, sentait la terre, on criait à l'empoisonnement et l'on en venait tout naturellement à l'idée d'un complot de la Cour contre le peuple. On avait connu des phénomènes analogues au temps de Louis XV, mais dans un contexte politique tout différent.

L'échec de Necker était patent. Non seulement les impôts ne rentraient pas, mais les dépenses de l'Etat continuaient d'augmenter, notamment par les achats de blés à l'étranger, revendus à perte. Pour occuper les chômeurs et les nécessiteux, on avait ouvert d'autres ateliers de charité, mais ceux de Montmartre avaient dû fermer à la mi-août, laissant sur le carreau parisien 18 000 personnes. Les deux emprunts de 30 et 80 millions qu'il lança, après des négociations serrées et le consentement résigné de l'Assemblée, se soldèrent par un échec. La baguette magique de l'enchanteur avait perdu ses effets. L'argent se terrait. Pour écarter la banqueroute, la « hideuse banqueroute », comme il l'appelait, il obtint le vote d'une contribution patriotique exceptionnelle, frappant l'ensemble des citoyens et s'élevant au quart de leur revenu net. Malheureusement, une telle mesure était inapplicable, compte tenu de l'anarchie ambiante.

Le divorce se faisait jour entre l'Assemblée et les patriotes parisiens. Dans les jardins du Palais-Royal, au club des Cordeliers, dans les colonnes de *L'Ami du peuple*, on ne cessait de stigmatiser la modération des députés, tandis que le roi acquérait son surnom de *Monsieur Veto*. Le duc d'Orléans menait un jeu ambigu, cherchant à profiter de l'agitation. Il continuait à stipendier des écrivains, des pamphlétaires chargés d'entretenir l'exécration de la Cour et la haine de la reine. Le 25 août, fête de la Saint-Louis, il s'était présenté au lever du roi, la cocarde tricolore à la boutonnière, « insolence tout à fait écœurante chez un Bourbon et un premier prince du sang », écrit l'ambassadeur de Venise, Antonio Capello[54]. Mirabeau, toujours criblé de dettes et las de ne voir venir aucun signe positif de l'entourage royal, penchait pour Orléans, que l'on nommerait lieutenant général du royaume, à moins que l'on changeât de dynastie comme l'avait fait la Révolution anglaise de 1688. Il était prêt à exploiter les désordres en faveur de son héros, dont il se voyait déjà le Premier ministre : « Monseigneur, lui aurait-il dit, vous ne pouvez pas nier que nous puissions avoir bientôt Louis XVII au lieu de Louis XVI et, si cela n'était pas ainsi, vous seriez au moins lieutenant général du royaume[55]. » Mais le plus grand ennemi de l'ambition politique de l'arrière-petit-fils du Régent était son caractère mou et inconsistant.

En septembre, le roi et la reine envisagèrent à nouveau de partir, mais où aller : à Metz, à Compiègne, à Rouen ? Les projets se multipliaient, aggravant leur embarras et leur commune indécision. Le risque était de propulser l'indésirable duc. Finalement, ils résolurent de rester, dans l'espoir d'un retournement de situation, d'une lassitude des révolutionnaires. Par grand vent, le mieux n'est-il pas de faire le gros dos en attendant le retour au calme ? Fatale temporisation !

A la fin de septembre arrivèrent à Versailles différents corps de troupe, le régiment de Flandre (1 050 hommes), venu de Douai, les chasseurs des Trois-Evêchés et les artilleurs de La Fère. Il ne s'agissait pas de faire la Contre-Révolution, mais simplement d'assurer la sécurité du château devant la persistante agitation de Paris. Une fâcheuse imprudence allait mettre le feu aux poudres. Les officiers des gardes du corps invitèrent le 1er octobre leurs homologues du régiment de Flandre à un somptueux banquet servi dans la salle bleu et or de l'Opéra de Gabriel, inaugurée pour le mariage de la dauphine. L'orchestre joua plusieurs fois l'ariette fameuse du *Richard Cœur de Lion* de Sedaine et Grétry, qui déclencha des tonnerres d'applaudissements dans les loges, occupées par de jolies femmes toilettées, de riches bourgeois et quelques députés du « côté droit ». Tous chantaient en chœur, comme un serment de fidélité :

> *O Richard, ô mon roi,*
> *L'univers t'abandonne,*
> *Sur la terre il n'est donc que moi*
> *Qui m'intéresse à ta personne.*

L'arrivée inopinée du roi et de la reine – radieuse dans sa robe bleu et blanc –, portant le dauphin, entraîna un délire d'enthousiasme à faire trembler les parquets. Fort opportunément, la musique attaqua l'air du *Déserteur* de Sedaine et Monsigny :

> *Peut-on affliger ceux qu'on aime ?*

Dans l'euphorie, on criait, on scandait à pleins poumons : « Vive le roi ! Vive la reine ! Vive le dauphin ! » Ce sentiment de force, né de l'unanimité de la salle, donnait l'impression que tout était encore possible. On porta des toasts innombrables, mais – crime impardonnable – on oublia de boire à la Nation. Quand la famille royale se fut retirée, les convives, après d'amples libations, allèrent dans la cour de Marbre et, sous les fenêtres du roi, dansèrent de joie et se livrèrent à toutes sortes d'excentricités. Deux jours plus tard, les gardes du corps réinvitèrent les nouveaux venus dans leur hôtel de la rue Royale, pour finir les quatre cents bouteilles restantes.

Le 3, une feuille de propagande révolutionnaire, *Le Courrier de Versailles à Paris* d'Antoine Gorsas, stigmatisa le premier banquet dans des termes propres à soulever la fureur des patriotes, le présentant comme une orgie, prélude à la Contre-Révolution. Les officiers, y était-il assuré, avaient foulé la cocarde tricolore, arboré la cocarde noire de la reine et tenu des propos injurieux à l'égard de la représentation nationale. L'émotion gagna Paris, toujours prêt à s'embraser, où Marat, Desmoulins, Loustallot et leurs amis appelèrent aux armes.

Versailles assiégée

Le lundi 5 octobre, vers 7 heures du matin, une horde de femmes en furie pénétra dans l'hôtel de ville de Paris en réclamant bruyamment du pain, dévastant tout sur son passage, dérobant de l'argent et des armes et mettant en branle les cloches du beffroi. Un cri monta de la place de Grève : « A Versailles ! » Oui, il fallait porter ses doléances à l'Assemblée et au roi... Le chaos dura plusieurs heures. Vers midi, Bailly et La Fayette parvinrent péniblement à regagner leurs locaux, mais les gardes nationaux et les émeutiers continuaient de se mêler dans une grande confusion. Un personnage douteux, Stanislas Maillard, vingt-six ans, ancien commis d'huissier et capitaine des « Vainqueurs de la Bastille », se proposa d'accompagner les femmes jusqu'à la cité des rois. Personne n'osa lui refuser ce privilège. Il fit battre le tambour et donna rendez-vous place Louis-XV. Plus de six mille d'entre elles se trouvèrent bientôt rassemblées (certaines enrôlées de force finirent par déserter en chemin). Sous l'inclémence d'un ciel de suie, elles se mirent en route, armées de fusils, de piques, de crocs de fer, de couteaux emmanchés sur des bâtons, précédées de sept ou huit tambours, de trois canons et d'un train de barils de poudre et de boulets, saisis au Châtelet. Ces amazones déguenillées et dépoitraillées étaient des harengères, des marchandes de rue, des blanchisseuses, des ouvrières, des filles de chambre, des catins, auxquelles se mêlaient quelques bourgeoises et « femmes à chapeau ». Les interrogatoires ultérieurs du Châtelet révélèrent que s'étaient glissés dans leurs rangs des hommes habillés en femmes, persuadés, bien sûr, que la troupe n'oserait tirer sur eux. Derrière ce premier cortège suivaient la tourbe des faubourgs Saint-Marcel et Saint-Antoine, les affamés, les mécontents, soulevés par les agitateurs et les journalistes parisiens, ainsi que de nombreux gardes françaises ou grenadiers. Redoutable armée de traîne-misère, de gagne-petit et de ventres-creux, qui réclamaient du pain, accompagnée de bandes de sicaires et de tape-dur, qui n'avaient qu'une idée en tête, exterminer les gardes du corps et la reine...

Au lieu d'un mandat pour rétablir l'ordre à Paris, le héros d'Amérique, pâle, hésitant, incertain, que les extrémistes accusaient déjà de trahison, obtint de la Commune, après plusieurs heures de discussion, l'autorisation de se rendre lui aussi à Versailles, avec 15 000 à 20 000 hommes de la milice nationale. S'agissait-il de soutenir les femmes de Paris contre la réaction aristocratique, de forcer Louis XVI à s'installer à Paris, comme beaucoup le réclamaient, ou de maintenir l'ordre et de protéger l'Assemblée ? Nul ne le savait exactement. Sur son beau cheval blanc, La Fayette n'en menait pas large. Il suivait ses troupes plus qu'il ne les commandait[56].

Versailles, pendant ce temps, vivait dans l'insouciance les derniers instants d'un monde appelé à disparaître. Dans la matinée, Marie-Antoinette, après avoir entendu la messe et pris son déjeuner, était allée au hameau nourrir ses canards et ses poissons chinois. Elle se trouvait dans la Grotte lorsque, vers 11 heures et demie, un page lui remit un billet de M. de Saint-Priest la suppliant de rentrer immédiatement au château, ce qu'elle fit.

Le roi, pour sa part, était parti tirer le gibier dans les bois de Verrières, non loin de la porte de Châtillon, et avait déjà tué quatre-vingt-une pièces quand il apprit, par un gentilhomme dépêché par Saint-Priest, les événements de Paris et la marche sur Versailles d'une multitude de femmes venues lui réclamer du pain. « Hélas, dit-il, si j'en avais, je n'attendrais pas qu'elles vinssent m'en demander ! » Il retourna au château à bride abattue, craignant surtout pour son épouse. Au comte de Luxembourg, capitaine des gardes du corps en quartier, prêt à organiser la résistance militaire, il répliqua : « Tirer sur des femmes, vous n'y pensez pas ! » Puis il convoqua un Conseil extra-ordinaire.

Autour de la table, outre la reine, se trouvaient Necker, Saint-Priest, les archevêques Champion de Cicé et Le Franc de Pompignan, le maréchal de Beauvau, les comtes de La Luzerne et de Montmorin ainsi que le marquis de La Tour du Pin[57]. Saint-Priest, qui avait en charge le ministère de la Maison du roi, exposa son plan : tandis que la reine, ses enfants et Mme Elisabeth se rendraient à Rambouillet où se trouvaient casernés les chasseurs de Lorraine, le roi s'avancerait à la rencontre des pétition-naires, à la tête des gardes du corps et de quelques dra-gons du régiment des Trois-Evêchés. Cela suffirait à effaroucher cette multitude indécise. Les régiments de Flandre et les Suisses protégeraient les ponts de Sèvres, Neuilly et Saint-Cloud. Si ces ponts étaient forcés, le roi gagnerait à son tour Rambouillet, confiant le château royal à la municipalité de Versailles et à sa garde natio-nale, commandée par le vice-amiral d'Estaing.

Les trois militaires du gouvernement approuvèrent ces dispositions. Le reste du Conseil, c'est-à-dire le clan Nec-ker, condamna l'entreprise, pensant que le risque était fortement exagéré. Qu'avait-on à craindre ? Ce n'était qu'une inoffensive manifestation de femmes exaspérées par le manque de pain. Necker insista : si le roi acceptait de se rendre à Paris, comme semblait le réclamer le peuple, il y serait acclamé. Employer des mesures de vio-lence déclencherait au contraire une guerre civile « dont on ne serait plus maître d'arrêter les suites ». Louis XVI, soucieux comme toujours de ne pas faire couler de sang, fut sensible à l'argument. Après tout, peut-être pouvait-on par la douceur et la persuasion ramener ces pauvres femmes à la raison ? Il suspendit la séance sans prendre de décision. Comme précédemment, il ne tenait guère à quitter Versailles, devinant un piège de la faction d'Orléans pour y installer le prince, et la reine avait déclaré qu'elle ne se séparerait pas de lui.

Un peu avant 4 heures de l'après-midi, la tête de l'armée des amazones s'arrêta devant les Menus-Plaisirs. Elles étaient épuisées, crottées, mouillées, grelottantes. Leurs jupes traînaient dans la boue ; certaines avaient perdu leurs souliers. Maillard fut introduit avec une vingtaine d'entre elles. Montant à la tribune sous les applaudissements, il exigea le départ du régiment de Flandre et stigmatisa la conduite des municipalités de province qui arrêtaient les convois de grains à destination de Paris. Un décret devait interdire ces infâmes pratiques. Comment résister à pareille pression, alors que la salle venait d'être envahie par une foule de « citoyennes » glapissantes, qui menaçaient de mettre le feu, conspuaient les députés récalcitrants, surtout les membres du clergé et les aristocrates, braillaient des ordures contre la reine, se livraient à mille grivoiseries aguicheuses et se vautraient dans le siège du président en vociférant : « A bas la calotte ! A mort l'Autrichienne ! Les gardes du roi à la lanterne ! » ?

Vers 4 heures et demie, un premier détachement de gardes du corps essuya des jets de pierre. Les mégères et les brigands se massèrent à l'entrée du château, face à l'avenue de Paris. Les grilles étaient fermées et gardées par la compagnie écossaise. Les assaillants se rabattirent sur celles de droite, défendues par la garde nationale. Les gardes du corps, qui avaient reçu consigne de ne pas tirer, subirent les injures et les menaces de la foule, reçurent des pierres et des paquets de boue. Un soldat fut blessé par un coup de feu.

Mounier, qui présidait l'Assemblée, se rendit au château pour soutenir la demande de pain et de farine des manifestantes. Il prit avec lui cinq Parisiennes, dont une certaine Louise Marguerite, dite Louison Chabry, dix-sept ans, posticheuse au Palais-Royal. Louis XVI les reçut avec bienveillance, écouta leurs doléances. « Que voulez-vous ? » leur demanda-t-il. « Du pain », fit Louison, avant de s'évanouir d'émotion. Il fallut la réconforter avec un verre de vin. Revenue à elle, la grisette demanda la per-

mission de baiser la main du roi. « Vous valez mieux que
cela », lui répondit-il en l'embrassant gentiment sur les
deux joues. Quand les cinq ambassadrices revinrent au
milieu de leurs compagnes, qui les attendaient dans la
cour, toutes transformées et criant « Vive le roi ! », elles
faillirent se faire étrangler ! Elles durent retourner chez lui.
Bonhomme, plein de compassion, Louis dicta à Mgr Champion de Cicé l'ordre de faire venir des blés de Senlis et de
Lagny, ce qui sauva la situation. Avant de prendre congé,
Mounier obtint du roi la permission de revenir à 9 heures
pour lui présenter la motion de l'Assemblée relative à la
Déclaration des droits de l'homme et aux articles de la
Constitution.

Vers 5 heures et demie, le monarque apprit par un aide
de camp du général de La Fayette que la garde nationale
marchait sur Versailles et qu'elle était parvenue à Auteuil.
Que venait-elle faire ? Saint-Priest conseilla au roi de
conserver sa liberté d'action et de se retirer avec sa
famille à Rambouillet. Louis accepta. Aussitôt, le ministre
fit prendre les mesures nécessaires.

Une demi-heure plus tard, alors que les ombres ram-
pantes du crépuscule obscurcissaient la perspective du
Grand Canal, que les berlines se dirigeaient vers la grille
de l'Orangerie, un groupe de manifestants surgit brusquement, se précipita sur les chevaux et trancha les harnais[58].
Une charge des gardes du corps aurait permis de
reprendre le contrôle de la situation. Mais Louis n'avait
pris qu'à contrecœur la décision de partir. Des officiers de
service l'avaient entendu, se promenant à grands pas dans
son appartement, répéter sur un ton de répugnance et
d'accablement : « Un roi fugitif ! Un roi fugitif[59] ! » Sans
doute se souvenait-il du départ de Londres du malheureux Charles Ier et des désastres qui s'étaient enchaînés.
Lui ne voulait pas l'imiter. Necker, profitant d'une
absence de Saint-Priest, avait d'ailleurs semé de nouveaux
doutes dans son esprit : que ferait-on après avoir quitté le
château ? Où trouverait-on de l'argent pour la subsistance

des troupes et de la Cour, alors que Paris était affamé et les provinces épuisées ? Une fois encore, il décida de rester[60]. Un peu plus tard, vers 8 heures, comme des coups de feu étaient tirés contre les gardes du corps, le roi revint à l'idée d'un départ. Il donna ordre de faire préparer les voitures. Cette fois, le personnel de l'écurie et les gardes nationaux de Versailles s'y opposèrent...

Le calme avant la tempête

La nuit était tombée. La foule et les premiers éléments de la garde nationale commençaient à se disperser, à la recherche d'un gîte. Quelques bacchantes échevelées dansaient sur la place d'Armes : « Nous ferons rôtir demain le cœur de l'Autrichienne et nous grillerons les gardes du corps[61]. » Les soldats du régiment de Flandre gagnaient le manège des grandes Ecuries, tandis que, d'ordre du roi, une partie des gardes du corps s'apprêtaient à partir pour Rambouillet, afin de calmer l'agitation. A 9 heures passées, Louis accepta de recevoir la délégation de l'Assemblée conduite par Mounier afin d'obtenir la sanction royale sur la Déclaration des droits de l'homme et la Constitution. Celui-ci ne tenait guère à cette Constitution, qui avait mis à bas toutes ses idées, mais sa qualité de président en exercice lui imposait cette démarche. Louis donna son accord. Mounier voulut un écrit. Le roi prit une plume, traça ces mots : « J'accepte purement et simplement les articles de la Constitution et la Déclaration des droits que l'Assemblée nationale m'a présentés[62] » et remit en pleurant le billet. La déclaration qui consacrait la liberté et les droits fondamentaux de l'homme était signée par un roi enchaîné.

Peu avant minuit, le général de La Fayette, l'air calme, mais fatigué, accompagné de commissaires de la ville de Paris et de quelques officiers d'état-major, arriva à Versailles. Il se rendit d'abord à l'Assemblée puis, fendant la cohue qui bivouaquait sur la place d'Armes, gagna le château. Il expliqua au roi qu'il n'avait pu empêcher les manifestants de venir à Versailles, mais qu'il arrivait pour le défendre avec la milice nationale. Il le supplia de confier à celle-ci la garde des postes extérieurs du château, ce que le roi accepta.

Dans l'attente de cette visite, Louis avait averti Mounier de rassembler le plus grand nombre possible de députés. Le président avait fait battre tambour dans les rues. A une heure du matin, deux cents d'entre eux se retrouvèrent au château. Le roi leur dit : « J'avais désiré d'être environné des représentants de la Nation et de pouvoir profiter de leurs conseils au moment où je recevrais M. de La Fayette ; mais il est venu avant vous et il ne me reste plus rien à vous dire, sinon que je n'ai point eu l'intention de partir et que je ne m'éloignerai jamais de l'Assemblée nationale[63]. »

Rassurée, la reine se retira dans ses appartements, accompagnée de ses deux premières femmes de chambre, Mme Thibault et Mme Augié, sœur de Mme Campan. Le roi se coucha vers 2 heures. Quant à La Fayette, épuisé, après avoir répété qu'il se chargeait de la sécurité du roi et de sa famille, il partit prendre un peu de repos à l'hôtel de Noailles, sans rien prévoir pour protéger le château.

Les gaillardes parisiennes – on les appellera plus tard les « tricoteuses » – continuaient d'occuper la salle nationale. Réconfortées et réchauffées par le pâté, le cervelas, le vin et l'eau-de-vie que Mounier leur avait fait servir, elles songèrent à s'installer. Elles retirèrent sans pudeur leurs nippes, cotillons, jupons, culottes et bas de laine pour les faire sécher et passèrent la nuit pêle-mêle avec leurs compagnons dans les coins sombres des tribunes, où, nous dit la chronique, se déroulèrent des « scènes peu décentes ». L'Assemblée ressemblait à un asile de nuit mal famé, mais jamais peut-être les Menus-Plaisirs n'avaient si bien porté leur nom...

D'autres s'enivrèrent dans les buvettes et estaminets versaillais, restés ouverts pour l'occasion, puis se couchèrent ivres mortes dans les allées, les remises, les auvents, les casernes et même les églises. Nuit d'attente, nuit shakespearienne, pluvieuse et troublée. Des bandes de maraudeurs et de truands tournaient dans les rues boueuses, éclairées de loin en loin par des lanternes fumeuses. Un peu partout on entendait des coups de feu, le roulement lointain des tambours qui battaient la générale, des cris ; des gens éméchés beuglaient des couplets révolutionnaires ; le tocsin sonnait aux clochers des églises...

La journée du 6 octobre

Six heures du matin. Dans la chambre d'apparat de la reine, aux somptueuses tentures vert et or, la pendule, avec une grâce de cristal, se mit à tinter la douce mélodie de *l'Orage* de Simon, paroles de Fabre d'Eglantine : *Il pleut, il pleut bergère...* Dehors, déjà, des coups de feu avaient été entendus sur la place d'Armes. Plusieurs groupes de goules, ivres de carnage, couraient sur la terrasse, envahissaient toutes les issues, se précipitaient dans les escaliers dans un effroyable vacarme. Elles avaient pénétré par la porte de la cour des Princes, restée inexplicablement ouverte, se mettant en chasse des gardes du corps. Alors se déroulèrent des scènes à frémir d'horreur. Un garde en faction dans la cour royale, Pagès des Huttes, fut tué. Un autre, le jeune Varicourt, en sentinelle sur l'escalier de marbre de la reine, fut traîné par la populace. Un impressionnant colosse, à la carrure de bourreau, vêtu d'un costume d'esclave antique, avec une longue barbe – Nicolas Jourdan, dit Nicolas-la-Grande-Barbe –, ancien modèle de l'Académie de peinture, leva sa hache sur le corps sanguinolent de Pagès des Huttes et en trancha la tête. Puis il se chargea de Varicourt, qui se débattait encore. De joie, les spectateurs se barbouillèrent le visage de leur sang.

Dans la salle des gardes de la reine, un soldat courageux, François de Miomandre de Sainte-Marie, se trouva seul entouré de sinistres individus armés de piques, qui ne faisaient pas mystère de leurs intentions homicides envers l'Autrichienne : « Nous voulons couper sa tête, fricasser son cœur et ses foies, et cela ne finira pas là ! » Il eut la force de se dégager et de courir jusqu'à l'antichambre du Grand Couvert. Voyant entrer à l'autre extrémité de la pièce Mme Augié, attirée par le tintamarre, il lui cria, avant d'être rattrapé et blessé à la tête : « Madame, sauvez la reine, ses jours sont en danger ! » La femme de chambre referma précipitamment la porte et en poussa le grand verrou doré, traversa le Salon de la reine puis entra dans la chambre d'apparat, accompagnée de Mme Thibault.

Vite, les deux femmes levèrent leur maîtresse, déjà réveillée par le piétinement et les hurlements de la populace, lui passèrent un jupon, des bas, un casaquin de toile jaune et l'entraînèrent tout échevelée par le passage secret, étroit et sombre, construit en 1775 sous le plancher des Appartements et qui s'ouvrait par une porte dérobée derrière son lit. « Mais que leur ai-je fait ? » soupirait Marie-Antoinette en marchant à tâtons. Enfin, après avoir gravi quelques marches, elle pénétra dans la chambre du roi.

Louis XVI était allé par un autre chemin secret chez la reine. Un soldat l'ayant rassuré, il était parti chercher le dauphin lorsqu'il le vit arriver dans les bras de Mme de Tourzel (la gouvernante des Enfants de France qui avait succédé à Mme de Polignac). Enfin, la reine eut la joie de retrouver le roi, ses enfants et le reste de la famille royale, Mme Elisabeth, Monsieur, Madame et Mesdames tantes. Une longue attente commença. Par la fenêtre, elle voyait, comme une mer en furie, les émeutiers dans la cour de Marbre hurler à son adresse des injures et des cris de mort. Debout sur une chaise, le petit dauphin jouait avec la coiffure de sa sœur en répétant de temps en temps : « Maman, j'ai faim ! »

Deux des rares compagnies de gardes françaises qui n'avaient pas pactisé avec l'insurrection firent évacuer l'intérieur du château et libérèrent les gardes du corps, promis au sort de leurs deux malheureux compagnons. La Fayette, l'étourneau, n'arriva que plus tard (ce qui lui vaudra du journaliste Rivarol le surnom de « général Morphée »). Lui aussi fit tous ses efforts pour ramener le calme et parvint à sauver la vie de plusieurs autres gardes du corps.

Tandis que dans la cour de Marbre la foule criait : « Le roi à Paris ! », « A mort l'Autrichienne ! », Louis XVI, dans la salle du Conseil, consultait ses ministres qui, comme d'habitude, étaient partagés. Necker, qui avait beaucoup insisté pour que le roi restât, ne disait plus rien, ne cherchant pas même à employer l'ascendant qu'il avait conservé sur le peuple pour le rappeler au respect et à la décence. La reine dit à son mari : « Vous n'avez pas su vous décider à partir quand c'était encore possible ; à présent nous sommes prisonniers… Pour moi, je remets mon sort entre les mains de Dieu[64]. »

La Fayette eut une longue conversation avec le roi, au cours de laquelle fut prise la décision d'aller à Paris. Louis, ses ministres et le général de la garde nationale se rendirent alors dans l'ancienne chambre d'apparat de Louis XIV. Le général fit ouvrir la fenêtre du milieu et apparut à la foule, qui l'acclama longuement. On cria : « Le roi au balcon ! » Saint-Priest conseilla au monarque, qui s'était rencogné dans un fauteuil, d'obtempérer, tant les appels de la populace devenaient insistants. Celui-ci, avec courage, s'avança au-devant de la foule en armes, prêt au face-à-face avec la mort. D'immenses « Vive le roi ! » jaillirent, puis « A Paris ! A Paris ! ». La gorge serrée, le roi ne put parler. La Fayette dit en son nom qu'il allait s'occuper de tout ce qui pourrait soulager le peuple. On se mit alors à réclamer la reine. La Fayette alla la chercher dans la chambre à coucher du roi, où elle était restée avec ses enfants. « Madame, lui dit-il, cette démarche est absolument nécessaire pour calmer la multitude. » Rassemblant son énergie, elle s'écria : « En ce cas, dussé-je aller au supplice, je n'hésite plus. » Elle et le général parurent au balcon. Ce fut la stupeur et le silence. Les injures et les murmures haineux s'arrêtèrent soudain. « La reine est fâchée de voir ce qui se passe sous ses yeux, commença le héros des Deux Mondes. Elle a été trompée ; elle promet qu'elle ne le sera plus. Elle promet d'aimer son peuple, d'y être attachée comme Jésus-Christ à son Eglise. » Et, dans un geste de paladin, il lui baisa la main. Magnifique de courage devant le danger, mais la gorge nouée et les yeux emplis de larmes, Marie-Antoinette leva deux fois la main, en signe d'approbation. On cria : « Vive le roi ! Vive le dauphin ! » et quelques « Vive la reine ! », moins nombreux. Etonnante versatilité de cette foule, irrationnelle et impulsive, qui s'apprêtait encore quelques instants auparavant à égorger la malheureuse et à faire des cocardes de ses boyaux !

Louis XVI revint au balcon, entouré de sa femme, de ses enfants, des ministres et de gardes du corps. On eût dit une tombée de rideau. C'en était une, d'ailleurs... Le monarque, préoccupé de sauver la vie de ses serviteurs, demanda la grâce de ses gardes du corps. La foule cria : « Grâce pour les gardes du roi ! » Ceux-ci jetèrent alors dans la cour leur chapeau et leur bandoulière, en signe de ralliement à la Révolution. « Mes amis, déclara le roi d'une voix forte, j'irai à Paris avec ma femme et mes enfants. C'est à l'amour de mes bons et fidèles sujets que je confie ce que j'ai de plus précieux. » Les cris de joie furent bientôt couverts par des décharges de mousqueterie si nourries qu'elles firent trembler les vitres du château[65].

S'éloignant du balcon, la reine s'approcha de Mme Necker et lui confia : « Ils vont nous forcer, le roi et moi, à nous rendre à Paris, avec les têtes de nos gardes du corps portées devant nous au bout de leurs piques[66]. » Revenue dans ses appartements, elle laissa éclater ses sanglots : « Ah ! mon amie, dit-elle à Mme Augié, qu'allons-nous devenir entre les mains de ces barbares, que deviendront mes pauvres enfants ? » A Mme Thibault, qui cherchait à la réconforter en lui déclarant que son séjour à Paris serait sans doute de courte durée, elle ajouta : « Je sens que nous ne reviendrons plus ici... Mes pressentiments ne m'ont jamais trompée. »

Le voyage de Versailles à Paris dura au moins sept heures, et cette sinistre mascarade fut la marche funèbre de la monarchie. Le beau temps était revenu. En avant-garde du cortège, deux individus portaient, fichées sur de longues perches qui se balançaient, les têtes des gardes du corps assassinés. Comme pour mieux consommer leur défaite, ces trophées sanglants étaient escortés d'un déta-chement de gardes du corps désarmés. Suivait un autre garde, blessé, à qui on avait laissé ses vêtements maculés. Il était encadré par deux miliciens qui défilaient sabre au clair. Venaient ensuite d'autres gardes du roi, ayant en croupe des gardes nationaux, des Suisses, des soldats du régiment de Flandre. Le grand carrosse rouge et or, dans lequel se trouvaient Louis XVI, Marie-Antoinette, leurs enfants, Madame Elisabeth, les Provence, Madame de Tourzel, était suivi d'une centaine de voitures. On avait réquisitionné dans Versailles quelques chariots de blé et de farine, ce qui fit dire aux badauds que le peuple rame-nait à Paris « le boulanger, la boulangère et le petit mitron ». Ce hideux cortège, qui s'étirait le long de la route, était entouré de la foule débraillée des femmes, des forts de la Halle, couverts de boue, portant de grandes branches de peuplier, au milieu des piques et des baïon-nettes. Des larronnesses à moitié nues et en transe che-vauchaient les canons, criant « Vive la Nation ! » et chantant à tue-tête des hymnes révolutionnaires ou des chansons grivoises ; aux étapes, on dansait avec frénésie, on criait contre la voiture royale des propos infamants et l'on tirait en l'air des salves de mousqueterie.

« Tâchez de préserver mon pauvre Versailles », avait dit en partant le roi au comte de Gouvernet, fils du ministre de la Guerre. C'était fini. La grande ruche royale était déserte. La monarchie abandonnait pour toujours le palais du Soleil, ses ombres automnales qui engourdissaient le décor de ses salons somptueux, sa terrasse balayée par le vent, ses grands miroirs d'eau et ses volées de feuilles mortes dans les allées, sous le regard souriant de ses Bacchus, Daphné, Flore et Pomone. L'aventure, commencée en ce lieu quelque cent soixante ans plus tôt sur une butte malsaine entourée de marécages, et qui s'était élevée à la hauteur d'une grandiose épopée de pierre, s'achevait dans le silence lourd d'émotion d'un vaisseau fantôme, enveloppé d'une bruine froide et maussade.

Il reste encore de nombreux mystères autour de ces journées révolutionnaires des 5 et 6 octobre, indépendamment de la chronologie exacte des événements qui varie selon les témoignages. Quelle fut la part de la spontanéité et celle de la conspiration dans le mouvement des femmes ? Quel rôle a joué le duc d'Orléans dans cette émeute ? Des témoins le virent se promener dans le château, en frac gris, la badine à la main, le visage souriant, plaisantant avec les émeutiers. Il songeait, manifestement, à tirer parti de la situation. Mais comment une intrigue politique, si habilement menée fût-elle, aurait-elle pu provoquer pareille émeute, manifestement née de la pénurie et de la faim ? Mirabeau a-t-il vraiment voulu organiser un changement de dynastie ou une régence ? Ce n'est pas impossible, mais non prouvé. S'il avait touché, comme d'aucuns l'ont dit, de gros rouleaux d'or du duc d'Orléans, aurait-il paru aussi démuni à ce moment-là ? Quant aux fameuses guinées répandues par le second Pitt, afin de tirer vengeance de la guerre d'Amérique, on les cherche encore...

De ce désastre la responsabilité incombe pour une bonne part aux conseillers du roi, irrésolus et faibles, hormis Saint-Priest. Mais on ne saurait en exempter

Louis XVI, qui ne manqua pas de courage, certes – mais d'un courage passif, comme disait Malouet –, et qui se montra à son habitude indécis. On reste stupéfait devant son pacifisme absolu, préfiguration de ce que sera plus tard la non-violence radicale d'un Tolstoï ou d'un Gandhi. Quelle en était l'origine ? Il y a là quelque chose d'inexplicable. Pendant la guerre des Farines, il avait donné des consignes de fermeté et, au moment de l'affaire Réveillon, n'avait pas agi différemment. Les premières manifestations de ce pacifisme étaient apparues avec les instructions transmises aux troupes le 13 juillet. Il avait refusé de faire tirer sur le peuple. Cela s'était su, d'où la hardiesse des insurgés quand, par exemple, ils avaient assailli les troupes du Royal-Allemand sur la place Louis-XV. Avec les journées d'Octobre, une étape nouvelle était franchie, puisque à ses gardes et aux officiers du régiment de Flandre il était allé jusqu'à interdire la légitime défense, leur ordonnant « de ne pas opposer la force à la force et de s'exposer plutôt aux plus grands dangers[67] ». Inconcevable consigne qui les abandonnait à la mort, comme son épouse elle-même, sauvée *in extremis*. Etait-ce le précepte mal compris de la joue tendue ? Ni la foi ni la pratique religieuse ne l'avaient pour l'heure transformé. Outre son état dépressif, chronique depuis 1787, un seul événement pourrait expliquer ce changement, la mort du dauphin, mais cela reste une hypothèse. En tout cas, l'insurrection avait triomphé. Faute d'avoir su prendre la bonne décision au bon moment, le roi, avec toute sa famille, se trouvait prisonnier du peuple. Du 6 octobre 1789 date véritablement la chute de la monarchie. Ce jour-là, les premières mèches blanches apparurent aux tempes de la reine…

7

L'impossible roi des Français

L'installation aux Tuileries

Entouré de son sinistre cortège, la voiture royale arriva aux barrières de Paris, où l'attendait Bailly. Celui-ci se crut obligé de prononcer une allocution de bienvenue d'une pompeuse dérision : « C'est un beau jour que celui où Votre Majesté vient dans sa capitale avec son auguste épouse, avec un prince qui sera juste et bon comme Louis XVI... » Pas un mot des sanglants événements qui venaient de se dérouler sous les yeux du roi et de la reine, aucune allusion à la contrainte qui leur avait été faite, à leur humiliation, à leurs frayeurs ! Louis répondit dans la même veine : « Je viens avec plaisir et confiance dans ma bonne ville de Paris. »

Allait-on les conduire de suite aux Tuileries après cet éprouvant voyage ? Pas même. On voulut les traîner jusqu'à l'Hôtel de Ville. Louis hasarda une demande : la reine ne pourrait-elle être dispensée de la cérémonie ? Non, répondirent La Fayette et Bailly, sa vie serait en danger. Consternés, le monarque et son épouse durent paraître aux fenêtres de la maison commune, en compagnie du dauphin, à la lueur des torches que l'on approchait de leur visage, comme devant des bêtes curieuses. Cris, discours, applaudissements, acclamations, danses, embrassades, il leur fallut tout supporter, user de fausse affabilité et figer un sourire de circonstance sur leur visage fatigué. Paris illuminé, rassuré d'avoir ses souverains à portée de main, tel un talisman le préservant de la famine, s'appropriait la famille royale avec une joie féroce.

Enfin, à 9 heures et demie du soir, on arriva aux Tuileries. C'était un long bâtiment, commencé sous Catherine de Médicis, selon les plans de Philibert Delorme, et achevé sous Louis XIV, s'étirant autour de trois pavillons : celui de Marsan au nord, celui de l'Horloge, avec son dôme, au centre et celui de Flore au sud. Ce dernier qui avait vue sur la Seine, était relié au Louvre par la longue galerie construite sous Henri IV. Plus ou moins abandonné depuis le séjour qu'y avait fait le jeune Louis XV de 1716 à 1722, le palais comportait quelques appartements pour artistes et courtisans, un théâtre et un pied-à-terre pour la reine, à ses retours d'Opéra. Rien n'avait été préparé pour recevoir les nouveaux venus. On s'entassa, fourbus, dans quelques pièces lugubres et inhospitalières, pendant que Monsieur et Madame gagnèrent leur somptueux palais du Luxembourg. « Comme c'est laid, ici, maman ! » s'exclama le dauphin. « Mon fils, Louis XIV s'en contentait bien ! »

Après une nuit de campement sur des lits de fortune, on essaya de s'organiser en se répartissant les logements démeublés[1]. Le roi s'attribua trois pièces au rez-de-chaussée sur le jardin, une chambre à coucher au premier et un cabinet à l'entresol. La reine s'installa dans un appartement voisin, au rez-de-chaussée de l'aile sud et à l'entresol, faisant coucher Madame Royale et le dauphin au-dessus d'elle, à côté de la chambre de leur père. A cet ensemble s'ajoutèrent un appartement d'apparat, avec chambres de parade, salon de l'Œil-de-Bœuf, antichambres, ainsi qu'une salle de billard, installée dans une partie de la galerie de Diane. C'était fort réduit. Mme de Tourzel, gouvernante des Enfants de France, quelques gentilshommes de service et le personnel prirent possession des pièces voisines. Madame Elisabeth et Mme de Lamballe transportèrent leurs malles dans le pavillon de

Flore. Quant aux ministres, ils furent logés en ville. Pour la première fois, la Cour et le gouvernement se trouvaient séparés.

Le peuple, dès le 7 au matin, voulut jouir du fruit de sa victoire et contempler ses otages dans leur cage dorée. Ceux-ci durent se montrer, les princesses cocarde aux cheveux. On triomphait de leur abaissement ; on les apostrophait ; on leur déversait les griefs rancis : le 14 juillet, leur entourage, leurs mauvais desseins, leur projet de fuite à l'étranger, leur ordre de faire égorger tout Paris. Louis prenait son air inexpressif et niais, qui lui permettait de traverser sans heurt toutes les situations, tandis que la reine, gardant son sang-froid, répondait avec calme et simplicité. Bientôt d'autres femmes se présentèrent, qui parurent plus aimables. Elles lui demandèrent des rubans et des fleurs de son chapeau, qu'elle distribua de bonne grâce.

Un peu plus tard dans la journée, la municipalité et le corps diplomatique vinrent saluer Leurs Majestés, encore brisées par la tragédie de la veille. Mme de Staël, qui accompagnait son mari, ambassadeur de Suède, vit la reine : « Elle ne pouvait prononcer une parole sans que les sanglots la suffoquassent, et nous étions de même dans l'impossibilité de lui répondre[2]. » Un diplomate anglais, lord Robert Fitzgerald, notait pour sa part que « le roi était fort déprimé et parlait peu. La voix de Sa Majesté la reine tremblait et ses yeux étaient pleins de larmes qui coulaient sur son visage. Tous, dans leur entourage, paraissaient plongés dans l'inquiétude et la tristesse[3] ».

Peu à peu la vie s'organisa. Les jours suivants, on entreprit les premières réparations et l'on fit venir de Versailles des chariots de mobilier, tapisseries, tentures, vaisselles, vêtements. On commanda de nouveaux meubles aux Riesener et aux ébénistes accrédités. Pour communiquer plus facilement entre les appartements royaux, on pratiqua des escaliers particuliers. Louis reconstitua ce qui lui tenait le plus à cœur, son cabinet de géographie. Il se fit apporter aussi le grand portrait de Charles Ier par Van Dyck ainsi que le livre de Hume sur la vie de son lointain cousin Stuart. Plus que jamais, il éprouvait le besoin de méditer sur cet effrayant destin, afin d'en éviter la répétition... Les avertissements de Turgot et sa conversation avec Malesherbes l'avaient frappé.

La vie était loin d'avoir l'agrément de Versailles. Le roi, la reine, Madame Elisabeth n'avaient plus qu'une seule Maison. Ils menaient un train monotone, confinés dans leurs entresols et leurs appartements privés, d'où il leur était impossible de s'isoler, les pièces donnant soit sur le jardin, vers la place Louis-XV, soit sur les cours, vers le Carrousel. A l'ouverture de la terrasse – tous les après-midi en semaine, toute la journée le dimanche –, le peuple, pas toujours agressif, mais avec une inconvenante curiosité, venait les observer.

Et cependant, jamais Louis et Antoinette n'avaient connu une telle intimité, qui correspondait au fond assez bien à leur vision d'une vie familiale simple et bourgeoise, dégagée des contraintes protocolaires. Le roi, homme d'habitude, avait repris ses lectures et ses méditations. Entre deux points de tapisserie, la reine s'occupait de l'éducation de ses enfants, « Mousseline », comme elle avait surnommé Madame Royale, et « Chou d'amour », le dauphin. Le monarque faisait réciter les leçons. Il n'était pas particulièrement démonstratif dans ses affections, mais on sentait par de petits signes combien il leur était attaché, particulièrement à Madame Royale, fière et timide petite fille de onze ans. Mme Campan raconte qu'un jour le dauphin, vif et intelligent, demanda à son père « pourquoi son peuple, qui l'aimait tant, était tout à coup fâché contre lui ». Celui-ci le prit sur ses genoux et lui expliqua en quelques mots la convocation des états généraux et le rôle des « méchants qui avaient fait soulever le peuple » et dévoyé la grande réforme du royaume qu'il avait voulu entreprendre avec l'aide des représentants de la Nation. Mais il ne fallait pas en vouloir au peuple[4]. La jeune sœur du roi, Madame Elisabeth, âgée de vingt-cinq ans, ne vivait plus que dans la dévotion et la nostalgie de l'Ancien Régime. L'entente n'était plus au beau fixe avec sa belle-sœur. Avec son frère Artois, toujours à Turin, elle échangeait une correspondance fort compromettante, dans laquelle elle l'encourageait à la plus énergique résistance (sa découverte lui vaudra la mort le 10 mai 1794).

Le tragique de la situation avait rapproché le roi de la religion. Sa foi chrétienne, qui avait toujours été réelle, sans être très intense, occupait une place grandissante, tout en accroissant son inquiétude. L'Oint du Seigneur se demandait s'il ne devait pas interpréter les malheurs qui fondaient sur le pays comme une punition de la Providence. En ce temps-là, le Dieu terrible de l'Ancien Testament n'était jamais bien loin du Dieu de miséricorde de l'Incarnation. Quand Madame Royale fit sa première communion le jour de Pâques 1790, après avoir insisté sur l'importance du sacrement qu'elle allait recevoir, il ajouta : « Priez, ma fille, pour la France et pour nous ; les prières de l'innocence peuvent fléchir la colère céleste[5]. »

La protestation secrète

Cependant, Louis XVI n'entendait pas s'abandonner au pessimisme ni abdiquer le peu de pouvoirs qui lui restait. L'approvisionnement de Paris le préoccupait. Dès le 7 octobre, il convoqua aux Tuileries le maire, le comité des subsistances de la ville et quatre commissaires municipaux et s'informa des besoins les plus urgents de la population. Il étonna ses interlocuteurs par l'étendue de ses connaissances administratives et la pertinence de ses suggestions. Le lendemain, il consentit à dire qu'il ferait des Tuileries sa résidence ordinaire. Le 9, sur le conseil de Necker, il adressa aux Français une proclamation déclarant que c'était volontairement qu'il s'installait à Paris, ajoutant que lorsque l'Assemblée aurait terminé « le grand ouvrage de la restauration du bonheur public », son intention était d'aller visiter les provinces.

La titulature royale elle-même changea. A l'ancienne formule : « Louis, par la grâce de Dieu, roi de France et de Navarre », le 10 octobre, la Constituante substitua la suivante : « Louis, par la grâce de Dieu et la loi constitutionnelle de l'Etat, roi des Français ». Cela permettait de concilier, du moins dans la forme, la tradition capétienne et la Révolution. Certains députés avaient proposé, en rupture complète avec le droit divin, « Louis Ier, empereur des Français »*. En fait, le roi n'était plus que le « premier fonctionnaire héréditaire de la Nation », soumis aux volontés ou aux caprices de ses nouveaux maîtres, l'Assemblée et la plèbe parisienne.

Comment aurait-il pu acquiescer à pareil diktat ? Le 12 octobre, il adressait au roi d'Espagne Charles IV, qui avait succédé à son père en 1788, une déclaration secrète, qui traduisait son appréhension de l'avenir : « Je me dois à moi-même, je dois à mes enfants, je dois à ma famille et à toute ma maison de ne pouvoir laisser avilir entre mes mains la dignité royale qu'une longue suite de siècles a confirmée dans ma dynastie [...]. J'ai choisi Votre Majesté, comme chef de la seconde branche, pour déposer en vos mains la protestation solennelle que j'élève contre tous les actes contraires à l'autorité royale qui m'ont été arrachés par la force depuis le 15 juillet de cette année, et, en même temps, pour accomplir les promesses que j'ai faites par mes déclarations du 23 juin précédent[6]. » Ce document juridique était un moyen de prendre date, de se mettre en règle par avance avec sa conscience et plus tard avec le peuple, pour le cas où il se trouverait obligé de prendre de nouveaux engagements insincères. François Ier, prisonnier de Charles Quint à Madrid, n'avait pas

---

* Depuis quelques années, le terme d'empire était fréquemment utilisé pour désigner le royaume.

agi autrement en faisant enregistrer auprès de deux notaires une déclaration désavouant par avance les serments qu'on se préparait à lui extorquer.

Louis XVI faisait remonter à l'humiliante journée du 15 juillet les décisions qu'on lui avait imposées contre sa volonté. Observons qu'il s'était gardé alors de toute protestation secrète, notamment lorsqu'il avait signé les décrets sociaux consécutifs au 4 août. C'est qu'il croyait pouvoir encore se mouler dans le cadre nouveau et rééquilibrer à son profit la distribution des pouvoirs. Les journées des 5 et 6 octobre marquent non seulement la fin en France de la monarchie traditionnelle, mais aussi la rupture du roi et de la Révolution, du moins une première rupture, car Louis XVI, toujours de bonne composition, toujours plein de trompeuses illusions, essaiera de nouveaux accommodements avec elle.

Cette lettre avait sans doute été inspirée par la reine. La référence au 23 juin 1789 le laisse en tout cas supposer[7]. Depuis ce maladroit coup de barre à droite, Louis, nous l'avons vu, avait évolué, admettant sans grande difficulté l'unité de la représentation nationale et la fin de la société d'ordres. Marie-Antoinette, au contraire, pensait que le programme de la séance royale et son compromis aristocratique et libéral devait servir de référence à la reconstruction du système politique.

La période qui s'ouvre jusqu'à la malheureuse équipée de Varennes, et même au-delà, est pour l'historien l'une des plus énigmatiques du règne. Que pensait vraiment le roi ? Jouait-il double jeu ? Avait-il une politique secrète, comme autrefois Louis XV ? Et, dans ce cas, avec quels agents ? Quand disait-il la vérité ? Agissait-il de concert avec la reine, ou celle-ci se comportait-elle de façon totalement indépendante, aidée de Breteuil et de Fersen ? Les réponses les plus contradictoires ont été données à ces questions. Déjà difficile à lever dans les mois précédant la tempête révolutionnaire, le voile du mystère royal semble s'épaissir.

La nouvelle situation politique

Un fait est sûr, l'isolement du roi et de la reine ne faisait que croître. Les modérés de l'Assemblée, sur qui ils
auraient pu compter pour stabiliser la situation, s'éloi-
gnaient les uns après les autres. Mounier, le héros de
Vizille, avait quitté l'Assemblée désabusé et, ne parvenant
à organiser la résistance en Dauphiné, avait fini par passer la frontière. Lally-Tollendal en avait fait autant. Seul
le solide Malouet était resté, mais il se heurtait à l'intransigeance des Noirs et à l'hostilité de la gauche.

L'homme fort était pour l'heure le commandant de la
garde nationale, La Fayette, véritable maire du palais, au
sommet de sa puissance. La reine n'avait jamais beaucoup
prisé le beau Gilbert qui mettait des perruques blondes
pour plaire aux dames, mais, depuis qu'il avait failli la
laisser se faire assassiner dans son lit, elle le haïssait carrément. Louis XVI se devait de jouer plus finement, en
ménageant le vaniteux « Gilles César » (comme l'appelait
Mirabeau). Dans la rivalité qui opposait l'avantageux marquis au tortueux duc d'Orléans, il ne pouvait qu'aider le
premier à se débarrasser de son perfide et encombrant
cousin. Sous la menace de faire la vérité sur les journées
d'Octobre et les obscurs agissements de ses agents, il ne
fut pas difficile de lui faire accepter une mission en Angleterre et même de lui laisser miroiter un hypothétique
royaume dans les Pays-Bas autrichiens. Cela correspondait à un exil de plusieurs mois. Orléans ne revint en
France qu'en juillet 1790.

Dans sa recherche d'un point d'appui lui permettant
d'affermir sa position, Louis XVI alla très loin avec La
Fayette, lui offrant à deux reprises, en octobre 1789 et en
mai suivant, le bâton de maréchal de France, l'épée de
connétable et même la fonction de lieutenant général du
royaume. Mais le prudent héros des Deux Mondes refusa,
considérant l'offre royale comme un cadeau empoisonné.
Craignant de se compromettre avec l'occupant des Tuile-

ries, il préférait flotter au gré de l'opinion et asseoir sa popularité sur la haute et moyenne bourgeoisie parisienne qui l'adulait.

L'équilibre des pouvoirs avait été sensiblement modifié par les journées d'Octobre. L'Assemblée nationale, qui s'était déclarée inséparable du roi, se transporta à Paris où elle allait se trouver durablement sous l'influence des foules révolutionnaires. Elle s'installa dans la salle du Manège, un quadrilatère six fois plus long que large, parallèle à la Seine, qui occupait l'emplacement de l'actuelle rue de Rivoli. Dans cet espace mal commode, peu fait pour loger tant de monde, on avait élevé six rangées de banquettes en gradins et, à chaque extrémité, neuf rangées de tribunes pour le public. Le bureau du président occupait le centre, du côté des Tuileries, face à la tribune des orateurs. Avec quelques draperies, des bustes en plâtre et de faux marbres, le décor à la romaine était vraiment sobre, pour ne pas dire austère.

Le poids politique des clubs devenait prépondérant, notamment cette Société des Amis de la Constitution, issue du Club breton, où se retrouvait la gauche, des triumvirs à Robespierre. Celle-ci s'était installée dans le couvent des dominicains (l'actuel marché Saint-Honoré), d'où leur nom courant de club des Jacobins, et formait un parti politique avec des cadres, des militants et de nombreuses ramifications provinciales.

La prolifération des gazettes de ruisseau entretenait la licence de la presse que rien ni personne ne parvenait à contrôler. Des journalistes frénétiques, tels Marat, Hébert, Brissot ou Desmoulins, tempêtaient, se répandaient en diatribes haineuses, colportant sans vergogne mensonges et calomnies. Le camp opposé tenta de répliquer derrière le publiciste genevois Mallet du Pan ou d'autres classés plus à droite comme l'abbé Royou ou François Suleau. Aux imprécations furieuses du *Père Duchesne* et de *L'Ami du peuple* répondaient les invectives non moins violentes des *Actes des Apôtres*, du *Journal politique*, du *Journal général de la Cour et de la Ville* ou de *L'Ami du roi*[8]. Calme et silencieux, Louis XVI toujours s'informait, lisait les journaux, mais ne pouvait que s'affliger de la dégradation de l'opinion, largement dominée par les surenchères de l'extrême gauche.

Le chaos s'étendait à presque toute la France. L'armée était gangrenée par l'indiscipline. Des régiments entiers vivaient en état permanent de mutinerie. Des officiers émigraient. Des rixes sanglantes éclataient. Un climat insurrectionnel s'était installé dans certaines grandes villes, comme Lyon ou Marseille. L'anarchie avait gagné les ports militaires, Brest, Toulon, Rochefort, où les escadres n'obéissaient plus.

Les réformes de la Constituante, marquées par un rationalisme ravageur, sans transition ni souci d'empirisme, abolissant de façon précipitée toute l'organisation de l'Ancien Régime, ne poussaient pas à l'apaisement des esprits. Ainsi, l'ensemble des tribunaux existants avait été supprimé et remplacé par une nouvelle organisation judiciaire, avec des juges élus directement par le peuple. Les anciennes provinces avaient disparu et la carte du royaume avait été redistribuée en départements, cantons et communes, avec à tous les niveaux des représentants élus. Œuvre salutaire, majeure à bien des égards, mais ne tenant compte ni de l'Histoire ni du temps. Mirabeau avait été heureux d'empêcher le plan de l'avocat Thouret prévoyant le découpage de la France en quatre-vingts départements carrés de dix-huit lieues de côté, divisés en neuf cantons de superficie égale…

Quant au pouvoir royal, systématiquement suspect au législatif, il était sur le point de disparaître. Restreint au domaine administratif, le veto suspensif ne s'appliquait pas aux lois constitutionnelles que l'Assemblée promulguait au petit bonheur. Une des rares prérogatives que conservait Louis XVI était de nommer librement les ministres. Mais ceux-ci, malmenés par les députés, gênés par les comités que l'Assemblée multipliait à plaisir, étaient menacés, au moindre écart, d'être déférés au Châtelet pour crime de lèse-Nation. Même l'aura de ce bon M. Necker s'était dissipée.

Le seul domaine où le roi conservait encore une marge de manœuvre appréciable était la politique extérieure qu'il connaissait infiniment mieux que les élus. Montmorin et lui s'employaient à rassurer les têtes couronnées d'Europe, médusées et frappées par la crainte de la contagion révolutionnaire*. A l'hiver de 1790, les tensions devinrent très vives entre l'Angleterre et l'Espagne, à la suite d'un incident naval. Tout en prêchant l'apaisement, Louis XVI entendait rester fidèle au Pacte de Famille. Répondant aux menaces de William Pitt, qui manœuvrait jusque dans les couloirs du Manège, il ordonna l'armement de quatorze vaisseaux de ligne. Montmorin en demanda les crédits à l'Assemblée.

Même en ce domaine, il fallut déchanter. Ses pouvoirs, son droit de négocier les traités et de déclarer la guerre furent sérieusement limités par la Constituante le 22 mai 1790. Le monarque pouvait proposer la guerre, mais celle-ci devait faire l'objet d'une décision formelle de l'Assemblée qui se réservait en outre le droit d'imposer l'ouverture de négociations de paix pendant le déroulement des hostilités. Louis en éprouva une « vive douleur[9] », considérant que c'était le cœur du métier de roi qui se trouvait atteint. On avait promis de lui laisser la plénitude du pouvoir exécutif, il ne l'avait plus...

Pourtant, il demeurait hostile à la guerre civile. Il rejeta ainsi la proposition du comte de Virieu et d'autres députés, membres du Salon français, qui voulaient susciter en province un mouvement de protestation contre le sort qui lui était réservé aux Tuileries. « Il jugeait malheureusement le cœur des hommes par le sien, disait Mme de

---

* En novembre 1789, les Pays-Bas autrichiens avaient proclamé leur indépendance sous le nom d'*Etats belgiques unis*. La rébellion dura un an. La Bohême, la Hongrie avaient également connu une forte agitation politique.

Tourzel, et croyait impossible que tant de patience et tant de bonté ne puissent ramener des sujets égarés[10]. » Il pensait que le temps serait son allié...

La Cour des Tuileries

Cependant, les tenants de la monarchie constitutionnelle, les La Fayette, les Bailly et leurs amis, se sentant menacés par les foucades impétueuses de la rue, comprirent qu'ils avaient tout intérêt à renforcer non le pouvoir royal, mais la dignité, la splendeur du trône, bref à ménager les apparences derrière lesquelles ils édifieraient leur propre domination. C'est la raison pour laquelle ils tinrent à reconstituer un semblant de Cour.

Afin de couvrir les dépenses du roi, une liste civile de 25 millions par an lui fut reconnue le 9 juin 1790, grâce à l'appui de Mirabeau. Cette enveloppe, même si les députés devaient y inclure ultérieurement les pensions militaires et civiles, les dépenses des princesses, n'était nullement négligeable (elle était même supérieure aux dépenses des derniers budgets de l'Ancien Régime). S'y ajoutaient les revenus de certaines propriétés domaniales devenues propriétés d'Etat, fermes et forêts de Versailles, Saint-Germain, Saint-Cloud, Fontainebleau, Compiègne et Rambouillet (les autres terres étant appelées à être vendues). Arnaud de La Porte, ancien intendant de la Marine et éphémère ministre du gouvernement Breteuil, fut nommé intendant de la Liste civile, caisse indépendante du secrétariat d'Etat à la Maison du roi (devenu ministère de l'Intérieur le 7 août 1790), et dont Louis XVI avait une totale liberté d'emploi.

La Cour ressuscita donc de ses cendres. Le service d'honneur et domesticité, y compris les huissiers, valets de chambre, contrôleurs de la Bouche et du Gobelet représentaient 677 personnes. Environ la moitié des titulaires des 200 charges curiales donnant droit à un logement dans le château de Versailles se retrouvèrent aux

Tuileries. Le roi avait gardé les quatre premiers gentils-hommes de sa Chambre, le capitaine des Cent-Suisses de sa garde, le grand prévôt de France et le grand maréchal des logis. Thierry de Ville d'Avray et Chamilly, ses premiers valets, étaient présents. « J'ai besoin de regarder ceux qui me sont restés fidèles pour consoler mon cœur affligé », confia-t-il un jour à Mme de Tourzel[11]. L'émigration n'avait qu'en partie affecté les hauts dignitaires, 12 sur 28. C'est ainsi que Bailly reçut les entrées de la chambre, tout comme Pastoret, procureur général du département, et le futur maréchal Berthier, aide-major général des logis de la garde nationale. La Fayette, qui avait ce privilège, reçut celles du cabinet. L'abolition en juin 1790 des titres de noblesse supprima *de facto* l'obligation des preuves d'ascendance remontant à l'an 1400, mais le système des présentations subsista. Chaque jour se déroulait la cérémonie du lever et du coucher. Le roi recevait les ambassadeurs en audience solennelle et assistait publiquement à la messe. Les dimanches et mardis, la famille royale dînait au grand couvert dans la galerie de Diane. Les soirs de semaine, à 8 heures et demie, le couple Provence venait souper, puis regagnait le Luxembourg passé 11 heures et demie. Mais il manquait l'essentiel : les concerts, les bals, les fêtes et surtout l'insouciance, la douceur de vivre…

Moins guindée qu'à Versailles, l'étiquette survivait. Mlle Bertin, qui avait repris sa charge de modiste, confectionnait pour la reine des robes plus simples, et Léonard des coiffures moins extravagantes. Le protocole avait été modifié et surtout allégé, au grand chagrin du marquis de Dreux-Brézé. Signe d'embourgeoisement, on rencontrait aux Tuileries quantité d'individus qu'on n'aurait pas tolérés auparavant. Les districts de Paris et les corps des marchands étaient admis à présenter leurs hommages au monarque. Les membres des corps constitués ne s'agenouillaient plus devant lui, et les députés n'étaient point obligés de porter leur costume de cérémonie. Au lieu de l'habit de satin ou de soie, de rigueur à Versailles, on por-

tait le frac bleu ou noir. Les Parisiens tiraient fierté de la
résurrection de cette Cour. « Qu'est-ce que votre roi ?
disaient-ils aux Anglais. Il est mal logé. Cela fait pitié en
vérité. Voyez le nôtre... Quelle grandeur ! Quel éclat !
Quelle magnificence[12] ! »

Deux changements d'importance étaient cependant
intervenus, qui montraient que le souverain n'était pas si
libre qu'on voulait le faire accroire. D'abord, la sécurité du
château n'était plus assurée par ses Cent-Suisses et ses
gardes du corps, mais par la garde nationale de Paris,
soupçonneuse et défiante. Certes, au sein de celle-ci, il y
avait encore beaucoup de citoyens fidèles, mais ils étaient
condamnés au silence. Les factieux, les anciens gardes
françaises, les Vainqueurs de la Bastille et les coupeurs de
tête tenaient le haut du pavé. Chacun des soixante
bataillons (un par district) montait la garde pendant
vingt-quatre heures. Comment pouvait-on assurer que le
roi était libre alors qu'il ne commandait même pas ceux
qui étaient chargés de sa sécurité ?

D'autre part, Louis ne chassait plus. On ne le lui avait
pas interdit, bien au contraire, mais c'était lui qui refusait,
avec cette obstination passive qu'il savait montrer lorsqu'il
était profondément contrarié. Il restait claquemuré dans
son appartement, tenté par l'inaction, ne faisant que
quelques rares visites dans Paris, accompagné de la reine,
aux Enfants trouvés ou à la manufacture de Saint-Gobain,
faubourg Saint-Antoine. Cette absence d'exercice devenait
une affaire d'Etat. On s'en étonnait. Dans son carnet personnel, Louis usait d'une étrange formule pour dire qu'il
ne pratiquait plus son sport favori. Le 12 octobre 1789,
par exemple, il écrivait : « Le cerf chassait à Port-Royal »,
au lieu d'écrire, comme précédemment : « Chasse au cerf
à Port-Royal ». Le 14 septembre 1790, il notait : « Le cerf
chassait pour la dernière fois », pour signifier sa renonciation définitive et la dispersion de ses équipages. Curieux
homme en vérité ! La reine était parvenue à le forcer à
faire chaque jour une partie de billard, de façon à prendre

un peu d'exercice. Mais le remède était insuffisant pour empêcher l'embonpoint.

Afin d'ôter aux provinces l'idée que la famille royale était retenue à Paris, La Fayette et ses amis l'encouragèrent à passer la belle saison au château de Saint-Cloud, du 6 juin au 2 novembre 1790. Le roi, la reine, les enfants, Madame Elisabeth quittèrent la capitale, accompagnés d'une partie de la garde nationale et des gardes suisses. Dans ce cadre champêtre, dans le frémissement des grands arbres et de la forêt ombreuse et silencieuse, les tensions s'apaisèrent... Le roi reprit ses randonnées à cheval. La reine, en pierrot de linon blanc, fichu bouffant et grand chapeau de paille avec rubans lilas flottant au vent, se promenait avec ses dames de compagnie. Il y eut quelques comédies, quelques concerts, des soirées délicieuses. Malgré l'espionnage tatillon des aides de camp de La Fayette, Louis et Antoinette avaient l'impression d'être presque libres. L'espoir renaissait. Jours heureux de douces illusions ! Afin de ne pas donner trop d'inquiétude à leurs gardiens et de calmer les cris des clubs populaires, le roi et la reine revenaient tous les quinze jours à Paris.

Le discours du 4 février 1790

Dans les mois qui suivirent les journées d'Octobre, Louis XVI connut un regain de popularité, qui embarrassa l'aile gauche des révolutionnaires et l'incita à reprendre l'initiative. Encouragé par son Conseil, il décida de se rendre à l'Assemblée le 4 février 1790 et d'y prononcer un important discours politique. Pour éviter d'avoir l'humiliation de s'asseoir dans un fauteuil qu'on avait mis au même niveau que celui du président, il parla debout, devant les députés, contraints de se lever :

« Messieurs, la gravité des circonstances où se trouve la France m'attire au milieu de vous. Le relâchement progressif de l'ordre et de la subordination, la suspension ou l'inactivité de la justice, les mécontentements qui naissent des privations particulières, les oppositions, les haines malheureuses qui sont la suite inévitable des longues dissensions, la situation critique des finances et les incertitudes sur la fortune publique, enfin l'agitation générale des esprits, tout semble se réunir pour entretenir l'inquiétude des véritables amis de la prospérité et du bonheur du royaume [...].

« Je crois le moment arrivé où il importe à l'intérêt de l'Etat que je m'associe d'une manière encore plus expresse et plus manifeste à l'exécution et à la réussite de tout ce que vous avez concerté pour l'avantage de la France [...].

« Le temps réformera ce qui pourra rester de défectueux dans la collection des lois qui auront été l'ouvrage de cette Assemblée ; mais toute entreprise qui tendrait à ébranler les principes de la Constitution même, tout concert qui aurait pour but de les renverser ou d'en affaiblir l'heureuse influence ne serviraient qu'à introduire au milieu de nous les maux effrayants de la discorde. [...] Que partout on sache que le monarque et les représentants de la Nation sont unis d'un même intérêt et d'un même vœu [...].

« Je défendrai donc, je maintiendrai la liberté constitutionnelle dont le vœu général a consacré les principes. [...] De concert avec la reine, qui partage tous mes sentiments, je préparerai de bonne heure l'esprit et le cœur de mon fils au nouvel ordre de choses [...]. Je l'habituerai dès ses premiers ans à être heureux du bonheur des Français [...].

« Je ne dois pas le mettre en doute : en achevant votre ouvrage, vous vous occuperez sûrement avec sagesse et candeur [*sincérité*] de l'affermissement du pouvoir exécutif, cette condition sans laquelle il ne saurait exister aucun ordre durable au-dedans ni aucune considération au-dehors. Nulle défiance ne peut raisonnablement vous rester ; ainsi il est de votre devoir, comme citoyens et comme fidèles représentants de la Nation, d'assurer au bien de l'Etat et à la liberté publique cette stabilité qui ne peut dériver que d'une autorité active et tutélaire. [...] Sans une telle autorité, toutes les parties de votre système de constitution resteraient à la fois sans lien et sans correspondance [...].

« Puisse cette journée où votre monarque vient s'unir à vous de la manière la plus franche et la plus intime être une époque mémorable dans l'histoire de cet empire[13] !... »

Ce discours, rédigé avec l'aide de Necker, est important[14]. Nombre d'historiens ont douté de sa bonne foi. Pourtant, il s'accordait assez bien au roi, qui acceptait les principes nouveaux de liberté et d'égalité et qui, pour la première fois, montrait sa volonté de se placer à la tête de la Révolution, sous réserve de rééquilibrer la distribution des pouvoirs. Louis fut acclamé et interrompu à plusieurs reprises par des applaudissements. Après son départ, l'immense majorité des députés prêtèrent le serment civique : « Je jure d'être fidèle à la Nation, au Roi et à la Loi, et de maintenir de tout mon pouvoir la Constitution décrétée par l'Assemblée et sanctionnée par le roi. » A l'Hôtel de Ville, les membres de la Commune firent de même. Dans l'enthousiasme, ils décidèrent d'envoyer une délégation aux Tuileries et de faire chanter un *Te Deum* d'action de grâces le dimanche suivant à Notre-Dame.

Malheureusement, le soufflé retomba vite. Lorsque Malouet voulut profiter de l'effet produit en demandant à la Constituante de voter un décret reconnaissant le roi comme chef effectif des armées et de l'administration, la majorité, toujours imbue de son absolutisme souverain, refusa et passa à l'ordre du jour...

La difficulté pour Louis XVI venait de ce qu'il ne disposait à l'Assemblée d'aucune base solide. La gauche se méfiait de lui et de son entourage alors que la droite s'affligeait de le voir se rallier à une Constitution qui n'était même pas achevée et dont elle récusait les fondements. Aussitôt après le discours royal, Mirabeau-Tonneau avait spectaculairement cassé la lame de son épée en s'exclamant : « Les serviteurs ne peuvent que briser leur épée lorsque le roi brise son sceptre[15] ! »

Cherchant à regrouper les députés du centre droit, partisans d'un pouvoir monarchique fort, mais conservant les acquis de la Révolution et faisant cause commune avec le peuple contre la noblesse réactionnaire, Malouet avait fondé après les journées d'Octobre le club des Impartiaux, afin de faire contrepoids au club des Jacobins. Cette nouvelle formation politique ne comporta jamais plus d'une quarantaine de députés. Au début, quelques éléments du centre gauche, qu'on appelait les Constitutionnels, tels La Fayette, les ducs de La Rochefoucauld et de Liancourt, assistèrent avec intérêt à sa naissance, mais s'en éloignèrent assez rapidement, devant l'insistance de Malouet et ses amis à vouloir renforcer l'exécutif. Pour eux, le législatif devait avoir la prééminence. Aux Impartiaux succéda le club des Amis de la Constitution monarchique, créé par le comte de Clermont-Tonnerre et auquel Malouet apporta son appui. Cette expérience du « juste milieu », récusée par la droite, n'eut malheureusement pas plus de succès[16].

Ayant perdu le centre monarchien*, sur lequel il n'avait pas pu ou pas su s'appuyer en temps voulu, mais qui pourtant correspondait à ses vues politiques, le roi se trouvait dans un total isolement. A droite, plus personne, hormis, à l'extérieur, le comte d'Artois et les Condé, ne souhaitait le retour à l'absolutisme traditionnel. Les émigrés, comme les Noirs de l'Assemblée, aspiraient à une monarchie aristocratique, avec ses parlements et ses états provinciaux, tenant le roi en tutelle et conservant les bases sociales de l'Ancien Régime. Ils voyaient en Louis XVI l'otage de la Révolution, cherchant misérablement un compromis avec elle, ce qui leur faisait horreur. Peu leur importait dès lors son sort. Tentés par la poli-

---

* Ce mot, d'abord utilisé par dérision, servit bientôt à désigner ce courant politique, né avec Mounier et les amis de Loménie de Brienne et affermi par Malouet.

tique du pire, ils préféraient pactiser avec les Constitutionnels et l'extrême gauche plutôt qu'avec Malouet et les Monarchiens, de façon à accélérer l'effondrement final et la recomposition de la société.

Le seul atout qui restait au roi était la maîtrise de la Liste civile. Avec la collaboration de son administrateur, Arnaud de La Porte, il chercha à agir secrètement sur les événements, subventionnant les pamphlétaires et essayant de créer un courant d'opinion en sa faveur. Innombrables étaient les royalistes en France. Hélas ! Là encore, faute de relais, faute de réseaux, faute d'une presse structurée, abandonné par une partie de la noblesse, il échoua.

Les rêves et les ambitions de M. de Mirabeau

A côté de La Fayette, un autre personnage dominait la scène politique, Honoré Gabriel Riqueti, comte de Mirabeau. Tout a été dit sur ce flamboyant et sulfureux personnage à la laideur repoussante, débauché, licencieux, pornographe, joueur, perdu de dettes, duelliste impénitent, qui avait tâté de toutes les geôles de France. Jouteur tonitruant, tonnant orateur – quoique parfois cabotin – pétrifiant son auditoire par ses audaces, il était haï de beaucoup et méprisé de la Cour. Mais c'était un visionnaire aux vastes desseins, un géant politique qui portait en lui le monde moderne, Mirabeau le Grand, dira Louvet. Il allait son train, au gré de manœuvres alambiquées, démagogiques, contradictoires. Certes, le 23 juin 1789, il s'était opposé au roi, mais c'était le roi qui avait brusquement changé, en voulant s'appuyer sur le clergé et la noblesse contre le tiers état. Lui restait l'homme du peuple. Orléans, le velléitaire, l'ayant déçu, le tribun provençal cessa de placer ses espoirs dans un changement de dynastie. Pour tout dire, il s'effrayait de la marche de la Révolution et, comme beaucoup de ceux qui avaient puissamment contribué à la déclencher, n'avait de cesse de vouloir la stabiliser. Homme vénal, tout en ayant des convictions inébranlables, il était prêt à servir secrètement le roi et la reine. Sa conception d'une démocratie royale, à équidistance de la Contre-Révolution, du régime d'assemblée et de la dictature populaire, impliquait un pouvoir monarchique fort, dont il se serait bien vu le Premier ministre. Plus démocrate que les Monarchiens, il n'en était pourtant pas très éloigné.

Restait à convaincre les intéressés. La reine ne voulait pas entendre parler de lui. Au comte Auguste de La Marck, prince d'Arenberg, grand seigneur des Pays-Bas autrichiens, député de la noblesse du Quesnoy aux états généraux et ami de l'orateur, elle avait déclaré : « Nous ne serons jamais assez malheureux, je pense, pour être réduits à la pénible extrémité de recourir à Mirabeau[17]. » Comment alors approcher le roi ? A la mi-octobre 1789, La Marck présenta son projet à Monsieur, qui en approuva les grandes lignes, mais assura aussitôt que son aîné ne s'y rallierait sûrement pas.

En réalité, le comte de Provence menait sa propre intrigue. Elle consistait, semble-t-il, à faire enlever le roi par une troupe armée – car on savait bien qu'il ne partirait pas de lui-même –, et à le conduire à Péronne. Il ne s'agissait nullement d'une Contre-Révolution. A l'intérieur du plan se cachait un plan encore plus secret, tortueux, comme l'était l'esprit de son auteur. Provence comptait profiter de l'émotion soulevée par le départ de la famille royale, qui prendrait la forme d'une fuite, pour se faire octroyer le titre de régent du royaume et peut-être, si son aîné était déchu du trône, se faire proclamer Louis XVII... Un joli coup de billard !

Cette entreprise nécessitait au préalable de recruter des hommes de main. Pour cela, il fallait de l'argent. Un petit gentilhomme de son entourage, chevalier de Saint-Louis – qui avait été premier lieutenant de ses gardes suisses –, Thomas de Mahy de Favras (nom qu'il déforma en marquis de Favras, sans doute pour se hausser du col devant la fille de la princesse d'Anhalt-Bernburg-Schaumburg, qu'il épousa), fut chargé de lever un emprunt de 2 millions de livres auprès de banquiers, sous prétexte de vieilles dettes à régler[18].

Le choix de ce personnage n'était pas des plus pertinents. C'était un exalté, au grand cœur certes, ardent et généreux, mais à l'imagination débordante et à l'esprit entreprenant. Ses imprudences le firent vite repérer par les sbires de La Fayette. Il fut dénoncé, pris en filature et arrêté avec sa femme dans la nuit du 24 décembre 1789. Le lendemain, jour de Noël, un billet signé d'un mystérieux Barrauz dénonçait son plan comme visant à « faire assassiner M. de La Fayette et M. le Maire et ensuite nous couper les vivres. Monsieur, frère du roi, était à la tête ». Ce texte avait été imprimé et largement diffusé, vraisemblablement par les soins du commandant de la garde nationale, afin d'effrayer le comte de Provence et de donner un vigoureux avertissement à tous ceux qui voudraient enlever le roi. Dès le lendemain soir, Louis Stanislas se rendit à l'Hôtel de Ville. Il ne nia pas l'emprunt de 2 millions et sa garantie donnée à Favras, mais assura ne rien savoir du plan d'évasion ni de cet horrible projet d'assassinat*. Enfin, il protesta de son patriotisme, sous les applaudissements : « Je n'ai pas cessé de croire qu'une grande Révolution était prête, que le roi,

---

* Il est probable que le plan d'évasion de la famille royale avait d'abord été conçu par Favras seul et que Monsieur, toujours prudent, y avait adhéré ensuite, avec l'arrière-pensée de l'utiliser à son profit, en cas de réussite. Il apporta son soutien au projet d'emprunt de 2 millions, qui ne passait pas par les canaux ordinaires, preuve de sa complicité. Ernest Daudet a publié dans le *Correspondant* du 10 janvier 1910 un texte de Louis XVIII dicté à M. de Blacas : « Je n'aurais pas dû écouter les projets de M. de Favras, je n'aurais pas dû les désavouer. » De sa main, le roi avait ajouté en note : « Je dois dire pourtant que s'il y entrait, en effet, des assassinats, je les ai ignorés ; je n'ai connu qu'un plan d'évasion. »

par ses intentions, par ses vertus, par son rang suprême, devait en être le chef… » C'était du Mirabeau.

Cette opportune conspiration renforçait si bien son emprise sur la famille royale que La Fayette ne lâcha pas sa proie. Le dossier, instruit par Omer Talon, lieutenant civil au Châtelet, fut chargé à l'excès de dénonciations d'indicateurs de police et d'individus suspects. Le procès fut public, spectaculaire et souleva une grande émotion. La foule houleuse voulait une nouvelle tête et ne cessait de manifester. Favras avoua le projet d'enlèvement, mais nia énergiquement les autres. Allait-il dénoncer son commanditaire ? D'après certains témoignages, il avait écrit, sur quatre grandes pages, une entière confession qu'il entendait lire devant le tribunal. Le 16 janvier 1790, Omer Talon réussit, après plusieurs heures de promesses et de chantage, à la lui soutirer.

Le 18 au soir, condamné par les magistrats du Châtelet à faire amende honorable à Notre-Dame et à être pendu, l'inculpé fut exécuté en place de Grève le lendemain soir, à la lumière des lampions. « Allons, saute, marquis ! » lança dans la foule un gavroche, sans doute amateur de Marivaux. C'était la première grande exécution de la Révolution. Par esprit chevaleresque, Thomas de Mahy de Favras était mort sans parler.

Le supplice de ce dévoué gentilhomme affecta beaucoup le roi et la reine, qui ne connurent que la première partie du plan, sans ses machiavéliques ressorts. Ils auraient bien voulu le sauver, mais comment* ? Ils étaient fort inquiets du zèle intempestif de certains de leurs partisans qui compromettaient leur position déjà si fragile. Quant à Monsieur, c'est avec un soupir de soulagement qu'il apprit la mort silencieuse de son agent : « Ouf ! se serait-il exclamé… Allons dîner[19] ! »

Mirabeau, qui avait conseillé Provence pendant l'affaire, avait perdu toute illusion sur le personnage : « Du côté de

---

* Louis XVI fit remettre 30 000 livres à sa veuve, par l'intermédiaire de Septeuil, trésorier de la Liste civile.

la Cour, écrivait-il à La Marck le 27 janvier 1790, oh ! quelles balles de coton ! quels *tâtonneurs* ! quelle pusillanimité ! [...] Ce qui est au-dessous de tout, c'est Monsieur[20]. »

S'appuyant sur La Fayette et les triumvirs, celui-ci chercha alors diverses combinaisons pour se débarrasser de Necker, renouveler le ministère et y faire son entrée avec ses amis, La Marck, Talleyrand et Clavière. Il avait même contacté le garde des Sceaux, Mgr C ampion de Cicé. Ces intrigues se heurtèrent à l'intransigeance de la reine : « Un ministère à Mirabeau ? Jamais ! Donnez-lui de l'argent tant qu'il voudra, mais pas un ministère. » Toutes ses tentatives souterraines s'effondrèrent définitivement quand un amendement, proposé par Lanjuinais, interdisant à tout député de devenir ministre pendant la durée de l'actuelle cession, fut voté le 7 novembre 1789. D'un point de vue constitutionnel, cela n'améliorait pas les relations entre l'exécutif et le législatif, ni ne facilitait l'émergence d'un régime parlementaire. A court terme, cette disposition barrait la route du pouvoir au Provençal.

Mirabeau, conseiller secret de la reine

Cependant, l'ambition de Mirabeau finit par croiser le désir de la reine de jouer un rôle politique plus actif. En effet, elle avait cessé d'assister au Conseil ainsi qu'aux différents comités ministériels. N'ayant plus de ministre à elle, susceptible de la tenir au courant, comme autrefois Castries, Loménie de Brienne ou Breteuil, elle éprouvait bien du mal à savoir ce qu'il s'y disait. Montmorin, le seul survivant du ministère Necker, n'était pas toujours très fiable. Quant à Louis, il était toujours d'un mutisme navrant.

En avril, les premières négociations se nouèrent entre Mercy-Argenteau, le comte de La Marck et Mirabeau. La reine n'accepta de les poursuivre qu'après que La Marck lui eut assuré que son ami n'avait en rien trempé dans les journées d'Octobre. En mai 1790, il fut convenu que le député d'Aix écrirait six lettres exposant ses vues et donnant des conseils pratiques, moyennant paiement par la Cour de ses dettes (208 000 livres), une rétribution mensuelle de 6 000 livres et une promesse d'un million de livres à la séparation de l'Assemblée. C'était énorme, mais l'insatiable Riqueti affirmait qu'il avait besoin de cet argent pour gagner des députés à la cause royale...

La position du roi dans cette affaire n'est pas parfaitement clarifiée : sans doute a-t-il été mis au courant des démarches de sa femme dès le début et les a-t-il approuvées. Après tout, les avis de M. de Mirabeau pouvaient s'avérer fort utiles. Et comme La Fayette et les ministres, principalement Necker, devaient les ignorer, il lui parut normal que sa femme servît d'intermédiaire, à charge pour elle de lui en donner la substance.

Le nombre de *Notes à la Cour* ne fut pas de six, comme prévu, mais de quarante-neuf, la dernière datée du 17 janvier 1790. Certaines étaient adressées à Marie-Antoinette et leur ton dénotait qu'elles étaient destinées à elle seule. Mirabeau osait y critiquer l'indécision du roi et recommander à son épouse d'introduire auprès de lui « un habile agent de son influence secrète », ou encore de placer dans l'entourage des ministres des hommes sûrs, lui permettant de « tenir secrètement les rênes de l'Etat ». « Le roi n'a qu'un homme, disait-il encore dans une note du 20 juin, c'est sa femme. Il n'y a de sûreté pour elle que dans le rétablissement de l'autorité royale. J'aime croire qu'elle ne voudra pas de la vie sans sa couronne ; mais ce dont je suis sûr, c'est qu'elle ne conservera pas sa vie si elle ne conserve pas sa couronne[21]... » Ces correspondances secrètes transitaient par La Marck, Mercy et Mgr de Fontanges, remplaçant de Loménie de Brienne au siège de Toulouse et député de la sénéchaussée.

Au bout de quelques semaines, se rendant compte que ses notes ne suffiraient pas à l'installer au pouvoir, il voulut rencontrer la reine, la conquérir, la subjuguer, persuadé de la puissance incomparable de son verbe. Marie-Antoinette hésita. Cet homme immoral, au sourire sceptique et méprisant, lui répugnait viscéralement. Mercy la persuada. La rencontre eut lieu à Saint-Cloud dans la matinée du 3 juillet, dans l'appartement de la reine.

Louis, présent à l'entretien, et Marie-Antoinette se dirent ravis. Quant à Mirabeau, il trouva à la reine du caractère, de la grâce et de l'esprit. « Madame, lui aurait-il affirmé, la monarchie est sauvée. » Et la collaboration secrète continua.

Quelles étaient les idées exposées par le tribun ? Bon analyste politique, l'ancien collaborateur de Calonne avait compris qu'en dépit des apparences l'entreprise de liquidation de la société d'ordres et de corps, avec cette multitude de pouvoirs intermédiaires, avait fortifié plutôt qu'affaibli l'autorité royale. « J'ai toujours fait remarquer que l'anéantissement du clergé, des parlements, des pays d'états, de la féodalité, des capitulations des provinces, des privilèges de tout genre est une conquête commune à la Nation et au monarque[22]. » Richelieu, ajoutait-il, ne se serait sans doute pas affligé de pareil triomphe de l'égalité. Et lui, Mirabeau, aurait bien aimé être le nouveau Richelieu de cette nouvelle monarchie, née sur les ruines du fatras corporatif de l'ancien monde !

La présence du roi aux Tuileries, à la merci de la pression populaire, était l'obstacle majeur à la réalisation de son projet de démocratie royale et de renforcement du pouvoir exécutif. Il devait absolument quitter Paris pour retrouver sa liberté d'action. Mais, auparavant, il fallait laisser l'Assemblée se déconsidérer, et de son côté tenter de regagner sa popularité d'antan par une multiplicité d'actions de propagande, en direction de l'Assemblée, de la ville de Paris et des provinces. « Un roi, en effet, expliquait-il, ne s'en va qu'en plein jour quand c'est pour être roi. » La Liste civile aurait donc pour objet d'alimenter cette machine souterraine et subversive. Pour ne pas donner l'impression d'une fuite à l'étranger, il préconisait un départ des Tuileries en plein jour. Grâce au concours d'une force armée d'au moins 10 000 hommes disposée le long du chemin, le roi se retirerait à Rouen d'où il veillerait à l'approvisionnement de la capitale et à l'isolement des factieux. De là, quitte à courir le risque d'une guerre civile, comme Henri IV, il lancerait une proclamation au peuple, promettant les libertés publiques, supprimant définitivement les parlements, dissolvant l'actuelle Constituante, mais garantissant le contrôle du budget par une Assemblée nationale dont il annoncerait la convocation.

Tout cela était lumineux, mais difficilement réalisable dans la tragique situation du couple royal. Du reste, Louis XVI répugnait à la guerre civile. Mirabeau croyait qu'en s'appuyant sur la reine, en la flattant, en lui prodiguant des conseils pour renforcer son rôle auprès du roi, il pourrait gouverner indirectement ce dernier. Il finit par se rendre compte de l'inanité de son projet. Et, comme à l'Assemblée il était souvent obligé de donner le change en prenant des positions ouvertement hostiles à la Cour – d'autant plus que la rumeur de « la grande trahison du comte de Mirabeau » commençait à courir les rues (n'avait-il pas quitté son taudis de l'*hôtel de Malte* pour une magnifique résidence rue de la Chaussée-d'Antin ?) – , Marie-Antoinette perdit confiance en lui. Elle refusa de le recevoir une seconde fois. Au début de mars 1791, Mirabeau, qui venait de rompre avec les triumvirs Barnave, Du Port et Lameth, renoua avec le roi, par l'intermédiaire de l'intendant de la Liste civile, La Porte. Mais la mort le guettait.

La fête de la Fédération

Parti d'une multitude d'initiatives locales, consécutives à la Grande Peur, le mouvement d'union des différentes gardes nationales locales visait à créer un rassemblement mobilisateur contre les ennemis de l'intérieur et de l'extérieur. C'est ce qu'on a appelé la « Fédération ». Comme ce mouvement prenait une ampleur inespérée, il fut décidé d'organiser une gigantesque fête – fête de l'unité nationale librement consentie par tous les Français – au Champ-de-Mars. Il fut convenu que chaque district, chaque régiment, les corps de la gendarmerie, du génie, de la marine, enverraient des délégués. L'Assemblée discuta longuement du cérémonial et du serment à prêter à la Nation, y compris par le roi. Sur tout le pourtour on établit trente rangées de gradins, disposées en un gigantesque amphithéâtre. Du côté de l'Ecole militaire étaient les gradins officiels, réservés aux corps civils, à l'Assemblée et au roi. La reine et ses enfants se virent réserver les balcons de l'Ecole militaire. La veille, Louis XVI passa en revue les fédérés des départements au pied du grand escalier des Tuileries. Demandant le nom de chaque députation, il eut un mot aimable pour tous. La reine leur présenta le dauphin. On criait de joie : « Vive le roi ! Vive la reine ! Vive le dauphin ! » Louis se promena dans le jardin, sans gardes, entouré seulement des fédérés qui l'acclamaient.

Le lendemain, devant une foule immense couvrant le coteau de Passy et la colline de Chaillot, le défilé des troupes – 50 000 soldats – dura toute la matinée. Malheureusement, le temps était maussade. La foule avait déployé une multitude de parapluies multicolores qui composaient un chatoyant spectacle, au milieu des flammes et des bannières tricolores détrempées. Des salves d'artillerie annoncèrent l'arrivée de la famille royale, accompagnée d'un immense cortège. Talleyrand, évêque d'Autun, officia à l'autel dressé au milieu du Champ-de-Mars. Il bénit les drapeaux et célébra la messe. Après l'élévation, La Fayette, qui avait été nommé par le roi major général de la Fédération, monta à l'autel – l'autel de la Patrie –, y posa son épée et prononça le serment civique « à la Nation, au Roi et à la Loi », tandis que tous les sabres jaillissaient du fourreau et que les mains se tendaient. Le profane ne se mêlait pas seulement au religieux, comme dans un *Te Deum* célébrant une victoire, il le noyait dans les démonstrations de patriotisme. Louis XVI prononça à son tour le serment, sans se déplacer à l'autel : « Moi, roi des Français, je jure à la Nation d'employer tout le pouvoir qui m'est délégué par la loi constitutionnelle de l'Etat à maintenir la Constitution décrétée par l'Assemblée nationale et acceptée par moi et à faire exécuter les lois. » Des trombes d'eau tombaient à nouveau. M. de Bonnay, président en exercice de l'Assemblée, dont le fauteuil était situé à côté du trône, à quelques pouces en-dessous, prêta lui aussi le serment et avec lui les trois cent mille spectateurs. La reine, chapeautée de plumes tricolores, leva plusieurs fois dans ses bras le dauphin, en costume de garde national, pour le faire voir au peuple et à l'armée. Et, mettant fin à cette grande farandole, la famille royale, ovationnée, rentra aux Tuileries. Le soir, un repas de vingt-deux mille couverts fut servi dans les jardins de La Muette, et l'on porta des toasts à la Nation, à la liberté et au roi.

Les jours suivants, avant de retourner à Saint-Cloud, Louis XVI passa encore en revue à l'Etoile des détachements de l'armée et de fédérés, qui ne cessaient de lui témoigner leur attachement. Jamais il n'avait ressenti une telle ivresse. Ce fut une autre occasion manquée : « Si le roi avait su en profiter, dira plus tard Barnave, nous étions perdus. » Mais le monarque, toujours paralysé à l'idée de déclencher le cataclysme de la guerre civile, ne bougea pas. Anniversaire de la prise de la Bastille, la Fédération du 14 juillet 1790 est l'archétype de la « fête révolutionnaire », si bien analysée par Mona Ozouf[23], qui se substituait au rituel de la monarchie ancienne. Mais ce fut aussi, paradoxalement, une grande fête royaliste !

En septembre 1790, Necker, tombé en total discrédit, voyant son action constamment entravée par le Comité des finances de l'Assemblée, démissionna. Il craignait aussi pour sa vie. Déjà, des manifestants au faubourg Saint-Antoine le menaçaient de la lanterne. Il ne put en supporter davantage. Les gens du Manège, à la lecture de sa lettre, se mirent à rire et passèrent à l'ordre du jour. *Sic transit gloria mundi !* Quatorze mois plus tôt, le peuple de Paris s'était soulevé pour ce demi-dieu et avait pris la Bastille !

Quelques semaines plus tard, sur le conseil de La Fayette, le roi, dans l'espoir de calmer les clameurs des Jacobins et les menaces de boycott de l'Assemblée, accepta de renouveler son ministère. Louis Duportail, maréchal de camp, remplaça le lieutenant général de La Tour du Pin-Paulin au ministère de la Guerre, l'ancien avocat Louis François Duport-Dutertre, substitut du procureur-syndic de la Commune de Paris, prit la place de Mgr Champion de Cicé à celui de la Justice. Le maître des requêtes Claude Antoine Valdec de Lessart, ancien collaborateur de Necker, devint contrôleur général des Finances, avant de prendre le poste de l'Intérieur, et le comte de Fleurieu reçut le portefeuille de la Marine, abandonné par le comte de La Luzerne. C'était un « ministère La Fayette ». Seul de l'ancienne équipe, Montmorin demeurait aux Affaires étrangères. Aucun n'avait de personnalité bien affirmée. Aussi ce remaniement ministériel ne fit-il aucun effet dans l'opinion.

On s'éloignait de plus en plus de l'ancienne monarchie. Le 21 octobre, le drapeau tricolore devenait officiellement celui de la France, remplaçant les étendards royaux, blancs et fleurdelysés. A l'automne de 1790, après son retour de Saint-Cloud, c'en était bien fini de la popularité du roi, si fortement manifestée lors de la fête de la Fédération[24]. La haine de la reine avait repris de plus belle. La littérature ordurière se déchaînait contre elle et n'épargnait pas le roi. Avec le retour en France de M. de La Motte, on parlait d'une révision de l'affaire du Collier. C'était aussi l'époque où l'on agitait le projet d'une loi sur le divorce. La Fayette et ses amis se prenaient à rêver d'une séparation du couple royal, permettant de rendre Louis XVI plus vulnérable encore et totalement soumis à leurs volontés. Le commandant de la garde nationale n'hésita pas à employer, dit La Marck, « les moyens les plus odieux » pour effrayer Marie-Antoinette, « jusqu'à lui dire qu'on la rechercherait en adultère[25] ». Et si cela ne suffisait pas, on déclarerait bâtard le dauphin...

La crise religieuse

Pour qui la considère avec le recul du temps, la Révolution française se présente comme une série de crises chaotiques se succédant les unes les autres de manière précipitée, comme une descente saccadée de marches d'escalier, usant en quelques semaines les hommes et les régimes. Norman Hampson la compare plaisamment à un autobus en marche : « Les gens montaient et descendaient tout le temps et il y en avait bien peu à faire tout le parcours. Quelques-uns, ajoute-t-il avec non moins d'humour, aimaient mieux faire le trajet à pied[26]. » Au moment où on la croit stabilisée, alors que ses conquêtes paraissent achevées et que le retour à l'ordre va s'imposer, de nouvelles crises viennent la relancer, alimentant les polémiques, les empoignades et déchaînant la violence. De toutes ces crises, l'une des plus importantes fut certainement la crise religieuse, qui contribua à prolonger de plusieurs années le désordre.

Au commencement, il importe de le souligner, contrairement à une idée reçue, il n'y avait pas d'hostilité fondamentale des révolutionnaires envers l'Eglise et la religion. Les curés à la portion congrue des états généraux avaient été les premiers à rejoindre le tiers état. Les premières manifestations d'anticléricalisme, venues du bas peuple, étaient apparues en juillet 1789 avec la tentative d'attentat contre l'archevêque de Paris, Mgr de Juigné, puis en octobre avec les insultes contre les membres du clergé de l'Assemblée par les femmes de Paris.

Dans une France en proie à une crise financière insurmontable, les biens immenses de l'Eglise excitaient la convoitise de l'Assemblée, à la recherche d'expédients. Le

10 octobre, Talleyrand proposa leur nationalisation, ce qui permettrait, expliquait-il avec enthousiasme, de supprimer les impôts indirects, de rembourser les offices abolis et de salarier les ministres du culte.

La droite réagit avec Montlosier, Cazalès et l'abbé Maury, qui firent valoir qu'une telle mesure était contraire au caractère sacré reconnu à la propriété par la Déclaration des droits de l'homme. Au nom du clergé, l'archevêque d'Aix, Mgr de Boisgelin de Cucé, protesta tout en cherchant un compromis. Sieyès et Mirabeau répondirent que l'appropriation par la collectivité était prévue en cas de nécessité publique, sous la condition d'une juste indemnisation ! Leur argument l'emporta. Le 2 novembre, malgré la vive opposition d'une partie des curés patriotes, la Constituante décréta par 568 voix contre 346 que les biens ecclésiastiques seraient mis « à la disposition » de la Nation, à charge pour elle d'entretenir le clergé et de financer les œuvres caritatives, hospitalières et éducatives de l'Eglise, c'est-à-dire toute l'assistance publique et l'enseignement de la France. Mais le projet allait plus loin.

On ferait d'une pierre deux coups. On vendrait les biens du clergé de façon à éteindre la dette publique, et les nouveaux propriétaires deviendraient les plus fermes soutiens du régime (en fait, il n'y en eut pas plus de quatre-vingt mille). Ce fut la consternation dans l'Eglise de France. En attendant leur mise en vente, les biens ecclésiastiques, placés sous séquestre, servirent de gages à l'émission de papiers monnaies rapportant 5 %, pour lesquels fut créée en décembre 1789 une caisse de l'extraordinaire. Les fameux assignats, dont une première émission de 400 millions fut décidée en mars 1790, puis une seconde de 800 millions (cette fois à cours forcé et sans intérêt) en septembre, évitaient à l'Etat la banqueroute. Ils ouvraient aussi la voie à la planche à billets, à l'hyperinflation et à la fuite en avant. La dette était évaluée à près de 2 milliards de livres. En août 1792, à la chute de Louis XVI, le nombre des assignats en circulation représentera un montant de 3,2 milliards, et 11 nouveaux milliards seront émis jusqu'à la mort de Robespierre...

L'immense entreprise de spoliation de l'Eglise, qui bouleversait en profondeur l'organisation sociale du royaume, accrut l'audace sans borne de l'Assemblée. Le 28 octobre 1789, elle décida de suspendre les vœux monastiques – contraires à la liberté de l'homme –, de façon à permettre aux réguliers, hommes ou femmes, de quitter leur couvent, s'ils le voulaient. Le 13 février 1790, elle décréta que la loi ne reconnaissait plus les vœux monastiques de l'un et l'autre sexe et qu'en conséquence les ordres et congrégations étaient supprimés en France...

Le 29 mars, dans une allocution en consistoire, le pape s'éleva contre cette mesure, stigmatisa la souveraineté du peuple, la nationalisation des biens de l'Eglise et la Déclaration des droits de l'homme. Toutefois, à la demande du roi et du ministre des Affaires étrangères, Montmorin, il accepta de garder secrète cette condamnation.

La Constitution civile du clergé

Le 12 juillet 1790, après de longues discussions, était votée la Constitution civile du clergé, incorporée aux textes constitutionnels. Elle était, par conséquent, simplement soumise à la sanction du roi, sans que celui-ci eût latitude de la modifier. Cet acte, aux conséquences incalculables, réorganisait la carte des diocèses en la calquant sur la nouvelle division administrative départementale. Les 135 évêchés de la France d'Ancien Régime étaient donc ramenés à 83. Toutes les dignités ecclésiastiques – canonicats, prébendes, chapellenies – étaient supprimées. Comme les autres employés de l'Etat, les évêques et les curés, fonctionnaires de la foi, seraient désormais élus, les premiers par le corps électoral du département, les seconds, dans l'église paroissiale, à l'issue de la messe du dimanche, par les citoyens actifs du district (c'est-à-dire payant un certain montant d'imposition). Le nouveau curé serait consacré par son évêque, l'évêque par son métropolitain, sans pouvoir solliciter du pape aucune confirmation. En présence des autorités municipales et du clergé, les élus devraient prêter serment « à la Nation, à la Loi et au Roi ».

Cette organisation bouleversait les structures en créant une Eglise nationale, indépendante du monarque (qui ne nommait plus les évêques) et isolée de Rome, une Eglise fortement laïcisée, ayant largement perdu le sens de la transcendance et plus ou moins réduite à une morale sociale (« La théologie est à la religion ce que la chicane est à la justice », disait sans rire l'avocat et député chartrain Jérôme Pétion !). Assurément, une telle réforme excédait les compétences de l'Assemblée nationale, qui s'était comportée comme une sorte de concile local.

La majeure partie des articles de la Constitution civile concernait des points de discipline ecclésiastique. Si l'on met à part le redécoupage de la carte diocésaine et le principe électif, choquant notamment en ce qu'il incluait dans le corps électoral des non-catholiques, protestants, juifs ou athées, la seule innovation importante était l'interdiction faite aux nouveaux évêques de demander à Rome leur bulle d'investiture. Cette disposition accentuait l'inspiration gallicane, janséniste et richériste du projet, ce qui n'avait rien d'étonnant si l'on sait que ses rédacteurs étaient connus pour être des légistes ultragallicans, Treilhard, Camus, Lanjuinais, ou des prêtres marqués par le jansénisme comme l'abbé Grégoire. C'était la revanche sur la bulle *Unigenitus* (1713) ! Il est vrai que l'Assemblée, quelle que fût son ivresse de puissance, s'était gardée d'empiéter sur le domaine spirituel, encore que Camus lui en eût reconnu le droit (« Nous sommes une convention nationale, avait-il dit le 31 mai 1790. Nous avons assurément le pouvoir de changer la religion, mais nous ne le ferons pas. »).

Ce n'était d'ailleurs pas la seule réforme ecclésiastique à avoir été imposée à cette époque par des autorités civiles. Quelques années auparavant, avec sa brutalité coutumière, Joseph II, le frère de Marie-Antoinette, avait supprimé dans ses Etats héréditaires les ordres contemplatifs, expulsé les religieuses et religieux, confisqué les biens de l'Eglise, remplacé les séminaires par des instituts d'Etat. Le vaste mouvement de réformes qu'il avait initié à partir de 1781, avec l'archevêque de Salzbourg, les évêques de Trèves, de Mayence et de Cologne, qu'on a appelé le « joséphisme », était, par certains côtés, plus rigide que la Constitution civile française. Sous prétexte de revenir à la pureté de l'Eglise primitive et d'abolir des abus notoires, il aboutissait à une forme assez poussée d'anglicanisme impérial, réservant une place écrasante au souverain temporel. Le pape Pie VI avait cherché la voie de la conciliation, conseillant aux évêques des Pays-Bas autrichiens en rébellion de se soumettre.

Quelle réaction le roi, l'Eglise de France et le pape allaient-ils avoir ? Comme un certain nombre d'évêques, Mgr de Boisgelin estimait nécessaire la convocation d'un concile national pour se concerter avec l'autorité temporelle sur le mode de désignation des évêques et curés et sur le nouveau découpage des métropoles, diocèses et paroisses. L'Assemblée ayant refusé cette voie, il incita malgré tout le roi à apposer sa sanction, tout en lui conseillant d'en appeler au pape, chef de l'Eglise universelle.

A ce moment, à peu près tout le monde – la majorité des curés et des prélats, le nonce lui-même, Mgr Dugnani – ne doutait pas de l'esprit de conciliation du pape, dans un contexte politique si délicat. L'abbé Augustin Barruel, rédacteur du *Journal ecclésiastique*, qui sera plus tard l'une des figures de proue de la Contre-Révolution (c'est lui qui expliquera la Révolution comme le fruit d'une vaste conspiration des Lumières et de la franc-maçonnerie), admettait que la Constitution civile n'était pas « absolument inconciliable » avec les dogmes catholiques. Afin de déjouer ceux que réjouissait déjà la perspective d'un schisme, il préconisait de la « baptiser », autrement dit de l'encadrer par un certain nombre d'explications orthodoxes.

Suivant la voie des modérés et ne voulant entrer pour sa part dans aucun débat doctrinal ou disciplinaire, Louis XVI donna son accord le 22 juillet. Quelle ne fut pas sa surprise en recevant le lendemain une sévère mise en garde de Pie VI, datée du 10. Une vraie douche glacée ! « Nous devons vous dire avec fermeté et amour paternel que si vous approuvez les décrets concernant le clergé, vous induisez en erreur votre Nation entière, vous précipitez votre royaume dans le schisme et peut-être dans une guerre cruelle de religion[27]. »

Contrairement à ce qu'on a souvent dit, Giovanni Angelo Braschi, qui régnait depuis le 15 février 1775 sous le nom de Pie VI, n'était pas un pape réactionnaire et borné. Ce brillant aristocrate italien aux belles manières (les Romains le surnommaient *Il Papa bello*) était relativement ouvert, même s'il se montrait vite susceptible et très attaché à ses prérogatives. Il ne voulait pas engager l'Eglise dans la voie de la Contre-Révolution, malgré les efforts de son entourage. Dans la suite de sa lettre d'ailleurs, il conseillait à son « très cher fils », le Roi Très-Chrétien, de consulter les deux archevêques de son Conseil, Mgr Le Franc de Pompignan, ministre de la feuille des bénéfices, et Mgr Champion de Cicé, garde des Sceaux, ainsi qu'un « grand nombre d'évêques et de docteurs distingués ». Malgré la raideur de certaines formules, la voie de la conciliation n'était donc pas fermée. Inquiet et affligé, le pontife romain craignait avant tout le schisme.

Le 30 juillet, aidé de Mgr de Boisgelin, Louis XVI rédigea une réponse, protestant de son zèle pour la religion catholique, de son attachement à Rome et à la personne de Sa Sainteté. Son intention publiquement déclarée, disait-il, était de prendre les mesures nécessaires à l'exécution de cette Constitution dans le sens de l'union avec le Saint-Siège[28]. Ces mesures, son ambassadeur, le cardinal de Bernis, était chargé de les lui détailler, à l'aide d'un mémoire composé par les deux archevêques de son Conseil et de plusieurs prélats de l'Assemblée.

Vu l'impatience autoritaire des députés, l'agitation des peuples, il était suggéré au pape de donner une réponse positive, même provisoire, sur les points soulevant le moins de difficultés : la répartition des métropoles, la création de nouveaux diocèses et l'élection des nouveaux évêques. On aurait le temps ultérieurement de s'occuper des questions plus délicates : la suppression des chapitres, des communautés monastiques, l'abolition des vœux perpétuels et solennels... Toute tentative de résistance aux volontés de l'impétueuse et impérieuse Constituante ne ferait que plonger le pays dans le chaos et la guerre civile. Le mieux était de prendre patience, en espérant l'élection d'une assemblée législative plus conciliante.

Le pape décida de soumettre le cas à une commission *ad hoc* de dix-neuf cardinaux. Ce n'était pas ce qu'attendait Louis XVI, qui subissait chaque jour la pression de l'Assemblée, des curés qui n'étaient plus payés ou de ceux qui voulaient se présenter au suffrage des électeurs, tandis que des résistances se faisaient jour chez les titulaires, spoliés de leur évêché ou de leur canonicat. On semblait proche de la cassure. Par l'intermédiaire de Montmorin, il ne cessait de harceler Bernis pour obtenir une acceptation limitée et provisoire. « Il n'est plus possible de ne pas céder aux instances qui sont faites au gouvernement[29] », remarquait-il. Au début d'octobre, après avoir attendu le plus longtemps possible, il se sentit obligé de promulguer la Constitution civile. Le décret, préparé d'avance, était daté du 24 août. De son côté, Mgr de Boisgelin adressa à Rome un long commentaire détaillant tous les moyens de conciliation envisageables, l'*Exposition des principes sur la Constitution civile du clergé par les évêques députés à l'Assemblée nationale*. Le pape consulta une nouvelle fois la commission des cardinaux.

N'ayant que faire de l'avis de Rome, les Constituants arrêtèrent les décrets d'application. Le 27 novembre, ils en votèrent un particulièrement rigoureux sur le serment. Prévu initialement pour les seuls nouveaux élus, le serment était étendu à tous les ecclésiastiques en place. Ceux qui refuseraient de le prêter avant le 4 janvier seraient immédiatement remplacés à la tête de leur diocèse, de leur cure, de leur séminaire ou de leur collège. Ceux qui saboteraient l'exécution de la loi, par exemple en demandant au pape des bulles d'investiture, seraient privés de leur traitement, déchus de leurs droits de citoyen et traduits devant les tribunaux.

Les consciences étaient troublées. De fortes résistances étaient apparues en province. Les curés protestaient en chaire contre les décrets de l'Assemblée, incitaient à la désobéissance civique, condamnaient les acquéreurs des biens nationaux. Les titulaires des évêchés supprimés quittaient leur palais épiscopal, mais continuaient d'administrer en sous-main leur diocèse. Même les modérés semblaient se radicaliser. A l'opposé, un recteur d'une paroisse bretonne, l'abbé Expilly, avait été élu évêque de Quimper, selon la nouvelle procédure. Et Rome restait silencieuse. Bien que la commission eût rendu ses conclusions, le pape faisait attendre sa réponse. Le 3 décembre, au comble de l'angoisse, Louis XVI, qui avait suspendu son accord sur le décret du serment, écrivait au pape : « Le silence ou le refus de Votre Sainteté détermineraient infailliblement le schisme. C'est donc pour le plus pressant intérêt de la religion catholique, pour celui de tout le clergé de mon royaume et pour le maintien de la tranquillité publique auquel j'ai déjà fait tant de sacrifices, que je conjure Votre Sainteté de me donner la réponse la plus prompte et la plus satisfaisante[30]. »

Louis et Montmorin guettaient chaque courrier venu de Rome, mais, comme sœur Anne, ne voyaient rien venir. Le 23 décembre, à l'Assemblée, Camus exigea la sanction du roi sur le décret du serment. Louis XVI répondit par un billet qui cherchait à gagner du temps : « Je répète encore à l'Assemblée nationale qu'elle prenne en moi toute la confiance que je mérite. » Il déchaîna l'ire des députés :

cela n'avait que trop duré ! Les Français n'avaient pas à
attendre la sanction de l'« évêque de Rome » ! Si cela
continuait, on intégrerait le décret au corpus constitutionnel. Louis passa un cruel Noël. Le soir, des manifestants
hurlaient sous ses fenêtres. Le lendemain, il donna son
acceptation. « J'aimerais mieux être roi de Metz, dit-il à
Fersen, que de demeurer roi de France dans une pareille
position ; mais cela finira bientôt[31]. » Un mois plus tard, il
était encore plongé dans un état de détresse totale,
proche de l'hébétude. « Le roi est sans la moindre énergie,
écrivait le comte de La Marck à Mercy-Argenteau le
26 janvier 1791. M. de Montmorin me disait l'autre jour
que lorsqu'il parlait au roi des affaires et de sa position, il
semblait qu'on lui parlât des choses relatives à l'empereur
de Chine[32]... »

Le schisme

Comme c'était à prévoir, l'Eglise de France déboussolée
se fractura, mais pas dans les mêmes proportions : la moitié du bas clergé n'eut aucun mal à prêter le serment
exigé, tandis que, sur les cent trente et un évêques du
royaume, seuls quatre le firent (Loménie de Brienne,
archevêque de Sens, Talleyrand, évêque d'Autun, Jarente,
évêque d'Orléans, et La Font de Savine, évêque de
Viviers). Sous l'influence des non-jureurs, beaucoup
d'ecclésiastiques se rétractèrent, dans l'attente de la décision pontificale, ce qui jeta dans les transes la presse révolutionnaire des Marat et Desmoulins, qui exigeait des
arrestations. Les jureurs l'emportaient en Ile-de-France, en
Picardie, Berry, Bourgogne, Provence, dans le sud de
l'Aquitaine. Les non-jureurs étaient majoritaires en Bretagne, Poitou, Anjou, Maine, Flandre, Alsace, Lorraine,
dans le Velay et le Rouergue...

Un autre sujet alimentait les tensions entre la France et
le Saint-Siège. Il avait trait à Avignon et au comtat

Venaissin, enclaves pontificales que les turbulents patriotes locaux voulaient rattacher à la France, malgré le vœu assez général de la population, exemptée d'impôts et ravie de la lointaine tutelle romaine. De sérieux troubles y avaient éclaté, des aristocrates y avaient été massacrés, et le vice-légat avait été suspendu de ses pouvoirs. Le 16 octobre 1790, Rome avait insisté auprès du roi pour la restauration de sa pleine souveraineté sur cette terre d'Eglise. Un mois plus tard, l'Assemblée nationale accepta d'y envoyer des troupes. Le 16 janvier 1791, les régiments quittaient le comtat, mission accomplie. L'autorité pontificale était rétablie. Cette affaire étant réglée, les prélats modérés se prirent à espérer une décision favorable du Saint-Père touchant la Constitution civile.

C'est ce moment-là que Mesdames Adélaïde et Victoire, qui avaient fait de vifs reproches à leur neveu sur sa coupable complaisance, choisirent pour se retirer à Rome. Louis, d'ailleurs, les y avait encouragées, car, dans l'hypothèse où lui-même devrait partir, il pourrait difficilement assurer leur sécurité. Le 3 février, elles quittèrent leur château de Bellevue, près de Meudon[33]. Malgré des passeports en règle, elles furent arrêtées à Moret, à Saulieu et enfin à Arnay-le-Duc, retenues par les jacobins du lieu, qui saisirent l'Assemblée de leur cas. Cela accréditait la rumeur selon laquelle le roi lui-même songeait à fuir. Fallait-il interdire toute sortie du territoire ? Le baron de Menou calma les esprits en déclarant avec ironie : « Je crois que l'Europe serait bien étonnée d'apprendre que l'Assemblée nationale s'est occupée pendant quatre heures du départ de deux dames qui aiment mieux entendre la messe à Rome qu'à Paris ! » Après quelques jours d'attente à Arnay-le-Duc, pendant lesquels elles jouèrent comme des enragées au trictrac et au piquet avec le curé du village, Mesdames, filles de Louis XV, furent autorisées à poursuivre leur chemin. On mesure l'évolution des mentalités, le poids grandissant de la contrainte sociale et la menace planant sur les libertés fondamentales.

Cependant, la pression s'intensifiait sur le roi. Le 28 février, des manifestants, Vainqueurs de la Bastille, jacobins et gens des faubourgs, étaient venus menacer le château de Vincennes, ancienne prison d'Etat en cours de réparation, puis s'étaient transportés aux Tuileries afin de contraindre le monarque à faire revenir ses tantes. Comme, depuis quelque temps, deux ou trois cents gentilshommes ou chevaliers de Saint-Louis, effrayés par le souvenir des journées d'Octobre, accouraient en armes au palais à la moindre alerte, La Fayette profita de l'agitation pour s'en prendre à eux et donner des gages à la gauche. Afin d'éviter un massacre, Louis XVI dut s'interposer et exiger, la mort dans l'âme, que ses fidèles serviteurs lui rendissent leurs pistolets. On les mit sous scellés dans une commode. Pour rassurer les patriotes, La Fayette fit briser les scellés et détruire les armes. Comme on avait trouvé dans l'habit de l'un d'eux un couteau de chasse, la presse révolutionnaire s'empressa de décrire avec force détails l'armement de ces monstrueux « chevaliers du poignard », qui portaient sur eux des engins à lame trifide avec des crocs pour déchirer les entrailles des patriotes... Cette dernière crise commotionna fortement le roi. A force de tout encaisser, sa santé s'en ressentit. Quatre jours plus tard, il tomba malade et le resta la majeure partie du mois de mars, toussant et crachant le sang[34].

Enfin, la réponse du pape sur la Constitution civile arriva. Le 10 mars 1791, le bref *Quod Aliquantum differre* condamnait la Constitution civile comme fondée sur des principes hérétiques, contraires aux dogmes catholiques ainsi qu'au concordat de Bologne, signé entre Léon X et François Ier. Bien que le texte laissât un petit espoir de conciliation, il était d'une extrême sévérité. Les amis de Boisgelin furent si atterrés qu'ils n'osèrent le faire connaître à leurs ouailles. Le 13 avril, après que Rome eut appris que deux évêques avaient été sacrés par Talleyrand, Pie VI, par un second bref, *Caritatis Quae*, condamna le serment et les prélats élus. Et le pontife romain de brandir les foudres de la discipline ecclésiastique : peine de *suspens a divinis* (interdiction d'administrer les sacrements) à ceux qui ne se rétracteraient pas dans les quarante jours, interdiction aux « intrus » d'exercer toute fonction épiscopale, excommunication de tous ceux qui ne respecteraient pas ses décisions (y compris, par conséquent, le roi). Pour être sûr cette fois que le texte de son bref serait convenablement diffusé, il le fit imprimer et répandre en France en un grand nombre d'exemplaires.

Le complot aristocratique

Comment expliquer la rigueur d'un pape qui avait montré tant de souplesse et de patience lors de la crise du joséphisme et qui, en février 1790, avait provisoirement cédé à la levée des vœux monastiques par l'Assemblée nationale, en accordant aux évêques les moyens canoniques qu'ils avaient demandés ? C'est ici qu'il convient de regarder le dessous des cartes politiques. S'appuyant sur les archives secrètes du Vatican, Jacques de Saint-Victor a dévoilé en détail la conspiration du parti aristocratique et de la faction du comte d'Artois, qui conduisit à la condamnation de la Constitution civile du clergé, alors que le souverain pontife était demeuré longtemps hésitant[35].

Au sein de l'Assemblée existait un petit groupe de prélats et de curés conservateurs, au nombre d'une trentaine, très déterminés à s'opposer aux révolutionnaires. Il s'appuyait sur trois abbés qui fournissaient des informations à la cour de Rome, l'abbé Maury, le puissant orateur de la droite aristocratique, et deux autres prêtres qui n'étaient pas députés, les abbés de Salamon et de Cessac. Tous propageaient des propos alarmistes, que le nonce Dugnani, plus optimiste, se gardait de confirmer. Salamon insistait sur les préjugés anticléricaux de Louis XVI : « Le roi n'aime pas les prêtres et les parlements, affirmait-il.

[...] J'ai l'honneur de le répéter à Votre Eminence, ce prince n'aime pas le clergé[36]. »

A Rome, les trois abbés avaient trouvé un écho favorable auprès du cardinal de Zelada, secrétaire d'Etat, très hostile à la Révolution française. Le fastueux cardinal de Bernis, archevêque d'Albi, en poste à Rome depuis vingt-deux ans et ami personnel du pape, partageait leurs idées et était même l'un des pivots du parti du complot aristocratique. Tout en jouant de façon ambiguë et subtile son rôle d'ambassadeur du roi de France auprès du Saint-Siège, l'onctueux cardinal servait discrètement les intérêts de la Contre-Révolution, traduisant à sa manière les demandes de Montmorin, mettant l'accent sur le manque de liberté de son malheureux maître et dissimulant au souverain pontife une partie de la situation. Si, au début, il prêcha le compromis, conformément aux demandes du roi, c'est lui qui incita le pape à différer sa réponse. Finalement, à mesure que le temps passait et que Maury, Salamon et Cessac déversaient leurs petites doses de fiel, Bernis manœuvra pour empêcher toute conciliation, contrairement aux vœux de la commission pontificale des 24 septembre et 16 décembre, laquelle n'était nullement convaincue du caractère schismatique et impie de la Constitution civile et penchait, comme dans l'affaire du joséphisme, pour un accommodement.

Relevé de ses fonctions le 15 mars 1791 pour avoir refusé de prêter serment à la Constitution civile, Bernis resta dans la Ville éternelle où il se mit au service du comte d'Artois, cependant que le pape refusait de recevoir le nouvel ambassadeur du roi de France, le comte de Ségur. A son tour, le nonce Dugnani quitta Paris. C'était la rupture avec Rome. En représailles, la France annexera Avignon et le comtat en septembre.

Catastrophique pour Louis XVI, la condamnation de la Constitution civile fut une aubaine inespérée pour les émigrés, qui purent enrôler sous leurs bannières le peuple catholique et les prêtres disposés au martyre. C'est ainsi que s'opéra une conjonction politique nouvelle qui voyait se réaliser dans le camp de la Contre-Révolution l'union du trône et de l'autel. Jusque-là, pas plus Artois que ses amis, jouisseurs, libertins, incrédules, formés aux idéaux philosophiques des Lumières, n'avaient été de vertueux paladins, champions du catholicisme romain. Avec le schisme, ils endossaient la cape des chevaliers de la foi et, de libres penseurs, devenaient d'ardents et intransigeants dévots.

Le complot des aristocrates y fut pour beaucoup, mais il est évident que le zèle maladroit d'anticléricaux haineux et fanatiques fit le reste, et très largement. Dès le mois de mars, la persécution des prêtres réfractaires avait commencé, sous l'instigation des sociétés populaires et des filiales du club des Jacobins. Non seulement on les destituait de leurs fonctions, on les chassait de leur cure, mais on leur interdisait de dire la messe ou d'administrer les sacrements, on les pourchassait, les condamnant à la clandestinité. A Paris, des bandes d'enragés se livraient à des expéditions punitives contre des couvents ou des chapelles suspectes, n'hésitant pas à fustiger publiquement ou à rouer de coups les dévotes et les religieuses, à la grande indifférence des autorités qui restaient sourdes aux protestations du ministre de l'Intérieur, Valdec de Lessart.

Les troubles de conscience du roi

Depuis les bulles du pape, le roi se trouvait dans une situation impossible de solitude et de détresse. Considéré comme seul responsable de l'acceptation des décrets religieux, alors qu'une bonne partie du haut clergé l'avait incité à le faire, il ne rencontrait pas pour autant appui et réconfort du côté gauche. Que pouvait-il faire sinon garder le silence ? Se rétracter, dénoncer les pressions eussent immanquablement conduit à l'accentuation des persécutions, voire à une émeute contre les Tuileries. Comment sa conscience n'aurait-elle pas été tourmentée, dévorée de remords ? Il s'était toujours considéré comme bon chrétien et voilà qu'il se trouvait sous le coup d'une menace d'excommunication. Et le temps de Pâques approchait où il devait se confesser et communier. Après les fermes propos du pape, il ne pouvait pas se confier à un prêtre jureur. Mais s'il avait recours à un non-jureur, pouvait-il approcher la table sainte aux yeux de tous, au risque de courroucer les révolutionnaires ? Il changea de confesseur. Il renvoya le père Poupart, curé de Saint-Eustache, devenu jureur, et le remplaça par le père Hébert, coadjuteur du supérieur de la congrégation des Eudistes de la rue des Postes, dont on lui avait dit grand bien. Ce dernier lui conseilla de communier en privé. Cette réponse ne le réconforta qu'à moitié. Il jugea prudent de consulter un sage prélat, connu pour sa rigueur morale, Mgr de Bonal, évêque et député de Clermont. Le 15 avril, il lui adressa cette lettre angoissée :

« Je viens, Monsieur l'Évêque, m'adresser à vous avec confiance comme à une des personnes du clergé qui ont montré constamment le zèle le plus éclairé pour la religion. C'est pour mes pâques que je viens vous consulter. Puis-je les faire, et dois-je les faire dans la quinzaine ? Vous connaissez le malheureux état où je me trouve par l'acceptation des décrets sur le clergé. J'ai toujours regardé leur acceptation comme forcée, n'ayant jamais hésité pour ce qui me regarde à rester toujours uni aux pasteurs catholiques et étant fermement résolu, si je venais à recouvrer ma puissance, à rétablir pleinement le culte catholique. Un prêtre que j'ai vu pense que ces sentiments peuvent suffire et que je peux faire mes pâques. Mais vous êtes plus à portée de voir ce qu'en pense l'Eglise en général, et les circonstances où nous nous trouvons, si d'une part cela ne scandalisait pas les uns, et que de l'autre je vois les novateurs – raison à la vérité qui ne peut pas compter dans la balance – parler déjà presque avec menace. Je vous prie de voir sur cela les évêques que vous jugerez à propos et de la discrétion desquels vous serez sûr. Je désire aussi que vous me répondiez demain avant midi et me renvoyiez ma lettre[37]. »

Supplique qui révélait les affres de sa conscience, son opinion réelle sur la place de l'Eglise et de la religion dans l'Etat et surtout cette sorte de démarche casuistique dans laquelle il s'était enfermé : cette Constitution civile du clergé, à laquelle il avait été contraint de donner son acceptation, « malheureuse acceptation », reconnaissait-il, il la tenait pour nulle et non avenue du fait des pressions subies, mais était-ce suffisant pour l'absoudre ?

L'évêque de Clermont consulta plusieurs de ses confrères qui donnèrent tous un avis négatif : non, la faute était trop grave et trop publique pour obtenir un rapide pardon ! Il devait donc s'abstenir de faire ses pâques. Pour Louis, qui se tenait comptable devant Dieu du peuple qui lui avait été confié, la pression atteignait au paroxysme.

Le voyage de Montmédy

Le projet

Fuir ! Fuir ! C'était devenu l'obsession de la reine. Elle n'en pouvait plus de cette situation lugubre et oppressante, des menaces de la foule, de cette peur constante pour son mari, ses enfants, pour elle-même. La surveillance tatillonne et humiliante des Tuileries lui était devenue insupportable. L'ambassadeur du roi d'Espagne, Fernan Nuñez, à qui elle implorait les secours de son maître – en vain d'ailleurs –, la décrivait comme une « femme désespérée, à l'extrême limite de la résistance ». « C'est pitié, ajoutait-il, que de la voir se raccrocher pour ne pas couler à pic aux plus frêles branches qui se présentent à elle[1]. » Les plans d'évasion se multipliaient dans son entourage, malgré l'inertie des grandes puissances. Augeard, son fidèle secrétaire des commandements, lui conseilla de partir clandestinement pour Vienne avec ses enfants, afin de demander l'aide de l'empereur. Mais Marie-Antoinette refusa : « Je ne partirai pas. Mon devoir est de mourir aux pieds du roi. » Le lieutenant général de Maillebois envisagea, a-t-on dit, une spectaculaire évasion en montgolfière, à destination de Lyon. M. de Courtemer, officier général de la garde nationale, parla d'un souterrain conduisant des Tuileries à la Seine, le comte d'Inisdal d'un enlèvement du roi de nuit… On était en plein roman d'aventure.

Axel de Fersen était présent à Versailles lors des journées d'Octobre. Il avait suivi la Cour aux Tuileries, puis à Saint-Cloud (établi au village d'Auteuil, il se rendait à cheval au château tous les matins, comme on l'a vu). Partisan d'une énergique Contre-Révolution, il se proposa d'organiser l'évasion de la famille royale. La reine, confiante, le chargea de préparer en ce sens un mémoire.

Louis en prit connaissance et donna un accord de principe, sans s'engager davantage, se reposant sur sa femme du soin des correspondances et du détail du voyage. Dans son esprit, ce n'était qu'une possibilité parmi d'autres, si la situation s'envenimait, si l'on ne parvenait à s'accommoder avec la Révolution. Comme le forgeron, il aimait ainsi avoir plusieurs fers au feu. Quand ses rapports avec l'Assemblée s'amélioraient, il n'y songeait plus, persuadé que tout finirait par s'arranger. Il y revenait quand ils s'aigrissaient. Partir ? Le voulait-il vraiment ? Il ne parvenait à se décider. Même pendant son séjour à Saint-Cloud, où il lui aurait été facile de fausser compagnie à ses gardiens, il n'avait rien tenté. Il préférait l'attentisme à l'action.

Les choses prirent tournure en octobre 1790 quand Mgr d'Agoult, évêque de Pamiers, fut envoyé au roi par le baron de Breteuil, alors réfugié à Soleure, en Suisse, avec un mémoire secret. Le militaire proposé pour organiser la logistique et les troupes de protection était François Claude Amour, marquis de Bouillé, lieutenant général, commandant de l'armée du Rhin, de Meurthe et de Moselle, un homme de cinquante-deux ans qui avait fait une belle carrière militaire et administrative et s'était distingué à la bataille de Grünberg au temps de Louis XV[2]. Pendant la guerre de 1779, il avait vaillamment défendu les Antilles contre les Anglais. Ce n'était pas un « Américain », à la manière de La Fayette ou de Rochambeau, ni un partisan du retour à l'Ancien Régime intégral. Il n'y avait aucune collusion entre lui et les princes émigrés. Selon La Marck, il était adepte d'une monarchie constitutionnelle[3]. Le roi appréciait sa modération politique et sans doute ce fut l'une des raisons de son choix. Bouillé n'en était pas moins réputé pour son énergie. Officier loyal, attaché à l'ordre, il avait réprimé sans état d'âme, en août 1790, l'insurrection à Nancy de trois régiments, dont celui des Suisses de Châteauvieux, gagnés par les éléments les plus avancés de la Révolution et qui avaient formé des comités de soldats, soutenus par une partie de la population. L'anarchie menaçant, Bouillé avait vaincu les mutins en associant troupes de ligne et gardes nationaux : plus de cent morts, près de deux cents blessés, une quarantaine de soldats pendus, une quarantaine d'autres condamnés aux galères. L'Assemblée l'avait félicité de sa fermeté et le pacifique Louis XVI lui aussi avait approuvé. Fait inhabituel : apprenant qu'il avait perdu un de ses chevaux favoris, le roi lui fit la grâce de lui envoyer l'un des siens. « Continuez sur la même route, ajoutait-il ; soignez votre popularité ; cela pourrait m'être bien utile et au royaume ; je la regarde comme l'ancre du salut[4]... » C'était le 1er septembre 1790.

En octobre, Mgr d'Agoult fut chargé par le roi de le rencontrer à Metz et de le sonder sur un possible projet d'évasion. Le prélat, après lui avoir décrit la situation intenable dans laquelle vivait la famille royale, l'assura que le roi avait une entière confiance en lui et, pour preuve, lui confia son projet très secret de quitter sa « prison » pour se retirer dans une des places de son commandement. Ayant recouvré sa liberté, Louis réunirait des troupes et des serviteurs fidèles et chercherait à ramener à lui le reste du peuple égaré. Au besoin, il s'appuierait sur ses alliés en Europe. Bouillé fut d'accord sur le principe, tout en marquant quelques réserves quant à la réalisation de l'entreprise. En cas d'échec, ne risquait-on pas de perdre irrémédiablement et le roi et la monarchie ? L'idée d'une évasion des Tuileries ne l'enchantait guère. Il préférait, comme Mirabeau, un départ officiel. Quant au choix de la ville, d'emblée il écarta Metz, où la population était

« mauvaise », et suggéra une place comme Besançon, proche de la Suisse, d'où l'on pourrait lever des mercenaires. L'ennui est que Bouillé n'avait pas autorité sur la Franche-Comté. Qu'à cela ne tienne ! Dès son retour, Mgr d Agoult obtint cette extension de commandement.

Pour suivre Mirabeau, dont on appréciait les idées, mais que l'on préférait tenir à distance, il fut convenu que l'opération se ferait en concertation avec l'empereur Léopold II, frère de Marie-Antoinette et de Joseph II, mort de tuberculose à quarante-neuf ans, le 20 février 1790, et auquel il avait succédé. C'était aussi l'idée de Bouillé. Breteuil, ancien ambassadeur à Vienne, parut tout désigné pour remplir cette tâche. Il devait être le pilier politique de cette entreprise, une entreprise qu'il avait suggérée au roi dès le 15 juillet 1789[5]. Face à l'émigration et à Calonne, il incarnait le parti des Tuileries, celui de la monarchie traditionnelle restaurée. Il est d'ailleurs singulier de voir le chassé-croisé entre les deux anciens ministres, brûlant tous deux d'une féroce ambition. Calonne, le réformateur, admiré par Louis XVI, était passé dans le camp de la réaction (en partie à cause du rejet de Marie-Antoinette), tandis que Breteuil, le défenseur de la société aristocratique au Conseil avec Castries et Broglie, était devenu un chaud partisan du pouvoir royal et de la centralisation monarchique. Il n'est qu'à lire les bulletins secrets du comte d'Antraigues pour constater combien l'ancien président du Conseil royal des finances, soutenu par la reine, était honni de la droite extrême[6]. Ces changements résultaient d'une évolution de leurs conceptions politiques mais aussi de leur positionnement stratégique. Le souple et séduisant Calonne, devenu le conseiller du comte d'Artois, ne pouvait qu'être happé par le tourbillon effréné de l'émigration, ses cancans et ses futilités. Pesant et solide, autoritaire de tempérament, éloigné des têtes folles et des chimères, le baron de Breteuil était de son côté récupéré par le roi et la reine pour être leur agent principal à l'étranger.

Ce fut encore Mgr d'Agoult qui se chargea d'assurer la liaison. Il lui expliqua le projet de voyage et, le 20 novembre 1790, lui remit un plein pouvoir du roi lui permettant de négocier pour son compte avec les puissances européennes : « J'approuve tout ce que vous ferez pour arriver au but que je me propose, qui est le rétablissement de mon autorité légitime et le bonheur de mes peuples. » Breteuil fut agréablement surpris de tant de confiance et se montra d'autant plus attaché à ce plan qu'il y voyait, en cas de succès, le moyen infaillible de supplanter son éternel rival.

Le projet peu à peu prenait corps. Le 26 décembre 1790, le marquis de Bouillé envoyait à Paris son fils aîné et aide de camp, le comte Louis. L'évêque de Pamiers, qui allait se retirer en Suisse, lui présenta son successeur, Fersen, qui serait désormais la cheville ouvrière de l'opération. Avec le Suédois, homme d'action, hardi et méticuleux, partisan déterminé du départ, les préparatifs s'accélérèrent. Il y engagea une partie de ses ressources personnelles, levant des emprunts à son nom. Le lieu de refuge n'était pas encore arrêté : Besançon finalement parut trop éloigné. Valenciennes, dont la municipalité et la population étaient favorables, était un point de chute possible, mais sur une route trop fréquentée. Louis de Bouillé proposa Montmédy, petite place de guerre jadis renforcée par Vauban, proche du Luxembourg autrichien. Louis XVI approuva.

Pour le voyage, on envisagea d'utiliser deux diligences anglaises, c'est-à-dire deux voitures légères et rapides, l'une pour le roi seul, l'autre pour la reine et ses enfants. Mais Marie-Antoinette refusa catégoriquement, faisant savoir que si on voulait les sauver « il fallait que ce fût ensemble ou point du tout ». Le 8 janvier 1791, Fersen et le comte de Bouillé se quittèrent, convenant d'une correspondance chiffrée entre Metz et Paris, basée sur une édition de *Grandeur et Décadence des Romains*. Tout un programme ! L'histoire antique au service d'une frémissante aventure ! Les lettres destinées à Fersen étaient adressées à une de ses amies dévouées, la baronne de Korff, veuve d'un colonel russe, âgée de cinquante ans. C'est en son nom que, dans le courant de décembre, avait été commandée à un carrossier du faubourg Saint-Germain une grosse berline équipée de toutes les commodités. Fersen s'était réservé la partie la plus périlleuse de la mission : faire sortir la famille royale des Tuileries.

Louis partirait avec ses enfants, sa sœur Madame Elisabeth, Mme de Tourzel et deux cáméristes. Pas question de laisser Monsieur seul à Paris, aux prises avec ses mauvais démons, où il pourrait se faire proclamer régent du royaume. Le meilleur moyen de le neutraliser était de l'associer au projet – mais sans lui dire de suite la destination du voyage. Louis n'eut pas les mêmes considérations pour son cousin Orléans : depuis son retour d'Angleterre, sa popularité avait bien baissé.

Le 11 janvier 1791, la reine écrivait à Mercy-Argenteau, qui avait quitté son ambassade de France pour s'installer à Bruxelles, à la demande de son maître, l'empereur : « Il n'y a que quatre personnes dans le secret, c'est un moyen sûr pour qu'il soit bien gardé. » C'étaient l'empereur, Bouillé, Breteuil et Fersen. Mirabeau, dont on recevait toujours les précieuses notes politiques, n'avait pas été tenu au courant des progrès du projet et c'est avec des conseils de grande prudence que Louis XVI avait envoyé La Marck à Metz chez M. de Bouillé. « Quoique ces gens-là ne soient pas estimables, et que j'aie payé le premier [*Mirabeau*] très chèrement, mandait le roi à Bouillé, cependant je crois qu'ils peuvent encore me rendre service. Dans le projet de Mirabeau, vous trouverez peut-être des choses utiles ; écoutez-les sans trop vous y livrer et faites-moi part de vos observations[7]. »

On reprit effectivement une des suggestions de Mirabeau qui consistait à demander à l'empereur, allié du roi de France, de simuler une menace sur la frontière luxembourgeoise. Des forces autrichiennes viendraient s'y masser, ce qui entraînerait une réaction immédiate de

l'Assemblée. Le grand tribun interviendrait et demande-
rait solennellement au roi de se mettre à la tête des
armées. Lui seul était capable de créer un puissant parti
autour de la Couronne menacée. Au besoin, Bouillé, soutenu par les populations frontalières, lancerait un appel
identique. Les suppliques du peuple contraindraient les
députés à agir. Mirabeau, emporté par son élan visionnaire, envisageait un gouvernement de réconciliation
nationale autour du roi, alliant Calonne et Breteuil[8]. Il
avait même emprunté aux amis de Mounier l'idée de
contrebalancer l'Assemblée par une Chambre des pairs. A
la vérité, on semblait flotter entre deux plans, celui réduit
de Fersen et Breteuil, qui comptait sur une citadelle de
l'Est, proche de la frontière et des armées autrichiennes,
et celui de Mirabeau, qui penchait pour une retraite du
roi à Compiègne et qui avait les préférences de Bouillé.

Mais ce dernier plan s'écroula à la mort du tribun le
2 avril 1791, à l'âge de quarante-deux ans. Les médecins
attribuèrent son décès à une humeur « rhumatismale, gout-
teuse, vague ». D'autres parlèrent d'excès de débauches,
voire de poison. Le 4, son corps fut enterré dans l'église
Sainte-Geneviève, le futur Panthéon, destiné à recevoir la
dépouille des grands hommes. Le roi et la reine n'avaient
plus d'agent efficace au sein de l'Assemblée pour les soutenir. « C'est une grande perte, écrit Fersen à son ami le
baron de Taube, premier gentilhomme de la Chambre du
roi de Suède Gustave III, car il travaillait pour eux et commençait à leur être utile et leur aurait été d'un secours
pour l'exécution de leur projet[9]. » Il faut dire que l'idée de
créer un incident diplomatique en rassemblant des
troupes n'enchantait guère Vienne. Léopold II, à plusieurs
reprises sollicité par sa sœur, se montrait généreux en
paroles, mais prudent en actes. Le Habsbourg, ancien
grand-duc de Toscane, habile et pragmatique, l'avait à
peine connue avant son départ pour la France. Beaucoup
moins pugnace que son prédécesseur, il n'avait nulle
envie de se mêler des affaires de cette France en pleine
décadence, alors que lui-même se trouvait occupé par la

révolte de ses provinces des Pays-Bas et la guerre contre l'Empire ottoman, entreprise depuis 1786 aux côtés de la Russie et de la Prusse. La reine en éprouvait du dépit et de l'impatience. De ce côté-là, rien n'avançait.

La date du départ fut plusieurs fois remise. Après la maladie du roi, en mars, on parla d'attendre jusqu'à la fin d'avril ou le début de mai. Bouillé s'impatientait, car la situation des troupes continuait de se dégrader. Actes d'indiscipline et désertions se multipliaient. Le marquis réclamait un corps de dix ou douze mille Autrichiens au Luxembourg, qui aurait ordre de se joindre aux troupes du roi comme auxiliaires. Pour avoir l'appui de l'Angleterre, il envisageait la cession par la France de quelques possessions aux Indes, mais Louis XVI répugnait fort à ce « grand sacrifice ». Ce dernier préférait une coalition de soutien un peu plus restreinte, regroupant l'Autriche, l'Espagne, la Sardaigne et la Suisse, et laissant à l'écart l'Angleterre, la Prusse et la Hollande, dont on espérait la neutralité.

Cette idée d'une intervention étrangère a naturellement choqué les historiens, influencés par l'accusation de trahison du roi lancée par les révolutionnaires. Mensonges, duplicité constante, complicité avec l'ennemi, que n'a-t-on dit ! Evitons les jugements à l'emporte-pièce. Rappelons seulement qu'à l'époque deux systèmes de légitimité et de représentation politique existaient et que la monarchie traditionnelle n'avait pas été abolie. L'immense majorité des Français pensait que royauté et Révolution n'étaient pas incompatibles. Ce qu'on n'arrivait pas à mettre au point, c'était l'articulation entre ces deux sources de légitimité, celle du peuple et celle du pouvoir héréditaire, d'où les difficultés à rédiger une Constitution équilibrée. Quelles que fussent les concessions qu'il était prêt à faire, Louis considérait qu'il n'avait pas à se situer dans la logique de la souveraineté omnipotente de l'Assemblée. S'il acceptait une représentation des sujets, il restait fidèle au dogme de l'Etat royal, selon lequel la volonté de la

Nation ne pouvait différer de la sienne. Etant la Nation incarnée, il était de son devoir de rechercher son bien. En aucun cas il n'admettait d'être le fondé de pouvoir de l'Assemblée dans le domaine de la politique étrangère. De son point de vue, il était parfaitement admissible qu'il pût faire appel à des puissances amies ou alliées comme l'Autriche, pour l'aider à réprimer les débordements de certains de ses sujets. Les rois d'Europe, par-delà leurs divisions, se devaient solidarité. En 1690, Louis XIV avait de la même manière accueilli son cousin détrôné, Jacques II d'Angleterre, et tenté de l'aider à reconquérir son trône par l'envoi d'un corps expéditionnaire en Irlande. L'union des têtes couronnées était la réponse à l'agitation des peuples, la parade au risque de contagion révolutionnaire. Louis XVI ne se rendait sans doute pas compte que le monde avait évolué et que le patriotisme s'était affranchi de la fidélité à la cause royale...

La question essentielle était de savoir s'il fallait ou non attendre un geste de l'allié impérial avant de partir. Louis tergiversait, dans la crainte, comme toujours, d'une guerre civile. On en était là lorsqu'un grave incident survenu aux Tuileries le détermina au départ.

Le roi se décide

Le dimanche 17 avril 1791, jour des Rameaux, il assista au château à la messe célébrée par son grand aumônier, le cardinal de Montmorency-Laval. Qu'il continuât à fréquenter des ecclésiastiques insermentés choquait les patriotes avancés. Le club des Cordeliers, où siégeaient Danton et Camille Desmoulins, le dénonça comme parjure aux lois constitutionnelles et la chapelle royale comme un nid de prêtres réfractaires. Le lendemain, le monarque fit annoncer qu'il se rendrait, comme l'année précédente, à Saint-Cloud pour sa convalescence et y passerait la belle saison. Les radicaux comprirent qu'il voulait y faire ses pâques « inconstitutionnelles » et, de là, sans doute s'échapper. Ils ameutèrent une foule de manifestants place du Carrousel afin de bloquer sa voiture. Dans une atmosphère tendue, on abreuva d'injures et d'obscénités le couple royal. Le cardinal de Montmorency fut mis en joue. Malgré les ordres de leurs chefs, nombre de soldats se joignirent aux émeutiers. Les grenadiers de la garde nationale menaçaient de transpercer les postillons s'ils avançaient. Des domestiques, des gentilshommes de la Cour furent malmenés. Le roi passa la tête par la portière : « Il serait étonnant, fit-il en s'efforçant de garder son calme, qu'après avoir donné la liberté à la Nation, je ne fusse pas libre moi-même ! »

La Fayette, conspué, comprit la gravité de la situation et tenta avec Bailly de raisonner les perturbateurs. Il proposa au roi de faire proclamer la loi martiale et d'user de la force. Mais Louis s'y opposa : « Je ne veux pas qu'on verse du sang pour moi. » De la semaine sainte, il ne voulait pas faire une semaine sanglante ! Comme la voiture restait bloquée, au bout d'une heure et demie il se résigna à rentrer au château, avec femme et enfants. Il avait perdu la face, mais au moins aucun mort n'était à déplorer. Sa conscience de chrétien était en paix. Comme une foule l'avait accompagné dans le vestibule et s'apprêtait à suivre la reine dans ses appartements, il se retourna et dit d'une voix ferme : « Halte-là, grenadiers ! » « Tous s'arrêtèrent, raconte Fersen, comme si on leur avait coupé les jambes[10]. » Il y avait des limites !...

L'attitude des autorités était ambiguë. Elles voulaient le maintien de l'ordre, mais refusaient de résister aux pressions de la foule, elle-même sensible aux injonctions des tribuns populaires. Le soir de l'émeute, les représentants du département demandèrent au roi de se séparer de ses mauvais conseillers et des prêtres insermentés, ennemis de la liberté et attachés à l'Eglise romaine. Ainsi, chaque poussée populaire se terminait pour lui par une nouvelle restriction de liberté.

Le lendemain, mardi 19, par un billet très sec, Louis avertit le président de l'Assemblée, Jean-Baptiste Chabroud, qu'il se rendait au Manège pour lire une allocution. Pris par surprise, les parlementaires ne surent quel cérémonial adopter. « Monsieur le Président, allez donc recevoir le roi ! » lança le député de droite Cazalès. Prieur rétorqua : « Non, non, le président ne doit pas se déranger ! » « Chapeaux bas ! » furent obligés de crier Malouet et Montlosier quand le monarque entra, accompagné de tous ses ministres. Le discours royal fut bref. Louis le prononça debout, devant le fauteuil du président. En quelques mots, il rappela la résistance qu'on avait apportée la veille à son départ pour Saint-Cloud. Il n'avait pas voulu user de la force contre une « multitude trompée », mais il importait à la Nation de prouver qu'il était libre, ne fût-ce que pour conforter la sanction qu'il avait donnée aux décrets. « Je persiste donc, par ce puissant motif, dans mon voyage à Saint-Cloud [...]. J'ai accepté et juré de maintenir cette Constitution dont la Constitution civile du clergé fait partie, et j'en maintiens l'exécution de tout mon pouvoir. »

Cette dernière phrase dévoilait le désir du roi d'endormir la méfiance des députés, alors que c'était précisément cette question religieuse qui le tourmentait et le poussait à fuir. Le président de l'Assemblée répondit avec embarras par de vagues paroles de fidélité, mais excusa la réaction populaire : « Une inquiète agitation est inséparable des progrès de la liberté », dit-il benoîtement. Aveu d'impuissance des autorités légales face à la montée des violences. Le jour même des Rameaux, des manifestants avaient empêché des catholiques d'entendre la messe « romaine » dans l'église des Théatins, et la garde nationale, travaillée par les clubs populaires, avait laissé faire. Sans le soutien des députés, le roi était dans l'impossibilité de quitter son palais. Déjà, le 28 mars précédent, l'Assemblée avait restreint ses déplacements, en décidant par un décret constitutionnel qu'il ne pourrait s'éloigner de plus de vingt lieues de ses séances. La démission de La

Fayette de son poste de commandant de la garde nationale, démission bientôt reprise devant l'insistance des
chefs de bataillon, ne changea rien. Des signes de radicalisation se manifestaient un peu partout, dans les clubs
populaires et la presse patriote. Marat, dans *L'Ami du
peuple*, s'en prenait non seulement à la personne du roi,
mais à l'Assemblée dont il contestait la légitimité au nom
de la volonté générale et de la vérité insurrectionnelle des
foules.

L'épisode des Tuileries suivi de l'obstination de l'Assemblée à ne pas vouloir l'entendre emportèrent sa décision.
Louis XVI, malgré tous les ménagements dont il avait usé,
voyait bien qu'il n'avait aucune prise sur les événements
et qu'en restant à Paris il ne parviendrait jamais à ramener l'ordre. Il avait perdu toute marge de manœuvre.
L'Assemblée ne lui reviendrait jamais. Pis encore, il donnait à l'étranger l'image d'un roi prisonnier des factions.
Les princes émigrés et leur conseiller Calonne tenaient là
un argument de poids pour lui désobéir et se faire écouter
de l'Autriche et de la Prusse. Bref, il n'avait rien à perdre.
Cette fois, sa détermination était entière. Le 18 avril au
soir, la reine souffla à Fersen : « Le roi vous donne carte
blanche. » En attendant, il devait dissimuler, donner
l'impression qu'il se ralliait à toutes les vues de l'Assemblée. Il renvoya donc plusieurs personnalités comprromet-
tantes de son entourage : les ducs de Villequier et de
Duras, premiers gentilshommes de la Chambre, le cardinal de Montmorency, Roquelaure, évêque de Meaux, et
son premier aumônier, Sabran, évêque de Laon et premier aumônier de la reine... Le 23, il fit envoyer par
Montmorin une lettre circulaire aux ambassadeurs réaffirmant son attachement à la Constitution et qualifiant de
« calomnie atroce » la rumeur selon laquelle il ne serait
pas libre ! Pâques venant, il se rendit à la grand-messe à
Saint-Germain-l'Auxerrois, sa paroisse, tenue par un curé
jureur*. Pauvre prince obligé d'agir contre sa conscience !

---

* Il ne semble pas que le roi y ait communié.

« Le ciel seul fut en courroux, écrit Mme de Tourzel, car il y eut un violent orage et de grands coups de tonnerre pendant que Leurs Majestés furent à la paroisse. Elles en revinrent profondément tristes. Ce sentiment était habituel parmi la famille royale[11]. »

Marie-Antoinette reprit sa correspondance secrète avec son frère. « L'événement qui vient de se passer nous confirme plus que jamais dans nos projets, mandait-elle à Mercy le 20 avril. Notre position est affreuse ! Il faut absolument la fuir dans le mois prochain. Le roi le désire encore plus que moi. Mais avant d'agir, il est essentiel de savoir si vous pouvez porter, sous un prétexte quelconque, quinze mille hommes à Arlon et Virton, et autant à Mons. M. de Bouillé le désire fort, parce que cela lui donnerait un moyen de rassembler des troupes et des munitions à Montmédy[12]. »

Mais l'empereur continuait à faire la sourde oreille. Les communications étaient lentes et difficiles avec la capitale autrichienne. En outre, la cour impériale était divisée entre le plan de Breteuil, qui préconisait un simple appui tactique, celui de Coblence, qui visait à une intervention directe, et celui du comte d'Artois, qui misait sur un soulèvement intérieur dans le Midi. La politique autrichienne trouvait dans cette diversité d'options prétexte à *statu quo*. « Puisse votre projet s'accomplir heureusement et bientôt, écrivait Léopold à sa sœur le 12 juin. Le comte de Mercy a l'ordre, *la chose réussissant*, et sur votre demande, de vous aider et de vous fournir tout ce qu'il peut : argent, troupes, tout sera à vos ordres[13]. » En d'autres termes, réussissez d'abord, on vous aidera ensuite... Quant aux 15 millions demandés par Breteuil pour aider à l'entretien du roi et des troupes, l'Autriche n'en dit mot.

Maints détails restaient à arrêter. Le 6 mai, Fersen avertissait le comte Louis de Bouillé : « La route convenue est Meaux, Châlons, Reims, Isles, Rethel, Pauvres[14]. » L'avantage de cet itinéraire passant par le nord était d'assurer à chaque étape un relais de poste. Néanmoins, Louis XVI objecta que, dans la ville du sacre, il y avait un réel danger d'être reconnu. Il préférait la route du sud, mais celle-ci présentait l'inconvénient de passer par deux villes, Châlons, et surtout Verdun, dont la municipalité et le peuple n'étaient pas sûrs. Pour éviter Verdun, il fut décidé que le convoi bifurquerait à Clermont-en-Argonne et emprunterait la route qui remonte le long de la forêt, passe à Varennes-en-Argonne, Dun-sur-Meuse, Stenay, puis de là arrive à Montmédy. Le bourg de Varennes n'avait pas de relais, mais ce n'était pas une affaire. L'armée de M. de Bouillé, dont c'était la zone d'action, en organiserait un. Pour assurer sa protection et celle de sa famille, le roi insista pour avoir tout au long du chemin une chaîne de détachements militaires. On lui fit observer que cette précaution risquait plutôt de mettre en effervescence les villages de Champagne, peu habitués à ce genre de présence. Finalement, il fut convenu que des escouades seraient postées après Châlons, à partir de Pont-de-Somme-Vesle, au motif de protéger le passage d'un trésor destiné aux armées. « Il n'y a pas de précautions à prendre d'ici à Châlons, écrivait Fersen au comte de Bouillé le 26 mai ; la meilleure de toutes est de n'en pas prendre ; tout doit dépendre de la célérité et du secret[15]. »

Partant après son coucher officiel et n'étant réveillé par son valet de chambre qu'à 7 heures, le roi disposerait d'une avance confortable d'au moins huit ou neuf heures sur les cavaliers rapides que l'Assemblée ne manquerait pas d'expédier sur toutes les routes de France. Cela suffirait à lui permettre de gagner sans encombre le camp de Montmédy. Outre le postillon changeant à chaque relais, la conduite de la voiture serait confiée à trois anciens gardes du corps, François de Valory, Jean François de Maldent et François Melchior de Moustier, habillés en courriers. Deux femmes de chambre des enfants royaux, Mmes Brunier et de Neufville, précéderaient la berline dans un cabriolet. Afin de ne rien laisser au hasard, le secrétaire particulier de la reine, le baron François de Goguelat, ingénieur géographe et aide-maréchal général des logis, prit la précaution de faire, à deux reprises, le voyage de Montmédy, montre en main, de façon à calculer les heures de passage à chaque relais.

Le départ, d'abord fixé au 6 juin, fut reculé au 12 pour pouvoir toucher la mensualité de 2 millions de la liste civile, puis au 19. On le repoussa encore au lendemain à cause d'une « femme de chambre très démocrate », Mme Rochereuil, porte-chaise d'affaires du dauphin (c'est-à-dire plus prosaïquement au service de la chaise percée), qui servait d'espionne à l'adjoint de La Fayette, Jean-Baptiste Gouvion, major général de la garde nationale, dont elle était la maîtresse. Le 14, Fersen écrivait à Bouillé que le roi partirait sans faute le lundi 20 juin à minuit et serait à l'étape de Pont-de-Somme-Vesle après Châlons au plus tard à 2 heures et demie de l'après-midi. Le même jour, Marie-Antoinette mandait à Mercy : « Tout est décidé, nous partons lundi 20 à minuit. Rien ne peut plus déranger ce plan. Nous exposerions tous ceux qui nous servent, mais nous sommes fâchés de ne pas avoir la réponse de l'empereur. »

Le départ des Tuileries

Les Tuileries étaient étroitement surveillées par six cents gardes nationaux, patrouillant dans les cours, les escaliers, les corridors, les grands et petits appartements. Des sentinelles étaient postées aux issues du jardin, le long de la terrasse du côté de la Seine... Une domesticité nombreuse, allant des garçons du château aux dames de compagnie, en passant par les frotteurs, les tournebroches et autres porteurs d'eau, côtoyait constamment la famille royale et ses proches. La nuit, cela prenait l'allure d'un camp de nomades. Les Suisses des appartements et les chasseurs de la garde dormaient sur des matelas ou des couchettes de fortune posés à même le parquet des galeries et des salons d'apparat.

Ce soir-là, Monsieur, Madame, Madame Elisabeth soupèrent avec le roi et la reine. Sitôt qu'ils furent seuls, ils parlèrent de la « grande entreprise ». Louis XVI annonça enfin à son frère qu'il se rendait à Montmédy et le pria de l'y rejoindre en passant par les Pays-Bas autrichiens. Provence, qui n'attendait plus que de connaître la destination finale, avait prévu de partir à minuit déguisé en Anglais par la route de Soissons et d'Avesnes, sa femme par celle de Bruxelles, Valenciennes et Orchies. Tout le monde devait se retrouver au manoir de l'abbé de Courville, au village de Thonnelle, près de Montmédy, que le marquis de Bouillé avait fait meubler*. Le camp militaire était installé près de ce village, sur le plateau des Hautes-Forêts, bordé par la Chiers. Autour de la place étaient disposés 12 bataillons étrangers d'infanterie (allemands et suisses), 23 escadrons de dragons, de hussards et de chasseurs, un train d'artillerie de 16 pièces de canon, au total 6 000 hommes, dont une bonne partie de mercenaires étrangers, réfractaires à la propagande révolutionnaire**. Après avoir passé en revue les troupes, le roi devait remettre solennellement le bâton de maréchal de France au marquis de Bouillé. Comme on n'avait pas voulu en demander un au ministre de la Guerre, le duc de Choiseul-Stainville avait offert celui de son beau-père.

Vers 10 heures, la reine fit réveiller et habiller les enfants par Mme de Tourzel. Le dauphin passa une robe de toile et un bonnet de fille. Le château comportait trois cours : la cour Royale – la principale – flanquée, côté Seine, de la cour des Princes, et, de l'autre, de la cour des Suisses (cette dernière donnait accès à la rue Saint-Honoré par la petite place du Carrousel et la rue de l'Echelle). Une demi-heure plus tard, la reine conduisit les enfants dans la cour des Princes, par l'appartement

---

* Cette petite gentilhommière existe toujours à quatre kilomètres environ de Montmédy-Haut.

** Trois semaines auparavant, le roi avait fait parvenir à Bouillé un million en assignats, destiné aux approvisionnements en vivres, fourrage et munitions. En route, le roi et la reine emportèrent 13 200 livres en or et 560 000 livres en assignats.

démeublé de M. de Villequier, parti en émigration, et dont le roi s'était procuré la clé auprès de l'inspecteur des Bâtiments. Fersen, vêtu d'une houppelande et d'un chapeau de cocher, les accueillit sur le perron. La rangée de voitures stationnant dans cette cour permit de gagner avec succès la cour Royale où des groupes de gardes nationaux, de palefreniers et de domestiques désœuvrés se promenaient en plaisantant. Sans se faire remarquer, la reine, le Suédois et Mme de Tourzel menèrent les enfants jusqu'à un fiacre de louage qui les attendait. Tandis que Fersen, monté à la place du cocher, fouettait les chevaux et franchissait le porche sans encombre, Marie-Antoinette rentra au salon où le roi, Monsieur, sa femme et Madame Elisabeth poursuivaient leur conversation.

C'est à ce moment-là que partirent les deux dames de compagnie, Mmes de Neufville et Brunier, à qui on venait d'annoncer sans autre explication qu'elles devaient se rendre immédiatement à Claye et y attendre les ordres. Sous la conduite d'un guide inconnu, elles sortirent, traversèrent le pont Royal et gagnèrent, le long du quai d'Orsay, un cabriolet de poste jaune à deux lanternes, attelé de trois chevaux. Le postillon sauta en selle et la voiture s'ébranla.

Vers 11 heures, alors que Monsieur et sa femme avaient quitté les Tuileries, se déroula la cérémonie habituelle du coucher du roi. La Fayette, venu faire sa cour, parla de la procession de la Fête-Dieu organisée par le clergé constitutionnel le jeudi suivant. La conversation traîna. Enfin, Louis gagna sa chambre à coucher. Les valets tirèrent les rideaux de l'alcôve et sortirent pour se déshabiller. Le monarque profita de cet instant pour se glisser hors du lit, passa sans bruit par un cabinet de garde-robe et rejoignit l'entresol de la reine où il enfila un costume de voyage sans apprêt, une redingote vert bouteille et se couvrit la tête d'une perruque grise et d'un chapeau rond. Comme à l'ordinaire, un des valets de chambre rentra chez le roi, se coucha sur un matelas, après avoir attaché à son bras le cordon d'appel, dont l'autre extrémité était reliée au rideau du lit.

Profitant de la sortie des voitures, dont les maîtres étaient venus pour le coucher, Louis XVI ainsi déguisé, accompagné d'un garde du corps, Maldent, traversa les cours, la canne à la main, sans se faire remarquer des factionnaires. Une boucle de ses souliers s'étant détachée, il la remit avec le plus parfait sang-froid. Depuis quinze jours, on avait demandé au chevalier de Coigny de se promener chaque soir à la même heure ainsi vêtu, en imitant sa démarche dandinante… La reine, en robe de soie grise, une voilette sur le visage, emprunta peu après le même chemin, escortée d'un garde. Au moment de sortir par la cour Royale, le carrosse de La Fayette passa si près d'elle qu'elle put en toucher les roues d'un coup de badine. Tout le monde, y compris Madame Elisabeth, se retrouva dans la citadine de Fersen qui, après avoir fait une boucle par la place Louis-XV, était venue, par la rue Saint-Honoré et la rue de l'Echelle, se poster devant un hôtel meublé, l'*hôtel du Gaillarbois**. Le fiacre se rendit d'abord rue de Clichy, à l'hôtel de Crawfurd où Fersen s'assura que la berline de voyage était partie à l'heure convenue. On avait déjà plus d'une heure de retard.

Un certain Monsieur Durand

Puis la citadine gagna la porte Saint-Martin qu'elle franchit sans difficulté. Il y avait une noce chez les commis de la barrière. Près de la rotonde de La Villette on dansait et on riait. Dans la nuit sombre roulaient de lourds nuages. Sur la route déserte on eut un moment d'inquiétude : la berline manquait au rendez-vous. Allait-

---

* De même que le palais des Tuileries, livré aux flammes par les troupes de la Commune en 1871, toutes les ruelles et petites places des alentours ont été détruites. Elles occupaient l'emplacement du jardin actuel du Carrousel.

on échouer à peine sortis de Paris ? Impatient, le roi descendit malgré les conseils de Fersen. Au bout d'un quart d'heure enfin, on découvrit la berline attelée un peu plus loin. C'était une haute et imposante voiture, simple, sans signe distinctif. La caisse était peinte en vert foncé, les roues en jaune. L'intérieur, tendu de velours d'Utrecht blanc, avec des rideaux de taffetas vert aux vitres, était confortable. Les voyageurs y disposaient de toutes les commodités, avec provisions de bouche, cantines, service en argent, vases de toilette et pots de chambre en cuir bouilli. Fersen, aidé de sa maîtresse, Eleonora Sullivan, avait fait préparer du bœuf à la mode, du veau froid, une bouteille de vin et cinq bouteilles d'eau. A l'arrière et sur le toit, on avait ficelé deux malles et deux volumineuses vaches*, en partie vides, pour faire croire à un long voyage. Rien ne distinguait particulièrement ce véhicule des grosses berlines qui parcouraient les routes de France. Manifestement, Louis Sébastien Mercier forçait le trait lorsqu'il disait que « c'était un abrégé du château de Versailles » auquel ne manquaient « que la chapelle et l'orchestre des musiciens » ! Plus tard, cette voiture célèbre servira de diligence sur la route de Dijon, avant de disparaître dans un incendie.

Vite, la famille royale y prit place. Et fouette cocher ! Vers 2 heures et demie, on arriva à la maison de poste de Bondy. Le retard s'allongeait. Là, Fersen fit ses adieux : il était convenu qu'il gagnerait seul la Belgique à cheval, avec dans sa poche le grand sceau de l'Etat, et retrouverait les voyageurs deux jours plus tard à Montmédy. De Bondy, la berline se rendit au relais de Claye, où l'on retrouva vers 4 heures et demie les dames de Neufville et Brunier, tout étonnées de se trouver là. L'aube, déjà, en cette courte nuit – c'était le solstice d'été –, traçait de grands sillons lumineux dans le ciel.

---

* Coffres de cuir généralement placés sur l'impériale d'une voiture.

On forma le convoi. François de Valory galopait à l'avant pour préparer les étapes, puis venait le cabriolet des femmes de chambre, attelé de trois chevaux. Suivait la berline à six limoniers, escortée à cheval par Maldent. Moustier, le dernier garde du corps, restait sur le siège à côté du postillon. A l'intérieur, on s'amusa à distribuer les rôles. Mme de Tourzel voyagerait sous le nom de baronne de Korff, l'amie de Fersen – elle en avait le passeport –, et était censée se rendre à Francfort-sur-le-Main, puis de là en Russie. Elle serait accompagnée de sa gouvernante Mme Rochet (la reine), de son intendant M. Durand (le roi), de sa dame de compagnie Rosalie (Madame Elisabeth) et de ses deux filles Amélie et Aglaé (les Enfants de France). Cela parut d'abord un jeu excitant, comme toute cette palpitante aventure. On avait l'impression, comme dit G. Lenotre, « d'un départ en vacances, quasi joyeux, gros d'illusions[16] ». Quand viendra le moment où chacun devra se conformer à son rôle, personne n'y songera…

Le jour se levait, tandis que dodelinaient les têtes des voyageurs assoupis. Tout était calme. On n'entendait que le martèlement régulier des chevaux et le grincement des roues cerclées sur les pavés de grès. Vers 7 heures, à l'étape de Meaux, on attaqua les victuailles, qu'on mangea sans assiettes ni fourchettes. C'était amusant ! Tout le monde paraissait gai, détendu, soulagé d'être sorti de l'étau des Tuileries. « M. de La Fayette, plaisanta le roi, est en ce moment bien embarrassé de sa personne ! »

A 8 heures, après Saint-Jean-les-deux-Jumeaux, la voiture relaya à La Ferté-sous-Jouarre, rue Saint-Etienne, en face de l'évêché. A la sortie de la ville, comme la côte montait en bordure des bois de Moras et que le postillon allait au pas, Mme de Tourzel fit prendre l'air aux enfants. Le roi voulut les accompagner. On musardait, on folâtrait comme dans une partie de campagne. Le retard sur l'horaire grandissait, sans qu'on s'inquiétât de l'escouade de hussards qui attendait à Pont-de-Somme-Vesle. A un autre poste, probablement celui de Viels-Maisons, le roi descendit « pour donner aux dames le temps de se mettre à l'aise et satisfaire lui-même quelque besoin », écrit Moustier dans sa relation. Aux relais, des grappes de petits mendiants venaient, comme toujours, solliciter une pièce. A Fromentières, Louis, une nouvelle fois, mit pied à terre et bavarda avec les badauds, interrogeant les paysans sur les moissons. Moustier l'enjoignit de garder l'anonymat : « Je ne crois plus cela nécessaire, lui dit-il, mon voyage me paraît à l'abri de tout accident. » C'est vrai, ces grands champs de blés encore verts, ondulant sous la brise, ces bouquets d'arbres aux feuilles frémissantes, ce bon et chaud soleil dont on commençait à ressentir les ardeurs à travers les nuages, tout donnait un air divin de liberté et de quiétude, qui faisait oublier le chaudron de Paris et ses jacobinières ! Quelle douce ivresse !

Chaintrix, qu'on appelait le « relais du Petit Chaintry », était un hameau de trois maisons, un cabaret, une forge et une maison de poste, cette dernière tenue par Jean-Baptiste de Lagny, ancien fermier*. C'est là que Louis XVI allait commettre une nouvelle et grave imprudence. Reconnu par le gendre du maître de poste, Gabriel Vallet, qui avait assisté l'année précédente à la fête de la Fédération, le roi, au lieu de rire de cette méprise, se laissa entourer de respect et de flatteries. Toute la famille entra dans la salle d'auberge pour se rafraîchir, car la chaleur devenait forte. Quelle émotion ! Et quelle stupéfiante nouvelle ! Le roi de France incognito dans un modeste relais ! Ces zélés serviteurs s'empressaient, louaient Dieu de le voir. Une demi-heure passa. En remerciement, la reine sortit de son nécessaire deux écuelles d'argent dont elle fit cadeau à ses hôtes. On reprit la route vers 14 h 30. A partir de ce moment, l'identité des fugitifs était connue des postillons qui, à chaque étape, donnaient le mot aux palefreniers et à tous ceux qu'ils rencontraient.

---

* La maison existe encore le long de la départementale 33, qui, elle-même, a conservé quelques grosses bornes grises à fleur de lys martelées, indiquant les demi-lieues de poste.

Les difficultés de la route s'en mêlèrent. Peu après Chaintrix, la voiture heurta la borne du pont franchissant la Somme-Soude. Les trains étaient rompus. Réparer prit encore une précieuse heure. Mais voici Châlons. Il était plus de 4 heures, alors que sa traversée avait été prévue vers midi. Marie-Antoinette se souvenait de cette accueillante cité et des compliments que de jolies jeunes filles endimanchées lui avaient débités quelque vingt et un ans plus tôt, place de l'hôtel-de-ville, lors de sa triomphale arrivée. Cette fois, il fallait passer sans se faire remarquer. Mais c'était déjà trop tard. Averti par les postillons, un curieux qui stationnait près de la berline comprit vite la situation et alla prévenir le maire. Celui-ci heureusement ferma les yeux.

Vers 16 h 30, on repartit. Une demi-heure plus tard, comme la voiture s'était arrêtée un instant sur la route droite et poussiéreuse qui traverse la plaine crayeuse de Champagne, un cavalier s'approcha de la portière et dit d'une voix assez haute avant de disparaître : « Vos mesures sont mal prises, vous serez arrêtés ! » Mais pourquoi s'inquiéter ? On allait bientôt arriver dans la zone de surveillance des forces de Bouillé. Un avant-poste de quarante hussards, premier chaînon de l'escorte, avec à sa tête le duc de Choiseul-Stainville, neveu de l'ancien ministre et colonel du premier régiment ci-devant Royal-Dragon, attendait les fugitifs à l'étape de Pont-de-Somme-Vesle. Une fois dépassé Châlons, point considéré comme le plus dangereux du voyage, car il y avait en ville de nombreux jacobins, on pouvait être totalement rassuré. Et Châlons venait d'être franchi. « Nous sommes sauvés », avait dit la reine en poussant un soupir de satisfaction. On approchait du clocher flamboyant de la basilique Notre-Dame de l'Epine, unique sanctuaire marial de la province, qui abritait une statue miraculeuse trouvée dans un buisson d'épines.

A 6 heures et quart, la voiture précédée du cabriolet arriva devant une longue et grosse ferme isolée en rase campagne : c'était le relais de poste de Pont-de-Somme-

Vesle. Valory, parti en exploration au village voisin, était revenu perplexe. Personne au relais près de la grande mare, personne aux alentours. On s'attendait pourtant à voir les pelisses bleu céleste à retroussis blanc des hussards de Lauzun venus de Sainte-Ménehould. Rien ! Ni Choiseul, ni Goguelat qui devait dès l'arrivée du roi partir avertir les autres cantonnements en aval, ni Léonard Antié, le coiffeur de la reine – car Marie-Antoinette en pareille équipée n'avait pas cru pouvoir se séparer de cet incomparable artiste.

A la portière, le roi pâlit soudain, donnant l'impression que « toute la terre lui manquait ». Il paraissait inquiet, tourmenté même. Un sentiment de vide après un moment de bonheur ! Que se passait-il ? Le calme régnant au relais le rassura un peu. Après tout, ce n'était peut-être qu'un contretemps dû au retard. Il suffisait d'atteindre Sainte-Ménehould et là, on trouverait les trente dragons suivants.

En fait, l'explication de cette absence était simple. Le duc de Choiseul-Stainville avait attendu jusque vers 5 heures. Piaffant, ne voyant rien venir, il avait décidé de se replier sur Varennes, envoyant son valet et le coiffeur avertir les détachements de Sainte-Ménehould, Clermont et Varennes qu'il « n'y avait pas d'apparence que le trésor passât aujourd'hui ».

La voiture s'ébranla. Les bêtes deux fois firent des chutes. La malchance encore ! Après un long moment, sur une colline, à gauche, on vit les ailes noires d'un grand moulin qui tournait : le moulin de Valmy, promis quinze mois plus tard à la célébrité. A la poste suivante, celle d'Orbeval, il fallut attendre un quart d'heure, le temps d'aller chercher aux champs les chevaux de relais*. Le paysage avait changé. Il était devenu plus vallonné et verdoyant. A l'horizon se profilait le moutonnement des collines et le défilé de l'Argonne.

---

* Ce relais existe toujours. L'Association Louis XVI a restauré l'auberge et le logis du maître de poste.

Où Drouet paraît

Sept heures et demie. Valory arriva à la descente de Sainte-Ménehould. Il trouva la ville animée, avec des gardes nationaux qui battaient le tambour, et aperçut les dragons qui attendaient en bonnet de police, l'air désœuvré, à l'auberge du *Soleil d'Or*. A la maison de poste, rue de la Porte des Bois*, il prévint de l'arrivée prochaine d'un cabriolet et d'une berline et commanda les attelages. Il rencontra le baron d'Andoins, officier des dragons, qui l'informa que les quarante hussards de Lauzun sous les ordres de M. de Goguelat étaient passés le matin dans la ville pour se rendre à Pont-de-Somme-Vesle. Ce qu'ils étaient devenus, il n'en savait rien. Mais l'arrivée de trente nouveaux dragons, venus les remplacer, avait ému la municipalité qui avait dû distribuer des armes à la population. D'où l'agitation qui régnait.

D'Andoins suggéra de faire relayer les voitures le plus vite possible et de s'éloigner. Les dragons, dont certains n'étaient pas sûrs, ne se rassembleraient qu'après. Valory bavarda avec le maître de poste, Jean-Baptiste Drouet, un robuste gaillard de vingt-huit ans qui revenait de son champ de Mallasyse et s'était mis en robe de chambre. Il lui donna des nouvelles de la capitale.

Enfin apparurent les voitures. Des curieux sortirent et s'attroupèrent autour du relais de poste. On remarqua que des dragons saluaient à la visière de leur casque une des dames de la berline, qui répondait d'un signe de tête souverain. Nul doute que ce fussent de ces riches aristocrates qui émigraient avec leurs bijoux ! D'Andoins dit à Moustier : « Partez, pressez-vous ; vous êtes perdus si vous ne vous hâtez. » Ce qui ajouta à l'émoi des Ménéhildiens, c'était la livrée jaune de Moustier et de Valory, celle du

---

* Aujourd'hui rue Jean-Baptiste Drouet. La maison de poste était située à l'emplacement de la gendarmerie. Le bâtiment du *Soleil d'Or* existe toujours non loin de là.

prince de Condé, qui avait de grandes terres dans le Cler-montois. On soupçonnait une affaire de haute politique et l'on devinait que les dragons étaient là pour protéger la berline. Peut-être était-ce le prince de Condé incognito qui venait de faire l'aller et retour en France ? Comme on avait fini de harnacher les chevaux, Drouet, considérant la masse des bagages qui surchargeait l'impériale, recom-manda aux postillons de ne pas crever les bêtes dans les raides côtes de l'Argonne.

A peine la voiture était-elle partie en direction de Clermont-en-Argonne que, comme une traînée de poudre, le bruit se répandit qu'elle abritait le roi et la famille royale. C'étaient les postillons qui d'étape en étape, depuis Chaintrix, répétaient cette information ahuris-sante. Les réactions furent vives. On voulut empêcher les dragons de partir. La garde nationale battit la générale. Il s'ensuivit une bousculade. Un dragon parvint à s'enfuir au galop en tirant un coup de pistolet en l'air. Le capitaine d'Andoins fut arrêté, conduit à l'hôtel de ville et prié de montrer ses ordres. Il expliqua qu'il avait mission de pro-téger le passage d'un convoi d'argent pour l'armée. Une heure et demie plus tard, à la nuit tombée, un des muni-cipaux vint s'enquérir auprès du maître de poste de ce qu'il avait remarqué. Contrairement à l'image d'Epinal du « zèle patriotique », répété par l'intéressé dans la relation de ses exploits, Drouet n'avait rien observé d'anormal ni surtout reconnu le roi. On le convoqua à l'hôtel de ville. Il est certain qu'il avait commis une faute professionnelle grave en ne demandant pas leur passeport à ces gens. Il se rappela avoir aperçu au fond de la voiture un gros homme dont il n'avait pas bien vu le visage. On lui mon-tra la vignette d'un assignat de 50 livres portant l'effigie de Louis XVI. Oui, c'était peut-être lui !

C'est alors qu'arriva au galop le maître de poste de Châ-lons, fourbu et couvert de poussière. Il apportait la nou-velle de l'évasion du roi et un décret enjoignant d'arrêter une berline à six chevaux « dans laquelle on soupçonnait être le roi, la reine, Madame Elisabeth, le dauphin et

Madame Royale »… Pour rattraper sa bévue, Drouet proposa de se lancer à bride abattue à la poursuite de la voiture, avec un employé du district, Guillaume dit La Hure. Tous deux avaient servi dans les dragons et savaient galoper de nuit. La ville était en état d'alerte. Le tocsin sonna et l'on barricada les entrées avec des charrettes de meubles dans la crainte de l'arrivée de troupes. D'Andoins et son lieutenant furent jetés en prison, leurs hommes désarmés. Une fusillade éclata dans l'obscurité. La garde nationale tua un gendarme par erreur.

Pendant ce temps, ignorant la dangereuse agitation qu'elle avait semée, la berline poursuivait sa route dans la nuit silencieuse, lanternes allumées. Après le village de La Grange-aux-Bois, elle attaqua la côte de Briesme, puis ce fut la descente vers Les Islettes. La voiture atteignit Clermont à 9 h 30. Malgré le retard considérable, le colonel de Damas était là, au rendez-vous de la poste, mais il avait dû envoyer une partie de ses cent quarante dragons dans un village voisin, pour ne pas prolonger l'inquiétude des habitants. Le billet de Choiseul porté par le perruquier de la reine avait incité Damas à relâcher la surveillance. Le relayage ne prit qu'une dizaine de minutes. Les occupants de la berline ne se contenaient plus, faisant « des signes de bonté et de satisfaction » à M. de Damas qui s'obligea à feindre l'indifférence. Quittant la grand-route de Metz, la berline emprunta la traverse qui, par Varennes-en-Argonne et Dun-sur-Meuse, devait la conduire à Montmédy. Les voyageurs s'étaient endormis, persuadés que, si près du but et sous la protection de l'armée, tout danger était écarté.

A Clermont, une bagarre sans rapport avec la fuite du roi mit le feu aux poudres. On courait de toutes parts la lanterne à la main. Puis la rumeur s'en mêla, et là encore on sonna le tocsin. La population s'insurgea contre les dragons qui s'apprêtaient à plier bagages. Dans toutes ces petites bourgades de l'Est qu'avaient parcourues tant d'envahisseurs, les populations étaient sur le qui-vive, prêtes à s'émouvoir au moindre incident. Périodiquement la garde nationale se mobilisait pour lutter contre des bandes de brigands. Pour l'heure, ce qui remuait ce pays, faisait fermenter les esprits, c'était la peur, la peur non du roi, mais celle de son départ pour l'étranger, la peur des représailles, des émigrés arrivant en force et massacrant les patriotes.

Varennes ou la fin du voyage

Varennes n'ayant pas de relais de poste, il avait été convenu que le fils cadet du marquis de Bouillé, François, et son adjoint, le comte de Raigecourt, en improviseraient un sous un bouquet d'arbres, près de la première maison du bourg. Valory, arrivé peu avant 11 heures, ne trouva rien et décida d'explorer les environs. La nuit était opaque. Les voyageurs qui survinrent à leur tour s'inquiétèrent. Le roi, irrité, impatient, fatigué, descendit de voiture. Cela faisait vingt-trois heures qu'il voyageait, après avoir relayé vingt-quatre fois et parcouru 235 kilomètres. La reine ne parvenait pas à le tranquilliser. Il frappa du poing à la porte de la maison, demandant « si ce n'était point ici qu'étaient les chevaux ». On lui répondit de passer son chemin…

Le vieux bourg de Varennes s'étendait le long d'une rue en pente très resserrée, la rue de la Basse-Cour, qui s'engouffrait sous la nef d'une petite église nommée Saint-Gengoult. C'était ce qu'on appelait la ville haute. Cette rue descendait jusqu'à la rive de l'Aire que l'on franchissait au premier tournant à droite par un antique pont de bois. Sur l'autre rive, s'étendait la ville basse, avec son église du XVe siècle et sa place principale, où s'élevait la façade plus que banale de l'auberge du *Grand Monarque*. C'est en ce lieu et non à l'entrée de la ville haute, comme prévu, que s'étaient installés le chevalier de Bouillé, le capitaine de Raigecourt et les postillons. Le relais de onze chevaux avait été aménagé dans les écuries. Sitôt averti par l'arrivée de Goguelat, cet équipage devait traverser l'Aire, remonter la rue de la Basse-Cour, passer sous la voûte de l'église Saint-Gengoult et rejoindre le lieu de rendez-vous, à l'entrée de Varennes. Pour la protection du roi, un escadron de soixante hussards du régiment de Lauzun se trouvait caserné, rive gauche, à l'autre extrémité de la ville, dans l'ancien couvent des Cordeliers, sous les ordres d'un sous-lieutenant de dix-huit ans qu'on avait seulement prévenu de l'arrivée d'un trésor. Peu avant la tombée de la nuit, après avoir attendu fiévreusement des nouvelles, le chevalier de Bouillé et Raigecourt avaient vu arriver le cabriolet du sémillant coiffeur de la reine. Celui-ci leur avait dit que selon toute vraisemblance le convoi ne passerait pas ce soir. Sans chercher à en savoir davantage, par exemple en envoyant quelqu'un à Clermont-en-Argonne ou en avertissant le marquis de Bouillé, installé à Stenay, les deux jeunes gens se contentèrent d'attendre dans leur chambre, la lumière éteinte et la fenêtre ouverte.

Arrivée vers 11 heures, la voiture du roi restait donc immobilisée à l'entrée de la ville haute, dans l'attente de l'introuvable relais. Fermes sur la consigne, les postillons refusaient de faire un pas de plus afin de laisser reposer les chevaux. Vers 11 heures et quart, un cavalier passa le long de la berline et d'un mot rapide défendit aux postillons de bouger, leur ordonnant même de dételer. Ce cavalier, c'était Drouet qui, poursuivant sa route, passa sous la voûte de l'église Saint-Gengoult et vint s'arrêter à l'auberge du *Bras d'Or*, adossée au clocher, où il avait vu de la lumière. Malgré l'heure tardive, il trouva quelques gardes nationaux et patriotes attablés devant des chopines. Sonnant le branle-bas, il les avertit de la présence à l'entrée du bourg d'une grosse voiture qui abritait probablement le roi et sa famille, en route pour l'émigration. L'aubergiste alla réveiller le procureur-syndic de la commune, Jean-Baptiste Sauce, un honnête épicier-marchand de chandelles, tandis que Drouet, aidé d'un volontaire, obstruait le pont avec une charretée de meubles. Pendant ce temps, les voyageurs royaux, après avoir attendu plus d'une demi-heure, avaient réussi à convaincre les postillons, moyennant récompense, de s'avancer dans le bourg.

Le cabriolet des femmes de chambre fut arrêté alors qu'il pénétrait sous la voûte surbaissée de l'église, longue d'une vingtaine de mètres, et dont on venait de fermer à l'autre bout la porte charretière. Un vrai traquenard ! Sauce leur demanda les passeports. Elles répondirent qu'ils étaient dans la seconde voiture. Six ou sept personnes s'avancèrent alors vers la berline qui s'était arrêtée à son tour. Sauce leva son falot à la portière, aperçut trois femmes, deux enfants et un gros homme à perruque grise. Où allaient-ils ? A Francfort, lui fut-il répondu. Le laissez-passer emporté à l'auberge du *Bras d'Or* fut soigneusement examiné. Daté du 5 juin 1791, signé Louis et contresigné Montmorin, il parut en règle. Il était établi au nom de la baronne de Korff, « allant à Francfort avec deux enfants, une femme et un valet de chambre et trois domestiques ». Pourquoi retenir ces gens ? Sauce n'aimait pas les histoires. Mais Drouet insista, car il ne voulait pas lâcher sa proie : c'était le roi, c'était la reine, c'étaient les enfants royaux ! Si vous les laissez partir, vous serez coupable de trahison et puni ! Pris d'inquiétude, l'épicier engagea les voyageurs, qui s'impatientaient, à rester sur place. Demain, on aviserait. L'imposant majordome à perruque grise essaya de parlementer. Refus. Comment forcer le barrage ? Les gardes nationaux menaçaient de faire feu, alors que les trois gardes du corps n'étaient pas armés. Et le tocsin sonnait, sonnait inlassablement, s'apprêtant, telles les trompettes de la Renommée, à faire entrer Varennes dans l'Histoire. On criait : « Au feu ! » Les Varennois s'étaient réveillés et commençaient à s'attrouper, surpris et inquiets, autour du *Bras d'Or* et de cette mystérieuse berline immobilisée, dont la caisse était maculée de terre. Pour éviter le désagrément d'une nuit passée dans la salle commune de l'auberge, Sauce eut l'amabilité d'offrir l'hospitalité à la baronne de Korff et à sa famille. Les voyageurs se résignèrent à descendre et à suivre dans la nuit la lanterne du procureur-syndic. A quelques pas de là, sur le côté gauche de la route, on pénétra dans une humble bâtisse à pans de bois et torchis qui présentait deux pièces en enfilade au rez-de-chaussée, dont l'une servait de boutique, et deux chambres à l'étage. On monta l'étroit escalier de bois. Une corde crasseuse tenait lieu de rampe. Une chambre donnait à l'arrière sur un jardinet. On y coucha les enfants épuisés, qui s'endormirent aussitôt. Les gardes nationaux, les officiers municipaux emplissaient l'autre pièce, au milieu des ballots de chandelles. Sauce avait fait venir le juge Jacques Destez, marié à la fille d'un officier de la Bouche de la reine, qui avait fréquenté Versailles. Tout de suite, il reconnut le roi : « Ah ! Sire », dit-il en pliant le genou. Comme à Chaintrix, Louis accepta de perdre son incognito. « Eh bien oui ! Je suis le roi, voilà la reine et la famille royale. Je viens vivre parmi vous, dans le sein de mes enfants que je n'abandonne pas[17]. »

Tous se confondirent en gestes de respect et d'empressement. Le monarque avait le cœur tendre. Il embrassa ceux qui l'entouraient. Sauce était ému, on l'aurait été à moins. Sa vieille grand-mère, une pieuse royaliste qui avait vu le jour sous le Roi-Soleil, s'agenouilla, embrassa les petites mains du dauphin et sortit en pleurant. Deux époques se rencontraient et s'effleuraient ! La grandeur et la décadence. Autour de l'épicerie, la foule des Varennois se gonflait de paysans des environs, alertés par le lancinant tocsin qu'on n'arrêtera qu'à 3 heures du matin à la demande de la reine. Cette foule n'avait rien d'hostile. La curiosité se mêlait à l'inquiétude. On discutait, on buvait – le *Bras d'Or* faisait des affaires inespérées –, on voulait apercevoir l'hôte considérable, le père de la Nation, le roi enfin, et c'était tout dire. Quelques-uns avaient des fusils ou des faux. D'inoffensifs canons de fonte sans affût avaient été mis sur le pont et au départ des différentes routes. On avait peur des aristocrates.

Louis ne s'affolait pas outre mesure. Il savait qu'il se trouvait dans la zone de cantonnement de l'armée du Rhin. Il était persuadé que le fils du marquis de Bouillé, chargé du relais de fortune de Varennes, n'allait pas tarder à paraître, alerté par le tintamarre. Voici qu'arrivait déjà le duc de Choiseul-Stainville. Il était suivi du comte de Damas, venu de Clermont-en-Argonne, et de Goguelat, l'ingénieur géographe et secrétaire de la reine. De vraies retrouvailles ! « Eh bien ! Goguelat, demanda le roi, quand partons-nous ? – Sire, quand il plaira à Votre Majesté. » La municipalité, à l'exception du maire absent, venait présenter ses hommages au monarque fatigué, le conjurait de ne pas abandonner le royaume. Louis expliqua qu'il n'allait qu'à Montmédy et redemanda son passeport. C'est entendu, lui répondit-on, mais la route de Dun, tortueuse et étroite, est périlleuse la nuit (ce qui était vrai). Il partirait dès l'aube. On faciliterait même son voyage en l'escortant de la garde nationale. Cependant, la reine et Madame Elisabeth pressentaient qu'il ne fallait pas attendre, l'agitation gagnant les esprits. Qui sait si l'on n'allait pas se retrouver prisonniers de ces gens désemparés et ramenés de force à Paris ? On pouvait encore dégager la rue. Le roi n'avait qu'à commander. Choiseul, arrivé de Pont-de-Somme-Vesle avec une troupe fourbue, était allé prendre une quarantaine de dragons frais au couvent des Cordeliers. Il proposa de faire monter les voyageurs en selle et de partir sous leur protection. Un gentilhomme du pays nommé Radet, commandant l'artillerie du lieu, suggéra de sortir par le jardin qui donnait sur une ruelle non gardée et, de là, de gagner la forêt. Goguelat parla d'un gué près du couvent facile à franchir*. Les

---

* De nos jours, la disposition générale des lieux a peu changé et permet de comprendre les circonstances de l'arrestation, mais la rue de la Basse-Cour a été considérablement élargie. De l'église Saint-Gengoult ne subsiste que la tour transformée en beffroi. Celui-ci est orné d'une plaque commémorative indiquant le lieu de l'arrestation. A cinquante mètres de là, sur la gauche de la rue, la maison Sauce a disparu sous les bombardements de 1914, mais son emplacement est marqué par une stèle. On voit encore le chemin qui aurait permis aux prisonniers de s'enfuir par l'arrière. L'étroit pont de bois a été naturellement remplacé. Quant à l'auberge du *Grand Monarque*, de l'autre côté de l'Aire, elle a été reconstruite après la Première Guerre mondiale.

seuls à ne pas se manifester dans cette nuit d'inquiétude étaient les deux officiers du *Grand Monarque*, Bouillé et Raigecourt, qui avaient pourtant appris par le tocsin et les postillons que leur trésor était arrivé. Ils avaient peur et se terraient.

Louis écarta toutes les solutions qu'on lui proposa. Pourquoi risquer l'aventure, une balle perdue pour sa femme ou ses enfants ? La municipalité ne refusait pas de les laisser partir, mais demandait d'attendre le point du jour. Rien ne servait de s'affoler. Le marquis de Bouillé maintenant n'allait pas tarder. Avec les cinq cents cavaliers du Royal-Allemand, il allait le sortir de cette situation fâcheuse. Ainsi s'achèverait sans effusion de sang ce voyage mouvementé.

A 5 heures et demie du matin, tout changea avec l'arrivée, venant de Paris, du capitaine Bayon, commandant le 7e bataillon de la garde nationale, porteur d'un ordre de La Fayette, et de Jean-Louis Romeuf, aide de camp du même général, muni d'un décret de l'Assemblée. Le délicat Romeuf, à qui cette mission répugnait fort – il était discrètement amoureux de la reine qu'il voyait constamment aux Tuileries –, tendit, l'air consterné et la larme à l'œil, le décret au roi qui le lut. Fonctionnaires publics, gardes nationaux et troupes de ligne étaient tenus de prendre toutes mesures nécessaires pour empêcher le roi et les « individus de la famille royale » de continuer leur route.

D'un geste de lassitude, Louis posa le papier sur le lit où dormaient le dauphin et Madame Royale : « Il n'y a plus de roi en France », dit-il. De rage, la reine s'en saisit et le jeta à terre : « Je ne veux pas qu'il souille mes enfants. » Un murmure d'indignation lui répondit. Dehors, la foule, gagnée par la crainte des représailles, criait : « A Paris ! A Paris ! » Le capitaine Bayon, qui n'avait pas les mêmes sentiments que Romeuf, se vantera d'avoir donné le mot. Varennes voulait se débarrasser au plus vite de ses dangereux otages. Louis chercha à gagner du temps. Il demanda à déjeuner, puis feignit de s'endormir, comme autrefois au Conseil. Une des femmes de chambre, Mme de Neufville, assura être prise d'une violente colique. La reine réclama un médecin. Encore un instant, implorait le roi. Ne pourrait-on attendre 11 heures ? « Sire, je ne m'y *fiâmes* point », lui répondit un vieux bûcheron du coin. Rien n'y faisait. Et le marquis de Bouillé ne paraissait toujours pas…

9

Échec au roi

Paris en fièvre

Revenons à Paris. Que s'y était-il passé ? Le mardi 21, vers 7 heures, quand il souleva le rideau de l'alcôve royale et s'aperçut que le lit était vide, le valet de chambre Lemoine fut surpris. Peut-être Sa Majesté était-elle allée chez la reine ? Après avoir attendu une demi-heure, il donna l'alerte. C'est alors qu'on passa de la surprise à l'angoisse en découvrant que vides aussi étaient les lits de la reine, du dauphin, de Madame Royale, de Madame Elisabeth et que Mmes de Tourzel, de Neufville et Brunier avaient disparu. Tous s'étaient envolés ! L'agitation gagna le château et la ville entière. « Le roi est parti ! Le roi est parti ! » criait-on.

La nouvelle plongea les autorités dans la stupeur et la perplexité : le président de l'Assemblée, Alexandre de Beauharnais (le mari de la future impératrice Joséphine), Bailly, La Fayette n'en revenaient pas. Ce dernier, contrairement à ce qu'a prétendu Mme Roland, n'était au courant de rien. Que faire ? Sur la suggestion du député d'Aix, Balthazar d'André, ils feignirent de croire, contre toute vraisemblance, à un enlèvement par les ennemis de la Révolution. Bien qu'il n'en eût pas l'autorité, La Fayette envoya sur toutes les routes de l'Est et du Nord des officiers chargés de rattraper les « prisonniers » et de les tirer des mains de leurs prétendus ravisseurs.

On sonna le tocsin. Les batteries du Pont-Neuf tirèrent l'alarme. L'Assemblée, qui ouvrit sa séance à 9 heures, décréta à son tour l'ordre d'intercepter le roi et sa famille. Elle prit provisoirement en charge le pouvoir exécutif de concert avec les ministres. Pour sauvegarder la monarchie constitutionnelle qu'elle essayait de bâtir, elle comprit elle aussi que la seule version à répandre était la thèse de l'enlèvement. Elle dépêcha en province une *Adresse aux Français* rédigée en ce sens et fit fermer les barrières de Paris. Puis elle discuta d'une nouvelle formule de serment à imposer aux armées, dont elle ôta le nom du roi.

Le peuple de la capitale parut d'abord consterné, persuadé d'être abandonné. Il se réveillait brusquement orphelin. Spontanément, il envahit les Tuileries pour constater *de visu* la disparition du roi. Les rumeurs les plus abracadabrantes circulaient : on parlait d'une fuite par une porte dérobée, de corridors secrets, d'égouts, de bateaux aperçus sur la Seine. La clientèle habituelle des sociétés populaires, nourrie depuis des mois de fantasmes simplistes diffusés par les libelles et pamphlets révolutionnaires sur le roi imbécile et glouton, sur l'Autrichienne altière et assoiffée du sang des patriotes, n'eut aucun mal, quant à elle, à dénoncer le subterfuge abusif de l'enlèvement. Il s'ensuivit une vague d'antipathie, de haine contre le monarque, mais aussi, pour la première fois, contre la royauté. Des désœuvrés, des têtes chaudes grattèrent les fleurs de lys des tableaux, des enseignes des magasins, des armoiries des fournisseurs du roi, déchirèrent les estampes de la famille royale. Mais les faubourgs Saint-Antoine et Saint-Marcel, toujours prompts à prendre feu, demeurèrent calmes. Les seuls événements graves furent le pillage du dépôt d'armes des Carmes et celui d'une barge chargé de munitions.

Au club des Cordeliers, les sans-culottes exigèrent l'abdication du roi et la proclamation de la République. Aux Jacobins, les opinions étaient diverses. Robespierre, pas encore rallié à l'idée républicaine, accusait l'Assemblée de trahir les intérêts de la Nation. Danton chargeait

La Fayette, la bête noire de l'extrême gauche, tandis que Barnave, appuyé par ses amis Lameth et Du Port, appelait au rassemblement pour sauver l'œuvre de la Constituante. La thèse de l'enlèvement paraissant peu crédible, le jeune orateur parvint à imposer à ses confrères celle du roi séduit, abusé par de mauvais conseillers, « égaré par des suggestions criminelles ».

En ville, on restait dans l'expectative, affamé de nouvelles. Quand, le 22 juin au soir, Mangin, chirurgien de Varennes, apporta la nouvelle de l'arrestation, ce fut un soulagement général. On se prit à rire rétrospectivement de cette cavale qui avait fini en « pantalonnade » dans la boutique d'un marchand de chandelles. Camille Desmoulins racontait à qui voulait l'entendre que Louis XVI, en arrivant à Sainte-Ménehould, n'avait pas pu s'empêcher de s'attabler et de commander la spécialité du pays, les fameux pieds de porc, ce qui avait perdu le « Sancho Pança couronné » !

L'Assemblée n'avait cessé de siéger pendant ces deux jours. Dans la crainte de la guerre, elle avait ordonné la fermeture des frontières, interdit la sortie du numéraire, décrété la levée de cent mille gardes nationaux. Elle désigna donc trois commissaires pour aller à la rencontre du roi : le comte de La Tour-Maubourg, Barnave et Pétion. Cette délégation était le fruit d'un dosage politique : le premier, proche de La Fayette, représentait le royalisme libéral, le second, le centre gauche constitutionnel, et le troisième, ami de Brissot, la gauche jacobine. Ils avaient pour mission de « veiller à ce que le respect dû à la personne royale fût maintenu ». Ils partirent, munis de toute l'autorité nécessaire sur la garde nationale et l'armée, accompagnés de l'adjudant général Mathieu Dumas.

Le retour

Le 22 juin, de bon matin, la famille royale sortit de la maison Sauce et fut invitée à monter en voiture. « Je crus voir Charles Ier livré par les Ecossais », écrira Choiseul-Stainville dans sa relation. Plusieurs milliers d'hommes, de femmes et d'enfants, gardes nationaux, paysans et badauds, entouraient la berline. Au début, le peuple criait : « Vive le roi ! Vive la Nation ! » Mais très vite, repris par la terreur de voir dévaler les cavaliers du « massacreur de Nancy », ils scandèrent : « A Paris ! A Paris ! » L'étrange convoi s'allongeait, formé de carrioles et de chariots réquisitionnés, de paysans armés de faux, de croissants, de fourches et de barres de fer, de soldats dépenaillés et indisciplinés, avec une arrière-garde de traînards, braillards et pillards. Il se gonflait à chaque village de nouveaux processionnaires, de milices locales, de plus en plus hostiles, transformant ce retour en une éprouvante descente aux enfers. On était convaincu que Louis avait voulu émigrer et prendre la tête de la Contre-Révolution, qu'il avait trahi le peuple, violé son serment. Au milieu de ce cortège enfiévré et éméché, où circulaient les bruits les plus alarmistes, comme l'arrivée des Autrichiens ou celle des mercenaires allemands, la berline verte roulait au pas, fenêtres ouvertes, accompagnée de cris, de huées et d'imprécations obscènes. On s'accrochait aux portières pour apercevoir le menton triste du roi ou le front accablé de la reine. La chaleur était écrasante. « Mon intention n'était pas de sortir du royaume », répétait placidement le vaincu aux harangues inquiètes de chaque maire.

Encore les autorités respectaient-elles le monarque. Il n'en allait pas de même de la populace. Près de Dommartin-la-Planchette, un gentilhomme de Clermont, M. de Dampierre, chevalier de Saint-Louis, venu le saluer, reçut une décharge de fusil et fut achevé à coups de pioche. On brandit ses habits déchiquetés et maculés aux portières de la berline. A Châlons, à l'hôtel de l'ancienne Intendance, où la dauphine avait logé en 1770, la famille royale fut reçue avec dignité et même avec chaleur. Des cohortes de jeunes filles offrirent des fleurs à la reine, ainsi qu'aux plus beaux jours. Le maire, le procureur du département, les juges du tribunal, les officiers de la garde nationale et de la gendarmerie, tous étaient des royalistes modérés, bien embarrassés de la situation. On se prit à rêver d'une évasion par un escalier dérobé, dans la chambre du dauphin, et d'un camp retranché que les fidèles de la monarchie viendraient rejoindre. Espoirs fous, vite abandonnés.

Le lendemain, jeudi 23 juin, le roi assista à la messe de la Fête-Dieu, dite par un prêtre jureur dans la petite chapelle de l'Intendance. L'office n'était pas achevé que celle-ci fut envahie par une horde de gardes nationaux débraillés et vociférant, venus de Reims. En les voyant, Marie-Antoinette et Madame Elisabeth furent saisies d'effroi. Agressifs, ces excités se promettaient de « confectionner des cocardes avec les boyaux de Louis et d'Antoinette et des ceintures avec leur peau » ! Louis XVI, placide, quitta la chapelle sans broncher. En ce triste voyage de retour, les deux faces de la Révolution se mêlaient étrangement, celle des bourgeois, des notables, des corps administratifs, des officiers municipaux, qui avaient gagné aux réformes et s'accommodaient d'un bon employé de bureau en guise de roi, et celle de la cohue populaire en blouse et en vareuse, grouillante et tumultueuse, sans autre vision politique que quelques slogans simplistes, avide d'exprimer sa force par la violence et la destruction.

A Chouilly, un individu agrippé à la voiture cracha au visage du roi qui s'essuya sans rien dire. Depuis Varennes, rencogné au fond de la voiture, il s'était emmuré en lui-même, cachant son affreux dépit sous un air patelin et résigné. Et lui qui, à l'aller, ne pouvait s'empêcher de descendre aux relais, se terrait, à la recherche d'une paix intérieure, que nul ne pourrait troubler. A Epernay, le président du district lui apporta symboliquement les clés de la ville, mais ajouta : « Vous devez savoir gré à la ville de présenter ses clés à un roi en fuite. » Chacun ainsi lui faisait la morale. Pour aller dîner à l'*hostellerie de Rohan*, où un repas leur avait été préparé, lui et sa famille durent affronter la bousculade d'une foule déchaînée, armée de fusils, de fourches et de faux. Dans les bras d'un garde, le dauphin hurlait après sa mère. Celle-ci, conspuée, parvint à l'auberge, la jupe déchirée. Un témoin entendit quelqu'un dire : « Cache-moi bien pour que je tire sur la reine ». S'adressant au roi, un officier déclara : « Malgré vos fautes, nous protégerons votre retour vers les représentants de la Nation, n'ayez pas peur. – Peur ? répliqua le roi, peur des Français. Je ne puis avoir peur. » Pourtant, il y avait de quoi. Les Rémois qui contrôlaient le cortège enlevèrent sur la route le curé de Vauciennes, venant de célébrer la Fête-Dieu, l'attachèrent à un cheval, jurant de l'« étriper sous les yeux de Capet et de sa nichée ». Il fut achevé à coups de baïonnettes.

A 7 heures du soir, près de Boursault, devant la ferme du Chêne-Fendu, les voyageurs rencontrèrent les trois commissaires de l'Assemblée nationale. Ce fut un soulagement. La Tour-Maubourg monta dans le cabriolet des femmes de chambre, laissant Barnave et Pétion se serrer dans la berline. Le premier s'installa au fond, à côté du roi, la reine prenant le dauphin sur ses genoux. Le second s'assit en face, entre Madame Elisabeth et Mme de Tourzel, Madame Royale se plaçant entre les jambes de cette dernière. Au début, les relations furent tendues. Pétion, provocateur, dit qu'il savait tout de leur fuite, qu'ils étaient montés près des Tuileries dans une voiture de remise, conduite par un « Suédois, nommé… ». Feignant de chercher son nom, il demanda à la reine de le lui rappeler. Superbe et cinglante, la fille des Césars lui répliqua qu'elle n'était pas « dans l'usage de savoir le nom des cochers de remise » ! Peu à peu, le climat se détendit. « Nous avons été ce matin à la messe à Châlons, fit Marie-Antoinette pour l'amadouer, mais à une messe constitutionnelle. » Pétion approuva, faisant remarquer que « ces messes étaient les seules que le roi dût entendre ».

Antoine Barnave, tout auréolé de son prestigieux talent d'orateur et de meneur politique, était un bel homme de trente ans. Le visage franc, les yeux bleus, la bouche large et généreuse donnaient à sa physionomie un air avenant et galant[1]. Il y avait en ce roturier quelque chose de chevaleresque. Il échangea avec le roi quelques propos sur la Constitution, réfuta ses critiques, mais avec modération. Le Grenoblois se comportait en homme poli et de bonne compagnie.

Emu par la dignité douloureuse de la reine, sensible à sa détresse, il éprouvait des sentiments mêlés pour cette femme encore jeune – elle avait trente-cinq ans –, vers laquelle d'emblée il était secrètement attiré. Etonnante Marie-Antoinette ! Par quel sortilège cette beauté meurtrie aux traits fatigués par la route et les épreuves, dépouillée de la couronne et des ors de la Cour, réussissait-elle à enflammer les cœurs ? Comment parvenait-elle – et ce, jusque dans les abysses du malheur – à susciter tant de dévouements ? Les amabilités, les politesses, les soupirs discrets échangés au long de cette terrible route ne demeureront pas vains.

Il n'y eut rien de tel avec l'avantageux Pétion, l'air condescendant, gonflé de son importance et décidé à humilier la famille royale. Bien qu'il ne fût pas sans éducation, il jouait les goujats. « Il mangeait, buvait dans la berline du roi, raconte Mme Campan, avec malpropreté, jetant les os de volaille par la portière, au risque de les envoyer jusque sur le visage du roi[2]. » Avec sa prestance, son grand nez et son front fuyant auréolé d'une blonde chevelure d'artiste, l'avocat chartrain se prenait pour un irrésistible Adonis. La chaleur, la promiscuité, la douceur des yeux bleus d'Elisabeth qui, dans cet espace clos, rencontraient involontairement les siens, firent croire à ce vaniteux personnage que la sœur du roi, âgée de vingt-sept ans, n'était pas insensible à sa séduction. Dans un moment d'assoupissement, elle avait appuyé sa tête sur lui. Il en vint à croire que, s'ils avaient été seuls, la timide jeune fille se serait abandonnée dans ses bras « au mouvement de la nature » ! Dans ses souvenirs, écrits en 1793, alors qu'il était traqué dans le Bordelais, où il allait se suicider, il s'étendra avec mauvais goût sur la naissance de

cette prétendue idylle, dans l'étuve de cette sinistre voiture. Pauvre Elisabeth, cœur pur, plein de droiture et
d'innocence, mais qui haïssait tant les révolutionnaires,
elle était bien éloignée d'imaginer l'effet qu'elle produisait
sur ce fat !

La berline arriva à Dormans le 23, à 11 heures du soir.
Les prisonniers passèrent la nuit à l'*hôtel du Louvre*, propriété du maire de la ville, Jean-Baptiste Truet. Celui-ci et
son gendre, Jean Landrieux, ancien avocat au Parlement,
inspecteur des relais et secrétaire aux avis de Monsieur,
étaient des monarchistes convaincus. Ils proposèrent au
roi de s'enfuir. Ils avaient tout prévu. La chambre qu'ils
lui avaient choisie donnait sur une terrasse non gardée
d'où l'on pouvait gagner la Marne. A Vincelles, sur la rive
droite, une charrette couverte attendrait le roi et sa
famille et les conduirait à une ferme près de Fère-en-
Tardenois. De là, ils pourraient gagner une autre ferme,
puis la frontière à Rocroi. Les yeux fiévreux, la reine voulut saisir cette dernière perche tendue par le destin. Louis
refusa. Il y avait trop de risques pour les siens. Après
l'échec cuisant qu'il venait de subir, il se sentait incapable
de tenter un départ à la sauvette, comme un héros de
roman. Il fallait être raisonnable. Le lendemain 24, le cortège arriva à Château-Thierry vers 11 heures, puis, trois
heures plus tard, à La Ferté-sous-Jouarre où l'on reprit
l'itinéraire de l'aller. De partout jaillissaient les cris de
« Vive la Nation ! », « qui semblaient être plus désa-
gréables à la reine et à Madame Elisabeth qu'au roi »,
observa Pétion.

Pendant la route, Louis se plongeait méthodiquement
dans son *Itinéraire* et les cartes de Cassini, indiquant avec
la précision d'un cicérone à quel endroit on se trouvait.
Pour le reste, il offrait un visage impassible, indifférent,
qui étonna Pétion. « Cette masse de chair, écrit-il, semblait insensible. » Et comme il paraissait gauche ! Alors
qu'il s'était mis à parler des Anglais et de la force de leur
industrie, il s'embarrassa dans ses phrases, rougit et se

tut. « Ceux qui ne le connaissent pas, poursuit Pétion, seraient tentés de prendre cette timidité pour de la stupidité, mais on se tromperait ; il est très rare qu'il lui échappe une chose déplacée et je ne lui ai pas entendu dire une sottise[3]. »

Après une nuit passée à l'évêché de Meaux, l'ancien palais de Bossuet, on repartit pour la dernière étape, la plus éprouvante, sous un soleil implacable, dans des tourbillons de poussière suffocante, au milieu d'une foule violente et haineuse que les gardes nationaux avaient du mal à contenir. Dans la voiture, l'atmosphère pourtant s'était détendue, les rapports avec les députés de l'Assemblée étaient devenus plus cordiaux. Pétion lui-même s'était calmé, presque conquis par « l'aisance et la bonhomie domestique » de ses compagnons de voyage. « Le jeune prince, raconte-t-il, lâcha deux ou trois fois de l'eau. C'était le roi lui-même qui lui déboutonna la culotte et qui le faisait pisser dans une espèce de grande tasse d'argent. Barnave tint cette tasse une fois. »

Dans la forêt de Bondy, qui gardait sa réputation de coupe-gorge infesté de brigands, une bagarre éclata entre la garde nationale et une « foule de forcenés », comme l'écrit Mathieu Dumas, qui voulaient prendre la voiture d'assaut et sans doute faire un mauvais sort à leurs occupants. Près de Pantin, des soldats se mirent à insulter la reine, cette « bougresse », cette « garce de Toinette » : « Elle a beau nous montrer son enfant, on sait qu'il n'est pas du gros Louis ! »

A la barrière de Monceau, dans un nuage de poussière brûlante, on vit La Fayette, rose et pommadé, la mine satisfaite. Le cortège s'arrêta, le temps pour le roi, dévoré de soif, de vider d'un trait un verre de vin. L'entrée dans Paris, par les Champs-Elysées, fut lugubre. Un frémissant silence – troué par quelques cris de « Vive la Nation ! » – planait sur un océan de peuple. Les toits étaient noirs de monde. La berline surchargée de soldats et de patriotes, sur laquelle étaient enchaînés les trois malheureux gardes du corps, semblait minuscule, au milieu d'un champ de baïonnettes ondoyant comme des épis mûrs. Des affiches avaient averti les badauds : « Celui qui applaudira le roi sera bâtonné ; celui qui l'insultera sera pendu. » La Fayette avait ordonné à tous de garder sa coiffure sur la tête en signe de réprobation. La garde nationale qui bordait les boulevards avait la crosse en l'air, comme à un enterrement. Les roulements de tambour donnaient à la scène un air de fin du monde.

A 7 heures du soir, on atteignit les Tuileries. « Je les ai vus descendre au pied du péristyle, conte le libraire Nicolas Ruault ; la reine se trouva mal, il fallut la monter chez elle. Le roi sortit de la voiture le dos courbé, la tête enfoncée dans les épaules ; il fuyait tous les regards[4]. » Des domestiques se précipitèrent pour changer le monarque, lui enlevèrent sa chemise, son costume brun fripé, le coiffèrent, l'apprêtèrent, lui rendant peu à peu sa dignité. Là encore, Pétion fut étonné : « Il semblait que le roi revenait d'une partie de chasse. En voyant le roi, en le contemplant, jamais on n'aurait pu deviner tout ce qui venait de se passer ; il était tout aussi flegme, tout aussi tranquille que si rien n'était arrivé. Il se mit sur-le-champ en représentation. [...] J'étais confondu de ce que je voyais. »

La Fayette demanda : « Votre Majesté a-t-elle quelque ordre à me donner ? – Il me semble, lui répondit Louis en partant de son gros rire, que je suis plus à vos ordres que vous ne l'êtes aux miens ! »

La façon dont Louis récapitula son voyage dans son carnet personnel a quelque chose d'extravagant, de décalé. Tout y donne l'impression d'un voyage ordinaire, sauf le mot « arrêté » au 21 juin :

« 20 juin : rien*.

« 21 juin : départ à minuit de Paris. Arrivé et arrêté à Varennes en Argonne à 11 heures du soir.

---

* Dans le journal de Louis XVI, le mot « rien », naturellement, a changé de sens après son installation aux Tuileries : cela ne signifie plus qu'il n'a pas chassé, mais qu'aucun élément n'est à signaler pour la journée.

« 22 juin : départ de Varennes à 5 ou 6 heures du matin. Déjeuner à Sainte-Ménehould. Arrivé à 10 h à Châlons. Y soupé et couché à l'ancienne intendance.

« 23 juin : on a interrompu la messe pour presser le départ. Déjeuner à Châlons. Dîner à Epernay. Trouvé les commissaires de l'Assemblée. Arrivé à 11 h à Dormans, y soupé. Dormi trois heures dans un fauteuil.

« 24 juin : départ de Dormans à 7 heures et demie. Dîné à La Ferté-sous-Jouarre. Arrivé à 10 h à Meaux. Soupé et couché à l'évêché.

« 25 juin : départ de Meaux à 6 heures et demie. Arrivée à 5 h sans s'arrêter.

« 26 juin : rien du tout. La messe dans la galerie. Confrontation avec les commissaires de l'Assemblée.

« 27 juin : rien.

« 28 juin : j'ai pris du petit lait. »

Marie-Antoinette, quant à elle, se regardant dans une glace, découvrit que ses cheveux étaient devenus tout blancs. Quatre jours après, elle écrivait ce billet à Fersen, réfugié à Bruxelles : « J'existe. [...] Que j'ai été inquiète de vous et que je vous plains de tout ce que vous souffrez de n'avoir point de nos nouvelles ! [...] Surtout ne revenez pas ici sous aucun prétexte. On sait que c'est vous qui nous avez sortis d'ici, tout serait perdu si vous paraissiez. Nous sommes gardés à vue jour et nuit ; cela m'est égal... Adieu[5]. » Et le 4 juillet, cet aveu, déjà cité, jailli d'un cœur meurtri et oppressé : « Je puis vous dire que je vous aime et n'ai même le temps que de cela. [...] Mandez-moi à qui je pourrais adresser celles [*les lettres*] que je pourrais vous écrire ; car je ne puis vivre sans cela. Adieu, le plus aimé et le plus aimant des hommes. Je vous embrasse de tout mon cœur[6]. » Le 5 septembre, toujours sentimentale, elle lui envoya, par l'intermédiaire de son ami Esterhazy, deux anneaux d'or ornés chacun d'une pierre oblongue ; l'un, entouré de papier, était pour lui : « Faites-le-lui tenir pour moi ; il est juste à sa mesure ; je l'ai porté deux jours avant de l'emballer. » Le romantisme n'était pas loin...

Précisément parce qu'il était enfermé par les interdits, leur amour était sans limites.

Erreurs, malchance et fatalité

Confrontant les témoignages, souvent incertains, les narrations intéressées, parfois erronées, recalculant les horaires et les itinéraires des protagonistes, les historiens de l'équipée royale, d'Eugène Bimbenet à Timothy Tackett, en passant par G. Lenotre, André Castelot, Michel de Lombarès et Dominique Zachary, sont parvenus à élucider la plupart des points obscurs[7]. A quelques détails près, on connaît aujourd'hui la vérité sur cette cruelle odyssée. Toute une série de circonstances imprévisibles ont détraqué une mécanique assez bien conçue au départ, malgré les reports successifs, et qui aurait pu fonctionner jusqu'au bout, il s'en fallut de peu. Le retard d'une heure pris dès les Tuileries et les incidents du voyage ont joué dans l'échec final. Mais il y eut aussi des erreurs humaines, des étourderies, des fautes. Prisonnier des habitudes de cour, le roi n'avait pas su prendre les initiatives qui s'imposaient. Il s'était laissé guider passivement. Son attitude à Chaintrix fut une bévue majeure. Son excès d'assurance et de bavardage le perdit. La nouvelle de sa fuite propagée par les postillons sema le trouble et la nervosité à Sainte-Ménehould et à Clermont. Les trois gardes du corps, peu perspicaces, manquaient d'envergure. Des « bons à rien », dira Fersen, qui ne connaissaient pas la route et qui eurent la malencontreuse idée d'acheter chez un fripier des vestes jaunes de la livrée du prince de Condé, ce qui n'était pas idéal pour passer inaperçu dans ces contrées !

On a également mis en cause l'impéritie du duc de Choiseul-Stainville au poste de Pont-de-Somme-Vesle. A trois quarts d'heure près, a-t-on fait observer, cet impétueux jeune homme et ses hussards auraient pu voir arriver Valory puis la berline. Conformément à ses instructions, ils l'auraient suivie de loin, interceptant les courriers venus de Paris, et les voyageurs étaient sauvés. On objectera que l'horaire prévu était très largement dépassé et que le colonel pouvait, à bon droit, considérer l'opération comme manquée. Il avait d'ailleurs reçu l'ordre d'éviter le moindre trouble. Or des paysans de la commune voisine de Courtisols s'étaient inquiétés de la présence insolite le long de la grand-route de ce détachement de mercenaires allemands. N'ayant pas la conscience tranquille depuis qu'ils refusaient de payer à la duchesse d'Elbeuf certains droits non rachetables qu'ils lui devaient, ils craignirent une réquisition à main armée et sonnèrent le tocsin. C'est alors que Choiseul, vers 5 heures, prit la décision du repli général. Tandis qu'il empruntait – autre erreur – les chemins de terre de la forêt d'Argonne où il devait s'égarer longtemps avant de rejoindre Varennes, il envoyait par la grand-route son valet et le coiffeur de la reine, Léonard Antié, qui désorganisèrent ainsi en aval le dispositif de protection.

Mais la faute la plus grave revient au marquis de Bouillé qui, au dernier moment, remplaça au poste clé de Varennes son fils Louis par son cadet, François, dix-neuf ans, à seule fin de lui faire plaisir. Et François fut le grand coupable. Non seulement ce jeune béjaune ne plaça personne en observation à l'entrée de la ville haute, lieu primitif du relais de poste, mais il fut incapable, avec les soixante dragons du couvent des Récollets, de prendre l'initiative de libérer le roi dès les premiers instants de son arrestation. Une telle opération ne présentait alors aucune difficulté. Ce n'est pas Drouet, avec ses trois jacobins et ses deux charrettes de meubles versées sur le pont qui auraient pu y faire obstacle ! Il demeura inerte et désemparé, terré anxieusement dans sa chambre du *Grand Monarque*, toutes lumières éteintes. Quand il partit enfin, une heure plus tard, pour avertir son père qui avait établi son quartier général à l'auberge du *Palais-Royal* à Stenay, à proximité du régiment de dragons Royal-Allemand, il semble qu'il ait été pris de remords. En plein désarroi, n'osant rendre compte de l'échec lamentable de sa mission, il perdit un temps précieux à l'auberge du hameau de Mouzay où des témoins le virent attablé avec son adjoint Raigecourt, pendant que le roi et sa famille étaient en danger certain[8]. Le lendemain matin, vers 9 heures, quand le marquis de Bouillé, enfin averti, se présenta à Varennes avec le Royal-Allemand, chevauchant aux cris de « Vive le roi ! », il était trop tard. Louis XVI était reparti pour Paris, entouré d'une multitude en armes. Dans ses *Mémoires*, sans parler du comportement de son fils, il écrivit que s'il avait été averti deux heures plus tôt, le roi aurait été sauvé...

Mais la haletante équipée du monarque en fuite ne relève pas seulement de la petite histoire, même, s'il faut en convenir, ses épisodes sont pain bénit pour les romanciers, les dramaturges et les scénaristes (Voir *La Comtesse de Charny* d'Alexandre Dumas, le *Varennes* de Henri Lavedan et G. Lenotre ou *La Nuit de Varennes* d'Ettore Scola...). Elle n'est pas seulement l'illustration du jeu du hasard et des occasions manquées, du surgissement de l'impondérable dans le destin humain, du rôle du grain de sable dans l'engrenage de l'Histoire (Cournot a gravement disserté à ce propos sur la part du fortuit et de l'irrésistible dans le tumulte des événements[9]). Elle occupe une place capitale dans le déroulement même de la Révolution. Nul doute que son succès aurait imprimé aux événements un autre cours, sans modifier, bien sûr, en toile de fond, le flot montant des aspirations libérales et démocratiques. Louis XVI et Marie-Antoinette n'auraient sans doute pas gravi la fatale échelle de Sanson. « Monsieur Drouet, dira Napoléon avec emphase au petit maître de poste gonflé de vanité, vous avez renversé le monde ! » Il est vrai que, sans Drouet, il n'y aurait point eu de Napoléon...

Marie-Antoinette et Varennes

Mais quel but s'était assigné Louis XVI en quittant Paris ? Le marquis de Bouillé avouera : « Je n'ai jamais su quel parti le roi aurait pris à Montmédy. » Le baron de Breteuil n'était pas plus éclairé : « Je ne conçois pas bien ce que se propose Sa Majesté[10] », écrivait-il à Fersen. De la part de l'homme qui passait pour le Premier ministre pressenti, en cas de succès de l'opération, cela laisse perplexe ! Comme toujours, on bute sur le caractère renfermé et énigmatique du roi.

Un fait est assuré, Louis se refusait à un départ pour l'étranger d'où il aurait marché sur Paris, appuyé par des régiments autrichiens[11]. S'il avait dû sortir de son royaume, il ne l'aurait fait qu'à la dernière extrémité. Il ne voulait pas aller à Coblence, mais que Coblence vînt à lui. Quant au programme politique qu'il entendait appliquer, deux documents mis en perspective sont éclairants. Le premier émane de la reine. C'est une lettre adressée le 3 février à Mercy-Argenteau, à Bruxelles :

« Le roi s'occupe dans ce moment de rassembler tous les matériaux pour le manifeste qu'il faudra nécessairement donner dès qu'on sera hors de Paris. Il faudra d'abord motiver sa fuite, pardonner au peuple qui n'a été qu'égaré, le flatter par des expressions d'amour, excepter du pardon les chefs des factieux, la ville de Paris à moins qu'elle ne rentre dans l'ancien ordre, et tous les gens qui n'auraient pas rendu leurs armes à telle époque fixée, rétablir les Parlements seulement comme tribunaux de justice, sans qu'ils puissent jamais se mêler de l'administration des finances. Enfin, nous sommes décidés à prendre pour base de la Constitution la déclaration du 23 juin avec les modifications que les circonstances et les événements ont dû y apporter. La religion sera un des grands points à mettre en avant[12]. »

Les commentateurs ont beaucoup glosé sur la politique de la reine pendant cette période. Certains, comme Paul et Pierrette Girault de Coursac, ont été jusqu'à imaginer qu'elle aurait poursuivi des objectifs personnels et secrets, trahissant le roi, cherchant à l'évincer et à s'emparer de la régence[13]. Ainsi le premier projet de fuite aurait été conçu par elle seule. Elle serait partie avec le dauphin de six ans, abandonnant cyniquement son mari aux Tuileries aux mains des révolutionnaires. Ce n'est que tardivement, après l'incident du 18 avril, que Louis XVI aurait substitué, sans le savoir, son plan au sien. Pour tenter d'accréditer cette thèse, démentie entre autres par les correspondances de Fersen, les *Mémoires* du marquis et du comte de Bouillé, les papiers de Bombelles, ces auteurs ont échafaudé un système d'interprétation des documents, écartant et qualifiant de faux ceux qui les gênaient. Tel serait le « Secret de la reine » qui, à la vérité, ne résiste pas devant la critique historique.

Sur quelques points, les Girault de Coursac ont raison : Louis a d'abord laissé la reine explorer la solution de l'évasion, en ne la cautionnant que très prudemment. Marie-Antoinette s'impatientait. Voyant le roi indécis, elle voulut forcer le destin en donnant les pleins pouvoirs à Breteuil (deux experts, sollicités par Munro Price, ont déclaré qu'ils n'étaient pas de l'écriture du roi[14]). Le ralliement définitif du monarque à la solution du départ date bien du 18 avril 1791.

Du reste, la malheureuse reine, énergique et courageuse certes, et dont le caractère avait été trempé par le malheur, avait gardé la tête trop légère pour se lancer dans d'aussi machiavéliques et ténébreuses machinations. Entrée bruyamment en politique en 1787, elle cherchait de son mieux à épauler son mari, mais agissait avec puérilité et imprudence. Sans doute lui faisait-elle quelques cachotteries, avec ses lettres codées, son cachet de cire et ses nombreux échanges avec Mercy-Argenteau. Mais c'était plus un jeu qu'une volonté d'indépendance. Elle était à la vérité politiquement immature. Quand on est certain qu'elle agit seule, on s'aperçoit, au fil de sa corres-

pondance, que son souci principal est d'envoyer son imposant nécessaire de toilette et ses boîtes d'argent à
Bruxelles chez sa sœur, l'archiduchesse Marie-Christine,
ou de faire partir l'indispensable Léonard, l'hurluberlu
inventeur des coiffures extravagantes, sur la route de
Montmédy où il ne fera que semer la confusion... A
aucun moment elle n'a envisagé de partir seule. En
dehors de l'affection qu'elle éprouvait pour son mari, son
sort était indissolublement lié au sien. Elle le savait bien,
surtout depuis les journées des 5 et 6 octobre.

L'appel au peuple

Reste à savoir si sa lettre à Mercy exprimait bien les
idées du roi. La référence à la déclaration du 23 juin
1789, qu'on trouvait déjà dans la dépêche secrète au roi
d'Espagne du 12 octobre 1789, sans doute inspirée par
elle, peut en faire douter. Il est difficile de croire que
Louis XVI voulait revenir à « l'ancienne distinction des
trois ordres de l'Etat ». Le second document – la *Déclaration du roi, adressée à tous les Français à sa sortie de Paris*
– nous prouve le contraire. Ecrite de sa propre main, sans
pression ni contrainte, cette déclaration a été laissée aux
Tuileries pour être portée à la connaissance de l'Assemblée nationale après son départ. L'intendant de la Liste
civile, Arnaud de La Porte, s'acquitta de cette mission dès
le 21 juin au matin. La plupart des historiens ne lui ont
pas donné l'importance qu'elle mérite. Ils l'ont soit négligée, soit hâtivement lue et commentée comme n'étant
qu'un long complément de la lettre de la reine, définissant une politique de réaction et de restauration. Or il
n'en est rien.

Sur la façon dont ce texte fut élaboré, on est peu ren-
seigné. On sait seulement que le roi y travailla quatre ou
cinq mois, à l'insu de ses ministres, et que le comte de
Provence y fut associé au dernier moment par l'entremise
de la reine qui elle-même ne le reçut que tardivement. Ne

voulant le faire lui-même, Louis pria son frère d'ajouter un abrégé des outrages personnels qu'il avait soufferts depuis l'ouverture des états généraux. « Le samedi, raconte Monsieur, je me mis dès le matin au travail le plus ingrat qui existe, qui est celui de corriger l'ouvrage d'un autre et de faire cadrer les phrases que j'étais obligé d'intercaler, tant avec le style qu'avec le fond des pensées [...]. On pourrait croire d'après ce que je dis ici que je suis l'auteur de la déclaration du 20 juin. Je dois à la vérité de déclarer que je n'en ai été que le correcteur ; que plusieurs de mes corrections n'ont pas été adoptées ; que tout ce qui l'a terminée a été ajouté depuis la fin de mon travail, et que je ne l'ai connue telle qu'elle est qu'à Bruxelles. » Un premier brouillon laisse voir en effet des paragraphes retranchés, plus sévères à l'égard de l'Assemblée[15]. Sans doute émanaient-ils de Monsieur. En revanche, le roi garda certaines de ses suggestions, comme la protestation contre tous les actes signés par lui depuis son installation forcée à Paris.

Louis XVI commence par énumérer les gestes de bonne volonté qu'il a accomplis afin d'éviter la guerre civile et les sujets de défiance : la convocation des états généraux, le doublement du tiers, la réunion des ordres, le renvoi des troupes en juillet 1789, sa visite de conciliation à Paris, son installation aux Tuileries malgré les incommo-dités du lieu, alors qu'il aurait pu s'échapper de Versailles, le renvoi de ses fidèles gardes du corps...

Evitant de se référer à ses droits de souverain légitime, il évoque alors les cahiers de doléances, qui stipulaient que la confection des lois devait se faire de concert avec lui. Or l'Assemblée nationale, au mépris de cette demande, lui a imposé tous les articles qu'elle jugeait appartenir au domaine constitutionnel, restreignant la prérogative royale à un veto suspensif sur les autres textes. Concession purement illusoire ! Que reste-t-il au roi sinon « le vain simulacre de la royauté » ? Puis il se plaint de sa liste civile, insuffisante pour faire honneur à « la dignité de la Couronne de France ».

Il passe ensuite en revue les domaines dans lesquels son pouvoir a été amputé. En matière de justice, un des derniers décrets de l'Assemblée l'a privé du droit de grâce[16]. Sur le plan de l'administration intérieure, il fustige l'excessive décentralisation des collectivités locales, toutes élues, qui nuit au bon fonctionnement des institutions et réduit à néant la tutelle des ministres. Quant aux forces militaires, bien qu'il en soit en principe le responsable suprême, ce sont les comités de l'Assemblée qui décident de tout et qui ont introduit un désordre inimaginable dans les corps en permettant aux soldats de se plaindre de leurs officiers. « Que devient une armée quand elle n'a plus ni chefs ni discipline ? Au lieu d'être la force et la sauvegarde d'un Etat, elle en devient alors la terreur et le fléau. »

En politique étrangère, c'est la même impuissance qui prévaut. La nomination des ambassadeurs et la conduite des négociations ne sont réservées qu'en théorie au roi et à ses ministres, car tous les pouvoirs sont concentrés aux mains du comité diplomatique de l'Assemblée. Sur le plan financier, lui ont été ôtés le recouvrement des impôts, le règlement et la répartition des fonds, les récompenses pour services rendus, toutes choses qui relèvent naturellement du pouvoir exécutif.

L'Assemblée triomphe, explique le roi, elle s'imagine omnipotente, mais elle est en réalité dominée par la Société des Amis de la Constitution – autrement dit le club des Jacobins – et ses multiples filiales, qui ont tissé sur le pays une véritable toile d'araignée, avec d'autant plus de facilité que l'administration s'est effondrée. Les clubs dominent tout, envahissent tout, s'arrogent tout, grâce à leurs comités de correspondance, leurs journaux, leurs pamphlets « calomniateurs et incendiaires » qui tyrannisent les esprits libres et s'acharnent à renverser les « derniers restes de la royauté », au nom d'idéaux abstraits, éloignés de l'expérience et du bon sens.

« Français, s'exclame-t-il, est-ce là ce que vous attendiez en envoyant vos représentants à l'Assemblée nationale ?

Désirez-vous que l'anarchie et le despotisme des clubs remplacent le gouvernement monarchique sous lequel la Nation a prospéré pendant quatorze cents ans ? » Et de conclure : « Français, et vous surtout Parisiens, [...] revenez à votre roi ; il sera toujours votre père, votre meilleur ami. Quel plaisir n'aura-t-il pas à oublier toutes ses injures personnelles et de se revoir au milieu de vous lorsqu'une Constitution, qu'il aura acceptée librement, fera que notre sainte religion sera respectée, que le gouvernement sera rétabli sur un pied stable et utile par son action, que les biens et l'état de chacun ne seront plus troublés, que les lois ne seront plus enfreintes impunément, et qu'enfin la liberté sera posée sur des bases fermes et inébranlables ! »

Les conceptions politiques du roi

Ce texte long et mal composé, mêlant idées générales et considérations personnelles, sans formules choc, n'a évidemment pas la vigueur incisive d'une proclamation de Bonaparte. S'il étale des rancunes, il ne contient aucune menace de vengeance, ni de pardon. Il joue sur le registre sentimental traditionnel, le lien de paternité unissant le roi à son peuple. C'est à la fois une justification et un appel aux Français lancé du haut de la tribune de l'Assemblée, où le texte devait être lu.

En creux, dans la critique des faits, transparaissent ses conceptions politiques. On y trouve des éléments traditionnels et d'autres plus nouveaux : le roi, comme dans la pure conception monarchique, est inséparable de l'Etat et de la Nation, dont il est l'incarnation. Il veut le bien du peuple. Il n'a cessé de le dire et de le répéter depuis deux ans. Il est son protecteur naturel, son vrai père. Mais il ne rejette pas la nécessité d'une représentation des forces et des intérêts du pays. En cela, il se sépare de l'absolutisme de ses prédécesseurs. Certes, il ne précise pas les contours des institutions nouvelles, mais on peut penser qu'il s'accommoderait d'une Chambre des députés permanente, sans distinction d'ordres ni de classes, chargée à ses côtés de confectionner les lois et de voter les impôts. En revanche, il pense que l'exécutif doit être fort et revenir intégralement au roi, à qui incomberaient le droit de paix et de guerre, celui de soumettre au parlement les projets de loi. Les ministres seraient nommés par lui et responsables seulement devant lui. Ce n'était pas dit, mais il entendait récupérer le droit de grâce et le commandement de ses gardes du corps.

Contrairement à Marie-Antoinette, Louis avait donc cessé de s'accrocher à sa déclaration du 23 juin 1789. Il avait renoncé à restaurer la société d'ordres, avec sa distinction honorifique entre états, ce qu'il avait déjà fait le 15 juillet 1789 et dans son discours à l'Assemblée du 4 février 1790. Il avait tourné la page de ce monde aristocratique finissant. Désormais, il admettait pleinement la société nouvelle, fondée sur l'égalité civile. Mais il voulait avant tout que le nouveau pacte politique fût discuté, article par article, et que tous les abandons de souveraineté auxquels il était prêt à consentir pour lui et ses successeurs fussent librement acceptés. En définitive, il estimait qu'il y avait un terrain d'entente à trouver avec l'Assemblée. C'est la raison pour laquelle il avait retranché de son adresse certains passages cruels que Monsieur lui avait probablement suggérés. Par habileté politique, il n'utilisa pas non plus l'argument du schisme religieux, qui pourtant le bouleversait et que Marie-Antoinette aurait bien aimé brandir.

Sa critique des Jacobins et des sociétés populaires est révélatrice des limites de son ouverture politique. Certes, il a mis le doigt sur l'un des fléaux de la Révolution qui ont empêché sa stabilisation : la toute-puissance des factions, petites minorités agissantes et turbulentes, forces de négation et de révolte, éprises de violences, affichant superbement leur volonté de puissance et qui, sous prétexte d'éduquer le peuple, parlent en son nom, l'endoctrinent, manipulent l'opinion, suscitent des pétitionnaires qui viennent régulièrement interpeller les députés. Non seulement ces minorités s'approprient le pouvoir de l'Assemblée, mais elles détournent à leur profit la souveraineté du peuple. Etrangement prémonitoires, ces pertinentes observations rejoignent les analyses des historiens modernes, d'Augustin Cochin à François Furet, qui ont été frappés par le rôle des clubs dans la montée de cette démocratie intolérante et totalitaire, radicalement contraire à la Déclaration des droits de l'homme.

S'il s'agissait simplement de dénoncer un groupe de pression aux ambitions hégémoniques, on en comprendrait donc la logique. Mais le mouvement jacobin était-il cela en 1791 ? Il était devenu, c'est certain, un pouvoir considérable dans une France décentralisée, morcelée à l'extrême. Le club et ses filiales – passées de cent vingt-trois en janvier 1791 à plus de trois cents en juin – formaient l'unique armature administrative du pouvoir révolutionnaire. Il n'en reste pas moins vrai qu'à cette époque son intolérance, sa tendance à s'identifier au peuple et à parler comme son unique représentant n'étaient encore que de fâcheuses prédispositions. Il n'avait pas atteint le niveau de cohésion idéologique que la scission des Feuillants et a fortiori celle des Girondins lui donneront. La Société des Amis de la Constitution, pour reprendre son vrai nom, restait ouverte et pluraliste, présentant une assez large diversité d'opinions. Ce n'était pas encore le groupe sectaire et dominateur des années 1793 et 1794, matrice des partis uniques modernes. Barnave, Lameth, Du Port, Sieyès y siégeaient aux côtés de Robespierre, Pétion et Brissot. En sorte qu'on peut penser que c'est toute la question des formations politiques que le roi mettait en cause à travers lui.

En d'autres termes, Louis XVI avait sauté le pas en ce qui concerne la société moderne. Il admettait l'égalité des individus, des « citoyens », comme il dit dans son manifeste. Mais il n'en avait pas tiré toutes les conséquences politiques. L'atomisation de la société impliquait en effet l'aménagement d'un espace public nouveau, celui de l'opinion. Or, sur ce plan, Louis XVI restait en retrait. Il n'était pas disposé à accepter l'idée que les personnes pussent se grouper en tendances politiques, en corps délibérants, disons le mot, en partis[17]. C'était d'ailleurs une opinion assez largement partagée*. Il voulait bien discuter avec les députés d'une Assemblée nationale élue, à condition que ceux-ci ne fussent pas des représentants parlant au nom de l'intérêt général. Lui seul faisait corps avec la Nation. Roi libéral, il n'était pas devenu pour autant démocrate**.

Depuis des mois, il se rendait compte de la popularité, du caractère magique même qu'avait acquis le mot de Constitution. En elle, le peuple plaçait ses espoirs les plus ardents. Lui-même avait juré de la respecter lors de la fête de la Fédération, et son intention était bien de rester scrupuleusement fidèle à son serment. Mais cette constitution n'était pas achevée et les décrets qui avaient été élaborés s'étaient révélés contradictoires, incohérents, inapplicables et vicieux, menant à l'anarchie. Il savait qu'une bonne partie de l'Assemblée s'en rendait compte, y compris à gauche, où l'on commençait à déchanter et à redouter les factieux de la rue. Son départ devait intervenir avant le mois de juillet, date à laquelle on prévoyait que celle-ci serait achevée. Il s'en allait parce que le processus électoral destiné à élire la nouvelle Assemblée législative se mettait en place, sous la pression de l'extrême gauche. Il s'en allait, puisqu'il le fallait, non pour combattre ses sujets ou rejeter la Constitution, mais pour créer un choc dans l'opinion, paralyser le système et trouver un compromis politique acceptable par tous et préservant son autorité[18]. Une expression du manifeste est significative :

---

* C'était par exemple la thèse de Le Chapelier, qui écartait le rôle des associations politiques de la formation des suffrages.

** C'était d'ailleurs ce qui le séparait des conceptions de Mirabeau qui, lui, avait parfaitement compris les conditions de fonctionnement de la société moderne.

il parle de revenir dans la capitale lorsqu'une Constitution, « qu'il aura acceptée librement », aura été rédigée. Ce n'était donc pas lui qui, derrière les murs épais de Montmédy et fort de son droit divin de souverain absolu, l'octroierait à ses peuples. Implicitement, il reconnaissait que cette prérogative revenait à l'Assemblée nationale, à condition, bien sûr, qu'elle délibérât librement, conformément aux vœux des cahiers des états généraux et hors de la pression des clubs et des sociétés populaires. Il n'exigeait que d'y apposer sa signature d'homme libre. Là résidait le paradoxe : jamais Louis XVI n'avait été aussi proche de la Révolution qu'en fuyant la capitale. Sur la route de Varennes, il était devenu un souverain constitutionnel, à la recherche, hélas, d'une impossible constitution...

Outre ce manifeste, plusieurs indices confirment son rejet de la Contre-Révolution. Comme il l'avouait à Fersen, il redoutait en effet une action concertée des émigrés et des puissances européennes qui l'aurait placé « dans une trop grande dépendance de ceux qui seuls auraient le mérite d'avoir tout fait ». Lorsque Fersen et Louis de Bouillé examinèrent la route à emprunter pour gagner Montmédy, il fit savoir qu'en aucun cas il ne prendrait celle passant par les Flandres autrichiennes, Chimay et les terres de l'empereur. Un décret constitutionnel de l'Assemblée du 28 mars 1791 lui avait interdit sous peine de déchéance de sortir de son royaume. Roi légitime, qu'avait-il besoin, dira-t-on, de respecter la légalité révolutionnaire ? La remarque serait vraie si, à ce moment-là, il avait décidé de rompre avec la Constituante. Cette délicatesse à l'égard de la représentation nationale montrait qu'il n'en était rien. Dès cette époque, sa démarche s'inscrivait à mi-chemin entre la soumission et la réaction, « éloignée des deux extrêmes », comme l'écrivait l'ambassadeur de Suède à son roi. Il est vrai aussi qu'un autre argument l'avait peut-être retenu, d'ordre historique cette fois : il savait que Jacques II d'Angleterre avait perdu son trône en quittant son royaume.

Tandis que la berline l'emportait dans sa course incertaine, le roi avait déclaré « qu'une fois le cul sur la selle, il serait tout autre ». C'était la première fois qu'il reprenait la main depuis l'échec des Notables, qui avait tant assombri son humeur et son caractère, la première fois, il le sentait, qu'il pouvait changer le cours de l'Histoire. Et pour éviter toute objection intempestive, il avait soigneusement tenu la reine à l'écart de ses réflexions, ne lui communiquant son texte qu'au dernier moment. Oui, il allait discuter en position de force avec la représentation nationale, lui montrer que la souveraineté monarchique n'est pas incompatible avec elle. Une délégation de l'Assemblée contrite viendrait à lui. Il savait que plusieurs députés influents, Du Port, Barnave, les frères Lameth, beaucoup d'autres désiraient un accord[19]. Il allait négocier avec eux un pacte politique, une *Magna Carta* moderne, imposer un nouvel équilibre constitutionnel, limiter la Révolution à des bornes raisonnables, bref faire entendre sa voix, ce qu'il n'avait jamais pu depuis la prise de la Bastille. Montmédy, c'était le retour non pas à l'Ancien Régime, mais au 22 juin 1789, avec la certitude, cette fois, de prendre le bon embranchement, celui de la monarchie populaire… Les troupes de M. de Bouillé, appuyées par quelques unités autrichiennes postées aux frontières, suffiraient à calmer les ardeurs des Jacobins les plus excités. Quant aux turbulents émigrés, partisans invétérés de l'Ancien Régime, qui lui avaient fait tant de mal, comment croire qu'ils ne se soumettraient pas à son autorité ? Cette restauration de la majesté bafouée était symbolisée par le beau costume rouge brodé d'or que Louis avait arboré à Cherbourg, au milieu de son peuple, et que le duc de Choiseul-Stainville avait emporté dans ses bagages, à côté des bijoux de la reine (par scrupule, on s'était interdit d'emporter ceux de la Couronne)… Hélas ! l'étouffant retour de la berline, transformée en prison roulante, sonna le glas de toutes ses illusions.

A la vérité, la détermination de Louis XVI ne fut jamais totale. A trois reprises, dans la maison de l'épicier Sauce à Varennes, à l'intendance de Châlons puis à l'auberge de Dormans, il avait eu la possibilité de fuir. A trois reprises, il avait refusé pour la même raison : ne pas faire courir de risque à sa famille. Il se sentait mari et père avant d'être roi, préférant la sécurité des siens à son devoir de prince. Cette constante préoccupation était grandement estimable, mais elle fut la cause de la perte de sa couronne, de sa vie et de celle des siens.

La monarchie suspendue

Que de malchance ! Comme toujours dans les circonstances malheureuses, Louis se lovait en lui-même, souffrant, persuadé de n'avoir plus aucune prise sur sa destinée. Eprouvait-il du désarroi, du désespoir, de la honte de ne pas avoir été à la hauteur ? Sa ferveur religieuse, toujours plus intense, pourrait-elle effacer ces affreux souvenirs, le jeter dans une céleste et inébranlable sérénité ? Il ne sortait de son profond silence que pour faire de mauvaises plaisanteries et montrer sous couvert de fausse bonhomie qu'il était indifférent à toutes les situations : « Eh bien !, fit-il à La Fayette le lendemain de son retour, que disent les Parisiens de la petite farce que je leur ai jouée ? – Sire, répondit le général, elle ne les a point du tout fait rire. Vous avez dû vous en apercevoir[20]. »

Reprenant sa vie monotone aux Tuileries, passant son temps à lire et à jouer au billard (le résultat des parties était soigneusement noté sur un registre ; écrasé par la situation, il perdait souvent[21]), il attendait passivement que l'on décidât de son sort. Passivité ne veut pas nécessairement dire mollesse ! Il est des actes que Louis, quelle que fût sa faiblesse, était prêt à refuser, au besoin jusqu'au martyre : le divorce, l'abjuration ou encore l'abdication. On pouvait le déchoir de son trône, lui n'y renoncerait pas volontairement ! Une loi non écrite de l'ancienne France voulait qu'un roi n'abdiquât point. François Ier, prisonnier, ne l'avait pas fait. Un roi reste un roi, quoi qu'il arrive, jusqu'au bout ! Sur ce point, il entendait demeurer fidèle à la tradition de ses ancêtres.

Sa situation avait empiré. Lui et sa famille étaient gardés comme des prisonniers à qui on ne laissait aucun moment de liberté ou d'intimité. N'étant pas autorisés à se rendre à la chapelle du château, ils assistaient à la messe dans la galerie où un autel de fortune avait été dressé. La porte de la chambre à coucher de la reine devait rester constamment ouverte sur le grand cabinet, et il fallut la protestation énergique du roi pour qu'on la fermât, quand celle-ci se levait et faisait sa toilette.

La fuite à Varennes avait installé au centre des débats la question de la monarchie et de son avenir en France. Le club des Droits de l'homme ou club des Cordeliers et le reste de l'extrême gauche n'étaient plus seuls désormais à réclamer la République. C'était la conviction de Pétion et de Buzot, les futurs Girondins, de Fauchet, l'évêque constitutionnel du Calvados, de l'économiste Du Pont de Nemours, de l'Anglo-Américain Thomas Paine. Quelques salons mondains en discutaient avec passion, dont celui de Mme Roland, cette romanesque Manon Phlipon, épouse de Jean Marie Roland de La Platière, ancien inspecteur général des manufactures, lettrée, entichée de Plutarque et des vertus antiques.

La Fayette, dans les premières heures de l'évasion du roi, avait lui aussi envisagé la proclamation de la République, dont, bien entendu, il aurait été la figure emblématique, le Washington français. C'était tentant, et ses amis du club de 1789, les La Rochefoucauld, Du Pont de Nemours, Condorcet, l'y avaient poussé. Mais il avait vite renoncé devant la crainte d'une mobilisation des souverains européens et d'une révolution sociale qui s'attaquerait cette fois à la propriété, au nom d'une idéologie égalitaire. D'ailleurs le peuple était-il préparé à cette forme de gouvernement dont Rousseau disait qu'elle n'était envisageable que pour de petits pays ou des cantons bien sages ? Certes, il y avait l'expérience réussie des Etats-Unis d'Amérique à laquelle le journaliste Jacques Pierre Brissot se référait. Mais un tel changement de régime en France représentait un saut dans l'inconnu. Mieux valait s'accommoder d'un roi fantoche, d'un « brigand couronné », comme disait le jacobin Vadier. Si l'on conservait la monarchie, déclarer la déchéance de Louis XVI impliquait la nomination d'un régent. Provence et Artois ayant émigré, ne restait qu'Orléans, soutenu par Brissot et Danton, mais refusé par beaucoup. Le 25 juin, l'Assemblée, peu avant le retour du roi à Paris, avait donc décrété sa suspension. La France restait une monarchie, mais avec un trône momentanément vide, une situation inédite dans l'Histoire. Le pouvoir exécutif était confié aux ministres sous la tutelle de ses comités : c'était en fait déjà la République.

La Constituante ordonna l'arrestation de tous les complices de la fuite et stipula que le roi et la reine seraient entendus par des commissaires par elle désignés. Entendus mais non interrogés ! Le 26 au soir, Tronchet, Du Port et d'André se présentèrent aux Tuileries pour recevoir leurs déclarations. Marie-Antoinette, qui ne s'était pas concertée avec son mari, fit répondre qu'elle prenait un bain. Les commissaires revinrent le lendemain. De toute façon, il n'était pas question d'entamer leur procès, comme l'extrême gauche le réclamait. On continuait de répéter – sans y croire – que la « religion du roi » (c'est-à-dire son opinion) avait été « surprise » par son ravisseur, le marquis de Bouillé. Peu importe si cette lénifiante version faisait passer Louis XVI pour un imbécile !

Une lettre de l'officier général au président de l'Assemblée, datée du 26, vint conforter à point nommé la thèse officielle. Il s'accusait d'être le seul auteur de cette opération, le monarque n'ayant fait que céder à ses instances, mais menaçait les révolutionnaires de ne pas laisser pierre sur pierre à Paris si on ôtait au roi ou à la reine un cheveu de leur tête[22] !

Dans sa déposition, Louis répéta qu'il avait voulu s'établir en territoire français, à Montmédy : « Si j'avais eu l'intention de sortir du royaume, je n'aurais pas publié mon mémoire le jour même de mon départ, mais j'aurais attendu d'être hors des frontières. Je conservais toujours le désir de retourner à Paris ; c'est dans ce sens qu'il faut entendre la dernière phrase de mon mémoire[23]... » Il reconnut aussi qu'au cours de son voyage de retour, il avait été frappé par la détermination des populations en faveur des principes nouveaux. La reine confia pour sa part qu'elle n'avait fait que suivre son mari, et que ni l'un ni l'autre n'avaient envisagé de quitter le territoire français. Peut-être sur ce dernier point était-elle moins sincère que lui ?

Du 13 au 15 juillet, l'Assemblée examina le rapport sur l'affaire de Varennes, qui concluait à l'innocence du roi, et décida d'inculper les complices. Par cet insoutenable subterfuge, les amis de La Fayette et ceux des triumvirs, tous acquis au conservatisme libéral, étaient d'accord pour maintenir Louis XVI au pouvoir, de même, bien sûr, que les Monarchiens dont ils étaient maintenant proches politiquement. C'était le meilleur moyen d'empêcher l'explosion sociale, la révolution populaire, d'exorciser le spectre du républicanisme et des lois agraires. Ordre et liberté étaient leurs maîtres mots, comme ils le seront plus tard de Guizot. Tel était le sens du brillant discours de Barnave, le 15 juillet : « Allons-nous terminer la Révolution, allons-nous la recommencer ? [...] Vous avez fait ce qui était bon pour la liberté, pour l'égalité ; [...] si la Révolution fait un pas de plus, elle ne peut le faire sans danger ; c'est que dans la ligne de la liberté, le premier acte qui pourrait suivre serait l'anéantissement de la royauté ; c'est que, dans la ligne de l'égalité, le premier acte qui pourrait suivre serait l'attentat à la propriété[24]. » Le lendemain, après délibération, l'Assemblée annonça que Louis XVI serait rétabli dans ses fonctions, à condition d'accepter la Constitution en cours de révision.

Fusillade au Champ-de-Mars

Le raidissement de La Fayette et des triumvirs, qui se cramponnaient maintenant à la monarchie, entraîna une violente crise au sein du club des Jacobins. Le 16 juillet, la scission était consommée. Une nouvelle formation, installée dans l'ancien couvent des Feuillants*, regroupa les députés *fayettistes* et *lamethistes* (amis de Lameth). C'étaient les plus nombreux. Soixante-douze clubs de province rallièrent les Feuillants, quinze seulement continuèrent d'adhérer à l'ancienne centrale. Robespierre et Pétion faisaient partie de la minorité restante. Mais, en quelques semaines, par leur travail d'explication, leurs correspondances, leurs journaux, ils parvinrent à inverser les rapports de force en leur faveur et à construire un parti homogène, déterminé à en découdre avec le roi et les Feuillants.

Plus à gauche, on tisonnait la haine avec frénésie contre Bailly, La Fayette et surtout le couple royal, couvert d'opprobre et accusé de félonie. « D'un bout de la France à l'autre, écrivait le *Père Duchesne* à l'encontre du roi, il n'y a qu'un cri contre toi, contre ta foutue Messaline, contre ta bougre de race. Plus de Capet, voilà le cri de tous les citoyens [...]. Nous te foutrons à Charenton et ta garce à l'Hôpital... » Le club des Cordeliers et les sociétés fraternelles qui lui étaient proches s'étaient implantés au sein des assemblées d'électeurs des quarante-huit sections parisiennes**. Forts de leur puissance nouvelle, ils voulurent déposer sur l'autel de la patrie, au Champ-de-Mars, une pétition signée d'environ six mille noms réclamant de soumettre le sort du perfide monarque à un vote populaire. Le texte en avait été rédigé par un plumitif

---

* Ce couvent avait appartenu à l'ordre de Cîteaux.

** Circonscriptions administratives et électorales qui avaient elles-mêmes remplacé en juin 1790 les soixante districts parisiens.

exalté, François Robert, auteur d'un libelle sur *Le Républicanisme adapté à la France*, paru à la fin de 1790, et dont il sous-titra la deuxième édition : « Avantages de la fuite de Louis XVI et nécessité d'un nouveau gouvernement. »

Un moment tentés par la pétition, Robespierre et les Jacobins refusèrent de s'y associer, par crainte de subir les foudres des autorités. A la demande de l'Assemblée, en effet, le maire avait été prié de disperser la manifestation. Le dimanche 17, à 7 heures du soir, la garde nationale, commandée par La Fayette, entra au pas de course dans l'enceinte. L'attitude de cette milice bourgeoise avait changé depuis l'épisode du 18 avril au cours duquel, on s'en souvient, Louis XVI avait été empêché de sortir des Tuileries. Un bon nombre de ses membres étaient effrayés par les débordements de l'extrême gauche.

Des pierres furent lancées sur les troupes, qui avaient déployé le drapeau rouge de la loi martiale. Celles-ci ripostèrent en faisant usage de leurs armes – avec ou sans sommation, on ne sait. Une quinzaine de victimes roulèrent à terre. Pour la première fois, les soldats de la Révolution tiraient sur le peuple de la Révolution ! La répression s'abattit les jours suivants sur les fauteurs de troubles, les sociétés populaires et leurs journaux. Les Cordeliers durent fermer ; Marat, décrété d'arrestation, entra dans la clandestinité ; Danton s'enfuit en Angleterre ; le brasseur Santerre, animateur du faubourg Saint-Antoine, se cacha, de même que Desmoulins qui suspendit la publication de sa feuille périodique. L'échiquier politique semblait recomposé. La Révolution allait-elle se clore et la monarchie constitutionnelle enfin éclore ?

Barnave et Marie-Antoinette

Aux yeux des constitutionnels, la reine, recluse aux Tuileries, représentait un atout politique d'importance. D'abord, parce qu'elle était la mère du dauphin, qui

incarnait l'avenir ; ensuite, parce qu'étant la sœur de
l'empereur Léopold, elle pouvait servir de précieux intermédiaire, afin d'empêcher la guerre et l'agitation des
princes ; enfin, parce qu'il était moins dangereux pour
elle que pour le roi d'entretenir des relations secrètes
avec l'étranger. Le plan des modérés reposait sur le trip-
tyque suivant : établir un contrat solide entre la Nation
et le roi, dont on relèverait le prestige ruiné, obtenir la
reconnaissance par l'Europe de la nouvelle Constitution
(assortie si possible d'un renouvellement de l'alliance
franco-autrichienne) et forcer le retour d'une partie des
émigrés, dont au moins l'un des princes, Provence ou
Artois.

De son côté, Marie-Antoinette était plus que jamais
résolue à aider son mari en grande détresse morale. Des
brèves conversations qu'elle avait échangées à la dérobée
avec Barnave durant le funeste voyage de retour, elle
avait compris que le triumvirat était à la recherche d'une
solution politique lui permettant de sauver la monarchie.
C'est elle qui prit l'initiative d'échanger une correspondance secrète avec le jeune avocat grenoblois, par l'intermédiaire du comte Régnier de Jarjayes, dont l'épouse
était sa femme de chambre[25]. Cette correspondance s'établit sur des bases claires : la reine dirait franchement ce
qu'elle pensait, tandis que Barnave, qui communiquerait
ses lettres à ses amis politiques Du Port, Lameth, d'André
et Dumas, donnerait des conseils au couple royal, selon
les informations recueillies dans les couloirs de l'Assemblée.

Barnave, qui remplaçait ainsi Mirabeau comme conseiller
occulte de la Cour, suggéra à la reine d'employer tous ses
efforts pour se rendre populaire. La situation, disait-il,
allait se stabiliser, le peuple s'assagir, le calme et la prospérité revenir. Au début, la jeune femme ne manifesta
aucune mauvaise volonté. Elle accepta d'écrire à son frère
Léopold et de recevoir l'abbé Louis, envoyé des triumvirs
à Mercy-Argenteau. Mais elle trouvait que son interlocuteur péchait par excès d'optimisme. Elle soulignait les

insultes et les outrages que le roi et elle continuaient d'essuyer. Malgré ses efforts, elle ne voyait aucun change- ment.

La Constitution achevée

Du fait de la ferme volonté des Feuillants de sauver l'édifice monarchique, la position du fugitif de Varennes n'apparaissait pas si catastrophique. Bien des critiques de son manifeste parurent pertinentes. L'idée d'un renfor- cement de l'exécutif, soutenue jusque-là par les seuls Monarchiens, était désormais admise par Barnave, Du Port et leurs amis. La Fayette aussi y consentait. Le Comité de Constitution de l'Assemblée, investi par eux, se mit au travail dans cet esprit, prenant pour base de dis- cussion le manifeste royal[26]. Ce que Louis avait voulu imposer en position de force, derrière les murs de la cita- delle de Montmédy, allait-il l'obtenir en situation de fai- blesse, aux Tuileries ?

Le roi, déclaré inviolable et sacré, récupérait le droit de grâce et conservait le veto suspensif sur les décrets du corps législatif. Il continuait de nommer et révoquer libre- ment les ministres, et ceux-ci pouvaient venir défendre leurs propositions devant les élus. Chef suprême de l'administration, de l'armée de terre et de l'armée navale, il choisissait librement les ambassadeurs et une partie des officiers généraux. Surtout, il était considéré comme le représentant héréditaire de la Nation, et non plus comme son premier fonctionnaire. En plus de sa garde d'honneur, tirée de la garde nationale, il était convenu qu'il consti- tuerait sur sa Liste civile une garde personnelle de mille deux cents hommes d'infanterie et de six cents cavaliers. Enfin, la Constitution civile du clergé était déclassée ; elle cessait de faire partie intégrante de la Constitution pour devenir une loi ordinaire. Le roi pourrait donc prêter ser- ment à la Constitution sans faire violence à sa foi et espérer, au bout de deux législatures, obtenir une révision du texte dans un sens plus favorable à Rome.

Toutes ces décisions redonnaient du lustre au pouvoir exécutif. Mais certaines suggestions débattues au comité, visant à créer une monarchie équilibrée à l'anglaise – comme le droit de veto absolu, celui de proposer les lois, de nommer les juges ou encore le bicaméralisme –, furent écartées. Le texte constitutionnel instaurait une séparation rigide des pouvoirs, sans traiter de leurs rapports, et surtout niait l'existence d'une fonction gouvernementale qui ne se résumait pas à la simple exécution des lois votées. Les ministres ne pouvaient ni être pris parmi le personnel de l'Assemblée ni participer à ses délibérations. Le corps législatif était non seulement le lieu de la représentation nationale, mais aussi celui où s'élaborait la volonté générale, d'où son omnipotence et l'absence de contre-pouvoirs. Il est vrai qu'on était aux balbutiements du droit constitutionnel et qu'on manquait de la moindre expérience en la matière. Que se passerait-il en cas de conflit entre les pouvoirs ? Le roi ne disposait pas du droit de dissolution, et l'Assemblée n'avait d'autre moyen de censurer les ministres que de les traduire devant la Haute Cour nationale (« Par le mot responsabilité, expliquera le député Isnard à l'Assemblée législative en novembre 1791, nous entendons la mort ! »). Singulier mécanisme politique qui, à défaut de Bastille, institutionnalisait le système de la Tour de Londres et de l'échafaud pour les hommes politiques ! On en revenait à l'Angleterre du début du xviie siècle, à Charles Ier. Encore et toujours Charles Ier ! On était très loin d'un régime parlementaire et même d'un gouvernement représentatif, tel qu'il était pratiqué à la même époque de l'autre côté de la Manche. Louis XVI se retrouvait avec moins de pouvoirs que George III.

En tout cas, un nouveau système de partis se dessinait. Au centre, les Monarchiens, les Fayettistes et les Lamethistes voulaient asseoir une monarchie constitutionnelle équilibrée, solution que récusaient non seulement la

gauche et l'extrême gauche, mais également les aristocrates de l'Assemblée, du moins ceux que l'émigration
n'avait pas tentés. Ces derniers auraient pu servir de force
d'appoint aux Feuillants et aux Monarchiens, mais ils s'y
refusèrent. Les Noirs – ou Aristocrates – et les Jacobins
avaient un intérêt commun : faire échouer toute solution
modérée. Pour ces derniers, il s'agissait de poursuivre la
Révolution et de prolonger le régime d'assemblée, pour
les premiers d'organiser la Contre-Révolution, qui restaurerait les parlements, les trois ordres et le régime seigneurial, même au prix de la ruine et de l'avilissement du
souverain. *Point d'accommodement !* Tel était le titre éloquent d'une brochure du comte d'Antraigues qui avait
réussi à mettre sur pied un réseau d'espionnage au service
des princes. Sur l'instigation de Duval d'Eprémesnil, cent
trente-deux Noirs de la Constituante avaient d'ailleurs
décidé de se retirer des débats : nouveau coup de poignard dans le dos du roi de la part d'hommes qui
n'avaient cessé durant la Pré-Révolution de vouloir abais-
ser le trône !

Entre les deux pôles extrêmes, les convergences
n'étaient pas que virtuelles. Ces gens n'avaient pas les
mêmes convictions, mais ils se rencontraient au couvent
des Grands Augustins, se parlaient, s'appréciaient, se
concertaient en vue de faire trébucher leurs adversaires
communs.

Face à cette conjonction politique, les hommes du
centre, méfiants, jaloux, n'étaient pas assez nombreux ni
suffisamment unis pour imposer leurs vues, quels que fussent par ailleurs les talents oratoires de Barnave. Le
drame des modérés – et ce fut l'une des principales causes
de l'emballement de la Révolution – venait de ce que les
ralliements au centre s'opéraient en ordre dispersé, étirés
dans le temps, les premiers convaincus disparaissant ou
abandonnant trop tôt la lutte. L'édifice constitutionnel ne
fut que le fruit bâtard de la situation instable de l'été de
1791, un rafistolage bâclé, un timide replâtrage masquant
mal les craquelures. A défaut d'obtenir satisfaction sur

toute la ligne, l'impétueux Grenoblois expliqua à Marie-Antoinette que la force du pouvoir monarchique résiderait dans sa permanence. Une législature durant deux ans, celle-ci se trouverait nécessairement « enveloppée avant, pendant, après sa formation, dans l'influence royale ». C'était un argument un peu court.

Le serment du roi

Le 3 septembre au soir, l'Acte constitutionnel, enfin adopté après de laborieuses discussions, fut porté solennellement aux Tuileries par le président du moment, Thouret, et soixante membres de l'Assemblée, entourés de flambeaux. Ils entrèrent par la porte du Carrousel, entre deux haies de gardes nationaux. On eût dit les Hébreux brandissant les tables de la Loi ! Louis XVI hésita quelques jours avant de faire connaître sa réponse. Il était évident qu'en dépit des améliorations apportées, la Constitution ne recueillait pas son plein assentiment. Finalement, après avoir pesé le pour et le contre, il décida de l'accepter, tout en formulant des réserves sur certaines de ses dispositions. Cette Constitution boiteuse, il fallait l'expérimenter, l'appliquer littéralement, quitte à la réformer ensuite. C'était à ses yeux la solution la plus raisonnable, avait-il confié à Bertrand de Molleville, le moindre mal pour éviter une nouvelle crise et de nouveaux malheurs aux Français[27].

Le 13 septembre donc, il envoya à l'Assemblée sa lettre d'agrément. Sans état d'âme, Louis se plaçait dans le sillage du mouvement réformateur des institutions monarchiques. « Dès le commencement de mon règne, disait-il, j'ai désiré la réforme des abus, et dans tous les actes du gouvernement j'ai aimé à prendre pour règle l'opinion publique. » Habilement, il laissait entendre que les retouches apportées répondaient aux griefs qu'il avait formulés dans sa *Déclaration* : restauration de l'ordre, absence de discipline dans l'armée, licence de la presse populaire. Puis il concluait : « J'accepte donc la Constitution, je prends l'engagement de la maintenir au-dedans, de la défendre contre les attaques du dehors et de la faire exécuter par tous les moyens qu'elle met en mon pouvoir », tout en énonçant des réserves. « Je manquerais cependant à la vérité si je disais que j'ai aperçu dans les moyens d'exécution et d'administration toute l'énergie qui serait nécessaire pour imprimer le mouvement et pour conserver l'unité dans toutes les parties d'un si vaste empire, mais, puisque les opinions sont aujourd'hui divisées sur ces objets, je consens que l'expérience seule en demeure juge[28]. »

Cette franchise marquait au fond un engagement plus fort qu'une acceptation pure et simple. Le 14 septembre 1791, il se rendit à l'Assemblée. Il ne portait plus que le cordon rouge de l'ordre de Saint-Louis, appelé désormais « décoration militaire », le bleu, celui du Saint-Esprit, ayant été aboli. Un simple fauteuil tapissé de velours fleurdelysé l'attendait à gauche de celui du président. Au moment où le roi jura, les députés s'assirent fort grossièrement. Louis, outragé, en fit autant. C'était l'inversion du protocole des états généraux ! Seul Malouet, respectueux des formes de la monarchie ancienne, était resté debout. Le discours royal n'en fut pas moins applaudi. Dans un désir de réconciliation nationale, l'Assemblée, sur la suggestion de La Fayette, vota l'amnistie pour les inculpés de Varennes et les manifestants du Champ-de-Mars.

La reine avait assisté à la séance dans une loge particulière. A son retour aux Tuileries, Louis, pâle, les traits altérés, la gorge nouée, profondément choqué par l'affront qu'il venait de subir, se laissa tomber dans un fauteuil. « Tout est perdu, ah ! Madame ! dit-il à la reine en sanglotant. Et vous avez été témoin de cette humiliation ! Quoi ! Vous êtes venue en France pour voir… » Il ne put continuer. Marie-Antoinette se jeta à ses genoux et le serra affectueusement dans ses bras[29].

Malgré ce camouflet protocolaire, Louis XVI était déterminé à suivre la ligne politique qu'il avait choisie. Le serment qu'il venait de prêter, il considérait qu'il l'avait fait en toute liberté, même s'il était jusque-là demeuré prisonnier. Il avait eu la faculté de rejeter cette Constitution et de laisser les députés choisir une autre solution, une régence, par exemple ! Il s'était engagé. Il tiendrait bon.

La décision royale fut accueillie dans une allégresse générale. Paris s'illumina, « comme si l'on s'était cru heureux[30] ». Le roi, qui avait abandonné le peuple en juin 1789, montrait clairement qu'il s'était mis de son côté. Tout semblait indiquer que cette fois la Révolution était achevée. Barnave et Lameth, pleins d'espoirs et de rêves, purent rencontrer sans trop se cacher le couple royal le 12 octobre. Ils lui conseillèrent de multiplier les gestes en direction des classes moyennes, de sortir de son palais, de se montrer aux Parisiens – maintenant qu'il redevenait libre –, d'assister aux spectacles, de privilégier les couleurs nationales. Louis et Antoinette suivirent ces conseils et connurent alors un extraordinaire retour d'affection. C'est ainsi qu'ils furent follement acclamés à la Comédie-Italienne où ils assistèrent à une représentation de *Castor et Pollux*, à la Comédie-Française, où l'on déprogramma pour eux *La Coquette royale* pour *La Gouvernante*, et aux Italiens où l'on joua *Richard Cœur de Lion*. Louis reprit quelques chasses, mais au fusil seulement, car tous ses équipages, on le sait, avaient été licenciés. Allait-il retrouver goût à la vie ?

Les réactions négatives

Tout cela n'était qu'illusion ! Sans compter les pièges inscrits dans le corps du texte, cette monarchie constitutionnelle n'avait qu'une assise politique fort précaire. Les Jacobins, les Cordeliers et l'extrême gauche n'en voulaient pas et réclamaient la République. Face à la montée de la contestation, La Fayette et les triumvirs se révélèrent de piètres tacticiens. La reine elle-même, un moment séduite par la fougue généreuse du beau Barnave, déchanta vite. Elle fit semblant de suivre ses conseils et ceux de ses amis, tout en restant persuadée qu'aucun de leurs remèdes ne les sauveraient, elle et son mari. Déçue par leur incapacité à réviser la Constitution en profondeur, elle ne songeait plus qu'à gagner du temps. Fersen, le donjuanesque jusqu'au-boutiste, enrageait de la situation : « On dit que la reine *couche* et se laisse mener par Barnave, notait-il dans son journal intime avec l'amertume de la jalousie, qu'elle retient l'empereur, qu'elle est contre les princes, cela va mal[31]. » Au lieu de lui conseiller la raison, il la poussait par rancune personnelle à se détourner des constitutionnels. « Rassurez-vous, lui écrivait-elle le 19 octobre, je ne me laisse pas aller aux enragés, et, si j'en vois ou que j'ai des relations avec quelques-uns d'eux, ce n'est que pour m'en servir, et ils me font trop horreur pour jamais me laisser aller à eux[32]. »

Elle se méfiait tout autant des émigrés, de Monsieur, du comte d'Artois, dont les rodomontades faisaient grand mal à la Cour et au gouvernement. D'ailleurs, ses pires ennemis, la coterie Rohan tout entière, se trouvaient à Coblence et ne cessaient de la vilipender ainsi que son mari. « Les lâches, disait-elle, après nous avoir abandonnés, ils veulent que seuls nous nous exposions et seuls servions. Je n'accuse pas les frères du roi, mais ils sont entourés par des ambitieux qui les perdront après nous avoir perdus les premiers. » Elle admettait avec le roi que si les contre-révolutionnaires rentraient en France les armes à la main, il serait impossible de persuader l'opinion qu'ils n'étaient pas de connivence avec eux. Son idée, qu'elle cultivait de façon obsessionnelle depuis son retour de Varennes, idée entretenue par Breteuil, Fersen et Mercy, était d'inciter les puissances européennes à organiser un vaste congrès qui se tiendrait non loin de la frontière, par exemple à Aix-la-Chapelle, et sommerait solennellement les révolutionnaires de restaurer le pouvoir du roi, un « congrès armé », de façon à éviter la guerre, tout en intimidant la France révolutionnaire. A cette politique, Louis XVI, mieux à même d'apprécier la situation, ne croyait guère. Une conférence internationale, c'était des mois de palabres dans les chancelleries pour un résultat incertain. Le 4 octobre, à un gentilhomme partant rencontrer le comte d'Artois, il avait dit : « Oh ! bon Dieu, que veulent-ils faire avec ce congrès ? C'est me remettre aux calendes grecques. Dites-le leur. » Le même gentilhomme, faisant ensuite ses adieux à la reine, avait reçu pour commentaire que ce congrès « sauverait la France[33] ». Les souverains n'étaient pas toujours sur la même longueur d'onde.

L'entrée en vigueur de la Constitution marqua un grand tournant pour les aristocrates de l'Assemblée. On sait qu'au moment du serment du Jeu de paume, Louis XVI, sous l'influence de son entourage, s'était rapproché des privilégiés contre le tiers état, ce qui lui avait valu le ralliement de ces éternels contempteurs du despotisme royal. En 1790 et 1791, les tentatives d'accommodement des Monarchiens, des amis de La Fayette et des triumvirs les avaient fortement inquiétés, parfois éloignés, mais ils gardaient toujours l'espoir qu'une fois l'orage passé le monarque rétablirait leurs privilèges. Son ralliement à la Constitution leur fit tomber les écailles des yeux, anéantit leurs illusions[34]. Plus royalistes que le roi, ils se considéraient comme les gardiens des lois fondamentales du royaume contre le monarque lui-même (à l'image des parlements anciens). Comme le notait le marquis de Ferrières, « les grands seigneurs, le haut clergé, les parlements, les financiers ne voulaient pas de la Constitution, quelque adoucissement qu'on pût y apporter. Il leur fallait tout l'Ancien Régime[35] ». Périssent le roi, la reine et au besoin la monarchie, pourvu que survivent la société d'ordres et d'états et leurs propres prérogatives ! Ils étaient prêts à s'allier aux Jacobins contre ce mauvais souverain et son abominable reine qui les trahissaient.

Partisans des libertés provinciales, ils préféraient encore des « républiques confédérées », telles que les rêvaient les futurs Girondins, dans la lignée de Jean-Jacques Rousseau, à une « monarchie monarchienne », succédané bourgeois de l'absolutisme honni. Leur vœu était de reconstituer avec la gauche la coalition antidespotique de 1788, contre celui qu'ils n'hésitaient pas à appeler – faisant chorus avec Marat – le « cochon royal » qui se vautrait « dans son auge d'or avec ses 25 millions » et qui les avait oubliés[36]. Au soir de l'acceptation de la Constitution par Louis XVI, alors que la population parisienne était à la fête, il n'y eut que six gentilshommes à venir assister à son coucher[37].

Du côté des émigrés, le roi avait également peu d'espoir de trouver des soutiens. Malgré ses compromissions passées, Monsieur, à qui Artois et les Condé avaient fait allégeance, avait pris la tête du mouvement de résistance. Il souhaitait obtenir de son frère, prisonnier aux Tuileries, les pleins pouvoirs, ou mieux, la régence. Il n'eut, en juillet, qu'une lettre prudente, lui recommandant de se concerter avec les souverains étrangers, mais d'éviter surtout l'emploi de la force. Cela ne l'empêcha pas de créer deux armées, alignant au total près de vingt-deux mille hommes, l'une à Worms, sous le commandement du prince de Condé, l'autre à Coblence, sous sa direction et celle du comte d'Artois (ce dernier avait quitté Turin en juin). On avait méticuleusement reconstitué la Maison du roi – avec ses mousquetaires et ses chevau-légers, supprimés en 1775 et 1787 –, on avait commandé des uniformes rutilants, et le vicomte de Mirabeau avait mis sur pied sa légion bleu et noir. Mais il y avait plus de généraux que de troupiers, plus d'intrigue que d'obéissance, de futilité que d'énergie. Le château de Schönbornlust à Coblence, que l'archevêque électeur de Trèves, Clément Wenceslas, avait mis à la disposition des princes, offrait une bouffonne caricature de Versailles. Dans ce « royaume d'utopie » on passait son temps à se jalouser, à aligner ses quartiers de noblesse, à se distribuer les places, les ministères, les titres, les cordons bleus et rouges, les ambassades[38]. Monsieur jouait au souverain avec sa favorite (dont, étant donné son impuissance, il ne pouvait faire sa maîtresse), Mme de Balbi, tandis que le comte d'Artois vivait ouvertement avec la tendre et belle Mme de Polastron, belle-sœur de la duchesse de Polignac.

L'ennui était que Coblence avait non seulement une Cour et une armée, mais aussi une diplomatie qui entendait négocier directement avec les chancelleries européennes en contrecarrant les efforts du roi et de la reine. Compliquée, la situation ne l'était pas seulement par la lenteur des communications, mais aussi par l'enchevêtrement des réseaux : ceux des ministres, ceux du roi, ceux de la reine et ceux des princes. Cela n'incitait guère les puissances étrangères à intervenir. Calonne, conseiller des deux princes, avait naturellement balayé d'un revers le plan d'un congrès armé de son rival Breteuil.

Sous la pression du comte d'Artois, le 27 août 1791, l'empereur Léopold II et le roi de Prusse Frédéric-Guillaume avaient signé une déclaration commune à Pillnitz, en Saxe, menaçant la France révolutionnaire de représailles si elle n'établissait pas « les bases d'un gouvernement monarchique également convenable aux droits des souverains et au bien-être de la nation française ». Chiffon de papier qui n'engageait à rien, sa mise en œuvre étant strictement subordonnée à l'intervention des autres puissances, notamment l'Angleterre, qui ne bougerait pas, tout le monde le savait. Après la guerre en Orient contre les Turcs, l'empereur n'avait nulle envie de se lancer dans une aventure en Occident. Quand d'ailleurs, quelque temps plus tard, Gustave III, le seul souverain à vouloir porter secours à Louis XVI, proposa un plan de débarquement à Ostende de trente-deux mille Suédois et Russes, le prudent césar de Vienne prétexta l'incapacité du port belge à accueillir des navires à fort tirant d'eau pour ne pas y donner suite… Quant à Catherine de Russie, qui vomissait les révolutionnaires français, elle préférait digérer son morceau de Pologne, avant de faire quoi que ce soit.

Monsieur et Artois envoyèrent à leur frère le texte de Pillnitz, accompagné d'une lettre ouverte qu'ils avaient fait imprimer et diffuser. Rédigée par Calonne, cette lettre était d'une insigne maladresse. Il s'agissait moins d'encourager le roi à refuser la Constitution, ce à quoi ils ne croyaient guère, que d'annoncer à l'opinion que son consentement avait été forcé. Mieux encore, ils expliquaient qu'ils n'obéiraient qu'à sa « volonté réelle », en d'autres termes qu'ils désobéiraient à ses ordres.

Louis XVI et ses frères

Le 15 septembre, Louis XVI, de son côté, dépêcha à ses frères une longue missive secrète leur expliquant les raisons qui l'avaient conduit à accepter la Constitution. Texte précieux, révélateur de ses pensées profondes qui, on le sait, sont tout aussi malaisées à décrypter que les méandres de sa psychologie. L'état de la France, expliquait-il, est proche de la dissolution totale. Pour faire cesser les divisions et rétablir l'autorité, il n'y a que deux moyens : *la force ou la réunion*.

« *La force* ne peut être employée que par des armées étrangères, et ce moyen n'est que la ressource de la guerre. Un roi peut-il se permettre de la porter dans ses Etats, et le remède n'est-il pas pire que le mal ? Je sais qu'on se flatte de réunir des forces immenses qui, en ne laissant pas la possibilité de la résistance, empêcheraient la guerre [*allusion au congrès*] ; mais a-t-on bien réfléchi à l'état du royaume et à l'intérêt de tous ceux qui ont aujourd'hui de l'autorité. Tous les chefs, c'est-à-dire ceux qui sont en possession d'émouvoir le peuple [*le roi vise ici les Jacobins*], croiront avoir trop à craindre pour se rendre à discrétion. [...] L'offre d'une amnistie ne saurait les rassurer. Ils penseront au contraire pouvoir faire une meilleure composition les armes à la main qu'en se livrant sans combattre.

« Je sais que les rois se sont toujours fait honneur de regagner par la force ce qu'on voulait leur arracher ; que de craindre alors les malheurs de la guerre s'appelle faiblesse. Mais j'avoue que ces reproches m'affectent moins que les malheurs du peuple, et mon cœur se soulève en pensant aux horreurs dont je serais la cause.

« Je sais combien la noblesse et le clergé souffrent de la Révolution ; tous les sacrifices qu'ils avaient si généreusement proposés [*nuit du 4 août 1789*] n'ont été payés que par la destruction de leur fortune et de leur existence. [...] Mais pour des crimes commis faut-il en commettre d'autres ? Moi aussi j'ai souffert, mais je me sens le courage de souffrir encore plutôt que de faire partager mes malheurs à mon peuple.

« [...] On compte beaucoup sur le succès de la guerre. [...] Mais ces troupes étrangères ne pourront pas se fixer dans le royaume et, lorsqu'elles n'y seront plus, comment gouvernera-t-on si l'insubordination recommence ? [...] Je sais qu'on se flatte parmi mes sujets émigrés d'un grand changement dans les esprits. J'ai cru longtemps qu'il se préparait, mais je suis détrompé aujourd'hui. La Nation aime la Constitution [...]. Le bas peuple voit que l'on compte avec lui, le bourgeois ne voit rien au-dessus ; l'amour-propre est satisfait ; cette nouvelle jouissance a fait oublier toutes les autres. [...]. La retarder était à leurs yeux le plus grand crime parce que tous les bonheurs devaient arriver avec elle. Le temps leur apprendra combien ils se sont trompés [...]. On ne gouverne jamais une Nation contre ses habitudes ; cette maxime est aussi vraie à Constantinople que dans une république [...].

« J'ai donc cru qu'il fallait éloigner cette idée, et j'ai cru devoir essayer encore des seuls moyens qui me restaient : *la réunion* de ma volonté aux principes de la Constitution.

« Je sens toutes les difficultés de gouverner ainsi une grande nation ; je dirai même que j'en sens l'impossibilité ; mais l'obstacle que j'y aurais mis aurait porté la guerre que je voulais éviter et aurait empêché le peuple de bien juger cette Constitution, parce qu'il n'y aurait vu que mon opposition constante. En adoptant ses idées, en les suivant de bonne foi, il connaîtra la cause de ses malheurs ; l'esprit public changera, et puisque sans ce changement on ne pouvait espérer que des convulsions nouvelles, je marchais mieux vers un meilleur ordre de choses par mon acceptation que par mon refus[39]... »

Louis n'avait pas cacheté cette lettre qu'il reçut la déclaration de Pillnitz et la lettre publique de ses frères. Il en fut extrêmement mécontent et ajouta un *post-scriptum* affligé : « Vous ne sauriez croire combien cette marche m'a peiné. Je l'étais déjà bien d'avoir vu le comte d'Artois aller à cette conférence de Pillnitz sans mon consentement. [...] Ainsi vous allez me montrer à la Nation acceptant d'une main et sollicitant les puissances étrangères de l'autre. Quel homme vertueux peut estimer une pareille conduite ? Et croyez-vous me servir en m'ôtant l'estime des gens de bien ? J'espère que vous reviendrez à des idées plus sages[40]... »

Copie de ce courrier fut adressée par la reine à son frère Léopold qui fut rassuré : Louis XVI ayant accepté loyalement la Constitution, on ne devait rien entreprendre contre la France[41]. Du coup, Monsieur et Artois, qui s'enorgueillissaient de l'acte de Pillnitz, enragèrent.

L'irrésistible naufrage

De Charybde en Scylla

A la Constituante, qui avait terminé ses travaux, succéda le 1er octobre 1791 l'Assemblée nationale législative. Celle-ci avait été élue par un collège d'*électeurs actifs* (environ 4,3 millions), payant des impôts directs représentant au moins dix journées de travail, eux-mêmes désignés dans le cadre d'assemblées primaires par les *citoyens actifs,* c'est-à-dire âgés de vingt-cinq ans et plus, et payant une contribution directe représentant un minimum de trois journées de travail. Ce mécanisme censitaire à deux degrés avait été fortement critiqué par les Jacobins et l'extrême gauche.

Les abstentions furent nombreuses : plus de 75 %[1]. Une disposition de la Constituante, prise à l'invite de Robespierre, avait interdit à ses membres de se représenter. Il n'y avait donc que des têtes nouvelles, et, pour une vingtaine d'anciens nobles, des cohortes de médecins, de négociants et surtout d'hommes de loi, chicaniers, vindicatifs et sûrs d'eux-mêmes. L'Assemblée faisait apparaître un net glissement à gauche : les Noirs s'étaient volatilisés. A leur place figuraient désormais les Feuillants, ex-Jacobins déportés mécaniquement à droite. Ils seront jusqu'à 264 en fin d'année. Parmi eux, peu de gens connus : Ramond de Carbonnières, le général Mathieu Dumas, Beugnot (l'ancien amant de Mme de La Motte),

Pastoret, le ci-devant comte de Vaublanc et l'ex-marquis de Girardin. Au centre gauche siégeaient 136 Jacobins, dont l'homme fort était le publiciste Jacques Pierre Brissot, fondateur de la Société des Amis des Noirs, orateur ambitieux et vulgaire, au parler emphatique, soutenu par un petit groupe d'élus de la Gironde, qu'on allait appeler les Girondins (Vergniaud, Guadet, Gensonné…). A l'extrême gauche siégeait une poignée de radicaux, inféodés à Robespierre et bientôt surnommés les Montagnards, parce qu'ils occupaient les bancs les plus élevés (Chabot, Bazire, Couthon, Merlin de Thionville…), le reste, 345 députés, au centre, représentait les indécis. C'était le Marais ou la Plaine.

Non seulement les Feuillants ne détenaient pas à eux seuls la majorité des sièges, mais leur conception d'une monarchie raffermie était loin de plaire à l'Assemblée. Beaucoup à gauche et au sein du Marais pensaient qu'il fallait rabaisser le roi plutôt que l'élever. Ce que les députés n'admettaient pas, en réalité, c'était de le considérer comme le représentant de la Nation, leur égal. Selon la bonne théorie de Sieyès, ils estimaient être à eux seuls l'expression de la volonté générale, absorbant la totalité de la souveraineté. Le roi devait être leur subordonné.

Dès le 4 octobre, le paralytique Couthon, député du Cantal, demanda l'abolition des anciens titres reconnus aux monarques français, « Sire » et « Majesté ». Un décret fut voté en ce sens. Avant 1789, Louis XVI, homme timide aux goûts simples, mal à l'aise en représentation, n'avait jamais été ombrageux sur les prérogatives protocolaires attachées à sa fonction, contrairement à son ancêtre Louis XIV. Mais il était susceptible et aimait rien moins que le manque de respect. Il voulait bien être un roi constitutionnel, aux pouvoirs limités, à condition de ne pas apparaître comme le souverain amoindri d'une monarchie dévaluée. Ayant protesté que dans ces conditions il n'irait pas à l'Assemblée, celle-ci rapporta son décret.

Le 7, donc, satisfaction lui ayant été donnée, il se rendit au Manège où il fut reçu avec déférence. Les députés se levèrent et se découvrirent. Louis parla assis dans un fauteuil à fleurs de lys installé au milieu de l'estrade[2], et le président Pastoret n'hésita pas à l'appeler « Sire » : « Sire, nous avons besoin de vous ! » Tout allait bien. Cela ne dura pas...

La situation économique continuait de se dégrader. La valeur des assignats ne cessait de fondre et le taux de change de la livre de s'enfoncer. L'autorité de l'administration se délitait en raison de la décentralisation. Sur quelque 300 millions attendus de contribution foncière, seuls 34 étaient rentrés. Des crises de subsistances et des troubles étaient signalés en Normandie, Auvergne, Guyenne, Provence, même s'ils avaient moins d'envergure qu'en 1789. Les ouvriers parisiens au chômage souffraient de la fermeture en juin des ateliers de secours. L'inflation s'aggravait. Depuis la mi-août 1791, le prix du blé était reparti à la hausse. Bonne dans le nord de la France, la récolte avait été mauvaise dans le Midi. La circulation des grains entre provinces se faisait mal. Des paysans armés arrêtaient les bateaux de blé. Le café, le sucre, le rhum étaient hors de prix, du fait de la révolte des esclaves noirs et des mulâtres affranchis, qui avait éclaté dans la partie française de l'île de Saint-Domingue (Haïti). Bref, le petit peuple se plaignait du renchérissement des denrées, dénonçait les agioteurs et les accapareurs, exigeait le contrôle des prix. Il y avait là un décalage sensible entre l'opinion des élites politiques, convaincues des vertus du libéralisme, qui en février et juin 1791 avaient aboli les corporations et interdit les associations ouvrières et patronales (lois d'Allarde et Le Chapelier), et les citoyens d'humble condition qui réclamaient une intervention accrue de l'Etat et le contrôle des prix. Seuls Robespierre et l'extrême gauche étaient prêts à prendre en compte ces aspirations. Parallèlement, l'émigration s'accélérait, désorganisant un peu plus les structures du pays. Les cadres de

l'armée s'en allaient. A la fin de 1791, près de 6 000 officiers sur 9 000 avaient quitté la France. On en avait sup-
plié beaucoup de rester et d'entrer dans la garde
constitutionnelle que mettait sur pied le duc de Brissac,
mais ils avaient répondu que, le roi étant prisonnier, ils
ne reconnaissaient plus son autorité...

L'Assemblée législative voulut prendre à bras-le-corps le
problème de l'émigration en le traitant avec la plus
grande sévérité. Le 31 octobre, un décret somma les émigrés de rentrer avant le 1er janvier prochain, sinon ils
seraient déclarés suspects de conspiration (donc passibles
de la peine de mort) et leurs biens, confisqués. Le
9 novembre, un autre décret intima à Monsieur de revenir
en France, sous peine de perdre ses droits à la régence.
Marie-Antoinette ne se faisait aucune illusion sur l'état
d'esprit du nouveau corps législatif : « C'est un amas de
scélérats, de fous et de bêtes[3] », écrivait-elle à Fersen.
Mais qu'allait faire le roi ? C'était un test de sa bonne
volonté. S'il sanctionnait les décrets, il se désolidarisait
des ennemis du dehors ; dans ce cas, c'était un bon roi.
Dans le cas contraire, il dévoilait sa perfidie et c'était un
roi dangereux, à abattre d'une façon ou d'une autre...
Manifestement, sa popularité agaçait l'Assemblée.

Louis comprit le piège, mais ne se laissa pas intimider.
Le 12 novembre, il l'informa qu'il acceptait le décret
contre Monsieur, mais opposait son veto suspensif à celui
sur les émigrés. Il montrait ainsi sa liberté d'action,
approuvant certaines mesures et en désapprouvant
d'autres. En conscience, il estimait ne pas pouvoir
condamner si durement sa noblesse. Bien qu'il eût lui-
même multiplié les démarches pour la faire rentrer et
condamné les foyers de Contre-Révolution aux frontières,
sa décision parut un insupportable défi au pouvoir législatif. Le 16, il voulut s'en expliquer par une déclaration
solennelle qui appelait les exilés à rentrer. On hurla à
l'appel au peuple... Bref, il mécontentait tout le monde,
Coblence et les Jacobins.

Le nœud coulant n'allait pas tarder à se resserrer. Le 16 novembre, Bailly ayant donné sa démission de maire de Paris, des élections municipales eurent lieu. Le parti feuillant présenta la candidature de La Fayette, les Jacobins celle de Pétion. Ce fut ce dernier qui l'emporta (avec 88 % d'abstentions). La reine avait-elle manœuvré pour faire mordre la poussière au héros des Deux Mondes, si sûr de la victoire qu'il s'était démis de ses fonctions de commandant en chef de la garde nationale[4] ? En tout cas, elle se réjouit de sa déconvenue électorale. Politique de Gribouille qu'elle allait vite regretter, car Pétion prit aussitôt une attitude très menaçante à l'égard des Tuileries !

Et tout allait de mal en pis. Les troubles religieux, les brutalités faites aux prêtres insermentés se multipliaient. Les fidèles de l'Eglise catholique romaine étaient traités d'« aristocrates » et de « papistes » par les « patriotes » de l'Eglise schismatique. Des conflits violents s'élevaient. Face au refus des populations, les curés constitutionnels étaient parfois installés dans les presbytères par la force publique, baïonnette au canon. Un décret du 29 novembre obligea tous les ecclésiastiques ayant refusé la Constitution civile du clergé à prêter le serment civique, faute de quoi ils seraient prévenus de révolte contre la loi et la Nation. Suspects, ils pourraient être exilés ou emprisonnés. L'anticléricalisme battait son plein et la liberté de conscience n'était plus respectée. Aux Jacobins, un ex-constituant, Jean Debry, avait proposé de marquer au fer rouge la joue des prêtres insermentés, de façon à les reconnaître ! En province, des groupes de furieux luttaient ouvertement contre la religion et traquaient sauvagement les prêtres insermentés. De nombreux évêques et curés avaient passé la frontière, dans l'attente de jours meilleurs. Ce décret du 29 novembre était un nouveau piège tendu au roi. Le 19 décembre, celui-ci y opposa son veto. Les Jacobins, les sociétés populaires se déchaînèrent aussitôt contre *Mon-*

sieur Veto, complice des contre-révolutionnaires, qui empêchait la Constitution de fonctionner…

La tentation du double jeu

Louis, à ce moment-là, se rallia au projet de congrès armé dont sa femme lui rebattait les oreilles. Disons qu'il s'y résigna, car il ne voyait plus guère d'autre solution. Le 3 décembre, il écrivait au roi de Prusse : « Malgré l'acceptation que j'ai faite de la nouvelle Constitution, les factieux montrent ouvertement le projet de détruire entièrement les restes de la monarchie. Je viens de m'adresser à l'empereur, à l'impératrice de Russie, aux rois d'Espagne et de Suède, et je leur présente l'idée d'un congrès des principales puissances de l'Europe, appuyé d'une force armée, comme la meilleure manière pour arrêter ici les factieux, donner les moyens de rétablir un ordre de choses plus désirable et empêcher que le mal qui nous travaille puisse gagner les autres Etats de l'Europe[5]. »

Ce n'était pas du double jeu. Le roi essayait de faire face, comme il le pouvait. Dans cette période, si extraordinairement troublée, nul ne connaissait l'avenir. Qui n'avait pas d'arrière-pensées ? Les triumvirs qui voulaient pactiser secrètement avec la Cour pour damer le pion à la gauche jacobine ? Les amis de Pétion et de Robespierre, qui faisaient semblant de respecter la Constitution, pour mieux la miner ? Les républicains de cœur qui sournoisement juraient fidélité au roi ? En vérité, Louis déjà si hésitant de nature ne savait plus à quel saint se vouer. Nul ne le soutenait dans ses efforts de respect des institutions. Pour confondre la malhonnêteté de ses adversaires et leur clouer le bec, il gardait toujours dans sa poche un exemplaire de la Constitution, qu'il sortait à l'occasion. Mais la situation devenant ingérable, le congrès lui parut probablement une solution meilleure que la guerre prônée par les aristocrates et une partie des Jacobins.

Afin de blanchir leur héros de toute compromission, Paul et Pierrette Girault de Coursac pensent que la lettre au roi de Prusse et quelques autres à l'empereur ou au roi d'Espagne sont des faux écrits par Marie-Antoinette sur les conseils de Fersen, réfugié à Bruxelles. De fausses lettres, de faux cachets, un réseau d'agents chargés de les remettre, tout cela ne paraît pas crédible, même s'il est avéré que le roi et la reine ne partageaient pas toujours la même approche de la situation, même si l'on admet que Marie-Antoinette, usant de la permission que lui laissait son mari de correspondre avec son frère Léopold, menait une intense activité épistolaire. Certes, s'irritant de l'inaction du roi, de ses phases d'apathie, poussée par Fersen et Breteuil, elle avait usé d'étranges procédés, leur envoyant par exemple quelques blancs-seings signés de son mari[6]. Mais encore une fois elle manquait d'adresse pour conduire dans la durée une politique personnelle en contradiction avec celle du roi. Une telle entreprise eût été bien trop machiavélique pour une femme comme elle ! Notons que les experts qui ont examiné la lettre au roi de Prusse ont estimé qu'elle était certainement authentique[7].

Il faut donc reconnaître que Louis avait évolué depuis la lettre secrète à ses frères : en quelques semaines, il avait constaté la volonté délibérée du corps législatif de saboter les institutions et de le déstabiliser personnellement. Il est possible, comme le suggère Munro Price, qu'il soit entré dans la même casuistique qu'en mai 1776 lorsqu'il aidait en sous-main les *insurgents* tout en affichant son respect des traités et du droit international[8]. Réclamer un congrès armé, ce n'était pas souhaiter la guerre, mais œuvrer pour améliorer la Constitution.

De ce congrès armé, d'ailleurs, la reine, à ce moment-là, commençait à douter, à cause de l'attentisme de l'empereur. Alors, elle repensait à une évasion à la faveur d'un déplacement du roi hors de Paris. Elle rêvait... Mais les aristocrates de Paris n'allaient pas laisser filer ainsi leurs otages ! Une évasion réussie, et c'étaient les Monar-

chiens et les Feuillants confortés à tout jamais ! Aussi le
comte d'Antraigues et ses amis conseillèrent-ils aux Jacobins, qui partageaient leur angoisse, de bien surveiller les
Tuileries[9]. En février 1792, Fersen, le romanesque Fersen,
grimé, emperruqué, muni d'un faux passeport, revint en
France et se glissa aux Tuileries. Le 13, il vit la reine
seule, le 14, le roi et la reine. Il leur proposa d'organiser
à nouveau leur fuite. Hélas ! c'était devenu impossible…
Au cours de la conversation, Louis admit que désormais
seules les forces étrangères pourraient les sauver. Néanmoins, le Suédois, farouche partisan de la monarchie
absolue, fut déçu de sa modération. Il sentait que cet
« honnête homme » ne voulait pas reconquérir toute son
autorité passée. « A moins d'être toujours encouragé, je
ne suis pas sûr qu'il ne soit tenté de négocier avec les
rebelles », persuadé que ceux-ci auraient besoin de lui
« pour obtenir une capitulation[10] ».

Le compte rendu qu'il donne de cette entrevue au roi
de Suède le 29 février est légèrement décalé par rapport
aux notes hâtivement jetées dans son journal intime. Ce
texte, très important, pose la question primordiale de
l'évolution politique du roi. A cette époque, Louis XVI
était-il oui ou non décidé à restaurer l'Ancien Régime ?

« … J'ai déclaré ensuite au roi, de la part de Votre
Majesté, écrit Fersen à Gustave III, son intention, qui était
conforme à celle de l'impératrice de Russie, *de ne point
souffrir en France l'établissement d'un gouvernement mixte ;
de ne point composer avec les rebelles, mais de rétablir la
monarchie et l'autorité royale dans toute sa plénitude.* La
reine a saisi cette idée avec chaleur, et le roi, quoiqu'il le
désirât, a eu l'air de croire qu'*il serait difficile de l'obtenir ;*
mais je n'ai pas eu de peine à lui prouver qu'avec le
moyen d'un secours étranger, et m'ayant déjà assuré qu'il
était […] bien décidé à ne pas composer avec les rebelles,
il n'y avait rien de plus facile ; *il a fini par en être
convaincu* et m'a assuré que son intention n'était pas de
composer avec les rebelles dont les uns, disait-il, ne peu-

vent pas faire le bien et les autres ne le veulent pas. Mais il m'a prié en même temps de représenter à Votre Majesté la nécessité où sa position le mettait de traiter avec eux en ce moment, de s'en servir et de faire tout ce qu'on exigeait de lui, quelque répugnance qu'il y eût. [...] En tout j'ai trouvé le roi et la reine très décidés à supporter tout plutôt que l'état où ils sont [...]. Leurs Majestés sentent fortement [...] qu'il n'y a pour le rétablissement de leur autorité que la force et des secours étrangers[11]. »

De ce texte, le biographe du baron de Breteuil, Munro Price, a conclu que Louis XVI avait changé d'opinion et qu'il s'était désormais rallié à l'absolutisme. Il rejoint ainsi la grande majorité des biographes du roi, convaincus que celui-ci, à l'instar de Marie-Antoinette, a voulu la pleine et entière restauration de l'autorité monarchique, telle qu'elle était avant 1789. Mais est-ce si évident ? On se demande si le gentilhomme suédois, plein d'ardeur et d'enthousiasme pour la Contre-Révolution, cherchant à pousser le roi dans ses retranchements, n'a pas pris ses désirs pour des réalités. Contrairement à la reine, en effet, Louis ne révèle pas clairement le fond de sa pensée. Il ne cache ni ses réticences ni les obstacles qu'on pourrait rencontrer, preuve sans doute qu'au-delà de son caractère atermoyant il n'avait pas les convictions de son interlocuteur. Il faut aussi tenir compte du destinataire de la lettre. Fersen avait tout intérêt à forcer le trait et à montrer à Gustave III que le roi de France, qu'il se préparait à secourir, partageait ses idées et son dégoût pour le régime « mixte » des Monarchiens et des Constitutionnels. Bref, ce texte n'a rien de concluant et l'on admettra que la première impression de Fersen, celle qu'il consignait dans son journal, était la bonne : Louis était disposé à traiter avec les « rebelles », mais en position de force, exactement comme il avait voulu le faire à Montmédy. Sous une apparente mobilité de pensée, Louis XVI était un homme dont les convictions profondes variaient peu.

Vers la guerre

Le 29 mai 1790, la Constituante avait proclamé que la Nation renonçait à entreprendre toute guerre de conquête et à employer ses forces contre la liberté des peuples. Serment d'ivrogne ! Le 13 septembre 1791, en réplique à l'attitude de Pie VI, les Etats d'Avignon et du comtat étaient rattachés à la France, dans un climat local d'extrême rivalité entre cités, assorti de cruautés, de lynchages, de tueries de prisonniers (massacre de la Glacière par Jourdan Coupe-Tête et sa bande). Cette annexion s'était faite au nom du droit des peuples à disposer d'eux-mêmes : des assemblées de patriotes – à la légitimité douteuse – l'avaient réclamée. Rome avait poussé les hauts cris, mais l'Europe chrétienne n'avait pas bronché.

Par ailleurs, les princes possessionnés – le prince de Nassau, le margrave de Bade, les archevêques de Mayence et de Trèves, d'autres encore –, qui avaient été lésés par l'abolition des droits féodaux et seigneuriaux, n'étaient pas intéressés par un dédommagement et protestaient pour le principe. Pour bien marquer leur mécontentement, ils avaient donné refuge aux émigrés français et toléré leurs rassemblements armés. Dangereux motif de friction, car les Français ne pouvaient revenir sur la nuit du 4 août pour faire plaisir à quelques poussiéreux dignitaires du Saint Empire. Mais là encore, les grandes puissances n'avaient nulle envie d'en découdre. Ainsi, malgré ses audaces qui bousculaient les règles du droit international et la pratique habituelle des chancelleries, la toute jeune Révolution française n'était pas réellement menacée.

La volonté de déclencher la guerre contre l'empereur et les princes germaniques vint de Paris, essentiellement pour des raisons intérieures. Les Girondins et Brissotins trouvèrent dans la fibre nationaliste et la ferveur guerrière, qui avaient gagné l'esprit public, un excellent filon pour arriver au pouvoir. Il s'agissait de faire oublier la crise économique, de relancer le processus révolutionnaire qui donnait des signes d'essoufflement, de confondre les Feuillants, attachés à la paix européenne, et de jeter le roi dans les bras de la Contre-Révolution, pour mieux le renverser. « Je n'ai qu'une crainte, s'était écrié Brissot aux Jacobins, c'est que nous ne soyons pas trahis ; nous avons besoin de grandes trahisons, notre salut est là ! » Brochant sur le tout resurgissaient la haine de l'alliance autrichienne de 1756 et l'idée assez illusoire de se rapprocher de la Prusse et de l'Angleterre. Les systèmes diplomatiques qui avaient traversé la politique étrangère française depuis le règne de Louis XV continuaient de diviser l'opinion. L'ennemi historique restait la maison d'Autriche, tandis que les Jacobins avaient pour la patrie du Grand Frédéric, ami de Voltaire et de d'Alembert, les yeux de Chimène. Le 20 octobre 1791, Brissot lança, du haut de la tribune du Manège, un réquisitoire stupéfiant de véhémence contre les émigrés, accusés d'être à l'origine de tous les maux dont souffrait le pays, et contre les puissances étrangères qui avaient l'audace de les soutenir.

Le 25, nouvelle tirade belliciste, assortie de déclamations patriotiques, cette fois de Vergniaud, le plus talentueux des orateurs girondins. En novembre, avec le violent député Isnard, parfumeur de Draguignan, la menace prit une tournure idéologique : il revenait à la France nouvelle, insultée dans sa dignité par les princes possessionnés et leurs protecteurs, de faire trembler les tyrans sur leur trône et d'exporter la Révolution. On ne doutait pas de recevoir des peuples voisins un accueil fraternel et enthousiaste. Seules quelques voix isolées se firent entendre à gauche et à l'extrême gauche pour dénoncer cette fiévreuse illusion libératrice, celles de Robespierre et Marat notamment, qui craignaient que la guerre ne profitât aux Tuileries ou à d'apprentis Jules César.

Louis XVI, par petites touches, avait procédé à un remaniement de son ministère. Au début d'octobre, un fidèle, Bertrand de Molleville, ancien intendant de Bretagne, avait pris le portefeuille de la Marine. Valdec de Lessart, qui cumulait le Contrôle général des Finances avec le ministère de l'Intérieur (nouveau nom de la Maison du roi), remplaça Montmorin aux Affaires étrangères. En décembre, un grand seigneur libéral, élégant, aux belles manières – il passait pour un bâtard de Louis XV –, Louis de Narbonne-Lara, maréchal de camp et amant de Germaine de Staël, devint le nouveau responsable de la Guerre. Ce constitutionnel modéré avait des positions plus fermes que les Feuillants en matière de politique étrangère. Sans se rallier aux outrances nationalistes des Girondins, il était persuadé qu'une bonne petite guerre contre deux ou trois électeurs germaniques redorerait le blason du roi et servirait ses ambitions personnelles de devenir une sorte de Premier ministre. Louis XVI se laissa convaincre. Mais la guerre lui répugnait. Il ne resta que vingt minutes au Conseil du 9 décembre et ne dit mot[12].

Le 14, il vint à l'Assemblée et, debout, lut un ultimatum rédigé par Narbonne. L'archevêque électeur de Trèves, Clément Wenceslas de Saxe, était sommé de disperser les rassemblements émigrés sur son territoire avant le 15 janvier prochain. Le même jour, l'Assemblée vota 20 millions de crédit militaire. Louis XVI fut largement applaudi. Il avait retrouvé sa popularité, mais non sa sérénité. Ne voulant ni la guerre civile ni la guerre étrangère, comment pouvait-il à la fois menacer les Cours étrangères – car menacer un électeur germanique c'était agiter le chiffon rouge à Vienne et à Berlin – et secrètement les solliciter afin d'organiser un congrès destiné à desserrer l'étau qui l'asphyxiait ? Dans une lettre personnelle et confidentielle, Valdec de Lessart était obligé d'expliquer à Noailles, ambassadeur de France à Vienne, les vrais sentiments de son maître : « Vous croyez bien que le roi est à la tête de ceux qui y répugnent [à la guerre] ; son excellent esprit, d'accord avec son cœur, cherche à en repousser l'idée. Il la regarde, dût-elle être heureuse, comme une calamité pour le royaume et comme un fléau pour l'humanité[13]... »

Mais, si le pouvoir législatif voulait vraiment la guerre avec l'Autriche, comment Louis pourrait-il s'y opposer ? Il subirait des pressions physiques insupportables de la part de la populace, sans doute une réédition des journées d'Octobre. D'un autre côté, cette guerre changerait la donne. Connaissant l'état de désorganisation de l'armée, il ne doutait pas qu'elle se solderait par des désertions en masse et de rapides désastres. Dans cette hypothèse, sa situation pourrait peut-être s'améliorer et le faire apparaître comme un recours, au milieu d'un champ de ruines : « Au lieu d'une guerre civile, expliquait-il à Breteuil le 3 décembre, ce sera une guerre politique et les choses en seront bien meilleures : l'état physique et moral de la France fait qu'il lui est impossible de soutenir une demi-campagne [...]. Ce n'est pas moi qui ai voulu la guerre [...]. Il faut que ma conduite soit telle que, dans le malheur, la Nation ne voit de ressource qu'en se jetant dans mes bras[14]. »

Marie-Antoinette n'analysait pas si subtilement la situation. Le 9 décembre, elle écrivait à Fersen, à propos du projet de campagne contre l'électeur de Trèves : « Les imbéciles, ils ne voient pas que s'ils font telle chose c'est nous servir, parce que enfin, il faudra bien, si nous commençons, que toutes les puissances s'en mêlent pour défendre les droits de chacun[15] ! » Cette guerre, écoutant les conseils imprudents de Mercy et de Fersen, elle en arrivait à la souhaiter, sans mesurer qu'elle lui serait fatale ainsi qu'à son mari.

La difficulté pour les boutefeux, les va-t-en-guerre et les rhéteurs de l'Assemblée tenait à ce que l'empereur ne cessait d'éluder les prétextes de conflit. Celui-ci avait même exigé la dispersion des corps armés d'émigrés, posant ce préalable à la protection qu'il devait à l'électeur de Trèves, en tant que chef suprême de l'empire.

En quelques semaines, tout sembla basculer. En janvier 1792, Barnave, amer et découragé, retourna dans son Dauphiné natal. Une partie des Feuillants, derrière La Fayette, se rallia à l'idée de guerre. Le 16, l'Assemblée vota la déchéance de Monsieur de son droit à la régence. Le 1er mars, à Vienne, le pacifique Léopold II mourut, emporté en trois jours par un mal mystérieux. Son fils aîné lui succéda sous le nom de François II. Ce neveu que Marie-Antoinette ne connaissait pas était un impétueux jeune homme de vingt-quatre ans, brutal, militariste et nettement moins intelligent que son père.

Cependant, deux autres événements jouèrent dans le sens de l'apaisement. Le 8 mars, à Madrid, le comte de Florida Blanca, qui s'apprêtait à faire entrer activement l'Espagne dans le camp de la Contre-Révolution, était remplacé par le tortueux Aranda, nullement décidé à financer Coblence. A Stockholm, dans la nuit du 15 au 16 mars, au bal masqué de l'Opéra, Gustave III était assassiné par un aristocrate fanatique. Or, le « roi chevalier », qui regrettait pour son pays exsangue les grasses subventions du Roi Très-Chrétien, se préparait à venir au secours des souverains français, en débarquant sur les côtes normandes.

Louis XVI, irrité contre Narbonne qui quémandait les applaudissements des Jacobins bellicistes, le démissionna brutalement et le remplaça par le colonel de Grave, vétéran de Gibraltar, récemment promu maréchal de camp. En réplique, Brissot et ses amis, soutenus par Mme de Staël, ourdirent des manœuvres contre Valdec de Lessart qui partageait les idées pacifistes du roi et qui avait négligé d'avertir le Manège du rapprochement austro-prussien. Il fut déféré à la Haute Cour, siégeant à Orléans, devant un parterre de députés feuillants pétrifiés et des tribunes hurlantes, trépidantes, manifestant une « joie féroce[16] ». Les tribunes ! Il ne faut jamais les oublier quand on parle des assemblées révolutionnaires ! Le roi ne put rien faire pour sauver son ministre, les décrets d'accusation n'étant pas soumis à son veto. Après ce coup de tonnerre, plus aucun modéré n'était prêt à entrer au gouvernement. Le 11 mars, Bertrand de Molleville, cible de nombreuses attaques, dut quitter le ministère de la Marine, à cause de sa trop grande fidélité au roi.

Les partisans de la guerre allèrent plus loin encore. Au cours d'une réunion tenue chez Condorcet, à laquelle participèrent Brissot, Narbonne, La Fayette, Pétion et Sieyès, il fut question de traîner la reine – l'*Autrichienne*, l'*Autruche* ! – devant la Haute Cour, avec dix-neuf chefs d'accusation plus ou moins fictifs : la Constitution, en effet, ne garantissait l'inviolabilité qu'au seul monarque.

Louis et Marie-Antoinette, mis au courant, prirent peur. Ils parèrent le coup en acceptant pour ministres des proches ou des membres du club des Jacobins. L'ambitieux et avantageux Dumouriez, lieutenant général, homme fort intelligent mais sans principes, que le roi avait rencontré, on s'en souvient, à Cherbourg, prit le portefeuille des Affaires étrangères. Roland de La Platière, fat aux cheveux plats, qui singeait la bonhomie de Franklin, s'adjugea l'Intérieur, le banquier genevois Clavière les Contributions directes. Ils furent rejoints un peu plus tard par Duranthon à la Justice. Dans ce « ministère girondin », formé à l'instigation du groupe désormais le plus influent de l'Assemblée – grâce aux vociférations des tribunes –, Jean Jaurès voyait l'ébauche du premier régime parlementaire. A la vérité, c'était plutôt un ministère né de la terreur du « glaive de la loi » ! En fait de modernité, on pouvait rêver mieux ! Le roi tint tout de suite à marquer ses distances. Dans une proclamation, il expliqua qu'à la place d'hommes « que l'opinion publique et l'honnêteté rendaient recommandables », il avait dû en prendre d'autres « accrédités par les opinions populaires[17] ».

La plupart des décisions des nouveaux venus étaient prises dans le salon de Mme Roland, dont la fausse modestie de femme de lettres ne cachait pas la frénétique ambition. Pendant le Conseil, le roi lisait ostensiblement les gazettes anglaises ou rédigeait son courrier. Il fuyait, faute d'avoir la moindre prise sur la situation. « Quant aux grands objets de politique, écrit Mme Roland, il en éludait souvent l'examen en détournant la conversation sur des sujets variés ou particuliers à chacun ; à l'occasion de la guerre, il parlait voyages ; à propos d'intérêt diplomatique, il citait les mœurs ou faisait des questions sur des localités du pays dont il s'agissait ; si l'on examinait l'état de l'intérieur, il appuyait sur quelques détails d'agriculture ou d'industrie ; il questionnait Roland sur ses ouvrages, Dumouriez sur des anecdotes et ainsi du reste : le Conseil n'était qu'un café où l'on s'amusait à des *bavardises*[18]... »

Depuis plusieurs semaines, il gardait sous le coude deux décrets, qu'il se refusait à signer : l'un concernait les passeports pour l'étranger, l'autre la mise sous séquestre des biens des émigrés. Sous la menace de Pétion qui lui jura que ni lui ni la reine ne seraient en sûreté tant qu'il ne donnerait pas son accord, il dut s'y résoudre. Il craignait de périr de mort violente, mais redoutait plus que tout l'assassinat ou l'empoisonnement de la reine. Il savait qu'elle était nerveusement épuisée. Le 28 mars, il fit venir les royalistes, amis du comte d'Antraigues, avec lesquels la Cour gardait contact. Il leur avoua « que tout était perdu, qu'il ne pouvait plus être roi, qu'il savait les projets des Jacobins, que la moindre résistance perdrait tout[19]... ». Cette faiblesse rendit naturellement furieux les ultras. Pour d'Antraigues, le roi était « un butor, mais bon diable, voulant la paix, même le bien », tandis que Marie-Antoinette était « bête comme une oie, mais intrigante, têtue comme une mule[20]... ». Ce n'était décidément pas du côté des aristocrates de Paris que le couple royal pourrait trouver de l'aide...

Un émissaire des Tuileries était parti pour Vienne, afin d'exposer de vive voix la situation et d'étudier les modalités du fameux congrès armé, destiné à empêcher la guerre : c'était le baron de Goguelat, secrétaire de la reine, l'homme de l'expédition de Varennes. « Croyez en tout point, mon cher neveu, écrivait Marie-Antoinette à François II, la personne que je charge de ce billet. » Louis XVI avait ajouté : « Je pense absolument comme votre tante et j'y ai même confiance[21]. » C'était une bouteille lancée à la mer, dans une mer démontée...

La déclaration de guerre

Louis avait gardé M. de Grave à la Guerre, comme ultime rempart contre la vertigineuse folie des Brissotins. Celui-ci démontra que l'armée n'était pas prête, que les équipements se trouvaient dans un état déplorable, les places fortes démantelées, l'intendance désorganisée, les vivres et les munitions en quantité insuffisante. Si la France, d'après le dernier plan de mobilisation, alignait sur le papier 160 000 hommes de troupes régulières, dont 94 bataillons de volontaires nationaux (75 000 hommes), elle n'avait plus qu'un tiers de ses officiers. Dumouriez, pugnace et déterminé, balaya d'un revers ces objections, assurant que l'impéritie des troupes autrichiennes était encore plus flagrante et qu'une percée rapide dans les Pays-Bas autrichiens permettrait de soulever le Brabant, avide de liberté. Il était sûr de la victoire et pensait par ce moyen imposer *manu militari* une monarchie constitutionnelle dont il serait l'homme fort, le rêve déjà de Narbonne.

L'Autriche, sous l'impulsion de son nouveau maître, affirma sa position sur les droits des électeurs et exigea la restitution au pape d'Avignon et du comtat. Volontairement provocateur, Dumouriez lui adressa un ultimatum insultant le 27 mars, auquel le vieux chancelier Kaunitz fit une réponse raide. Le 18 avril, le Conseil des ministres, unanime, engagea le roi à demander à l'Assemblée, conformément à la Constitution, la guerre. Sur un sujet aussi grave et alors que la France n'était pas véritablement menacée, Louis XVI atermoya et pria chacun de lui fournir une opinion écrite, qu'il fit publier par l'Imprimerie nationale. Ensuite, il se soumit. Dans ses *Mémoires*, Mme Roland raconte qu'il ne s'y résolut qu'avec extrême répugnance. « Il en avait retardé beaucoup la décision et ne sembla vaincu que par l'opinion déjà connue de la majorité de l'Assemblée et l'unanimité de son Conseil[22]. »

Le 20 avril, donc, à midi et demi, il se rendit à l'Assemblée. Les tribunes étaient bondées. Mme de Staël était dans l'assistance : « Sa physionomie, relate-t-elle, n'exprimait pas sa pensée, mais ce n'était point par fausseté qu'il cachait ses impressions ; un mélange de résignation et de dignité réprimait en lui tout signe extérieur de ses sentiments. En entrant dans l'Assemblée, il regardait à droite et à gauche avec cette sorte de curiosité vague qu'ont d'ordinaire les personnes dont la vue est si basse qu'elles cherchent en vain à s'en servir. Il proposa la guerre du même son de voix avec lequel il aurait demandé le décret le plus indifférent du monde. Le président lui répondit avec le laconisme arrogant adopté dans cette Assemblée, comme si la fierté d'un peuple libre consistait à maltraiter le roi qu'elle a choisi comme chef constitutionnel[23]. » Lorsqu'il prononça les mots « déclarer la guerre », ses yeux embués s'emplirent de larmes[24].

Une écrasante majorité – l'unanimité moins sept voix – vota le décret de guerre contre le « roi de Bohême et de Hongrie » (François II n'avait pas encore ceint la couronne impériale). Ce fut aussitôt une explosion de joie. Dans une atmosphère de surexcitation, d'enthousiasme belliqueux, de surenchères guerrières, tout le monde lançait en l'air son chapeau. Selon la formule de Merlin de Thionville, la guerre était déclarée aux rois et la paix aux peuples. Par cette décision, la France, en quête d'une gloire ruineuse et d'une mission de libération universelle, s'engageait dans vingt-trois longues années de luttes sanglantes, jusqu'à Waterloo…

On n'en avait pas parlé à l'Assemblée, mais l'entrée en lice de la Prusse aux côtés de l'Autriche était sûre, compte tenu de leur traité d'alliance défensive signé le 7 février 1792. Elle devint effective le 3 juillet. La France s'était mise à dos deux puissances majeures – auxquelles s'ajoutaient la Sardaigne et quelques principautés germaniques –, pour des dissensions qui auraient probablement pu se régler par voie diplomatique. La campagne commença par des revers, malgré la supériorité numérique des Français et le fait que les Austro-Prussiens n'étaient pas encore en position offensive. Il est vrai que les Autrichiens avaient été aguerris par cinq années de campagnes contre la Turquie et que les Français n'avaient pas eu le temps de rassembler leurs chevaux, leur armement et leur matériel. Toujours est-il que les troupes de Théobald de Dillon, par peur d'entrer en contact avec l'ennemi, se débandèrent piteusement près de Tournai et lynchèrent leur général, que Biron fut battu devant Valenciennes, que La Fayette recula devant les uhlans, que Rochambeau, le héros de Yorktown, chef de l'armée du Nord, démissionna et que trois régiments, dont le Royal-Allemand, passèrent à l'ennemi.

A l'Assemblée, dans la rue, partout, il n'en fallut pas davantage pour dénoncer le diabolique « Comité autrichien » qui siégeait aux Tuileries, à Bagatelle ou au château de la Brèche à Epinay, où le roi et la reine se rendaient secrètement (!) et préparaient activement la victoire de l'ennemi. Ces ragots avaient été utilisés par le journaliste Carra, rédacteur des *Annales patriotiques et littéraires*, et ses amis montagnards Chabot, Bazire et Merlin, afin d'exploiter la psychose de trahison. Bertrand de Molleville et Montmorin, mis en cause, portèrent plainte, sans doute avec l'assentiment du roi. Le juge de paix de la section Henri IV, Etienne de Larivière, se chargea de l'enquête et se rendit immédiatement compte que le Comité autrichien était une pure invention destinée à salir celui qu'on n'osait déjà plus appeler le « représentant héréditaire de la Nation ». Le 19 mai, le digne magistrat se présenta à l'Assemblée pour délivrer un mandat d'amener contre les trois calomniateurs, Merlin, Bazire et Chabot. Quelle ne fut pas sa surprise d'entendre Vergniaud lui reprocher d'insulter par sa démarche le corps législatif tout entier, « outrage » prouvant à lui seul l'existence du comité contesté ! Le lendemain, le député Lacroix parla d'« attentat fait à la majesté nationale », ce qui excluait bien évidemment d'examiner les pièces produites par ce

misérable petit juge. Une lettre du roi dénonçant le mensonge ne fit rien pour apaiser la situation : le malheureux
Larivière, convaincu de crime de lèse-Nation, fut déféré à
la Haute Cour d'Orléans. Un député demanda d'ajouter
un décret d'accusation contre le garde des Sceaux Duranthon, qui avait contresigné la lettre du roi, mais il ne fut
pas suivi. Le malheureux ministre en fera une dépression
nerveuse et le roi le laissera partir en juillet. Cette affaire
illustrait l'état de méfiance et de tension régnant entre les
pouvoirs.

Dans cette idée de Comité autrichien, il y avait néanmoins un fond de vérité, mais très ténu, les historiens le
découvriront plus tard. Marie-Antoinette, pour mieux
assurer la victoire de l'Autriche, avait envoyé à Mercy et à
Fersen quelques renseignements militaires qu'elle avait
surpris on ne sait trop comment, car le roi était toujours
muet comme une tombe, notamment l'attaque par la
Savoie et les Pays-Bas autrichiens. Peu de détails en
vérité, beaucoup d'imprécisions, mais la trahison était
patente[25]. Contrairement à ce qu'on répète souvent, ce
n'est pas elle qui avait poussé à la guerre, et moins encore
son mari, mais délibérément elle avait choisi d'exploiter
les circonstances pour sortir de la situation critique dans
laquelle ses ennemis l'avaient enfermée.

La tragédie s'intensifiait. Les premières défaites exacer-
baient les luttes de clans. Les Jacobins se déchiraient.
Robespierre tirait à boulets rouges non seulement sur La
Fayette, accusé d'ambition dictatoriale, mais sur l'aile
droite des Jacobins, Brissot et les Girondins. Le 10 mai, le
roi accepta la démission du colonel de Grave et le remplaça par un Brisssotin bon teint, Servan de Gerbey,
ancien lieutenant colonel du régiment de Vermandois, qui
avait l'heur de plaire à Mme Roland. Cerné, il ne pouvait
qu'aller jusqu'au bout de l'expérience désastreuse. Il
entrait dans la logique des ultra-patriotes, pour leur montrer qu'il accepterait tout, n'opposerait aucune résistance
et que l'échec leur serait à eux seuls imputé.

Pour les nationalistes, il fallait accentuer la pression sur le roi et son entourage, trouver coûte que coûte un bouc émissaire. Les « fanatiques » de l'Eglise romaine, accusés de connivence avec les émigrés et les contre-révolutionnaires, firent les frais de cette fureur obsidionale. Le 28 avril, l'Assemblée décréta la dissolution des congrégations régulières : Oratoriens, Eudistes, Frères des Ecoles chrétiennes, Filles du Bon Pasteur… Même les congrégations hospitalières n'échappèrent pas au couperet. Le 27 mai, un autre décret stipula que, sur dénonciation de vingt citoyens actifs d'un canton (cadeau royal fait aux anticléricaux !), les prêtres réfractaires seraient condamnés à la déportation. Un député, Courtaud, avait proposé de tolérer tous les cultes, à l'exception de la religion catholique.

Le 29, l'Assemblée prononça la dissolution de la garde constitutionnelle du roi, sous prétexte d'être un repaire de ci-devant. Cette garde, qui n'avait pris son service que deux mois auparavant, avait été composée par son chef, le duc de Brissac, d'anciens gardes nationaux triés sur le volet et de gentilshommes fidèles, avec l'arrière-pensée qu'elle pourrait défendre efficacement les Tuileries en cas d'attaque des faubourgs. Peut-être avec l'aide des Suisses avait-il aussi en vue un coup d'Etat : le roi aurait été conduit aux Invalides, d'où il aurait lancé une proclamation appelant la garde nationale auprès de lui. Projet mal ficelé, encore une fois. Pétion, mis au courant, avait fait battre la générale, et des manifestations avaient éclaté dans les faubourgs au matin du 29. On y avait ouvertement réclamé les têtes du roi et de la reine. Brissac fut arrêté et déféré en Haute Cour d'Orléans. Il finira ses jours en septembre 1792 massacré et décapité par ses propres gardiens, avec les cinquante-deux autres prisonniers de la Haute Cour, dont Valdec de Lessart et le juge Larivière, dans le convoi les conduisant à Versailles.

Louis, très inquiet, voulut opposer son veto au décret de dissolution. Mais il ne trouva aucun ministre pour le contresigner. Ils étaient tous muselés par la terreur[26]. Bravement, M. d'Hervilly, adjoint de Brissac pour la cavale-

rie, proposa au roi de fondre sur les Jacobins et les
factieux de l'Assemblée avec les dix-huit cents hommes de
la garde. Mais Louis, incertain du résultat, ne voulut pas
jouer sa couronne sur ce coup de dés. Il ne forcerait pas
le destin ! Ainsi s'effondra le dernier rempart de la
monarchie, car, quand viendront les journées révolutionnaires de juin et d'août, cette troupe d'élite, vraie garde
de fer, destinée à remplacer les gardes du corps, fera
cruellement défaut. Le roi était isolé, privé de ses courtisans, de sa noblesse, de ses meilleurs conseillers, à la
merci de ses ennemis.

C'est vers cette époque, selon Mme Campan, que
Louis XVI, oppressé et désemparé, tomba à nouveau dans
une sorte d'hébétude. « Il fut dix jours de suite sans arti-
culer un mot, écrit-elle, même au sein de sa famille, si ce
n'est qu'à une partie de trictrac qu'il faisait avec Madame
Elisabeth après son dîner, il était obligé de prononcer les
mots indispensables à ce jeu. La reine le tira de cette position si funeste dans un état de crise où chaque minute
amenait la nécessité d'agir, en se jetant à ses pieds, en
employant tantôt des images faites pour l'effrayer, tantôt
les expressions de sa tendresse pour lui[27]. »

Le 8 juin, un autre décret stipulait le rassemblement
près de Paris d'un camp de vingt mille gardes nationaux
fédérés, sous prétexte de défendre la patrie. L'idée venait
de Servan, ministre de la Guerre, qui y voyait un excellent
outil pour menacer les Tuileries et en finir avec la Constitution. Le paradoxe était que le roi se souciait davantage
de couvrir les frontières que les Girondins qui avaient
pourtant déclenché la guerre. Il avait fait renforcer les
forteresses, remis en état les arsenaux et manufactures,
commandé en Angleterre cent quatre-vingt mille fusils. Il
aurait bien voulu récupérer les armes détenues par les
municipalités, afin d'équiper les régiments de ligne, mais
on l'accusa unanimement de vouloir désarmer le peuple !
La décision de créer un camp sous Paris entraîna de violentes discussions au sein du gouvernement, et Dumou-

riez, qui n'était pas au courant, faillit même embrocher Servan de son épée en plein Conseil.

Louis XVI ne pouvait accepter le décret sur les prêtres, ni celui sur le camp des fédérés. Comme il tardait à se prononcer, le 10 juin, Roland lui lança une sorte d'ultimatum, insinuant que ses complaisances pour la Contre-Révolution devaient cesser. La menace d'une journée populaire était à peine voilée : la Révolution « s'achèvera au prix du sang et sera cimentée par lui [...]. Encore quelque délai, et le peuple contristé croira apercevoir dans son roi l'ami et le complice des conspirateurs[28] ». Cette lettre outrageante, rédigée par sa fiévreuse épouse, devenue l'égérie des Girondins, fit bel effet dans les sociétés populaires des quatre-vingt-trois départements, où elle fut diffusée.

Le monarque avait accumulé trop de frustrations depuis plusieurs jours pour ne pas exploser de colère. Il opposa son veto aux deux décrets, convoqua Dumouriez et, en présence de la reine, le pria de signifier leur congé aux trois ministres girondins, Roland, Clavière et Servan. Le responsable des Affaires étrangères accepta la mission, non sans satisfaction, car elle renforçait son pouvoir. Il prit pour lui le ministère de la Guerre et fit nommer à la place des sortants l'ingénieur Mourgue, Naillac et Duranthon, des hommes de paille. Dans sa lettre à l'Assemblée, Louis s'expliqua sur le renvoi des ministres girondins : « Je veux la Constitution, mais je veux aussi l'ordre et l'exécution dans toutes les parties de l'administration et tous mes soins seront constamment dirigés à les maintenir par tous les moyens qui seront en mon pouvoir[29]. »

Peut-être était-ce tactiquement une erreur, car le maintien en place du ministère girondin aurait obligé celui-ci à assumer les défaites. Mais le roi était à bout. Cette crise déchaîna l'ire de Brissot contre le général et provoqua une émotion intense dans Paris, comparable à celle qui avait suivi le renvoi de Necker en juillet 1789. On y vit, bien à tort, le prélude à un coup d'Etat. Certains parlaient de se venger en assassinant le roi et la reine. Dumouriez fut hué à l'Assemblée et se sentit menacé de Haute Cour. Mourgues, pour sa part, ne resta pas vingt-quatre heures en poste : il préféra démissionner quand il apprit qu'une de ses principales fonctions consistait à contresigner les ordres du roi !

Dans ce climat, l'homme fort du gouvernement, Dumouriez, qui se croyait indispensable, pressa de nouveau le monarque de revenir sur ses deux vetos, afin de faire cesser les hurlements des loups. Louis marmonna un accord de principe, puis se ravisa. En conscience, il ne pouvait le faire. Il refusa donc, soutenu par la reine. Le général ministre proposa sa démission avec hauteur. A son grand étonnement, elle fut acceptée. Un nouveau ministère composé de personnalités sans relief du parti feuillant vint au pouvoir, sur les conseils de Du Port (Terrier de Monciel, président du département du Jura, à l'Intérieur, l'adjudant général Lajard, aide de camp de La Fayette, à la Guerre, Chambonas aux Affaires étrangères[30]...).

La journée du 20 juin 1792

Dispersés au Champ-de-Mars le 17 juillet 1791, les forces populaires de Paris et des faubourgs, les clubs d'extrême gauche, les sociétés patriotiques n'avaient mis que quelques mois après l'amnistie du 14 septembre pour se reformer et se renforcer. Tel était le mouvement des *sans-culottes** dont les animateurs principaux étaient le brasseur Antoine Santerre du faubourg Saint-Antoine, Charles Alexis Alexandre, clerc de notaire du faubourg Saint-Marceau, l'ex-marquis de Saint-Huruge, le boucher Legendre et un brigand sanguinaire, Fournier, dit l'Américain. Ressuscitée, la presse populaire qui les soutenait n'hésitait pas à lancer contre le roi et la reine de boueuses

---

* C'est-à-dire ceux qui ne portaient que des pantalons et des blouses courtes (ou carmagnoles), par opposition aux gens de Cour, qui revêtaient culotte et bas de soie.

philippiques. Le puissant club des Jacobins, qui cherchait un appui pour s'emparer du pouvoir, voyait avec grand intérêt cette effervescence plébéienne, quoique pour l'heure Robespierre ne fût pas favorable à l'insurrection qui se préparait.

Le 15 avril 1792, les sans-culottes avaient compté leurs troupes et fait une démonstration de force à l'occasion de la réception triomphale des quarante-trois Suisses de Châteauvieux, ces mutins châtiés à Nancy par Bouillé en 1790, que l'Assemblée venait d'amnistier et de libérer du bagne. Cette « fête de la Liberté » avait été une grande journée populaire.

Le mercredi 20 juin, jour anniversaire du Jeu de paume, malgré l'interdiction de la municipalité, ils voulurent pétitionner en armes afin d'exiger le retour des ministres patriotes et la sanction des décrets. Des milliers de manifestants, soutenus par les gardes nationaux, précédés d'enfants et de jeunes filles endimanchés portant des bouquets de fleurs, s'attroupèrent devant la salle du Manège. A la demande des Girondins, l'Assemblée les laissa pénétrer dans son enceinte. Pendant deux heures, les processionnaires à piques défilèrent en chantant le *Ça Ira !* Ils se dirigèrent ensuite vers le palais des Tuileries où les gardes nationaux se firent bousculer sans trop de résistance.

Le roi se trouvait dans sa chambre, entouré de sa famille. Voyant que les portes allaient être forcées, il demanda d'éloigner la reine et les enfants et s'avança calmement à la rencontre des émeutiers. Marie-Antoinette, les yeux baignés de larmes, s'écria avant de se retirer : « Français, mes amis, grenadiers, sauvez le roi ! » Mais Louis, imperturbable, ordonna d'ouvrir la porte de l'Œil-de-Bœuf. On n'en eut pas le temps, car la populace venait de forcer la porte opposée. Un flot de manifestants vociférants se précipita dans la pièce. Le monarque était entouré de quelques courtisans et serviteurs, le maréchal de Mouchy, MM. d'Hervilly, de Tourzel, de Septeuil et d'Aubier. Il monta sur une banquette dans l'embrasure d'une fenêtre. Une poignée de grenadiers le séparait des hommes des sections. A une autre embrasure, Madame Elisabeth, qu'on prit un moment pour la reine, sentit l'acier froid d'une pointe sur sa gorge. Elle calma par la douceur le furieux qui la menaçait : « Vous ne voudriez pas me faire du mal ; écartez votre arme. » Sur deux banderoles le roi put lire : *Tremblez, tyrans, le peuple est armé* et *Union des faubourgs Saint-Antoine et Saint-Marceau, voici les sans-culottes*. On l'insultait. Quelqu'un lui tendit au bout d'une pique un bonnet phrygien. Il accepta de s'en coiffer. On lui présenta un ruban tricolore, il l'accepta encore.

Tout ce monde gesticulait et discourait. Comme il faisait une chaleur étouffante, Louis demanda à boire. On lui passa une bouteille d'eau ou de vin (le détail varie selon les récits). Il n'y avait pas de verre. Qu'à cela ne tienne, il but au goulot (cette scène sera prétexte à de grossières caricatures). Un jeune excité le menaça de son poignard. Un grenadier fidèle jura qu'il n'avait rien à craindre, qu'il ferait rempart de son corps. Il lui répondit : « Un homme qui n'a rien à se reprocher ne connaît ni la peur ni la crainte. » Et, lui prenant la main, il la posa sur son cœur : « Voyez s'il bat plus vite ? » Lajard, ministre de la Guerre, arriva avec quelques renforts, mais insuffisants. Les émeutiers défilaient devant le monarque. L'un d'eux brandissait un cœur de veau ensanglanté avec une pancarte portant cette inscription : *Cœur des aristocrates*. Pendant ce temps, la reine se mourait d'angoisse. La foule ayant forcé les portes de l'appartement du dauphin (qu'on appelait désormais le prince royal), elle se retrouva avec ses enfants dans la chambre du roi, dont on ferma les portes.

L'Assemblée ne se hâtait pas d'intervenir. Elle envoya aux nouvelles une délégation de députés qui tenta de haranguer la foule, en vain. Pendant ce temps, Louis XVI, toujours dans son inconfortable position, était harcelé. On ne cessait de lui demander la sanction des décrets sur les prêtres et le camp de vingt mille hommes, le rappel du ministère girondin… Mais il tenait bon, sûr d'avoir sa conscience pour lui. Son étonnante placidité, son sang-froid imposaient le respect. L'un des chefs, Santerre, maintenait son autorité sur ses troupes : « Je réponds de la famille royale ; qu'on me laisse faire. » La reine, tenant le dauphin par la main, avait été entourée elle aussi par une meute braillarde qui lui jetait au visage les propos les plus orduriers. Le fils d'un boucher s'approcha plusieurs fois d'elle avec un pistolet.

Vers 6 heures du soir, c'est-à-dire trois heures après le début du siège, on vit arriver Pétion, accueilli par des acclamations. Avec son air de faux niais, le maire s'approcha de Louis XVI et lui dit : « Le peuple s'est présenté avec dignité ; le peuple sortira de même ; que Votre Majesté soit tranquille. » Et il alla rendre compte à l'Assemblée, assurant que ce rassemblement n'avait pour but que de présenter une pétition, que tout se déroulait dans le calme et que, l'aurait-on voulu, on n'aurait pu empêcher les Parisiens de s'exprimer.

Les suites du 20 juin

L'Assemblée législative, qui avait toléré le défilé de citoyens armés en son sein et poussé la foule à mettre en danger la vie de la famille royale, s'était fortement discréditée. Bientôt, c'est la rue qui prendra l'avantage et dictera sa loi. Louis, humilié, sortait vainqueur de l'épreuve. Il avait tenu tête à l'émeute, sans rien céder. « Le roi ne fut jamais plus grand que dans cette journée », écrit Mme de Tourzel[31]. On admira son courage, sa présence d'esprit, sa courtoisie, sa patience, sa fermeté, sa sérénité. Il en avait imposé à tous de façon stupéfiante, mais il ne se faisait plus guère d'illusion sur son destin personnel : « Je m'attends à la mort », avait-il annoncé quelques jours auparavant à Dumouriez, nommé commandant du camp de Maulde à l'armée du Nord, qui partait pour le front. Au cauteleux Pétion, qui vint le lendemain matin et tenta une nouvelle fois de justifier le caractère pacifique de la manifestation, il répliqua par un énergique « Ce n'est pas vrai ! » et un brutal « Taisez-vous, Monsieur ! », avant de lui tourner le dos. « Pétion est mon ennemi », avait-il confié à Dumouriez.

Dans un billet à l'encre sympathique, adressé à Fersen, la reine écrivait : « J'existe encore, mais c'est un miracle. La journée du 20 a été affreuse. Ce n'est plus à moi qu'on en veut le plus, c'est à la vie même de mon mari. Ils ne s'en cachent pas. Il a montré une fermeté et une force qui en ont imposé pour le moment, mais les dangers peuvent se reproduire à tout moment[32]. »

Le 22, le roi fit répandre assez largement une proclamation indignée : « Les Français n'apprendront pas sans douleur qu'une multitude égarée par quelques factieux est venue à main armée dans l'habitation du roi [...]. Il n'a opposé aux menaces et aux insultes que sa conscience et son amour pour le bien public [...]. Si ceux qui veulent renverser la monarchie ont besoin d'un crime de plus, ils peuvent le commettre [...]. Le roi donnera jusqu'au dernier moment à toutes les autorités constituées l'exemple du courage et de la fermeté qui peut seul sauver l'empire[33]. »

Il connut alors un sursaut de popularité. Les autorités provinciales ou locales, représentant 75 départements sur 83, jusqu'au tribunal de Sainte-Menehould et à la garde nationale de Varennes, furent scandalisées de la façon dont la famille régnante avait été traitée. A Paris, une pétition condamnant la journée du 20, déposée chez quatorze notaires, recueillit 20 000 signatures de citoyens actifs. L'agitation contre-révolutionnaire commençait en Ardèche (camp d'Alès) et dans le Finistère. Une enquête sur les désordres des Tuileries fut menée, à la suite de laquelle le département de Paris, acquis aux Feuillants, suspendit Pétion de ses fonctions de maire et Manuel de celles de procureur de la Commune (ils furent réintégrés par l'Assemblée quelques jours plus tard). Les Constitutionnels reprenaient espoir et parlaient d'une suspension d'armes avec l'Autriche et la Prusse.

Le 24 juin, remis de ses émotions, le roi monta à cheval et passa en revue la sixième division de la garde nationale, l'une des plus fidèles, celle du faubourg Saint-Germain. C'était un geste en direction de l'armée de la Révolution, qui s'était montrée fort divisée pendant la journée du 20. Louis XVI portait la cocarde et la plume tricolore au chapeau, mais, toujours scrupuleux, n'avait osé endosser l'uniforme de la garde, la Constitution étant muette à ce sujet. Le petit prince royal le portait, lui, et se tailla un franc succès.

A la déclaration de guerre, La Fayette avait reçu le commandement de l'armée du Centre (Moselle, Meuse, Meurthe, Vosges), mais il gardait toujours un œil sur la politique parisienne. La poussée de la « tourbe jacobine » et des factieux de l'extrême gauche, dont il était la bête noire depuis l'effusion de sang du Champ-de-Mars, l'inquiétait fort. Le 16 juin, il avait écrit une lettre qui avait soulevé un tollé à gauche, après sa lecture à l'Assemblée le 18. Il y dénonçait la formation d'un Etat dans l'Etat, se substituant à la volonté nationale. Les événements du 20 juin le confortèrent dans l'idée qu'il devait profiter de sa popularité au sein de l'armée pour sauver le roi et la Constitution.

Quittant sans ordre son camp de Maubeuge, il vint à Paris, se présenta le 28 au Manège, où il dénonça la « secte » qui s'était emparée de la souveraineté nationale et qui tyrannisait les citoyens. Les Feuillants l'acclamèrent, les autres le conspuèrent. Puis, aux Tuileries, il exposa son plan : au cours de la revue de la première légion de la garde nationale, prévue pour le lendemain, il prendrait la tête des troupes et marcherait sur le club des Jacobins. Le roi, sceptique, lui répondit : « Tout cela est inutile », et alla se coucher. La reine, qui ne comptait plus que sur le secours de l'étranger (il faut « résister à toute tentative pour vous faire sortir de Paris », lui écrivait Fersen[34]), eut ce mot : « M. de La Fayette veut nous sauver, mais qui nous sauvera de M. de La Fayette ? » Le Blondinet, comme le surnommait *L'Ami du peuple*, passa outre. Il était fidèle à lui-même, étourneau, brave comme Don Quichotte, mais manquant de l'extrême audace de ceux qui franchissent allégrement le Rubicon. La prise d'armes ayant été décommandée – était-ce Marie-Antoinette qui avait averti Pétion[35] ? –, il se contenta de convoquer ses amis de la garde nationale aux Champs-Élysées. Il en attendait au moins trois cents, il n'en vint que quelques dizaines ! Il n'était plus rien. La Révolution use vite ses idoles ! La mine basse, il repartit pour le front.

Fins stratèges, les Jacobins reprirent l'avantage. Bien que le roi n'eût pas sanctionné le décret sur le camp près de Paris, de nombreux fédérés, enrôlés par eux, montaient vers la capitale. L'Assemblée leur avait accordé des frais de route et des billets de logement. Leur paye était supérieure à celle de ceux qui partaient combattre. L'idée était de lancer une grande offensive contre la monarchie le 14 juillet, jour anniversaire de la prise de la Bastille et de la Fédération. Unis aux sans-culottes des faubourgs, les provinciaux marcheraient sur les Tuileries. Le 11 juillet, en prévision de l'offensive austro-prussienne, l'Assemblée déclara la « patrie en danger ». Il s'agissait surtout de faire monter la pression dans les sections et d'user de la redoutable doctrine du salut public, permettant les violations de la légalité.

Aux Tuileries, où l'on n'ignorait rien de cette veillée d'armes, on agitait fiévreusement de nouveaux projets de départ. L'un d'eux, monté par les Feuillants, prévoyait l'installation du roi et de sa famille à Compiègne et la réunion des armées de Luckner et de La Fayette volant à leur secours. De là, Louis aurait lancé une proclamation à la Nation, appelant à créer une monarchie à l'anglaise et invitant les armées de ses frères et les Austro-Prussiens à arrêter leur offensive. Cela impliquait de dégarnir provisoirement le front et de négocier préalablement une suspension d'armes. Un émissaire, Masson de Saint-Amand, fut envoyé aux coalisés, qui furent sceptiques[36]. Soumis au roi par Du Port le 9 juillet, le projet recueillit son assentiment, mais l'opposition de la reine gâcha tout. Cette divergence d'appréciation ne reposait sans doute pas seulement sur l'opportunité de quitter ou non Paris, mais sur des conceptions politiques différentes. Pour Marie-Antoinette, l'Autriche à Paris, c'était le retour assuré de l'absolutisme. Il n'en allait pas de même du roi, acquis à une monarchie constitutionnelle.

A la vérité, Louis n'attendait plus rien ici-bas. Depuis qu'il avait suivi les conseils spirituels du père Hébert, eudiste, il puisait force et espérance dans la foi chrétienne, pratiquant une dévotion particulière au Sacré-Cœur. La veille du 20 juin, pressentant toutes les pressions qu'il allait subir à propos du décret sur les prêtres fidèles à Rome, il avait envoyé ce billet à ce saint prêtre : « Venez me voir ; jamais je n'eus plus besoin de vos consolations ; tout est fini pour moi parmi les hommes ; c'est vers le Ciel que se tournent mes regards[37]. » Au château, sous la conduite discrète du père Lanfant, il s'abîmait en prières, se confessait deux fois par semaine, communiait quotidiennement et, dans l'attente de l'épreuve décisive, méditait sur son salut[38].

Marie-Antoinette redoutait qu'au cours de la journée du 14 juillet, organisée au Champ-de-Mars, son époux ne fût poignardé par les sans-culottes. Heureusement, la cérémonie, très éprouvante, se déroula sans violence, de 10 heures du matin à 7 heures du soir. Louis XVI se rendit à l'autel de la Nation, formé d'une colonne tronquée garnie de guirlandes de chêne, au milieu d'une foule très dense, où se mêlaient gardes nationaux, militants déguenillés des faubourgs et fédérés à la mine patibulaire. Des enfants le suivaient.

« Il fallait le caractère de Louis XVI, écrit Mme de Staël, ce caractère de martyr qu'il n'a jamais démenti, pour supporter ainsi une pareille situation. Sa manière de marcher, sa contenance avaient quelque chose de particulier ;

dans d'autres occasions, on aurait pu lui souhaiter plus de grandeur ; mais il suffisait dans ce moment de rester en tout le même pour paraître sublime. Je suivais de loin sa tête poudrée au milieu de ces têtes à cheveux noirs ; son habit, encore brodé comme jadis, ressortait à côté du costume des gens du peuple qui se pressaient autour de lui. Quand il monta les degrés de l'autel, on crut voir la victime sainte s'offrant volontairement en sacrifice[39]. »

Il prêta une seconde fois serment à la Constitution, à la suite de quoi les cinquante-quatre pièces d'artillerie se déchaînèrent. Puis on mit le feu à un bûcher composé, au pied d'un arbre, de couronnes, de tiares, de chapeaux de cardinaux, de mitres, de bonnets de docteur, de casques, d'écussons des provinces de France, de lettres d'anoblissement et de sacs de procédures, sans oublier les clés de Saint-Pierre : ces débris étaient censés symboliser la féodalité partant en fumée ! Le président de l'Assemblée, Dubayet, avait proposé au roi d'y porter lui-même le flambeau, mais celui-ci avait répondu, en le regardant fixement dans les yeux : « Il n'y a plus de féodalité. » On processionna ensuite au son des tambours et des musiques martiales et l'on dansa. Le roi fut applaudi, mais beaucoup crièrent : « A bas le Veto ! A bas l'Autrichienne ! Vive Pétion ou la mort ! Vive la Nation ! Vivent les Jacobins ! » La reine suivait son mari à la longue vue. Un moment, il disparut. Son visage se décomposa. « Ses yeux, écrit encore Mme de Staël, étaient abîmés de pleurs ; la splendeur de sa toilette, la dignité de son maintien contrastaient avec le cortège dont elle était entourée ; quelques gardes nationaux la séparaient seuls de la populace[40]. » A son retour aux Tuileries, le roi fut acclamé, tandis qu'un canonnier, en retard d'une révolution, qui avait crié : « Vive La Fayette ! », avait été laissé pour mort sur la pelouse du Champ-de-Mars.

Les fédérés n'étant pas tous arrivés, le coup d'Etat populaire avait été retardé. Le 26 enfin, les chefs sans-culottes Santerre, Alexandre, Westermann et quelques autres, prirent la décision de lancer un assaut contre les

Tuileries au début du mois d'août et arrêtèrent leur plan d'attaque. Le roi serait déchu et enfermé au donjon de Vincennes. En attendant, les manifestations ne cessaient autour des Tuileries. Le vendredi 27, on sonna le tocsin, et une tentative de soulèvement fit long feu. Louis nota dans son agenda : « Alerte toute la journée. »

Les Girondins, sentant le pouvoir populaire leur échapper au profit de l'aile radicale des Jacobins menée par Robespierre, tentèrent une dernière manœuvre : se rapprocher du roi et obtenir de lui le retour au gouvernement de leurs ministres. Par l'intermédiaire d'un peintre de la Cour, Joseph Boze, trois des meneurs, Vergniaud, Guadet et Gensonné, essayèrent d'entrer en contact avec lui, mais il leur répondit par une fin de non-recevoir, ajoutant qu'« on ne devait la déclaration de guerre qu'aux ministres soi-disant patriotes ». En attendant, son gouvernement avait peureusement démissionné en bloc le 10 juillet et il eut toute les peines du monde à trouver de nouveaux volontaires : MM. d'Abancourt à la Guerre, Champion à la Justice, Beaulieu aux Contributions publiques et Bigot de Sainte-Croix à l'Intérieur et, par intérim (en attendant un volontaire), aux Affaires étrangères...

Le manifeste de Brunswick

Pendant ce temps, en juillet, une armée de plus de 75 000 hommes, commandée par Charles Guillaume duc de Brunswick-Lunebourg, se concentrait en Rhénanie : au centre, 42 000 fantassins et 5 500 Hessois ; à l'aile droite, 15 000 Autrichiens sous les ordres du comte von Clerfayt ; à l'aile gauche, 14 000 autres sous Hohenlohe. Le 25 juillet, Brunswick signa à Coblence son fameux manifeste. A une guerre européenne classique, née d'un contentieux classique – droits des princes allemands possessionnés, menace sur les Pays-Bas autrichiens... –, le généralissime ajoutait un contenu idéologique. Réponse du berger à la bergère : à la « croisade de la liberté universelle » des Girondins il répliquait par la nécessité d'arrêter les attaques portées « au trône et à l'autel ». Par la voix du duc, les deux Cours alliées déclaraient solennellement qu'elles ne prétendaient à aucune conquête, ni ne cherchaient à s'immiscer dans le gouvernement ultérieur du pays. Seule la libération du roi et de sa famille leur importait. Mais la menace était terrifiante. Si le château des Tuileries était forcé ou attaqué, s'il était fait la moindre violence, le moindre outrage à Leurs Majestés, les souverains coalisés en tireraient une « vengeance exemplaire et à jamais mémorable, en livrant la ville de Paris à une exécution militaire et à une subversion totale et les révoltés coupables d'attentats aux supplices qu'ils méritaient ». Ces termes rappelaient les menaces du marquis de Bouillé, avec – circonstance aggravante – l'appui de la force armée. Cela faisait apparaître le roi comme le complice des envahisseurs et la monarchie comme l'ennemie de la Nation. Comment après cela nier l'existence d'un Comité autrichien ? C'était bien ce qu'avait redouté Louis XVI.

La genèse de cette fracassante déclaration reste assez obscure. Au mois de mai, le roi, qui s'était constitué un Conseil secret auquel ne participaient que des modérés (Malouet, Montmorin, Bertrand de Molleville, Mgr de Boisgelin et l'abbé de Montesquiou[41]), avait décidé d'envoyer à l'empereur un émissaire, le publiciste suisse Jacques Mallet du Pan, ancien directeur du *Mercure*, l'homme du « juste milieu » (la formule est de lui). A l'occasion du couronnement du jeune empereur à Francfort, celui-ci devait prendre langue également avec le roi de Prusse, puis avec Monsieur et le comte d'Artois. L'ancien ministre de la Marine, le maréchal de Castries, réfugié à Cologne, avait été mis dans la confidence et prié de faciliter les entrevues.

La mission de Mallet du Pan était de demander aux puissances coalisées un manifeste destiné à séparer le peuple des factieux et à préparer les voies d'une réconciliation nationale dont Louis XVI serait l'artisan. On ne parlerait ni de Contre-Révolution, ni de suppression de la Constitution, ni de terrible vengeance, afin d'éviter la coalition des forces révolutionnaires derrière les Jacobins et les sans-culottes. C'était un projet de type monarchien et constitutionnel, opposé par conséquent au plan des absolutistes comme à celui des aristocrates. Il est important de le souligner : contrairement aux assertions de Fersen dans sa lettre à Gustave III, Louis XVI ne s'était pas rallié à l'absolutisme. Le baron de Breteuil, l'agent de la reine et épisodiquement celui du roi pour organiser certains contacts à l'étranger, n'avait pas été mis au courant de cette mission.

Comment les termes de ce manifeste, dont le roi avait tracé les grandes lignes, furent-ils à ce point durcis ? On ne sait. Pourquoi Mallet du Pan fut-il tenu à l'écart ? Un autre projet, conçu par Calonne et qui mettait en valeur les émigrés, passa lui aussi à la trappe. Le rédacteur du texte final fut un obscur financier émigré, proche de Fersen et de Breteuil, le marquis Geoffroy de Limon, ancien agent d'affaires du duc d'Orléans, renvoyé pour escroquerie[42]. La reine y fut certainement pour quelque chose, comme le montre sa correspondance avec ses deux conseillers jusqu'au-boutistes. Après l'épreuve du 20 juin, elle avait pensé qu'une énergique menace du général en chef pourrait seule terroriser les ultra-patriotes. « Dites donc à M. de Mercy, écrivait-elle à Fersen le 24 juillet, que les jours du roi et de la reine sont dans le plus grand danger ; qu'un délai d'un jour peut produire des malheurs incalculables ; qu'il faut envoyer le manifeste sur-le-champ[43]. »

Philosophe, franc-maçon, francophile aux idées libérales, Brunswick avait signé à l'étourdie ce texte corrosif. Certes, cet ultimatum provocateur et suicidaire ne déclencha pas la journée révolutionnaire du 10 août, en préparation de longue date dans les sections populaires, mais il servit de prétexte à l'insurrection. Au lieu de faire peur, il catalysa la fureur et l'énergie des assaillants des Tuileries. Tombant sur une population inquiète, travaillée par les clubs et les sectionnaires, il créa les conditions de ralliement des hésitants. « Encore une déclaration pareille, exultait le Girondin Condorcet, et nous sommes sauvés[44] ! »

Le manifeste fut connu à Paris dans la journée du 1er août, mais le roi l'avait eu en main dès le 28 ou le 29 juillet ; il le mettait dans une situation critique, alors que les troupes austro-prussiennes étaient très loin de Paris. Louis adressa à l'Assemblée nationale un ferme démenti, niant toute collusion avec les puissances étrangères : « Jamais on ne me verra composer sur la gloire ou les intérêts de la Nation, recevoir la loi des étrangers ou celle d'un parti. C'est à la Nation que je me dois, je ne fais qu'un avec elle ; aucun intérêt quel qu'il soit ne saurait m'en séparer ; elle seule sera écoutée. Je maintiendrai jusqu'au bout l'indépendance nationale. Les dangers personnels ne sont rien auprès des malheurs publics[45]… » Plus qu'un cynique double jeu, il faut sans doute voir dans ce démenti une parade immédiate à la menace que le manifeste faisait peser sur la vie de sa famille et la sienne.

Un témoignage peu connu, celui de Bigot de Sainte-Croix, le jour où il prêta serment de ministre des Affaires étrangères, permet d'ailleurs d'écarter toute idée de double jeu de la part de Louis XVI et apporte une fois de plus la preuve qu'à l'encontre de Marie-Antoinette, de Breteuil et de Fersen, il ne souhaitait nullement revenir à l'Ancien Régime. Ce texte est capital : « Quels que soient les événements d'une guerre que j'ai tout fait pour empêcher, confia le roi à Bigot, je m'opposerai à ce qu'aucune puissance étrangère se mêle d'imposer à la France une forme de gouvernement. Mon dessein est de soutenir la Constitution tant que le vœu de la Nation elle-même ne m'aura pas délié du serment qui m'y attache… Personne n'a voulu plus que moi la destruction des abus… J'ai désiré les bases d'une Constitution libre et les principes en ont toujours été dans mon cœur… On sait les efforts que j'ai faits… Tous les hommes sans passion me rendent justice, je n'en doute pas… Cependant, je n'ignore aucun des dangers qui m'environnent… Et je soumets ma destinée au Souverain Maître de l'univers[46]… »

Louis XVI n'avait aucune raison de mentir à Bigot de Sainte-Croix, un modéré, qui, auparavant, avait été envoyé en mission auprès de l'électeur de Trèves afin de l'inviter à disperser les contre-révolutionnaires, fauteurs de troubles. On est donc enclin à penser que sa protestation patriotique d'adhésion à la Constitution et aux intérêts de la France n'était pas un leurre. Le roi voulait seulement réformer cette Constitution, non la renverser.

Le démenti naturellement n'abusa pas les militants des sections qui ne cessaient de demander sa déchéance. Dès le 31 juillet, la section de Mauconseil avait proclamé qu'elle ne reconnaissait plus la Constitution, ni Louis XVI comme roi des Français. Elle invitait les 47 autres sections de la capitale à adhérer à son arrêté. L'effet fut contagieux. Le 3 août, Pétion et la Commune présentèrent à l'Assemblée, au nom de 47 sections sur 48, une demande de déchéance du monarque, accusé de « projets sanguinaires contre Paris ». Le 4, peut-être averti par le petit groupe des amis du comte d'Antraigues, fidèles à la politique du pire, Robespierre dénonçait un nouveau plan d'évasion des Feuillants et Constitutionnels. On parlait d'une fuite dans la région de Dieppe, où Germaine de Staël avait une propriété, voire d'une traversée de la Manche. Le duc de La Rochefoucauld-Liancourt avait proposé, pour sa part, un départ pour Rouen où il se serait arrangé pour protéger le roi avec la garde nationale de basse Normandie restée loyaliste[47]. Le comité secret de Malouet et Bertrand de Molleville avait soutenu l'escapade normande et avait prévu une étape du roi au château de Gaillon. Jamais le dédale des intrigues et des projets n'avait été aussi embrouillé. Tout semblait prêt et Louis XVI avait donné son accord de principe, lorsque la reine décommanda l'opération.

A la montée des forces insurrectionnelles, la Gironde essaya de répondre par la légalité. Vergniaud fit annuler la déclaration de la section de Mauconseil comme attentatoire à la souveraineté nationale. Le 8, l'Assemblée refusa à la majorité des deux tiers de mettre La Fayette en accusation et le lendemain différa la demande de déchéance du roi. Tardif sursaut devant l'émeute bouillonnante !

Veillée d'armes

La situation avait profondément changé depuis la journée du 20 juin. Les fédérés républicains, encadrés par les Jacobins, disposaient de troupes en grand nombre et étaient décidés à en finir avec le roi et la royauté. Précédé d'une sinistre réputation, le bataillon des Marseillais, grossi en route de bandits et d'hommes de main, était arrivé à Paris le 30 juillet, par le faubourg Saint-Antoine, en entonnant un hymne inconnu, *Le Chant de guerre pour l'armée du Rhin*, composé en avril à Strasbourg par un capitaine du génie, Rouget de Lisle (ce sera *La Marseillaise*). D'autres fédérés étaient venus les rejoindre : les Bretons, les Bourguignons notamment. A ces provinciaux, qui calmaient leur impatience d'en découdre dans les estaminets et les banquets patriotiques, s'ajoutaient les gardes nationaux du quartier des Gobelins et maints habitants des faubourgs Saint-Antoine et Saint-Marcel. Une première fois décalé, le déclenchement de l'attaque fut fixé au 9 au soir.

A ce moment-là, les Tuileries étaient aux aguets, plongées dans l'inquiétude. La reine, Madame Elisabeth, la princesse de Lamballe avaient rejoint le roi dans son cabinet, où se tenait une sorte de conseil de guerre, avec les ministres en exercice et quelques officiers. De quart d'heure en quart d'heure, les nouvelles arrivaient du faubourg Saint-Antoine, annonçant le début des rassemblements. Dès 5 heures de l'après-midi, Bigot de Sainte-Croix avait rapporté le plan de l'attaque, les noms et adresses des meneurs, précisant même qu'un de leurs projets était d'enfermer Marie-Antoinette dans une cage de fer, comme une bête féroce. Le couple royal avait espéré jusqu'au dernier moment. Grâce à l'or de la Liste civile – 800 000 livres, dit Mme de Tourzel, un million, dit Bertrand de Molleville – prodigué par La Porte à Pétion, Danton, Fabre d'Eglantine et aux chefs sans-culottes, il pensait avoir acheté le calme et évité le soulèvement avant l'arrivée de Brunswick. Il déchanta. « Il n'avait pas réfléchi, écrit Albert Mathiez, que ces hommes sans scrupules étaient capables de prendre l'argent et de trahir ensuite[48]. » A mesure que la soirée s'avançait, les nouvelles devenaient plus alarmantes. Louis XVI, résigné, répétait en soupirant : « Après tout ce que j'ai souffert, mourir n'est pas difficile[49]. »

Le château était mieux gardé que lors de la journée avortée du 20 juin : un bon millier de Suisses, dont des renforts venus le 4 août des casernes de Rueil et de Courbevoie, 200 à 300 gentilshommes, la plupart chevaliers de Saint-Louis (sur les 2 000 convoqués), un millier de gendarmes à cheval et à pied, sous les ordres du général de Boissieu, environ 2 000 gardes nationaux. Cette troupe disposait de 14 canons. Le jardin des Tuileries était occupé par 16 détachements de la garde nationale. La gendarmerie avait pris position aux abords du château, tandis que le régiment des gardes suisses s'était installé à l'intérieur. Toutes ces unités relevaient du commandant de la garde nationale, Jean Antoine Gailliot, marquis de Mandat, zélé serviteur du roi mais manquant d'initiative. Ayant reçu dans la soirée l'ordre de Pétion d'opposer la force à la force, il avait adopté une stratégie défensive qui permit aux colonnes insurgées de se former puis de marcher sur le palais. Il est vrai qu'une bonne partie des gardes nationaux dont il disposait n'était pas sûre, les canonniers et les grenadiers notamment.

Pendant ce temps, l'assemblée générale des sections se réunit dans la salle des Enfants trouvés. Elle décida de nommer trois délégués par section, chargés d'exiger la déchéance du roi et le renversement de la monarchie. La majorité des électeurs parisiens ayant déserté, de petits groupes de sans-culottes élirent par acclamation ces commissaires. Peu après 11 heures du soir, ceux-ci commencèrent à arriver à l'Hôtel de Ville. Vers minuit, on entendit des roulements de tambour, puis le tocsin sonna aux Cordeliers, relayé par les autres clochers de la ville. Cette fois, il n'y avait aucun doute, dans cette nuit lourde et étouffante, étrangement éclairée par des milliers de falots, l'insurrection venait de commencer.

Aux Tuileries, des bataillons de la garde nationale firent aussitôt défection. A deux reprises, Mandat fut appelé à l'Hôtel de Ville par la municipalité légale. Il finit par s'y rendre vers 5 heures du matin en disant : « Je n'en reviendrai pas[50]. » On l'interrogea sur les mesures qu'il avait prises. Interrogatoire mou, trop mou pour les délégués insurgés qui formaient déjà un contre-pouvoir municipal en occupant illégalement la salle voisine et qui décidèrent de l'interner à la prison de l'Abbaye et de le remplacer par le populaire Santerre. Un peu plus tard dans la matinée, un proche de Danton tirera sur lui un coup de pistolet sur les marches de la maison commune. Il sera achevé à coups de sabre et son corps, jeté à la Seine.

La nouvelle de son arrestation consterna les Tuileries. Elle incita le roi à réorganiser la défense. La responsabilité du palais fut confiée au maréchal de Mailly, quatre-vingt-quatre ans, avec pour adjoint le comte de Puységur, ancien lieutenant général et ministre de la Guerre. Le comte d'Hervilly et le baron de Viomesnil, tous deux maréchaux de camp, reçurent ordre de répartir les quelque trois cents gentilshommes en escouades de trente à quarante hommes. L'efficacité militaire de cette troupe était plus réduite que son dévouement, car elle n'avait que des épées et des pistolets.

Les insurgés avaient formé deux armées. La première, commandée par Santerre, s'appuyait sur les déserteurs de la garde nationale et les sans-culottes du faubourg Saint-Antoine. Elle s'était rassemblée autour de l'Hôtel de Ville et devait marcher sur les Tuileries par la rive droite. La seconde, sous le commandement d'Alexandre, regroupait les militants des Cordeliers, les fédérés brestois et marseillais, les habitants du faubourg Saint-Marcel qui avaient forcé les portes des armureries. Afin d'empêcher la jonction de ces deux corps, Mandat avait installé des avant-postes au pont Royal, au Pont-Neuf et au pont Saint-Michel, mais en effectifs trop réduits.

Alertée par le tocsin, une partie des députés s'étaient rendus au Manège où la séance fut ouverte vers 2 heures du matin. L'Assemblée était profondément divisée devant un avenir incertain : d'un côté, la victoire des factions jacobines et républicaines mettrait à bas la Constitution, de l'autre, celle du roi pouvait conduire au même résultat. Dans ce terrible affrontement entre la rue et le château, ignorant à quel camp la victoire allait revenir, elle avait en réalité perdu l'initiative. La veille, plusieurs membres du parti feuillant avaient été victimes d'outrages et d'injures.

A l'aube, tandis que quelques centaines de sans-culottes se massaient place de Grève, quatre-vingt-deux délégués représentant au total vingt-sept sections entrèrent en force dans la salle du Conseil général et en expulsèrent leurs légitimes occupants. Un nouveau pouvoir était né : l'Assemblée des commissaires des sections de Paris qui se constitua en Commune insurrectionnelle, chassant de l'Hôtel de Ville les élus de la municipalité légale et s'emparant de tous les pouvoirs. Pétion, le maire, qui ne brillait pas par le courage, avait joué sur les deux tableaux. Après avoir fait un tour aux Tuileries où il avait failli être retenu en otage, il s'était rendu à l'Assemblée puis, humant de son grand nez le sens du vent, s'était fait consigner à son propre domicile par les insurgés, avant de réapparaître dans le camp des vainqueurs une fois la bataille terminée.

Le roi se résigne

Aux Tuileries, le roi passa la nuit assoupi sur un canapé. Tout le monde se mourait d'angoisse. Vers 5 heures, la reine réveilla le dauphin et lui annonça l'arrivée des méchants. « Maman, fit l'enfant, pourquoi feraient-ils du mal à papa ? Il est si bon !... » Le soleil allumait dans le ciel d'étranges incendies rouge sang. « Ma sœur, venez donc voir l'aurore », s'exclama à une fenêtre Madame Elisabeth en se tournant vers Marie-Antoinette. Louis parut au balcon donnant sur la cour centrale, dans un habit violet froissé, la coiffure en boucles aplatie d'un côté. Il fut accueilli par de longues ovations. Il descendit accompagné de son épouse, de ses enfants, et entouré d'une escorte d'officiers généraux. On battit au champ. Les cris de « Vive le roi ! » retentirent dans les cours, sous les voûtes du palais et dans le jardin. Il passa les troupes en revue, entra dans les rangs. « Son maintien décelait le chagrin qui l'oppressait, écrit le baron Hüe ; mais l'air de bonté dont son visage portait habituellement l'empreinte n'en était point altéré[51]. » Plus sévère, un autre témoin, Frénilly, nous le montre « muet, soucieux, se dandinant, semblant nous dire : "Tout est perdu"[52] ». Irrémédiablement pataud, paralysé par son incoercible timidité, il ne parvint pas à haranguer les troupes. « J'aime bien la garde nationale... », bafouilla-t-il. Il était plus effrayé à l'idée de parler devant une assemblée que de recevoir un mauvais coup de pique ou de poignard.

A la grande porte du Carrousel, des soldats le conspuèrent et crièrent : « Vive Pétion ! Vive la Nation ! » Dans le jardin, il fut accueilli encore par des « Vive la Nation ! » Il répondit : « Et moi aussi je dis : "Vive la Nation !" Son bonheur a toujours été le premier de mes vœux. » Madame Royale conte dans ses *Mémoires* qu'elle vit les canonniers tourner leurs pièces contre son père. Des renforts de gardes nationaux étaient arrivés dans la nuit, mais ces troupes n'étaient pas sûres.

La place du Carrousel, de l'autre côté de la grille, s'emplissait d'une multitude en armes criant : « Déchéance ! Déchéance ! » Aux Champs-Elysées, on avait arrêté une patrouille de gardes nationaux loyalistes, qui surveillait les abords du château. Neuf d'entre eux furent massacrés dont Suleau, le pamphlétaire royaliste des *Actes des apôtres*, leur tête fichée au bout d'une pique.

Quand il remonta au château, Louis paraissait écrasé par la lassitude et la fatalité. A quoi bon résister devant l'acharnement du destin ! Passant dans la galerie des Carrache, il jeta des regards attristés sur les grenadiers rangés en haie, au point que plusieurs en eurent la larme à l'œil.

Grand, la silhouette filiforme, sec et froid, Pierre Louis Roederer, procureur général syndic du département de Paris, ne cessait de marcher nerveusement. Cet ancien conseiller au parlement de Metz, député aux états généraux, était un constitutionnel de centre gauche, membre des Jacobins, mais qui avait condamné la manifestation du 20 juin. La tournure dramatique que prenaient les événements avait rendu cet opportuniste fort inquiet. Il demanda à parler au roi, réfugié dans sa chambre : « Le danger, lui dit-il, est au-dessus de toute expression, la défense est impossible. [...] Réfugiez-vous, Sire, réfugiez-vous promptement au sein du corps législatif. Les jours de Votre Majesté, ceux de la famille royale ne peuvent être en sûreté qu'au milieu des représentants du peuple. Sortez de ce palais, il n'y a pas un instant à perdre[53] ! » Louis, qui quelques instants auparavant avait déclaré au marquis de Briges et au comte de Saint-Priest qu'il aimait mieux se faire « clouer aux murs du château que de se réfugier à l'Assemblée », se prit à hésiter à l'idée de faire courir un risque à ses proches. La reine, au contraire, était pleine de pugnacité. Non, il ne fallait pas capituler ! « Monsieur, répondit-elle à Roederer, il y a ici des forces, il est temps de savoir qui l'emportera du roi et de la Constitution ou de la faction ! » On devait résister jusqu'à la mort, proclamer la loi martiale. Roederer repartit qu'il n'en avait pas les pouvoirs et de nouveau insista pour aller à l'Assemblée. Il joua un rôle essentiel, dont on n'a jamais bien discerné la motivation : peur, lâcheté, complicité avec les émeutiers ? Louis, toujours raisonnable, trop raisonnable – car beaucoup de contemporains ont considéré qu'une ferme détermination du château serait venue à bout de hordes faubouriennes mal organisées et finalement beaucoup moins nombreuses qu'on ne le pensait* –, Louis céda, prenant, pour son plus grand malheur, la décision inverse de celle du 20 juin. Le major des Suisses Bachmann chuchota : « Si le roi s'en va à l'Assemblée, il est perdu. » Il était environ 8 heures du matin. La consternation se lisait sur tous les visages. « Cette pauvre malheureuse princesse, écrit Mme de Tourzel à propos de la reine, se tut et éprouva une telle révolution que sa poitrine et son visage devinrent, en un instant, tout vergetés. Elle était désolée de voir le roi suivre les conseils d'un homme si justement suspect, et semblait prévoir d'avance tous les malheurs qui l'attendaient[54]. »

Peu avant 9 heures, Louis quitta les Tuileries, persuadé, comme Roederer, que son départ mettrait fin à l'émeute. C'est la raison pour laquelle il s'abstint de donner l'ordre de ne pas tirer, qui lui fut reproché par la suite. Mais les officiers généraux qui l'accompagnaient, le major Bachmann et le colonel de Maillardoz, n'en avaient pas eu non plus le réflexe. Le roi traversa le grand vestibule entre une haie de Suisses, franchit le perron et la grille du jardin. Roederer s'avançait en tête. Louis marchait d'un pas

---

* On avait dit au roi que 20 000 hommes marchaient sur les Tuileries. En réalité, la colonne d'Alexandre n'avait pas plus de 1 100 hommes et celle de Santerre 1 500.

assuré, mais avait le visage ravagé. La reine essuyait ses larmes, s'efforçant de se composer un air serein. Elle tenait la main du dauphin ainsi que Mme de Tourzel et s'appuyait toute tremblante au bras de François de La Rochefoucauld. Madame Elisabeth paraissait résignée, absorbée dans ses prières. Madame Royale pleurait abondamment. Quant au dauphin, il ne se rendait compte de rien. Le voyant qui donnait de grands coups de pied dans les tas de feuilles des jardiniers, son père eut cette réflexion : « Voilà bien des feuilles. Elles tombent de bonne heure cette année ! » Roederer se rappela alors que Manuel, procureur-syndic de la Commune, avait écrit dans un journal que « le roi n'irait que jusqu'à la chute des feuilles ». Les gardes nationaux de la section des Filles-Saint-Thomas, un groupe de Suisses et quelques gentilshommes dévoués, en tout quatre à cinq cents personnes, entouraient le cortège.

Sur la terrasse des Feuillants, une foule hostile se mit à injurier la famille royale : « A bas le Veto ! A bas le tyran ! La mort ! La mort ! » Une tête s'agitait au bout d'une pique. Marie-Antoinette était traitée de « sacrée garce qui a fait le malheur de la France ». Le roi fut mis en joue, mais le coup ne partit pas. Il s'ensuivit une bousculade entre les deux cortèges. Dans la mêlée, le dauphin, séparé de sa mère, poussa des cris perçants. Celle-ci se fit voler sa montre et sa bourse.

A l'Assemblée, le roi gagna l'estrade du président et dit, en s'adressant aux députés : « Je suis venu ici pour éviter un grand crime ; et je pense que je ne saurais être plus en sûreté qu'au milieu de vous, Messieurs. » Le girondin Vergniaud présidait la séance. Quelques jours auparavant, il avait dénoncé les Tuileries comme le repaire d'un nouveau Lysandre (ce général lacédémonien qui avait instauré la tyrannie). Nettement plus aimable cette fois, il répondit : « Vous pouvez compter, Sire, sur la fermeté de l'Assemblée nationale ; ses membres ont juré de mourir en soutenant les droits du peuple et les autorités constituées. » En réalité, le désarroi était intense. Nul n'avait envie de perdre la vie pour la Constitution. La plupart des bancs d'ailleurs étaient vides.

Un député fit remarquer qu'aux termes de la loi l'Assemblée ne pouvait délibérer en présence du roi. On décida de l'enfermer avec sa famille dans la petite loge du logographe où siégeaient habituellement les secrétaires chargés de prendre en note les débats. C'était une minuscule cellule de dix pieds carrés, basse de plafond, située derrière le siège du président. On en ôta les grilles. La salle du Manège, d'où l'on entendait les cris et les imprécations du dehors, semblait comme une nef craquelante au milieu de la tempête. Des sans-culottes en armes avaient tenté d'y pénétrer. Les députés, frémissants, avaient répliqué, hurlant en chœur : « Vive la Nation ! » Puis on crut que les Suisses du château allaient leur succéder. On en appela à la résistance : « Vive l'Assemblée nationale ! Vive la Liberté et l'Egalité ! » Dans une atmosphère survoltée, les orateurs prenaient des pauses héroïques, juraient à la barre sous les applaudissements tumultueux de vivre libre ou de mourir. Louis, debout, le teint rubicond en raison de la touffeur, une lorgnette de théâtre à la main, suivait attentivement les débats, écoutant les harangues des élus, les diatribes des pétitionnaires, les vociférations des tribunes, sans jamais se départir de son calme.

L'assaut du château

Au château, pendant ce temps, les assaillants étaient entrés sans difficulté dans les cours et avaient fraternisé avec certaines compagnies de la garde nationale. Un coup de feu égaré déclencha une première salve tirée des fenêtres. Certains manifestants furent couchés à terre. Comme dans l'assaut de la Bastille, on cria au guet-apens. Des cours, on répliqua par des coups de canon, mais si maladroitement que les boulets ne frappèrent que l'extrémité des toits. Le feu nourri des défenseurs, tiré en réponse, sema la panique chez les assaillants qui refluèrent, abandonnant sur le pavé piques, fusils et bonnets. Les Suisses en profitèrent pour bousculer les fédérés brestois et marseillais et prendre possession des canons. Mais les fuyards, voyant que la force armée était peu nombreuse et la garde nationale divisée, revinrent à l'assaut. Ils furent rejoints par la colonne de la rive gauche qui avait convaincu les avant-postes du pont Saint-Michel et du Pont-Neuf de ne pas résister, puis par celle de la rive droite. Le crépitement de la mousqueterie redoubla. Les royalistes commencèrent à manquer de munitions.

A deux reprises au moins Louis commanda le cessez-le-feu. Dans la confusion générale, comme rien n'y faisait, on lui fit signer un ordre écrit que le maréchal de camp d'Hervilly porta au château : « Le roi ordonne aux Suisses de poser à l'instant leurs armes et de se retirer dans les casernes. » Ceux-ci obéirent. Alors, la colère populaire se déchaîna. Comme des chiens en meute, une foule hurlante s'engouffra, traquant, à travers l'enfilade des salons et des chambres, les serviteurs de la Cour et les Helvètes, reconnaissables à leur uniforme écarlate, ne faisant aucun quartier. Certains étaient précipités des fenêtres et embrochés sur des piques « comme des pommes de terre ». Les appartements, les corridors, le moindre réduit étaient arrosés de sang. On marchait sur les cadavres. Un certain nombre de Suisses furent traînés jusqu'à la place de Grève où ils furent massacrés. Il en fut de même du côté de la place Louis-XV. On courait dans les jardins pour échapper à la mort. Seuls quelques gentilshommes et domestiques parvinrent à s'enfuir. Les victimes étaient dépouillées, mutilées. Des témoins assistèrent à des scènes où des femmes du peuple, se déplaçant tranquillement au milieu des gisants, émasculaient les morts. Le palais et les logements annexes furent pillés, saccagés, incendiés. Six cents Suisses environ sur 900 périrent. Les rescapés seront traduits en cour martiale et, pour la plupart, exécutés. Les assaillants dénombrèrent dans leurs rangs 324 morts et une grande quantité de blessés. A 11 heures du matin le carnage cessa.

Signification politique du 10 août

Les historiens ont reconstitué en détail le déroulement de cette journée, laissant peu d'ombres au tableau, sous réserve de quelques variations dans les horaires[55]. Reste l'explication politique. Le 10 août représente une date capitale dans l'histoire de la Révolution, celle de la chute de la monarchie constitutionnelle. Un pouvoir nouveau, issu de la rue, des sections et des clubs populaires, s'était imposé, un pouvoir souverain ne dépendant ni du département, ni de l'Assemblée législative, absorbant à lui seul l'exécutif, le législatif et le judiciaire. Il ne se débarrassa pas de la représentation nationale, mais lui imposa son joug par la peur et l'intimidation, la transformant en une chambre d'enregistrement soumise à ses sommations. Plutôt que la victoire de la démocratie sur le libéralisme, comme l'a longtemps soutenu une certaine historiographie – de Louis Blanc à Marcel Reinhard –, il faut y voir celle d'une autre légitimité qui, au nom du salut public et du peuple en armes, prenait la place des élus de la Nation. Elle portait l'idée que l'insurrection était l'état permanent de la Révolution, idée que la seconde Déclaration des droits de l'homme du 24 juin 1793 formulera en présentant le droit à l'insurrection comme « le plus sacré et le plus indispensable des devoirs ».

Le 10 août marque ainsi la naissance d'une seconde Révolution, tumultueuse, violente, frénétique, ayant pour objectif d'abattre les institutions politiques mises en place par la Constituante. En vérité, ce n'était pas la souveraineté du peuple qui triomphait, mais une faction, ou plutôt une coalition de factions violentes et intolérantes, quelques milliers de fédérés et de sectionnaires qui, sans mandat, s'étaient arrogé le droit de s'exprimer en son nom. La Révolution de 1789, avec sa tentative de fonder une société sur la liberté, les droits de l'homme et l'abolition des privilèges, était morte. Un autre mouvement plus radical prenait sa place, ne s'embarrassant ni de la légalité ni du respect de l'état de droit. Ce mouvement, animé d'une fureur épuratrice, couvait depuis longtemps. D'abord anarchique et spontané, il n'avait cessé au fil du temps de se structurer, jaillissant par intermittence comme un geyser lors des grandes journées révolutionnaires : au 14 juillet 1789, aux 5 et 6 octobre, lors de la fusillade du Champ-de-Mars et de l'invasion des appartements royaux le 20 juin 1792...

Dans l'histoire de la Révolution française, la fracture décisive n'est pas entre 89 et 93, entre la Constituante et la dictature du Comité de salut public, mais entre 89 et 92, car le mouvement d'août marque l'avènement d'une forme particulière de pouvoir, la « démocratie totalitaire », selon l'expression de Jacob-Laib Talmon[56], qui portait en elle la chute de la Gironde, expulsée de la Convention sous la menace des canons, l'élimination des « enragés » puis des « indulgents », la loi des suspects et l'ère de la Terreur... Que cette seconde Révolution ait été en germe dans la première, du fait du pouvoir absolu dont la Constituante s'était emparée, peut être objet de débat, avec toutefois cette remarque que l'une s'appuyait sur le concept de souveraineté nationale, l'autre sur celui de souveraineté populaire, exprimée par une « avant-garde ». La plupart des orateurs et des chefs de la première Révolution furent impitoyablement traqués par la seconde.

Sitôt informé des événements de Paris, La Fayette tenta d'organiser, au nom de la légalité constitutionnelle, une résistance qui fit long feu. Abandonné par son armée, il passa la frontière le 19 août et se livra aux Autrichiens, en compagnie d'une vingtaine d'officiers de son état-major... Les Feuillants, les Constitutionnels, les Fayettistes, plus que les Aristocrates – dont beaucoup furent épargnés par les Jacobins en raison de leur vieille connivence[57] –, furent les victimes de cette insurrection.

Ne nous méprenons pas. Il ne s'agit pas d'une révolution prolétarienne, même si les éléments populaires – les hommes à pique – avaient dominé la journée. Les publicistes, les hommes de loi étaient majoritaires au sein de la Commune insurrectionnelle, où sur les 288 membres il n'y avait que deux ouvriers. A côté des fédérés de province, la sans-culotterie parisienne, qui formait le fer de lance du mouvement sectionnaire, était composée pour l'essentiel, comme l'a bien montré Albert Soboul, d'artisans, de petits commerçants, de salariés des faubourgs[58]. Certes, dans ses rangs on comptait des domestiques et des petits commis, mais aussi des avocats sans cause, des journalistes faméliques et des médecins sans clientèle. Tous avaient le sentiment d'avoir été longtemps humiliés. C'étaient des chômeurs, des déclassés, qui souffraient de la faim, de la paupérisation, de la destruction de la charpente sociale et communautaire de l'Ancien Régime. Ils formaient un milieu culturel autonome qui avait ses rites, ses convictions. Dans la symbolique révolutionnaire, la pique et le bonnet rouge, dit bonnet phrygien, emblème de l'esclave affranchi, s'ajoutèrent à la cocarde tricolore comme un nouvel élan d'une Révolution inachevée, jamais achevée…

Chez les Aristocrates, la chute de Louis XVI et de Marie-Antoinette ne suscita guère de larmes. Ils y virent au contraire une chance pour les princes et la Contre-Révolution. Maintenant que ses pires ennemis, Monarchiens et Constitutionnels, étaient éliminés, le comte d'Antraigues envisageait sereinement l'avenir : on convoquerait de nouveaux états généraux, selon la forme de 1614, et l'on restaurerait la société d'ordres et d'états[59].

Le roi à nouveau suspendu

L'Assemblée, irrésolue, tétanisée, décréta, sur proposition de Vergniaud, non pas la déchéance du roi, réclamée par les insurgés, mais la suspension de ses fonctions, ce qui évitait de poser, au moins provisoirement, le problème de la régence. Légalement, elle n'en avait nullement le pouvoir, car Louis XVI ne s'était placé dans aucun cas d'infraction prévu par la Constitution (s'être mis à la tête d'une armée étrangère, être parti en émigration de son propre chef…). Sa décision était un coup d'Etat qui violait le texte de septembre 1791. Elle avait été prononcée par une minorité car, sur les 745 députés élus, il n'y avait en séance qu'un tiers environ de ses membres. Il fut convenu que l'Assemblée moribonde siégerait jusqu'à la réunion d'une Convention nationale, investie du pouvoir constituant, appelée à se prononcer sur les mesures à adopter « pour assurer la souveraineté du peuple et le règne de la liberté et de l'égalité… »

En attendant, pour administrer les affaires du pays, un Conseil exécutif provisoire fut désigné. Il comprenait, outre les trois ministres renvoyés par le roi, Roland, Clavière et Servan, rétablis par acclamation, Danton à la Justice, Monge à la Marine et Lebrun aux Affaires étrangères. Apparemment, les Girondins partageaient la victoire des extrémistes jacobins. Dans les faits, ceux-ci dominaient. A la Commune insurrectionnelle on vit apparaître de nouvelles têtes : Huguenin, plusieurs fois condamné pour vol et qui avait ordonné le meurtre des Suisses conduits à l'Hôtel de Ville, porté à la présidence, Hébert, l'ordurier rédacteur du *Père Duchesne*, Chaumette, Billaud-Varenne, Marie Joseph de Chénier… Mais l'inspirateur, le chef d'orchestre clandestin de la nouvelle municipalité, était un homme qui était resté calfeutré chez lui au plus fort de l'insurrection car il ne voulait pas avoir de sang sur ses belles mains ni sur son élégant costume rayé et sa cravate de dentelle, un homme glacial, figé dans sa raideur arrogante, Maximilien de Robespierre…

11

Le roi prisonnier

Au couvent des Feuillants

Le 10 août au soir, vers dix heures, des commissaires de l'Assemblée vinrent conduire le roi et sa famille de la salle du Manège au couvent des Feuillants, situé dans l'enceinte du corps législatif. Quatre petites chambres à l'étage supérieur, servant de logement à l'architecte de la salle des séances, leur furent réservées. Quelques charitables personnes fournirent des chemises et un peu d'argent. L'ambassadrice d'Angleterre, lady Suntherland, apporta des vêtements de la taille du dauphin. Des gentilshommes, parvenus à se faufiler dans la cohue, entouraient le monarque et cherchaient à le rassurer : le prince de Poix, MM. de Briges, de Brézé, de Nantouillet, de Saint-Pardou, d'Aubier et deux anciens de l'expédition de Varennes, le duc de Choiseul-Stainville et le baron de Goguelat. Dans un dénuement extrême, sans avoir mangé de la journée, Louis s'installa dans une chambre, la reine et Madame Royale dans une autre, Mme de Lamballe et Mme de Tourzel dans une troisième avec le dauphin, les gentilshommes dans la dernière. Les pièces, délabrées, étaient pavées de tommettes. « Je crois voir encore, écrit Mme Campan, je verrai toujours cette petite cellule des Feuillants, collée de papier vert, cette misérable couchette d'où cette souveraine détrônée nous tendit les bras, en disant que nos malheurs, dont elle était la cause, aggravaient les siens propres[1]. » Impossible de dormir, malgré la fatigue. La séance du Manège ne s'acheva qu'à 3 heures du matin. On entendait les péroraisons des orateurs s'égosillant à la barre, le crépitement des applaudissements, les cris houleux des tribunes. A plusieurs reprises dans la nuit, des manifestants armés s'efforcèrent d'enfoncer la grille au bout de la galerie en réclamant la tête d'« Antoinette ».

Le 11, à 6 heures du matin, après avoir absorbé un bref déjeuner, le roi et sa famille furent reconduits dans l'étouffante loge du logographe où ils assistèrent toute la journée à l'interminable séance. A 2 heures de l'après-midi, un repas leur fut apporté dans un bureau, au bout d'un long corridor. Ils s'y rendirent sous les injures et les menaces. « Pauvres enfants ! dit la reine en montrant à Mme Campan son fils et sa fille, qu'il est cruel de ne pas leur transmettre un si bel héritage et de dire : "Il finit avec nous !" »

A l'Hôtel de Ville, cependant, on s'inquiétait de la présence au couvent d'aristocrates habillés en gardes nationaux. Pour cette raison, mais surtout afin de prendre le pas sur l'Assemblée, la Commune insurrectionnelle mit tous ses efforts à lui ravir son précieux otage. Les discussions sur le logement à lui attribuer illustrent les nouveaux rapports de force entre les deux pouvoirs.

Le 10 août, l'Assemblée, ayant constaté que les Tuileries étaient inhabitables en raison des pillages et des déprédations, avait décidé que la famille royale serait logée au Luxembourg, l'ancien palais de Monsieur. Louis XVI espérait que ce serait provisoire et qu'il regagnerait le château sitôt nettoyé. Le lendemain matin, Louis Pierre Manuel, procureur-syndic de la Commune, pria l'Assemblée de rapporter ce décret, sous prétexte que le Luxembourg était malcommode à garder, et proposa un domaine plus facile à surveiller, le Temple, composé d'un palais spacieux ayant appartenu au comte d'Artois, d'une vieille tour féodale abandonnée et d'un grand jardin. A ces mots, la reine, qui suivait attentivement les débats, frémit. « Vous verrez, souffla-t-elle à Mme de Tourzel, qu'ils nous mettront dans la tour, dont ils feront une véritable prison ! J'ai toujours eu une telle horreur pour cette tour que j'ai prié mille fois M. le comte d'Artois de la faire abattre, et c'était sûrement un pressentiment de tout ce que nous aurons à y souffrir[2]. »

Une heure plus tard, une délégation de l'Hôtel de Ville se présenta avec une nouvelle proposition : l'archevêché. L'Assemblée, embarrassée, chargea une commission d'examiner la question. Ce fut pour constater, le lendemain 12, que le palais épiscopal, relié à la Seine par des souterrains, n'était pas plus sûr que le Luxembourg. Restait une solution à laquelle les élus du peuple se rallièrent majoritairement : l'hôtel du ministère de la Justice, place Vendôme. Il serait aisé d'y apporter une partie du mobilier des Tuileries. Cette décision n'eut pas l'heur de plaire à la Commune insurrectionnelle qui s'irritait des égards envers le monarque déchu. La chancellerie était trop luxueuse pour un homme aussi abominable ! Une nouvelle délégation insista pour que le décret fût rapporté et qu'on en revînt à la solution du Temple où la famille royale serait conduite « avec tout le respect dû à son malheur ». Cette fois, l'Assemblée s'inclina sans discuter, abandonnant à l'ombrageuse municipalité le choix de la demeure du roi ainsi sa garde. Elle le livrait à ses pires ennemis. A compter de ce moment, sans qu'aucune décision formelle n'ait été prise, les otages royaux devinrent de simples prisonniers.

Le 13, ceux-ci furent dispensés du supplice du logographe. Pétion régla les préparatifs du départ. Louis obtint six serviteurs, au lieu des dix demandés : une personne pour son service (Chamilly, son premier valet de chambre), une autre pour celui du dauphin (François Hüe, ancien huissier de la Chambre) et quatre femmes chargées de s'occuper de la reine, de Madame Elisabeth et de Madame Royale (les dames Thibault, Bazire, Saint-Brice et Navarre). En outre, la princesse de Lamballe,

Mme de Tourzel et sa fille Pauline reçurent l'autorisation de suivre la famille royale. Quelques jours plus tard, pour vaquer aux gros travaux de ménage, on nommera un couple, Pierre Tison, ancien commis de la régie de Paris, et sa femme, Victoire, tous deux acrimonieux, intraitables, sournois, qui s'attacheront à espionner les captifs. Le 26 août, après la décision de faire interner Chamilly et Hüe, la Commune accordera au roi un autre valet de chambre, Jean-Baptiste Hanet-Cléry dit Cléry, ancien serviteur du dauphin.

A 6 heures du soir, ce 13 août, Pétion et Manuel, accompagnés de quelques officiers municipaux, vinrent chercher les prisonniers. Une forte escorte de plusieurs milliers de soldats à pied et à cheval, portant leur fusil crosse en l'air, protégeait le cortège. Neuf personnes, dont le roi, la reine, Mme Elisabeth, Mme de Lamballe, les enfants royaux prirent place dans la première voiture. Quelqu'un fit remarquer qu'ils étaient trop nombreux. « Pas du tout, fit le roi avec ironie, M. Pétion sait bien que je puis supporter un plus long voyage en nombreuse société[3]… »

A la porte des Feuillants, la populace houleuse, à laquelle s'étaient mêlés des fédérés, criait : « Vive la Nation ! Vive la Liberté ! », sifflant et invectivant le couple royal. Manuel avait instruction de rouler au pas afin de bien montrer au peuple les vaincus. Il prit un malin plaisir à faire arrêter la voiture place Vendôme où gisaient les débris de la statue équestre de Louis XIV : « Voilà, Sire, comment le peuple traite ses rois. – Plaise à Dieu, répondit Louis, que sa fureur ne s'exerce que sur des objets inanimés ! »

Des milliers de Parisiens s'étaient rassemblés. « Je les ai vus de près, relate un témoin. Le roi avait un visage impassible, soit par courage, soit par insensibilité. La reine était sombre, comme aussi sa fille et sa belle-sœur. L'infortuné dauphin, encore tout enfant, tournait ses yeux de tous côtés pour voir le peuple innombrable […]. Le plus grand malheur de cet homme, c'est que personne n'ose plus même exprimer sa compassion[4]. »

La lugubre randonnée dura plus de deux heures. La Commune s'était mise en frais. Quand la famille royale arriva, la cour d'entrée et le palais du Temple étaient illuminés de lampions, les salons éclairés d'une multitude de bougies. Cela donnait un air de fête irréel. Tandis que le dauphin, recru de fatigue, s'était endormi sur un canapé, ces messieurs de la Commune, un peu gauches dans leurs habits, l'écharpe tricolore leur barrant la poitrine, accueillirent leurs hôtes avec une froide politesse et leur firent servir un souper de gala dans le grand salon dit des « quatre glaces », qu'un tableau de Michel Barthélemy Ollivier, *Le Thé à l'Anglaise*, conservé au Louvre, a rendu célèbre. Les prisonniers touchèrent à peine aux plats. Toute la durée du repas, Manuel était resté respectueusement debout à côté du roi.

Cependant, Louis paraissait soulagé. Malgré le côté guindé de la réception, ce lieu était vraiment digne et promettait une villégiature sans désagrément excessif. Les délégués de la municipalité poussèrent la cruauté jusqu'à le laisser inspecter les pièces et répartir les logements, avant de lui annoncer brutalement que lui et les siens seraient incarcérés non en cette noble et vaste demeure, mais dans la vieille tour du Temple qu'on voyait au fond du jardin.

La petite tour du Temple

A la fin du XVIIIe siècle, ce qu'on appelait l'Enclos du Temple formait une petite agglomération autonome de 4 000 habitants, d'une superficie de 125 hectares entourés de murs, dont on fermait les portes la nuit. Il s'étendait entre les actuels boulevard du Temple, rue du Temple et rue de Bretagne. Ce n'était que le reste des immenses terrains qui avaient été concédés aux Templiers au XIIe siècle. Après la dissolution de l'Ordre, le domaine avait été attribué aux hospitaliers de Saint-Jean-de-Jérusalem, devenus les chevaliers de Rhodes puis de Malte. Cette ville dans la ville, qui avait ses gardes, sa juridiction, sa prison, son marché couvert, était composée d'un spacieux et somptueux palais, l'hôtel du Grand Prieur (où le jeune Mozart s'était produit, où le comte d'Artois avait donné de brillantes fêtes et où Louis venait de souper), des bâtiments de l'ancienne commanderie, de divers hôtels particuliers ainsi que d'un fouillis de logements d'artisans et de commerçants, qui s'étaient installés là afin de bénéficier du statut de zone franche et d'échapper aux corporations.

A l'arrière du palais se dressait le robuste donjon, témoin de la grandeur passée des moines soldats, édifié sous saint Louis. Dessinant au sol un rectangle de 19,5 m sur 25, il était haut de 50 m et se terminait par un toit en pyramide. Aux angles, il était flanqué de quatre tourelles à toit pointu de 45 m de hauteur. Intérieurement, il comprenait quatre étages à voûtes ogivales soutenues par un massif pilier central et un grenier sous le comble. On y accédait par un escalier à vis situé dans la tourelle nord. Les murs, gris et sales, avaient de 2,27 à 3,17 m d'épaisseur. Au cours des âges, la tour avait servi d'arsenal, de resserre, de trésor et de maison d'arrêt. Sur la face nord-est, mariant sa silhouette avec elle, était accolé un bâtiment moins élevé, de construction plus récente, lui-même doté de deux tourelles d'angle plus étroites, la petite tour.

En attendant que la grande fût aménagée, on logea les détenus dans la petite d'où le locataire, l'archiviste de l'ordre de Malte, Jacques Albert Berthélemy, avait été prié de déguerpir[5]. Ce bâtiment comportait trois étages d'une superficie au sol d'environ 70 m^2 avec, à chaque niveau, deux chambres avec alcôve et antichambre. La reine, ses enfants, Mme de Lamballe et les femmes de chambre furent installés au premier, dans le salon, la salle de billard et un petit cabinet sans fenêtre, le roi au-dessus, avec un corps de garde dans la pièce voisine. Madame Elisabeth et Mme de Tourzel durent se contenter sur le palier d'une ancienne cuisine malpropre donnant sur ce corps de garde. L'ensemble était poussiéreux, rempli de toiles d'araignée. Des serrures apportées du Châtelet furent apposées aux portes de palier.

Le Conseil général de la Commune avait délégué la garde des détenus à huit de ses membres, renouvelables par moitié tous les jours. D'abord choisis pour leur civisme puis, faute d'enthousiasme, tirés au sort, ils formaient le Conseil du Temple, lequel commandait à la force armée composée de gardes nationaux. Deux de ces commissaires se relayaient chaque jour auprès des détenus. La nuit, ils étaient quatre, dont un spécialement affecté à l'antichambre du roi. Les arrivants prenaient la faction et dormaient sur des lits de sangle. Nul ne pouvait rendre visite aux prisonniers sans un ordre de la Convention ou de la Commune. Commissaires, fournisseurs, ouvriers, soldats devaient présenter aux corps de garde une carte d'admission dûment visée. Tout ce qui entrait ou sortait de la forteresse, linge, nourriture, objets domestiques, journaux ou livres, était soigneusement inspecté. Les papiers étaient présentés au feu pour s'assurer qu'il n'y avait pas d'écrits à l'encre sympathique et les noyaux de pêche étaient ouverts[6]…

Parmi les municipaux les plus hostiles aux captifs se trouvaient deux prêtres jureurs, particulièrement redoutés : Jacques Roux, vicaire à Saint-Nicolas-des-Champs, qui chantait à tue-tête la nuit des hymnes révolutionnaires pour empêcher les princesses de dormir, et Jacques Claude Bernard, qui se faisait un malin plaisir d'abreuver d'injures la famille royale lorsqu'elle était à table. Tous deux, le 21 janvier 1793, se porteront volontaires pour assister à l'exécution de Louis XVI et signer le procès-verbal. Le tailleur de pierres Mercereau, ancien porteur de chaises à Versailles, se vautrait en tablier de cuir délavé dans le canapé de la reine et s'asseyait sans vergogne dans le fauteuil du roi. Le guichetier de la petite tour, le sapeur Rocher, rustre et pittoresque personnage avec son bonnet à poils noir, ses énormes moustaches et son long sabre traînant sur le parquet, éructait des grossièretés et jetait les bouffées de sa pipe dans la figure de Madame Elisabeth.

Il serait erroné de voir dans tous ces frustes major-domes des goujats ou des monstres cyniques et acrimo-nieux, attachés à tracasser la famille royale. Certains, artisans ou boutiquiers des faubourgs, ébahis de se trou-ver là, fiers de jouer un rôle, mais terriblement embarras-sés par l'invisible distance les séparant de leurs prisonniers, étaient compatissants, même s'ils évitaient de le montrer. D'autres, venus avec la ferme intention de jouir de l'abaissement du « tyran » et de l'« Autrichienne », étaient surpris par la simplicité et le naturel de cette famille digne et résignée. Ils finissaient par s'attendrir au spectacle de ce couple en désarroi, vivant dans une pro-miscuité gênante et une angoisse quotidienne.

La vie au Temple était d'une grande régularité. Le matin, entre 6 et 7 heures, aidé de Hüe, qui logeait sur le même palier, le roi se levait, s'habillait, se coiffait, se rasait, puis passait dans une tourelle attenante à sa chambre où il récitait ses prières. Il lisait l'*Imitation de Jésus-Christ*, les *Pensées chrétiennes* ou l'*Office des cheva-liers du Saint-Esprit*. Comme on ne lui avait pas permis d'entendre la messe, il s'était procuré un bréviaire à l'usage du diocèse de Paris. Chaque jour, il gagnait en sagesse et en piété. A un municipal nommé Thomas, maître de pension, qui s'intéressait à son sort, il confia un jour : « Je m'abaisserais si je paraissais sensible à la manière dont on me traite. Si Dieu permettait que je reprisse un jour les rênes du gouvernement, on verrait que je sais pardonner. » Mais son royaume n'était plus de ce monde. La dimension religieuse prenait le pas sur tout. Mûri par la souffrance, attaché à ressembler au Dieu de douleur, il voulait servir lui-même de modèle pour ses proches. « Vous avez beaucoup souffert aujourd'hui, confia-t-il à Hüe. Eh bien ! pour l'amour de moi, continuez de supporter tout : ne répliquez rien[7]. » Un jour, un fonctionnaire écrivit sur la porte de sa chambre : « La guillotine est permanente et attend le tyran Louis XVI. » Il lut ces mots sans rien dire et, comme Cléry faisait un mouvement pour les effacer, il s'y opposa. Il traitait avec bonté les municipaux de garde, les interrogeait sur leur famille, leurs enfants, leur profession. « Ceux qui l'entendaient, relate Cléry, étaient étonnés de la justesse de ses remarques, de la variété de ses connaissances et de la manière dont elles étaient classées dans sa mémoire[8]. »

A 9 heures, la reine, Madame Elisabeth et les enfants montaient chez le roi où l'on servait un copieux déjeuner : café, chocolat, fruits et laitage. Puis tous se rendaient dans la chambre de la reine qui servait de salon et dont une fenêtre donnait sur le jardin. La famille passait là une bonne partie de la journée, vivant bourgeoisement dans une quiétude relative. Les femmes faisaient des travaux d'aiguille et de tapisserie ou lisaient à voix haute une pièce de théâtre. La reine avait rabattu de sa superbe. La douleur avait adouci son caractère, tout en lui conservant ce fond d'énergie qui manquait au roi. Mais sa sensibilité restait à fleur de peau. Elle craignait constamment pour son mari, pour ses enfants, versait des larmes en s'apitoyant sur un médaillon contenant des échantillons de leurs cheveux à différents âges. Madame Elisabeth, d'un naturel effarouché, demeurait sur son quant-à-soi, fulminant contre la grossièreté des commissaires et se claustrant dans la prière, indifférente à sa situation personnelle.

Louis prenait son fils sur les genoux, lui faisait lire les *Commentaires de César* ou réciter des passages de Corneille ou de Racine. Une grande carte de France étalée sous les yeux, il lui apprenait les départements et les districts. « C'était la nouvelle géographie de la France que le roi lui montrait », précise Cléry, preuve que, dans son esprit, l'ancienne – celle des provinces, des généralités, des élections, des pays d'état ou des parlements – ne ressusciterait jamais. La reine faisait des dictées à sa fille, apprenait l'histoire au dauphin. A quatorze ans, Madame Royale, très attachée à ses parents et consciente de leur tragédie, devenait une petite demoiselle grave et sérieuse, aux traits ravissants qu'elle perdra, hélas ! au sortir de l'adolescence. Agé de sept ans, Louis Charles était un enfant éveillé, imaginatif, sensible, affectueux, enjoué, dont la gaieté naturelle faisait oublier à ses parents la douleur de leur situation. On aimait ses bons mots, ses reparties, sa spontanéité. La reine le corrigeait de ses caprices et de ses colères. Madame Elisabeth essaya de l'initier au calcul, mais dut y renoncer, car sur un livre d'arithmétique certains municipaux s'émurent de la présence de « caractères hiéroglyphiques » destinés, à n'en pas douter, à des correspondances secrètes… C'étaient les mêmes sans doute qui, entendant le garçonnet réciter des vers de Racine, accusaient la reine et sa belle-sœur de lui apprendre « les tragédies les plus sanguinaires ». Pour se distraire, les enfants jouaient au toton, au siam, au volant, ou cherchaient à deviner une énième énigme tirée d'une vieille collection du *Mercure de France**.

A l'heure du dîner (2 heures de l'après-midi) et du souper (9 heures du soir), tout le monde descendait à l'étage au-dessous où avait été aménagée la salle à manger. La famille prenait brièvement ses repas, souvent en silence, sous la surveillance des gardiens. Bien que la nourriture fût étonnamment riche et copieuse, le roi mangeait sobrement. Il buvait bien mais sans excès : en général une demi-bouteille de vin blanc de Champagne coupé d'eau et une topette de malvoisie. Les restes servaient à entretenir les vingt et une personnes des cuisines et de l'administration installées au palais du Grand Prieur. Il n'en fallait pas davantage, dans ce Paris économiquement à la dérive, où l'on avait du mal à trouver un quignon de pain, pour parler de ribotes et d'orgies.

---

* On peut voir quelques-uns de ces jouets au musée Carnavalet, notamment les soldats de plomb du dauphin.

Au début de l'après-midi, le roi, qui n'aimait pas le désœuvrement, se rendait dans le cabinet de la tourelle, voisin de la salle à manger : le garde des archives de Malte y avait installé une bibliothèque de près de quatorze cents volumes. Louis, grand lecteur, en fit ses délices. Cette « existence de Chartreux », pour reprendre sa propre expression, représentait une merveilleuse évasion. Peu avant sa mort, dans sa manie des statistiques, il releva que le nombre total d'ouvrages qu'il avait lus en prison s'élevait à deux cent cinquante-sept, dont une bonne partie empruntés à cette collection. Il lisait tout ce qui lui tombait sous la main, du *Mercure* à Bernardin de Saint-Pierre, du *Spectacle de la Nature* de l'abbé Pluche aux écrits de Buffon, en passant par Le Tasse en langue italienne. Un jour, il montra à Hüe les œuvres de Voltaire et de Rousseau : « Ces deux hommes, dit-il, ont perdu la France ! » Les textes de Montesquieu, en revanche, étaient hautement appréciés ; ils servaient aux leçons d'écriture du dauphin. Pour aider l'enfant à apprendre le latin, Louis s'était mis à traduire Horace, Cicéron, Velleius Paterculus et surtout son cher Tacite, dont il avait toujours aimé la sobre concision.

En fin d'après-midi, vers 5 heures, après la sieste, si le temps le permettait, c'était la promenade dans une cour fermée par une enceinte de planches, sous la surveillance du commandant de la garde du Temple. Elle durait d'une à deux heures. Un croquis naïf, crayonné par un garde national, Le Queux, architecte de profession, nous représente les captifs dans cette triste situation (« Je les ai vus là », atteste-t-il au bas de son dessin). Souvent, le dauphin jouait au ballon sous l'allée des marronniers. Certains officiers municipaux affectaient des airs farouches, voire arrogants. La consigne était de garder le chapeau sur la tête et d'appeler le roi « Monsieur ». Même à la promenade, de ridicules questions de protocole empoisonnaient l'atmosphère. Ainsi, les commissaires de la Commune refusaient de marcher derrière la reine. « Madame, lui avait dit l'un d'eux, derrière j'aurais l'air d'un valet, devant je serais impoli ; dans le règne de l'égalité, souffrez que je marche sur la même ligne[9]. » Sur les murs les promeneurs pouvaient lire des graffiti écrits à leur intention : « Madame Veto la dansera », « Nous saurons mettre le gros cochon au régime », « A bas le cordon rouge ». Un dessin représentait une potence, avec cette légende : « Louis prenant un bain d'air », et un autre avec une guillotine : « Louis crachant dans le sac. »

Après le souper du dauphin, quand les municipaux avaient le dos tourné, Louis faisait réciter à l'enfant une brève prière : « Dieu tout-puissant, qui m'avez créé et racheté, je vous adore. Conservez les jours du roi, mon père, et ceux de ma famille. Protégez-nous contre nos ennemis ! Donnez à Mme de Tourzel les forces dont elle a besoin pour supporter les maux qu'elle endure à cause de nous[10]. » On notera l'expression : *le roi, mon père*... Déchu par une autorité qu'il jugeait illégitime, Louis n'avait pas abdiqué.

Tandis que Hüe couchait le dauphin, Louis passait à table avec le reste de sa famille. Il était en général neuf heures. Après le souper, il allait embrasser son fils, puis, pour se détendre, faisait souvent avec la reine et Madame Elisabeth une partie de trictrac ou de piquet, ou encore avec cette dernière une partie d'échecs. Avant de remonter dans sa chambre, dans un geste d'affection et de délicatesse, il prenait doucement la main de son épouse. Marie-Antoinette ne l'avait jamais tant aimé. Plus expansive, Madame Royale lui sautait au cou.

Malgré la précautionneuse surveillance dont ils faisaient l'objet, notamment de la part du couple Tison, toujours embusqué derrière quelque porte, les prisonniers parvenaient à avoir des nouvelles de l'extérieur grâce à la complicité de deux personnes, François Turgy, ancien employé de la Bouche, qui s'était fait embaucher au service des cuisines du Grand Prieuré du Temple, et François Adrien Toulan, marchand de musique, Méridional à l'imagination féconde, qui servait assez régulièrement comme municipal. Ce dernier avait fait partie des assaillants du 10 août et conquis la confiance du Conseil général de la Commune, mais il avait été complètement retourné par la famille royale, au point de devenir l'un de ses plus zélés serviteurs. La reine et Madame Elisabeth communiquaient avec eux par une pantomime convenue d'avance. La pliure du linge servait aussi à renseigner. Turgy, venant des cuisines, dissimulait des papiers écrits à l'encre sympathique dans des bouchons de carafe ou de petites pelotes de fil. Qu'il était amusant et exaltant de tromper ainsi la vigilance des gardiens, de faire des signes cabalistiques, de multiplier les conciliabules, de s'affubler de noms romanesques, *Produse, Constant, Fidèle*, comme dans les comédies de Trianon ! Turgy et Cléry recevaient des missions et se concertaient. Par leur canal, des lettres, des mémoires parvenaient au roi. Le long de la muraille du Temple, un colporteur à la voix de stentor, engagé par la femme de Cléry, était chargé de crier le sommaire des journaux du jour. Les valets s'isolaient dans une tourelle pour l'écouter.

La Révolution menacée ?

Le renversement du roi et de la Constitution apporta de grands bouleversements dans le pays. La Commune insurrectionnelle et l'Assemblée nationale, qui lui était pour ainsi dire subordonnée, suspendirent les passeports, firent fermer les barrières, organisèrent la censure de la poste, interdirent la presse libre et procédèrent à l'arrestation de trois mille suspects qui s'entassèrent dans les prisons parisiennes. Le nom du roi fut rayé de tous les actes et emblèmes du pays. Le 16 août, les droits féodaux et seigneuriaux furent supprimés sans indemnités. Le 17, sous la pression de la Commune, présentant ses exigences au « nom du peuple », l'Assemblée créa une juridiction extraordinaire chargée de châtier les contre-révolutionnaires et les criminels du 10 août. C'était une anticipation du Tribunal révolutionnaire de la Terreur. Le président du jury était d'ailleurs Fouquier-Tinville. Les premières sentences tombèrent vite. Le 21 août, un propagandiste royaliste, Collenot d'Angremont, était exécuté aux flambeaux place du Carrousel. Le 25, ce fut au tour de Durozoy, directeur de la royaliste *Gazette de Paris*, accusé d'avoir entretenu des correspondances avec les émigrés, et le 27, de l'intendant de la Liste civile, Arnaud de La Porte, bientôt rejoint par le major général des gardes suisses, Bachmann. L'acquittement par ce tribunal du comte de Montmorin, gouverneur de Fontainebleau, que le peuple confondait avec son frère, le ministre, souleva l'indignation des patriotes.

Reprenant l'héritage des pompes funèbres de la monarchie, les bonnets rouges donnèrent un grand éclat, le 27, à la commémoration des victimes populaires du 10 août, suivie par les membres de l'Assemblée et de la Commune réunis : pyramide construite dans le jardin des Tuileries, sarcophages tirés par des bœufs, procession des veuves et des orphelins, vêtus de blanc avec des ceintures noires, bannières vengeresses, chants funèbres, musique de Gossec, nuages de parfum, harangues solennelles, tout était matière à émouvoir la foule et à exciter sa haine contre le tyran abattu, ce moderne Néron qu'on gavait au Temple aux frais du peuple.

Un nouveau serment, dit de « liberté-égalité », fut imposé au clergé. Les persécutions contre les prêtres réfractaires redoublèrent. Les séminaristes d'Issy et de Saint-Sulpice furent arrêtés par les commissaires de Saint-Marceau et les fédérés brestois, molestés et conduits en prison sous les cris de mort. La Commune dressa la liste des ecclésiastiques à emprisonner et fit interdire par l'Assemblée les dernières congrégations subsistantes. Le 26 août, les « prêtres factieux » étaient menacés de déportation s'ils ne quittaient pas le territoire français dans les quinze jours. Ce fut une nouvelle vague d'émigration, d'une ampleur supérieure aux précédentes : trente mille prêtres et religieux environ s'exilèrent, pour la plupart en Angleterre ou en Espagne.

Toutes ces mesures ne pouvaient manquer d'avoir des répercussions au Temple. Dans la nuit du 19 au 20 août, la douce et dévouée princesse de Lamballe, Mme de Tourzel, sa fille Pauline et les quatre femmes de chambre furent séparées de la reine et conduites à la prison de la Petite Force. On avait décidé, en effet, d'isoler la famille royale de ses proches. Hüe et Chamilly furent également priés de faire leurs adieux. Seul le premier, relâché peu après, put rentrer au Temple.

Le 24 août, entre minuit et une heure du matin, des municipaux pénétrèrent dans la chambre du roi et lui réclamèrent son épée. « Messieurs, répondit Louis, imperturbable, je la dépose entre vos mains. Plus ce sacrifice me coûte, plus il vous garantit mon amour pour la tranquillité publique[11]. » Le lendemain, il confia à Hüe combien ce geste l'avait affecté. Aucun jusque-là ne lui avait paru si humiliant, si dégradant ! C'était sa dignité de gentilhomme qui était bafouée ! Il eut moins de mal, le 8 octobre, à enlever de son habit le grand cordon rouge de l'ordre de Saint-Louis et celui de la Toison d'or d'Espagne.

Cependant, les nouvelles des frontières ne laissaient pas d'être inquiétantes. Le 23 août, les Austro-Prussiens s'étaient emparés de la place de Longwy. Le 30, les Prussiens investirent Verdun qui capitula le surlendemain. Roland, ministre de l'Intérieur, envisageait un repli du gouvernement au sud de la Loire avec les otages du Temple. Afin d'envoyer trente mille hommes supplémentaires à l'est, l'Assemblée réquisitionna les gardes nationaux de Paris et des départements voisins. Le roi, de son côté, redoutait les dangers de cette marche forcée vers la capitale. Il savait que la Commune ne le laisserait pas en vie, pas plus que les siens, si les Prussiens arrivaient.

Devant la gravité des événements, la reine était folle d'inquiétude à l'idée d'être séparée de son mari.

Le 2 septembre, sur les 5 heures du soir, le canon d'alarme se mit à tonner dans Paris, suivi du tocsin et du bruit des tambours battant la générale. Cela rappelait le 10 août. Deux commissaires s'avancèrent vers la famille royale qui se promenait dans le jardin et la firent remonter promptement. Peu après arriva Manuel, procureur de la Commune. On l'interrogea. Longwy est tombé et Verdun assiégé, répondit l'émissaire. « Que fait l'Assemblée nationale ? » demanda Louis. « Elle vient de décider que Verdun serait rasé. – C'est un grand coup de politique un peu hardi, rétorqua-t-il sans se démonter, mais cet exemple pourra retenir d'autres villes[12]. »

Tous les citoyens étaient invités à se mobiliser et à courir défendre la patrie. Les révolutionnaires étaient angoissés devant l'avancée prussienne. Le roi expliqua qu'il y avait peu de danger, que l'ennemi n'avait pas de magasins pour arriver jusqu'à Paris et que sa retraite serait plus difficile que son entrée.

Manuel était porteur d'une autre mauvaise nouvelle : le Conseil général de la Commune avait décidé qu'il serait privé de son valet personnel, le sieur Hüe, à nouveau mis en état d'arrestation. Louis accusa le coup et se plaignit. Marie-Antoinette en parut très affectée.

Un des commissaires, un ex-capucin nommé Matthieu, « enflammé de colère », dit Madame Royale, éleva le ton en s'adressant au roi : « Le peuple est en fureur et veut se venger. Ce n'était pas assez d'avoir fait assassiner nos frères le 10 août, d'avoir employé contre eux des balles mâchées dont on a ramassé des milliers dans les Tuileries ; c'est vous qui faites encore marcher contre nous un ennemi féroce qui menace d'égorger nos femmes et nos enfants. Notre mort est jurée, nous le savons ; mais avant qu'elle nous atteigne, vous et votre famille périrez de la main même des officiers municipaux qui vous gardent. Il est temps encore ; et si vous le voulez, vous pou-

vez... – J'ai tout fait pour le bonheur du peuple, répondit
le roi avec fermeté : il ne me reste plus rien à faire[13]. »
L'idée des dirigeants révolutionnaires était de soumettre à
la signature du prisonnier une lettre d'intercession au duc
de Brunswick lui demandant d'arrêter sa marche en
Champagne, Pétion et Manuel s'engageant par le même
courrier à sauver la famille royale[14]. Un des municipaux,
le sculpteur Daujon, raconte qu'il fut alors témoin chez le
roi d'une brusque dépression, née de la peur de se voir
sous peu massacré : « Pâle, tremblant, les yeux gonflés de
larmes, l'intérêt de ses jours parut seul le toucher[15]. » A la
suite de cette brève défaillance, le captif accepta-t-il finalement de signer la lettre en question ? Il ne semble pas,
si l'on en croit les témoignages de Hüe et de Cléry.

Dans l'après-midi du 3 septembre, le Temple, pourtant
bien gardé par les patrouilles de Santerre, fut l'objet d'une
attaque, heureusement assez désordonnée, d'une horde
de massacreurs, portant embrochée au bout d'une pique
la tête de la princesse de Lamballe, ses longs cheveux
blonds soyeux maculés de sang. Ils traînaient son corps
nu, ouvert jusqu'à la poitrine, objet d'outrages lubriques
et d'actes obscènes. Un individu brandissait ses entrailles,
un long couteau à la main, un autre son cœur fiché sur
une pique, un autre encore un lambeau de chemise
trempé de sang. Plusieurs battaient le tambour. A ce spectacle, le sapeur Rocher exulta. Cependant, au péril de sa
vie, Daujon tenta de s'interposer durant plus d'une heure
au premier guichet du Temple, qui donnait sur la rue. Il
avait tendu un ruban tricolore à l'entrée : « Franchissez
cette barrière, si vous l'osez ! » leur lançait-il. Sur un tas
de pierre, il cherchait à raisonner ces forcenés qui avaient
des intentions homicides, en leur disant qu'il serait préfé-
rable de « frapper sur l'échafaud un roi coupable de trahison » que de le tuer sommairement. Mais la pression était
telle qu'il dut accepter qu'un groupe de six personnes se
rendît à la tour. Avec leur sinistre enseigne, les tueurs
demandèrent à voir la reine « pour lui faire baiser la tête

de sa putain ». L'un d'eux, portant un habit de garde national avec des épaulettes, s'adressa à elle d'un ton grossier : « On veut vous cacher la tête de Lamballe que l'on vous apportait pour vous faire voir comment le peuple se venge de ses tyrans. Je vous conseille de paraître, si vous ne voulez pas que le peuple monte ici. » La reine, frappée d'horreur, tomba évanouie. « Nous nous attendons à tout, Monsieur, lui dit le roi d'un ton ferme ; mais vous auriez pu vous dispenser d'apprendre à la reine ce malheur affreux[16]. » Daujon sauva la situation. Il prit le parti de flatter ces énergumènes sanguinaires, leur conseillant de ne pas priver le Palais-Royal et le jardin des Tuileries de si glorieux trophées. La feinte réussit. « Au Palais-Royal ! » crièrent-ils en se retirant…

Les massacres de Septembre

Dès le 2 au soir commencèrent dans Paris ce qu'on a appelé les massacres de Septembre. Dans l'après-midi de ce beau et chaud dimanche d'été, le dépôt de la mairie de Paris fut envahi par des fédérés marseillais qui s'emparèrent des vingt-quatre prisonniers en transit : vingt-deux prêtres, dont l'abbé Sicard, aumônier des sourds-muets, et deux laïcs. Conduits en voiture à la prison de l'Abbaye, molestés, ils furent jugés séance tenante comme « ennemis de la patrie » par des commissaires de la section des Quatre-Nations qu'on avait réquisitionnés. Dix-neuf furent immédiatement exécutés. L'abbé Sicard et quatre autres échappèrent de peu à la mort. C'est alors que le jardin du couvent des Carmes, rue de Vaugirard, fut occupé par une horde de tueurs qui s'en prirent aux nombreux prêtres réfractaires entassés dans ce dépôt sur ordre du comité de surveillance. Ils furent tués au fusil ou à l'arme blanche. L'archevêque d'Arles fut sabré et achevé à la pique. Les évêques de Saintes et de Beauvais n'en réchappèrent pas non plus.

Les massacres durèrent trois jours à l'Abbaye (d'où Mme de Tourzel et sa fille réussirent à s'échapper grâce à l'aide d'un gardien). Des Carmes, ils gagnèrent le Châtelet et la Conciergerie. Le 3 septembre, ils s'étendirent à la Grande et à la Petite Force, au séminaire de Saint-Firmin et au couvent des Bernardins. Le 5, la rage meurtrière des septembriseurs se déchaîna à la Salpêtrière et à Bicêtre où l'on égorgea des fous, des prostituées, des adolescents de moins de dix-huit ans (beaucoup étaient de petits colporteurs de journaux). On tuait à l'aveuglette. Partout ce fut un affreux carnage. Ces prisons, ces maisons d'arrêt, ces hospices n'étaient plus que des abattoirs, ruisselants de sang, où l'on entassait les corps nus et mutilés des victimes. En certains endroits, pour créer une apparence de justice populaire, une poignée de spadassins improvisait un tribunal du peuple. Epluchant avec soin les registres d'écrou, ils cochaient consciencieusement les noms des aristocrates et des prêtres et les convoquaient aussitôt. Dès la sentence prononcée – rares étaient les acquittements –, les condamnés tombaient par surprise au détour d'un couloir sous les coups de sabre ou de hache. Les témoins racontent qu'on marchait sur des monceaux de cadavres dépouillés de leur argent, de leur montre, souvent de leurs vêtements, vendus aux enchères. Sachant ce qu'ils faisaient, les enragés de la Commune avaient ordonné le transfèrement des prisonniers de la Haute Cour d'Orléans à Paris, malgré une décision contraire de l'Assemblée. Une cinquantaine de détenus, dont le duc de Brissac, commandant la garde royale, et les ministres de Lessart et Dabancourt, furent égorgés le 9 septembre à Versailles devant la grille de l'Orangerie. Au total, il y eut entre 1 250 et 1 392 morts, dont 223 prêtres, 37 femmes. Près des trois quarts étaient de simples droits communs, des vagabonds, condamnés aux galères, des contrefacteurs d'assignats[17]…

En 1935, Pierre Caron avait analysé ces faits avec rigueur, mais il en était resté à l'explication de l'historiographie traditionnelle, soucieuse de laver la Révolution d'une telle sauvagerie meurtrière : ces massacres, fruits d'un climat d'épouvante et d'une mentalité irrationnelle, avaient été perpétrés spontanément par le peuple sous l'emprise soudaine et éphémère de la peur de l'invasion. Il était donc vain de rechercher des responsabilités individuelles ou celles de groupes politiques. Il revint à George Rudé et surtout à Frédéric Bluche de rétablir la triste vérité : les Parisiens, dans l'ensemble, n'étaient nullement surexcités, et la ville, hormis le voisinage des prisons, vivait dans la plus parfaite tranquillité. La rumeur du complot des prisons fut savamment, systématiquement préméditée et entretenue par les démagogues de la Commune et l'appareil des sections parisiennes, qui voulaient peser à leur façon sur les élections de la Convention, faire sentir leur puissance et éliminer leurs adversaires girondins*.

La Convention nationale

Pendant ce temps, hors de Paris et du Temple, de grands événements étaient intervenus. Les troupes austro-prussiennes avaient rencontré plus de résistance que prévu. Le 20 septembre, la bataille de Valmy sauva le pays et marqua le début du reflux des forces adverses. Il n'y eut que cinq cents morts et blessés, mais la canonnade fut d'une extrême violence. Vingt mille coups furent tirés du côté français. Les historiens militaires expliquent assez naturellement la retraite des Prussiens par leur démoralisation et l'enthousiasme des troupes françaises menées

---

* *L'Orateur du peuple* de Fréron et *L'Ami du peuple* avaient lancé de véritables appels au meurtre. Le 2 septembre, la section du faubourg Poissonnière décréta « que tous les prêtres et personnes suspectes, enfermés dans les prisons de Paris, Orléans et autres, seront mis à mort ». Cette motion, transmise à toutes les sections, fut pour beaucoup dans les assassinats collectifs qui se perpétrèrent avec la complicité, active ou passive, des autorités. Ni l'Assemblée ni le Comité exécutif n'osèrent s'y opposer.

par Dumouriez et Kellermann, sans qu'il soit besoin de faire intervenir des hypothèses sujettes à caution, comme la complicité maçonnique des deux chefs ennemis, Dumouriez et Brunswick, ou la remise à ce dernier du fameux « Sancy », disparu avec les bijoux de la Couronne dans le mystérieux vol du Garde-Meuble. Il y a assurément de la grandiloquence dans la phrase de Goethe qui assure que cette brève bousculade autour des ailes noires d'un moulin inaugure une « nouvelle époque de l'histoire du monde » ; il n'en demeure pas moins que ce fut une troupe déterminée de citoyens en armes, transportés de patriotisme – appuyés par l'artillerie de Gribeauval (les canons de Louis XVI !) –, qui porta un coup décisif à la prestigieuse armée prussienne, formée de soldats de métier, réputés invincibles jusqu'à ce glorieux coup d'arrêt.

Le 22, le marquis de Montesquiou-Fezensac envahissait la Savoie, accueilli en héros par la population arborant des cocardes tricolores. Le 29, Anselme pénétrait dans Nice, qui demanda à être rattachée à la République. Le 30, Custine prenait l'offensive en direction de Spire. Le territoire de Bâle, occupé dès le 3 octobre, était constitué en République rauracienne. Le 7, les Autrichiens évacuaient le territoire français. Le 27, les Prussiens abandonnaient Longwy.

Les élections de la Convention nationale se firent au suffrage universel à deux degrés. Tout citoyen français âgé de vingt et un ans au moins, à l'exception des femmes, des domestiques et des vagabonds, pouvait être électeur au sein des assemblées primaires. Il n'y aurait plus de citoyens passifs. Les quarante-quatre mille assemblées du premier degré ou assemblées primaires désignèrent des délégués (un pour cent habitants) qui eux-mêmes choisirent les députés. Les votes eurent lieu souvent en public, à haute voix. A Paris, ils se déroulèrent dans le climat d'épouvante des massacres de Septembre, ce qui explique la victoire des extrémistes et des amis de la Commune : Robespierre, Danton, Collot d'Herbois, Manuel, Billaud-Varenne, Camille Desmoulins, Marat, Fabre d'Eglantine, le peintre David, sans oublier le duc d'Orléans, devenu le citoyen Philippe Egalité... Les Girondins, quant à eux, n'eurent aucun élu dans la capitale. Ils se rattrapèrent en province : Pétion fut élu à Chartres, Louvet dans le Loiret, Condorcet dans l'Aisne, Vergniaud, Guadet, Gensonné dans le Bordelais. Malgré une façade de démocratie – le cens avait été supprimé –, la Convention n'était guère fondée à incarner le pays dans sa diversité et ses profondeurs. Les abstentions furent massives : plus de 80 %. « Le peuple est rentré chez lui », constatait tristement Michelet. L'influence des curés restés fidèles à Rome y fut pour beaucoup dans certaines provinces, en particulier dans l'Ouest. C'est cette Assemblée qui s'érigera en juge de Louis XVI.

Les abstentions traduisaient, outre l'absence d'éducation politique du peuple, son manque d'enthousiasme, voire sa franche réprobation devant les événements parisiens. Mais surtout, comme l'a bien montré Patrice Gueniffey, elles manifestaient les sourdes résistances de la société traditionnelle, le refus par les communautés rurales de l'individualisme démocratique et économique, ces communautés qui en 1789 avaient dénoncé dans les cahiers la fiscalité royale et le régime seigneurial comme des atteintes à leurs droits collectifs d'usage et de propriété[18]. Le monde ancien n'a pas été balayé en une seule vague.

Sur 749 élus de la Convention, les deux tiers étaient des nouveaux. Soixante-dix-sept avaient siégé à la Constituante et 196 à la Législative. On comptait 29 nobles, 16 évêques constitutionnels, 37 prêtres, religieux ou vicaires épiscopaux et 10 pasteurs protestants. Les courants politiques étaient largement indifférenciés, comme dans les assemblées précédentes. A côté d'une majorité de conventionnels sans opinions tranchées formant, au centre, le « Marais » ou la « Plaine », deux noyaux extrêmes existaient et avaient commencé à s'affronter : le « parti » de la

Gironde et celui de la Commune de Paris, soutenu par les Jacobins. Au début, ces deux groupes n'avaient chacun qu'une cinquantaine ou une soixantaine de partisans. Les ralliements, les reclassements allaient se faire progressivement, non sans tâtonnements, en fonction de l'influence des ténors, de l'âpre lutte des factions et des enjeux du procès du roi. Les royalistes, les Aristocrates, les Feuillants, les Constitutionnels disparaissaient du paysage politique. L'ancienne gauche, la Gironde, avait été mécaniquement déportée à droite. Elle représentait globalement la bourgeoisie libérale et provinciale, soucieuse de défendre la propriété et de clore désormais la Révolution. Se méfiant du poids excessif de la capitale, elle souhaitait en limiter l'influence à celle d'un simple département. Les Montagnards, qui recrutaient également dans les milieux aisés, s'appuyaient au contraire sur les couches populaires parisiennes qu'ils essayaient de canaliser. Pour eux, la Révolution n'était pas achevée. Elle devait poursuivre sa marche et se débarrasser de l'otage du Temple.

Le 21 septembre, la toute neuve Convention, chargée de réécrire la Constitution, décréta, sur proposition du Montagnard Collot d'Herbois, l'abolition de la royauté. Le vote se fit à l'unanimité et dans l'enthousiasme. Sans doute y avait-il sur les bancs quelques monarchistes d'opinion, mais aucun n'osa s'avouer comme tel : « Les rois, déclara l'abbé Grégoire, évêque constitutionnel de Blois [qui n'était pourtant pas un extrémiste], sont dans l'ordre social ce que les monstres sont dans l'ordre physique [...]. Nous savons fort bien que toutes les dynasties n'ont jamais été que des races dévorantes qui ne vivaient que de chair humaine ! » Le 22, l'Assemblée, sur la suggestion d'un autre Montagnard, Billaud-Varenne, décida que « tous les actes publics porteraient dorénavant la date de l'an premier de la République ». C'est par cette formule discrète que, presque subrepticement, naquit sans proclamation la Première République.

Transfert dans la grande tour

La Commune avait confié au « patriote Palloy », le fameux adjudicataire des travaux de démolition de la forteresse du faubourg Saint-Antoine, le soin d'aménager le donjon du Temple en geôle, autrement dit d'élever une nouvelle Bastille… L'entrepreneur avait d'abord abattu les bâtiments parasites adossés à la petite tour, habités par des particuliers, puis avait entouré l'ensemble d'un mur d'enceinte soutenu par des contreforts, s'ouvrant sur deux corps de garde. A l'intérieur de la grande tour, il avait divisé l'unique salle des deuxième et troisième étages en quatre chambres couvertes d'un faux plafond en toile.

Après le départ de Hüe, conduit à La Force, mais qui réussit à échapper aux massacres, le service de Louis XVI reposa surtout sur Cléry. Ce dernier avait donné des gages aux révolutionnaires ; c'est pourquoi il avait été choisi. Mais il demanda pardon au roi de sa conduite et dès lors fit montre d'un total dévouement envers lui. A la fin de septembre, on ôta aux prisonniers tout moyen d'écrire : papier, encre, plume. Cléry fut chargé de transcrire sur un registre leurs demandes. En même temps, on annonça au roi qu'il serait transféré avec son fils au second étage de la grande tour, où sa chambre était prête.

Quand, le 29 septembre, celui-ci, après avoir gravi les cent douze marches conduisant au deuxième étage, pénétra dans ce qui allait être sa dernière demeure, les cloisons de sapin, couvertes de papier jaune à bordure étrusque, dégageaient encore une forte odeur de colle. Sa chambre, d'une superficie de 20 m², était meublée de pièces empruntées au palais du Temple et à l'archiviste Berthélemy : une commode en acajou avec dessus de marbre, un secrétaire en bois de rose à quatre tiroirs, une table-bureau à dessus de maroquin vert, un paravent, une bergère, deux fauteuils, quatre chaises de paille et un grand lit à colonnes de damas vert (celui du capitaine des gardes du corps du comte d'Artois). Un petit lit de sangle servait de couche au dauphin. Au fond de la pièce se dressait la cheminée, ornée d'une glace, d'une belle pendule et de deux flambeaux argentés[19]. Dans la tourelle ouest, d'environ 3 m de diamètre, Louis installa un oratoire. La tourelle sud, que l'on pouvait atteindre par un couloir d'un mètre de largeur, avait été aménagée en garde robe à l'anglaise, avec réservoir d'eau.

Communiquant avec la chambre du roi se trouvait celle de Cléry, puis la salle à manger, séparée de l'antichambre par une porte et une cloison vitrée. Dans l'antichambre, pavée de carreaux noirs et blancs, aux murs tapissés d'un papier imitant la pierre de taille, se tenaient les deux commissaires de garde. A gauche de la porte d'entrée, au-dessus d'une table à écrire, on avait affiché en gros caractères la Déclaration des droits de l'homme avec sa bordure tricolore. Le roi y jetait les yeux de temps en temps. « Cela serait beau si cela pouvait s'exécuter ! » leur dit-il un jour.

A compter du 26 octobre, date à laquelle les autres chambres furent prêtes, Marie-Antoinette, Madame Elisabeth, Madame Royale et le couple Tison s'installèrent au troisième étage. Celui-ci présentait à peu près la même distribution. Les fenêtres des détenus étaient obstruées par de grosses barres de fer, et des abat-jour extérieurs en forme de hotte ne laissaient apercevoir qu'un maigre rectangle de ciel. Le corps de garde occupait le premier étage. Une vraie chambrée de caserne : une quarantaine de soldats y couchaient sur des paillasses et groupaient leurs fusils en faisceaux autour de la colonne centrale. Le rez-de-chaussée servait de salle du conseil aux commissaires de service. Des sonnettes reliaient le logement des détenus à cette salle ainsi qu'au corps de garde.

Louis et sa famille montraient moins de sérénité que dans la petite tour. Leur internement se prolongeant, les tracasseries finissaient par leur peser davantage. Même les enfants n'étaient plus aussi enjoués. Quelques romans furent fournis à la reine et à sa belle-sœur, *Les Mille et Une Nuits*, *Cécilia*, *Evelina*. Le roi, qui n'avait plus qu'occasionnellement accès aux livres de Berthélemy, se fit acheter des ouvrages. Un relevé manuscrit, conservé à la Bibliothèque nationale de France, nous confirme ses centres d'intérêt : on y trouve, en effet, des ouvrages religieux (les *Psaumes*, la *Conduite du carême*, les *Lettres de saint Augustin*...), des biographies ou des études historiques (*Histoire de Gustave Adolphe*, *Histoire d'Ecosse* par Robertson, les dix-huit volumes de l'*Histoire d'Angleterre* de Hume, l'*Abrégé de l'Histoire de France* du président Hénault...), des classiques de l'Antiquité (les *Métamorphoses* d'Ovide, les œuvres de Virgile, Térence, Tacite, César, Suétone...), des livres ou traités de géographie (les dix-neuf tomes du *Voyageur français*, l'*Itinéraire des routes de France* de Dutens, l'*Itinéraire de l'Europe* de Jallot...), des œuvres de poésie ou des pièces de littérature (les *Remarques sur la langue française* de l'abbé Olivet, le *Dictionnaire de la Fable*, l'*Abrégé poétique* du père de Jouvancy, les *Fables* de La Fontaine, les pièces de Corneille...)[20].

La reine et Madame Elisabeth faisaient du tricot ou s'occupaient de l'éducation de Madame Royale. Le roi continuait à veiller à la formation de son fils. Un jour, comme un ouvrier perçait une porte de l'antichambre pour y placer un énorme verrou, il prit le marteau et le ciseau et montra à l'enfant étonné comment il fallait s'y prendre. « Quand vous sortirez de cette tour, s'exclama l'ouvrier, vous pourrez dire que vous avez travaillé vous-même à votre prison ! – Ah ! répondit Louis, quand et comment sortirai-je[21] ? »

Le roi accusé

L'instruction

Pendant les semaines qui suivirent le 10 août, l'opinion, autant qu'on peut en juger par les multiples pétitions et adresses qui arrivaient sur le bureau du président de la Législative puis de la Convention, était encore relativement modérée. Rares étaient ceux qui demandaient la mise en jugement du roi. Les administrations locales et départementales demeuraient aux mains des monarchistes constitutionnels ou des Girondins, qui souhaitaient l'apaisement. Il faut ajouter que les massacres de Septembre avaient traumatisé les éléments conservateurs et accéléré le glissement de la Gironde vers la droite. Même à Paris, les sections parisiennes restaient sous l'influence d'une majorité de gens prudents. Seule une minorité réclamait le châtiment du roi. Subitement, après les victoires remportées sur la coalition austro-prussienne, au moment par conséquent où l'otage du Temple perdait tout intérêt sur l'échiquier politique, cette minorité occupa bruyamment le devant de la scène et demanda que « l'infâme qui voulait verser à grands flots le sang du peuple » (Merlin de Thionville) fût jugé directement par la Convention et tombât « sous le glaive national ».

Après le sac des Tuileries, une quantité impressionnante de documents avait été saisie : correspondances, projets de réponses, demandes de pensions, pétitions, mémoires, registres de la Liste civile. On y découvrit des faits permettant de nourrir le dossier de l'accusation : des correspondances avec ses frères, les ordres de paiement des pensions aux anciens gardes du corps partis en émigration... Tout cela, aux yeux des révolutionnaires, prouvait son double jeu. Comment, disaient-ils, juger les complices du 10 août sans s'en prendre au véritable responsable ? La Commune, bien entendu, ne fut pas en reste. Une députation de son ancien Comité de surveillance, que les Girondins rendaient responsable des massacres de Septembre, vint révéler à la barre du Manège que la Liste civile avait servi à acheter plusieurs députés de la Législative et à subventionner le club des Feuillants ainsi que certains organes de presse, notamment le journal officiel de la défunte Assemblée, le *Logographe*, dirigé par Le Hodey.

Le 1er octobre, la Convention créa une commission extraordinaire de vingt-quatre membres, chargée d'inventorier les documents saisis et présidée par le Girondin Charles Barbaroux, l'idole de Mme Roland. Il fut convenu que les pièces seraient cotées, paraphées et les plus importantes imprimées. A cet effet, les 95 cartons, les 6 boîtes d'archives, les 20 portefeuilles, les 34 registres, 7 liasses de papier et sacs à blé, renfermant des milliers de feuillets, furent transférés dans les bureaux de l'Assemblée. Le 4, un autre ami de la Gironde, Charles Dufriche-Valazé, avocat d'Alençon et député de l'Orne, présenta un premier rapport sur ce gigantesque chantier.

Les sections parisiennes, les clubs discutaient avec passion du sort du ci-devant roi. Les sans-culottes ne cessaient de le vitupérer, le chargeant des plus horribles forfaits : trahison, parjure, corruption, cruauté, meurtres. Sur le 10 août, Le Prieur, garde national de la section de Grenelle, énonça le premier article du catéchisme révolutionnaire, inversant les responsabilités : « C'est le Château qui a assiégé la Nation et non la Nation qui a assiégé le Château ! » Un flot nouveau de pétitions venues de province et rédigées par le réseau des clubs patriotiques affiliés aux Jacobins exigeait avec insistance la mise en jugement et l'exécution rapide de ce maniaque sanguinaire. On cherchait à intimider les hésitants. Des manifestations de sans-culottes avaient lieu fréquemment autour du Temple. La cherté du pain et la crise des subsistances étaient les meilleures alliées des extrémistes.

Dans ce contexte, la lutte entre Montagnards et Girondins prit un nouveau tour. Les premiers avaient fait main basse sur le club des Jacobins et en avaient exclu Brissot et ses amis. Les seconds étaient moins des idéalistes et des démocrates humanistes, admirateurs de Montesquieu, comme on les présente souvent depuis Lamartine, que des politiciens opportunistes qui s'inquiétaient, après Mirabeau, Barnave et La Fayette, des dérapages de la Révolution[1].

Le 6 novembre, Dufriche-Valazé fit connaître à l'Assemblée les conclusions de la commission des Vingt-Quatre sur « les crimes de Louis Capet ». Au lieu d'un rapport d'instruction, rigoureux, serré, équilibré, ce n'était qu'un long bavardage désarticulé, grandiloquent, confus, vide, et déjà un franc réquisitoire contre le roi. Que lui reprochait-il ? Le coût de l'expédition de Varennes, des distributions de secours à la veuve du marquis de Favras, à la « femme Polignac », au valet de chambre de la duchesse d'Artois, aux ci-devant gardes du corps partis pour Coblence, l'argent dépensé pour corrompre les députés de la Législative, les manigances avec ses frères émigrés. « De quoi n'était-il pas coupable, le monstre ? Vous allez le voir aux prises avec la race humaine tout entière, je vous le dénonce comme accapareur... » Et voilà le ci-devant roi de France et de Navarre accusé d'avoir fait acheter à Londres, à Hambourg, à Nantes, des blés, du café, du sucre, du rhum, par l'intermédiaire de Septeuil, le trésorier de la Liste civile ! Louis XVI agioteur ! L'enflure du discours ne masquait pas l'indigence des arguments. Le dossier manquait de preuves, de témoignages, de documents irréfutables. L'instructeur, mais déjà accusateur, ne pouvait se targuer que d'impressions générales, la plupart subjectives. Le dépouillement des liasses – un océan de papiers épars – avait été bâclé. Cette insuffisance se retournait contre la Gironde qui avait voulu prendre le contrôle de la commission. Barbaroux demanda un supplément d'instruction.

Le lendemain 7, Jean-Baptiste Mailhe, avocat au barreau de Toulouse et député de la Haute-Garonne, proche des Monta gnards, présenta le rapport du Comité de Législation sur les aspects juridiques. Son discours était logique, infiniment mieux charpenté que celui de son collègue d'Alençon. La question de l'inviolabilité était abordée et largement discutée. Mailhe répondait à deux questions essentielles : Louis devait-il être jugé ? Oui. Par qui devait-il l'être ? Par la Convention elle-même. En effet, seule la Nation souveraine avait ce droit. Contre elle, le roi n'avait aucune prérogative à faire valoir, et surtout pas son inviolabilité. Or, la Convention nationale, représentant « entièrement et parfaitement la République française », avait reçu du pays délégation de tous ses pouvoirs. Elle était donc habilitée à agir en son nom et à s'ériger en tribunal suprême. Mailhe laissait entrevoir la nécessité ultérieure de traduire Marie-Antoinette devant la justice, mais seulement devant des tribunaux ordinaires. Quant au dauphin, il ne se prononçait pas sur son sort, mais ses propos ambigus paraissaient inquiétants : « Cet enfant n'est pas encore coupable. Il n'a pas encore eu le temps de partager les iniquités des Bourbons. Vous avez à balancer ses destinées avec l'intérêt de la République... »

L'ouverture des débats

Le rapport Mailhe, accueilli avec enthousiasme, servit de base aux discussions de l'Assemblée dont les débats s'ouvrirent le 13 novembre. Louis pouvait-il être oui ou non jugé directement par la Convention ? Après un discours médiocre de Pétion, recommandant la prudence, ce fut au tour de l'avocat Charles François Morisson, représentant de la Vendée. C'était un conservateur, royaliste de cœur, qui n'osait afficher ses convictions par crainte des représailles. Pour développer ses thèses sur l'inviolabilité royale et l'incompétence de l'Assemblée, il lui fallut d'abord hurler avec les loups, c'est-à-dire accabler le roi. Au 10 août, pris sur le fait, clama-t-il, il l'aurait étranglé de ses propres mains, foi de Morisson ! Mais, maintenant que des patriotes généreux ont à juger un homme à terre et qu'« au temps de ses crimes » la Constitution avait prévu l'inviolabilité, il n'y a qu'à constater que la seule peine encourue, la déchéance, a déjà été prononcée. Il n'y a pas à aller plus loin. Qu'on lui donne une pension de 50 000 livres, et qu'on n'en parle plus ! Et ainsi Morisson, s'enfermant dans son étroite logique, refusera de participer aux scrutins...

Ensuite un jeune homme de vingt-cinq ans monta à la tribune. Hiératique et fiévreux, la prunelle flamboyante, les lèvres minces, les cheveux bouclés, c'était un inconnu. Il s'appelait Louis Antoine de Saint-Just. Après les contorsions hypocrites de son prédécesseur, son discours, brillant, violent, avait le mérite de la clarté et des formules percutantes. Louis XVI, dit-il, doit être jugé en ennemi. Mieux, il n'a pas à être jugé. Sa culpabilité réside dans le pouvoir royal qu'il a exercé. Il doit régner ou mourir, il n'a pas d'autre destinée. Une exécution sommaire suffit, comme César immolé par Brutus en plein Sénat. L'extermination d'un roi est légitime. Roi absolu, Louis est le traître absolu. Ennemi du genre humain, il est moins qu'un citoyen, moins qu'un homme, car tout homme fait partie du contrat social. Lui n'a aucun droit. C'est un barbare, un « criminel-né » à qui ne bénéficie pas la présomption d'innocence : « On ne peut régner innocemment, la folie en est trop évidente, tout roi est un rebelle et un usurpateur. » Saint-Just n'avait pas toujours professé des opinions aussi radicales. En 1791, ce provincial ambitieux, assoiffé de notoriété, au génie anxieux et tourmenté, naguère auteur d'un poème pornographique, *Organt*, avait rédigé un opuscule défendant vigoureusement les nouvelles institutions monarchiques, *L'Esprit de la Révolution et de la Constitution*. Son ralliement à l'extrémisme révolutionnaire n'en était que plus remarquable. « Le monde est vide depuis les Romains », soupirait l'archange de la Terreur. Il n'aspirait qu'à le combler de « bonheur », cette « idée neuve en Europe »...

Les tribunes, peuplées de Jacobins exaltés, frémirent à l'écoute de ce discours aux envolées déclamatoires. Mais, dans sa monstrueuse logique, il était trop fort pour avoir l'assentiment de la Gironde, molle et velléitaire, et de la masse lourde et vacillante des députés du Marais. Et les orateurs se succédaient. Fauchet, ancien prêtre de Saint-Roch et prédicateur du roi, devenu évêque constitutionnel du Calvados, expliqua que c'était l'intérêt de la République de ne pas prononcer de condamnation à mort. Hostile pareillement au châtiment suprême, l'évêque Grégoire demandait que Louis fût condamné au « supplice de l'existence » et abandonné à ses remords, ce qui fit beaucoup rire. Pour le député de Paris François Robert, au contraire, si le roi sortait de prison sans être jugé, chaque citoyen serait en droit de l'assassiner. En fait, les violents dominaient.

L'armoire de fer

Dans l'après-midi du 20 novembre, le ministre de l'Intérieur Roland annonça à l'Assemblée qu'il venait de découvrir aux Tuileries, dans un couloir reliant l'alcôve du roi à la chambre du dauphin, une cache dissimulée derrière un lambris et fermée par une porte de fer. Cette « armoire de fer », comme on l'appellera désormais, contenait des documents compromettants qui, par leur nature et le lieu où ils avaient été trouvés, lui parurent « de la plus grande importance ». C'est le serrurier François Gamain qui l'avait informé de son existence. L'ouvrier racontait qu'il avait construit ce placard en avril dernier, d'ordre de Louis XVI, pour y mettre à l'abri des papiers très secrets. Roland sur-le-champ fit sauter la serrure, sans prendre soin d'établir un procès-verbal ni d'appeler les commissaires de la Convention qui étaient pourtant dans l'appar tement voisin. Une nouvelle commission de douze membres fut aussitôt désignée pour prendre connaissance des sept cent vingt-six documents qui y étaient enfermés[2]. Elle était présidée par un Montagnard, le pasteur Philippe Jacques Rühl, qui laissera son nom dans l'Histoire en brisant publiquement, en 1793, à coups de marteau, la sainte ampoule de Reims.

Certaines pièces découvertes renforçaient l'accusation. La supplique de Louis XVI à l'évêque de Clermont au sujet de ses pâques montrait son hostilité radicale à la Constitution civile du clergé et sa volonté de rétablir l'Eglise dans ses droits ; une lettre au prince de Poix laissait entendre qu'il ne fallait pas tenir compte des actes que « les circonstances le forçaient à faire » ; il y avait aussi de multiples notes relatives aux affaires ecclésiastiques, à la Maison du roi, aux dépenses de la Cour ; accablante était la correspondance de Talon, chef de la police secrète des Tuileries, et surtout de La Porte, qui faisait découvrir les rapports du roi avec Mirabeau. Dumouriez paraissait impliqué... Tout cela semblait confirmer la duplicité royale. On se déchaîna contre Mirabeau. On brisa ses bustes et on tira son corps du Panthéon pour l'enfouir dans une fosse commune. On fut plus discret sur Dumouriez. Une lettre d'un agent de la Cour, Sainte-Foy, du 14 juin 1792 disait : « Je suis assuré de m'entendre avec M. Dumouriez pour tout ce qui est du service de Sa Majesté. » Personne n'osa le questionner à ce sujet. Après la brillante victoire de Jemmapes, près de Mons, remportée le 6 novembre sur les Austro-Prussiens, aux accents de la *Marseillaise,* on avait trop besoin de lui.

Les historiens ont discuté des conditions douteuses dans lesquelles cette découverte s'est faite. A l'époque déjà, Roland fut soupçonné d'avoir expurgé de ces papiers ce qui pouvait compromettre la Gironde. Il fut attaqué à la tribune par le Montagnard Goupilleau et dans son journal par Camille Desmoulins. Il se défendit maladroitement, niant par exemple, dans sa lettre de démission du 22 janvier 1793, avoir examiné le contenu de l'armoire de fer, alors qu'il avait annoncé le contraire à l'Assemblée. Les assertions du patriote François Gamain, fils du serrurier du roi, embauché à Versailles en 1784, paraissent encore plus suspectes. Il raconta qu'il avait forgé une serrure de sûreté spéciale. Une fois son travail accompli, le roi lui aurait versé à boire un verre de bourgogne empoisonné, afin d'éliminer un témoin gênant. Torturé par d'épouvantables douleurs, il en réchappa de peu. Ce roman noir venait opportunément confirmer, s'il en était besoin, la monstrueuse et criminelle perfidie du nouveau Néron...

L'ennui est qu'un mois plus tard on trouva chez Thierry de Ville d'Avray, massacré en septembre, un trousseau de cinq clés dont l'une ouvrait sans difficulté l'armoire de fer. L'ancien valet de chambre avait écrit : « Clés que le roi m'a remises aux Feuillants le 12 août 1792. » Au lieu de la clé de sûreté décrite par Gamain, ce n'était qu'un simple passe qui donnait accès également à trois autres placards des appartements royaux...

Que penser de ces obscurités et contradictions ? La découverte de Roland n'est pas niable. Il serait déraisonnable d'imaginer que celui-ci a monté seul cette machination, faisant creuser et remplir la cavité, achetant la complicité de Gamain, comme l'ont affirmé certains. Le butin relativement maigre le démontre. De surcroît, si Roland avait imaginé cette mise en scène, comment croire qu'il n'aurait pas cherché à entourer sa découverte d'un maximum de publicité ? Tout prouve que celle-ci s'est faite fortuitement. Les *Mémoires* de Mme Campan nous donnent l'explication la plus vraisemblable. « Le roi, dit-elle, avait une quantité prodigieuse de papiers et avait eu malheureusement l'idée de faire construire très discrètement, par un serrurier qui travaillait près de lui depuis plus de dix ans, une cachette dans un corridor intérieur de son appartement [...]. La reine l'invita en ma présence à ne rien laisser dans l'armoire, et le roi, pour la tranquilliser, lui dit qu'il n'y avait rien laissé [...]. "Ce sont, dit la reine, des pièces qui seraient des plus funestes pour le roi si on allait jusqu'à lui faire un procès[3]." » Louis XVI en avait donc extirpé les documents les plus compromettants.

Gamain a bien participé à la construction de la cache et en a indiqué l'endroit au ministre de l'Intérieur. Mais le reste de son témoignage n'est pas crédible. La date de la construction de la cachette est douteuse. D'après le valet de chambre Duret, ce serait en mai 1791, peu avant le départ pour Montmédy. Gamain, pour ne pas se faire reprocher un trop long mutisme, a probablement déplacé cette date au mois d'avril 1792. Quant à la fable de l'empoisonnement, qui l'aurait laissé « perclus de tous ses membres » pendant cinq mois, elle s'effondre quand on constate sa présence assidue au Conseil général de la Commune durant la même période !

En revanche, Roland, le 20 novembre entre 11 heures et demie du matin, heure de la découverte, et 14 h 30, heure à laquelle il se présenta au Manège, situé à deux pas des Tuileries, aurait très bien pu inventorier rapidement les papiers, en soustraire des pièces dangereuses pour ses amis ou rechercher celles impliquant ses adversaires, Danton notamment. Déçu, on peut imaginer que, pour faire bonne mesure, il avait mêlé au contenu de l'armoire d'autres documents glanés au château. Il est certain que cet étrange épisode contribua à relancer le procès du roi en même temps que la rivalité de la Gironde et de la Montagne.

La procédure publique

Le 30 novembre, à l'Assemblée, Jeanbon Saint-André, député du Lot, Montagnard et pasteur protestant, s'écria :

« Si Louis XVI est innocent, nous sommes tous des rebelles ; s'il est coupable, il doit périr. » Le 3 décembre, Robespierre reprit cette thèse, qui était celle de Saint-Just. « La royauté est un crime de lèse-humanité [...]. Je demande que la Convention déclare Louis traître à la Nation française, criminel contre l'humanité. » Un tonnerre d'applaudissements lui répondit. Même les tièdes et les indécis étaient fascinés par la puissance de son verbe. Le mouvement du 10 août, illégal au regard des institutions de 1791, expliquait-il, exige que l'on aille jusqu'au bout, à la mort sans jugement. Son successeur à la tribune, Thirion, ne fit pas non plus dans la nuance. Louis XVI, s'exclama-t-il, est « une bête qu'il faut exterminer au plus tôt ». Par ses actes le monarque a violé la loi, il s'est mis lui-même hors du pacte social. Il ne peut donc invoquer ses règles protectrices. Il doit périr moins comme citoyen que comme ennemi[4].

Une fois de plus, la Convention ne pouvait accepter cette implacable dialectique. C'est sur le terrain du légalisme que les Girondins se faisaient le mieux entendre. Les députés du Marais tenaient au respect des formes. Ils réclamaient un acte judiciaire, non un assassinat. La contre-offensive porta donc ses fruits. Le même jour, après en avoir longuement et vivement débattu, l'Assemblée décréta que Louis XVI serait jugé. Un pas capital venait d'être franchi.

Les jours suivants, les Jacobins tentèrent de reprendre la main. Leur influence faisait des progrès dans l'opinion. Sous les voûtes ombreuses du couvent des Jacobins, l'Incorruptible déchaînait les ovations et faisait huer ses ennemis brissotins. L'Assemblée forma une nouvelle commission dite des Vingt et Un, chargée de présenter pour le lundi 10 décembre l'acte d'accusation et pour le lendemain, date à laquelle le roi comparaîtrait, la série de questions à lui poser. L'extrême gauche, qui avait perdu la première manche – celle de l'exécution sans jugement –, se rattrapa. A la demande de Marat, que nul n'osait contredire, les députés décidèrent que pour le verdict chaque député monterait à la tribune et donnerait à haute voix son opinion, avantage évident donné au « parti de la mort ». Ainsi, chaque jour, on improvisait les modalités de la procédure, au gré des majorités d'occasion.

Le 9, les Montagnards firent entrer dans la salle des séances de prétendus représentants des familles des victimes du 10 août, des figurants brandissant les guenilles ensanglantées des morts « égorgés par ce monstre ». Une mise en scène qui rappelait la mascarade du 27 août.

Le 10 décembre, comme prévu, Robert Lindet, représentant de l'Eure, lut à l'Assemblée le préambule de son rapport sur les « crimes de Louis Capet » commis depuis 1789, y compris par conséquent ceux que la Constituante avait amnistiés. Le lendemain, Barbaroux fit un long historique, en forme de réquisitoire, depuis les préparatifs militaires de juillet 1789 jusqu'à la fusillade du 10 août.

Le roi à la barre

Au Temple, cependant, l'étau se resserrait autour du roi. Le 7 décembre, la Commune, qui venait de renouveler ses élus, l'informa d'un arrêté lui interdisant couteaux, rasoirs, ciseaux, canifs. On lui confisqua tout : ses étuis à rasoirs, son couteau à cinq pièces, une lame à enlever la poudre, deux paires de ciseaux, deux compas, dont l'un servait à rouler ses cheveux, jusqu'à sa paire de lunettes et son cure-dents ! Cela l'irrita fort. « Ces pincettes que je tiens à la main ne sont-elles pas aussi un instrument tranchant ? » demanda-t-il au municipal avant de lui tourner le dos.

Le 11, il se leva à 7 heures, fit sa prière pendant trois quarts d'heure, puis déjeuna en famille. L'inquiétude se lisait sur les visages. Malgré la situation, il ne refusa pas au dauphin la partie de siam qu'il lui avait promise. L'enfant perdit. A deux reprises, il ne put dépasser le chiffre seize. « Toutes les fois que je tombe sur ce seize, dit-il avec dépit, je ne peux gagner. » Cléry, qui rapporte l'anecdote, ajoute : « Le roi ne répondit rien ; mais je crus m'apercevoir que ce rapprochement de mots lui fit une certaine impression[5]. » A onze heures, on sépara le père de l'enfant. Longue encore fut l'attente. Les officiels n'arrivèrent qu'à une heure.

Le nouveau maire, un Girondin, Nicolas Chambon de Montaux, médecin-chef de la Salpêtrière, qui venait de remplacer Pétion, était accompagné de Chaumette, procureur de la Commune, de Coulombeau, secrétaire greffier, et de plusieurs officiers. Le général Santerre bombait le torse dans son uniforme frangé d'or, sabre au flanc.

On donna lecture au roi du décret ordonnant que « Louis Capet » soit traduit sur-le-champ à la barre de la Convention. « Je ne m'appelle point Capet, répondit-il ; seuls mes ancêtres ont porté ce nom. J'aurais désiré, Monsieur, que les commissaires m'eussent laissé mon fils pendant les deux heures que j'ai passées à vous attendre ; au reste, ce traitement est une suite de ceux que j'éprouve ici depuis quatre mois. Je vais vous suivre, mais parce que mes ennemis ont la force en main. »

En route, il ne manifesta aucune émotion et parla peu. Des précautions exceptionnelles avaient été prises pour escorter la voiture : une cinquantaine de cavaliers de la gendarmerie, autant de l'Ecole militaire la fermaient. De chaque côté marchaient trois colonnes de cent fusiliers chacune. Des artilleurs traînaient même des canons. Arrivé au Manège, on conduisit le roi à l'endroit où il avait accepté la Constitution. Le même fauteuil l'y attendait, pour l'humilier. Accueilli par un profond silence, il s'avança à la barre, accompagné de deux officiers municipaux et des généraux Santerre et Wittenkoff. Par-dessus son habit bleu fatigué, il portait une redingote couleur chair à grand collet, toute simple. Il avait maigri. Ses cheveux bouclés étaient attachés en arrière. Les joues étaient molles. Une barbe de trois jours accentuait son air pitoyable. Il ne salua personne. Il garda la tête haute, sans laisser paraître la moindre émotion. « Il semblait avoir conservé toute sa majesté pour ce moment, écrit un témoin, M. de Bernard, et il se montrait plus grand que lorsqu'il était entouré de tout l'appareil du trône[6]. » A plusieurs reprises il regarda la voûte d'où pendaient les grands drapeaux suisses pris aux Tuileries. Le président de séance, l'aimable et élégant Bertrand Barère, ci-devant de Vieuzac, ancien avocat au parlement de Toulouse et conseiller de la sénéchaussée de Bigorre, s'adressa à lui en ces termes :

« Louis, la Nation française vous accuse. L'Assemblée nationale a décrété le 3 décembre que vous seriez jugé par elle ; le 6 décembre, elle a décrété que vous seriez conduit à sa barre. On va vous lire l'acte énonciatif des délits qui vous sont imputés. Vous pouvez vous asseoir. »

Il obéit sans rien laisser paraître de son trouble. Un secrétaire donna lecture de l'acte d'accusation. Reprenant chaque article, Barère le pria d'y répondre :

Le président : « Louis, le peuple français vous accuse d'avoir commis une multitude de crimes pour établir votre tyrannie en détruisant sa liberté. Vous avez, le 20 juin 1789, attenté à la souveraineté du peuple en suspendant les assemblées de ses représentants et en les repoussant par la violence du lieu de leurs séances [...]. Le 23 juin, vous avez voulu dicter des lois à la Nation, vous avez entouré de troupes ses représentants, vous leur avez présenté deux déclarations royales éversives de toutes libertés et vous leur avez ordonné de se séparer [...]. Qu'avez-vous à répondre ? » Louis se contenta de dire qu'il n'existait alors aucune loi l'empêchant d'agir ainsi.

Le président : « Vous avez fait marcher une armée contre les citoyens de Paris. Vos satellites ont fait couler le sang de plusieurs d'entre eux, et vous n'avez éloigné cette armée que lorsque la prise de la Bastille et l'insurrection générale vous ont appris que le peuple était victorieux [...]. Qu'avez-vous à répondre ? »

Louis : « J'étais le maître de faire marcher des troupes dans ce temps-là ; mais je n'ai jamais eu l'intention de répandre le sang. »

Barère l'interrogea sur les décrets du 11 août concernant l'abolition du régime féodal, qu'il avait critiquée, et sur son long refus de reconnaître la Déclaration des droits de l'homme. Puis il en vint au banquet du régiment de Flandre à Versailles :

« Vous avez permis que dans des orgies faites sous vos yeux la cocarde nationale fût foulée aux pieds, la cocarde blanche arborée et la Nation blasphémée… »

Louis : « J'ai fait les observations que j'ai crues justes sur les deux premiers objets. Quant à la cocarde blanche, cela est faux, cela ne s'est pas passé devant moi. »

Le président : « Vous aviez prêté à la Fédération du 14 juillet un serment que vous n'avez pas tenu. Bientôt vous avez essayé de corrompre l'esprit public à l'aide de Talon, qui agissait à Paris, et de Mirabeau, qui devait imprimer un mouvement contre-révolutionnaire aux provinces. Qu'avez-vous à répondre ? »

Louis : « Je ne me rappelle pas ce qui s'est passé dans ce temps-là ; mais le tout est antérieur à l'acceptation que j'ai faite de la Constitution… »

La fuite à Varennes, bien sûr, fut évoquée et présentée comme une nouvelle trahison. Prudemment, Louis répondit : « Je m'en réfère à ce que j'ai dit aux commissaires de l'Assemblée constituante dans ce temps-là. »

On lui reprocha jusqu'à la fusillade du Champ-de-Mars le 17 juillet. Il protesta qu'il n'y avait pas été mêlé ! Et la déclaration de Pillnitz, rédigée le 24 juillet 1791 par Léopold et Frédéric-Guillaume ? *Louis :* « Je l'ai fait connaître sitôt qu'elle est venue à ma connaissance ; au reste, tout ce qui a trait à cet objet, par la Constitution, regarde le ministre… »

Le contreseing obligatoire libérait le roi de toute responsabilité pour les affaires postérieures à son acceptation du texte constitutionnel. C'était un atout dont il sut se servir. Il s'arc-boutait sur le principe d'inviolabilité. Ses gardes du corps n'avaient-ils pas continué à voir leur solde payée à Coblence ? L'accusé remit les choses au point : « D'abord que je sus que mes gardes du corps se formaient de l'autre côté du Rhin, j'ai défendu qu'ils touchassent aucun paiement... » Et ses frères, « ennemis de l'Etat », qui avaient rallié les émigrés, n'avaient-ils pas levé des troupes, lancé des emprunts, contracté des alliances en son nom ? Réponse : « J'ai désavoué toutes les démarches de mes frères, suivant que la Constitution me le prescrivait, aussitôt que j'en ai eu connais sance... »

Sur les relations avec les puissances étrangères, les accusations de menées contre-révolutionnaires ou de sabotage de la défense nationale, il s'exprima avec la même fermeté, rappelant la responsabilité ministérielle instaurée par la Constitution.

Conscient du piège qui se refermait sur lui, il voyait bien que l'accusation n'était qu'une collection de rumeurs et de ragots qui n'avaient d'autre but que de l'accabler. Ce qu'il pourrait dire n'avait pas d'importance. Il ne serait pas écouté. On voulait le perdre, et, avant de le perdre, le déshonorer. Louis ressentit toute la malhonnêteté de l'interrogatoire à la question suivante :

Le président : « Sur votre ordre, vos diplomates ont favorisé la coalition des puissances étrangères et de vos frères contre la France. Particulièrement, en cimentant la paix entre la Turquie et l'Autriche pour dispenser celle-ci de garnir ses frontières du côté turc, lui procurant par là un plus grand nombre de troupes contre la France. Une lettre de Choiseul-Gouffier, ambassadeur à Constantinople, établit le fait. Qu'avez-vous à répondre ? »

Tout cela lui paraissait ridicule. On passa à la marine, sujet de prédilection du roi.

Le président : « Vous avez détruit la marine. Une foule d'officiers de ce corps étaient émigrés. A peine en restait-il pour assurer le services des ports. Cependant, Bertrand de Molleville accordait tous les jours des passeports et, lorsque le corps législatif vous exposa le 8 mars sa conduite coupable, vous répondîtes que vous étiez satisfait de ses services. »

Louis ne savait que répondre. Au lieu de prendre de la hauteur, il s'embarrassa, comme épuisé par tant de malignité : « J'ai fait ce que j'ai pu pour retenir les officiers. Quant à M. Bertrand, comme l'Assemblée nationale ne portait contre lui aucun grief qui pût le faire mettre en état d'accusation, je n'ai pas cru devoir le changer... »

La joute continuait, inexorablement. « De temps en temps, note un témoin, l'accusé se passait la main sous le menton ou sur le front, comme pour reculer ses cheveux. » En raccourcissant ses réponses, Louis cherchait à éviter les chausse-trapes.

Le président : « L'intérieur de l'Etat était agité par les fanatiques. Vous vous en êtes déclaré le protecteur en manifestant l'intention évidente de recouvrer pour eux votre ancienne puissance. Qu'avez-vous à répondre ? »

La question paraissait floue. Le roi devinait bien qu'il s'agissait des prêtres fidèles à Rome, mais à question floue, réponse floue :

Louis : « Je ne peux répondre à cela. Je n'ai aucune connaissance de ce projet. »

Il se lassait. On tournait en rond. On en vint aux événements du 10 août :

Le président : « Vous avez fait le 10 août la revue des Suisses, à cinq heures du matin, et les Suisses ont tiré les premiers sur les citoyens. Qu'avez-vous à répondre ? »

Louis : « J'ai été voir toutes les troupes qui étaient rassemblées chez moi ce jour-là ; les autorités constituées étaient chez moi, le département, le maire et la municipalité ; j'avais fait prier même une députation de l'Assemblée nationale d'y venir, et je me suis ensuite rendu dans son sein avec ma famille. »

Le président : « Pourquoi aviez-vous rassemblé des troupes dans le château ? »

Louis : « Toutes les autorités l'ont vu ; le château était menacé ; et comme j'étais une autorité constituée, je devais me défendre. »

Le président : « Pourquoi avez-vous mandé au château le maire de Paris, dans la nuit du 9 au 10 août ? »

Louis : « Sur les bruits qui se répandaient. »

Le président : « Vous avez fait couler le sang des Français. Qu'avez-vous à répondre ? »

Louis, ému, les larmes aux yeux : « Non, Monsieur, ce n'est pas moi. »

Les non-dits sont importants : tout en se limitant à des réponses sobres, le roi laissait entendre que la légalité était de son côté et l'illégalité du côté de ses accusateurs. Barrère n'insista pas.

A la fin, Louis XVI demanda communication des pièces retenues à l'appui de l'acte énonciatif. Dufriche-Valazé vint s'asseoir sur un tabouret près de la barre et lui présenta quelques-uns des documents en question. Par souci de ne pas compromettre la vie de ses fidèles, l'accusé s'enferma alors dans un quasi-mutisme, se contentant d'une même réponse : « Je ne les reconnais pas. »

On lui montra un *Mémoire qui établit entre Louis Capet, Mirabeau et quelques autres des projets contre-révolutionnaires*.

« Je ne le reconnais pas ! »

Voici une de ses lettres, datée du 29 juin 1790, prouvant ses rapports avec Mirabeau et La Fayette pour révolutionner la Constitution.

« Je me réserve d'expliquer ce qui est contenu. »

Dufriche-Valazé en donne lecture. « Ce n'est qu'un projet, répond le roi. Il n'y est aucunement question de Contre-Révolution. La lettre n'a pas dû être envoyée…

— Connaissez-vous cette écriture ?

— Non.

— Votre apostille ?

— Non. »

La dérobade, les faux-fuyants étaient ses ultimes défenses. Il voulait être inabordable, impénétrable, au point, maladroitement, de nier l'évidence. « Une défense d'huître », comme dit Mona Ozouf[7]. Barrère reprit la parole et l'interrogea sur l'armoire de fer.

« Avez-vous fait construire une armoire avec une porte de fer au château des Tuileries et y avez-vous fait enfermer des papiers ? »

Louis répondit qu'il n'en avait aucune connaissance. Mentait-il ? Etait-il sincère ? Par nature il répugnait au mensonge. Mais son système de défense l'y incitait. Il était comme l'enfant pris en faute. Il est évident que dans la masse des pièces qu'on lui présentait – billets, ordres de paiement, quittances – il en était dont il ne se souvenait pas.

« Vous ne reconnaissez pas votre écriture et votre signature ?

Louis : – Non !

Le président : – Le cachet est aux armes de France.

Louis : – Beaucoup l'avaient… »

L'interrogatoire avait duré près de quatre heures. Louis s'était montré médiocre orateur, manquant d'autorité ; il n'avait pas toujours témoigné de présence d'esprit. Eduqué en prince, il n'avait pas été préparé aux polémiques de prétoire, à l'art de la controverse et moins encore à comparaître sur la sellette ou dans une arène. Mais, avec un courage et un calme impressionnants, il avait soutenu l'assaut. « Il s'est cent fois entendu appeler Louis sans montrer la moindre humeur, écrivait Marat dans son journal, lui qui n'avait jamais entendu à ses oreilles que le nom de Majesté ; il n'a pas montré la moindre impatience tout le temps qu'on l'a tenu debout, lui devant qui aucun homme n'avait le privilège de s'asseoir. Innocent, qu'il eût été grand à mes yeux… » John Moore, journaliste anglais, témoignait de même : « L'attitude du roi pendant tout le temps de sa comparution devant la Convention est demeurée calme, tranquille, et celle d'un homme résigné à la nécessité des circonstances, sans avoir le sentiment d'être coupable ; ses réponses ont été intelligentes, pertinentes et immédiates […]. Lorsque l'on considère que les questions ont été délibérément agencées par un comité choisi, et ensuite corrigées et augmentées par la Convention entière […], on conçoit une idée bien avantageuse de son esprit[8]. »

Le système de défense

Avant de se retirer, le roi avait réclamé un défenseur. Devait-on accéder à sa requête ? « Il ne s'agit point ici d'un procès ordinaire, glapit Marat, repris par son rôle d'imprécateur teigneux. Il ne nous faut pas de chicane de palais. » Robespierre approuva l'« ami du peuple » : accorder des avocats, c'est se piquer de délicatesse, étaler une fausse humanité. La Convention, sous l'influence de la Gironde, concéda pourtant deux conseils à l'inculpé.

Il était environ 6 heures et demie quand Louis arriva au Temple. « J'étais bien éloigné de penser à toutes les questions qui m'ont été faites », dit-il à Cléry. Surpris par le feu roulant de l'interrogatoire, il n'avait pas eu le temps de mettre au point son système de défense. Après cette éprouvante journée, une mauvaise nouvelle encore l'attendait. On lui annonça qu'il ne pourrait plus communiquer avec sa famille tout le temps du procès. « C'est cependant bien dur, dit-il, mais avec mon fils, qui n'a que sept ans… »

Au souper, brisé de fatigue, il calma sa faim mais aussi ses nerfs en avalant six côtelettes, un gros morceau de volaille, des œufs, but un verre de vin d'Alicante et alla se coucher[9].

Le lendemain, 12 décembre, quatre commissaires, dont Cambacérès, se rendirent au Temple pour remettre à l'intéressé le décret lui accordant des conseils. Louis désigna deux avocats, anciens constituants, Jean-Baptiste Target et François Tronchet. Ce choix de deux spécialistes du droit public, qui avaient travaillé à l'élaboration de la Constitution de 1791, surtout Target, montre que le roi pensait à ce moment-là orienter sa défense autour de la thèse de l'inviolabilité. Tronchet accepta par devoir, sans chaleur. Target, qui avait plaidé contre la reine dans l'affaire du Collier, se déroba avec inélégance, prétextant des raisons de santé. Un grand nombre de personnes proposèrent spontanément de le remplacer, parmi lesquelles

Mounier, Lally-Tollendal et Malouet, ces deux dernier réfugiés à Londres. Louis choisit Malesherbes, alors âgé de soixante-douze ans. « Je ne me fais pas d'illusions sur mon sort, lui écrit-il le 17 décembre ; les ingrats qui m'ont détrôné ne s'arrêteront pas au milieu de leur carrière ; ils auraient trop à rougir de voir sans cesse sous leurs yeux leur victime. Je subirai le sort de Charles Ier, et mon sang coulera pour me punir de n'en avoir jamais versé. »

Le roi s'interrogeait encore sur le système de défense à arrêter comme l'indique la suite de cette lettre. « L'Assemblée nationale renferme dans son sein les dévastateurs de ma monarchie, mes dénonciateurs, mes juges et probablement mes bourreaux. On n'éclaire pas de pareils hommes, on ne les rend pas justes. On peut encore moins les attendrir. Ne vaudrait-il pas mieux mettre quelque nerf dans ma défense, dont la faiblesse même ne me sauverait pas ? J'imagine qu'il faudrait l'adresser, non à la Convention, mais à la France entière, qui jugerait mes juges et me rendrait dans le cœur de mon peuple une place que je n'ai jamais mérité de perdre. » A l'Assemblée, « je garderai un silence plein de dignité et, en me condamnant, les hommes qui se disent mes juges ne seraient plus que mes assassins[10]... ».

Cette défense n'aurait pas manqué de panache. Un siècle et demi auparavant, avec hauteur, Charles Ier avait lui aussi contesté la légitimité de la Haute Cour de justice du Parlement, déniant à ses sujets le droit de le juger : « Par quelle autorité légale suis-je tenu d'être ici ? » demandait-il au lord président John Bradshawe. Le procès du monarque anglais, dont on avait réédité le récit, servait d'ailleurs de référence obligée aux orateurs de la Convention. Louis XVI se demandait si, après sa désagréable comparution, il ne devait pas adopter une telle stratégie. A la réflexion, il écarta cette voie parce qu'elle était trop risquée pour la reine et qu'il estimait que l'orgueilleux Stuart s'était lui-même condamné en s'enfermant dans son rôle implacable de représentant de l'autorité divine. Louis voulait au contraire s'expliquer, justifier sa conduite devant le peuple, même s'il ne reconnaissait pas la légitimité de ses juges. Cela suffit à prouver qu'il gardait l'espoir même ténu de retourner l'opinion d'une partie des députés et de sauver sa tête.

Le 12 décembre, à la suite des dénégations du roi, la Convention s'interrogea sur l'authenticité des documents signés ou apostillés par lui. Quelques députés suggérèrent une expertise contradictoire. Charlier (de la Marne), avocat de Laon, s'insurgea. A quoi bon ces vérifications de notaires ! « Le sang de nos frères demande vengeance. L'existence même de la Convention est une preuve des crimes de Louis. » L'Assemblée rejeta la demande d'experts, mais décida que l'acte d'accusation, les pièces et liasses justificatives, les registres de police contenant les dénonciations seraient présentés à l'accusé.

La Commune et la Convention étaient en désaccord sur les mesures de sécurité à prendre. La première avait stipulé que les avocats ne pourraient parler à leur client qu'en présence des officiers municipaux. Avant d'entrer dans la chambre de Capet, ils seraient fouillés « jusqu'aux endroits les plus secrets » et ne sortiraient du Temple qu'après le jugement. La Convention désapprouva et confirma que les conseils pourraient librement communiquer avec l'accusé. Le 15, celui-ci ayant protesté contre sa mise au secret, elle accepta qu'il rencontrât ses enfants, à condition que ceux-ci ne revissent leur mère et leur tante qu'à l'issue du dernier interrogatoire. Louis dit à Cléry : « Vous voyez la cruelle alternative où ils viennent de me placer ; je ne puis me résoudre à avoir mes enfants avec moi : pour ma fille, cela est impossible ; et pour mon fils, je sens tout le chagrin que je causerais à sa mère ; il faut donc consentir à ce nouveau sacrifice[11]. »

En compagnie de ses avocats, Louis s'attela d'arrache-pied à la réfutation des griefs qui lui étaient faits. Mais il ne pouvait s'empêcher d'être sceptique sur le résultat. « Nous faisons ici, leur disait-il, l'ouvrage de Pénélope,

nos ennemis l'auront bientôt détruit... Poursuivons néanmoins, puisque je ne dois répondre de mes actes que
devant Dieu... » Les 15 et 20 décembre, au Temple, on lui
présenta les pièces de l'accusation. Il parut très affecté à
la lecture des registres qui contenaient toutes sortes de
dénonciations calomnieuses provenant d'anciens serviteurs. Ces deux jours-là, il s'enferma encore dans son système de dénégation, qui lui faisait récuser des textes
écrits d'évidence de sa main. « Cette écriture ressemble à
celle de mes frères, celle-ci ressemble à la mienne, cependant je ne puis assurer que ce soit la mienne ou celle de
mes frères, on a pu les contrefaire l'une et l'autre, et
d'ailleurs je ne me souviens pas d'avoir signé ces
papiers... »

Il fallait en finir. La Montagne ne cessant de réclamer la
clôture du procès, la Convention, le 15 décembre, fixa au
mercredi 26 la dernière comparution du roi et les ultimes
plaidoiries. Tronchet et Malesherbes poussèrent les hauts
cris. Comment préparer en si peu de temps la défense de
leur client ? Il y avait plus de 40 chefs d'accusation, 508
cotes de pièces dont la plupart n'étaient pas classées ! A
leur demande, l'Assemblée accepta qu'un collaborateur,
Raymond dit Romain de Sèze (ou Desèze), leur fût
adjoint. C'était un homme de quarante-quatre ans, issu
d'une famille de robe bordelaise, ancien avocat à Bordeaux puis à Paris, lié aux députés girondins, bon
connaisseur des affaires judiciaires. Il avait servi de
conseil à la reine pour une ou deux affaires domaniales
et, en 1789, avait réussi à faire acquitter Besenval, accusé
devant le Châtelet d'avoir fait tirer contre le peuple le
14 juillet.

Sur la proposition du Brissotin Buzot, la Convention
vota le principe du bannissement des ci-devant princes de
Bourbon – c'était une manœuvre dilatoire des Girondins
pour repousser le jugement du roi –, mais, devant la
mobilisation des sections, elle dut ajourner l'exécution de

ce décret, ce qui évitait ainsi la mise en cause de Philippe Egalité, proche des Montagnards.

Les discussions se perdaient dans le brouhaha permanent des tribunes survoltées, les vociférations ou les huées des Jacobins et des sans-culottes qui les occupaient. Chaque jour, le bureau de l'Assemblée recevait des paquets d'adresses, de pétitions ou de réflexions sur le procès, preuves de la passion de l'opinion. Des citoyens s'impatientaient qu'on n'ait pas encore poussé le « tyran » sous le « rasoir national », d'autres, inspirés par les Girondins, réclamaient une vraie consultation du peuple dans les assemblées primaires. L'idée qui faisait son chemin était d'échapper à la pression des foules parisiennes endoctrinées et d'aboutir à une mesure de clémence. Dans cette confusion, la voix des défenseurs du roi n'était guère écoutée. Spontanément, plusieurs hommes politiques ou anciens serviteurs de la Cour offrirent leurs témoignages, comme le comte de Narbonne. Necker, Bertrand de Molleville, d'autres adressèrent à l'Assemblée ou publièrent des mémoires justificatifs. Aucune de ces pièces, pourtant essentielles, ne fut jointe au dossier.

Le testament

C'était Noël. Un triste Noël ! La Commune avait interdit la célébration de la messe de minuit à Paris, mais beaucoup de paroisses avaient passé outre, notamment Saint-Etienne-du-Mont, toujours très fréquentée en cette période de l'année. Louis savait qu'il allait comparaître le lendemain devant ses juges. Il redoutait la sentence capitale et son exécution immédiate. Peut-être ne lui permettrait-on pas de revenir au Temple faire ses adieux ? C'est dans cet esprit, mais aussi avec une grande sérénité chrétienne, qu'il se mit à écrire de sa petite écriture serrée, presque sans rature, son testament, monument de foi et d'ardente piété :

« Au nom de la Très Sainte Trinité, du Père, du Fils et du Saint-Esprit. Aujourd'hui 25e jour de décembre mil sept cent quatre vingt douze, Moi Louis XVIe du nom, roi de France, étant depuis plus de quatre mois enfermé avec ma famille dans la Tour du Temple à Paris par ceux qui étaient mes sujets, et privé de toute communication quelconque, même depuis le onze du courant avec ma famille, de plus impliqué dans un procès dont il est impossible de prévoir l'issue à cause des passions des hommes, et dont on ne trouve aucun prétexte ni moyen dans aucune loi existante, n'ayant que Dieu pour témoin de mes pensées et auquel je puisse m'adresser, je déclare ici en sa présence mes dernières volontés et mes sentiments. »

Prologue magnifique et majestueux, cri de douleur d'un « roi de France » enfermé par « ceux qui étaient ses sujets ». Les mots ici ont une importance capitale. Louis XVI n'est plus *roi des Français*, puisque la Convention l'a déchu de ce titre, mais il reste, il se considère toujours comme *roi de France*. Ce sont les droits de sa naissance, confirmés par l'onction indélébile de Reims. Ses « sujets » : oui, les Français demeurent ses « sujets » et, en tant que roi, il reste leur père affectionné. Cri d'innocence enfin devant un procès inique, sans bases juridiques, et qu'il a la charité d'attribuer non à des ennemis bien désignés, mais aux « passions des hommes ».

Vient une prière au Créateur, qui est en même temps une profession de foi chrétienne :

« Je laisse mon âme à Dieu, mon Créateur, je le prie de la recevoir dans sa miséricorde et de ne pas la juger d'après ses mérites, mais par ceux de Notre-Seigneur Jésus-Christ, qui s'est offert en sacrifice à Dieu son Père, pour nous autres hommes quelque indignes que nous en fussions, et moi le premier. »

Suit un long passage sur sa fidélité, son humble soumission à l'Eglise et à ses enseignements, qu'il faut lire, naturellement, en ayant à l'esprit son remords d'avoir accepté la Constitution civile du clergé :

« Je meurs dans l'union de notre Sainte Mère l'Eglise Catholique, Apostolique et Romaine, qui tient ses pouvoirs par une succession non interrompue de saint Pierre auquel Jésus-Christ les avait confiés. Je crois fermement et je confesse tout ce qui est contenu dans le Symbole et les commandements de Dieu et de l'Eglise, les Sacrements et les Mystères, tels que l'Eglise Catholique les enseigne et les a toujours enseignés. Je n'ai jamais prétendu me rendre juge dans les différentes manières d'expliquer les dogmes qui déchirent l'Eglise de Jésus-Christ, mais je m'en suis rapporté et m'en rapporterai toujours, si Dieu m'accorde vie, aux décisions que les supérieurs ecclésiastiques unis à la Sainte Eglise Catholique donnent et donneront conformément à la discipline de l'Eglise suivie depuis Jésus-Christ. Je plains de tout mon cœur nos frères qui peuvent être dans l'erreur, mais je ne prétends pas les juger, et je ne les aime pas moins tous en Jésus-Christ suivant ce que la charité chrétienne nous enseigne. »

Puis il demande à Dieu le pardon de ses péchés car, depuis le 10 août, il n'a pu se confesser. C'est un autre de ses grands soucis.

« Je prie Dieu de me pardonner tous mes péchés. J'ai cherché à les connaître scrupuleusement, à les détester et à m'humilier en sa présence, ne pouvant me servir du ministère d'un prêtre catholique. Je prie Dieu de recevoir la confession que je lui en ai faite, et surtout le repentir profond que j'ai d'avoir mis mon nom (quoique cela fût contre ma volonté) à des actes qui peuvent être contraires à la discipline et à la croyance de l'Eglise catholique, à laquelle je suis toujours resté sincèrement uni de cœur. Je prie Dieu de recevoir la ferme résolution où je suis, s'il m'accorde vie, de me servir aussitôt que je le pourrai du ministère d'un prêtre catholique, pour m'accuser de tous mes péchés et recevoir le sacrement de pénitence. »

A cette prière, il joint une sincère contrition des offenses qu'il a pu faire et un pardon entier à ses ennemis ou à ceux qui le persécutent. Viennent les prières pour sa famille. Il abandonne à la grâce de Dieu sa femme, ses

enfants, sa sœur, ses tantes, ses frères, et ses fidèles serviteurs. Il ajoute quelques recommandations pour son
épouse et sa sœur :

« Je recommande mes enfants à ma femme, je n'ai
jamais douté de sa tendresse maternelle pour eux ; je lui
recommande surtout d'en faire de bons chrétiens et
d'honnêtes hommes, de leur faire regarder les grandeurs
de ce monde-ci (s'ils sont condamnés à les éprouver) que
comme des biens dangereux et périssables, et de tourner
leurs regards vers la seule gloire solide et durable de
l'Eternité. Je prie ma sœur de vouloir bien continuer sa
tendresse à mes enfants et de leur tenir lieu de mère, s'ils
avaient le malheur de perdre la leur.

« Je prie ma femme de me pardonner tous les maux
qu'elle souffre pour moi et les chagrins que je pourrais lui
avoir donnés dans le cours de notre union, comme elle
peut être sûre que je ne garde rien contre elle, si elle
croyait avoir quelque chose à se reprocher. »

On notera la délicatesse de cette dernière phrase en
même temps que le mystère qui la voile. Que savait-il ou
que croyait-il deviner de la vie sentimentale de la reine,
de ses infidélités possibles, de ses relations avec Fersen ?
Nous n'en saurons pas plus. Le pardon a tout effacé.

Louis XVI s'adresse ensuite à ses enfants. Il leur recommande de servir Dieu en premier, de rester unis entre
eux, soumis et obéissants à leur mère, envers qui ils doivent garder reconnaissance.

« Je recommande à mon fils, s'il avait le malheur de
devenir roi, de songer qu'il se doit tout entier au bonheur
de ses concitoyens, qu'il doit oublier toute haine et tout
ressentiment, et nommément tout ce qui a rapport aux
malheurs et aux chagrins que j'éprouve, qu'il ne peut faire
le bonheur des peuples qu'en régnant suivant les lois,
mais en même temps qu'un roi ne peut les faire respecter
et faire le bien qui est dans son cœur qu'autant qu'il a
l'autorité nécessaire, et qu'autrement, étant lié dans ses
opérations et n'inspirant point de respect, il est plus nui-
sible qu'utile. »

C'est le seul paragraphe vraiment politique du testament. Les commentateurs ont glosé à l'infini sur ce « malheur de devenir roi ». Que la couronne ait été pour lui davantage une charge qu'un plaisir, et cela dès son avènement, est une évidence, et l'on peut croire que la succession des tragédies depuis 1789 n'a fait que renforcer ce sentiment.

Il demande que son fils ne cherche pas à venger ses souffrances. Le but de la royauté sera toujours de faire le bonheur des peuples. « Faire le bien qui est dans son cœur » : idéal fénelonien qu'au soir de sa vie, malgré les déconvenues, le roi n'a pas abandonné. Son fils devra régner « selon les lois » : il est difficile de se faire une idée de la façon dont il envisage celles-ci, mais ce n'est certainement pas aux lois fondamentales du royaume, telles qu'elles existaient sous l'Ancien Régime, qu'il songe. La monarchie nouvelle ne sera pas absolue. Un pouvoir législatif les votera et le roi sera associé à ce processus. Pour les faire respecter, il lui faudra disposer de « l'autorité nécessaire », de façon à imposer le respect, toutes choses qui lui ont manqué. On devine, une fois encore, combien les idées politiques du roi sont éloignées de celles de ses frères.

Le testament s'achève par de nombreuses recommandations faites à son fils pour les personnes qui se sont dévouées à sa cause : Chamilly, Hüe, Cléry sont nommés, d'autres ne le sont pas (« Je craindrais de les compromettre si je parlais explicitement »). C'est une dette sacrée, dit-il. A nouveau, il pardonne à ses gardiens les mauvais traitements dont ils ont usé envers lui. Il n'oublie pas les âmes sensibles et compatissantes qu'il a trouvées dans sa détention. Après des remerciements chaleureux pour ses avocats, il ajoute : « Je finis en déclarant devant Dieu et prêt à paraître devant lui que je ne me reproche aucun des crimes qui sont avancés contre moi. » Puis : « Fait double à la tour du Temple, le 25 décembre 1792. Louis. »

Seconde comparution

Le lendemain, mercredi 26, vers 8 heures du matin, Louis XVI fut conduit une seconde fois à la barre par Chambon, Santerre, Chaumette et plusieurs membres du Conseil général de la Commune. Une pluie triste tombait sur Paris. En voiture, il parla librement de littérature, de Sénèque, de Tacite, de Tite-Live... Le secrétaire-greffier Coulombeau en était confondu d'étonnement : « Il faut, écrit-il, que cet homme soit fanatisé, car il est impossible d'expliquer autrement comment l'on peut être aussi tranquille avec tant de sujets de craindre[12]. » Remarquant que Coulombeau avait gardé le chapeau sur la tête, Louis fit cette réflexion pleine d'ironie : « La dernière fois que je vous ai vu, Monsieur, vous n'aviez pas votre chapeau, je vois que vous avez été plus soigneux aujourd'hui. »

La séance était présidée par Defermon des Chapelières, représentant de l'Ille-et-Vilaine, qui interdit aux députés et aux spectateurs toute espèce de murmure ou d'approbation. Le roi s'avança plus calme, moins crispé que la première fois. Son visage rasé lui donnait meilleure mine. Malesherbes, Tronchet et de Sèze entrèrent à sa suite.

« Louis, lui dit le président, il a été décrété que vous seriez entendu une seconde fois et de façon définitive.

— Mon conseil va vous lire ma défense », répondit-il. De Sèze, chargé de prononcer la plaidoirie, se leva et commença dans un silence attentif. Louis, expliqua-t-il, Louis, accusé au nom du peuple français, n'est plus qu'un homme. Il n'a plus d'autorité. Il ne peut susciter ni crainte ni espérance. « C'est donc le moment où vous lui devez non seulement le plus de justice mais, j'oserais dire, le plus de faveur. »

Avant d'aborder les faits, énoncés dans l'acte d'accusation, l'avocat s'interrogea sur la validité de la procédure en faisant une méticuleuse analyse de la Constitution de 1791 et concluant à l'inviolabilité absolue du chef du pouvoir exécutif. Tant qu'il était une autorité constituée, Louis était exclu de la « classe des citoyens ». Devenu citoyen après sa déposition, il pouvait certes être accusé et jugé en tant que tel, mais non pour des actes commis pendant son règne. On ne peut juger quelqu'un en décrétant la rétroactivité des lois pénales. En outre, comment la Convention peut-elle à la fois instruire et juger du fond ? « Citoyens, s'exclama-t-il alors, je vous parlerai ici avec la franchise d'un homme libre : je cherche parmi vous des juges, et je ne vois que des accusateurs ! [...] Louis sera donc le seul Français pour lequel il n'existera aucune loi ni aucune forme ! Il n'aura ni les droits de citoyen, ni les prérogatives de roi ! Il ne jouira ni de son ancienne condition, ni de la nouvelle ! Quelle étrange et inconcevable destinée ! »

Le procès était juridiquement illégal. Pour autant, de Sèze ne récusait pas formellement la compétence de l'Assemblée. Commença alors la seconde partie : la discussion des chefs d'accusation par ordre chronologique, et pour lesquels il plaidait non coupable. Pour les faits antérieurs à l'acceptation par le roi de la Constitution en septembre 1791, à supposer qu'on pût y trouver des erreurs ou des fautes, le nouveau pacte d'alliance entre la Nation et le roi les avait amnistiés, comme il avait aboli le passé, dissipé les soupçons. « En un mot, tout était oublié ou éteint. » Pour les faits postérieurs, il fallait les examiner scrupuleusement au regard de la Constitution. Or, celle-ci avait créé la responsabilité des ministres pour en affranchir le roi dont elle avait « enchaîné » le pouvoir. Le monarque ne pouvait rien décider sans ses ministres. Un ordre signé de lui seul ne pouvait être exécuté. Comment pouvait-on aujourd'hui lui demander des comptes ? Quant aux agissements personnels contre la Nation ou la Constitution, de Sèze en démontrait la fausseté. Les papiers secrets trouvés aux Tuileries ? Le domicile du roi avait été envahi, ses armoires avaient été forcées, ses papiers dispersés. Il n'y avait eu ni scellés ni inventaires. Certains documents avaient pu être tronqués ou falsifiés. Les pièces présentées étaient des plans, des requêtes, des écrits divers qui lui avaient été soumis ou envoyés. On n'y voyait nulle part son approbation. De Sèze aborda la journée du 10 août : « Vous avez parlé d'intentions hostiles de la part de Louis, mais où était la preuve de ces intentions ? Quels sont les faits que vous citez ? Quels sont les actes ? On a dit vaguement qu'il avait été formé un complot pour enlever la personne de Louis et le transporter hors de la capitale. Mais où est le complot, où est la trace, où en est la preuve ? Vous avez parlé de préparatifs. Je vois bien de la part de Louis des préparatifs de défense, mais où sont les préparatifs d'attaque ? Qu'a fait Louis pour être convaincu d'agression ? »

Pareillement, l'avocat récusait l'appel à l'étranger que rien n'étayait. Il avait discuté pied à pied les charges de l'accusation. Il aborda enfin la péroraison :

« Français [...], entendez d'avance l'Histoire, qui redira à la renommée : "Louis était monté sur le trône à vingt ans, et à vingt ans il donna sur le trône l'exemple des mœurs ; il n'y porta aucune faiblesse coupable ni aucune passion corruptrice ; il fut économe, juste, sévère ; il s'y montra toujours l'ami constant du peuple. Le peuple désirait la destruction d'un impôt désastreux qui pesait sur lui, il le détruisit ; le peuple demandait l'abolition de la servitude, il commença par l'abolir lui-même dans ses domaines ; le peuple sollicitait des réformes dans la législation criminelle pour l'adoucissement du sort des accusés, il fit ces réformes ; le peuple voulait que des milliers de Français, que la rigueur de nos usages avait privés jusqu'alors de droits qui appartiennent aux citoyens, acquissent ces droits ou les recouvrassent, il les en fit jouir par ses lois ; le peuple voulut la liberté, il la leur donna [*cris de réprobation dans les tribunes*] ! Il vint même au-devant de lui par ses sacrifices, et cependant c'est au nom de ce même peuple qu'on demande aujourd'hui..." Citoyens, je n'achève pas... Je m'arrête devant l'Histoire ; songez qu'elle jugera votre jugement, et que le sien sera celui des siècles. »

Cette plaidoirie a été diversement commentée. Texte froid, trop juridique, a-t-on dit, consciencieux, ferme, libre et courageux, ont dit d'autres, prenant rarement l'offensive, utilisant des arguments passéistes que la Convention ne pouvait comprendre, ont affirmé d'autres encore. Certains, comme Jaurès, se sont plu à la réécrire. La langue est belle, assurément, et la logique rigoureuse, ce qui est d'autant plus remarquable que l'ensemble a été rédigé en quatre nuits. Mais les cris du cœur, les appels pathétiques, le souffle, la puissance manquent, sauf à la fin. De Sèze n'était pas Mirabeau. On observera aussi que l'avocat parlait à des juristes, fort nombreux dans l'Assemblée (il n'y avait pas moins de deux cent treize avocats ou hommes de loi !). De surcroît, c'était la ferme volonté du roi, sobre et concis de tempérament, détestant les grands épanchements, de ne pas se poser en victime, de ne pas faire appel à la sensibilité des juges ou de jouer sur le registre de la pitié. La veille, en écoutant la lecture du texte, il avait prié de Sèze de biffer certains passages trop chargés d'émotion, notamment trois pages de l'exorde.

Grave et digne, Louis XVI se leva et prit la parole. Il se contenta de lire un texte très bref qu'il avait rédigé :

« En vous parlant peut-être pour la dernière fois, je vous déclare que ma conscience ne me reproche rien et que mes défenseurs ne vous ont dit que la vérité. Je n'ai jamais craint que ma conduite fût examinée publiquement, mais mon cœur est déchiré de trouver dans l'acte d'accusation l'impression d'avoir voulu faire répandre le sang du peuple, et surtout que les malheurs du 10 août me soient attribués. J'avoue que les preuves multipliées que j'avais données dans tous les temps de mon amour pour le peuple, et la manière dont je m'étais toujours conduit me paraissaient devoir prouver que je ne craignais pas de m'exposer pour épargner son sang et éloigner à jamais de moi pareille impression. »

Le président : « Vous n'avez pas autre chose à ajouter pour votre défense ?

Louis : – Non.

Le président : – Vous pouvez vous retirer[13]. »

Sitôt que le roi fut sorti, les passions trop longtemps réfrénées – la plaidoirie avait duré deux heures – se déchaînèrent, dans un invraisemblable tohu-bohu. N'écoutant que son courage, Lanjuinais, député d'Ille-et-Vilaine, affirma que « les conspirateurs du 10 août » ne pouvaient s'ériger en juges. Ce mot provoqua dans la salle des hurlements hystériques. Dans l'enflure tumultueuse des débats, Montagnards et Girondins s'affrontaient avec une telle violence qu'on crut qu'ils allaient en venir aux mains.

Les derniers débats

Les Girondins se montraient de plus en plus inquiets devant la pression des sections parisiennes, impatientes d'imposer leurs vues au nom du gouvernement direct. Nombre d'entre eux appuyaient l'idée de consulter le peuple sur la sentence, persuadés que les quarante-quatre mille assemblées primaires éviteraient la mort et, de ce fait, le soulèvement de l'Europe contre la Révolution. Ainsi ceux qui, en avril 1792, avaient jeté le pays dans la guerre en redoutaient aujourd'hui les conséquences ! D'évidence, ces riches bourgeois de province, ces négociants aisés, ces avocats influents craignaient aussi un débordement de la populace et aspiraient à un retour à l'ordre, favorable aux affaires.

A la fin de décembre, les positions irréductibles de la Gironde et de la Montagne se heurtèrent encore violemment. Robespierre, toujours glacial, drapé dans les « principes indestructibles supérieurs », considérait que le ci-devant roi était condamné d'avance en leur nom et qu'un jugement ne s'imposait pas. « La clémence qui compose avec la tyrannie est barbare », lâcha-t-il sentencieusement. Cela ne l'empêchait pas d'éprouver une certaine

émotion, toute cérébrale, lors de la comparution du prévenu : « J'ai senti chanceler dans mon cœur la vertu républicaine en présence du coupable humilié devant la
puissance souveraine. » Il se reprit vite et rejeta avec force
la proposition de ses adversaires de consulter les assemblées primaires. « Garantissez-moi donc auparavant que
les mauvais citoyens, que les modérés, que les Feuillants,
que les aristocrates n'y trouveront aucun accès ! »
L'homme d'Arras voulait bien d'une démocratie, mais
d'une démocratie sans le peuple...

Exprimant le point de vue de la majorité des Girondins,
Vergniaud, qui était leur meilleur orateur, lui répondit le
31 décembre par un long discours, éloquent et bien charpenté, défendant le droit absolu de la souveraineté populaire de manifester sa volonté et, par conséquent, de
suspendre les décisions de la représentation nationale.
Son discours était riche en réflexions de philosophie politique. Il s'en prenait à la conception robespierriste des
minorités agissantes. A vrai dire, ce n'était pas tant par
révérence particulière pour la démocratie référendaire
qu'agissaient les Girondins que pour des considérations
tactiques. Ils redoutaient maintenant que la mort du roi
ne donnât des armes redoutables à leurs rivaux (« La tête
de Louis XVI, prophétisait Guadet, en tombant entraînera
la nôtre »). Dumouriez, qui était revenu à Paris à la fin de
décembre 1792, partageait leurs inquiétudes et appuyait
leur démarche, cherchant à convaincre, par des contacts
discrets, différents députés montagnards de se rallier à
l'appel au peuple et d'épargner ainsi la vie de Louis XVI.

La manœuvre des Girondins échoua lorsque, le 3 janvier 1793, un député montagnard des Bouches-du-Rhône,
Gasparin, révéla la démarche de Guadet, Gensonné et
Vergniaud pour faire passer au roi un mémoire secret.
C'était vers le milieu du mois de juillet précédent, c'est-à-
dire au moment où les patriotes préparaient l'insurrection
du 10 août. Le lendemain, 4 janvier, Barère monta à la
tribune. Il passait pour un modéré à l'image de la grande
masse des députés du Marais, mais avait en réalité rallié

le camp de Robespierre. Dans un discours qui fit sensation, il rejeta l'appel au peuple au nom des principes du gouvernement représentatif. La Convention, dit-il, n'est pas une assemblée législative ordinaire, c'est un corps constituant, « investi de la plénitude de la souveraineté ». Son intervention habile, bien construite, prononcée d'une voix calme, contribua à faire basculer la majorité encore hésitante du côté des Montagnards.

Et les palabres se poursuivirent. Triomphe du verbe sur la pensée ! C'était toujours la même rhétorique, l'emphase déclamatoire, la boursouflure littéraire mal digérée des collèges oratoriens. On pataugeait dans la mythologie gréco-latine, on s'envoyait de la tribune les mêmes métaphores sur le glaive de la loi et le sanctuaire de la justice. Chaque tirade évoquait le tyran sanguinaire et les fleuves de sang qu'il avait fait couler… Dans ce décor pauvret de stuc et de carton-pâte imité de l'antique, aux tentures tristes, on se drapait dans les costumes des grands ancêtres, en prenant des poses de législateur lacédémonien ou de sénateur romain. C'était Sparte, Athènes, Rome ressuscitées. Au fil des discours, Louis XVI devenait tour à tour Néron, Domitien, Caligula, Sardanapale… Cela tournait au délire.

Le 7 janvier, comme écœurée de cette logorrhée, la Convention se décida à clore les débats et à renvoyer la délibération au 14. La Gironde cherchait à mobiliser les provinces en faveur de sa stratégie et à faire pression sur la Convention. Des adresses hostiles aux « agitateurs de Paris » émanaient de nombreuses administrations départementales, municipalités ou sociétés populaires. Des royalistes, des républicains modérés, surmontant leurs craintes, multipliaient les *Avis, Opinions, Réflexions, Plaidoyers* et autres brochures appelant à la clémence : emprisonnement à vie, bannissement, sursis à son jugement jusqu'à la paix… On signala quelques troubles en Vendée, en Ille-et-Vilaine et en Ardèche. Les Jacobins s'émurent en particulier d'une fête à Rosay, dans l'Eure, le 16 janvier

1793, en l'honneur de la famille royale, où l'on chanta le *Domine salvum fac regem*.

Ainsi chauffées à blanc par la presse populaire, certaines sections parisiennes, impatientes de clore le procès, rendaient des arrêts incendiaires, réclamaient une distribution d'armes, envisageant même de purger la Convention de ses tyrans, c'est-à-dire des députés girondins (ce qu'ils feront en mai 1793), et de se porter aux prisons pour y renouveler la justice populaire de septembre 1792. Au club des Jacobins, le conventionnel Louis Legendre, ancien boucher parisien, demanda de découper le corps de l'ex-souverain en quatre-vingt-quatre quartiers et de distribuer ceux-ci à chaque département, afin de servir d'engrais aux arbres de la Liberté... Un des principaux chefs de la démagogie, Le Peletier de Saint-Fargeau, représentant de l'Yonne, considérait que si le roi n'était pas condamné à mort, le peuple avait le droit absolu à l'insurrection afin « d'ôter sa confiance à ses mandataires[14] ». C'était toujours l'affrontement entre la théorie de la démocratie insurrectionnelle et le concept de représentation nationale !

Pourtant, certains s'efforçaient encore de sauver Louis XVI. Le chargé d'affaires d'Espagne en France, don José, chevalier Ocariz, au nom de Charles IV et de son premier ministre Godoy, avait obtenu, dès le mois d'octobre 1792, du banquier Le Couteulx de Canteleu une avance de 2,3 millions de livres afin d'acheter des votes favorables à la Convention (Chabot, connu pour sa vénalité, aurait touché à lui seul 500 000 livres) et de faire renvoyer le procès devant les assemblées primaires[15]. Ayant échoué, le 27 décembre, il offrit un marché à Lebrun, ministre des Affaires étrangères : en échange de la libération de la famille royale, le gouvernement de Madrid promettait une totale neutralité dans la guerre opposant la France révolutionnaire à la Prusse et à l'Autriche. Insigne maladresse qui passa pour une impertinence. Danton, de son côté, marchandait avec Dumouriez et le Premier ministre anglais Pitt une subvention supplémentaire de deux millions, moyennant quoi il s'engageait à sauver le roi par un décret de déportation. « Je m'exposerai si je vois une chance de succès, avait-il confié à Théodore de Lameth, mais, si je perds toute espérance, ne voulant pas faire tomber ma tête avec la sienne, je serai parmi ceux qui le condamneront[16]. » En Angleterre, un grand débat eut lieu à la Chambre des communes les 14 et 15 décembre pour savoir si l'on devait intervenir auprès du gouvernement français. Lord Grenville, ministre des Affaires étrangères, écarta par de belles paroles la demande de l'opposition. Le cabinet de Saint-James, trop content de voir la France affaiblie, n'avait aucune raison de soutenir en secret les partisans du roi.

Les deux premiers votes

L'heure des délibérations arriva. Le 15 janvier, les conventionnels eurent à répondre à trois questions :

« 1°) Louis Capet, ci-devant roi des Français, est-il coupable de conspiration contre la liberté publique et contre la sûreté générale de l'Etat ?

« 2°) Le jugement de la Convention nationale contre Louis Capet sera-t-il soumis à la ratification du peuple ?

« 3°) Quelle peine Louis, ci-devant roi des Français, a-t-il encourue ? »

Durant toute la journée, l'Assemblée se prononça sur les deux premières questions. A la première, sur la culpabilité, 691 députés sur 749 répondirent *oui**. Personne n'osa répondre par la négative. Comme l'avait obtenu

---

* Les chiffres du *Moniteur* et ceux du procès-verbal officiel diffèrent : 693 pour la culpabilité dans le premier cas, 683 dans l'autre. La liste imprimée à la suite du procès-verbal donne 691 conventionnels pour le *oui*. C'est ce dernier chiffre qu'il faut sans doute retenir.

Marat, le vote se faisait non au scrutin secret, mais par appel nominal, chaque député se rendant à la tribune et exprimant son opinion. Vingt-sept prirent des positions diverses et nuancées équivalant à l'abstention. Il y avait 31 absents. Au second appel, le renvoi aux assemblées primaires fut rejeté par 424 voix contre 287 et 12 abstentions. Le nombre d'absents s'était réduit à 28. Les Girondins s'étaient divisés : un quart vota contre l'appel au peuple. Gensonné, Guadet, Vergniaud optèrent pour le *oui*, Condorcet pour le *non*.

La sentence

Restait la délibération la plus longue : la sentence. La séance commença le mercredi 16 à 10 heures et demie du matin et ne prit fin que le 17 au soir, après trente-sept heures de débat. Dans les tribunes, on s'était pressé au spectacle. Les bas-côtés de la salle semblaient transformés en loge où les belles Amazones de la Montagne, les maîtresses du duc d'Orléans, en négligés tricolores, babillaient en mangeant des oranges et des petits pains. On se saluait, on chuchotait. Les autres tribunes, où flottait l'odeur mêlée du tabac, du saucisson à l'ail et de l'eau-de-vie, étaient composées de sans-culottes, de grisettes du demi-monde et de « tricoteuses » des bas-fonds. Tout ce monde était unanime pour invectiver férocement les indulgents et applaudir aux sentences de mort. A la buvette – il n'y a pas d'assemblée sans buvette ! –, les Jacobins s'étaient embusqués et apostrophaient les tièdes et les indécis. Selon Pétion, plusieurs représentants du peuple avaient reçu les jours précédents des menaces de mort. De nuit, dans une salle éclairée par quelques flambeaux qui disputaient une lumière jaunâtre à l'obscurité, creusant sur les visages les rides de la fatigue, chaque député se rendait à la tribune à l'appel de son nom, donnait le sens de son vote, assorti ou non d'une justification. Lanjuinais proposa de n'adopter la sentence définitive qu'à la majorité qualifiée des trois quarts, conformément au Code pénal. « La première violation des principes, dit-il, fait toujours marcher de violation en violation… » On ne l'écouta pas et l'on mugit lorsqu'il s'exclama : « On paraît délibérer ici dans une Convention libre ; en réalité, c'est sous les poignards et les canons des factieux ! » On en resta donc à la règle de la majorité simple, comme pour les autres lois, et l'on passa à l'appel nominal. La Haute-Garonne, désignée par le tirage au sort, vota la première, le Gard le dernier.

La mort immédiate recueillit 366 voix, soit 6 voix de majorité ; la mort avec sursis n'eut que 34 voix ; la détention jusqu'à la fin de la guerre suivie du bannissement : 319 voix ; les « fers » (les travaux forcés) : 2 voix, dont celle de Condorcet. Robespierre, David, Barère, entre autres, se prononcèrent pour la mort, suivis par des modérés comme Sieyès. Une partie de la Gironde, qui avait pourtant manœuvré en sens contraire, en fit autant, Guadet, Gensonné, Barbaroux, Isnard, Ducos, Boyer-Fonfrède, La Révellière-Lépeaux notamment… A la stupéfaction de tous, Vergniaud se rallia à l'opinion de la Montagne. Les Montagnards firent bloc. Danton, qui s'était arrangé pour ne pas paraître à Paris pendant les semaines précédentes (il s'était fait attribuer une mission en Belgique), rejoignit les partisans de la mort, comme il l'avait dit. Un des moments les plus forts fut celui où le citoyen Philippe Egalité, ci-devant duc d'Orléans, monta à la tribune. Les jolies femmes retenaient leur souffle. D'une voix blanche, il lut le petit texte qu'il avait préparé : « Uniquement occupé de mon devoir, convaincu que tous ceux qui ont attenté ou attenteraient à la souveraineté du peuple méritent la mort, je vote pour la mort. » Malgré les objurgations de ses enfants et d'Agnès de Buffon, sa tendre amie, il avait cédé à ses démons. Un murmure d'étonnement et de désapprobation, même dans les rangs montagnards, parcourut les gradins.

A l'issue de la séance, Vergniaud, président de l'Assemblée, prit la parole : « Je déclare, au nom de la Convention nationale, que la peine qu'elle prononce contre Louis Capet est celle de la mort. »

Le chevalier Ocariz avait tenté une ultime démarche en écrivant au ministre des Affaires étrangères pour lui proposer une médiation espagnole entre la France et les Austro-Prussiens, en échange de la vie sauve du roi. Mais la sourcilleuse Convention, drapée dans l'orgueil national, refusa avec indignation d'entendre lecture d'une dépêche d'un représentant étranger. En revanche, elle accepta de recevoir une dernière fois les avocats sitôt le résultat du scrutin proclamé.

Malesherbes, Tronchet et de Sèze, accablés par la sentence, épuisés par cette nuit d'angoisse, le visage blême, se présentèrent à la barre afin de lire une lettre de Louis XVI, datée du 16 janvier, qui avait prévu d'interjeter appel à la nation au cas où il serait condamné à mort. Il avait signé sa requête d'un « Louis Capet », pour ne pas indisposer les députés. Tronchet s'éleva contre la sentence qui aurait dû être prise selon la loi à la majorité qualifiée. On lui répondit que la majorité simple suffisait. Malesherbes était aussi timide que Louis XVI. Il s'avança, bredouilla quelques mots et, la gorge serrée par l'émotion, impressionné par l'immense auditoire, ne put achever. L'appel, naturellement, fut rejeté.

L'ancien ministre arriva au Temple vers 9 heures. A la vue du roi, il se précipita à ses pieds. La voix étouffée par les sanglots, il ne parvenait pas à parler. Louis, qui avait fini par croire à l'appel aux assemblées primaires (il avait même chargé de Sèze de rédiger un mémoire destiné à leur être envoyé), comprit[17]. Il releva l'avocat et le serra avec affection contre sa poitrine. Malesherbes lui remit la liste de l'appel nominal et resta une heure environ avec lui. « J'ai vu sa grande âme tout entière, écrira Malesherbes à Monsieur le 10 mars 1793, le sang-froid inaltérable avec lequel il a écouté mon récit et m'a interrogé sur quelques circonstances comme sur celles d'une affaire qui lui serait étrangère, la résignation avec laquelle il a fait le sacrifice de sa vie, et en même temps sa vive sensibilité sur le malheur de ceux qui sont condamnés à lui survivre, sa reconnaissance pour ceux à qui il croyait en devoir, et en même temps son indulgence pour ceux qui ont de grands reproches à se faire[18]. »

Louis afficha tout le jour une humeur égale. Dans la soirée, alors qu'il s'était retiré dans le petit cabinet de la tourelle, Cléry put échanger avec lui quelques mots : « Vous avez, lui dit le roi, entendu le récit de mon jugement ? – Ah ! Sire, espérez un sursis : M. de Malesherbes ne croit pas qu'on le refuse. – Je ne cherche aucun espoir ; mais je suis bien affligé de ce que M. d'Orléans, mon parent, a voté la mort... »

Malesherbes fit encore une brève visite au roi et admira « la présence d'esprit avec laquelle il discutait tout et prévoyait tout[19] ». Le vendredi 18, il ne vint pas. Louis s'en montra très inquiet. Pour passer le temps, il trouva dans un ancien numéro du *Mercure de France* une sorte de petite énigme en vers qu'il donna à déchiffrer à Cléry : il fallait deviner un mot. « Comment ? lui dit-il, vous ne le devinez pas ? Il m'est pourtant bien applicable dans ce moment, le mot est *sacrifice*. » Puis, pour la énième fois, Louis reprit dans sa bibliothèque l'*Histoire d'Angleterre* de Hume et se fit relire le récit de la mort de Charles Ier, qui l'avait obsédé toute sa vie et qui, en ces heures fatidiques, prenait une dimension pathétique.

Pendant ce temps, à l'Assemblée, comme des contestations s'étaient élevées sur les chiffres énoncés la veille, plusieurs députés n'étant pas d'accord avec les opinions qu'on leur attribuait, on décida de refaire un nouvel appel nominatif sur la troisième question, celle de la sentence. La condamnation à mort immédiate et sans condition trouva un peu moins de partisans : 361, soit exactement le chiffre requis pour obtenir la majorité absolue. Une voix en moins, et le destin aurait pu basculer[20]. Pour la mort, mais assortie d'une demande d'examen du sursis en fonction de l'intérêt public, il y eut 26 voix : c'était un vote d'indulgence qui n'osait s'affirmer comme tel, que l'on annexa abusivement à la sentence de mort sans réserve*. Les partisans effectifs du sursis, soit à la paix, soit à l'expulsion des Bourbons, soit à la ratification de la Constitution, passèrent de 34 à 46, ceux de la détention ou du bannissement tombèrent de 319 à 286, tandis qu'il restait toujours deux voix pour les fers.

Cependant, le 18, la Convention examina par appel nominal une dernière question sur le sursis à accorder à la sentence de mort. Cette requête était due à l'intervention trois jours auparavant de Jean-Baptiste Mailhe, qui aurait reçu à cet effet 50 000 livres du chargé d'affaires espagnol Ocariz. La séance ouverte à 10 h 30 du matin, sous la présidence de Barère, ne s'acheva que le lendemain samedi 19 à 2 heures après minuit. Trois cent dix voix optèrent pour le sursis, 370 contre. Celui-ci était donc rejeté. L'inter vention du cauteleux Barère avait été déterminante. D'un ton doucereux et maniéré, il avait fait valoir combien il serait inhumain de faire languir un condamné dans le couloir de la mort. Etrange, inquiétant, équivoque personnage que ce Bertrand Barère, ci-devant de Vieuzac, l'un des démiurges de l'Assemblée. Cultivé, élégant, mondain, désinvolte, cet opportuniste, qui menait grand train et qui avait fait le charme du salon de Mme de Genlis, passa subitement du camp des modérés à celui de la Montagne. Surnommé plus tard « l'Anacréon de la guillotine », il renchérira sur les mortelles sentences de son ami Robespierre, avant de se retourner contre lui le 9 Thermidor. Certains travaux récents tendraient à prouver que, comme beaucoup de ses collègues sensibles à la corruption, il aurait été grassement stipendié par l'Angleterre de Pitt[21].

Au Temple, la journée du samedi fut calme, à part la venue d'un municipal accompagné du concierge de la

---

* Cela faisait donc 387 pour la mort. Ces Conventionnels, qu'ils aient ou non voté pour le sursis, furent considérés sous la Restauration comme régicides.

tour, Jean François Mathey, un grand gaillard de vingt-huit ans avec un bonnet phrygien, qui fit un inventaire complet des meubles et des effets du prisonnier. Tous les tiroirs, livres, papiers furent examinés. Comme Mathey s'était ostensiblement mis devant le feu, empêchant Louis de se chauffer, celui-ci eut un mouvement d'impatience et lui dit avec vivacité de s'écarter. Le soir, Louis se plaignit aux commissaires de l'arrêté qui ordonnait sa garde à vue jour et nuit et demanda à voir son conseil, M. de Malesherbes, qui n'avait toujours pas reparu. Ce ne fut que le lendemain qu'il apprit par Cléry que le vieil homme s'était présenté plusieurs fois au Temple où l'entrée lui avait été refusée.

13

La mort

L'abbé Edgeworth de Firmont

Le dimanche 20, vers 2 heures de l'après-midi, on vit arriver au Temple plusieurs personnalités empanachées et enrubannées de tricolore. Il y avait là notamment Garat, président du Conseil exécutif provisoire et ministre de la Justice, Lebrun-Tondu, ministre girondin des Affaires étrangères, Philippe Grouvelle, secrétaire du Conseil, Chambon de Montaux, maire de Paris, Chaumette, procureur général-syndic de la Commune, et Santerre, commandant général de la garde nationale. Grouvelle lut au roi la sentence : « Louis Capet, dernier roi des Français », déclaré « coupable de conspiration contre la liberté de la Nation, et d'attentat contre la sûreté générale de l'Etat », était condamné à la peine de mort, celle-ci étant exécutable « dans les vingt-quatre heures à compter de sa notification ».

Louis resta de marbre. Selon Cléry, il eut un « sourire d'indignation » lorsque le secrétaire prononça le mot de *conspiration* et, aux mots *subira la peine de mort*, « un regard céleste, qu'il porta sur tous ceux qui l'environnaient ». Il pria Garat de remettre à la Convention une lettre dont il donna lecture. Il y sollicitait un délai de trois jours afin de se préparer à paraître devant Dieu et de voir librement une personne dont il indiquait le nom ; il demandait à être délivré de la surveillance permanente que lui avait infligée le Conseil général de la Commune depuis quelques jours, de voir sa famille sans garde ni témoin. Il souhaitait qu'après sa mort celle-ci pût se retirer librement où elle le jugerait bon. Enfin, il recommandait à la bienfaisance de la Nation les personnes dévouées qui lui étaient attachées, qui ne vivaient que par les pensions qu'il leur avait servies. Au moment où Garat prenait congé, Louis lui communiqua le nom et l'adresse du prêtre qu'il souhaitait voir : « M. Edgeworth de Firmont, n° 483 rue du Bac* ».

Resté seul, le roi, que les commissaires pouvaient apercevoir de l'antichambre, parut d'abord songeur, debout et immobile pendant de longues minutes. Puis il se promena de long en large, laissant deviner une certaine impatience. Rentrant dans l'antichambre, il pointa du doigt l'article 8 de la Déclaration des droits de l'homme : *La loi ne doit établir que des peines strictement et évidemment nécessaires : Nul ne peut être puni qu'en vertu d'une loi établie et promulguée antérieurement au délit et légalement appliquée.* « Si on avait suivi cet article, on aurait bien évité du désordre », dit-il à l'un des commissaires.

Au dîner, on l'informa qu'il ne pourrait désormais se servir ni de couteau ni de fourchette. « Me croit-on assez lâche pour que j'attente à ma vie ? s'indigna-t-il. On m'impute des crimes, mais j'en suis innocent, et je mourrai sans crainte : je voudrais que ma mort fît le bonheur des Français et pût écarter les malheurs que je prévois. »

Il expédia son repas en quelques minutes, coupant son morceau de bœuf avec sa cuillère. Vers 6 heures, Garat revint à la tour pour donner la réponse à sa requête : il était libre de recevoir le ministre du culte de son choix, de voir sa famille sans témoin ; la Nation, « toujours grande et juste », s'occuperait du sort de sa femme et de ses enfants ; il serait fait droit aux créanciers de sa maison.

---

* Aujourd'hui, la Maison des Missions étrangères de Paris, 128 rue du Bac.

Quant au sursis de trois jours, il était refusé. Le condamné serait donc exécuté le lendemain.

A ce dernier coup, Louis une nouvelle fois demeura impassible. Garat, qui avait amené dans sa voiture l'abbé de Firmont, avait été fortement impressionné. « Grand Dieu ! s'était-il écrié pendant le trajet des Tuileries au Temple, de quelle affreuse commission je me vois chargé ! Quel homme ! Quelle résignation ! Quel courage ! Non, la nature toute seule ne saurait donner tant de forces ; il y a quelque chose de surhumain. »

L'abbé de Firmont attendait en bas, au rez-de-chaussée, dans la salle ogivale. C'était un homme de belle prestance, au visage noble et calme, rayonnant d'une secrète majesté. Il était en habit civil noir, car le costume ecclésiastique avait été interdit au clergé parisien. Les municipaux l'avaient soigneusement fouillé, sondant jusqu'à sa tabatière pour voir si elle ne contenait pas du poison !

Henry Essex Edgeworth de Firmont, né en 1745 en Irlande à Edgeworthstown, comté de Longford, était le fils d'un clergyman anglais converti au catholicisme et réfugié en France. Elevé par les jésuites de Toulouse, il était entré au séminaire des Missions étrangères de Paris, avait été ordonné prêtre, était devenu grand vicaire de la capitale puis, le 17 mars 1791, chapelain et directeur spirituel de Madame Elisabeth[1]. Faisant partie de ceux qui avaient refusé la Constitution civile du clergé, il avait été contacté quelques jours auparavant par Malesherbes qui lui avait remis une lettre du roi le priant d'être son confesseur, au cas où la Convention l'y autoriserait. Louis XVI, qui ne le connaissait pas personnellement, lui demandait ce service comme une « grâce », mais par délicatesse lui permettait, s'il ne s'en sentait pas le courage, de lui trouver un remplaçant.

Bientôt les commissaires l'invitèrent à monter. « Ils me conduisirent, raconte-t-il, par un escalier tournant et si étroit que deux personnes avaient peine à se croiser. De distance en distance, cet escalier était coupé par des barrières, et à chacune d'elles on voyait une sentinelle en faction. Ces sentinelles étaient de vrais sans-culottes, presque tous ivres ; et les cris affreux qu'ils poussaient, répétés par les voûtes du Temple, avaient quelque chose de vraiment effrayant[2]. »

A l'étage, il trouva l'appartement du roi toutes portes ouvertes. La délégation conduite par Garat s'apprêtait à se retirer quand l'abbé entra. Le roi, conte ce dernier, « était au milieu d'eux, calme, tranquille, gracieux même ; et pas un seul de ceux qui l'entouraient n'avait l'air aussi assuré que lui ».

Quand ils furent seuls, le chapelain tomba à ses pieds, incapable de contenir ses larmes. Ce spectacle attendrit son pénitent. Et lui qui avait retenu son émotion jusque-là pleura à son tour. « Pardonnez, lui dit-il en le relevant, pardonnez ce mouvement de faiblesse, si toutefois on peut le nommer ainsi. Depuis longtemps, je vis au milieu de mes ennemis, et l'habitude m'a en quelque sorte familiarisé avec eux ; mais la vue d'un sujet fidèle parle tout autrement à mon cœur ; c'est un spectacle auquel mes yeux ne sont plus accoutumés, et il m'attendrit malgré moi. »

Les deux hommes se retirèrent dans le cabinet de la tourelle d'où les gardes ne pouvaient entendre. Le décor était sobre : un mauvais poêle de faïence, une table et trois chaises de cuir. Louis fit asseoir le confesseur près de lui. « C'est donc à présent, Monsieur, lui dit-il, la grande affaire qui doit m'occuper tout entier ! Hélas ! la seule affaire importante, car que sont toutes les autres affaires auprès de celle-là ? Mais je vous demande quelques moments de répit car ma famille va descendre. En attendant, voici un écrit ; je suis bien aise de vous le communiquer. » Il tira de sa poche un papier cacheté : c'était un exemplaire du testament qu'il avait rédigé le 25 décembre. Louis, pour bien en imprégner son interlocuteur, le lui lut deux fois. « Sa voix était ferme, raconte l'abbé, et son visage ne s'altérait que lorsqu'il prononçait des noms qui lui étaient chers. Alors, toute sa tendresse se réveillait ; il était obligé de s'arrêter, et ses larmes coulaient malgré lui ; mais lorsqu'il n'était question que de lui-même et de ses malheurs, il n'en paraissait pas plus ému que ne le sont communément les autres hommes lorsqu'ils entendent le récit des maux d'autrui[3]. »

Le récit de l'abbé a été consigné à la demande de Louis XVIII dans un but apologétique, certes – il a été publié à Londres en 1815 –, mais il n'y a pas de raison de le mettre en doute, tant il correspond à ce que nous savons, par d'autres témoignages, de l'attitude du roi dans ses derniers moments. A cela s'ajoute la réputation de grande honnêteté du prêtre irlandais.

Comme la famille royale tardait, il demanda à l'abbé des nouvelles du clergé et de la situation actuelle de l'Eglise de France. Il savait qu'un grand nombre d'ecclésiastiques avaient dû s'expatrier, notamment en Angleterre. Il s'intéressa au sort de plusieurs prélats : le cardinal de La Rochefoucauld, Mgr de Bonal et surtout Mgr d Juigné, qui s'était retiré à Chambéry, et dont l'abbé de Firmont avait été le vicaire général. « Marquez-lui que je meurs dans sa communion et que je n'ai jamais reconnu d'autre pasteur que lui… »

La conversation tomba sur le duc d'Orléans. Même à son égard, Louis manifesta une attitude de pardon. « Qu'ai-je donc fait à mon cousin pour qu'il me poursuive ainsi ?…. Mais pourquoi lui en vouloir ? Il est plus à plaindre que moi. Ma position est triste, sans doute, mais le fût-elle encore davantage, non, très certainement, je ne voudrais pas changer avec lui. »

Vers 8 heures, on annonça que la famille royale s'apprêtait à descendre. Pour respecter les dispositions contradictoires de la Convention et de la Commune, l'une autorisant le prisonnier à la rencontrer sans témoin, l'autre enjoignant aux gardes de ne jamais le perdre de vue, il fut décidé que l'entretien aurait lieu dans la salle à manger dont l'une des cloisons était vitrée. Cléry rangea la table et les chaises pour faire de la place. « Apportez de l'eau qui ne soit pas à la glace, lui demanda le roi prévenant, car si la reine buvait de celle-là elle pourrait en être incommodée. » L'abbé de Firmont resta dans le cabinet de la tourelle afin de ne pas accroître la douleur familiale.

Enfin, les voici tous réunis : la reine assise à la gauche du roi, Madame Elisabeth à sa droite, Madame Royale, âgée de quatorze ans, en face, et le dauphin, qui n'a que sept ans, debout entre ses jambes. Scène à la fois attendrissante et déchirante, dont Jean-Baptiste Mallet, de garde au Temple ce jour-là, nous a laissé un lavis, sobre mais d'un poignant réalisme (plus véridique sans doute que les compositions « greuziennes » de Jacques Hauer et de Charles Bénazech). La reine, très amaigrie, est vêtue d'une robe de toile à fond brun et petites fleurs, avec sur la tête un bonnet de linon orné de dentelle, laissant voir aux tempes ses mèches de cheveux blancs. Madame Elisabeth porte une robe longue couverte d'un grand châle à franges et un mouchoir en charlotte sur les cheveux, Madame Royale une robe avec un ruban noué dans le dos. Quant au garçonnet, il est en gilet et pantalon. A travers la cloison, on entendait les gémissements, les sanglots, les cris de désespoir. Les voix, les larmes, les lamentations, tout se confondait en une symphonie de douleur. Leur succédèrent des soupirs, de longs silences, de tendres embrassements. Sur la table, une bougie grésillait.

Selon le récit de Madame Royale, sa mère et elle avaient appris la sentence fatale par le colporteur habituel qui l'avait criée non loin de leur fenêtre. Son père lui parut bien changé. Cet homme de trente-huit ans, avait, en effet, le visage d'un quinquagénaire. Il était tel que le représente l'incisive et émouvante effigie crayonnée au Temple par Joseph Ducreux, ci-devant premier peintre de la reine, effigie conservée aujourd'hui au musée Carnavalet : traits tirés, bouche tombante, yeux fatigués, où se lisent le désespoir et la douloureuse grandeur de l'homme abandonné[4]. « Il raconta son procès à ma mère, écrit la jeune princesse, en excusant les scélérats qui le faisaient mourir ; il lui répéta qu'on voulait recourir aux assemblées primaires, mais qu'il s'y opposait, parce que cette mesure mettrait le trouble dans l'Etat. Il donna ensuite des instructions religieuses à mon frère, lui recommanda surtout de pardonner à ceux qui le faisaient mourir et lui donna sa bénédiction, ainsi qu'à moi. Ma mère désirait ardemment que nous passassions la nuit auprès de mon père ; il le refusa, en lui faisant sentir qu'il avait besoin de tranquillité[5]. »

Après un dernier au revoir au milieu des sanglots, le roi promit qu'il les reverrait le lendemain matin à 7 heures. « Adieu… adieu ! » dit-il tandis que l'on transportait dans le petit escalier en colimaçon Madame Royale évanouie.

Le roi revint vers son confesseur dans un grand état de trouble. « Ah ! Monsieur, lui confia-t-il en se jetant sur une chaise, quelle entrevue que celle que je viens d'avoir ! Faut-il donc que j'aime et que je sois si tendrement aimé ? Mais, c'en est fait ; oublions tout le reste pour ne penser qu'à l'unique affaire de notre salut ; elle seule doit en ce moment concentrer toutes mes affections et mes pensées. »

L'abbé pensait dire la messe le lendemain matin, avant le départ vers le supplice, et donner au roi une dernière communion. Il avait bien songé à lui apporter une hostie en cachette, mais y avait renoncé par crainte de la fouille et d'une possible profanation. Il fallait donc en demander l'autorisation. Louis, dont c'était le plus ardent désir, parut fort sceptique : « Je connais les hommes auxquels vous allez avoir affaire : ils n'accordent que ce qu'ils ne peuvent refuser. » Edgeworth de Firmont descendit dans la salle du conseil. Sa requête déconcerta les commissaires qui, en bons bureaucrates, cherchèrent des prétextes pour l'éluder : où trouver un prêtre ? « Le prêtre est tout trouvé puisque me voici », fit-il. Comment se procurer des ornements ? Une église voisine en fournira ; il suffit de les envoyer chercher. Et si c'était un piège pour suicider le roi ? La fouille, répliqua l'abbé, a montré qu'il ne portait pas de poison sur lui. « Si donc il s'en trouvait demain, c'est de vous que je l'aurais reçu, puisque tout ce que je demande doit passer par vos mains. » Les préventions s'apaisèrent. Mais il fallait encore délibérer. Le conseil n'étant pas au complet, on dut attendre un quart d'heure afin de trouver les absents. Enfin, la décision fut rendue : la demande de Louis Capet était conforme aux lois qui déclaraient les cultes libres. Elle lui était donc accordée. Tout devait être achevé avant 7 heures le lendemain. Les deux églises paroissiales voisines, l'église du Temple et Sainte-Elisabeth, étant fermées, la demande de divers objets de culte – calice, corporal, pale, patène, étole, nappe d'autel… – ainsi que d'une grande et d'une petite hostie fut faite à l'église des Capucins du Marais, transformée en église paroissiale sous l'invocation de Saint-François-d'Assise, après la suppression du couvent en 1791[6].

L'abbé remonta dans la tourelle pour recevoir enfin la confession du roi. Les deux hommes restèrent en prière jusqu'à 2 heures du matin, selon le récit du commissaire Baudrais[7]. Enfin, Cléry aida le roi à se déshabiller. Comme il allait lui rouler les cheveux, celui-ci lui dit : « Ce n'est pas la peine. » Puis il lui demanda de le réveiller à 5 heures. A peine fut-il couché qu'on entendit à travers les rideaux son puissant ronflement de forge. L'abbé de Firmont passa le reste de la nuit sur le lit de Cléry, tandis que ce dernier demeurait dans la chambre du roi, assis sur une chaise.

Les dernières heures au Temple

Cinq heures. Le roi se réveilla au bruit du feu que le domestique tisonnait dans la cheminée. Il fit sa toilette à l'ordinaire. Cléry l'habilla, changea sa chemise, lui mit le gilet blanc qu'il portait la veille et lui passa l'un de ses deux habits marron pâle, doublé de toile fine écrue et orné de boutons de métal doré. Sur le rebord de la cheminée Louis déposa sa montre et son anneau nuptial qu'il regarda longuement*. Puis il sortit de son habit son portefeuille, sa lorgnette, sa boîte à tabac, sa bourse et quelques menus objets.

Cléry improvisa un autel avec la commode qu'il tira au milieu de la chambre et recouvrit d'une nappe. Le roi lui demanda de servir la messe. Pendant ce temps, l'abbé revêtait la chasuble tissée d'or et d'argent et semée de bouquets multicolores. La messe commença à 6 heures. Les municipaux se retirèrent dans l'antichambre dont on garda un des battants ouvert. Le condamné à mort entendit l'office à genoux et reçut la communion avec le plus grand recueillement. C'était la fête de sainte Agnès, vierge et martyre.

Il resta quelques moments en prière après la messe, puis alla s'asseoir près du poêle pour se réchauffer. « Mon Dieu, dit-il à son confesseur, que je suis heureux d'avoir conservé mes principes ! Sans eux, où en serais-je maintenant ? Mais, avec eux, que la mort doit me paraître douce ! Oui, il existe en haut un juge incorruptible qui saura bien me rendre la justice que les hommes me refusent ici-bas. » Il était prêt.

L'abbé le supplia instamment de ne pas revoir sa famille malgré la promesse de la veille, épreuve qu'elle n'aurait pas la force de soutenir. « Vous avez raison, répondit-il tout en laissant paraître l'expression d'une profonde douleur, ce serait lui donner le coup de la mort ; il vaut mieux me priver de cette douce consolation et la laisser vivre d'espérance quelques moments de plus. »

A 7 heures, après s'être entretenu une dernière fois avec l'abbé dans la tourelle, Louis rentra dans sa chambre et, attirant Cléry dans l'embrasure de la fenêtre, lui confia, à destination du dauphin, un petit cachet portant l'écusson de France. Pour sa femme, il avait réservé son anneau de mariage ainsi qu'une enveloppe où se trou-

---

* Sur cet anneau d'or était écrit : *MAAA (Maria-Antonia Arciducissa Austriae)* et *19 aprilis 1770* (date du mariage par procuration).

vaient des mèches de cheveux de la famille. « Dites à la reine, à mes chers enfants, à ma sœur, que je leur avais promis de les voir ce matin, mais que j'ai voulu leur épargner la douleur d'une séparation si cruelle. Combien il m'en coûte de partir sans recevoir les derniers embrassements !... » Et, essuyant une larme, il ajouta : « Je vous charge de leur faire mes adieux... » Les municipaux s'étaient approchés et, voyant les objets dans les mains du serviteur, se concertèrent et décidèrent de les lui laisser provisoirement*.

Louis insista pour que l'on permît à son domestique de lui couper les cheveux. Nouvelle concertation d'une demi-heure. Le conseil finalement refusa de remettre les ciseaux demandés. « Ces gens-là voient partout des poignards et du poison, dit en souriant le roi à l'abbé ; ils craignent que je me tue. Hélas ! ils me connaissent bien mal : me tuer serait une faiblesse. Non, puisqu'il le faut, je saurai mourir. »

Le jour commençait à poindre. Paris était sous les armes depuis les premières heures de la nuit. Des affiches placardées la veille avaient annoncé l'exécution publique pour le lendemain. D'ordinaire, le bourreau officiait place du Carrousel. On avait jugé celle-ci trop étroite pour un tel spectacle. Pour la mort d'un roi il fallait une mise en scène grandiose et effrayante à la fois, un rituel collectif, en présence d'un impressionnant déploiement de troupes. Sur l'ordre du Conseil exécutif, la guillotine fut donc installée place Louis-XV, devenue place de la Révolution,

---

* Ces reliques, remises ensuite au conseil du Temple, furent audacieusement dérobées par le municipal Toulan, de garde dans la nuit du 26 au 27 janvier, qui força le tiroir de la commode où elles se trouvaient. Toulan les remit secrètement à la reine. Lorsque le même Toulan parvint à introduire au Temple le général de Jarjayes, dans le but de faire évader la famille royale, la reine les confia à ce dernier, avec un court billet signé d'elle, du dauphin, devenu Louis XVII, de Madame Royale et de Madame Elisabeth. C'est par ce canal que le dépôt parvint aux mains du comte de Provence.

entre le piédestal édifié par Chalgrin, qui avait perdu sa statue équestre du Bien-Aimé, due à Bouchardon (on l'avait envoyée à la fonte après le 11 août), et le début des allées des Champs-Elysées*. Pour être les premiers au pied de l'échafaud et avoir la satisfaction de voir tomber la « tête infâme », les Vainqueurs de la Bastille, les bataillons fédérés des Provençaux et des Brestois avaient pris les armes à une heure du matin, en accord avec le commandant de la garde nationale.

La guillotine est l'invention du docteur Joseph Guillotin, député de Paris aux états généraux. En octobre 1789, celui-ci avait demandé l'égalité des condamnés à mort devant le bourreau, en d'autres termes le supplice unique pour tous, quelle que fût leur condition. Le 1er décembre de la même année, il avait proposé l'instrument auquel devait s'attacher son nom. « Avec ma machine, avait-il dit à ses collègues, je vous fais sauter la tête d'un clin d'œil et vous ne souffrez point : vous ne sentez qu'une légère fraîcheur. » L'Assemblée avait ri et passé à d'autres travaux[8]. Mais, le 3 mai 1791, elle avait décrété que « tout condamné à mort aurait la tête tranchée ». L'instrument, dont l'idée était venue au docteur Guillotin et à d'autres, fut présenté aux députés dans sa version élaborée par le très sérieux docteur Antoine Louis, secrétaire perpétuel de l'Académie de chirurgie, qui s'était intéressé à la mise au point de cette machine à décapiter, moins barbare que l'épée longue du bourreau. Elle avait été fabriquée par un maître charpentier nommé Schmidt et expérimentée sur des moutons à Bicêtre. Adoptée par la loi du 25 mars 1792, elle fonctionna pour la première fois un mois plus tard pour un bandit de grand chemin. « D'après le rapport qu'on m'en a fait, avait dit alors Louis XVI, je ne désapprouve pas cette machine, et je la

---

* La guillotine fut dressée à 6 toises (une douzaine de mètres environ) du piédestal de la statue de Louis XV (emplacement occupé aujourd'hui par l'obélisque), en direction des Champs-Elysées, légèrement sur la droite.

préférerais à la potence qui fait souffrir le patient et qui en a manqué quelques-uns[9]. » Ce que personne ne pouvait pressentir, c'était l'utilisation spectaculaire de cet engin qui allait devenir un instrument d'épouvante, l'« autel de la patrie en danger[10] ».

Ce lundi 21 janvier, le brouillard des mauvais jours s'appesantissait sur Paris. Il faisait froid et une neige triste se mêlait à la boue. Il avait plu une partie de la nuit. L'épaisseur des murs du Temple, loin d'isoler la prison, faisait résonner jusqu'au fond des pièces les bruits insolites en provenance de la capitale. « C'est probablement la garde nationale qu'on commence à rassembler », fit le roi. Rien ne lui échappait du cliquetis des armes, du hennissement des chevaux, du roulement des canons. Sur tout le parcours une armée de 80 000 gardes nationaux avait été mobilisée, baïonnette au canon, auxquels s'ajoutaient les gendarmes et la cavalerie. Trois mille six cents hommes des légions occupaient les points stratégiques, de l'Hôtel de Ville aux Champs-Elysées, et près de 1 500 gardes nationaux protégeaient les prisons.

Vers 8 heures et demie, on entendit la cavalcade d'un détachement entrant dans la cour du Temple et la voix forte des officiers criant leurs ordres. Puis la grosse porte de chêne du bas, chargée de verrous et de barres de fer, s'ouvrit dans un fracas : c'étaient Santerre et sa troupe. « Je suis en affaire, dit le roi ; attendez-moi là, je serai à vous », et, refermant la porte de la tourelle, il se jeta aux genoux du prêtre : « Tout est consommé, Monsieur ; donnez-moi votre dernière bénédiction et priez Dieu qu'il me soutienne jusqu'à la fin. » Il se releva et rentra dans sa chambre. Comme les soldats avaient tous leur chapeau sur la tête, il demanda le sien, le tricorne avec lequel il était sorti des Tuileries le 10 août, mais orné d'une cocarde nationale toute neuve. Il s'approcha d'un municipal. C'était le farouche vicaire assermenté Jacques Roux, qui se faisait appeler le « prédicateur des sans-culottes ». Il le pria de remettre son testament à sa femme après en avoir fait lecture à la Commune. Roux lui répliqua : « Nous ne sommes pas venus pour prendre tes commissions, mais pour te conduire à l'échafaud. » Un autre municipal, Godeau, accepta de s'en charger. Louis recommanda à la Commune Cléry dont il n'avait eu qu'à se louer, désirant qu'il restât au Temple « au service de la reine…, de ma femme », rectifia-t-il. Puis, regardant Santerre : « Marchons », ordonna-t-il d'un ton ferme. A l'entrée de l'escalier, il croisa Mathey, le concierge de la tour, avec son éternel trousseau de clés : « J'ai eu un peu de vivacité avant-hier envers vous, s'excusa-t-il ; ne m'en veuillez pas. »

Au milieu des gendarmes rangés en haies, il traversa en silence la première cour, se retourna, regardant dans le ciel grisâtre la masse sombre avec ses revêches bonnets pointus. « Au mouvement qu'il fit, écrit l'abbé de Firmont, on voyait qu'il rappelait sa force et son courage. »

Après avoir franchi le corps de garde, le cortège traversa les salons du palais. Dans la cour d'honneur donnant sur la rue du Temple attendait une voiture de couleur vert bouteille. Un lieutenant et un maréchal des logis de la gendarmerie, armés de fusils, se tenaient à la portière. C'était la voiture que le maire Chambon, par souci d'humanité, avait obtenue du Conseil exécutif, à la place de la charrette du bourreau[11]. Le roi et l'abbé se placèrent sur la banquette d'honneur, les deux gendarmes sur celle du devant.

Place de la Révolution

Toutes glaces fermées, la voiture s'ébranla au bruit d'une fanfare de tambours et de trompettes. Elle était précédée de cent gendarmes à cheval, de quatre canons, suivie d'autant, et entourée de douze cents hommes des sections. A l'arrière-garde venait un détachement à cheval de l'Ecole militaire. Les boulevards traversés – boulevards du Temple, Saint-Martin et Saint-Honoré, où la circulation avait été interdite – étaient frangés d'une double, voire d'une triple rangée de gardes nationaux et de sectionnaires munis de piques (deux cents hommes par section). Le brouillard ne parvenait pas à se dissiper. Il faisait sombre et les réverbères étaient restés allumés. Il n'y avait ni badauds ni curieux aux fenêtres, les autorités ayant enjoint à la population de les tenir fermées. Comme un carrosse un jour de liesse, la voiture roulait au pas. Mais c'était un cortège lugubre, accompagné d'un roulement ininterrompu de tambours…

Assurément, on redoutait par-dessus tout un tumulte incontrôlé, une « insurrection de la pitié » en faveur de la victime. Ces derniers temps, de petits groupes de royalistes dévoués avaient redoublé d'activité. Ils avaient distribué une brochure intitulée *Bréviaire des Dames parisiennes pour la défense de Louis XVI*, œuvre de l'abbé de Salignac, chanoine du chapitre de Péronne, qui exhortait les femmes de Paris à se mêler aux dames de la Halle et à crier « Grâce ! » sur le parcours de la voiture. Un client du baron de Breteuil, ancien député de la noblesse aux états généraux, le baron de Batz, projetait une action de dernière minute, avec quelques affidés armés. L'abbé Edgeworth en avait été informé et peut-être en conservat-il l'espérance jusqu'au pied de l'échafaud. Mais la police révolutionnaire veillait. Plusieurs suspects avaient été consignés à leur domicile ou à leur hôtel garni, de sorte que peu de conjurés réussirent à gagner le lieu de rendez-vous, près de l'église Notre-Dame-de-Bonne-Nouvelle[12]. « A nous, ceux qui veulent sauver leur roi ! » cria Batz, sabre au clair, en fendant les haies des forces de l'ordre et en traversant le boulevard. Mais il ne fut suivi que par trois de ses compagnons. Après une brève échauffourée, lui, son secrétaire Devaux et le marquis de La Guiche parvinrent à s'échapper. Le dernier, dont on ignore le nom, fut sabré sur les marches de l'église Notre-Dame-de-Bonne-Nouvelle. L'événement passa inaperçu. Le seul trouble grave avait été l'assassinat, la veille, dans une taverne du Palais-Royal, du représentant montagnard Le

Peletier de Saint-Fargeau qui avait voté la mort de Louis XVI. Le meurtrier était un ancien garde du roi, Philippe Nicolas Depâris, qui parvint à s'échapper.

Tout au long de la route, le condamné lisait avec calme la prière des agonisants et récitait, alternativement avec l'abbé, des psaumes tirés d'un bréviaire. Au bout d'une heure et demie, le cortège arriva par la rue de la Révolution (rue Royale). La place était noire d'une multitude en armes : au centre, les bataillons de la section des Gravilliers, des Arcis et des Lombards ; à l'entrée des Champs-Elysées, les fédérés d'Aix et de Marseille. Des gens étaient grimpés sur les grilles des Tuileries. Il y avait sur place au moins vingt mille hommes.

La voiture s'immobilisa au milieu d'un espace vide bordé de canons et d'une rangée de dragons à cheval, avec leur casque à chenille. Deux aides-bourreaux apparurent à la portière. Le roi, mettant une main sur le genou de l'abbé, leur dit d'un ton de maître : « Messieurs, je vous recommande monsieur que voilà : ayez soin qu'après ma mort il ne lui soit fait aucune insulte ; je vous charge d'y veiller. » Comme ils ne répondaient pas, il insista. « Oui, oui, lui fit-on d'un ton bourru, nous en aurons soin ; laissez-nous faire. »

Sitôt que Louis fut descendu, trois acolytes se précipitèrent sur lui et voulurent lui ôter sa redingote. Mais il les repoussa et l'ôta lui-même. Il dégrafa sa chemise, défit les boutons jusqu'à la poitrine et dégagea son cou. Il ne garda que son gilet de molleton blanc, une culotte de drap gris et des bas de soie de même couleur. Comme un des bourreaux s'approchait avec une paire de gros ciseaux, il refusa de se faire couper les cheveux. Quand on voulut lui lier les mains, il se débattit. Cela lui paraissait, raconte Edgeworth de Firmont, un « outrage mille fois plus insupportable que la mort, par la violence que l'on semblait y mettre ». Il jeta un long regard de désespoir à l'abbé. Le confesseur garda le silence mais, comme le roi persistait, il s'écria : « Sire, dans ce nouvel outrage je ne vois qu'un trait de ressemblance entre Votre Majesté et le Dieu qui va être sa récompense. » « A ces mots, relate l'ecclésiastique, il leva les yeux au ciel avec une expression de douleur que je ne saurai jamais rendre. "Assurément, me dit-il, il ne faut rien moins que son exemple pour que je me soumette à un pareil affront." » Et, se tournant vers les bourreaux : « Faites ce que vous voudrez ; je boirai le calice jusqu'à la lie. »

Le récit de l'abbé est corroboré sur ce point par le compte rendu publié par les *Révolutions de Paris*. Louis se laissa enfin couper les cheveux sur la nuque. C'est à ce moment que l'abbé Edgeworth aurait prononcé l'apostrophe célèbre : « Fils de Saint-Louis, montez au ciel ! » Il n'est pas certain qu'il l'ait prononcée, car il n'en eut aucun souvenir. Il est vrai qu'en ces moments pathétiques son trouble était extrême[13].

L'échafaud était à 2 mètres du sol et l'escalier, fort raide. Les madriers et les poteaux étaient couleur de sang. Le confesseur aida le roi à monter les premières marches, rendues glissantes par l'humidité. Parvenu à la dernière, « d'un pas assuré et intrépide », dit l'ambassadeur Pisani[14], il traversa toute la plate-forme, entourée d'une balustrade de bois, et se porta sur le côté gauche. Il avait le visage rouge. Les mains toujours garrottées, la tête haute, il promena son regard sur la foule. « Paix, tambours… Messieurs, je demande la parole. » Il parvint à imposer silence à la cinquantaine d'instruments placés devant lui, qui n'avaient cessé de battre en attendant l'arrivée des dernières troupes sur la place. Les bourreaux étaient au nombre de cinq, dont l'exécuteur des arrêts criminels en titre, le fameux Charles Henry Sanson, ses deux frères, Charlemagne et Louis Martin, et ses deux aides, Gros et Barré*. Pendant qu'on attachait les sangles et les courroies, Louis s'écria d'une voix forte : « Je meurs innocent

---

* Charles Henry Sanson, né en 1740, mort en 1793, avait hérité de la fonction de « maître de haute et basse justice » à Paris en 1778, héréditaire dans la famille depuis un siècle.

de tous les crimes qu'on m'impute. Je pardonne aux auteurs de ma mort et je prie Dieu que le sang que vous allez répandre ne retombe jamais sur la France. » Combien purent entendre ces paroles hâtivement prononcées ? Bien peu sans doute. Plusieurs voix crièrent aux bourreaux de faire leur devoir. Un officier à cheval, en uniforme de la garde nationale, cria : « Non, non, ne le laissez pas parler ! » et, levant son épée, fit battre à nouveau les tambours et sonner les trompettes[15].

Lié à la planche verticale, le corps bascula sous le couperet. Louis releva la tête, regardant fixement la multitude. La lunette, face aux Tuileries, se ferma d'un coup bref. La lame siffla. Le plus jeune des aides-bourreaux, Gros, ramassa la tête par les cheveux qui avaient conservé leurs frisures – on eût dit une « tête à perruque[16] » – et par deux fois fit le tour de l'échafaud en la montrant au peuple. Marseillais et fédérés mirent leurs chapeaux, casques et bonnets au bout de leurs piques, en criant de joie : « Vive la Nation ! Vive la République ! Vive la Liberté ! Vive l'Egalité ! » D'autres se précipitèrent au bas de l'échafaud, inondé du sang qui coulait lentement entre les fentes du bois. Ils y trempèrent leur sabre, leur baïonnette, leur mouchoir ou même un simple morceau de papier. Un Anglais donna 15 francs à un enfant pour qu'il se faufilât et lui rapportât un mouchoir trempé du précieux liquide. « Il est bougrement salé ! » s'exclama un sans-culotte en le goûtant. Maître Sanson, étonné de cette atroce fascination, cria : « Allez donc ! je vais vous donner un baquet où vous pourrez les tremper plus aisément[17]. » Un Brestois monta sur la plate-forme et, retroussant ses manches, y plongea son bras et en aspergea les assistants en signe de bénédiction : « Frères, dit-il, on nous a menacés que le sang de Louis Capet retomberait sur nos têtes ! Eh bien, qu'il y retombe ! Louis Capet a lavé tant de fois ses mains dans le nôtre ! Républicains, le sang d'un roi porte bonheur[18] ! » « J'ai vu le soir du lundi, raconte M. de Bernard, un homme qui courait dans les rues de Paris et qui avait les joues teintes de sang, avec le même soin que les femmes mettent leur rouge un jour de parure. Sa cravate blanche en était couverte ; il le faisait remarquer aux passants, et je reculai d'effroi[19]. » Quelqu'un brandit bien haut le tricorne du roi, qu'on mit aussitôt aux enchères. La populace achetait ses mèches de cheveux pour 5 ou 10 livres, son ruban de queue (vendu un louis) ou son pourpoint brun, qu'un des exécuteurs avait jeté en l'air et qui fut débité en petits morceaux, les boutons arrachés[20]. Puis, dans l'ivresse de ce singulier baptême, on se mit à faire la fête, à s'embrasser, à danser la ronde, jusque sur le pont ci-devant Louis-XVI, construit avec les pierres de la Bastille. Selon certains témoignages, Philippe Egalité aurait assisté de loin au supplice de son cousin, puis se serait vite enfui à cheval. L'exécution fut saluée par des salves d'artillerie qui se firent entendre jusqu'au Temple où la famille royale attendait dans l'angoisse.

Tout s'était passé avec une extrême brièveté. Selon le procès-verbal, signé à l'hôtel de la Marine par deux membres du directoire du département de Paris, deux commissaires désignés par le conseil exécutif provisoire et deux autres par la municipalité, la voiture était arrivée à 10 h 20. A 10 h 22, la victime montait à l'échafaud. Une ou deux minutes plus tard, le couteau de la guillotine tombait. L'abbé Edgeworth, qui, pendant l'exécution, avait récité la prière des agonisants, descendit de la plate-forme, fendit la foule qui s'ouvrit sans résistance et alla rendre compte de tout à Malesherbes qui l'attendait chez sa sœur, Mme de Sénozan, rue Saint-Honoré.

Le cadavre du supplicié, jeté dans un panier d'osier, fut transporté dans la charrette de Sanson jusqu'au cimetière de la Madeleine, rue d'Anjou-Saint-Honoré. Deux administrateurs du département de Paris signèrent le procès-verbal d'inhumation, en compagnie du « citoyen » Picavez, curé constitutionnel de Sainte-Madeleine, et des « citoyens » Renard et Damoreau, ses deux vicaires, qui avaient vainement demandé qu'un service religieux fût célébré. Le convoi était escorté de gendarmes à pied, dont la musique jouait l'air de *Malbrouk*, et d'une foule de badauds en armes qui avaient quitté la place de la Révolution. Le corps fut mis en bière, les mains liées, la tête entre les jambes, les yeux encore ouverts. Après la prière des morts récitée par les deux prêtres, revêtus de leurs vêtements sacerdotaux, le cercueil fut descendu dans une fosse anonyme préparée à l'avance et sur laquelle on jeta un plein tonneau de chaux vive...

La grande majorité des récits de l'exécution, reproduits les jours suivants par la presse, y compris dans les journaux les moins suspects de royalisme, ont admis que le roi avait manifesté jusqu'au bout une imperturbable sérénité. Quelques relations postérieures, dont celles de Louis Sébastien Mercier et de Mercier du Rocher[21], ont cherché à brouiller cette image sereine par des détails apparemment imaginaires : « Après avoir copieusement soupé la veille et fortement déjeuné le matin », il aurait gardé jusqu'au pied de l'échafaud l'espoir d'être gracié. Voyant qu'il n'en était rien, il se serait exclamé en frappant du pied de colère : « Je suis perdu !... Je suis perdu ! » Il aurait fallu le conduire de force à la guillotine un pistolet à la tempe. Sous la lunette, il aurait poussé « un cri affreux » et se serait débattu de sorte qu'il aurait eu « non le col mais le derrière de la tête et la mâchoire horriblement mutilés[22] ».

Faut-il admettre cet instant de panique à la vue de la guillotine ? Sa pieuse humilité, sa sainte soumission lui auraient-elles fait défaut ? Psychologiquement, le fait est admissible. Devant la mort imminente, tout homme peut avoir une réaction de faiblesse. Pourtant, ces assertions paraissent peu crédibles. D'abord, il est certain que la défaillance de Louis aurait été exploitée par les révolutionnaires eux-mêmes. De la poltronnerie d'un roi ils auraient fait des gorges chaudes ! Or, c'est le contraire qui se produisit. Le 24 janvier, au Conseil général de la Commune, comme un des membres avait proposé de publier un rapport circonstancié de l'événement, Hébert s'éleva bruyamment contre cette idée : cela « mettrait sous les yeux du peuple, dit-il, l'espèce de fermeté que Louis a portée sur l'échafaud ». « Craignez, citoyens, ajouta-t-il, que le peuple ne se dépouille des sentiments de haine qu'il doit éternellement conserver pour les rois. » Une seconde objection vient de l'exécuteur de Paris en personne, Charles Henry Sanson, qui, dès le 13 février 1793, écrivait à Dulaure, directeur du journal *Le Thermomètre du jour*, pour rectifier quelques rumeurs inexactes qui commençaient à circuler. Non seulement il ne fournit aucun de ces détails macabres et romanesques, mais il n'hésite pas à faire état de son admiration devant la calme assurance du roi : « Pour rendre témoignage à la vérité, il a soutenu tout cela avec un sang-froid et une fermeté qui nous a tous étonnés. Je reste convaincu qu'il avait puisé cette fermeté dans les principes de la religion, dont personne plus que lui ne paraissait pénétré ni persuadé[23]. » Louis XVI, roi sans charisme ni prestige, qui avait su bien mal se faire respecter tout au long de son règne, avait été transfiguré par la foi, avant de l'être par la mort...

Post mortem

Sens politique du régicide

Le procès de Louis XVI ne fut ni un procès ordinaire, ni un acte de justice authentique. Mais pouvait-il en être autrement dès lors que n'existait aucune base légale à sa condamnation ? La Constitution de 1791 ne prévoyait la destitution du roi que dans des conditions bien définies. Or, ce que l'on reprochait à Louis XVI n'entrait dans aucune. L'action de la justice étant éteinte avec sa déchéance, il ne pouvait comparaître que pour des actes commis postérieurement, en sa qualité de citoyen. Il n'y avait donc aucun texte sur lequel s'appuyer !

Quant à la procédure, elle ne respecta en rien les droits de la défense. La Convention était à la fois juge d'instruction, juré d'accusation et juge du fond, le tout sans délibérations à huis clos ni sentence motivée, sans jugement prononcé à une majorité qualifiée, sans possibilité d'appel ni double degré de juridiction. Louis, seul face au tribunal du peuple – comme la bête mise à mort dans l'arène –, n'eut pas le droit de récuser certains de ses membres, ennemis notoires qui avaient fait connaître leur opinion avant l'ouverture du procès. Ses avocats, qui lui avaient été tardivement accordés, n'eurent que quelques jours pour prendre connaissance des monceaux de pièces, alors que plusieurs mois leur auraient été nécessaires. Il leur fut interdit de faire appel à des témoins à décharge. La procédure suivie était très proche de l'enquête inquisitoriale de l'Ancien Régime, que l'on avait pourtant voulu bannir à tout jamais.

Cela dit, il était illusoire de croire, contrairement à ce que pensait Condorcet, qu'il s'agissait d'une simple affaire de légalité et que le respect du formalisme judiciaire eût pu conduire à un jugement équitable. Comment la violence révolutionnaire aurait-elle pu s'ériger en droit, alors qu'elle prétendait s'élever au-dessus de lui ? Un procès où l'accusé est reconnu coupable d'avance par ses juges n'est pas un vrai procès. L'acquittement pur et simple était inimaginable : il eût signifié la condamnation de l'insurrection du 10 août et de la Convention qui en était issue.

Ce fut donc un acte politique. Comme l'a montré l'historien Ferenc Fehér, deux personnages en un seul se trouvaient en accusation : le roi Louis XVI, dans les fonctions qu'il avait exercées après 1789 dans le cadre des règles élaborées par les Constituants, et le symbole du pouvoir monarchique d'avant 1789, représentant l'Ancien Régime[1]. Ce double statut renvoyait d'une certaine manière aux « deux corps du roi », idée développée par Ernst Kantorowicz, si éclairante pour les temps médiévaux[2] : le corps naturel et périssable du monarque, assujetti à la finitude, d'un côté, son corps politique immortel, figure d'unité, incarnation du divin, de l'autre. En droit monarchique, le Prince, en tant que représentation de la continuité étatique, ne disparaissait jamais. Or, il s'agissait de tuer les deux corps. Robespierre lui-même en avait conscience lorsqu'il faisait remarquer que naguère, à la mort d'un souverain, le héraut proclamait : « Le roi est mort ! Vive le roi ! », tandis qu'à celle de « Louis le dernier » le peuple cria : « Vive la République ! » La Gironde avait plutôt concentré ses attaques sur la première figure, celle du monarque constitutionnel, alors que les Montagnards voulurent atteindre la seconde, convaincus qu'on ne pouvait se débarrasser de la monarchie sans tuer aussi le roi de l'Ancien Régime. Ce furent eux qui, quoique minoritaires, dominèrent les débats et, en définitive, donnèrent à l'événement sa pleine signification. En décapitant à la fois le corps politique du roi et son corps naturel, ils décapitaient l'institution, dissolvaient irrémédiablement le corps réputé impérissable, dans lequel s'incarnait la société organique du royaume, distendaient les liens de sociabilité et de solidarité. La personne du monarque, père de son peuple, était, comme l'écrit Myriam Revault d'Allonnes, « le dépositaire charnel de la communauté et le destinataire d'un amour dont l'effacement portait en lui la menace d'une dislocation, d'une désagrégation du social[3] ». Désormais, le pouvoir moderne ne sera plus lié à un corps. Dépersonnalisé, fondé sur la vertu absolue, l'Etat deviendra une abstraction.

La lame de Sanson n'a pas seulement décapité le roi constitutionnel. Elle a tranché le mystère de la monarchie, guillotiné le droit divin, aboli mille ans d'Histoire, sectionné le cordon ombilical de la succession dynastique ! Jaurès, l'un des rares historiens français à s'être penché sur le sens profond de cette exécution, l'a bien vu : c'est la monarchie française qui eut ses funérailles symboliques le 21 janvier. « Coup profond et décisif, et les émotions de la pitié, les passagers retours de contre-révolution ne prévaudront pas contre la force de cet acte souverain. Les rois pourront un moment revenir. Quoi qu'on fasse, ils ne seront plus désormais que des fantômes. La France, leur France est éternellement régicide[4]. »

Albert Camus, dans *L'Homme révolté*, disait que le jugement de Louis XVI marquait la désacralisation de l'Histoire et la désincarnation du Dieu chrétien[5]. La réflexion est vraie pour la désacralisation. L'autorité politique cessant de s'appuyer sur le droit divin, l'institution perdit son caractère inviolable et sacré ; Dieu fut expulsé du système politique français. Elle mérite d'être nuancée pour la désincarnation du divin : au sens strict, l'assertion est même fausse, car il n'y avait ni théocratie ni déification du monarque. Celui-ci n'occupait pas la place du Dieu trinitaire, ne s'identifiait pas à lui. Le roi de France n'était pas un nouveau Christ dans la plénitude de l'Incarnation.

Ce n'était pas non plus la religion catholique qui se trouvait atteinte dans sa substance par cet acte. Il n'en demeure pas moins que c'est bien l'ordre théologico-politique, qui la sous-tendait depuis Clovis, qui fut anéanti. Dans cette perspective, le régicide visait à arracher le masque de la transcendance à la figure royale, ce lieutenant de Dieu sur la terre, qui avait reçu l'onction, à l'instar des souverains de l'ancien Israël. « Ce n'est pas Capet qui meurt, observe Camus, mais Louis de droit divin, et, avec lui, d'une certaine manière, la chrétienté temporelle[6]. » Le régicide discréditait ainsi ce que Michelet appelait le « mystère de l'incarnation monarchique ». Tuer ce mythe, c'était précisément désincarner la part du divin qui était en lui et, au règne de la Grâce, substituer celui de la Justice. Le meurtre du roi-prêtre opérait cette implacable mise à nu qui démystifiait l'énigme du pouvoir, coupait le nœud gordien de sa fiction originelle et désenchantait le monde. « Il fallait, écrit encore Michelet, que la royauté fût traînée au jour, exposée devant et derrière, ouverte, et qu'on vît en plein le dedans de l'idole vermoulue, la belle tête dorée, pleine d'insectes et de vers[7]. » Cette mort de la royauté, le peuple l'avait « touchée, palpée et maniée dans le corps mort de Louis XVI et dans sa tête coupée[8] ».

Un acte révolutionnaire aussi symbolique ne pouvait se faire en catimini. Poignarder un roi dans la pénombre d'un couloir de son palais, par tyrannicide ou fanatisme religieux, éliminait l'homme périssable, mais laissait intact le principe monarchique. L'Histoire le prouve, de Jacques Clément à Ravaillac. Ces régicides voulaient atteindre la personne mortelle du roi, non tuer une idée ou laisser le trône vide à tout jamais. En revanche, l'exécution publique du monarque, après un jugement rendu « au nom du peuple français », était une manière décisive, radicale, irréversible de rompre avec le passé et, de ce fait, de fonder un nouveau régime, de substituer une nouvelle mythologie à l'ancienne. Cette violence inaugurale, perpétrée dans l'espace politique, devenait un acte fondateur. Souvenons-nous du fratricide Romulus et de la naissance de Rome. Comme dans les sociétés archaïques, il fallait un bouc émissaire prenant en charge les ténèbres du passé et les tensions paroxystiques de la communauté. René Girard a démonté avec minutie ce mécanisme d'immolation victimaire, jouant une fonction rédemptrice de la société[9]. De la fulguration éblouissante du couperet dans le ciel gris du 21 janvier allait surgir, espérait-on, l'ère de la liberté et de la démocratie. L'exécution devait servir, selon Robespierre, à « cimenter la République naissante ». « Louis doit mourir parce qu'il faut que la patrie vive ! » Le résultat ne fut pas à la hauteur de l'espérance. Au lieu d'unir, ce crime public déchaîna la violence et divisa comme jamais les Français. Les régicides eux-mêmes s'entre-tuèrent : 74 sur 361 furent guillotinés ou périrent de mort violente...

« Une fois que le roi a été jugé par ses pairs, la monarchie n'est plus jamais la même, écrit Michael Walzer. Elle peut survivre à mille assassinats mais non pas à une exécution[10]. » La Restauration des Bourbons en 1814, le sacre de Charles X ne seront que de pâles caricatures, incapables de renouer avec la magie de la royauté et la splendide majesté des temps anciens, inaptes à recréer le frémissement mystique, la crainte révérencielle, l'effroi sacré des peuples envers leur Prince. Louis XVIII et Charles X, « spectres légitimes », comme les qualifiera Chateaubriand !

Pour ce meurtre rituel – qui était aussi message politique et instrument d'éducation politique – il fallait une mise en scène appropriée, théâtrale et sacrée, un décorum aussi grandiose et solennel, rappelant la pompe de l'Ancien Régime. La procédure de déposition, de jugement et d'exécution de Louis fut tout cela : une destruction cérémonielle du couronnement de 1775. A l'onction de Reims répondit la décapitation, fatal découronnement orchestré en drame national. L'idée royale est bien morte le 21 janvier 1793. La preuve en est que ses successeurs, Charles X ou Louis-Philippe, devant un soulèvement populaire, prendront sagement le chemin de l'exil où ils ne seront plus que des monarques à la retraite, des rois en pantoufles.

Inutile de chercher trace de justice dans ce meurtre collectif. Le roi fut exécuté non pas tant pour ses actes que pour ce qu'il représentait, non pas tant pour ce qu'il avait fait que pour ce qu'il était. On a tué en lui un principe, celui de l'autorité héréditaire et sacrée. Y avait-il nécessité de le faire pour fonder une République libre ? On pourrait en débattre. Cette tragédie cruelle était-elle le seul processus de légitimation ? Non, sans doute. L'expérience historique le montre a contrario : si les bolcheviks ont massacré Nicolas II et sa famille, les communistes chinois n'ont-ils pas laissé en vie l'empereur Puyi, détrôné en 1945 et exerçant la simple fonction de jardinier ? En novembre 1919, les Allemands ont établi la République sans chercher noise à Guillaume II qui avait abdiqué dans un pays en plein chaos, et les Japonais, après l'effondrement du vieil empire après 1945, ont modernisé leurs institutions sans éliminer leur empereur qui pourtant portait une grande responsabilité dans les malheurs du pays. Après tout, Louis XVI, à quelques voix près, aurait pu sauver sa vie, et la République s'en serait accommodée. Le conventionnel Thomas Paine avait suggéré un exil aux Etats-Unis ; c'était peut-être le meilleur moyen pour les républicains de diviser et d'affaiblir la Contre-Révolution. Emmanuel Kant, qui a médité sur ce simulacre de justice suivi d'une exécution publique, trouvait le procédé plus odieux que le meurtre d'un roi au cours d'une insurrection, simple accident ou crime isolé[11]. « L'exécution dans les formes » est le geste ineffable, ineffaçable qui renverse tous les concepts du droit. De fait, cette sacralisation de la violence ouvrit la voie au règne de la Terreur et, à travers elle, aux procès staliniens de l'époque contemporaine, qui avilissent les juges autant qu'ils transfigurent les victimes. Cette thèse d'Albert Camus, certains historiens l'ont refusée, Michael Walzer et François Furet notamment. Pourtant, le procès du roi mit en place une effrayante mécanique judiciaire qui réapparaîtra sous la Terreur. Il sert de prototype, de tragique précédent qui ne demande qu'à être reproduit et multiplié. Au crime d'être roi succédera celui d'être noble ou prêtre, riche ou antipatriote. Comme les rois, les Vendéens seront des monstres, des bêtes féroces, voués à l'extermination. La dictature jacobine ne fera qu'élargir la théorie de Saint-Just sur le tyran placé à l'écart du contrat social et méritant d'être traité en animal sauvage et malfaisant.

En France, la légitimité démocratique souffrira longtemps de cet acte fondateur perpétré dans le sang, à côté de meurtres, comme les massacres de Septembre, les colonnes infernales ou les noyades de Nantes. Née d'une volonté d'exclusion conduisant à la guerre civile – et non d'un acte de justice –, portée par une minorité agissante, animée d'une utopie totalisante sinon totalitaire, la République mettra un siècle à s'en remettre. La chronologie longue de la phase révolutionnaire – 1770-1880 –, adoptée par François Furet, prend ici toute sa dimension. Ce n'est au fond qu'avec la « République des Jules », peu avant la fin du XIXe siècle, que naît la démocratie moderne, avec son espace public de liberté, son acceptation de la pluralité, sa tolérance. Ayant finalement triomphé dans le peuple réel, il lui faudra repenser son existence au sein d'un processus d'apaisement, d'élargissement et d'intégration. La clarification historique elle-même ne viendra que tardivement, de même que la réconciliation des Français autour de l'événement, la droite acceptant les droits de l'homme, la gauche abandonnant Robespierre, avec Lénine son fils spirituel.

La Révolution, contrairement à ce que pensaient, pour des raisons diamétralement opposées, Joseph de Maistre et Clemenceau, ne fut pas un bloc. Il est difficile d'admettre que le 10 août soit inscrit dans la logique du

mouvement de 1789 et que la Terreur soit l'aboutissement logique de la Déclaration des droits de l'homme. Le
serpent n'est pas sorti de l'œuf, il a profité des circonstances pour s'y lover. Il reste que le brutal transfert de la
souveraineté du prince à la Nation, intervenu dès le printemps de 1789, fut probablement l'une des causes essentielles du despotisme de la seconde Révolution, celle de
1792. La Convention, après la Constituante, avait hérité
des prérogatives de la souveraineté absolue, énoncées par
Jehan Bodin au xvie siècle, souveraineté sans dépendance
ni partage, et c'est ce déplacement radical qui permit
d'imaginer le procès du roi pour haute trahison, concept
inouï au regard de l'ancien droit, puisqu'il revenait à
l'accuser d'un crime contre sa propre personne, à séparer
le roi du royaume, la tête du corps... S'il est un principe
que les révolutionnaires se gardèrent bien d'abolir, ce fut
celui d'absolutisme. Sur le trône du Prince, source de tous
les pouvoirs, s'installa l'idée abstraite du Peuple, principe
de toute loi, aussitôt déifié. L'absence de frein, la disparition des corps intermédiaires, la rupture avec la morale
divine étaient un encouragement à la violence et à la dictature. L'incapacité des Constituants à trouver un compromis raisonnable entre la souveraineté monarchique et
celle de la Nation fit le reste. Personne ne s'avisa de fonder la République sur le pouvoir du droit, de réguler les
autorités constituées selon des principes supérieurs, de
donner des limites à la souveraineté populaire. Celle-ci,
au contraire, magnifiée, proclamée inaliénable, indivi-
sible, inviolable – transcendante en quelque sorte –, se
trouva dotée d'une puissance effrayante, sans bornes.
Tout autres furent les bases de la jeune démocratie américaine, moins théoricienne, moins sentencieuse, plus
pragmatique, inspirée de Montesquieu et de la tradition
libérale de John Locke, soucieuse de liberté plus que
d'égalité, préoccupée de l'équilibre des pouvoirs. Gardons-
nous d'idéaliser la Révolution d'outre-Atlantique : elle eut
aussi ses pages sombres, avec les exécutions sommaires
de loyalistes, restés fidèles à la couronne d'Angleterre, ou

ses comités de sécurité et d'inspection pratiquant la délation à grande échelle. Mais elle au moins ne dévora pas
ses enfants comme le Minotaure français ! Il y a là une
différence culturelle fondamentale. Hannah Arendt et
Georges Gusdorf, entre autres, l'ont bien montré[12].

Ainsi peut-on dire que le procès du roi a mis en relief
de façon saisissante le choc violent de deux légitimités
insurmontables, issues de philosophies et de théories
socio-politiques opposées : la toute nouvelle légitimité de
la souveraineté nationale et la légitimité royale, de droit
divin, légitimité déclinante, certes, mais qui avait prévalu
pendant des siècles de façon incontestée. La première
Révolution n'ayant pas été capable de trouver le compromis constitutionnel permettant de marier ces deux
sources, la mort des deux pouvoirs était dans la logique
de cet échec. A la souveraineté nationale se substitua la
souveraineté du peuple, exercée en fait par une minorité
agissante.

Suites du régicide

Pour bien mettre en évidence la portée politique de la
décollation publique de Louis XVI, les révolutionnaires
poussèrent plus loin encore leur volonté d'en finir avec
toute trace de monarchie. Tel fut le sens des vagues de
vandalisme et d'iconoclasme qui submergèrent en 1793 la
basilique funéraire royale de Saint-Denis, symbole s'il en
fut de la continuité dynastique. Il fallait évacuer le passé,
abolir l'Histoire, anéantir l'œuvre des siècles, curer la
mémoire, disperser la poussière même de l'ancienne
France et, dans sa pompe sacrée défiant le temps, tuer la
mort elle-même ! Louis XIV, dans son désir frénétique
d'éradiquer le jansénisme de son royaume, n'avait-il pas
montré la voie, en faisant passer la charrue sur l'humble
cimetière des religieuses de Port-Royal ?

Dès le mois d'août 1792, les grands portraits des rois avaient été souillés et lacérés dans le salon de l'abbaye. Le 23 septembre, au lendemain de la proclamation de la République, on avait détruit la chapelle ardente et la représentation funèbre de Louis XV qui, conformément à la tradition, aurait dû rester dans le chœur de la basilique jusqu'à la disparition du roi régnant. Mais les vraies déprédations ne commencèrent qu'après l'exécution de Louis XVI. Le 1er août 1793, Barère, devenu membre du Comité de salut public, s'indignait à la tribune de l'Assemblée des « porte-sceptres » qui semblaient encore oser « dans la tombe s'enorgueillir d'une grandeur évanouie[13] ». Bref, après la condamnation de la personne réelle du roi, il réclamait celle des sépultures. La Convention applaudit et décréta le jour même que « les tombeaux et les mausolées des ci-devant rois élevés dans l'église Saint-Denis, dans les temples et autres lieux dans toute l'étendue de la République, seraient détruits le 10 août prochain ».

En vertu de ce principe, dès le 2 août, les effigies royales conservées dans le trésor de l'abbaye étaient mises en pièces. C'étaient des mannequins de bois rembourrés de paille, dont les visages de cire représentaient le plus fidèlement possible les traits des souverains défunts. Ils servaient lors des funérailles royales. Du 6 au 8 août, 51 mausolées abritant 47 gisants étaient descellés et couchés dans l'herbe. Inscriptions, dates, dynasties, tous ces monuments orgueilleux devaient disparaître. Les ossements trouvés étaient enfouis symboliquement dans le cimetière des domestiques. « En trois jours, écrit Chateaubriand, on a détruit l'ouvrage de douze siècles[14]. »

Ce n'était pas suffisant : il restait les reliques des nombreux rois et de leurs proches qui n'avaient pas eu de monuments, Bourbons, Valois, Capétiens directs, Carolingiens, Enfants de France, princes et princesses du sang, grands serviteurs de la « tyrannie ». L'élégant et farouche Barère, une fois encore, montant à la tribune, s'étonna de voir les restes royaux reposer tranquillement dans des cercueils de plomb, alors que la Nation réquisitionnait tous les métaux utiles à l'effort de guerre. Du 12 au 28 octobre, 157 cercueils furent excavés et détruits. Poussières, cendres, ossements, résidus putrides et informes furent jetés dans deux immenses fosses communes, tandis que l'on récupérait soigneusement les métaux précieux des sceptres, des couronnes, des mains de justice, les dorures, les barres de fer, le plomb des cercueils. Ce souci de l'utilitaire placé au cœur du macabre était comme la réponse glacée de la nation moderne à la superstition des temps abolis.

Cette profanation voulait être un grandiose sacrilège, une désacralisation radicale, un ultime viol collectif des rois par les libres citoyens, montrant en creux, dans le vide des caveaux, le néant de leur histoire. Le 16 octobre, le jour où l'on se débarrassait des restes de la petite Sophie Hélène de France et du premier dauphin Louis Joseph Xavier François, on envoyait leur mère, Marie-Antoinette, à l'échafaud...

Restait à perpétrer un dernier régicide, celui du petit dauphin, devant qui, le matin du 21 janvier 1793, tandis que résonnaient les canons et les vivats, Marie-Antoinette s'était agenouillée en le saluant du titre de roi. Ce Louis XVII, dont le nom était brodé sur les bannières de l'Armée catholique et royale, ce petit Capet au regard sombre des enfants résignés, allait devenir l'enjeu de toutes les factions qui se disputaient implacablement le pouvoir, Giron dins, Dantonistes, Hébertistes, Robespierristes. Il fallait lui aussi qu'il mourût. La Commune l'arracha à sa mère, à sa tante et à sa sœur, confia son éducation à un fruste cordonnier qui lui apprit consciencieusement la *Carmagnole* et une bordée de jurons et de blasphèmes afin de faire de lui un vrai sans-culotte. On l'enivra, on alla jusqu'à lui faire signer contre sa mère et sa tante la plus atroce déposition qu'un esprit pervers puisse imaginer (« J'en appelle à toutes les mères », dira Marie-Antoinette indignée). Puis on le claquemura dans l'ancienne chambre de son père, au second étage de la

grosse tour, le laissant au milieu de ses ordures expier les
« crimes de sa race ».

Les Français et le régicide

Il n'est pas douteux que la mort de Louis XVI ait été
vécue par un grand nombre de Français comme un traumatisme, comme une perte de repères identitaires. Un tel
ébranlement, d'une force symbolique considérable, prenait figure de parricide puisque le roi, dans la conception
traditionnelle, était l'image emblématique du père. Acte
inversé, le régicide était la transgression de l'interdit du
meurtre du père. Chacun eut conscience du caractère irréversible de l'événement. Il n'y avait plus de possible
retour en arrière. « Nous voici lancés, disait le Conventionnel Lebas, les chemins sont rompus derrière nous, il
faut aller de l'avant, bon gré, mal gré, et c'est à présent
surtout qu'on peut dire : vivre libre ou mourir. » C'était le
saut dans l'inconnu. « Nous venons enfin d'aborder dans
l'île de la liberté, renchérissait Cambon, et nous avons
brûlé le vaisseau qui nous y a conduit[15]. » Un abîme
infranchissable séparait désormais deux mondes.

En janvier 1793, à Paris, la foi populaire en la personne
royale n'avait pas disparu, malgré tant de déceptions et
de rendez-vous manqués, malgré Varennes et le 10 août.
Certes, le lien mystique s'était évanoui depuis longtemps,
sous l'effet des Lumières, mais le charme n'était pas totalement rompu. C'était encore plus vrai en province, dans
le monde rural où subsistaient des régions entières attachées à la monarchie traditionnelle. Les événements
allaient trop vite pour déraciner les fidélités. Dans les
chaumières, bien souvent, on vénérait les rois en secret,
on conservait leur portrait. De cette fidélité souterraine
témoigne la crainte des Jacobins, à l'automne de 1792,
d'un référendum national sur le sort du prisonnier du
Temple.

La douleur muette qui régna dans la capitale le 21 janvier était sans équivoque. La ville garda ce jour-là un air d'hébétude et d'appréhension et, sur le parcours du cortège funèbre, on vit couler bien des larmes[16]. Tandis que les sans-culottes radieux péroraient et vidaient allègrement leurs chopines dans les cafés, de nombreuses personnes gémissaient sans se faire remarquer. « On n'osait au-dehors laisser lire sur son visage les sentiments de son âme, écrivait Jean-Jacques Lepitre, membre de la Commune provisoire mais royaliste de cœur. On craignait qu'un air triste et morne ne choquât l'œil défiant des scélérats et que l'apparence d'un regret ne devînt un arrêt de mort[17]. » Les visites domiciliaires, votées sur proposition de Barère, semaient l'inquiétude. C'était, comme l'a dit le libraire Nicolas Ruault, « le calme de la stupeur, de la contraction des cœurs[18] ». Les gens semblaient déboussolés, comme assommés par l'acte inouï qui venait de se perpétrer. « Chacun marchait lentement, osant à peine se regarder, écrivait Etienne Denis Pasquier, futur chancelier de Louis-Philippe, qui avait assisté à l'exécution. Le reste du jour se passa dans une profonde stupeur ; elle s'était étendue sur la ville entière... La douleur publique s'imposait[19]... » « Les promenades étaient solitaires, notait un autre témoin ; les lieux publics, désertés ou fermés ; les maisons parti culières, barricadées. On ne voyait de toutes parts que des figures pâles ou craintives[20]. » Même la Convention garda un silence gêné sur l'exécution. Elle préféra se focaliser sur le meurtre de Le Peletier de Saint-Fargeau survenu la veille. On fit de même aux Jacobins.

En ville, certes, il n'y eut ni émeute ni pillage, comme d'aucuns l'avaient redouté, mais on releva des scènes violentes ou convulsives : une femme se précipita dans la Seine du pont Notre-Dame, un perruquier de la rue Culture-Sainte-Catherine se trancha la gorge, un libraire du Palais-Royal fut pris d'une crise de folie, Cardonnet, piqueur du roi, se pendit à une poutre des Petites-Ecuries, un ancien officier, décoré de la croix de Saint-Louis, Ponceau du Saillant, mourut d'effroi en apprenant l'exécution, Chanterenne, inspecteur des Menus-Plaisirs, se donna la mort, Mme de Valdec expira dans la nuit, Mme de Gesvres tomba dans une insondable mélancolie dont elle ne se releva jamais...

Le culte du roi martyr

En France, l'opinion était bâillonnée depuis la révolution du 10 août. Afficher des idées ouvertement royalistes était un crime. Cela n'empêcha pas certains journaux révolutionnaires, rendant compte de l'exécution du roi, de marquer leur admiration devant le courage de la victime. Le ton allait jusqu'à la commisération et au regret, comme dans les *Annales de la République française* (22-28 janvier). « Louis XVI meurt innocent... », n'hésita pas à écrire *Le Véridique ou l'Antidote des journaux* en février, apportant un camouflet au verdict de la Convention. Les *Semaines parisiennes* insérèrent une « Relation des vingt heures d'angoisse qui ont précédé le *martyre* de Louis XVI ». Le martyre ! *La Feuille du matin* publia le 13 février un « Testament de Louis XVI mis en vers ». Le vrai testament, pendant ce temps, connut un grand succès, diffusé par les révolutionnaires eux-mêmes. En huit jours, plusieurs éditions furent épuisées. A côté de ces indices, ce que l'on ignorera toujours furent les prières des humbles, les cierges brûlant devant les statues de la Vierge, les messes discrètes ou clandestines dites pour le repos de l'âme du roi. Ce culte-là fut souterrain. Naturellement, les prêtres réfractaires durent être davantage sollicités que les prêtres constitutionnels, mais il est probable que ceux-ci le furent également.

A l'étranger, la nouvelle créa un choc. L'Angleterre de Pitt, qui n'avait rien tenté pour sauver Louis XVI, eut un mouvement de répulsion et d'horreur face à l'événement et à la crainte d'une contagion révolutionnaire. Le roi George III fit spécialement assembler les deux Chambres afin de solenniser l'indignation de la nation. Chauvelin, ambassadeur de France, reçut l'ordre de quitter le royaume. Un deuil fut décrété. Lenoir, dans son « Eloge funèbre de Louis XVI, roi de France et de Navarre », prononcé à Londres le 27 mars 1793, réclamait vengeance. La Russie de Catherine II et la cour de Vienne à leur tour ordonnèrent un deuil de plusieurs semaines. Le roi de Sardaigne, Victor-Amédée III, parent du défunt, qui avait marié trois de ses enfants aux frères et à une sœur de Louis XVI, assista à une messe de *requiem* et au panégyrique du supplicié. Il voulut abdiquer, mais le peuple s'y opposa et le ramena en triomphe à son palais. A Rome, où la foule avait massacré le 13 janvier précédent le secrétaire de la légation française, le citoyen Basseville, le pape Pie VI s'associa à l'éloge du roi martyr. Le roi d'Espagne marqua ses regrets et son indignation de façon énergique en déclarant la guerre à la France. Quant au comte de Provence, qui était alors à Hamm, en Westphalie, il essaya d'arracher des larmes à ses yeux secs. N'y parvenant pas, il préféra se proclamer régent du royaume... Sa lettre à son frère Artois, qu'il faisait lieutenant général du royaume, était d'un cynisme confondant : « Je tiens donc dans mes mains la nouvelle officielle de la mort du malheureux Louis XVI [...]. On m'apprend aussi que son fils s'en va mourant. Vous n'oublierez pas de quelle utilité pour l'Etat va devenir leur mort. Que cette utilité vous console... »

La première biographie du roi parut en juillet 1793 à Bruxelles. Intitulée *La Vie et le martyre de Louis XVI*, elle avait pour auteur Geoffroy de Limon, le rédacteur du manifeste de Brunswick qui n'était pas étranger à la mort du roi, et connut un succès considérable : plus de trente éditions dans toute l'Europe, à Cologne, Ratisbonne, Augsbourg, Maëstricht, Liège, Düsseldorf, Toulon, des traductions en allemand, hollandais, italien. Elle fut suivie de nombreuses oraisons funèbres, épitaphes, lettres historiques imprimées, au ton parfois grandiloquent et déclamatoire, puis d'un opus plus consistant du royaliste

F. L. C. Montjoye, *Eloge historique et funèbre de Louis XVIe du nom* (1796).

En 1800 parurent les deux premiers volumes d'une série romanesque, *Le Cimetière de la Madeleine*, dus à la plume déjà prolixe d'un jeune écrivain, J.-J. Regnault-Warin, qui contaient les souvenirs fictifs de l'abbé Edgeworth de Firmont. Cette œuvre de pure imagination, riche en intrigues et en rebondissements, avec sombres conspirations et tentatives d'évasion, pseudo-révélations et pièces apocryphes données pour authentiques, fut un best-seller. Cela inquiéta la police consulaire qui subodora une entreprise de propagande royaliste, saisit l'ouvrage et emprisonna l'auteur une dizaine de jours... au Temple, où celui-ci put trouver la matière de son troisième volume, presque entièrement consacré au procès et à la mort du roi !

Sous l'Empire, le culte de Louis XVI tout comme l'exaltation des Bourbons furent bannis. Napoléon entendant élever un nouveau système monarchique, fondé sur la souveraineté du peuple et l'égalité des citoyens, il fallait oublier, dépasser l'Ancien Régime. Il fit arrêter un imprimeur pour le simple fait d'avoir publié les planches d'un testament de Louis XVI. L'abbé Proyart, auteur d'une biographie larmoyante, *Louis XVI et ses vertus aux prises avec la perversité de son siècle,* vit son ouvrage saisi en 1808 et lui-même fut enfermé à Bicêtre. Ce qui ne signifiait pas que l'empereur refusait la réconciliation des Français. N'étant pas lié avec l'Ancien Régime, il pensait même être le seul à pouvoir le faire et il avait projeté de bâtir à l'emplacement de la Madeleine un temple de la Gloire, dédié à toutes les victimes de la Révolution, le roi et la reine compris.

Le culte de l'infortuné monarque prit évidemment toute son ampleur sous la Restauration. Les sentiments contenus éclatèrent au grand jour. Dès la fin d'avril 1814, des services solennels furent célébrés pour le repos de l'âme de Louis XVI et celle de Marie-Antoinette. A Notre-Dame de Paris, le 14 mai, l'abbé Legris-Duval prononça un

vibrant éloge funèbre, englobant toutes les victimes de la
Révolution. Il prêchait la soumission, la renonciation,
l'expiation. L'homme égaré, dit-il, « revient en pleurant
dans le sein de la religion dont l'oubli causa tous ses
maux : il redemande des lois, il rappelle ses maîtres... ».
C'est l'orgueil humain qui a congédié l'ordre divin ; la
Révolution a été une chute ; elle a détruit les principes de
la religion et de la société ; Dieu a puni les Français par la
Terreur et la guerre. Seule la confession de la faute per-
mettra à ce peuple ingrat et rebelle d'éviter de nouvelles
vengeances célestes et de retrouver le chemin de la réconciliation avec le Très-Haut. L'exemple de l'abbé Legris-
Duval fut suivi dans toute la France où les évêques prononcèrent des oraisons funèbres du même style et publièrent des mandements. Toujours en 1814, avant de quitter
Paris, l'empereur Alexandre Ier, de son côté, fit célébrer un
office orthodoxe, place de la Concorde, à l'endroit où
l'échafaud avait été dressé. Puis un *Te Deum* fut chanté en
présence de toutes les troupes d'occupation.

Les exhumations de 1815

En 1793, le cimetière de la Madeleine était un enclos
muré, bordé au sud par le jardin des Bénédictines de la
Ville-l'Evêque. C'est là qu'avaient été enterrées les 133
victimes de la malheureuse fête donnée place Louis-XV, le
6 juin 1770, pour le mariage du dauphin et de Marie-
Antoinette. Puis, on y avait conduit en grand nombre les
Suisses massacrés au 10 août ainsi que la plupart des
guillotinés de la place de la Révolution jusqu'au 24 mars
1794, au total près de 500 personnes. Après la Terreur,
l'enclos, déclassé, fut vendu le 25 juin 1796 au menuisier
Isaac Jacot et, le 3 juin 1802, à un pieux royaliste du voisinage, Pierre-Louis Olivier Desclozeaux, avocat de profession, ancien président du district du Roule. Celui-ci fit
exhausser les murs et fermer la porte donnant sur la rue
d'Anjou. Dans le carré où avait été déposé le corps du roi,

rejoint neuf mois plus tard par celui de la reine, il planta deux saules pleureurs et une charmille puis, à la Restauration, s'empressa de mettre son lopin à la disposition de l'administration royale pour y effectuer des recherches. Une enquête méthodique commença le 12 mai 1814 sous la direction de Charles-Henri, vicomte Dambray, chancelier de France. On interrogea les témoins, notamment Renard, ancien vicaire à la Madeleine, Danjou, gendre d'Olivier Desclozeaux, le juge de paix Lamaignière et son greffier Vaudremont, le fossoyeur Joly[21]...

L'exhumation commença dans la matinée du 18 janvier 1815, en présence du chancelier Dambray, du comte de Blacas d'Aups, secrétaire d'Etat, ministre de la Maison du roi, de Mgr de La Fare, évêque de Nancy, premier aumônier de la duchesse d'Angoulême, du duc de Duras, pair de France, de M. de Noailles, prince de Poix, et du docteur Distel, chirurgien du roi. Il faisait froid. Le sol était couvert de neige. Malgré ces conditions, on retrouva sans difficulté les ossements de Marie-Antoinette, à 8 pieds de profondeur. On recueillit avec émotion ses bas, ses jarretières et ses cheveux blonds. Chateaubriand était là : « Au milieu des ossements, écrit-il dans les *Mémoires d'outre-tombe*, je reconnus la tête de la reine par le sourire que cette tête m'avait adressé à Versailles... » !

On eut un peu plus de mal à découvrir les restes du roi qui avaient été enterrés plus près du mur, du côté de la rue d'Anjou, à 9 pieds de profondeur. Après un premier échec, comme la nuit tombait, on remit les recherches au lendemain. Ce jour-là, au milieu d'un mélange de chaux et de terre, écrivent les participants dans le procès-verbal, « nous avons trouvé les ossements d'un corps d'homme, dont plusieurs entièrement corrodés, étaient près de tomber en poussière. La tête couverte de chaux se trouvait placée au milieu des os des jambes, circonstance qui nous a paru d'autant plus remarquable que cette situation était indiquée comme celle de la tête de Louis XVI dans l'enquête faite le 12 mai 1814[22]... ». L'emplacement correspondait à celui attesté par plusieurs témoins oculaires. Toutefois, afin d'éviter une erreur, on prit soin de remuer tout le terrain jusqu'à 25 pieds alentour et à 12 de profondeur, afin de voir s'il n'existait pas un autre lit de chaux. Témoin du temps apparemment immobile, le duc de Dreux-Brézé était là, au pied de cette sépulture anonyme, exerçant sa charge de grand maître des cérémonies. C'était lui qui avait officié à l'assemblée des Notables et à l'ouverture des états généraux...

Le lendemain, 20 janvier, les restes du roi et de la reine, placés dans un cercueil de plomb, furent déposés au logement de M. Desclozeaux, transformé en chapelle ardente. Leur translation à la nécropole royale de Saint-Denis eut lieu dès le samedi 21, jour du vingt-deuxième anniversaire de l'exécution de Louis XVI. Tous les régiments de la garde de Paris, crêpe au bras, avaient été mobilisés. Un détachement de gendarmerie ouvrait la marche, suivi des grenadiers, des voltigeurs, de l'infanterie de ligne, musique en tête. Les tambours étaient voilés de serge noire. Les ducs d'Angoulême et de Berry précédaient dans leur carrosse le char funèbre. Des salves de canon étaient tirées toutes les minutes. Une foule immense bordait les avenues. A la basilique de Saint-Denis, où Louis XVIII venait de créer en faveur des prêtres et des évêques infirmes un chapitre royal voué à la mémoire du défunt, le service funèbre commença à midi : *Dies Irae*, oraison funèbre prononcée par Mgr Etienne-Antoine de Boulogne, évêque de Troyes, absoute. Le discours de l'évêque était si hagiographique qu'un docteur en théologie, l'abbé Jarry, dut protester dans une lettre ouverte contre des expressions aussi choquantes que celle de « nouveau rédempteur » appliquée à Louis XVI[23] ! Puis les deux cercueils furent descendus dans le caveau pendant que sonnaient toutes les cloches.

Le même jour, à l'emplacement du jardin que Desclozeaux venait de vendre au roi, on posa la première pierre d'un monument funéraire de style gréco-romain, la Chapelle expiatoire, auquel Louis XVIII et la duchesse d'Angoulême consacrèrent près de trois millions de francs. Ce monument, en forme de croix, éclairé par un puissant dôme, fut érigé par Pierre Fontaine et Hippolyte Lebas et inauguré le 21 janvier 1825. Il existe toujours. L'intérieur de la chapelle est orné d'une sculpture monumentale de François-Joseph Bosio représentant Louis XVI montant au ciel, soutenu par un ange ayant les traits de l'abbé Edgeworth, et d'une autre de Jean-Pierre Cortot figurant Marie-Antoinette, soutenue par une allégorie de la religion ayant le visage de Madame Elisabeth. L'autel de la crypte, en forme de tombeau, s'élève à l'endroit précis où l'on a découvert leur sépulture[24]. Deux prêtres y étaient chargés d'entretenir les lampes et les autels.

Il y eut d'autres projets de monuments commémoratifs, comme celui, très romantique, qui devait s'élever à l'emplacement de l'échafaud, dont parle Chateaubriand dans sa brochure *Le Vingt et Un Janvier*, dalle noire, chapelle et saule pleureur, celui de l'architecte J.-B. de Deban qui proposait d'élever à l'entrée de la place Louis-XV, au bout du quai de la Conférence, une porte monumentale qu'on appellerait la *Porte Seize*, ou celui qu'on voulait élever à « Louis le Désiré » dans la plaine de Saint-Denis. Aucun ne vit le jour. La statue dont Charles X posa la première pierre du socle, place de la Concorde, le 3 mai 1826, ne fut elle-même jamais dressée.

Les panégyristes du roi

En 1815 et 1816 le culte du roi martyr battit son plein. Ce fut une déferlante de prières, cantiques, apothéoses, complaintes, épitaphes, épigraphes, stances, poèmes, discours, notices historiques, romances, idylles, harangues, mandements d'évêques... Les académies de Dijon et de Toulouse, le journal *La Quotidienne* ouvrirent un concours pour un éloge du roi en prose ou en vers. Tous les genres littéraires semblaient mobilisés pour réhabiliter la mémoire du malheureux souverain et entretenir l'inspiration. A côté des épopées, des tragédies, odes, lettres et dialogues, dominaient les élégies et les oraisons funèbres. Cette littérature rhétorique et lacrymatoire, de valeur artistique médiocre pour ne pas dire nulle, déclinait la déploration sur tous les tons, du style néo-classique au romantisme. Elle avait surtout un but utilitaire : plaire à Sa Majesté Louis XVIII. Aussi les hommages au roi, dont on vantait la clémence et la bonté à l'image de son défunt frère, et les dédicaces à la duchesse d'Angoulême (Madame Royale) abondaient. La musique elle-même fut invitée à rendre compte de l'événement : c'est à la mémoire du roi qu'en 1816 l'opportuniste Luigi Cherubini, surintendant de la musique et maître de chapelle du roi, composa son *Requiem à la mémoire de Louis XVI* en *ut* mineur (il avait à se faire pardonner son *Chant pour le 10 août* !). L'œuvre n'atteignait pas au sublime. C'était un drame lyrique un peu confus, à la fois romantique et théâtral, assorti de fulgurances grandioses et tourmentées, plus esthétiques qu'authentiquement chrétiennes[25].

Ce courant était du reste en parfaite harmonie avec la sensibilité doloriste qui triomphait dans le catholicisme de l'époque. Il s'agissait de régénérer la France par des cérémonies mortuaires, de la faire revenir à l'ordre de la religion et de la royauté[26] ! En certaines homélies se retrouvaient les mêmes ambiguïtés théologiques qui avaient tant choqué l'abbé Jarry dans le discours de Mgr de Boulogne. « Oui, mes frères, s'exclamait l'abbé de Villefort dans son oraison funèbre prononcée à Saint-Vincent-de-Paul le 21 janvier 1815, ainsi que la croix de l'Homme-Dieu, l'échafaud de Louis doit faire régner la vertu parmi nous ; elle doit faire aimer davantage notre sainte Religion ; c'est elle qui forma son cœur ; c'est elle qui éclaira son esprit d'une lumière céleste. Le sang innocent de ce Prince va devenir, en quelque sorte, un nouvel holocauste, une nouvelle victime de propitiation entre le ciel et la France[27]. » « Le roi, renchérissait le mystique Pierre-Simon Ballanche, a racheté la France comme Jésus-Christ a racheté le genre humain. »

Le 9 janvier 1815, Raymond de Sèze (il sera fait comte en 1817) prononça un discours à la Chambre des pairs à propos de la résolution de la Chambre des députés de désavouer au nom du peuple français et à la face de l'Europe l'attentat du 21 janvier. Pour faire suite à cette adresse, Louis XVIII décida qu'« en souvenir du plus horrible attentat » un service public serait célébré dans toutes les églises du royaume, le 21 janvier de chaque année. Les ordonnances royales s'étaient gardées d'utiliser le mot « expiatoire ». Les ultras n'eurent pas cette délicatesse, insistant sur le caractère contre-révolutionnaire de ces mesures.

Le mystère de l'incarnation monarchique suppose que la sphère politique soit investie par l'affectivité. Pas de prince sans amour du prince pour ses sujets, ni de ses sujets pour lui. Un lien fusionnel les unit. Cette sacralité déchue, les royalistes de la Restauration cherchèrent à la revivifier, à la réinvestir sur le mode de la pitié, en jouant sur le registre de la compassion. Pleurer le roi martyr, c'était d'une certaine manière tenter de ressouder la chaîne des temps, de ressusciter ce lien perdu au profit du roi régnant, ce frère plein de bonté et de pardon. Sur ce plan, l'échec fut patent. Ni la douleur, ni le remords, ni le mythe sulpicien du roi martyr ne parvinrent à recréer le lien d'affection unissant les Français aux Bourbons. La fracture avait été trop importante pour permettre de rebâtir l'ordre légitime et divin de l'Ancien Régime, cette cathédrale sociale aux vitraux éclatés et aux murs effondrés.

Chateaubriand, qui avait été chargé officiellement de la pompe funèbre de 1815, trouva finalement qu'on en avait trop fait. « Il faut louer les Bourbons, écrit-il dans ses *Mémoires d'outre-tombe*, d'avoir, dès le premier moment de leur retour, songé à Louis XVI ; ils devaient toucher leur front avec ses cendres, avant de mettre sa couronne sur leur tête. Maintenant je crois qu'ils n'auraient pas dû aller plus loin. Ce ne fut pas à Paris comme à Londres une commission qui jugea le monarque, ce fut la Convention entière ; de là le reproche annuel qu'une cérémonie funèbre répétée semblait faire à la Nation, en apparence représentée par une Assemblée complète. »

A partir de 1816, la littérature laudative alla *decrescendo*. Avec la Révolution de juillet 1830, la solennité du 21 janvier disparut, et le décret de Louis XVIII fut abrogé le 1er février 1832, après un long débat aux deux chambres. Cela ne coupa pas court à la production d'apologies ou de biographies dont la valeur historique, du *Louis XVI* de L. Prudhomme à celui d'Alexandre Dumas en cinq volumes, en passant par les ouvrages de Bourniseaux et du comte de Falloux, était fort diverse[28]. Beaucoup n'étaient que de simples recueils d'anecdotes dans lesquels on intégra des témoignages directs, notamment ceux de Cléry, de Hüe ou de l'abbé Edgeworth, largement diffusés sous la Révolution ou l'Empire. On continuait aussi à écrire des drames historiques, des tragédies[29], des livres de prix, des pièces pour patronage, dont les auteurs étaient souvent des ecclésiastiques ou des femmes. Le sujet paraissait inépuisable. Le roi martyr servait à tous les usages, témoin ce livre pour enfants, paru en 1816 et réédité en 1849 et 1851, intitulé *Méthode ingénieuse ou alphabet syllabique pour apprendre à lire aux enfants, augmentée du testament de Sa Majesté Louis XVI, roi de France...*

Parallèlement, la mémoire de Marie-Antoinette, dont on avait depuis 1816 découvert le beau et noble « testament », imprimé à des milliers d'exemplaires*, avait été réhabilitée. Sous le Second Empire, parler d'elle permettait de flatter l'impératrice Eugénie qui se passionnait pour sa mémoire et avait organisé la première exposition rétrospective à Trianon en 1867.

---

* Il s'agit en fait d'une lettre écrite à Madame Elisabeth le jour de sa mort et qu'on retrouvera dans les papiers du Conventionnel Courtois.

Le culte de Louis XVI traversa le siècle. Il connut un dernier regain de ferveur au moment du bicentenaire de sa mort, en janvier 1993. A l'appel de l'écrivain Jean Raspail[30] se forma un *Comité national pour la commémoration solennelle de la mort de Louis XVI*, présidé par Marc-Antoine de Sèze. Ce comité reçut le soutien de l'« Association Louis XVI », présidée par Jacques-Charles Gaffiot, ainsi que d'un grand nombre de personnalités de l'Etat ou du monde politique, comme le général de Boissieu, François Ceyrac, Jean-François Deniau, Michel Poniatowski, Pierre-Christian Taittinger, des écrivains comme Jeanne Bourin, Jean Chalon, Michel Déon, Michel Droit, Michel Mohrt, Louis Pauwels, Maurice Rheims, Vladimir Volkoff, des acteurs comme Jacques Dufilho ou Jean-Pierre Darras, des membres du barreau comme Jean-Marc Varaut.

Après une campagne d'affichage, une veillée de prière eut lieu le 20 janvier 1993 à la basilique de Saint-Denis ainsi qu'une cérémonie le lendemain, place de la Concorde. Devant une foule émue et recueillie, Jean-Pierre Darras y donna lecture du testament du roi. Parmi les centaines de bouquets de fleurs et de gerbes déposés au lieu du sacrifice, on remarqua celle de l'ambassadeur des Etats-Unis en France, Walter Curley. Sept à huit mille personnes participèrent à l'hommage de la Concorde, en dépit d'une interdiction préfectorale de dernière minute. Malgré les réticences de l'Eglise de France à s'associer à l'événement, plusieurs prélats et évêques y prêtèrent leur concours : Mgr Armand Le Bourgeois, évêque d'Autun (qui avait revêtu à Saint-Germain-l'Auxerrois la chasuble de l'abbé Edgeworth), le cardinal Pierre Eydt, archevêque de Bordeaux, Mgr Jean Honoré, évêque de Tours (« La royauté, disait ce dernier dans son homélie, n'a depuis Louis IX, jamais été aussi haute, aussi noble, aussi sublime que dans l'événement qui met fin à sa souveraineté. »). Dans les cathédrales et basiliques, 25 messes du souvenir furent dites, et 161 dans les églises paroissiales, chapelles, prieurés, monastères, sans compter les offices protestants et orthodoxes.

A ces cérémonies religieuses n'assistaient pas seulement, comme dans les traditionnelles messes du 21 janvier célébrées chaque année à Saint-Germain-l'Auxerrois, une poignée de nostalgiques de l'Ancien Régime ou de militants royalistes. L'historien ne peut que s'interroger sur le phénomène et sa persistance à travers les régimes. Quel autre roi de France pourrait susciter une ferveur de cette ampleur ? Quel en est le sens profond ? La seule émotion, l'indignation devant la mort tragique d'un juste ou plutôt les restes du traumatisme causé par le régicide et le remords inscrit au plus profond de l'inconscient collectif ? Ce qui peut le laisser croire, c'est que la presse de grande information se fit l'écho de ces initiatives. Plus de 350 articles y furent consacrés. *L'Express* et le *Nouvel Observateur* titrèrent en première page : « Fallait-il tuer Louis XVI ? » Tandis que *L'Evénement du Jeudi* assurait apporter les preuves de la « culpabilité » de l'époux de Marie-Antoinette, l'hebdomadaire *Le Point* s'interrogeait sur « le phénomène Louis XVI[31] ».

En réalité, le souvenir ému de la fin tragique du roi a cessé d'entretenir, dans la société moderne, la nostalgie de la monarchie des temps anciens. Il n'en reste pas moins que le simple rappel historique de ce drame national dérange encore, hante les zones d'ombre de notre mémoire. On se refuse à lui donner, honnêtement, sans arrière-pensée, la place et la signification qui lui reviennent. Comme il est encombrant ce cadavre sans tête jeté au travers de notre Histoire ! En 1989, les débuts de la Révolution ont été célébrés avec faste, dans un élan à peu près unanime. La célébration du millénaire capétien deux ans auparavant avait été très consensuelle. Le président de la République, François Mitterrand, s'était rendu à la cathédrale d'Amiens pour l'occasion. Gauche et droite s'étaient retrouvées pour célébrer ensemble l'œuvre unificatrice des rois de France. Le bicentenaire de la mort de Louis XVI n'a pas créé le même rassemblement unitaire. Des enquêtes, des sondages, un référendum organisé par la chaîne de télévision TF1 en décembre 1988, à l'issue

d'une reconstitution du procès, ont permis d'interroger les
Français pour savoir si l'on aurait dû guillotiner Louis XVI.
Les réponses furent toujours négatives. Ce genre de
consultations n'a guère de sens, si ce n'est précisément de
révéler le malaise rétrospectif, causé par le régicide dans
notre inconscient national. « Maintenant que j'ai le temps
de méditer, disait Poincaré après avoir quitté l'Elysée, je
me demande si la cause de nos maux ne remonte pas à
l'échafaud de Louis XVI. »

Les tentatives de béatification

Certains, cependant, ont voulu aller plus loin que le
simple mémorial de cette page tragique de l'Histoire et
obtenir de Rome la béatification du roi, puis sa canonisation comme « martyr de la foi », tué « en haine de la religion ». Sous le choc du régicide, le pape Pie VI était allé
très loin. Dans une allocution prononcée en consistoire
secret le 17 juin 1793, il n'avait pas caché son admiration
devant l'éclatant témoignage de vertu, de ferveur et de
piété donné dans son testament. Le refus de Louis XVI
d'approuver le décret de déportation des prêtres réfractaires, sa lettre à l'évêque de Clermont, dans laquelle il
déclarait sa résolution de rétablir le culte catholique dans
ses droits sitôt que les circonstances le permettraient,
prouvaient son amour de l'Eglise. Bref, le pontife romain
ne doutait pas qu'il ait été mis à mort en haine de la foi
et pour son attachement aux dogmes catholiques. Il était
convaincu personnellement qu'il méritait le titre de
martyr[32]. Mais ce n'était qu'une opinion. Encore fallait-il
ouvrir dans les formes un procès en béatification, ce qu'il
ne fit pas.

On se souvint des révélations de Jeanne Le Royer, en
religion sœur de la Nativité (1732-1798), entrée chez les
Clarisses de Fougères, à qui le Seigneur aurait dit à la
mort du roi : « Il est glorieux » ! D'un autre côté, maints
prélats avaient à l'esprit cette Constitution civile du clergé

dont l'acceptation avait semé tant de désordres. Que Louis XVI soit revenu sur sa signature ne changeait rien. On préféra donc en rester là.

En 1820, la duchesse d'Angoulême tenta une première fois de faire ouvrir la cause en béatification de son père. Elle en parla au nonce apostolique, Vicenzo Macchi, lequel en informa à Rome le secrétaire d'Etat, le cardinal Consalvi. Mais elle se heurta à un refus poli de la Sacrée Congrégation des Rites, pour qui Louis XVI n'avait pas été « immolé par les impies en haine de la foi, mais pour des motifs d'ordre politique[33] ». Pie VII n'avait pas la même indulgence que son prédécesseur. Une seconde campagne fut lancée à la fin du règne de Charles X. Elle émanait d'un libraire catholique de Montpellier, Auguste Seguin, auteur de *Considérations sur la mort de Louis XVI pour servir à la béatification et canonisation de ce saint roi* (1829) et des *Actes du martyre de Louis XVI* (1837, réédité en 1850). Elle rencontra cette fois les réticences de la Congrégation pour la Cause des saints. Tout en admirant sa « fin glorieuse » et son « testament inspiré », les cardinaux romains, sondés par Mgr d Clermont-Tonnerre, objectèrent que « les informations indispensables qui seraient faites sur sa vie politique présenteraient un caractère de faiblesse[34] ». En d'autres termes, c'était toujours l'épineuse question de la Constitution civile qui revenait.

Sous le Second Empire, la campagne d'Amédée Burion, qui, dans son *Louis XVI martyr*, décrivait la sainte agonie de cet « *Ecce Homo* de la royauté[35] », n'eut pas plus de succès. Organisé autour de la Chapelle expiatoire et de ses desservants, le mouvement reprit au début de la IIIe République. Une commission présidée par l'abbé Glaire, vicaire général, ancien doyen de la faculté de théologie de Paris, se chargea de réunir un dossier et d'introduire la cause auprès du Saint-Siège. Une supplique au pape fut rédigée en 1874. Quatorze ans plus tard, l'abbé Ernest Rigaud, chanoine honoraire de Notre-Dame de la Santa-Casa, demandait encore la béatification du roi en même temps que la canonisation de Jeanne d'Arc, requête reprise par Victor Delaporte en 1893[36]. Au début du xxe siècle, le dossier fut rouvert par un avocat, bon spécialiste de Louis XVI, auteur d'un premier ouvrage de bibliographie sur le sujet, Armand Granel[37]. Un mémoire fut présenté à Léon XIII, lors d'une audience privée, le 6 novembre 1902.

L'Eglise, rappelons-le, n'a pas hésité à béatifier des hommes et des femmes, prêtres, religieux, religieuses ou laïcs, exécutés sous la Révolution pour leur foi : les 191 martyrs des massacres de Septembre, béatifiés par Pie XI le 17 octobre 1926, les 16 Carmélites de Compiègne, par Pie X le 10 décembre 1905, les 4 Filles de la Charité guillotinées en juin 1794, les 11 religieuses de Valenciennes, les 32 d'Orange, les 19 martyrs de Laval, les 99 d'Angers, ces derniers par Jean-Paul II le 19 février 1984, etc. En 1929, sous l'impulsion de sœur Marie-Aimée de Jésus, du carmel de Meaux, fut introduite la cause de Madame Elisabeth, guillotinée le 10 mai 1794 à l'âge de trente ans. Sa piété admirable avait spontanément frappé l'opinion qui lui attribua une multitude de grâces et de guérisons. Sa cause poursuit son cours*.

En raison de ses implications politiques sous-jacentes, l'ouverture du procès en béatification de Louis XVI aurait pris, évidemment, une autre coloration. Ceux qui le souhaitaient étaient en majorité des royalistes, cherchant la condamnation en bloc par le Saint-Siège de la Révolution française, comme fondamentalement antichrétienne, pensant en faire, ainsi que l'écrivait Antoine Lestra dans *L'Action française* du 21 janvier 1912, un « signe d'expiation des crimes révolutionnaires ». Après le Ralliement, un tel geste aurait pris une saveur de revanche ! En 1916 encore, l'abbé Auguste Delassus soumettait à l'épiscopat

---

* Parmi les proches de Louis XVI, on relèvera que sa sœur, Marie Clotilde de France, reine de Sardaigne, morte à Naples en 1802, a été déclarée vénérable de même que sa tante, Louise Marie, devenue carmélite sous le nom de Thérèse-Augustine.

français et au Saint-Siège deux thèses sur la béatification du roi[38].

Pour ténu qu'il soit, le mouvement n'a pas totalement disparu de nos jours. En 1991, les deux hagiographes sourcilleux Paul et Pierrette Girault de Coursac ont publié un « Mémoire pour la canonisation de Louis XVI[39] », reprenant les arguments appropriés : l'innocence de la victime, son exécution en haine de la foi (*In odium fidei*), la confession de sa foi par les moyens de la souffrance (*Confessio fidei ex parte passorum*), sa persévérance finale. Le point le plus délicat de la cause reste évidemment la démonstration à apporter que Louis XVI est bien mort en « haine de la foi catholique ». C'est là que gît la difficulté, car cela reviendrait à escamoter la dimension politique de cette tragédie, pourtant essentielle.

C'est d'ailleurs cette dimension politique qui a limité l'essor du culte du roi martyr : contrairement à saint Louis dont on ne dissocia pas la royauté de la sainteté, c'est le chrétien exemplaire surtout qui fut exalté en Louis XVI. C'est peu dire que les royalistes ne l'ont jamais beaucoup aimé. Ils lui reprochaient son manque d'énergie, ses hésitations constantes, son caractère influençable, ses mauvais conseillers, ses choix exécrables, bref son incapacité à régner ; ils le rendaient pleinement responsable de la catastrophe finale. Ils lui en voulaient d'avoir laissé détruire les privilèges. Ils ne retenaient que les aspects négatifs de son règne, rejoignant en cela les clichés de l'historiographie républicaine. Ainsi s'explique que le régicide n'a pas donné lieu, comme dans l'Angleterre de Cromwell, à un vrai culte de la victime, avec ses litanies incantatoires et ses appels à la vengeance. *Remember !* avait dit Charles Ier à l'évêque Juxton, quelques instants avant d'être décapité. Les fidèles s'étaient souvenus. Rien de tel en France. Le sang ruisselant de l'échafaud de la place de la Révolution n'a pas soulevé le peuple royaliste. L'insurrection vendéenne elle-même ne s'est pas déclenchée à la suite de cette exécution mais de la levée en masse décrétée par la Convention. Malgré ses vertus, sa bonté naturelle, son souci constant du bonheur de ses sujets, son sens de la modération, Louis XVI ne fut jamais considéré comme un modèle de roi. Méprisé des émigrés et des aristocrates, qui s'évertuèrent à le dépouiller des derniers restes de pouvoir que lui avaient laissés les Constituants et qui portent une responsabilité indéniable dans sa mort, il le fut également des ultras de 1815 – à vingt-cinq ans de distance, c'étaient souvent les mêmes –, puis des légitimistes de 1830. Tout au long du XIXe siècle il laissa un souvenir ambigu, celui d'un monarque dont on plaignait sincèrement l'abominable sort, mais que l'on ne vénérait ni n'admirait en tant que souverain. L'image contestée des trois petits-enfants de Louis XV, Louis XVI, Louis XVIII et Charles X, conduisit les monarchistes du XIXe siècle à chercher de lointaines références dans un passé plus glorieux qu'ils idéalisèrent et déformèrent : saint Louis et Henri IV, le Moyen Age revisité par le romantisme, eurent leurs préférences. Plus tard, Charles Maurras, Léon Daudet et les militants de l'Action française, si préoccupés du « politique d'abord », se gardèrent de placer le dernier roi de l'Ancien Régime dans leur Panthéon. A titre de défense et illustration de la monarchie, ils lui préféraient très nettement Louis XIV, le Grand Siècle et sa gloire. Tel fut le destin constant du petit-fils de Louis XV de ne jamais être reconnu par les siens. Son destin et son drame.

Conclusion

Louis XVI est un roi atypique et déroutant. Du fait que son règne s'est achevé aussi tragiquement, laissant le pays dans les convulsions et le chaos, il paraît difficile de dresser, comme pour un règne ordinaire, un bilan équilibré, avec un actif et un passif. Si l'on veut porter un jugement nuancé, une mise en perspective chronologique s'impose, avec la distinction de deux périodes qui, en apparence, ont peu de rapports entre elles.

De 1774 à 1787 prévaut une impression de relative réussite. Sans doute la France n'éprouvait pas partout la « douceur de vivre », mais elle n'était pas malheureuse. Le pays était prospère. Malgré quelques foucades climatiques et une démographie prolifique, il ne connaissait nulle part la misère profonde, et moins encore la famine. La politique étrangère menée par Vergennes, mais aussi, on ne saurait l'oublier, par le roi en personne, le succès de la guerre d'Amérique avaient redonné fierté à l'orgueil national. Le monar que était aimé, à preuve sa popularité lors de son voyage en Normandie. Bref, s'il était mort prématurément en 1787, il aurait été considéré à ce moment comme un roi bon, mesuré, un nouvel Henri IV.

Pourtant, les difficultés s'étaient déjà amoncelées : le rappel des parlements – erreur originelle – avait mis en évidence la vigueur de l'opposition nobiliaire et aristocratique ; la guerre d'Amérique avait épuisé les finances ; la reine, après l'affaire du Collier, était devenue définitivement impopulaire. Au sommet du pouvoir, certains phénomènes paraissaient inquiétants : l'influence malheureuse de Marie-Antoinette, le poids grandissant des coteries et des clans, la désunion constante du Conseil du roi, l'instabilité ministérielle grandissante, tout particulièrement au Contrôle général, la multiplication des tentatives de réformes, arrêtées à cause du front des privilégiés, mais aussi du caractère versatile du roi et de son refus jaloux de prendre un Premier ministre qui l'aurait dominé, alors que lui-même s'avérait incapable d'exercer cette fonction. Tout avait été essayé : l'absolutisme éclairé avec Turgot, la monarchie aristocratique avec Necker, la monarchie administrative rénovée avec Calonne. Ce réformisme désordonné, ces désaveux cinglants, ces allers et retours stupéfiants, ces renversements constants de politique agissaient comme autant de coups de boutoir contre une institution déjà usée et décrédibilisée. Dans sa sincère volonté de réforme, Louis XVI, comment le nier, a largement contribué à ébranler son trône.

Le basculement se produisit en 1786-1787 avec le rejet du plan de Calonne par l'assemblée des Notables. On entre alors dans une nouvelle phase qui conduit tout droit à la Révolution. La Révolu tion royale, ardemment souhaitée par Louis XVI, se heurta de plein front aux privilégiés, comme le remarque Chateaubriand : « Les plus grands coups portés à l'antique Constitution le furent par des gentilshommes. Les patriciens commencèrent la Révolution… » Plutôt que la Révolution c'était une Contre-Révolution dirigée contre la volonté modernisatrice du roi. Cette Contre-Révolution dura jusqu'à l'automne de 1788, date à laquelle, à la suite du refus hautain du doublement du tiers état par le parlement de Paris, le front patriotique se brisa.

Il faut se garder de projeter rétrospectivement une lecture téléologique sur le règne et faire des événements de 1789 à 1792 son aboutissement fatal. Malgré les signes avant-coureurs, l'Histoire, en effet, n'a rien de linéaire, d'inéluctable, comme les historiens en ont eu souvent l'illusion. Il est stérile de croire au strict déterminisme des événements, nés certes de l'enchaînement d'une pluralité de causes profondes, mais aussi de minuscules hasards. L'accidentel, le fortuit n'entrent pas nécessairement dans l'engrenage irrésistible des faits. On observe qu'à chaque tournant il existait des chemins de traverse, des options différentes, des ouvertures possibles, mais vite abandonnées. Même si la confrontation entre l'évolution des mentalités et la rigidité des structures d'un autre âge appelait des changements, dans ce qu'on pourrait appeler le champ des possibles quelque chose d'autre, de moins dramatique et de moins sanglant, aurait pu éclore. C'est une série d'inflexions malheureuses, combinées à une suite assez phénoménale de malchances et à l'incapacité du roi à réagir qui ont conduit à la violence révolutionnaire.

Jamais davantage qu'avec le règne de Louis XVI on éprouve la tentation de refaire l'Histoire, de rectifier les erreurs, de chercher à quel moment le bon tournant aurait dû être pris. Les interrogations se multiplient jusqu'à la chute finale. Que se serait-il passé si le roi n'avait pas rappelé les parlements en 1774 ? S'il avait gardé le triumvirat ? S'il avait choisi Machault d'Arnouville plutôt que Maurepas ? S'il ne s'était pas lancé dans la guerre contre l'Angleterre ? S'il était parti avec les fédérés le 14 juillet 1790 ? Si l'année suivante il s'était rendu plus tôt à Montmédy, s'il n'avait pas traîné en route, s'il avait trouvé le relais de hussards à Pont-de-Somme-Vesle ou à l'entrée de Varennes ? S'il s'était échappé des Tuileries quelques jours avant le 10 août ? S'il avait adopté une attitude énergique et déterminée lors de l'assaut du château ?

Une donnée est certaine : la société d'ordres était à bout de souffle, tout comme l'absolutisme qui lui était consubstantiel. Tous deux étaient irrémédiablement condamnés. Epuisée, la monarchie d'Ancien Régime aurait pu dire comme le centenaire Fontenelle : « Je me sens une difficulté d'être[1]. » La liberté, l'égalité des droits, bref les bases de la société moderne s'imposaient, et la grandeur de Louis XVI est d'en avoir eu conscience assez tôt, malgré une éducation étroitement traditionaliste. Il a cherché, peut-être maladroitement, mais sciemment, à les promouvoir. Il a aboli la mainmorte, le servage dans ses domaines, promulgué un statut pour les protestants, adopté des mesures en faveur des Juifs. La révolution égalitaire était en marche, et la monarchie avait tenté d'en prendre la tête avec Calonne.

La disparition de l'Ancien Régime était inévitable et la grave crise économique de 1788-1789 amplifia les bouleversements sociaux, mais la transition aurait pu se faire autrement, sans convulsions aussi terribles. Toute la question est de savoir si la monarchie, engluée dans la vieille société d'ordres et qui avait perdu depuis trois quarts de siècle la maîtrise de l'évolution sociale et le contrôle des corps intermédiaires, était encore apte à mener à bien les transformations institutionnelles indispensables.

Peut-être en mai 1789 le roi, s'appuyant sur le tiers état et la fraction la plus ouverte du clergé et de la noblesse, aurait-il pu reprendre l'initiative et bâtir avec la représentation de la Nation une constitution équilibrée ? Dans cette hypothèse, Louis XVI, assurément, eût été le meilleur roi possible pour la Révolution – meilleur que ses frères Provence et Artois –, capable de réaliser la synthèse entre tradition et modernité. Son inertie, aussitôt après la réunion des états généraux, liée aux manques de vues politiques de Necker mais aussi à la maladie du premier dauphin, à son aboulie, à son découragement devant son insuccès chronique, la grave erreur de la séance royale du 23 juin ont certainement empêché l'éclosion pacifique d'une Révolution à l'anglaise, ce « régime mixte », selon la conception d'Aristote et de saint Thomas d'Aquin, qu'appelait de ses vœux une très grande partie du pays. A l'encontre de cette éventualité, il faut noter toutefois que la Nation avait envisagé tout au long du XVIIIe siècle son existence indépendamment de la Couronne. Pouvait-elle s'affirmer comme entité politique, à la fois unifiée et souveraine, et laisser au roi, au moins fictivement, le principe de la souveraineté ? On ne le saura jamais. De la haine de la figure royale en tant qu'incarnation du mystère de l'Etat découla en tout cas l'impuissance constante des révolutionnaires à définir le statut du pouvoir politique et à l'organiser, pouvoir perçu comme opaque et corrupteur par nature, incompatible par conséquent avec la transparence et la vertu dont ils se réclamaient. Louis XVI a été la première victime d'une grande crise qui s'est étendue sur cent soixante-dix ans et a traversé, mis à part le système impérial, tous les régimes jusqu'à la fondation de la Ve République, cette monarchie républicaine : l'incapacité du pouvoir constituant à concevoir le pouvoir exécutif autrement que subordonné à l'omnipotence de l'Assemblée nationale. De tous les Bourbons, Louis XVI était peut-être le seul capable de couronner la Révolution, mais la Révolution n'a pas voulu de lui…

Tout se joua très vite au printemps de 1789 avec l'accaparement de la souveraineté nationale par les états généraux qui se proclamèrent Assemblée nationale constituante. On entre alors cette fois dans l'engrenage des événements qui s'enchaînent les uns aux autres, avec une implacable et navrante fatalité, et conduisent au désastre.

En vérité, rien, absolument rien ne permet d'étayer l'idée selon laquelle, après le 17 juin 1789, Louis XVI aurait pu enrayer un mouvement aussi puissant que la Révolution française, eût-il été doté d'une personnalité de fer. Après le 14 juillet, l'armée n'était plus sûre, les provinces étaient progressivement gagnées. Aussi le succès de l'expédition de Varennes, trop tardivement conçue, est-il difficile à envisager. Malgré sa répugnance, le roi aurait été contraint de passer à l'étranger, et peut-être y aurait-il fini sa vie en exil. Une fois déclenché le cyclone, le processus d'autodestruction, de lutte frénétique des factions devait aller jusqu'à son terme, avant de rencontrer l'épée de Bonaparte. Lui-même sur le moment n'aurait probablement rien pu faire pour contenir les débordements. L'explosion était trop violente. Des héros admirés, reconnus par l'opinion, comme La Fayette ou Dumouriez, ne réussirent pas à entraîner leurs troupes contre l'Assemblée en 1792 et en 1793.

Les pouvoirs forts, dictatoriaux, s'effondrent rarement d'eux-mêmes. Leur mise en cause naît généralement au moment où leur nature autoritaire tend à s'atténuer par une pratique plus conciliante, par une censure moins sourcilleuse. La porte s'entrouvre et le vent de la liberté s'engouffre. Le règne de Louis XVI était mûr à cet égard. C'est ici qu'intervient la relation entre la faiblesse de caractère du monarque et le déclenchement d'une Révolution. Charles Ier en fit l'expérience. Mme Carrère d'Encausse a esquissé un rapprochement stimulant entre Nicolas II et Louis XVI[2].

A ce dernier on peut reprocher à bon droit sa faiblesse entêtée, son caractère dépressif surtout après 1787, sa tétanie devant l'événement, son absence de charisme, son incapacité à se comporter en chef militaire, son choix de l'opinion au détriment du bien commun, son angélisme confondant morale privée et politique, son rejet de la violence d'Etat, qui fit le lit de la violence tout court, son pacifisme refusant la guerre civile, qui condamna finalement le pays à la subir. Croyant épargner le sang du peuple, ne porte-t-il pas la responsabilité de l'avoir fait couler en abondance ? En politique, la bonté désarmée mène à la catastrophe. Chez un prince, la lecture de Fénelon ne dispense pas de celle de Machiavel... « La perfection évangélique, écrira Charles de Gaulle, ne conduit pas à l'empire. »

On sait combien Louis aimait le peuple, combien il désirait son bonheur, son épanouissement, qu'il préférait à sa propre gloire. Il se voulait en étroite communion avec les humbles et les déshérités. Il espérait toujours gagner l'amour de ses sujets, sentir leur cœur battre à l'unisson du sien. Mais il n'avait pas l'instinct des foules. Il ne parvenait pas à séduire, ni à parler, ni à haranguer, ni à saisir les mouvements de l'opinion. Il eût été volontiers démagogue s'il avait su communiquer ; il ne le savait pas. Jamais il ne comprit la force d'un mot, la puissance symbolique d'un geste, l'efficacité d'une mise en scène. Erreur d'éducation, assurément, mais quel prince, élevé dans la tradition, aurait été apte à saisir d'instinct les formes nouvelles de la communication ? Cette impuissance à établir un contact avec le peuple, hormis à Cherbourg, fut certainement l'une des grandes lacunes de son règne, dont il paya les conséquences au prix le plus élevé. Le baron de Vioménil, qui était resté à ses côtés le 10 août, s'exclama ce jour-là : « Avec un pareil homme, il n'y a rien à faire ! Il paralyse ses meilleurs serviteurs. » Louis XVI voulait être le père de ses peuples ; c'était pourtant l'autorité d'un père qui manqua à la Révolution. L'autorité politique s'était liquéfiée.

La dimension spirituelle du personnage ne saurait non plus être négligée. Comment nier que, partant d'une piété honnête mais moyenne, il ait été poussé au dépassement de soi-même par une foi ardente ? Cet abandon providentiel lui a permis, avec une résignation et une abnégation admirables, d'aller jusqu'au bout du courage et de la dignité. On ne saurait contester sérieusement son élévation d'âme ni la sublime grandeur de sa fin. Ce n'est pas un saint de vitrail, certes. Il a erré là où, en tant que prince chrétien, il aurait dû dès le départ montrer plus de discernement et de fermeté. Mais cette montée au calvaire, pleinement vécue, ce martyre accepté, donné en sainte oblation, comme une imitation de Jésus-Christ, sont profondément émouvants et restent, dans le secret et le mystère de cette conscience droite et honnête, son plus beau titre de gloire. Aux yeux de l'Histoire, là est sans doute sa vraie grandeur : l'homme, ô combien, a racheté le roi.

Reste une dernière énigme. Louis est-il mort en chrétien fidèle ou en Roi Très-Chrétien ? A son valet de chambre Hüe il avait confié : « Je ne suis qu'un homme qui souffre. Le monarque est absent. » Mais à son fils il faisait réciter une prière pour le « roi, son père ». A Malesherbes, lors de sa dernière visite, il avait dit : « Le roi ne meurt pas en France », témoignant bien qu'il croyait à la pérennité de la monarchie. Dans son testament, pourtant, l'ambivalence subsiste. D'un côté, il s'intitule « roi de France », se considérant, malgré sa déchéance proclamée, marqué de façon indélébile par le sceau du droit divin ; de l'autre, il ne paraît pas souhaiter que son fils ait le « malheur » de lui succéder un jour. Alors, lorsqu'au pied de l'échafaud il accepte de boire le « calice jusqu'à la lie », vit-il sa mort comme un martyr ordinaire, si l'on peut dire, ou bien comme l'Oint de Dieu, la figure royale du Christ incarné, le roi-prêtre, l'icône davidique de la divinité, d'une espèce différente du commun des mortels ? Ce qui inciterait à pencher pour cette seconde interprétation sont ses dernières paroles, priant Dieu d'épargner à son peuple les malheurs que son exécution pourrait déclencher. Ainsi semblait-il conjurer la vengeance céleste du meurtre de sa personne sacrée, rappelant la phrase de Jésus à propos de ses bourreaux : « Père, pardonne-leur, car ils ne savent pas ce qu'ils font ! » A la vérité, il a gardé cet ultime secret.

Là sans doute réside la suprême ambiguïté de cet homme, si complexe, si introverti, si impénétrable, qui, sous des dehors simples, modestes, débonnaires, faciles à caricaturer, voulut rester pour tous une énigme non déchiffrée. On se souvient qu'il avait dit un jour à Malesherbes : « J'aime mieux laisser interpréter mes silences plutôt que mes paroles… » Phrase qui nous renvoie à l'aphorisme de Maurice Maeterlinck : « Les âmes se pèsent dans le silence comme l'or et l'argent se pèsent dans l'eau pure. » Peut-être, à cette aune-là, l'âme de Louis le Taciturne, dernier roi de la vieille monarchie française, aura-t-elle pesé plus qu'on ne l'a cru.

Notes

ABRÉVIATIONS

AN : Archives nationales
AE : Archives du ministèrre des Affaires étrangères
Arsenal : Bibliothèque de l'Arsenal
BnF : Bibliothèque nationale de France
Fr. : Fonds français
Mss. : Manuscrits
NAF : Nouvelles acquisitions françaises

CHAPITRE 1

1. BnF, Cabinet des Cartes et Plans, Rés. Géo. B 1179 ; Paul et Pierrette GIRAULT de COURSAC, *Le Voyage de Louis XVI autour du monde. L'expédition La Pérouse*, op. cit., pp. 22-23.

2. Jeanne-Marie GAUDILLOT, *op. cit.*, p. 39.

3. *Descriptions des travaux hydrauliques de Louis-Alexandre de Cessart*, publié par Dubois d'Arneuville, A.-A. Renouard, Paris, 1806-1808, 2 vol., T. II, pp. 294 et suiv.

4. Jeanne-Marie GAUDILLOT, *op. cit.*, p. 44.

5. *Correspondance secrète inédite sur Louis XVI, Marie-Antoinette, la Cour et la ville, de 1777 à 1792*, op. cit., T. II, p. 55.

6. Archives municipales de Cherbourg, Mss. AM BB5, cité par Paul et Pierrette GIRAULT de COURSAC, *Guerre d'Amérique et liberté des mers...*, op. cit., p. 524.

7. Jeanne-Marie GAUDILLOT, *op. cit.*, p. 45.

8. Paul et Pierrette GIRAULT de COURSAC, *Guerre d'Amérique et liberté des mers*, op. cit., p. 25.

9. AN, Marine, B3-776.

10. L'idée en avait d'abord été émise par Turgot qui avait demandé à d'Ormesson un rapport à ce sujet (« Mémoire et projet d'édit pour l'éta-

blissement d'une subvention territoriale », 24 février 1775, AN, 144 AP 132, dossier 3-2). Calonne et son équipe avaient perfectionné le projet.

11. John HARDMAN, *Louis XVI*, *op. cit.*, p. 107.

12. Michel VOVELLE, *La Chute de la monarchie, 1787-1792*, Seuil, Paris, 1972, p. 90.

13. Papiers Calonne, AN, 297 AP 3, 91 et 97.

14. Calonne au roi, 31 août 1786, AN, K 677, 103.

15. *Mémoires du comte Ferrand*, Paris, 1897, p. 5.

16. Cette série de lettres se trouve aux Archives nationales (K 163-8).

17. Miromesnil à Louis XVI, 28 décembre 1787, AN, K 163, 8, 22.

18. Comte de BRIENNE et LOMENIE de BRIENNE, *Journal de l'Assemblée des Notables de 1787*, éd. Pierre Chevallier, Klincksieck, Paris, 1960, pp. 46 et 50.

19. Duc de CASTRIES, « Fragments du *Journal* de l'abbé Véri », *Revue de Paris*, nov. 1953, pp. 84-85.

20. *Archives parlementaires de 1787 à 1860*, éd. Madival et Laurent, P. Dupont, Paris, 1879, T. I, p. 182.

21. Duc de CASTRIES, *op. cit.*, p. 144. Calonne ne lui avait exposé son programme, sous le sceau du secret, que le 26 novembre (*Journal*, AN 306, AP 17, p. 339).

22. AN, K 677, 102.

23. AN, 297 AP 3, 119, f° 5.

24. « Procès-verbal historique des travaux du bureau de Mgr Comte d'Artois... », Arsenal, Mss. 3978, pp. 76 et 117.

25. *Ibid.*, p. 129.

26. *Ibid.*, p. 160.

27. *Ibid.*, pp. 201-202.

28. *Ibid.*, pp. 243 et 431.

29. *Ibid.*, p. 421.

30. *Ibid.*, pp. 275-276.

31. *Ibid.*, pp. 198.

32. AN, 297 AP 3-66.

33. *Mémoires du baron de Besenval sur la Cour de France*, *op. cit.*, p. 396. « Il n'y a en France que deux ordres, expliquait Loménie de Brienne, le peuple et la noblesse. Celle-ci contient le clergé et la magistrature. » (Arsenal, Mss. 3978, p. 39.)

34. *Ibid.*, pp. 397-398.

35. AN, 297 AP 3-65.

36. Les *Mémoires* de Weber, « frère de lait de Marie-Antoinette », publiés en 1822, sont dus à la plume de Trophime Gérard, marquis de Lally-Tollendal, fils du gouverneur des Indes françaises, généralement bien informé.

37. Le procès-verbal de cette séance figure dans le gros recueil manuscrit de Du Pont de Nemours conservé à la bibliothèque de l'Arsenal (Mss. 3978, pp. 279-393). Il a été publié par Pierre RENOUVIN, *L'Assemblée des*

Notables de 1787. La Conférence du 2 mars, Société d'histoire de la Révolution, Paris, 1920.

38. Charles-Maurice de TALLEYRAND-PERIGORD, *Mémoires*, Paris, 1892, T. I, p. 102.

39. AN, 297 AP 3-119, f° 5.

40. AN, K 163, n° 8-31.

41. *Mémoires du baron de Besenval sur la Cour de France, op. cit.*, p. 426.

42. BRIENNE et LOMENIE de BRIENNE, *op. cit.*, p. 82.

43. *Ibid.*, pp. 79-83.

44. *Souvenirs diplomatiques de lord Holland*, cités par Robert LACOUR-GAYET, *op. cit.*, p. 239.

45. BRIENNE et LOMENIE de BRIENNE, *op. cit.*, p. 59.

46. John HARDMAN, *French Politics, 1774-1789, op. cit.*, p. 85.

47. Mme de STAËL, *Considérations sur la Révolution française*, Tallandier, Paris, 1983, p. 111.

CHAPITRE 2

1. Comte de SAINT-PRIEST, *op. cit.*, T. I, pp. 215-216.

2. *Mémoires du baron de Besenval sur la Cour de France, op. cit.*, p. 405.

3. BRIENNE et LOMENIE de BRIENNE, *op. cit.*, p. 33 (Souvenirs de la vicomtesse de Loménie).

4. Cité par A. GOODWIN, « Calonne. The Assembly of French Notables of 1787 and the Origins of the *Révolte nobiliaire* », *The English historical Review*, 1946, T. 61, p. 369.

5. *Mémoires du baron de Besenval sur la Cour de France, op. cit.*, p. 409. Voir également les *Mémoires pour servir à l'histoire de la fin du XVIIIe siècle*, BnF, Mss., Fr. 10 364, f° 233 v°.

6. *Mémoire pour servir à l'histoire de la fin du XVIIIe siècle, op. cit.*, f° 234.

7. *Correspondance secrète du comte de Mercy-Argenteau avec l'empereur Joseph II et le prince de Kaunitz, op. cit.*, T. II, p. 112.

8. Pierre CHEVALLIER, *Loménie de Brienne et l'ordre monastique*, J. Vrin, Paris, 1960, 2 vol., T. II, p. 281.

9. Cité par Jean EGRET, *La Pré-Révolution*, PUF, Paris, 1962, p. 68.

10. Madame de STAËL, *op. cit.*, p. 113.

11. François FURET et Mona OZOUF, « Deux légitimations historiques de la société française au XVIIIe siècle : Mably et Boulainvilliers », *in* François FURET, *L'Atelier de l'Histoire, op. cit.*, pp. 165-183 ; Claude NICOLET, *La Fabrique d'une Nation. La France entre Rome et les Germains*, Perrin, Paris, 2003.

12. Arsenal, Mss. 3978, p. 151.

13. Arsenal, Mss. 3976, pp. 948 et 960.

14. *Mémoires, correspondance et manuscrits du général de La Fayette*, H. Fournier, Paris, 1837-1838, 6 vol., T. II, p. 197, et Arsenal, Mss. 4 546, pp. 84-85.

15. *Archives parlementaires de 1787 à 1860, op. cit.*, p. 233.

16. CLERMONT-GALLERANDE, *Mémoires particuliers pour servir à l'histoire de la Révolution qui s'est opérée en France en 1789*, Dentu, Paris, 1826, 3 vol., T. I, pp. 30-31.

17. *Lettre à M. le Comte de... ou considération sur le clergé*, 1787, cité par Jean EGRET, *La Pré-Révolution, op. cit.*, p. 119.

18. Cité par Georges LEFEBVRE, *La Révolution aristocratique*, Les Cours de Sorbonne, CDU, Paris, 1942, p. 158.

19. Pierre RENOUVIN, *Assemblées provinciales de 1787. Origines, développements, résultats*, Picard-Gabalda, Paris, 1921. Voir également Léonce de LAVERGNE, *Les Assemblées provinciales sous Louis XVI*, Michel-Lévy frères, Paris, 1864.

20. Monique CUBELLS, *Les Horizons de la liberté : Naissance de la Révolution en Provence. 1787-1789*, Edisud, Aix-en-Provence, 1987.

21. Aimé CHEREST, *La Chute de l'Ancien Régime (1787-1789)*, Hachette, Paris, 1884, T. I, p. 392.

22. *Mémoires et correspondance de Mallet du Pan*, éd. Sayous, Amyot, Paris, 1851, T. I, pp. 136-137.

23. Pierre GROSCLAUDE, *Malesherbes, témoin et interprète de son temps*, Fischbacher, Paris, 1961, T. II, p. 631.

24. Henri GREGOIRE, *Essai sur la régénération physique, morale et politique des Juifs*, Edhis, Paris, 1968, p. 127. Sur l'édit de 1787 et les mesures en faveur des Juifs, voir le catalogue de l'exposition de 1988, *Louis XVI, du Serment du Sacre à l'Edit de Tolérance*, Mairie de Paris, Paris, 1988, et *Les Juifs et la Révolution française*, colloque sous la direction de B. Blumenkranz et A. Soboul, Privat, Toulouse, 1976. A noter que Louis XVI avait eu également l'intention de supprimer l'esclavage, mais la forte opposition des armateurs négriers et des colons lui fit renoncer à ce projet (Claude RIBBE, *Le Chevalier de Saint-George*, Perrin, Paris, 2004, pp. 119-121).

25. Henri de PEYSTER, *Les Troubles de Hollande à la veille de la Révolution française (1780-1795). Etude sur la République des Provinces-Unies à la fin du XVIIIe siècle*, A. Picard et fils, Paris, 1905, pp. 230-231. Pieter GEYL, *La Révolution batave (1783-1798)*, Société des études robespierristes, Paris, 1971.

26. Pierre de WITT, *Une invasion prussienne en Hollande en 1787*, Plon-Nourrit, Paris, 1886, p. 186.

27. John HARDMAN, *Louis XVI, op. cit.*, p. 100.

28. Lucien BELY, *Les Relations internationales en Europe, XVIIe-XVIIIe siècles*, PUF, Paris, 1992, pp. 641-642.

29. R.R. PALMER, « The National Idea in France Before the Revolution », *Journal of the History of Ideas*, 1940, pp. 95-111. Jacques GODECHOT, « Nation, Patrie, Nationalisme et Patriotisme en France au

xvIII^e siècle », *Annales historiques de la Révolution française*, T. 43, 1971, pp. 481-502.

Chapitre 3

1. *Mémoires et correspondance de Mallet du Pan, op. cit.*, T. I, p. 144.
2. *Mémoires de Marmontel*, éd. Maurice Tourneux, Librairie des Bibliophiles, Paris, 1891, T. III, pp. 139-140 ; LINGUET, *La France plus qu'anglaise*, Bruxelles, 1788, pp. 11 et 51.
3. Bailey STONE, *The Parlement of Paris, 1774-1789, op. cit.*, p. 156.
4. *Souvenirs du Chancelier Pasquier*, Hachette, Paris, 1964, pp. 26-27.
5. J.B. DUBOIS, *Notice historique sur Chrétien Guillaume de Lamoignon de Malesherbes*, Potey, Paris, 1806, p. 87.
6. *Journal* de Target, cité par Georges MICHON, *Essai sur l'histoire du parti feuillant. Adrien Duport*, Payot, Paris, 1924, p. 12.
7. Evelyne LEVER, *Louis XVI, op. cit.*, p. 457.
8. Cité par Aimé CHEREST, *op. cit.*, T. I, p. 333.
9. *Journal pour servir à l'histoire du xvIII^e siècle*, Les Libraires associés, Paris, 1788, T. I, p. 265.
10. John HARDMAN, *Louis XVI, op. cit.*, pp. 129-130.
11. Comte de SEGUR, *Le Maréchal de Ségur, ministre de la Guerre sous Louis XVI*, Plon-Nourrit, Paris, 1895, p. 319.
12. *Archives parlementaires de 1787 à 1860, op. cit.*, T. I, p. 264.
13. Guy-Marie SALLIER-CHAUMONT de LAROCHE, *Annales françaises. Depuis le commencement du règne de Louis XVI jusqu'aux états généraux, 1774 à 1789*, Leriche, Paris, 1813, p. 128.
14. Charles Maurice de TALLEYRAND-PERIGORD, *op. cit.*, T. I, pp. 192-193.
15. Guy-Marie SALLIER-CHAUMONT de LAROCHE, *op. cit.*, p. 128.
16. Jacques-Pierre BRISSOT, *Mémoires*, Picard, Paris, 1911, T. II, p. 69.
17. *Mémoires de Madame Elliott sur la Révolution française*, Michel frères, Paris, 1861, p. 20.
18. Georges MICHON, *op. cit.*, p. 20.
19. Jean-Louis SOULAVIE, *op. cit.*, T. III, p. 149.
20. *Ibid.*, p. 151.
21. *Ibid.*, pp. 151-152.
22. *Archives parlementaires de 1787 à 1860, op. cit.*, T. I, p. 284.
23. Henri CARRE, « Un précurseur inconscient de la Révolution, le conseiller Duval d'Eprémesnil », *La Révolution française*, T. XXXIII, 1897, pp. 349-450 et 405-437.
24. Le récit de cette folle journée a été consigné dans un procès-verbal conservé aux Archives nationales (X1B 8988).
25. *Archives parlementaires de 1787 à 1860, op. cit.*, T. I, p. 294.
26. *Mémoires et correspondance de Mallet du Pan, op. cit.*, T. I, p. 151.

27. *Mémoires de Weber*, Baudouin frères, Paris, T. I, p. 135.

28. Jean EGRET, « La dernière assemblée du clergé de France, 5 mai-5 août 1788 », *Revue historique*, 1958, pp. 1-15. Le procès-verbal des travaux de l'assemblée se trouve aux Archives nationales (G 8 706).

29. *Archives parlementaires de 1787 à 1860*, *op. cit.*, T. I, p. 378.

30. 6 juillet 1788, cité par Jean EGRET, *La Pré-Révolution*, *op. cit.*, p. 307.

31. Abbé de MONTGAILLARD, *Histoire de France depuis l'assemblée des Notables (1787) jusqu'à 1825*, Moutardier, Paris, 1839, T. I, pp. 426-427.

32. Augustin COCHIN, *Les Sociétés de pensée et la Révolution de Bretagne, 1783-1789*, Champion, Paris, 1925, T. I, pp. 108-111.

33. Comte de CHAMPAGNY, *Les Députés bretons à la Bastille en 1788*, L. Prud'homme, Saint-Brieuc, 1883.

34. B. BONIX, R. CHAGNY, G. CHIANEA, V. CHOMEL, J. GODEL, J. SOLE, G. VIALLET, *Les Débuts de la Révolution française en Dauphiné*, PUG, Grenoble, 1988 ; P. NIETO, *Le Centenaire de la Révolution dauphinoise. Vizille, un mythe républicain*, PUG, Grenoble, 1988.

35. Jean EGRET, *Les Derniers Etats du Dauphiné. Romans (septembre 1788-janvier 1789)*, Arthaud, Paris, 1942.

36. *Correspondance secrète entre le comte de Mercy-Argenteau et Joseph II*, *op. cit.*, T. II, p. 198.

37. Guy-Marie SALLIER-CHAUMONT de LAROCHE, *op. cit.*, p. 186, note 1.

Chapitre 4

1. *Gazette de Leyde*, 5 septembre 1788 (Jean EGRET, *La Pré-Révolution française*, *op. cit.*, p. 319).

2. Michel ANTOINE, *Le Cœur de l'Etat*, *op. cit.*, p. 551.

3. *Correspondance secrète entre Marie-Thérèse et le comte de Mercy-Argenteau*, *op. cit.*, T. II, pp. 210-211.

4. Guy-Marie SALLIER-CHAUMONT de LAROCHE, *op. cit.*, T. II, p. 126.

5. Nicolas Edme RESTIF de LA BRETONNE, *Les Nuits de Paris*, Union générale d'éditions, Paris, 1963, p. 182.

6. Jacques NECKER, *Sur l'administration de M. Necker par lui-même*, D.-J. Changuion, Amsterdam, 1791, pp. 30-31.

7. Mme de STAËL, *Correspondance générale*, J.-J. Pauvert, Paris, 1960, deuxième partie, p. 255.

8. « Puisque la noblesse et le clergé, s'était-il écrié devant l'abbé de Montesquiou, abandonnent le roi qui est leur protecteur naturel, il faut qu'il se rejette dans les bras des Communes pour les écraser tous les deux par elles... », Abbé de PRADT, *Les Quatre Concordats*, F. Béchet, Paris, 1818, T. I, pp. 449-450.

9. Jean-Louis SOULAVIE, *op. cit.*, T. VI, pp. 240-244.

10. Jean EGRET, *La Pré-Révolution*, *op. cit.*, p. 322.

11. Charles de LACRETELLE, *Histoire de France pendant le XVIIIᵉ siècle*, F. Buisson, Paris, 1812, T. VI, p. 269.

12. Pierre RENOUVIN, *op. cit.*, pp. 331-349.

13. *Mémoires de Malouet*, éd. de 1868, T. I, p. 283.

14. G. LENOTRE, *Un agent des princes pendant la Révolution, le marquis de La Rouërie et la conjuration bretonne, 1790-1793*, Perrin, Paris, 1908.

15. BnF, Mss., Fr. 6687, 1ᵉʳ octobre 1787 et 5, 6 et 18 mai 1788. Henri CARRÉ, « Un précurseur inconscient de la Révolution : le conseiller Duval d'Eprémesnil (1787-1788) », *op. cit.*

16. Jean-Pierre BRISSOT, *op. cit.*, T. II, p. 54.

17. Joseph DROZ, *op. cit.*, T. II, p. 111.

18. Partie du *Journal* de l'abbé de Véri publiée par le duc de Castries (voir de cet auteur *L'Agonie de la royauté. L'Aube de la Révolution*, Tallandier, Paris, 1978, pp. 156-158).

19. Jean EGRET, « La seconde Assemblée des Notables, 6 novembre-12 décembre 1788 », *Annales historiques de la Révolution française*, 1949, pp. 193-228, et du même, *La Pré-Révolution française*, *op. cit.*, pp. 339-346.

20. Jules FLAMMERMONT, *Remontrances du parlement de Paris au XVIIIᵉ siècle*, Paris, Collection de documents inédits, 1888-1898, 3 vol., T. III, p. 781.

21. Jean EGRET, *op. cit.*, p. 349.

22. *Mémoires du comte Ferrand*, Picard, Paris, 1897, p. 213.

23. AN, XIB, 8988. Jacques de SAINT-VICTOR, *La Chute des aristocrates, 1787-1792. La naissance de la droite*, Perrin, Paris, 1992, p. 44.

24. *Archives parlementaires de 1787 à 1860*, *op. cit.*, T. I, pp. 487-488.

25. Jacques NECKER, *Sur l'Administration de M. Necker par lui-même*, *op. cit*, pp. 47-48.

26. Article de Lally-Tollendal sur « Necker », dans la *Biographie Michaud*.

27. H. TAINE, *Les Origines de la France contemporaine*, R. Laffont, Paris, 1986, T. I, p. 281.

28. *Mémoires secrets de J.M. Augeard…*, *op. cit.*, p. 90.

29. Lettre de l'ancien avocat général de Bretagne Loz de Beaucours le 28 décembre 1818 (Yves de BOISBOISSEL, *Le Dernier Avocat général du parlement de Bretagne : Hippolyte Loz de Beaucours*, J. Peyronnet, Paris, 1955, pp. 250-251).

30. NECKER, *De l'administration…*, pp. 56-57.

31. Jean EGRET, *La Pré-Révolution*, *op. cit.*, p. 360.

32. Charles Louis François-de-Paule de BARENTIN, *Mémoire autographe sur les derniers conseils du roi Louis XVI*, prés. de Maurice Champion, Comptoir des impr. réunis, Paris, 1844, pp. 71-72.

33. Augustin COCHIN, *Les Sociétés de pensée et la Révolution de Bretagne (1788-1789)*, *op. cit.* ; du même, *Les Sociétés de pensée et la démocratie moderne*, Copernic, Paris, 1978.

34. J. A. J. CERUTTI, *Observations rapides sur la lettre de M. de Calonne au roi*, Paris, 1789 ; *Coup d'œil sur la lettre de M. de Calonne par M. Barnave*, 1789.

35. Jacqueline CHAUMIE, *op. cit.*, p. 30.

36. Cité par Jacques de SAINT-VICTOR, *La Chute des aristocrates, op. cit.*, p. 55.

37. *Ibid.*, p. 27. Sur d'Antraigues, voir également Jacques GODECHOT, *La Contre-Révolution, 1789-1804*, PUF, Paris, 1961, pp. 12-14, 33, et du même, *Le Comte d'Antraigues. Un espion dans l'Europe des émigrés*, Fayard, Paris, 1986.

38. Jean-Denis BREDIN, *Sieyès. La clé de la Révolution*, De Fallois, Paris, 1988, pp. 27 et 31.

39. Emmanuel LE ROY LADURIE, *Histoire du climat*, Flammarion, Paris, 1983, T. II, p. 180.

40. Jean EGRET, *Necker, op. cit.*, p. 232.

41. Jean NICOLAS, *La Rébellion française. Mouvements populaires et conscience sociale, 1661-1789*, Seuil, Paris, 2002, pp. 260-261.

42. AN, K 679, n° 10, John HARDMAN, *Louis XVI, op. cit.*, p. 146.

43. *Recueil de documents relatifs aux séances des états généraux (mai-juin 1789). Les préliminaires, la séance du 5 mai*, pub. par G. Lefebvre et Anne Terroine, T. I (1), p. 253.

44. Cité par Ernest LAVISSE, *Histoire de France illustrée*, T. IX, *Louis XVI (1774-1789)*, Hachette, Paris, 1926, p. 371.

45. Comte de MIRABEAU, *Mémoires biographiques, littéraires et politiques*, A. Guyot, Paris, 1834-1835, 8 vol., T. V, p. 187.

46. *Ibid.*, p. 189.

47. *1789 : Les Français ont la parole*, prés. par Pierre GOUBERT et M. DENIS, Julliard-Gallimard, Paris, 1964.

48. Marcel REINHARD, *Paris pendant la Révolution*, T. I, Les Cours de Sorbonne, CDU, Paris, 1964, pp. 136-163. Jean COLLOT, « L'affaire Réveillon », *Revue des Questions historiques*, 1934, T. CXXI, pp. 35-55, T. CXXII, pp. 239-254.

49. Jacques GODECHOT, *La Prise de la Bastille*, Gallimard, Paris, 1965, p. 187.

50. Jean-Paul BERTAUD, *Choderlos de Laclos*, Fayard, Paris, 2003 ; Georges POISSON, *Choderlos de Laclos ou l'Obstination*, Grasset, Paris, 1985.

CHAPITRE 5

1. *Mes Souvenirs par Jacob Nicolas Moreau, op. cit.*, pp. 392-399.

2. Marquis de FERRIERES, *Correspondance inédite, 1789, 1790, 1791*, présentée par Henri Carré, Armand Colin, Paris, 1932, p. 29.

3. B. de BRYE, *Un évêque d'Ancien Régime à l'épreuve de la Révolution, le cardinal de La Fare*, Publication de la Sorbonne, Paris, 1985.

4. Louis Marie de LA REVELLIERE-LEPEAUX, *Mémoires*, Plon, Paris, 1895, T. I, p. 67.

5. *Mémoires du comte Beugnot, ancien ministre*, Dentu, Paris, 1889, 3 vol., T. I, p. 130.

6. Discours de Necker, *Recueil de documents relatifs aux séances des états généraux, op. cit.*, T. I (1), pp. 292-358.

7. Cité par Jean de VIGUERIE, *Louis XVI, op. cit.*, p. 235.

8. Charles Louis François-de-Paule de BARENTIN, *Lettres et bulletins à Louis XVI*, éd. A. Aulard, Société d'histoire de la Révolution, Paris, 1915, pp. 10, 27 et 56.

9. John HARDMAN, *Louis XVI, op. cit.*, p. 145.

10. *Mémoires de Bailly*, éd. Berville et Barrière, 1821, 3 vol., T. I, p. 94 ; BARENTIN, *Lettres..., op. cit.*, pp. 18-19.

11. *Recueil de documents relatifs aux séances des états généraux, op. cit., La séance du 23 juin*, T. I (2), Paris, 1962, p. 48.

12. *Correspondance de Marie-Antoinette avec Joseph II et Léopold II, op. cit.*, p. 112.

13. *Ibid.*, p. 118.

14. On a longtemps pensé que ce portrait bien connu était celui de son frère, le futur Louis XVII. Il correspond mieux à l'âge et au visage du premier dauphin, plus fin et plus allongé que celui de son cadet, le duc de Normandie (voir l'iconographie dans l'ouvrage consacré à *Louis XVII* par la Délégation à l'Action artistique de la Ville de Paris, Paris, 1987).

15. *Revue des Provinces*, 15 juin 1844, texte cité par Jean de NAMU-ROY, *Louis XVII... mort au Temple*, Jacques Dervyl, Cannes, 1950, pp. 246-249. Le rapport d'autopsie, signé de neuf médecins et chirurgiens, fut établi à Meudon le 5 juin.

16. Reynald SECHER et Yves MURAT, *Un prince méconnu, le dauphin Louis-Joseph, fils aîné de Louis XVI*, RSE, 1998, pp. 201-205.

17. A. F. BERTRAND de MOLLEVILLE, *Mémoires secrets pour servir à l'histoire de la dernière année du règne de Louis XVI, roi de France*, Strahan et Cadell, Londres, 1797, T. I, pp. 157-159.

18. MALOUET, *Mémoires, op. cit.*, T. I, p. 316.

19. Timothy TACKETT, *Par la volonté du peuple. Comment les députés de 1789 sont devenus révolutionnaires*, Albin Michel, Paris, 1997, p. 96.

20. *Ibid.*, p. 136.

21. Mme de STAËL, *op. cit.*, p. 147.

22. *Mémoires de Bailly, op. cit.*, T. I, p. 190.

23. Comte de SAINT-PRIEST, *op. cit.*, T. I, p. 223.

24. Lettre de Mercy-Argenteau à Joseph II du 4 juillet 1789 (*Correspondance secrète du comte de Mercy-Argenteau avec Joseph II et le prince de Kaunitz, op. cit.*, T. II, p. 254).

25. Comte de SAINT-PRIEST, *op. cit*, T. II, p. 82.

26. BARENTIN, *Mémoire autographe sur les derniers conseils du roi Louis XVI, op. cit.*, pp. 176-177.

27. Jacques NECKER, *De la Révolution française*, Maret, Paris, 1797, 2 vol., T. I, p. 286.

28. Il est possible que cette lettre publiée par la comtesse d'Adhémar dans ses *Souvenirs sur Marie-Antoinette, archiduchesse d'Autriche, reine de France, et sur la cour de Versailles* (Mame, Paris, 1836, T. IV, pp. 171-175) soit apocryphe, cet ouvrage étant dû à la plume d'un polygraphe, le baron de Lamothe-Langon (quoiqu'ils contiennent parfois des documents authentiques). Elle n'en reflète pas moins, de façon saisissante, la pression exercée sur le roi durant cette journée du 20 juin.

29. BARENTIN, *Mémoire autographe sur les derniers conseils du roi Louis XVI, op. cit.*, pp. 178-190.

30. *Mémoires de Bailly, op. cit.*, T. I, p. 214.

31. La phrase notée par Bailly était : « Allez dire à ceux qui vous envoient que la force des baïonnettes ne peut rien contre la volonté de la Nation » (*Ibid.*, p. 215).

32. *Journal inédit de Jallet, curé de Chérigné, député du clergé du Poitou aux états généraux*, P. Robuchon, Fontenay-le-Comte, 1871, p. 99.

33. Mercy-Argenteau à Joseph II, 4 juillet 1789, *Correspondance secrète du comte de Mercy-Argenteau avec Joseph II et le prince de Kaunitz, op. cit.*, T. II, p. 254.

34. Jacques NECKER, *Histoire de la Révolution française*, Librairie historique, Paris, 1821, 4 vol., T. I, pp. 271-272.

35. Charles Claude FLAHAUT, comte de LA BILLARDERIE d'ANGI-VILLER, *Mémoires*, éd. Louis Bobé, Levin et Klincksieck, Copenhague, 1933, p. 158. Ces paroles avaient été entendues par M. de Septeuil, premier valet de chambre du roi, qui avait les oreilles collées à la porte. Angiviller, confident du roi, avait déjà noté la méfiance qu'inspirait Necker à Louis XVI dans la première quinzaine de juin : « Le roi, inquiet et agité, me faisait part souvent de ses agitations et de ses craintes et des tardifs soupçons qu'il avait conçus contre son ministre » (*op. cit.*, p. 155).

36. Jacques NECKER, *Histoire de la Révolution française, op. cit.*., T. I, pp. 236 et 249.

37. *Ibid.*, T. I, pp. 231 et suiv. ; voir également *Recueil des documents…*, I (2), pp. 18-22.

38. Une différence touchait au vote par ordre. Le projet de Necker l'imposait pour les matières communes, alors que le plan du roi ne faisait que le recommander. Une autre différence venait de ce que Necker annonçait l'égal accès à tous les emplois civils et militaires. Le directeur des Finances pouvait donc juger à bon droit que son programme avait été altéré et sa politique désavouée (Jean EGRET, *Necker, op. cit.*, pp. 289 et suiv.).

39. Patrice GUENIFFEY, *La Politique de la Terreur. Essai sur la violence révolutionnaire, 1789-1794*, Fayard, Paris, 2000, p. 54.

40. Marcel GAUCHET, *La Révolution des pouvoirs. La souveraineté, le peuple et la représentation, 1789-1799*, Gallimard, Paris, 1995, p. 58.

41. Duc de CASTRIES, *L'Aube de la Révolution*, Tallandier, Paris, 1978, p. 202.

42. *Recueil de documents relatifs aux séances des états généraux…*, *op. cit.*, T. I (2), p. 311.

43. NECKER, *Histoire de la Révolution française…*, *op. cit.*, T. II, p. 17.

44. *Recueil de documents relatifs aux séances des états généraux…*, *op. cit.*, T. I (2), pp. 304-305.

45. Jacques GODECHOT, *La Prise de la Bastille*, Gallimard, Paris, 1965, p. 229.

46. Comte de SAINT-PRIEST, *op. cit.*, T. I, p. 229.

47. AN, C 185 (123-1), 9. Louis XVI, qui avait promis de mettre fin à l'exercice des lettres de cachet, ne voulut pas revenir sur sa parole et n'en usa pas pour son ministre.

48. Comte de SAINT-PRIEST, *op. cit.*, T. I, p. 230.

49. Duc de CASTRIES, *Le Maréchal de Castries*, *op. cit.*, p. 160.

50. Mme de STAËL, *op. cit.*, p. 151.

51. John HARDMAN, *Louis XVI*, *op. cit.*, p. 157.

52. Pierre CARON, « La tentative de contre-révolution de juin-juillet 1789 », *Revue d'Histoire moderne et contemporaine*, vol. 8, 1906-1907, pp. 5-34 et 649-678.

53. *Moniteur*, 1790, n° 4 (III-33). Les lettres à Besenval ont été publiées dans l'article précité de Pierre Caron. Aucune ne traduit d'intention offensive.

54. Pierre CARON, *op. cit.*, pp. 27-28.

55. *Mémoires du duc des Cars*, *op. cit.*, T. II, p. 64.

56. Comte de SAINT-PRIEST, *Mémoires*, *op. cit.*, T. II, pp. 83-84.

57. Munro PRICE, « The *Ministry of the Hundred Hours* : a reappraisal », *French History*, T. IV, n° 3, 1990, pp. 317-339, et du même, *The Fall of the French Monarchy. Louis XVI, Marie-Antoinette and the Baron de Breteuil*, Macmillan, Londres, 2002, pp. 55-100.

58. Joseph DROZ, *op. cit.*, T. II, p. 247.

59. Charles Claude FLAHAUT, comte de LA BILLARDERIE d'ANGIVILLER, *op. cit.*, pp. 166-169.

60. *Mémoires de Bailly*, *op. cit.*, T. I, pp. 298-299. Voir également le *Mémoire de M. le Comte de Lally-Tollendal ou Seconde lettre à ses commettants*, janvier 1790, pp. 63-64.

61. Le 10, ce dernier, triomphant, avait apostrophé brutalement Necker dans un couloir de Versailles (*Mémoires du marquis de Ferrières*, Baudouin frères, Paris, 1822, T. I, pp. 90-91).

62. Deux des barrières qui avaient échappé à l'incendie lui appartenaient… Le duc, quant à lui, était allé se promener le 12 au Raincy pour une partie de pêche en compagnie de quelques amis, dont Mrs Elliott. Le soir, à son retour, effrayé par la situation insurrectionnelle, il décida

d'aller coucher à sa propriété de Monceau (*Mémoires de Mme Elliott sur la Révolution française, op. cit.*, p. 11).

63. Jacques GODECHOT, *La Prise de la Bastille, 14 juillet 1789*, Gallimard, Paris, 1965, p. 251.

64. Guy CHAUSSINAND-NOGARET, *La Bastille est prise. La Révolution française commence*, éd. Complexe, Paris, 1988, p. 74.

65. Cité par Antonina VALLENTIN, *Mirabeau*, Grasset, Paris, 1946-1947, 2 vol., T. II, p. 77.

CHAPITRE 6

1. Comte de PAROY, *Mémoires*, éd. E. Chavaray, Plon, Paris, 1895, p. 36.

2. Dépêche citée par Albert MOUSSET, *Un témoin ignoré de la révolution : le comte de Fernan Nuñez, ambassadeur d'Espagne à Paris (1787-1791)*, Champion, Paris, 1924, p. 83.

3. *Mémoires sur la vie privée de Marie-Antoinette, reine de France et de Navarre, par Mme Campan, op. cit.*, T. II, p. 53.

4. Baron de KLINCKOWSTRÖM, *op. cit.*, T. II, pp. 6-7.

5. *Mes Souvenirs par Jacob Nicolas Moreau*, Plon, Paris, 1898-1901, T. II, pp. 439-441.

6. Comte de PAROY, *op. cit.*, p. 40.

7. Jean EGRET, *Necker, op. cit.*, p. 312.

8. *Mémoires de Bailly, op. cit.*, T. II, p. 45.

9. Joseph DROZ, *op. cit.*, T. II, p. 346.

10. *Mémoires sur la vie privée de Marie-Antoinette, reine de France et de Navarre, par Mme Campan, op. cit.*, T. II, p. 58.

11. *Ibid.*, pp. 58-59.

12. Lettre du marquis de Sillery à M. de Savigny du 17 juillet 1789, Pierre de VAISSIÈRE, *La Révolution racontée par des correspondances privées, 1789-1794*, Perrin, Paris, 1907, p. 63.

13. *Journal d'Adrien Duquesnoy, député du tiers état de Bar-le-Duc, sur l'Assemblée constituante*, éd. par R. de Crèvecœur, Paris, 1894, 2 vol., T. I, p. 226.

14. DUVEYRIER, *Procès-verbal des séances et délibérations de l'Assemblée générale des Electeurs de Paris*, Paris, 1790, T. II, p. 95.

15. Paul et Pierrette GIRAULT de COURSAC, *Louis XVI a la parole, op. cit.*, pp. 242-243.

16. *Mémoires sur la vie privée de Marie-Antoinette, reine de France et de Navarre, par Mme Campan, op. cit.*, T. II, p. 60.

17. Lettre de Mercy à Kaunitz le 23 juillet, publiée dans SACKVILLE, duke of Dorset, *Relations inédites de la prise de la Bastille...*, éd. Jules Flammermont, Paris, Picard, 1885, p. 27.

18. Comte de PAROY, *op. cit.*, p. 42.

19. *Mémoires, correspondances et manuscrits du général de La Fayette*, H. Fournier, Paris, 1837-1838, 6 vol., T. II, p. 362.

20. *Mémoires sur la Cour de France du baron de Besenval*, *op. cit.*, pp. 503-504.

21. Nicolas RUAULT, *Gazette d'un Parisien sous la Révolution. Lettres à son frère, 1783-1796*, Perrin, Paris, 1976, p. 159.

22. *Journal inédit de Jallet*, *op. cit.*, p. 156.

23. Voir notamment Gustave LE BON, *La Révolution française et la psychologie des révolutions*, Les Amis de Gustave Le Bon, Paris, 1983.

24. Jean EGRET, *Necker*, *op. cit.*, p. 314.

25. Comte de SAINT-PRIEST, *Mémoires*, *op. cit.*, T. II, p. 84.

26. Mme de STAËL, *op. cit.*, p. 168.

27. Jacques NECKER, *Histoire de France*, *op. cit.*, T. II, pp. 42-43.

28. 5 août 1789. *Journal d'Adrien Duquesnoy*, *op. cit.*, T. I, pp. 265-266.

29. Michel ANTOINE, *Le Cœur de l'Etat*, *op. cit.*, pp. 554-556.

30. Georges LEFEBVRE, *La Grande Peur*, Paris, 1932 ; Anatoli ADO, *Paysans en révolution : terre, pouvoir et jacquerie, 1789-1794*, Société des Etudes robespierristes, Paris, 1996.

31. Emmanuel LE ROY LADURIE, *Le Territoire de l'historien*, Gallimard, Paris, 1973, p. 509.

32. Emmanuel LE ROY LADURIE, *Histoire des paysans français, de la peste noire à la Révolution*, Seuil, Paris, 2002, pp. 712 et suiv.

33. Patrick KESSEL, *La Nuit du 4 août 1789*, Arthaud, Paris, 1969 ; Jean-Pierre HIRSCH, *La Nuit du 4 août*, Gallimard-Julliard, Paris, 1978.

34. John HARDMAN, *Louis XVI*, *op. cit.*, p. 167.

35. Adrien DUQUESNOY, *op. cit.*, T. I, p. 267.

36. Marcel GAUCHET, *La Révolution des droits de l'homme*, Gallimard, Paris, 1989, Introduction, p. VI.

37. *Ibid.* p. 109. Voir également Dale K. VAN KLEY, *The French Idea of Freedom : The Old Regime and the Declaration of Rights of 1789*, Standford Univ. Press, Stanford, 1994.

38. Jacques de SAINT-VICTOR, *La Chute des aristocrates*, *op. cit.*, pp. 103-111.

39. Timothy TACKETT, *op. cit.*, p. 171.

40. Robert GRIFFITHS, *Le Centre perdu : Malouet et les « monarchiens » dans la Révolution française*, PUG, Grenoble, 1988.

41. Mme de STAËL, *op. cit.*, p. 202.

42. RABAUT SAINT-ETIENNE, *Précis de l'Histoire de la Révolution*, *Œuvres*, publiées par Collin de Plancy, Paris, 1826, T. I, p. 340.

43. Jean EGRET, *La Révolution des Notables, 1789*, Armand Colin, Paris, 2ᵉ éd. 1989, pp. 111 et suiv.

44. *Ibid.*, p. 152.

45. Albert MATHIEZ, « Etude critique sur les journées des 5 et 6 octobre », *Revue historique*, 1898, T. 67, p. 268.

46. *Venise et la révolution française. Les 470 dépêches des ambassadeurs de Venise au doge, 1786-1795*, Robert Laffont, Paris, 1997, p. 334.

47. Paul et Pierrette GIRAULT de COURSAC, *Louis XVI a la parole...*, p. 243.

48. La note de la main du roi figure aux Archives nationales : C31 (263)-5.

49. MALOUET, *Mémoires, op. cit.*, T. I, p. 342. Il y a une incertitude sur la date de ce Conseil. Malouet le fixe à la fin d'août. Il semble en fait qu'il se soit tenu dans la deuxième quinzaine de septembre.

50. Comte de SAINT-PRIEST, *op. cit.*, T. I, p. 229.

51. AN, C31 (263)-6.

52. *Moniteur*, 1789, n° 59, T. I, p. 487.

53. Jean EGRET, *La Révolution des notables, op. cit.*, p. 175.

54. *Venise et la révolution française, op. cit.*, p. 326.

55. Guy CHAUSSINAND-NOGARET, *Mirabeau*, Seuil, Paris, 1982, p. 182.

56. Louis GOTTSCHALK and Margaret MADDOX, *Lafayette in the French Revolution*, T. I, *Through the October days*, Londres, Univ. of Chicago Press, Chicago, 1969.

57. Comte de SAINT-PRIEST, *Mémoires, op. cit.*, T. II, pp. 85-87.

58. Comte MIOT de MELITO, *Mémoires*, Paris, Lévy frères, 1880, T. I, pp. 21-22.

59. NECKER, *Histoire de la Révolution française, op. cit.*, T. II, p. 73.

60. Comte de SAINT-PRIEST, *op. cit.*, T. II, pp. 13-16.

61. Jules MAZE, *Louis XVI et Marie-Antoinette. Les Journées révolutionnaires d'octobre 1789*, Hachette, Paris, 1939, p. 74.

62. AN, C31 (263)-10.

63. Jean EGRET, *La Révolution des notables, op. cit.*, p. 188.

64. Jules MAZE, *op. cit.*, p. 215.

65. La scène du balcon, romancée par Mme Campan, qui n'était pas un témoin oculaire, peut être reconstituée grâce aux dépositions notées dans le cadre de la procédure instruite au Châtelet (*Procédure criminelle instruite au Châtelet de Paris sur la dénonciation des faits arrivés à Versailles dans la journée du 6 octobre 1789, imprimée par ordre de l'Assemblée nationale*, Baudouin, Paris, 1790).

66. Mme de STAËL, *op. cit.*, p. 213.

67. Jules MAZE, *op. cit.*, p. 70.

Chapitre 7

1. AN, O1 1682, *Logement du roy aux Tuileries du 6 octobre 1789*.

2. Mme de STAËL, *op. cit.*, p. 213.

3. Cité par Philippe MANSEL, *La Cour sous la Révolution, l'exil et la Restauration, 1789-1830*, Tallandier, Paris, 1989, p. 30.

4. *Mémoires sur la vie privée de Marie-Antoinette, reine de France et de Navarre, par Mme Campan, op. cit.*, T. II, pp. 89-90.

5. *Mémoires de Madame la duchesse de Tourzel, gouvernante des Enfants de France de 1789 à 1795*, prés. par Jean Chalon, Mercure de France, Paris, 1969, p. 65.

6. Albert MOUSSET, *op. cit.*, p. 228.

7. Paul et Pierrette GIRAULT de COURSAC (*Le Secret de la reine, op. cit.*, pp. 66-71) pensent que cette lettre a été écrite et envoyée par la reine à l'insu de son mari, mais les preuves manquent (l'original n'a pas été retrouvé). Il est sûr que Marie-Antoinette avait des conceptions politiques plus radicales que Louis XVI et que, pour faciliter leur évasion des Tuileries, elle n'hésitera pas, nous le verrons, à envoyer à son agent, le baron de Breteuil, des pleins pouvoirs apocryphes. De là à penser qu'à cette époque elle pouvait interférer à ce point dans le jeu diplomatique, il y a une marge que nous ne franchirons pas. Il paraît plus vraisemblable d'attribuer ce texte à l'influence de la reine sur son mari, deux jours après le changement de titulature qui avait plongé celui-ci dans l'abattement et une profonde affliction.

8. Jean-Paul BERTAUD, *Les Amis du roi. Journaux et journalistes royalistes en France de 1789 à 1792*, Perrin, Paris, 1984.

9. *Mémoires de Madame la duchesse de Tourzel, op. cit.*, p. 74.

10. *Ibid.*, p. 41.

11. *Ibid.*, p. 36.

12. Texte de Sébastien Mercier cité par Philippe MANSEL, *op. cit.*, p. 33.

13. Paul et Pierrette GIRAULT de COURSAC, *Louis XVI a la parole. Lettres, discours, écrits politiques, op. cit.*, pp. 210-217.

14. Dans une lettre au roi du 3 février, Necker lui adressait le projet de discours avec les corrections dont ils avaient parlé, AN, C221 (160) 147.

15. Marcel CHAPRON, *Mirabeau-Tonneau*, éd. Haussmann, Paris, 1956, p. 157.

16. Robert GRIFFITHS, *op. cit.*, p. 81.

17. *Correspondance entre le comte de Mirabeau et le comte de La Marck pendant les années 1789, 1790, 1791*, publiée par A. de BACOURT, Vve Le Normant, Paris, 1851, T. I, p. 107.

18. Edmond CLERAY, *L'Affaire Favras*, éd. du Portique, Paris, 1932 ; Marcel LECOQ, *La Conspiration du marquis de Favras, 1789-1790*, Folliquet et Riguot, Paris, 1955.

19. D'aucuns prétendirent que c'est en utilisant la fameuse confession de Favras obtenue par son père que Zoé-Victoire Talon, comtesse du Cayla, devint sous la Restauration la dernière favorite de Louis XVIII, une histoire « invraisemblable » selon sa biographe Mme Catherine Decours (*La Dernière Favorite. Zoé du Cayla, le grand amour de Louis XVIII*, Perrin, Paris, 1993, pp. 228 et suiv.).

20. *Ibid.*, p. 460.

21. *Correspondance entre le comte de Mirabeau et le comte de La Marck, op. cit.*, T. II, p. 41.

22. Note du 28 septembre 1790, dans *Mirabeau entre le roi et la Révolution*, Hachette, Paris, « Pluriel », 1986, p. 110.

23. Mona OZOUF, *La Fête révolutionnaire, 1789-1799*, Gallimard, Paris, 1987.

24. Ouzy ELYADA, « La représentation populaire de l'image royale avant Varennes », *Annales historiques de la Révolution française*, 1994, n° 3, pp. 527-546.

25. La Marck à Mercy, 9 novembre 1790, *Correspondance entre le comte de Mirabeau et le comte de La Marck, op. cit.*, T. II, p. 300.

26. Norman HAMPSON, « La Contre-Révolution a-t-elle existé ? », Colloque *Les Résistances à la Révolution*, Imago, Paris, 1987, p. 462.

27. AN, C 183, pièce n° 23.

28. AN, C 183, pièce n° 24.

29. Montmorin à Bernis, cité par Paul et Pierrette GIRAULT de COURSAC, *Louis XVI et la question religieuse pendant la Révolution, op. cit.*, p. 83.

30. Louis XVI à Pie VI, *ibid.*, p. 101.

31. *Mémoires du marquis de Bouillé*, Paris, Baudouin, 1821, p. 185.

32. *Correspondance entre le comte de Mirabeau et le comte de La Marck, op. cit.*, T. III, p. 30.

33. Comte FLEURY, *Les Drames de l'Histoire*, Hachette, Paris, 1905, pp. 1-63.

34. « Vous savez toutes les inquiétudes que j'ai eues pour la santé du roi, écrivait la reine à la duchesse de Fitz-James le 29 mars. Il y avait d'autant plus à craindre que c'est bien le comble de la mesure de ses peines qui l'a rendu malade », Jacques de LA FAYE, *Amitiés de reine*, Emile-Paul, Paris, 1910, p. 486.

35. Jacques de SAINT-VICTOR, *La Chute des aristocrates, op. cit.*, pp. 189-229.

36. *Ibid.*, p. 323.

37. Paul et Pierrette GIRAULT de COURSAC, *Louis XVI a la parole. Lettres, discours, écrits politiques, op. cit.*, pp. 221-222.

CHAPITRE 8

1. Albert MOUSSET, *op. cit.*, pp. 242-243.

2. Paul PIALOUX, *Le Marquis de Bouillé. Un soldat entre deux mondes*, L'Almanach de Brioude, 1997.

3. *Correspondance entre le comte de Mirabeau et le comte de La Marck, op. cit.*, T. I, p. 167.

4. *Archives parlementaires de 1787 à 1860, op. cit.*, T. LIV, pp. 513-514.

5. *Mémoires du marquis de Bouillé, op. cit.*, p. 198.

6. Jacqueline CHAUMIE, *op. cit.*, pp. 35 et suiv. D'après une note de son ami Bombelles, découverte par Munro Price, Breteuil en était venu à

rêver d'un retour à l'Ancien Régime le plus absolu, tel qu'il était au temps de Louis XIV (Munro PRICE, *The Fall of the French Monarchy, op. cit.*, pp. 204-205).

7. *Mémoires du marquis de Bouillé, op. cit.*, pp. 197-198.

8. *Journal du marquis de Bombelles, op. cit.*, T. III, p. 199.

9. Alma SÖDERHJELM, *Fersen et Marie-Antoinette, op. cit.*, p. 163.

10. Baron de KLINCKOWSTRÖM, *op. cit.*, T. I, p. 105.

11. *Mémoires de Madame la duchesse de Tourzel, op. cit.*, p. 179.

12. Maxime de LA ROCHETERIE et A. de BEAUCOURT, *Lettres de Marie-Antoinette*, A. Picard, Paris, 1896, p. 234.

13. FEUILLET de CONCHES, *Louis XVI, Marie-Antoinette et Madame Elisabeth. Lettres et documents inédits, op. cit.*, T. II, p. 79.

14. Baron de KLINCKOWSTRÖM, *op. cit.*, T. I, p. 118.

15. *Ibid.*, T. I, p. 130.

16. G. LENOTRE, *Le Drame de Varennes*, Perrin, Paris, 1905, p. 57.

17. Premier procès-verbal de la municipalité de Varennes, Paul et Pierrette GIRAULT de COURSAC, *Sur la route de Varennes*, La Table Ronde, Paris, 1984, p. 105.

CHAPITRE 9

1. René FONVIEILLE, *Barnave et la Révolution*, Glénat, Grenoble, 1989.

2. *Mémoires sur la vie privée de Marie-Antoinette, reine de France et de Navarre, par Mme Campan, op. cit.*, T. II, p. 152.

3. La relation de Pétion a été publiée par L. MORTIMER-TERNAUX, *Histoire de la Terreur*, Lévy frères, Paris, 1862-1881, T. I, pp. 353-371.

4. Nicolas RUAULT, *Gazette d'un Parisien sous la Révolution. Lettres à son frère*, Perrin, Paris, 1976, p. 247.

5. Alma SÖDERHJELM, *Fersen et Marie-Antoinette..., op. cit.*, pp. 203-204.

6. *Ibid.*, p. 204.

7. Eugène BIMBENET, *Fuite de Louis XVI à Varennes, d'après les documents judiciaires et administratifs déposés au greffe de la haute cour nationale,* 2e éd., Didier, Paris, 1868 ; G. LENOTRE, *op. cit.* ; André CASTELOT, *Le Rendez-vous de Varennes ou les occasions manquées*, Perrin, Paris, 1971 ; Michel de LOMBARES, *Enquête sur l'échec de Varennes*, Perrin, Paris, 1988 ; Dominique ZACHARY, *Marie-Antoinette. La fuite en Belgique*, Racine, Bruxelles, 2001 ; Timothy TACKETT, *Le Roi s'enfuit. Varennes et l'origine de la Terreur*, La Découverte, Paris, 2004.

8. Ce point a bien été mis en lumière par Michel de LOMBARES, *op. cit.*, pp. 191-196.

9. Antoine Augustin COURNOT, *Considérations sur la marche des idées et des événements dans les temps modernes*, Hachette, Paris, 1872.

10. Breteuil à Fersen, 29 mai 1791. Baron de KLINCKOWSTRÖM, *op. cit.*, T. I, p. 131.

11. S'appuyant sur un faisceau d'indices, Dominique Zachary (*op. cit.*) pense que la reine voulait rapidement passer au Luxembourg sur les terres de son frère l'empereur. Tel n'était en tout cas pas l'idée du roi.

12. Paul et Pierrette GIRAULT DE COURSAC, *Le Secret de la reine*, F.X. de Guibert, Paris, 1996, p. 158.

13. Cette thèse hardie (voir notamment *Sur la route de Varennes*, *op. cit.*, *Enquête sur le procès du roi, op. cit.*, et *Le Secret de la reine, op. cit.*) n'a guère rencontré d'échos parmi les historiens. Au lieu d'admettre les imprudences commises sur la route par Louis XVI, ces auteurs, défendant envers et contre tout la mémoire de leur héros, n'hésitent pas à accuser le marquis de Bouillé, le duc de Choiseul-Stainville et Goguelat d'avoir délibérément trahi et organisé l'arrestation du roi à Varennes !

14. Munro PRICE, *op. cit.*, pp. 115-116 et 369-371.

15. Marcel REINHARD, *La Chute de la royauté*, Gallimard, Paris, 1969, pp. 450-451, et Charles RICKARD, *Quand la Révolution criait « Vive le Roi ! »*, éd. Ouest France, Rennes, 1988, p. 44-49.

16. Décret du 8 juin 1791.

17. Lucien JAUME, *Le Discours jacobin et la démocratie*, Fayard, Paris, 1989, p. 172.

18. *Mémoires du marquis de Bouillé, op. cit.*, pp. 223-224.

19. D'après le duc de CHOISEUL-STAINVILLE (*Relation du départ de Louis XVI le 20 juin 1791*, Baudouin fils, Paris, 1822, pp. 33-35), le comité constitutionnel de l'Assemblée avait déjà choisi les délégués qui devaient aller traiter avec le roi. Le comte de Gouvernet, ancien aide de camp de Bouillé, avait été désigné pour l'annoncer au roi.

20. Nicolas RUAULT, *op. cit.*, p. 248.

21. AN, KK 375, *Recueil de perte et gain des parties de billard faites par le Roi contre la Reine et Mme Elisabeth à commencer du trente juillet 1791*.

22. Paul et Pierrette GIRAULT de COURSAC, *Sur la route de Varennes, op. cit.*, pp. 110-111.

23. *Ibid.*, pp. 20-21.

24. François FURET et Ran HALEVI, *La Monarchie républicaine. La Constitution de 1791*, Fayard, Paris, 1996, pp. 572-573.

25. Cette correspondance, dont les originaux sont conservés en Suède, a été publiée par Alma SÖDERHJELM dans *Marie-Antoinette et Barnave, correspondance secrète (juillet 1791-janvier 1792)*, Armand Colin, Paris, 1934.

26. Georges MICHON, *Essai sur l'histoire du parti feuillant : Adrien Duport. Correspondance inédite de Barnave*, Payot, Paris, 1924 ; *Terminer la Révolution : Mounier et Barnave dans la Révolution française*, Colloque de Vizille, PUG, Grenoble, 1990.

27. A.F. BERTRAND de MOLLEVILLE, *Mémoires secrets...*, *op. cit.*, T. I, p. 210.

28. GIRAULT de COURSAC, *Louis XVI a la parole...*, *op. cit.*, pp. 251-254.

29. *Mémoires sur la vie privée de Marie-Antoinette, reine de France et de Navarre, par Mme Campan*, *op. cit.*, T. II, pp. 169-170.

30. Mme de STAËL, *op. cit.*, p. 249.

31. Françoise KERMINA, *op. cit.*, p. 218.

32. Baron de KLINCKOWSTRÖM, *op. cit.*, T. I, p. 199.

33. Antraigues à Las Cases, 18 octobre 1791, Jacqueline CHAUMIE, *op. cit.*, p. 108.

34. *Ibid.*, p. 100. Jacques de SAINT-VICTOR, *La Chute des aristocrates*, *op. cit.*, pp. 246-248.

35. *Mémoires du marquis de Ferrières*, *op. cit.*, 1822, T. II, p. 417.

36. Propos attribués aux aristocrates par Rabaut Saint-Etienne, après les conférences du couvent des Grands Augustins (Jacqueline CHAUMIE, *op. cit.*, p. 106).

37. Comte de PAROY, *op. cit.*, pp. 252-253.

38. Ghislain de DIESBACH, *Histoire de l'émigration, 1789-1814*, Grasset, Paris, 1975.

39. Paul et Pierrette GIRAULT de COURSAC, *Louis XVI a la parole...*, *op. cit.*, pp. 255-260.

40. *Ibid.*, pp. 261-262.

41. « Non seulement, écrivait Léopold II aux princes le 3 décembre, je crois que le roi mon beau-frère a sérieusement accepté la Constitution et répugne à tout projet de Contre-Révolution, mais je le sais de science certaine. Vos Altesses royales le savent aussi : il vous a communiqué ses dispositions par un mémoire secret [...]. Or, je partage entièrement le vœu et l'espoir du roi de ramener la tranquillité et l'ordre et d'acheminer des amendements futurs par les voies de la douceur, de la confiance et de l'expérience... » (Paul et Pierrette GIRAULT de COURSAC, *Le Secret de la reine*, *op. cit.*, p. 262).

CHAPITRE 10

1. D'après l'estimation faite par Patrice Gueniffey, dans le cadre des assemblées primaires de canton, la participation atteignait 23,2 %, marquant un effondrement par rapport à l'année précédente (Patrice GUENIFFEY, *Le Nombre et la Raison*, éd. de l'EHESS, Paris, 1993, pp. 164 et suiv.).

2. La minute du discours du roi est conservée aux Archives nationales (C160, 143-144, n° 47).

3. 31 octobre 1791. Baron de KLINCKOWSTRÖM, *op. cit.*, T. I, pp. 208-209.

4. *Notes et souvenirs de Théodore de Lameth faisant suite à ses Mémoires*, Fontemoing, Paris, 1914, p. 107.

5. Paul et Pierrette GIRAULT de COURSAC, *Le Secret de la reine*, *op. cit.*, pp. 291-292. Voir également Jules FLAMMERMONT, *Négociations secrètes de Louis XVI et du baron de Breteuil avec la cour de Berlin, décembre 1791-juillet 1792*, A. Picard, Paris, 1885.

6. Se prenant pour un diplomate de haut vol, Fersen menait, semble-t-il, assez librement des actions de politique étrangère : « Il faut la signature du roi. Il me reste encore un blanc-seing dont je n'ai pas parlé au b... [*baron de Breteuil*], écrivait-il à la reine le 21 juin 1792. Voulez-vous que j'en fasse usage, si cela peut être utile à nous assurer de l'opposition du roi de Prusse à tout démembrement [*de la France*] ? » (Baron de KLINCKOWSTRÖM, *op. cit.*, T. II, p. 306). Voir également Françoise KERMINA, *op. cit.*, p. 203.

7. Munro PRICE, *op. cit.*, pp. 371-372.

8. *Ibid.*, p. 223.

9. Jacqueline CHAUMIE, *op. cit.*, pp. 122-123.

10. Baron de KLINCKOWSTRÖM, *op. cit.*, T. II, pp. 6-7.

11. *Ibid.*, T. II, pp. 181-182.

12. Jacqueline CHAUMIE, *op. cit.*, p. 147.

13. Paul et Pierrette GIRAULT de COURSAC, *Enquête sur le procès du roi*, *op. cit.*, p. 374.

14. FEUILLET de CONCHES, *Louis XVI, Marie-Antoinette et Madame Elisabeth. Lettres et documents inédits*, *op. cit.*, 1864-1873, T. IV, pp. 296-303.

15. Baron de KLINCKOWSTRÖM, *op. cit.*, T. I, p. 271.

16. Eustache-Antoine HUA, *Mémoire d'un avocat de Paris, député de l'Assemblée législative*, Houdin, Poitiers, 1871, p. 101.

17. *Moniteur*, T. XI, p. 719, et, pour l'original, AN, C 220 CII 144, pièce n° 63.

18. *Mémoires de Mme Roland*, *op. cit.*, pp. 229-230.

19. Jacqueline CHAUMIE, *op. cit.*, p. 163.

20. *Ibid.*, p. 168.

21. Paul et Pierrette GIRAULT de COURSAC, *Enquête sur le procès du roi...*, *op. cit.*, p. 295.

22. *Mémoires de Mme Roland*, *op. cit.*, p. 230.

23. Mme de STAËL, *op. cit.*, p. 270.

24. Pierre Victor MALOUET, *op. cit.*, p. 209, note 1.

25. Dès le 26 mars, elle écrivait à Mercy : « M. Dumouriez [...] a le projet de commencer ici le premier par une attaque de la Savoie et une autre par le pays de Liège. C'est l'armée de La Fayette qui doit servir à cette dernière attaque. Voilà le résultat du Conseil d'hier. » Le 27 juin, elle écrivait à Fersen : « Dumouriez part demain pour l'armée de Luckner ; il a promis d'insurger le Brabant. » (Baron de KLINCKOWSTRÖM, *op. cit.*, T. II, p. 308.)

26. A.F. BERTRAND de MOLLEVILLE, *op. cit.*, T. II, pp. 222-223.

27. *Mémoires sur la vie privée de Marie-Antoinette, reine de France et de Navarre, par Mme Campan*, *op. cit.*, T. II, pp. 207-208.

28. Paul et Pierrette GIRAULT de COURSAC, *Enquête sur le procès du roi...*, *op. cit.*, pp. 406-407.

29. AN, C220 143-144, pièce n° 69.

30. Gerhard WOLF, *Scipion de Chambonas, ministre des Affaires étrangères sous la Législative, juin-juillet 1792 : une contribution à l'histoire du parti Feuillant*, La Bruyère, Paris, 2000.

31. *Mémoires de Mme la duchesse de Tourzel, op. cit.*, p. 328.

32. Alma SÖDERHJELM, *Fersen et Marie-Antoinette, op. cit.*, p. 261.

33. *Archives parlementaires de 1787 à 1860, op. cit.*, T. XLV, p. 512.

34. Lettre du 10 juillet 1792 (Baron de KLINCKOWSTRÖM, *op. cit.*, T. II, p. 323).

35. Georges MICHON, *op. cit.*, pp. 405-407.

36. *Ibid.*, pp. 415-420.

37. Il y a une incertitude sur la date de ce billet. Jacques Mallet du Pan le date pour sa part du 3 août 1792 (*Lettre de M. Mallet du Pan à M. de B. sur les événements de Paris du 10 août*, slnd, p. 46).

38. Jacqueline CHAUMIE, *op. cit.*, p. 383.

39. Mme de STAËL, *op. cit.*, p. 276.

40. *Ibid.*, p. 275.

41. Pierre Victor MALOUET, *op. cit.*, T. II, p. 129. Naturellement, ce comité ne se réunissait pas aux Tuileries, mais tantôt chez l'un, tantôt chez l'autre. N'entretenant aucune correspondance avec l'étranger, il n'avait rien à voir avec le prétendu Comité autrichien, sinon que Bertrand de Molleville et Montmorin, fidèles du roi, cités par Carra, en faisaient partie.

42. Marc BOULOISEAU, « A propos du *Manifeste de Brunswick* », *Annales historiques de la Révolution française*, n° 265, 1986, pp. 338-340. Enfermé dans son fanatisme, Fersen ne se rendait pas compte des conséquences que pouvait avoir ce manifeste pour la femme qu'il aimait : « On travaille au manifeste, lui écrivait-il le 18 juillet. J'en ai fait faire un par M. de Limon qu'il a donné à M. de Mercy, sans qu'il sache qu'il est de moi. Il est fort bien et tel qu'on peut le désirer [...]. On rend Paris responsable de la sûreté du roi et de sa famille » (Baron de KLINCKOWSTRÖM, *op. cit.*, T. II, p. 329).

43. Baron de KLINCKOWSTRÖM, *op. cit.*, T. II, pp. 332-333.

44. Cité par Elisabeth et Robert BADINTER, *Condorcet, un intellectuel en politique*, Le Livre de Poche, Paris, 2e éd., 1990, p. 496.

45. Paul et Pierrette GIRAULT de COURSAC, *Louis XVI a la parole, op. cit.*, pp. 292-294.

46. L. C. BIGOT de SAINTE-CROIX, *Histoire de la conspiration du 10 août 1792*, Londres, 3e éd. 1793, pp. 95-96.

47. Jean-Dominique de LA ROCHEFOUCAULD, Claudine WOLIKOW et Guy IKNI, *Le Duc de La Rochefoucauld-Liancourt, 1747-1827. De Louis XV à Charles X, un grand seigneur patriote et le mouvement populaire*, Perrin, Paris, 1980, pp. 211-213.

48. Albert MATHIEZ, *La Révolution française*, Armand Colin, Paris, éd. de 1959, p. 202.

49. Jacqueline CHAUMIE, *op. cit.*, p. 216.

50. François de LA ROCHEFOUCAULD, *Souvenirs du 10 août 1792 et de l'armée de Bourbon*, prés. par Jean Marchand, Calmann-Lévy, Paris, 1929, p. 14.

51. Baron HÜE, *Souvenirs*, pub. par le baron de Maricourt, Calmann-Lévy, Paris, sd, p. 42.

52. Baron de FRENILLY, *Souvenirs*, Plon-Nourrit, Paris, 1908, p. 167.

53. Baron HÜE, *op. cit.*, pp. 45-46.

54. *Mémoires de Madame la duchesse de Tourzel*, *op. cit.*, p. 364.

55. Marcel REINHARD, *op. cit.* ; Rodney ALLEN, *Threshold of Terror : The Last Hours of the French Monarchy in the French Revolution*, Sutton, Phoenix Mill, 1999.

56. Jacob-Laib TALMON, *Les Origines de la démocratie totalitaire*, Calmann-Lévy, Paris, 1966. On ne retiendra pas l'hypothèse fragile de Timothy Tackett qui voit dans la fuite du roi à Varennes l'origine de la Terreur (Timothy TACKETT, *Le roi s'enfuit…*, *op. cit.*).

57. Jacqueline CHAUMIE, *op. cit.*, p. 221.

58. Albert SOBOUL, *Les Sans-culottes parisiens en l'an II : mouvement populaire et gouvernement révolutionnaire, 2 juin 1793-Thermidor an II*, Clavreuil, Paris, 1958.

59. Marcel REINHARD, *op. cit.*, p. 418.

CHAPITRE 11

1. *Mémoires sur la vie privée de Marie-Antoinette, reine de France et de Navarre, par Mme Campan*, *op. cit.*, T. II, p. 259.

2. *Mémoires de Mme la duchesse de Tourzel*, *op. cit.*, p. 374.

3. « Journal » de John Moore, *Revue de la Révolution*, T. V, p. 149.

4. Lettre de Coray au protopsalte de Smyrne Dimitrios Lotos, citée par le marquis de BEAUCOURT, *Captivité et derniers moments de Louis XVI, récits originaux et documents officiels*, A. Picard, Paris, 1892, 2 vol., T. I, p. 30.

5. « Les meubles de M. Berthélemy », *in* G. LENOTRE, *Vieilles Maisons, Vieux Papiers*, Paris, 1910, 4ᵉ série, et Louis CHANOINE-DAVRANCHES, *La Petite Tour du Temple*, L. Gy, Rouen, 1904.

6. Quelques mémoires des fournitures achetées pour la famille royale subsistent à la BnF (Mss., NAF 22 818, f° 50, 51…). Voir également M. de LA MORINERIE, « Papiers du Temple », *Nouvelle Revue*, 1ᵉʳ avril 1884.

7. Relation de Hüe, dans marquis de BEAUCOURT, *Captivité et derniers moments de Louis XVI, récits originaux et documents officiels*, *op. cit.*, T. I, p. 60.

8. *Journal de ce qui s'est passé à la Tour du Temple, par Cléry*, Mercure de France, Paris, 1968, p. 85.

9. « Journal » de Perlet, dans marquis de BEAUCOURT, *Captivité et derniers moments de Louis XVI, récits originaux et documents officiels, op. cit.*, T. I, p. 34.

10. Récit de Hüe, dans marquis de BEAUCOURT, *Captivité et derniers moments de Louis XVI, récits originaux et documents officiels, op. cit.*, T. I, pp. 59-60. Mme de Tourzel venait d'être arrêtée.

11. Marquis de BEAUCOURT, *Captivité et derniers moments de Louis XVI, récits originaux et documents officiels, op. cit.*, T. I, p. 69.

12. Relation de Daujon, dans G. LENOTRE, *Marie-Antoinette. La captivité et la mort,* Perrin, Paris, 1902, p. 54.

13. Relation de Hüe, dans marquis de BEAUCOURT, *Captivité et derniers moments de Louis XVI, récits originaux et documents officiels, op. cit.*, T. I, pp. 77-78.

14. *Annales révolutionnaires*, 6e année, n° 1, p. 105.

15. G. LENOTRE, *Marie-Antoinette, op. cit.*, p. 58.

16. *Journal de ce qui s'est passé à la Tour du Temple, par Cléry, op. cit.*, p. 32.

17. Pierre CARON, *Les Massacres de Septembre*, Maison du livre, Paris, 1935 ; George RUDE, *La Foule dans la Révolution française*, F. Maspero, Paris, 1982 ; Frédéric BLUCHE, *Septembre 1792, logique d'un massacre*, préface de J. Tulard, R. Laffont, Paris, 1986.

18. Patrice GUENIFFEY, *op. cit.*, pp. 225-226.

19. « Etat des différents meubles ou objets détaillés et trouvés dans l'appartement de Louis Capet, séant dans la tour du Temple au deuxième étage, le 19 janvier 1793 », *Revue rétrospective*, 2e série, 1837, pp. 251 et suiv.

20. BnF, Mss., NAF 22 995, f° 11 et suiv.

21. *Journal de ce qui s'est passé à la Tour du Temple par Cléry, op. cit.*, p. 68.

CHAPITRE 12

1. Edmond BIRE, *La Légende des Girondins*, Perrin, Paris, 1896.

2. Paul et Pierrette GIRAULT de COURSAC, *Enquête sur le procès du roi Louis XVI, op. cit.*, p. 83.

3. *Mémoires sur la vie privée de Marie-Antoinette, reine de France et de Navarre, par Mme Campan, op. cit.*, T. II, pp. 222-223.

4. Jean-Marie CARBASSE, « Faut-il juger le roi ? », actes du colloque *Le Bicentenaire du procès du roi*, prés. par Claude Goyard, Paris, 1993, pp. 32-41.

5. *Journal de ce qui s'est passé à la Tour du Temple par Cléry, op. cit.*, p. 73.

6. Pierre de VAISSIERE, *Lettres d'« Aristocrates ». La Révolution racontée par des correspondances privées, 1789-1794,* Perrin, Paris, 1907, p. 576.

7. François FURET, Mona OZOUF et autres, *Dictionnaire critique de la Révolution française, Evénements,* Paris, 1992, article « Procès du roi », p. 251.

8. Paul et Pierrette GIRAULT de COURSAC, *Enquête sur le procès du roi, op. cit.,* pp. 107-108.

9. Marquis de BEAUCOURT, *Captivité et derniers moments de Louis XVI, récits originaux et documents officiels, op. cit.,* T. II, p. 181.

10. Paul LOMBARD, *op. cit.,* p. 189. La lettre ne sera remise à Malesherbes que le 4 avril 1793.

11. *Journal de ce qui s'est passé à la Tour du Temple par Cléry, op. cit.,* p. 80.

12. Marquis de BEAUCOURT, *Captivité et derniers moments de Louis XVI, récits originaux et documents officiels, op. cit.,* T. II, p. 231.

13. *Le Moniteur,* XIV, p. 848.

14. *Le Moniteur,* XV, p. 45.

15. Quatre membres influents de la Convention devaient être achetés (Louis HASTIER, *Vieilles histoires, étranges énigmes,* 3e série, Fayard, Paris, 1960, p. 27).

16. Théodore de LAMETH, *Mémoires, op. cit.,* p. 243.

17. Les 31 mars et 30 avril 1837, la *Revue rétrospective* publia le texte d'un assez volumineux « Appel de Louis XVI, roi de France, à la Nation », écrit à la première personne, qui aurait été rédigé par un ancien avocat au parlement de Paris, Grouber de Groubentall, à la demande de Malesherbes. Louis Madelin et Jacques Isorni, qui l'ont sorti de l'oubli en 1949 (*Appel de Louis XVI à la Nation, 1793,* Flammarion, Paris), pensent qu'il est en réalité de la main même du roi. On n'y trouve aucune révélation sensationnelle, assurément, mais la confirmation de la fidélité de Louis XVI aux projets de réformes, la volonté de respecter la Constitution, tout en la modifiant. Le fait qu'on y remarque certaines obsessions et thèmes récurrents chers au monarque (le rôle du duc d'Orléans dans les manœuvres contre le trône, la dénonciation des Jacobins et des factieux, la référence au « malheureux Charles d'Angleterre ») ne rendent pas invraisemblable cette attribution. Le 8 janvier 1793, de Londres où il s'était réfugié, Bertrand de Molleville déplorait la soustraction de certaines pièces au procès du roi, notamment « un mémoire écrit en entier de la main du roi dans lequel il rend compte à lui-même de tout ce qu'il a fait depuis qu'il est monté sur le trône, de ses projets, de ses vues et même des fautes qu'il avait à se reprocher ». S'agit-il du même mémoire ? Une étude d'authenticité serait certainement à reprendre en détail, à partir du style du récit publié.

18. Paul et Pierrette GIRAULT de COURSAC, *Enquête sur le procès du roi Louis XVI, op. cit.,* p. 607.

19. Lettre à Monsieur du 10 mars 1793, *op. cit.,* p. 607.

20. D'après le décompte effectué par Paul Lombard (*Le Procès du roi*, Grasset, Paris, 1993), cette voix exista bien. C'était celle d'un obscur député d'Indre-et-Loire, Champigny-Clément, dont le vote fut inversé. La sentence de mort fut donc mise en ballottage. M⁰ Lombard estime même qu'elle était minoritaire, car Robert, député de Paris, qui avait voté pour le châtiment suprême, n'avait pas la citoyenneté française. Il aurait dû être exclu. Une erreur de calcul aurait donc conduit Louis XVI à l'échafaud !

21. Voir Olivier BLANC, *Les Hommes de Londres. Histoire secrète de la Terreur*, Albin Michel, Paris, 1989.

CHAPITRE 13

1. Mildred Violet WOODGATE, *Le Dernier Confident de Louis XVI, l'abbé Edgeworth de Firmont (1745-1807)*, trad. G. Cuignet Lafor, Téqui, Paris, 1992.

2. *Dernières heures de Louis XVI, roi de France*, publié à la suite du *Journal* de Cléry, Paris, 1968, p. 117.

3. *Ibid.*, p. 119.

4. Le portrait aurait été fait le 14 janvier 1793, soit six jours auparavant (Pierre de VAISSIERE, *La Mort du roi (21 janvier 1793)*, Perrin, Paris, 1910, p. 201).

5. *Mémoire écrit par Marie-Thérèse-Charlotte de France sur la captivité des princes et princesses ses parents depuis le 10 août 1792 jusqu'à la mort de son frère*, publié à la suite du *Journal* de Cléry, Paris, 1968, pp. 145-146.

6. A. de BEAUCHESNE, *Louis XVII, sa vie, son agonie, sa mort*, Plon, Paris, 1866, T. I, pp. 486-487. La chapelle, remaniée au XIX⁰ siècle, existe toujours, rue Charlot, sous le nom de Saint-Jean-Saint-François. Elle conserva longtemps la chasuble utilisée pour la dernière messe de Louis XVI, qui se trouve aujourd'hui dans le Trésor de l'église Notre-Dame-de-Bonne-Nouvelle.

7. *Révolutions de Paris*, n° 185, du 19 au 26 janvier 1793, texte publié par le marquis de BEAUCOURT, *Captivité et derniers moments de Louis XVI, récits originaux et documents officiels, op. cit.*, T. I, pp. 358-368.

8. G. LENOTRE, *La Guillotine et les exécuteurs des arrêts criminels pendant la Révolution*, Perrin, Paris, 1893 ; Bernard LECHERBONNIER, *Bourreaux de père en fils : les Sanson, 1688-1847*, Albin Michel, Paris, 1989.

9. *Mémoires du comte de Paroy, op. cit.*, p. 295.

10. Jean-Marc VARAUT, « La décapitation de la monarchie », *Le Bicentenaire du procès du roi*, actes du colloque présentés par Claude Goyard, F.X. de Guibert, Paris, 1993. D. ARASSE, *La Guillotine et l'imaginaire de la Terreur*, Flammarion, Paris, 1987.

11. A. de BEAUCHESNE, *op. cit.*, T. I, p. 464, note. On ne sait si c'était la voiture personnelle du maire ou, plus vraisemblablement, celle du ministre des Contributions publiques Clavière (*Intermédiaire des Chercheurs et des Curieux*, T. III, 1866, pp. 320 et 470 ; Pierre de VAISSIÈRE, *La Mort du roi (21 janvier 1793)*, *op. cit.*, p. 55.

12. *Mémoires tirés des papiers d'un homme d'Etat* (par A.F. d'Allonville, A. de Beauchamp et A. Schubart), Ponthieu, Paris, 1828-1838, T. III, pp. 163-165 ; Edmond BIRE, *Les Défenseurs de Louis XVI*, E. Vitte, Lyon, 1896, pp. 173 et suiv. ; Baron de BATZ, *Etudes sur la Contre-Révolution. La vie et les conspirations de Jean, baron de Batz (1754-1793)*, Calmann-Lévy, Paris, 1909, p. 444 ; Pierre de VAISSIÈRE, *La Mort du roi (21 janvier 1793)*, *op. cit.*, pp. 68 et suiv. ; Olivier BLANC, *Les Hommes de Londres. Histoire secrète de la Terreur*, *op. cit.*, p. 182. Gustave Bord, non sans raison, ramène à ses justes proportions l'opération folle et désespérée de ce curieux personnage dont la légende s'est emparée (Gustave BORD, *Etudes sur la question Louis XVII. Autour du Temple (1792-1795)*, E. Paul, Paris, 1912, T. I, pp. 411 et suiv.).

13. Dans une note de son *Histoire de la Révolution française*, Michelet assure en avoir trouvé la genèse : « Pour le mot inventé, écrit-il, un de mes amis, fort jeune alors, l'a vu et entendu faire. Les pavillons qu'on voit à l'entrée des Champs-Elysées étaient encore occupés par un restaurateur. Deux journalistes, pour assister à l'exécution, allèrent y dîner. "Qu'aurais-tu dit à la place du confesseur ?" dit l'un des deux à son ami. – "Rien de plus simple, j'aurais dit : ' Fils de Saint Louis, montez au Ciel !'" » L'inventeur serait Charles Ris, rédacteur du *Républicain français*, à moins qu'il ne s'agisse de l'écrivain Charles de Lacretelle. Etrange est la rapidité avec laquelle tout le monde attribua le mot à l'abbé : les *Annales de la République*, Peltier, Montjoye, Bertrand de Molleville (d'après un récit oral que lui aurait fait l'abbé Edgeworth, avant de coucher sa relation par écrit), Mercier, le marquis de Limon... Madame Royale elle-même dans le récit de sa captivité, si sobre et si précis, le donne pour authentique. Le numéro du 19-26 février 1793 des *Révolutions de Paris* reproduit une gravure de l'exécution, l'abbé prononçant ces mots : « Allez, fils de Saint Louis, le ciel vous attend ! » Bigot de Sainte-Croix publie à Londres, dans son *Histoire de la conspiration du 10 août 1792*, une lettre de Paris du 21 janvier confirmant le fait. Dans son *Magicien républicain*, Rouy l'aîné, qui se donne pour témoin oculaire, assure la même chose. Le 22 janvier, le libraire Nicolas Ruault (*op. cit.*, p. 320) note le fait dans son *Journal*. Qui croire ? Sur ce mot célèbre, voir l'étude détaillée qu'en donne le marquis de Beaumont, *op. cit.*, T. II, pp. 353-369 ; Louis COMBES, *Episodes et curiosités révolutionnaires*, Madre, Paris, 1872, pp. 101-111.

14. Dépêche de l'ambassadeur Pisani, *Venise et la Révolution française*, *op. cit.*, p. 875.

15. Il y a une incertitude sur l'identité de celui qui donna cet ordre. Santerre, tout le temps de la Révolution, se vantera de l'avoir fait et son compte rendu à la Commune le jour même semble prouver la véracité de

son assertion. Mais d'autres ont attribué cette initiative à son supérieur, Jean-François Berruyer, commandant de la place de Paris, à son adjoint, Jean-Baptiste Gourgaud, dit Dugazon, célèbre acteur de la Comédie-Française, à Louis de Beaufranchet d'Ayat, qui commandait un corps de troupe (ancien page royal, celui-ci passait pour un bâtard de Louis XV et de la danseuse Morphise, le demi-oncle par conséquent de Louis XVI...), à Sain de Bois-le-Comte ou encore au tambour-major Pierrard. Voir Corrado ROSSO, *Les Tambours de Santerre. Essai sur quelques éclipses des Lumières au xviiiᵉ siècle*, A. Nizet, Paris, 1986. Voir également Antoine-Etienne CARRO, *Santerre, général de la République française*, Ledoyen, Paris, 1847, et Raymonde MONNIER, « Les tambours de Santerre. Le général, la légende et l'histoire », *Saint-Denis ou le jugement dernier des rois*, Actes du colloque (février 1989) sous la direction de Roger Bourderon, PSD, Saint-Denis, 1993, pp. 195-203.

16. Lettre de Joseph Trémié, volontaire du bataillon de Marseille, 21 janvier 1793 (*Revue rétrospective*, nouvelle série, 1892, p. 82).

17. Marquis de BEAUCOURT, *Captivité et derniers moments de Louis XVI, récits originaux et documents officiels, op. cit.*, T. I, p. 357.

18. *Révolution de Paris*, n° 185, pp. 201 et suiv., marquis de BEAUCOURT, *Captivité et derniers moments de Louis XVI, récits originaux et documents officiels, op. cit.*, T. I, p. 367.

19. Pierre de VAISSIÈRE, *Lettres d'Aristocrates, op. cit.*, p. 586.

20. Marquis de BEAUCOURT, *Captivité et derniers moments de Louis XVI, récits originaux et documents officiels, op. cit.*, T. I, p. 381.

21. Louis Sébastien MERCIER, *Le Nouveau Paris*, Brunswick, 1800, T. III, p. 4 ; MERCIER DU ROCHER, *Mémoires inédits*, publiés par la *Revue du Bas-Poitou*, 1908, 2ᵉ livraison, pp. 189-190.

22. Louis COMBES, *op. cit.*, p. 105.

23. Lettre de Sanson à Jacques-Antoine Dulaure, rédacteur du journal *Le Thermomètre du jour*, 20 février 1793, BnF, Mss., Fr. 10 268.

CHAPITRE 14

1. Ferenc FEHER, *The Frozen Revolution. An Essay on Jacobinism*, Cambridge Univ. Press, Cambridge, 1987.

2. Ernst KANTOROWICZ, *Les Deux Corps du roi*, Gallimard, Paris, 1989. Tadami CHIZUKA, « L'idée de deux corps du roi dans le procès de Louis XVI », *Annales historiques de la Révolution française*, n° 310, 1997, n° 4, pp. 643-650.

3. Myriam REVAULT d'ALLONNES, *D'une mort à l'autre. Précipices de la Révolution*, Seuil, Paris, 1989, p. 45.

4. Jean JAURES, *Histoire socialiste de la Révolution française*, éd. Mathiez, T. VI, *La Gironde*, Librairie de l'*Humanité*, Paris, 1923, pp. 376-378.

5. Albert CAMUS, *L'Homme révolté*, Gallimard, Paris, 1951, p. 156.

6. *Ibid.*, p. 157.

7. Jules MICHELET, *Histoire de la Révolution française*, R. Laffont, Paris, 1979, T. II, p. 13.

8. *Ibid.*, p. 234.

9. René GIRARD, *La Violence et le sacré*, B. Grasset, Paris, 1972 ; *Le Bouc émissaire*, B. Grasset, Paris, 1982.

10. Michael WALZER, *Régicide et Révolution. Le procès de Louis XVI. Discours et controverses*, Payot, Paris, 1989, p. 22.

11. Emmanuel KANT, *La Métaphysique des mœurs et le conflit des facultés*, Vrin, Paris, 1985, T. III, pp. 587-589.

12. Hannah ARENDT, *Essai sur la Révolution*, Gallimard, Paris, 1967 ; Georges GUSDORF, *Les Révolutions de France et d'Amérique. La violence et la sagesse*, Perrin, Paris, 1988.

13. *Moniteur*, n° 219 et 221, 7-9 août 1793.

14. Voir Gérard GENGEMBRE, « Chateaubriand ou la fascination du morbide », *Saint-Denis ou le Jugement dernier des rois, op. cit.*, pp. 325-332.

15. *Journal de la République française*, n° 305.

16. *Semaines parisiennes*, marquis de BEAUCOURT, *Captivité et derniers moments de Louis XVI, récits originaux et documents officiels, op. cit.*, T. I, p. 369.

17. G. LENOTRE, *Marie-Antoinette (la captivité et la mort), op. cit.*, p. 170.

18. Nicolas RUAULT, *op. cit.*, p. 320.

19. *Mémoires du chancelier Pasquier, op. cit.*, T. I, p. 87.

20. *Mémoires d'un prêtre régicide*, C. Mary, Paris, 1829, T. II, p. 1. Ouvrage attribué à Simon-Edme Monnel, membre de la Constituante puis de la Convention.

21. Louis HASTIER, *Vieilles histoires, étranges énigmes*, Fayard, Paris, 1955, 1ᵉ série, pp. 69-112. L'authenticité des restes royaux a été niée par certains. Barras s'amusa dans ses *Mémoires* (T. III, Hachette, Paris, 1896, pp. 418-420) à accréditer l'idée que ce seraient les restes de Robespierre qui auraient été confondus avec ceux de l'« auguste victime », en raison de boucles identiques aux culottes et aux souliers, et conduits à Saint-Denis ! L'apôtre de la Terreur, en réalité, avait été inhumé au cimetière des Errancis, à la barrière de Monceau, et non à celui de la Madeleine.

22. Cité par G. LENOTRE, *op. cit.*, p. 413.

23. *Lettre à Mgr l'évêque de Troyes au sujet de l'oraison funèbre de Louis XVI*, par l'abbé Théophile JARRY, P. Gueffier, Paris, 1817.

24. Abbé SAVORNIN, *Notice historique sur les faits et particularités qui se rattachent à la chapelle expiatoire de Louis XVI et de Marie-Antoinette, d'après des documents officiels pleins d'émouvantes révélations*, A. Vaton, Paris, 1865.

25. Cherubini composa également une *Messe solennelle pour le Sacre de Louis XVIII*, qui ne fut pas interprétée de son vivant, Louis XVIII n'ayant

jamais été sacré, et une *Messe solennelle pour le Sacre de Charles X* (1825), chantée à Reims.

26. Pierre LADOUE, *Les Panégyristes de Louis XVI et de Marie-Antoinette, 1793-1912. Essai de bibliographie raisonnée*, A. Picard, Paris, 1912.

27. Cité par Martin PAPENHEIM, « Les oraisons funèbres de Louis XVI et Marie-Antoinette des années 1814-15-16 : la rhétorique expiatoire », *Saint-Denis ou le jugement dernier des rois, op. cit.*, p. 321.

28. Louis-Marie PRUDHOMME, *Histoire de la vie privée et politique du vertueux Louis XVI*, Bureau du Lavater, Paris, 1814, 5 vol. ; P.V.S. de BOURNISEAUX, *Histoire de Louis XVI, avec les anecdotes de son règne*, Rosier et Mame, Paris, 1829, 4 vol. ; Vicomte de FALLOUX, *Louis XVI*, Delloye, Paris, 1840.

29. *Louis XVI ou l'Ecole des peuples*, tragédie en cinq actes et en vers du chevalier de Fonvielle (1820), *Louis XVI*, drame historique en cinq actes et six tableaux de Philippe Marnotte (1833) ; *La Mort de Louis XVI*, tragédie en cinq actes de Claude Roucher-Deratte (1834).

30. *Le Figaro*, 20 janvier 1992.

31. Le 16 octobre 1993, une cérémonie identique eut lieu pour commémorer la mort de Marie-Antoinette. Sur tous ces aspects, voir : « Louis XVI, 1793-1993. L'histoire retrouvée », Association Louis XVI, *Cahiers Louis XVI*, n° 8.

32. Edmond BIRE, *Les Défenseurs de Louis XVI*, pp. 260 et suiv.

33. Philippe BOUTRY, « Le *roi martyr*. La cause de Louis XVI devant la cour de Rome (1820) », *Revue d'histoire de l'Eglise de France*, T. LXXVI, janvier-juin 1990, pp. 57-71.

34. Lettre du cardinal de Clermont-Tonnerre à Auguste Seguin du 10 avril 1829, Auguste SEGUIN, *Les Actes du martyre de Louis XVI, roi de France et de Navarre*, Jamonet, Valence, 1837.

35. Amédée BURION, *Louis XVI, martyr dans sa royauté, dans sa famille, dans sa foi, éloge funèbre*, C. Petit, Paris, 1854, p. 23.

36. Victor DELAPORTE, « Le Roi-Martyr », *Etudes*, janvier 1893, pp 81-111.

37. Armand GRANEL, *Bibliographie de la Révolution. Louis XVI et la famille royale…*, s.l., 1905. Du même auteur, *Louis XVI, martyr de la foi, mémoire pour servir à l'introduction de sa cause*, E. Privat, Toulouse, 1908, et *Le Vrai Louis XVI, royauté douloureuse, royauté glorieuse*, Douladoure-Privat, Toulouse, 1913.

38. Abbé Auguste DELASSUS, *Louis XVI, roi et martyr et sa béatification*, H. Oudin, Paris, 1916.

39. *Derniers messages de Louis XVI aux Français*, O.E.I.L., Paris, 1991, pp. 101-155. Des mêmes, *Louis XVI, roi martyr ?*, Téqui, Paris, 1982.

Conclusion

1. Marquis de SEGUR, *Au couchant de la monarchie. Louis XVI et Necker*, *op. cit.*, p. 456.

2. Hélène CARRERE d'ENCAUSSE, *Nicolas II*, Fayard, Paris, 1996, pp. 474-476.

Sources

SOURCES MANUSCRITES

ARCHIVES NATIONALES

Musée de l'histoire de France, Agenda de Louis XVI, comptes du roi.

C 31, 41, 45, 71, 124, 126 à 130, 136, 160, 170, 182 à 187, 207, 218 à 223 (Documents de la Liste civile), 245.

E 1502-1683 (arrêts du Conseil du roi), 2511 à 2661 (arrêts en commandement, Ponts et Chaussées, mines, agriculture...).

G1 8-12 (baux des fermes générales), 50-62 (pièces comptables des fermes), G8 118 (assemblées générales du clergé).

H1 1689 à 1642 (mémoires sur l'état civil des protestants, sur les Juifs, affaire du Collier...).

K 160 à 164 (correspondance de Louis XVI et de Miromesnil, lits de justice, affaire du Collier...), 505, 506 (comptes divers de la maison du roi et de la reine), 527 et 528 (Tuileries, papiers divers), 676 à 678 (Assemblée des Notables), 679 A et B (états généraux), 680 à 692 B (assemblées provinciales et états provinciaux), K 700 (relations avec les parlements).

KK 375 (Journal des parties de billards, 1791-1792), 1085 (voyage du roi à Cherbourg).

O1, 745, 746, 749 (charges et dépenses de la Maison du roi), 837 à 841 (petits cabinets), 1043, 1044 (papiers du grand maître des cérémonies), 1682 (Logement du roy aux Tuileries du 6 octobre 1789), 1744, 1745, 1913, 3250-3258 (obsèques de Louis XV, sacre de Louis XVI...), 3356, 3696 (garde constitutionnelle), 3785, 3786 (maison des enfants de Louis Ferdinand, dauphin).

Marine :
  A1 117, 140.
  B1 81, 83, 86, 87, 89, 91, 93, 94, 100.
  B2, vol. 406 à 436 (ordres du roi et dépêches concernant la marine du Ponant et du Levant).

B3 611 à 803 (dépêches reçues).

B4 124, 126, 129, 134, 136, 141, 142, 144, 155, 161, 163, 166, 172, 174, 175, 183, 195, 197, 198, 205, 206, 207, 213, 215, 216, 217, 219, 220, 231, 257, 258, 261, 264, 268, 312 (campagnes et guerre d'Amérique).

Fonds privés :

144 AP/156 Mi (fonds Lefèvre d'Ormesson).
297 AP/263 Mi (fonds Calonne).
306 AP (chartrier de Castries).
419 AP (fonds d'Antraigues).
440 AP (fonds Fersen).
512 AP (fonds Miromesnil).

ARCHIVES DU MINISTÈRE DES AFFAIRES ÉTRANGÈRES

Correspondance politique, Allemagne, 530 ; Angleterre, vol. 507-523, 525, 526, 528, 539, 540, 552-561, supp. 18 ; Autriche, vol. 262, 285-363 ; Bavière, vol. 165 ; Espagne, vol. 573-575, 578-613, 616, 617, 618, 621 ; Etats-Unis, vol. 1, 5, 9, 11-19, 22 ; Genève, vol. 95 ; Hollande, vol. 283, 530, 539 ; Pays-Bas autrichiens, vol. 174, 175, 182 ; Prusse, 188-212 ; Rome, 900-903, 912-915 ; Trèves, 34, sup. 4.

Mémoires et documents, France 410, 426, 429, 446, 457, 528, 529, 588, 1375 à 1400, 1488, 1499, 1528, 1529, 1535, 1586, 1589, 1622 à 1625, 1651, 1652, 1656 à 1658, 1589, 1665, 1695, 1740, 1741, 1742, 1897.

BIBLIOTHÈQUE NATIONALE DE FRANCE

Mss. Fr. 4428, 6241, 6681-6687 (HARDY, *Mes loisirs ou Journal d'événements tels qu'ils parviennent à ma connaissance, de 1764 à 1789*), 6791, 6792, 6799 (dépense des Finances), 6801-6803 (dépenses signées du roi), 6808 (garde-meubles), 6877-6879 (papiers Lamoignon), 7671-7673 (grâces royales), 7978, 7979 (subsistances des troupes du royaume), 10 236 (arrestation du roi), 10 268 (lettre de Sanson), 10 364 (*Mémoires pour servir à l'histoire de la fin du XVIIIᵉ siècle*), 10 418 (Liste civile), 10 983 (grâces royales), 11 907, 13 784 (*Essai sur la vie de Mgr le dauphin*), 14 153, 14 155, 14 714, 14 715 (instructions de l'abbé Soldini).

NAF 308, 504, 1309, 2480, 2775, 3297, 4389-4392 (Journal du marquis d'Albertas), 5096, 5393, 6575, 6578, 6867, 7551, 11 250 (procès du roi : appel nominal), 11 251 (derniers moments de Louis XVI), 13 276-13 278 (bulletins d'information rédigés à Versailles et à Paris), 14 898,

21 076, 21 206, 21 207 (Trésor royal), 22 103, 22 110 (Papiers Lefèvre d'Amécourt : « Journal des principales époques du règne de Louis XVI »), 22 111 (« Journal du règne de Louis XVI »), 22 220 (contrat de mariage), 22 738, 22 995.

Coll. Joly de Fleury, 1437, 1438, 1442, 2088, 2089.

Cabinet des Cartes et plans : Ré. Géog. B 1179, C 4349, DD 2025, 2780.

BIBLIOTHÈQUE DE L'ARSENAL

Mss. 2321, 2325 (recueil fait pour l'éducation du dauphin), 3894, 3978 (« Procès-verbal historique des travaux du bureau de Mgr le Comte d'Artois... »), 3976, 4046, 4519-II, 4546, 4560, 4562 (Marine), 5389, 5391 (catalogue des livres de Louis Capet condamné), 6032, 6316, 6943.

Archives de la Bastille, vol. 12 449, 12 457, 12 478.

BIBLIOTHÈQUE DE L'INSTITUT

Mss. 861 (papiers Condorcet), 1607 (négociation de paix, 1782-1783), 2048 (fonds d'Orléans, 1775-1793).

BIBLIOTHÈQUE MAZARINE

Mss. 1546 (instructions à La Pérouse), 1857.

BIBLIOTHÈQUE HISTORIQUE DE LA VILLE DE PARIS

Mss. 736-738, 758, 774-776, 799, 803, 805-807, 812, 813, 880, 949, 967, 987, 1013, 1022, 1023, 1212, 1214.

BIBLIOTHÈQUE DE VERSAILLES

Mss. 1368 (mariage du dauphin), 1428, 1429, 1492, 1715 (mariage du dauphin), L 110.

SERVICE HISTORIQUE DE L'ARMÉE DE TERRE

Correspondance, série A1 3732-3736 (guerre d'Amérique).

BIBLIOGRAPHIE

CORRESPONDANCES, JOURNAUX, MÉMOIRES

ADHÉMAR, comtesse d', *Souvenirs sur Marie-Antoinette, archiduchesse d'Autriche, reine de France et sur la cour de Versailles*, Mame, Paris, 1836 (apocryphe du baron de Lamothe-Langon).

ALLONVILLE, Armand François, comte d', *Mémoires secrets de 1770 à 1830*, 6 vol., Werdet, Paris, 1838-1841.

ANGIVILLER, Charles Claude Flahaut, comte de la Billarderie d', *Mémoires*, éd. Louis Bobé, Copenhague, Levin et Klincksieck, 1933.

ANGOULÊME, Marie Thérèse Charlotte de France, duchesse d', *Souvenirs de Marie-Thérèse de France, duchesse d'Angoulême*, prés. par Paul-Eric Blanrue, Communication et Tradition, 1997.

Archives parlementaires de 1787 à 1860, éd. Madival et Laurent, P. Dupont, Paris, 1879, T. I.

ARGENSON, René-Louis de Voyer de Paulmy, marquis d', *Journal et Mémoires*, éd. J.-B. Rathery, 9 vol., Paris, 1859-1867.

AUGEARD, Jacques Mathieu, *Mémoires secrets de J. M. Augeard, secrétaire des commandements de la reine Marie-Antoinette (1760-1800)*, prés. par E. Barroux, Paris, Plon, 1886.

BACHAUMONT, Louis PETIT de, *Mémoires secrets pour servir à l'histoire de la république des lettres*, Londres, J. Adamson, 1780-1789.

BAILLY, Jean Sylvain, *Mémoires de Bailly*, éd. Berville et Barrière, 3 vol., Paris, Baudouin frères, 1821.

BARENTIN, Charles Louis François-de-Paule de, *Mémoire autographe sur les derniers conseils du roi Louis XVI*, prés. par Maurice Champion, Paris, Comptoir des imprimeurs réunis, 1844.

BARENTIN, Charles Louis François-de-Paule de, *Lettres et bulletins à Louis XVI*, éd. A. Aulard, Paris, Société d'histoire de la Révolution, 1915.

BARRAS, *Mémoires*, T. III, Paris, Hachette, 1896.

BAUDEAU, abbé, « Chronique secrète de Paris sous le règne de Louis XVI », pub. par Taschereau, *Revue rétrospective*, Paris, 1834, première série, vol. 3.

BÉARN, Pauline de Tourzel, comtesse de, *Souvenirs de quarante ans (1789-1830)*, éd. Jean Chalon, Paris, Mercure de France, 1986.

BEAUMARCHAIS, *Correspondance*, éd. Brian N. Morton, Nizet, Paris, 1969.

BERTRAND de MOLLEVILLE, Antoine François, *Mémoires secrets pour servir à l'histoire de la dernière année du règne de Louis XVI, roi de France*, 2 vol., Londres, Strahan et Cadell, 1797.

BESENVAL, baron de, *Mémoires du baron de Besenval sur la cour de France*, prés. par Ghislain de Diesbach, Paris, Mercure de France, 1987.

BEUGNOT, *Mémoires du comte Beugnot, ancien ministre*, 3 vol., Paris, Dentu, 1889.

BIGOT de SAINTE-CROIX, L.C., *Histoire de la conspiration du 10 août 1792*, Londres, 3e éd. 1793.

BOIGNE, Adèle d'Osmond, comtesse de, *Mémoires*, prés. par Charles Nicoullaud, Paris, Plon, 1909.

BOISLILE, A. de, *Choix de lettres adressées à Mgr de Nicolaÿ, évêque de Verdun, par le dauphin, la dauphine et divers princes, princesses ou personnages de la Cour (1750-1767)*, Nogent-le-Rotrou, 1875.

BOMBELLES, Marc Marie, marquis de, *Journal*, prés. par Jean Grassion et Frans Durif, 2 vol., Genève, Droz, 1977-1982.

BOUILLÉ, François Claude Amour, marquis de, *Mémoires sur la Révolution française*, éd. Berville et Barrière, Paris, 1821.

BOUILLÉ, Louis Joseph Amour, marquis de, *Souvenirs et fragments pour servir aux Mémoires de ma vie et de mon temps*, 3 vol., Paris, A. Picard, 1906-1911.

BRES, Maximilien, *Récits inédits sur les événements de Paris de 1787 à 1791*, Paris, Pierre Balme, 1962.

BRIENNE, comte de, et LOMÉNIE de BRIENNE, *Journal de l'Assemblée des Notables de 1787*, éd. Pierre Chevallier, Paris, Klincksieck, 1960.

BRISSOT, Jacques Pierre, *Mémoires*, éd. C. Perroud, 2 vol., Paris, A. Picard et fils, 1911.

Cahiers Louis XVI, publication de l'Association Louis XVI, 1987-1994.

CALONNE, Charles Alexandre de, *Réponse de M. de Calonne à l'écrit de M. Necker publié en avril 1787*, Londres, Spilsbury, 1788.

CALONNE, Charles Alexandre de, *Lettre adressée au roi le 9 février 1789*, Londres, Spilsbury, 1789.

CAMPAN, Jeanne Louise Genet, dite Madame, *Mémoires sur la vie privée de Marie-Antoinette, reine de France et de Navarre, par Mme Campan, lectrice de Mesdames et première femme de chambre de la reine*, éd. par M. Barrière, 3 vol., Paris, Baudouin frères, 1823.

CESSART, Louis-Alexandre, *Descriptions des travaux hydrauliques de Louis Alexandre de Cessart*, publié par Dubois d'Arneuville, 2 vol., Paris, A.-A. Renouard, 1806-1808.

CHASTENAY, Madame de, *Mémoires*, éd. par A. Reserot, 2 vol., Paris, Plon-Nourrit, 1896-1897.

CHATEAUBRIAND, François René, vicomte de, *Mémoires d'Outre-Tombe*, éd. Maurice Levaillant et Georges Moulinié, 2 vol., Paris, Gallimard, 1946.

CHOISEUL, duc de, *Mémoires du duc de Choiseul*, éd. Jean-Pierre Guicciardi, Paris, Mercure de France, 1983.

CHOISEUL-STAINVILLE, duc de, *Relation du départ de Louis XVI le 20 juin 1791*, Paris, Baudouin fils, 1822.

CLÉRY, Jean-Baptiste Hanet dit, *Journal de ce qui s'est passé à la Tour du Temple, par Cléry*, éd. J. Brosse, Paris, Mercure de France, 1968.

COLSON, Adrien Joseph, *Lettres d'un bourgeois de Paris à un ami de province, 1788-1793*, éd. par C. Plantier-Sanson, Saint-Cyr-sur-Loire, C. Pirot, 1993.

CONDORCET, *Œuvres complètes*, éd. A. Condorcet, O'Connor et M. F. Arago, Paris, Firmin-Didot, 1847-1849.

COTIGNON, chevalier de, *Mémoires du chevalier de Cotignon, gentilhomme nivernais, officier de marine de Sa Majesté Louis le seizième*, prés. par A. Carré, Grenoble, Ed. des Quatre Seigneurs, 1974.

CROŸ, Emmanuel, duc de, *Journal inédit du duc de Croÿ. 1718-1784*, éd. par le vicomte de Grouchy et P. Cottin, 4 vol., Paris, Flammarion, 1906-1907.

DAMAS, Joseph François, comte de, *Mémoires sur l'affaire de Varennes*, Paris, Baudouin frères, 1823.

DES CARS, Jean François de Pérusse, duc, *Mémoires*, 2 vol., Plon, 1890.

DU DEFFAND, Mme, *Correspondance complète*, éd. Lescure, 2 vol., Paris, Plon, 1865.

DUFORT de CHEVERNY, *Mémoires du comte Dufort de Cheverny, introducteur des ambassadeurs, lieutenant général du Blaisois*, Paris, Plon, 1909.

DUMOURIEZ, *Mémoires*, 2 vol., Paris, Firmin-Didot, 1848.

DUQUESNOY, Adrien, *Journal d'Adrien Duquesnoy, député du tiers état de Bar-le-Duc, sur l'Assemblée constituante*, prés. par R. de Crèvecœur, 2 vol., Paris, A. Picard et fils, 1894.

DURAND, Camille Hilaire, *Détails particuliers sur la journée du 10 août, par un bourgeois de Paris, témoin oculaire*, Paris, J.J. Blaise, 1822.

DUVEYRIER, *Procès-verbal des séances et délibérations de l'Assemblée générale des Electeurs de Paris*, Paris, 1790, T. II, p. 95.

ELLIOTT, Grace Dalrymple, *Mémoires de Madame Elliott sur la Révolution française*, Paris, Michel Lévy frères, 1861.

FERRAND, comte, *Mémoires du comte Ferrand*, Paris, Picard, 1897.

FERRIÈRES, marquis de, *Mémoires*, Paris, Baudouin fils, 1822.

FERRIÈRES, marquis de, *Correspondance inédite, 1789, 1790, 1791*, prés. par Henri Carré, Paris, Colin, 1932.

FERSEN, Jean Axel, comte de, *Le Comte de Fersen et la cour de France, extraits des papiers du Grand maréchal de Suède, comte Jean Axel de Fersen*, prés. par le baron R. M. de Klinckowström, Paris, Firmin-Didot, 1877-1878.

FERSEN, Jean Axel, comte de, *Lettres d'Axel de Fersen à son père pendant la guerre de l'indépendance de l'Amérique*, pub. par le comte F.U. Wrangle, Paris, Didot et Cie, 1929.

FLAMMERMONT, Jules, *Remontrances du parlement de Paris au XVIIIᵉ siècle*, 3 vol., Paris, Imprimerie nationale, 1888-1898.

FRÉNILLY, baron de, *Souvenirs du baron de Frénilly, pair de France (1768-1828)*, éd. par Arthur Chuquet, Paris, Plon, 1909.

FURET, François, et HALÉVI, Ran, *Orateurs de la Révolution française*, T. I, *Les Constituants*, Paris, Gallimard, 1989.

GALIANI, Ferdinando, *Correspondance,* éd. Lucien Perrey et Gaston Maugras, 2 vol., Paris, 1881-1882.

GENLIS, Félicité du Crest de Saint-Aubin, comtesse de, *Mémoires*, 2 vol., Paris, Firmin-Didot, 1827.

GEORGEL, abbé Jean-François, *Mémoires pour servir à l'histoire des événements de la fin du XVIIIᵉ siècle depuis 1760 jusqu'en 1810*, 6 vol., Paris, A. Eymery, 1820.

GOGUELAT, François, baron de, *Mémoires de M. le baron de Goguelat, lieutenant général, sur les événements relatifs au voyage de Louis XVI à Varennes*, Paris, Baudouin, 1823.

GORET, Charles, *Mon témoignage sur la détention de Louis XVI et de sa famille dans la tour du Temple*, Paris, F.M. Maurice, 1825.

GOVION BROGLIO SOLARI, Catherine Hyde, marquise, *Mémoires relatifs à la famille royale de France pendant la Révolution, publiés d'après le journal, les lettres et les entretiens de la princesse de Lamballe, par une dame de qualité*, 2 vol., Paris, Treuttel et Würtz, 1846.

GRÉGOIRE, abbé Henri Baptiste, *Mémoires de Grégoire, ancien évêque de Blois…*, 2 vol., Paris, A. Dupont, 1837.

GRIFFET, R.P. Henri, *Mémoires pour servir à l'histoire de Louis, dauphin de France, mort à Fontainebleau le 20 décembre 1765, avec un traité des connaissances des hommes fait par ses ordres en 1758*, 2 vol., Paris, P. G. Simon, 1778.

HÉZECQUES, Félix, comte de France d', *Souvenirs d'un page de la cour de Louis XVI*, Paris, Gérard Monfort, 1998.

HOLLAND, lord Henry Richard, *Souvenirs diplomatiques*, publiés par son fils, Paris, Ledoyen, 1851.

HUA, Eustache-Antoine, *Mémoires d'un avocat de Paris, député de l'Assemblée législative*, Poitiers, Houdin, 1871.

HÜE, Baron, *Souvenirs du baron Hüe*, éd. par le baron de Maricourt, Paris, Calmann-Lévy, s.d.

IMBERT de BOUDEAU, *Recueil de lettres secrètes : année 1783*, prés. par Paule Adamy, Genève, Droz, 1997.

JALLET, curé, *Journal inédit de Jallet, curé de Chérigné, député du clergé du Poitou aux états généraux*, Fontenay-le-Comte, P. Robuchon, 1871.

JEUDY-DUGOUR, *Mémoire justificatif pour Louis XVI, ci-devant roi des Français, en réponse à l'acte d'accusation qui lui a été lu à la Convention nationale le mardi 11 décembre 1792*, Paris, 1793.

Journal pour servir à l'histoire du XVIIIᵉ siècle, Paris, Les Libraires associés, 1788.

KAGENECK, Jacques-Bruno Ludan de, *Lettres au baron Altröer sur la période du règne de Louis XVI, de 1779 à 1784*, éd. L. Léouzon Le Duc, Paris, Charpentier, 1884.

LA FAYETTE, Gilbert Motier, marquis de, *Mémoires, correspondances et manuscrits du général Lafayette*, publiés par sa famille, 6 vol., Paris, H. Fournier, 1837.

LAGE de VOLUDE, Béatrix Etiennette d'Amblimont, marquise de, *Souvenirs d'émigration... 1792-1794*, Paris, H. Hérissey, 1869.

LAMBALLE, princesse de, *Mémoires historiques de Marie-Thérèse Louise de Savoie Carignan, princesse de Lamballe*, éd. par Mme Guénard de Méré, 2 vol., Paris, Lerouge, 1816.

LAMETH, Théodore de, *Mémoires*, éd. E. Welvert, Paris, Fontemoing, 1913.

LAMETH, Théodore de, *Notes et souvenirs de Théodore de Lameth faisant suite à ses Mémoires*, Paris, Fontemoing, 1914.

LA PÉROUSE, *Journal de Lapérouse, août 1785-janvier 1788*, Paris, Imprimerie nationale, 1985.

LA RÉVELLIERE-LÉPEAUX, Louis Marie de, *Mémoires*, Paris, Plon, 1895.

LA ROCHEFOUCAULD, François de, *Souvenirs du 10 août 1792 et de l'armée de Bourbon*, prés. par Jean Marchand, Paris, Calmann-Lévy, 1929.

LA TOUR du PIN-GOUVERNET, Lucie Dillon, marquise de, *Journal d'une femme de cinquante ans*, Paris, prés. par C. de Liedekerke-Beaufort, Paris, Mercure de France, 1989.

LAUZUN, Armand Louis de Gontaut, duc de, *Mémoires*, éd. G. d'Heylli, Paris, Rouveyre, 1889.

LE FRANC de POMPIGNAN, Jean Georges, *Eloge historique de Mgr le duc de Bourgogne*, Paris, Imprimerie royale, 1761.

LESCURE, Mathurin de, *Correspondance secrète inédite sur Louis XVI, Marie-Antoinette, la Cour et la ville de 1777 à 1792*, 2 vol., Paris, Plon, 1866.

LEVIS, Gaston, duc de, *Souvenirs et portraits*, Paris, L. Beaupré, 1815, éd. par J. Dupâquier, Paris, Mercure de France, 1993.

LIEDEKERKE-BEAUFORT, comte de, « Souvenirs d'un page du comte de Provence », *Revue de Paris*, T. 5, 1952, pp. 52-84.

LIGNE, Charles Joseph Lamoral, prince de, *Fragments de l'histoire de ma vie*, Paris, 1828.

LOUIS XV, *Lettres de Louis XV à son petit-fils l'infant Ferdinand de Parme*, éd. Philippe Amiguet, Paris, Grasset, 1938.

LOUIS XVI, *Correspondance politique et confidentielle inédite de Louis XVI avec ses frères et plusieurs personnes célèbres pendant les dernières années de son règne et jusqu'à sa mort*, éd. Hélène-Maria Williams, Paris, an XI (1803).

LOUIS XVI, *Lettres. Correspondance inédite. Discours, maximes, pensées, observations diverses, etc.*, éd. B. Chauvelot, Paris, 1862.

LOUIS XVI, *Louis XVI, Marie-Antoinette et Mme Elisabeth, lettres et documents inédits*, éd. Feuillet de Conches, 6 vol, Paris, Plon, 1863-1873.

LOUIS XVI, *Journal de Louis XVI*, publié par Louis Nicolardot, Paris, E. Dentu, 1873.

LOUIS XVI, *Journal de Louis XVI publié pour la première fois d'après le manuscrit du Roi, par le comte de Beauchamp*, dans *Souvenirs et mémoires*, 2e sem. 1900, pp. 33-144.

LOUIS XVI, *Comptes de Louis XVI*, éd. comte de Beauchamp, Paris, H. Leclerc, 1909.

LOUIS XVI, *Extraits des mémoires du temps*, recueillis par J.B. Ebeling, préface de J. Bainville, Paris, Plon, 1939.

LOUIS XVI, *Réflexions sur mes entretiens avec M. le duc de La Vauguyon*, prés. par Jean Meyer, Paris, Communication et Tradition, 2000.

LOUIS XVI ET MARIE ANTOINETTE, *Lettres, 1789-1793*, éd. J.-P. Dormois, Paris, 1988.

LUYNES, duc de, *Mémoires du duc de Luynes sur la cour de Louis XV, 1735-1758*, éd. L. Dussieux et E. Soulié, 17 vol., Paris, Firmin-Didot, 1860-1865.

MALESHERBES, *Les Remontrances, 1771-1775*, éd. Elisabeth Badinter, Paris, Flammarion, 1985.

MALEYSSIE, général marquis de, *Mémoires d'un officier aux gardes françaises (1789-1793)*, éd. N.G.Roberti, Paris, Plon, 1897.

MALLET du PAN, *Lettre de M. Mallet du Pan à M. de B. sur les événements de Paris du 10 août*, slnd.

MALLET du PAN, *Mémoires et correspondance de Mallet du Pan pour servir à l'histoire de la Révolution française*, éd. Sayous, Paris, Amyot, 1851.

MALOUET, Pierre Victor, baron, *Mémoires*, 2e éd., 2 vol., Paris, Didier, 1874.

MARIE-ANTOINETTE, *Marie-Antoinette, Joseph II und Leopold II, Ihr Briefwechsel*, Alfred, herausgegeben von Ritter von Arneth, Leipzig, Kölher, 1866.

MARIE-ANTOINETTE, *Correspondance secrète entre Marie-Thérèse et le comte de Mercy-Argenteau, avec les lettres de Marie-Thérèse et de Marie-Antoinette*, éd. chevalier Alfred d'Arneth et M.A. Geoffroy, 3 vol., Paris, Firmin-Didot, 1874.

MARIE-ANTOINETTE, *Lettres de Marie-Antoinette*, recueil des lettres authentiques publié pour la Société d'histoire contemporaine par Maxime de La Rocheterie et le marquis de Beaucourt, Paris, A. Picard, 1895-1896.

MARIE-ANTOINETTE, *Correspondance entre Marie-Thérèse et Marie-Antoinette*, éd. Georges Girard, Paris, Grasset, 1933.

MARMONTEL, *Mémoires*, éd. Maurice Tourneux, 3 vol., Paris, Librairie des Bibliophiles, 1891.

MERCIER, Louis-Sébastien, *Le Tableau de Paris*, Paris, La Découverte, 1998.

MERCY-ARGENTEAU, comte de, *Correspondance secrète du comte de Mercy-Argenteau avec Joseph II et le prince de Kaunitz*, éd. Arneth et Flammermont, Paris, Imprimerie nationale, 1889-1891.

MÉTRA, François, *Correspondance secrète politique et littéraire, ou Mémoires pour servir à l'histoire des cours, des sociétés et de la littérature en France depuis la mort de Louis XV*, 18 vol., Londres, J. Adenson, 1787-1790.

MIOT de MÉLITO, comte, *Mémoires*, Paris, Lévy frères, 1880.

MIRABEAU, comte de, *Mémoires biographiques, littéraires et politiques*, 8 vol., Paris, A. Guyot, 1834-1835.

MIRABEAU, comte de, *Correspondance entre le comte de Mirabeau et le comte de La Marck pendant les années 1789, 1790, 1791*, éd. A. de Bacourt, 2 vol., Paris, Vve Le Normant, 1851.

MONNEL, Simon Edme (attribué à), *Mémoires d'un prêtre régicide*, 2 vol., Paris, C. Mary, 1829.

MONTBARREY, Alexandre, prince de, *Mémoires*, 3 vol., Paris A. Eymery et Rousseau, 1826-1827.

MONTLOSIER, comte de, *Mémoires de M. le comte de Montlosier sur la Révolution française, le Consulat, l'Empire et la Restauration…*, Paris, Ufey, 1830.

MOREAU, Jacob Nicolas, *Mes souvenirs par Jacob Nicolas Moreau*, éd. C. Hermelin, 2 vol., Paris, Plon, 1898-1901.

MORELLET, abbé, *Mémoires inédits sur le XVIIIᵉ siècle et sur la Révolution*, 2 vol., Genève, Slatkine Reprints, 1967.

MORELLET, *Lettres d'André Morellet*, éd. D. Medlin, J.C. David et P. Leclerc, 3 vol., Oxford, The Voltaire Foundation, 1991-1997.

MORRIS, Gouverneur, *Journal de Gouverneur Morris, ministre plénipotentiaire des Etats-Unis en France de 1792 à 1794*, éd. Pariset, Paris, Plon, 1901.

NECKER, Jacques, *Œuvres complètes de M. Necker publiées par M. le baron de Staël-Holstein, son petit-fils*, 17 vol., Paris, Treuttel et Würtz, libraires, 1820.

NECKER, Jacques, *Histoire de la Révolution française*, 4 vol., Paris, Librairie historique, 1821.

NORTHUMBERLAND, Elizabeth baroness Percy, duchess of, *The Diary of a Duchess : Extracts from the Diaries of the First Duchess of Northumberland (1716-1776)*, éd. James Greig, Londres, Hodder and Stoughton, 1926.

NOUGARET, Pierre Jean-Baptiste, *Anecdotes sur la Cour de Louis XVI*, Paris, P.F. Gueffier, 1781.

NUÑEZ, Fernan, comte de, *Un témoin ignoré de la Révolution : le comte de Fernan Nuñez, ambassadeur d'Espagne à Paris (1787-1791)*, prés. par Albert Mousset, Paris, Champion, 1924.

OBERKIRCH, baronne d', *Mémoires de la baronne d'Oberkirch sur la cour de France et la société française avant 1789*, éd. Suzanne Burkard, Paris, Mercure de France, 1989.

PAPILLON de LA FERTÉ, Denis Pierre, Jean, *Journal*, publié par Ernest Boysse, Paris, Paul Ollendorff, 1887.

PAROY, comte de, *Mémoires*, éd. E. Chavaray, Paris, Plon, 1895.

PASQUIER, Etienne Denis, *Souvenirs du Chancelier Pasquier*, prés. par R. Lacour-Gayet, Paris, Hachette, 1964.

Procédure criminelle instruite au Châtelet de Paris sur la dénonciation des faits arrivés à Versailles dans la journée du 6 octobre 1789, imprimée par ordre de l'Assemblée nationale, Paris, Baudouin, 1790.

RABAUT SAINT-ÉTIENNE, *Précis de l'Histoire de la Révolution, Œuvres*, éd. Collin de Plancy, Paris, H. Servier, 1827.

Recueil de documents relatifs aux séances des états généraux (mai-juin 1789), pub. par G. Lefebvre et Anne Terroine, 2 vol., CNRS, 1953-1963.

RESTIF de LA BRETONNE, Nicolas Edme, *Les Nuits de Paris*, Paris, Union générale d'éditions, 1963.

RIVAROL, Antoine de, *Mémoires*, Paris, Baudouin frères, 1824.

ROCHAMBEAU, Jean-Baptiste de, *Mémoires militaires, historiques et politiques*, 2 vol., Paris, Pillet aîné, 1824.

ROEDERER, Pierre Louis, comte, *Mémoires sur la Révolution, le Consulat et l'Empire*, prés. par O. Aubry, Paris, Plon, 1942.

ROLAND, Mme, née Marie Jeanne Phlipon, *Mémoires de Madame Roland*, prés. par Paul de Roux, Paris, Mercure de France, 2004.

RUAULT, Nicolas, *Gazette d'un Parisien sous la Révolution. Lettres à son frère, 1783-1796*, Paris, Perrin, 1976.

SABRAN, comtesse de, *Correspondance inédite, 1778-1788*, Paris, Plon, 1875.

SACKVILLE, duke of Dorset, *Relations inédites de la prise de la Bastille…*, éd. Jules Flammermont, Paris, Picard, 1885.

Le Sacre et couronnement de Louis XVI, roi de France et de Navarre, dans l'église de Reims, le 11 juin 1775, précédé de recherches sur le sacre des rois de France depuis Clovis jusqu'à Louis XVI et suivi d'un Journal historique de ce qui s'est passé à cette auguste cérémonie, Paris, chez Vente, 1775, rééd. Téqui, 1989.

SAINT-PRIEST, Guillaume Emmanuel Guignard, comte de, *Mémoires*, 2 vol., Paris, Calmann-Lévy, 1929.

SÉGUR, Louis Philippe, comte de, *Mémoires, souvenirs et anecdotes*, 2 vol., éd. F. Barrière, 1843.

SÉGURET, M. de, *Mémoires*, Lyon, E. Vitte, 1897.

SÉNAC de MEILHAN, *Le Gouvernement, les mœurs et les conditions en France avant la Révolution. Portrait du XVIIIe siècle*, éd. Lescure, Paris, Poulet-Malassis, 1862.

STAËL, Mme de, *Correspondance générale*, prés. par B. W. Jasinski, 2 vol., Paris, Jean-Jacques Pauvert, 1962-1965.

STAËL-HOLSTEIN, Baron de, *Correspondance diplomatique... Documents inédits sur la Révolution (1783-1789)*, Paris, Hachette, 1881.

TALLEYRAND-PÉRIGORD, Charles-Maurice de, *Mémoires*, Paris, 1892.

THIERRY, « Mémoires de Marc Antoine Thierry, baron de Ville d'Avray, premier maire de Versailles », *Revue de l'histoire de Versailles et de Seine-et-Oise*, 1908, pp. 81-107, et 1909, pp. 81-96.

TILLY, Pierre Alexandre, comte de, *Mémoires du comte Alexandre de Tilly, ancien page de Marie-Antoinette*, éd. Christian Melchior-Bonnet, Paris, Mercure de France, 1986.

TOURZEL, Louise Félicité de Croÿ d'Havré, marquise de, *Mémoires de Madame la duchesse de Tourzel, gouvernante des Enfants de France de 1789 à 1795*, prés. par Jean Chalon, Paris, Mercure de France, 1969.

TURGOT, *Œuvres et documents le concernant avec biographie et notes*, Gustave Schelle éd., 5 vol., Paris, Félix Alcan, 1913-1923.

Venise et la Révolution française. Les 470 dépêches des ambassadeurs de Venise au doge, 1786-1795, Paris, Robert Laffont, 1997.

VÉRI, Joseph Alphonse, abbé de, *Journal*, éd. baron Jehan de Witte, 2 vol., Paris, Plon, 1928.

VIGÉE-LEBRUN, Mme Elisabeth Louise, *Souvenirs*, Paris, Albin Michel, 1926.

VOLTAIRE, *Œuvres complètes*, éd. Théodore Besterman, Genève-Oxford, The Voltaire Foundation, 1975.

WÉBER, Joseph, *Mémoires concernant Marie-Antoinette, archiduchesse d'Autriche et reine de France et de Navarre*, 2 vol., Paris, Baudouin frères, 1822.

YOUNG, Arthur, *Voyages en France en 1787, 1788 et 1789*, 3 vol., éd. H. Sée, Paris, 1931.

SOURCES SECONDAIRES

L'Absolutisme éclairé. Actes des Journées internationales tenues à Versailles du 1ᵉʳ au 4 juin 2000, prés. par Serge Dauchy et Catherine Lecomte, Lille, Centre d'Histoire judiciaire, 2000.

ACERRA, Martine, ZYSBERG, André, *L'Essor des marines de guerre européennes, 1680-1790*, Paris, SEDES, 1997.

Actes des journées d'études sur l'édit de 1787, *Bulletin de la société de l'histoire du protestantisme français*, avril-juin 1988.

Actes du colloque du bicentenaire de Vergennes, *Revue d'histoire diplomatique*, n° 3-4, 1987.

ACOMB, Frances, *Anglophobia in France, 1763-1789*, Durham, NC, Duke Univ. Press, 1950.

ADO, Anatoli, *Paysans en révolution : terre, pouvoir et jacquerie, 1789-1794*, Paris, Société des Etudes robespierristes, 1996.

AGULHON, Maurice, *Pénitents et Francs-Maçons dans l'ancienne Provence*, Paris, Fayard, 1968.

AIMOND, Mgr Ch., *L'Enigme de Varennes*, Paris, J. de Gigord, 1936.

ALBERT, Peter J., HOFFMAN, Ronald, *Diplomacy and Revolution. The Franco-American Alliance of 1778*, Charlottesville, Univ. Press of Virginia, 1981.

ALBERT-SOREL, Jean, *Le Déclin de la monarchie (1715-1789)*, Paris, Fayard, 1947.

ALDEN, John Richard, *La Guerre d'indépendance, 1775-1783*, Paris, Seghers, 1965.

ALDEN, John Richard, *George Washington : A Biography*, Baton Rouge, Louisiana State Univ. Press, 1984.

ALLEN, Rodney, *Threshold of Terror : The Last Hours of the French Monarchy in the French Revolution*, Phoenix Mill, Sutton, 1999.

ALMERAS, Henri d', *Marie-Antoinette et les pamphlets royalistes et révolutionnaires*, Paris, Librairie Mondiale, 1907.

ALSOP, Susan Mary, *Les Américains à la cour de Louis XVI*, Paris, J.-C. Lattès, 1983.

AMARZIT, Pierre d', *Barnave, le conseiller secret de Marie-Antoinette*, Le Sémaphore, 2000.

ANDRÉ, Jean-François, *Examen impartial de la vie publique et privée de Louis XVI*, Hambourg et Paris, 1797.

ANTIER, Jean-Jacques, *L'Amiral de Grasse, héros de l'indépendance américaine*, Paris, Plon, 1965.

ANTOINE, Michel, *Le Conseil du roi sous le règne de Louis XV*, Genève, Droz, 1970.

ANTOINE, Michel, *Louis XV*, Paris, Fayard, 1989.

ANTOINE, Michel, *Le Cœur de l'Etat. Surintendance, contrôle général et intendances des finances, 1552-1791*, Paris, Fayard, 2003.

ARASSE, Daniel, *La Guillotine et l'imaginaire de la Terreur*, Paris, Flammarion, 1987.

ARBELOT, Guy, « La grande mutation des routes de France au milieu du XVIIIe siècle », *Annales ESC*, mai-juin 1973, pp. 765-791.

ARDASCHEFF, Paul, *Les Intendants de province sous Louis XVI*, Paris, Félix Alcan, 1909.

ARENDT, Hannah, *Essai sur la Révolution*, Paris, Gallimard, 1967.

ARNAUD-BOUTELOUP, Jeanne, *Le Rôle politique de Marie-Antoinette*, Paris, E. Champion, 1924.

ATTAR, Frank, *La Révolution française déclare la guerre à l'Europe*, Bruxelles, Complexe, 1992.

BABELON, Jean-Pierre, *La Vie quotidienne à Paris dans la seconde moitié du XVIIIe siècle*, Paris, Hachette, 1973.

BADINTER, Elisabeth et Robert, *Condorcet, un intellectuel en politique*, 2e éd., Le Livre de Poche, Paris, 1990.

BAECQUE, Antoine de, *La Caricature révolutionnaire*, Paris, CNRS, 1989.

BAECQUE, Antoine de, *Le Corps de l'Histoire. Métaphore et politique (1770-1800)*, Paris, Calmann-Lévy, 1993.

BAKER, Keith Michael, « Politique et opinion publique sous l'Ancien Régime », *Annales ESC*, 1987, pp. 41-71.

BAKER, Keith Michael (sous la direction de), *Au Tribunal de l'opinion. Essai sur l'imaginaire politique au XVIIIᵉ siècle*, Paris, Payot, 1993.

BARBEY, Jean, *Etre roi. Le roi et son gouvernement de Clovis à Louis XVI*, Paris, Fayard, 1992.

BARBICHE, Bernard, *Les Institutions de la monarchie française à l'époque moderne*, Paris, PUF, 1999.

BARNY, Roger, « Les aristocrates et Jean-Jacques Rousseau dans la Révolution », *Annales historiques de la Révolution française*, 1976, pp. 534-568.

BARNY, Roger, *Prélude idéologique à la Révolution française. Le rousseauisme avant 1789*, Paris, Les Belles Lettres, 1985.

BARTON, H. A., « The Origins of the Brunswick Manifesto », *French Historical Studies*, 1967, pp. 146-169.

BASTID, Paul, *Sieyès et sa pensée*, nouv. éd., Paris, Hachette, 1970.

BASTIDE, David, *La Nation d'après les débats des assemblées révolutionnaires, 1789-21 janvier 1793*, Villeneuve-d'Ascq, Septentrion, 1999.

BATZ, Baron de, *Etudes sur la Contre-Révolution. La vie et les conspirations de Jean, baron de Batz (1754-1793)*, Paris, Calmann-Lévy, 1909.

BAYARD, Françoise, GUIGNET, Philippe, *L'Economie française aux XVIᵉ, XVIIᵉ, XVIIIᵉ siècles*, Paris, Ophrys, 1991.

BAYARD, Jean-Pierre, *Sacres et couronnements royaux*, Paris, Guy Trédaniel, 1984.

BAZIN, Christian, *Malesherbes ou la sagesse des Lumières*, Paris, Jean Picollec, 1995.

BEAUCHESNE, A. de, *Louis XVII, sa vie, son agonie, sa mort. Captivité de la famille royale au Temple*, 2 vol., Paris, Plon, 1866.

BEAUCOURT, marquis de, *Captivité et derniers moments de Louis XVI, récits originaux et documents officiels*, 2 vol., Paris, A. Picard, 1892.

BÉGUIN, Katia, *Histoire politique de la France, XVIᵉ-XVIIIᵉ siècles*, Paris, Armand Colin, 2000.

BEHRENS, C.B.A., « Nobles, Privileges and Taxes in France at the End of Ancien Régime », Economic History Review, 2ᵉ sem., T. 15 (1963), pp. 451-475.

BELLEC, François, *La Généreuse et Tragique Expédition Lapérouse*, Rennes, Ouest-France, 1985.

BÉLY, Lucien, *Les Relations internationales en Europe (XVIIᵉ-XVIIIᵉ siècles)*, Paris, PUF, 1992.

BÉLY, Lucien, *La France moderne, 1498-1789*, Paris, PUF, 1994.

BÉLY, Lucien (sous la direction de), *Dictionnaire de l'Ancien Régime*, Paris, PUF., 1997.

BÉLY, Lucien, *La Société des princes, XVIᵉ-XVIIIᵉ siècles*, Paris, Fayard, 1999.

BERCÉ, Yves-Marie (sous la direction de), *Les Monarchies*, Paris, PUF, 1997.

BERNARDIN, Édith, *Jean-Marie Roland et le ministère de l'Intérieur (1792-1793)*, Paris, Société des Etudes robespierristes, 1964.

BERNIER, Olivier, *La Fayette, héros des deux mondes*, Paris, Payot, 1988.

BERTAUD, Jean-Paul, *La Vie quotidienne des Français au temps de la Révolution (1789-1795)*, Paris, 1983.

BERTAUD, Jean-Paul, *Les Amis du roi. Journaux et journalistes royalistes en France de 1789 à 1792*, Paris, Perrin, 1984.

BERTAUD, Jean-Paul, *Les Causes de la Révolution française*, Paris, Armand Colin, 1992.

BERTAUD, Jean-Paul, *Choderlos de Laclos*, Paris, Fayard, 2003.

BERTIÈRE, Simone, *Les Reines de France au temps des Bourbons. La reine et la favorite*, Paris, De Fallois, 2000.

BERTIÈRE, Simone, *Les Reines de France au temps des Bourbons. Marie-Antoinette, l'insoumise*, Paris, De Fallois, 2002.

BIANCHI, Serge, *La Révolution culturelle de l'an II, Elites et peuple 1789-1799*, Paris, Aubier, 1982.

BIEN, David, « La réaction aristocratique avant 1789 : l'exemple de l'armée », *Annales ESC*, 1974, pp. 23-48 et 505-534.

BIGO, Robert, *La Caisse d'escompte (1776-1793) et les origines de la Banque de France*, Paris, PUF, 1927.

BIMBENET, Eugène, *Fuite de Louis XVI à Varennes, d'après les documents judiciaires et administratifs déposés au greffe de la haute cour nationale*, 2ᵉ éd., Paris, Didier, 1868.

BINNEY, J.E.D., *British Public Revenu and Administration, 1774-1792*, Oxford, Clarendon Press, 1958.

BIRÉ, Edmond, *Les Défenseurs de Louis XVI*, Lyon, E. Vitte, 1896.

BIRÉ, Edmond, *La Légende des Girondins*, Paris, Perrin, 1896.

BLANC, Olivier, *Les Hommes de Londres. Histoire secrète de la Terreur*, Paris, Albin Michel, 1989.

BLANC, Olivier, *L'Amour à Paris au temps de Louis XVI*, Paris, Perrin, 2002.

BLANNING, Timothy Charles William, *The Origins of the French Revolutionary Wars*, Londres, Longman, 1986.

BLED, Jean-Paul, *Marie-Thérèse impératrice d'Autriche*, Paris, Fayard, 2001.

BLIARD, P., *Les Conventionnels régicides, d'après des documents officiels inédits*, Paris, Perrin, 1913.

BLOCH, Marc, *Les Rois thaumaturges. Etude sur le caractère surnaturel attribué à la puissance royale, particulièrement en France et en Angleterre*, Paris, Gallimard, éd. de 1983.

BLUCHE, François, *Le Despotisme éclairé*, Paris, Fayard, 1968.

BLUCHE, François, *Les Magistrats du parlement de Paris au XVIIIᵉ siècle*, Paris, Economica, 1986.

BLUCHE, François, *La Vie quotidienne de la noblesse française au XVIIIᵉ siècle*, Paris, Hachette, 1973.

BLUCHE, François, *La Vie quotidienne au temps de Louis XVI*, Paris, Hachette, 1980.

BLUCHE, Frédéric, *Septembre 1792, logique d'un massacre*, préface de J. Tulard, Paris, R. Laffont, 1986.

BODINIER, Gilbert, *Les Officiers de l'armée royale, combattants de la guerre d'indépendance des Etats-Unis, de Yorktown à l'an II*, Vincennes, Service historique de l'armée de terre, 1983.

BOILOISEAU, Marc, « A propos du *Manifeste de Brunswick* », *Annales historiques de la Révolution française*, n° 265, 1986, pp. 338-340.

BOIS, Jean-Pierre, *De la Paix des ordres à l'ordre des empereurs, 1714-1815*, Paris, Seuil, 2003.

BOISBOISSEL, Yves de, *Le Dernier Avocat général du parlement de Bretagne : Hippolyte Loz de Beaucours*, Paris, J. Peyronnet, 1955.

BOISNARD, Luc, *La Noblesse dans la tourmente, 1774-1802*, Paris, Tallandier, 1992.

BOISTEL, M. de, *Un faux mystère, l'affaire du Collier*, Paris, éd. du Trident, 1986.

BONIX, B., CHAGNY, R., CHIANÉA, G., CHOMEL, V., GODEL, J., SOLÉ, J., VIALLET, G., *Les Débuts de la Révolution française en Dauphiné*, Grenoble, PUG, 1988.

BONNEL, Ulane (sous la direction de), *Fleurieu et la marine de son temps*, Paris, Economica, 1992.

BONNEY, Richard, *L'Absolutisme*, Paris, PUF, 1989.

BONNICHON, Philippe, « Missions de la marine militaire au temps de Louis XVI, 1778-1790 », *Revue d'histoire économique et sociale*, T. LIV, 1976, pp. 525-559.

BONNO, Gabriel, *La Constitution britannique devant l'opinion française, de Montesquieu à Bonaparte*, Paris, Champion, 1931.

BORD, Gustave, *Etudes sur la question Louis XVII. Autour du Temple (1792-1795)*, Paris, E. Paul, 1912.

BORDES, Christian, MORANGE, Jean (sous la direction de), *Turgot, économiste et administrateur*. Actes d'un séminaire organisé par la faculté de droit et de sciences économiques de Limoges, Limoges, Paris, PUF, 1982.

BORDES, Maurice, « Les intendants éclairés de la fin du xviiie siècle », *Revue d'histoire économique et sociale*, T. 39, n° 1, 1961, pp. 57-83.

BORDES, Maurice, *L'Administration provinciale et municipale en France au xviiie siècle*, Paris, CDU et SEDES, 1972.

BORDONOVE, Georges, *Louis XVI*, Paris, Pygmalion, 1983.

BOSHER, John Francis, *French Finances 1770-1795. From Business to Bureaucracy*, Cambridge, Cambridge University Press, 1970.

BOTTIN, M., *La Réforme constitutionnelle de mai 1788 : l'édit portant rétablissement de la Cour plénière*, Université de Nice, 1988.

BOURGERIE, Raymond, LESOUEF, Pierre, *Yorktown, 1781 : La France offre l'indépendance à l'Amérique*, Paris, Economica, 1992.

BOURNISEAUX, P.V. de, *Histoire de Louis XVI, avec les anecdotes de son règne*, 4 vol., Paris, Rosier et Mame, 1829.

BOUTON, Cynthia A., *The Flour War. Gender, Class and Communauty in Late Ancien Régime French Society*, Univ. Park, Pennsylvania State Univ. Press, 1993.

BOUTRY, Philippe, « Le *roi martyr*. La cause de Louis XVI devant la cour de Rome (1820) », *Revue d'histoire de l'Eglise de France*, T. LXXVI, janvier-juin 1990, pp. 57-71.

BRAESCH, Fritz, *La Commune du Dix Août 1792. Etude sur l'histoire de Paris du 20 juin au 2 décembre 1792*, Genève, Mégariotis reprints, 1978.

BRAUDEL, Fernand, LABROUSSE, Ernest (sous la direction de), *Histoire économique et sociale de la France*, T. II : 1660-1789, Paris, PUF, 1970.

BRAUDEL, Fernand, *Civilisation matérielle, économie et capitalisme, XVᵉ-XVIIIᵉ siècles*, Paris, Armand Colin, 1979.

BREDIN, Jean-Denis, *Sieyès. La Clé de la Révolution*, Paris, De Fallois, 1988.

BREDIN, Jean-Denis, *Une singulière famille. Jacques Necker, Suzanne Necker et Germaine de Staël*, Paris, Fayard, 1999.

BRIAN, Eric, *La Mesure de l'Etat. Administrateurs et géomètres au XVIIIᵉ siècle*, Paris, Albin Michel, 1994.

BROGLIE, Gabriel de, « La mort de Louis XV d'après des lettres inédites du duc d'Orléans », *Nouvelle Revue des Deux-Mondes*, 1974, pp. 559-575.

BROWNE, Rory, « The Diamond Necklace Affair revisited », *Renaissance and Modern Studies*, XXXIII, 1989.

BRYE, B. de, *Un évêque d'Ancien Régime à l'épreuve de la Révolution, le cardinal de La Fare*, Paris, Publication de la Sorbonne, 1985.

BUISSON, Henry, *Crimes célèbres, crimes oubliés, le Collier de la reine*, Paris, Marcel Puget, 1953.

BURGUIÈRE, André, REVEL, Jacques, *Histoire de France*, T. II, *L'Etat et les pouvoirs*, T. III, *L'Etat et les conflits*, Paris, Seuil, 1990-1991.

BURION, Amédée, *Louis XVI, martyr dans sa royauté, dans sa famille, dans sa foi, éloge funèbre*, Paris, C. Petit, 1854.

BUTLER, Rohan, *Choiseul. Father and Son*, Oxford, Clarendon, 1980.

CABROL, Hugues de, « Le premier duc de La Vauguyon », *Revue de l'Agenais*, 1983, n° 4, pp. 241-275.

CAMPARDON, Emile, *Marie-Antoinette et le procès du collier*, Paris, Plon, 1863.

CAMUS, Albert, *L'Homme révolté*, Paris, Gallimard, 1951.

CAPEFIGUE, J.-B., *Louis XVI, son administration et ses relations diplomatiques avec l'Europe*, 4 vol., Paris, Belin-Leprieur, 1844.

CARBASSE, Jean-Marie, « Faut-il juger le roi ? », actes du colloque *Le Bicentenaire du procès du roi*, prés. par Claude Goyard, Paris, 1993.

CARCASSONNE, Elie, *Montesquieu et le problème de la constitution française au XVIIIᵉ siècle*, Paris, PUF, 1927.

CARON, François, *La Guerre incomprise ou le mythe de Suffren : la campagne des Indes, 1781-1783*, Vincennes, Service historique de la Marine, 1996.

CARON, Pierre, « La tentative de Contre-Révolution de juin-juillet 1789 », *Revue d'Histoire moderne et contemporaine*, vol. 8, 1906-1907, pp. 5-34 et 649-678.

CARON, Pierre, *Les Massacres de Septembre*, Paris, Maison du Livre, 1935.

CARRÉ, Henri, *Un précurseur inconscient de la Révolution. Le conseiller d'Etat Duval d'Eprémesnil*, Paris, Le Maretheux, 1897.

CARRÉ, Henri, « Turgot et le rappel des parlements (1774) », *Revue historique de la Révolution française*, T. 43, 1902, pp. 193-208.

CARRÉ, Henri, SAGNAC, Philippe, LAVISSE, Ernest, *Louis XVI (1774-1789)*, Paris, Hachette, 1911.

CARRÉ, Henri, *La Noblesse de France et l'opinion publique au XVIIIᵉ siècle*, Paris, E. Champion, 1920.

CARRO, Antoine-Etienne, *Santerre, général de la République française*, Paris, Ledoyen, 1847.

CASTELOT, André, *Philippe-Egalité, le prince rouge*, Paris, SFELT, 1950.

CASTELOT, André, *Marie-Antoinette*, Paris, Perrin, 1958.

CASTELOT, André, *Le Rendez-vous de Varennes ou les occasions manquées*, Paris, Perrin, 1971.

CASTILLON du PERRON, Marguerite, *Louis-Philippe et la Révolution française*, 2 vol., Paris, Perrin, 1963.

CASTRIES, René, duc de, « Fragments du *Journal* de l'abbé Véri », *Revue de Paris*, nov. 1953.

CASTRIES, René, duc de, *Papiers de famille*, Paris, France-Empire, 1978.

CASTRIES, René, duc de, *L'Agonie de la royauté. L'Aube de la Révolution*, Paris, Tallandier, 1978.

CASTRIES, René, duc de, *Le Maréchal de Castries serviteur de trois rois*, Paris, Fayard, 1979.

CAVALIERO, Roderick, *Admiral Satan : The Life and Campains of Suffren*, Londres, New York, I.B. Tauris, 1994.

CAVENAUGH, Gerald J., « Turgot and the Rejection of Enlightenment Despotism », *French Historical Studies*, 1970, pp. 31-58.

CHAGNIOT, Jean, « Le problème du maintien de l'ordre à Paris au XVIIIᵉ siècle », *Bulletin de la Société d'Histoire moderne*, 1974, n° 3, pp. 32-39.

CHAGNIOT, Jean, *Paris et l'armée au XVIIIᵉ siècle, étude politique et sociale*, Paris, Economica, 1983.

CHALON, Jean, *Chère Marie-Antoinette*, Paris, Perrin, 1988.

CHAMBRUN, Charles de, *A l'école d'un diplomate, Vergennes*, Paris, Plon, 1944.

CHAMPAGNY, comte de, *Les Députés bretons à la Bastille en 1788*, Saint-Brieuc, L. Prud'homme, 1883.

CHANOINE-DAVRANCHES, Louis, *La Petite Tour du Temple*, Rouen, L. Gy, 1904.

CHAPRON, Marcel, *Mirabeau-Tonneau*, Paris, éd. Haussmann, 1956.

CHAPUISAT, Edouard, *Figures et choses d'autrefois*, Paris, G. Crès, 1920.

CHAPUISAT, Edouard, *Necker*, Paris, Sirey, 1938.

CHARTIER, Roger, *Les Origines culturelles de la Révolution française*, Paris, Seuil, 1990.

CHAUMIÉ, Jacqueline, *Les Relations diplomatiques entre la France et l'Espagne, de Varennes à la mort de Louis XVI*, Bordeaux, 1957.

CHAUMIÉ, Jacqueline, *Le Réseau d'Antraigues et la Contre-Révolution*, Paris, Plon, 1965.

CHAUNU, Pierre, *La Civilisation de l'Europe des Lumières*, Paris, Arthaud, 1971.

CHAUNU, Pierre, *Le Grand Déclassement. A propos d'une commémoration*, Paris, Robert Laffont, 1989.

CHAUSSINAND-NOGARET, Guy, *La Noblesse au XVIIIᵉ siècle. De la féodalité aux Lumières*, Paris, Hachette, 1976.

CHAUSSINAND-NOGARET, Guy, *Mirabeau*, Paris, Seuil, 1982.

CHAUSSINAND-NOGARET, Guy, *La Bastille est prise. La Révolution française commence*, Paris, Complexe, 1988.

CHAUSSINAND-NOGARET, Guy (sous la direction de), *Histoire des élites en France*, Paris, Tallandier, 1991.

CHAUSSINAND-NOGARET, Guy, *Choiseul, 1719-1785. Naissance de la gauche*, Paris, Perrin, 1998.

CHAUSSINAND-NOGARET, Guy, *Louis XVI, le règne interrompu*, Paris, Tallandier-Historia, 2002.

CHAUVEAU, Jacqueline, *Plaidoyer pour le roi-martyr*, Paris, NEL, 1974.

CHÉREL, Albert, *Fénelon au XVIIIᵉ siècle en France*, rééd., Genève, 1970.

CHEREST, Aimé, *La Chute de l'Ancien Régime (1787-1789)*, 3 vol., Paris, Hachette, 1884-1886.

CHEVALLIER, Jean-Jacques, *Barnave ou les deux faces de la Révolution*, rééd., Grenoble, PUG, 1979.

CHEVALLIER, Pierre, *Loménie de Brienne et l'ordre monastique*, 2 vol., Paris, J. Vrin, 1960.

CHEVALLIER, Pierre, *Histoire de la franc-maçonnerie française*, T. I, *La Maçonnerie, école de l'égalité*, Paris, Fayard, 1974.

CHIAPPE, Jean-François, *Louis XVI*, I. *Le Prince*, II. *Le Roi*, III. *L'Otage*, Paris, Perrin, 1987-1989.

CHIZUKA, Tadami, « L'idée de deux corps du roi dans le procès de Louis XVI », *Annales historiques de la Révolution française*, n° 310, 1997, n° 4, pp. 643-650.

CLÉRAY, Edmond, *L'Affaire Favras*, Paris, éd. du Portique, 1932.

CLERMONT-GALLERANDE, *Mémoires particuliers pour servir à l'histoire de la Révolution qui s'est opérée en France en 1789*, 3 vol., Paris, Dentu, 1826.

COCHIN, Augustin, *Les Sociétés de pensée et la démocratie. Etudes d'histoire révolutionnaire*, Paris, Plon, 1921.

COCHIN, Augustin, *Les Sociétés de pensée et la Révolution de Bretagne, 1788-1789*, Paris, Champion, 1925.

Colloque international de Sorèze, *Le Règne de Louis XVI et la guerre d'indépendance américaine*, Sorèze, 1977.

COLLOT, Jean, « L'affaire Réveillon », *Revue des Questions historiques*, 1934, T. CXXI, pp. 35-55, T. CXXII, pp. 239-254.

COMBES, Louis, *Episodes et curiosités révolutionnaires*, Paris, Madre, 1872.

COMBES, Louis, *Marie-Antoinette et l'intrigue du Collier*, Paris, G. Decaux, 1876.

CONTE, Arthur, *Sire, ils ont voté la mort. La condamnation de Louis XVI*, Paris, R. Laffont, 1966.

CONTE, Arthur, *Le 1ᵉʳ janvier 1789*, Paris, Olivier Orban, 1988.

CONWAY, Stephen, *The British Isles and the War of American Independence*, Oxford, Oxford Univ. Press, 2000.

CORDIER, André, *Des Tuileries à Varennes*, Paris, Bourges et Roussin, 1971.

CORNETTE, Joël, *Absolutisme et Lumières, 1652-1783*, Paris, Hachette, 1993.

CORNETTE, Joël (sous la direction de), *La Monarchie entre Renaissance et Révolution, 1515-1792*, Paris, Seuil, 2000.

CORVISIER, André, « Hiérarchie militaire et hiérarchie sociale à la veille de la Révolution », *Revue internationale d'histoire militaire*, n° 30, 1975.

CORVISIER, André, « La participation française à la guerre d'indépendance américaine », *Actes du colloque international de Sorèze*, 1976, pp. 85-102.

CORVISIER, André (sous la direction de), *L'Europe à la fin du XVIIIᵉ siècle (vers 1780-1802)*, Paris, SEDES, 1985.

CORVISIER, André (sous la direction de), *Dictionnaire d'art et d'histoire militaire*, Paris, PUF, 1988.

COTTRET, Bernard, *La Révolution américaine. La quête du bonheur*, Paris, Perrin, 2003.

COTTRET, Monique, *La Bastille à prendre. Histoire et mythe de la forteresse royale, 1659-1789*, Paris, PUF, 1986.

COTTRET, Monique, *La Vie politique en France aux XVIᵉ, XVIIᵉ, XVIIIᵉ siècles*, Ophrys, 1991.

COTTRET, Monique, *Jansénisme et Lumières. Pour un autre XVIIIᵉ siècle*, Paris, Albin Michel, 1998.

COTTRET, Monique, *Culture et politique dans la France des Lumières (1715-1792)*, Paris, Armand Colin, 2002.

COURNOT Antoine Augustin, *Considérations sur la marche des idées et des événements dans les temps modernes*, Paris, Hachette, 1872.

CRONIN, Vincent, *Louis and Antoinette*, Londres, Harvill, 1974.

CROUT, Robert Rhodes, « In Search of a *Just and Lasting Peace* : The Treaty of 1783, Louis XVI, Vergennes and the Regeneration of the Realm », *International History Review*, vol. 5 (1983), pp. 364-398.

CROUZET, François, *De la Supériorité de l'Angleterre sur la France. L'économie et l'imaginaire. xviiᵉ-xixᵉ siècles*, Paris, Perrin, 1999.

CUBELLS, Monique, *Les Horizons de la liberté : Naissance de la Révolution en Provence. 1787-1789*, Aix-en-Provence, Edisud, 1987.

CURTIN, Philip D., *The Atlantic Slave Trade. A census*, Univ. of Wisconsin press, Madison, 1969.

DAKIN, Douglas, *Turgot and the Ancien Regime in France*, New York, Octagon Book, réd. 1965.

DARD, Emile, *La Chute de la royauté*, Paris, Flammarion, 1950.

DARMON, Pierre, *La Variole, les nobles et les princes, la petite vérole mortelle de Louis XV*, Paris, Complexe, 1989.

DARNTON, Robert, « Le lieutenant général de police J.P. Lenoir, la guerre des Farines et l'approvisionnement de Paris à la veille de la Révolution », *Revue d'histoire moderne et contemporaine*, 1969, T. XVI.

DARNTON, Robert, « The Memoirs of Lenoir, lieutenant de police de Paris, 1774-1785 », *English Historical Review*, vol. 85, 1970.

DARNTON, Robert, *La Fin des Lumières. Le mesmérisme et la Révolution*, Paris, Perrin, 1984.

DARNTON, Robert, *Le Grand Massacre des chats : attitudes et croyances dans l'ancienne France*, Paris, Robert Laffont, 1985.

DARNTON, Robert, *Gens de lettres, gens du livre*, Paris, Seuil, 1992.

DEBRIFFE, Martial, *Madame Elisabeth, la princesse martyre*, Paris, Sémaphore, 1997.

DECHÊNE, Abel, *Le Dauphin, fils de Louis XV*, Paris, Librairie du Dauphin, 1932.

DECHÊNE, Abel, *Un enfant royal, Louis Joseph Xavier, duc de Bourgogne (1751-1761)*, Paris, Lethielleux, 1933.

DECOURS, Catherine, *La Dernière Favorite. Zoé du Cayla, le grand amour de Louis XVIII*, Paris, Perrin, 1993.

DELAPORTE, André, *L'Idée d'égalité en France au xviiiᵉ siècle*, Paris, PUF, 1987.

DELAPORTE, Victor, « Le Roi-Martyr », *Etudes*, janvier 1893, pp. 81-111.

DELASSUS, abbé Auguste, *Louis XVI, roi et martyr et sa béatification*, Paris, H. Oudin, 1916.

Del PERUGIA, Paul, *La Tentative d'invasion de l'Angleterre en 1779*, Paris, Alcan, 1939.

Del PERUGIA, Paul, *Louis XV le Bien-Aimé*, Paris, Albatros, 1976.

DELORME, Philippe, *Marie-Antoinette, épouse de Louis XVI, mère de Louis XVII*, Paris, Pygmalion, 1999.

DELORME, Philippe, *Louis XVII, la Vérité : Sa mort au Temple confirmée par la science*, Paris, Pygmalion, 2000.

DEMARS-SION, Véronique, « Les lettres de cachet, instrument de l'absolutisme ? », *L'Absolutisme éclairé*, sous la direction de Serge Dauchy et Catherine Lecomte, Lille, Centre d'Histoire judiciaire, 2002, pp. 61-82.

DESCHARD, Bernard, *L'Armée et la Révolution. Du service du Roi au service de la Nation*, Paris, Desjonquères, 1989.

DIESBACH, Ghislain de, *Histoire de l'émigration, 1789-1814*, Paris, Grasset, 1975.

DIESBACH, Ghislain de, *Necker ou la faillite de la vertu*, Paris, Perrin, 1978.

DODU, Gaston, *Le Parlementarisme et les parlementaires sous la Révolution (1789-1799)*, Paris, Plon, 1911.

DONIOL, Henri, *Histoire de la participation de la France à l'établissement des Etats-Unis d'Amérique*, Paris, Imprimerie nationale, 1886.

DOYLE, William, « Was there an Aristocratic Reaction in Prerevolutionary France ? », *Past and Present*, 1972, pp. 97-122.

DOYLE, William, *Des Origines de la Révolution française*, Paris, Calmann-Lévy, 1988.

DROZ, Joseph, *Histoire du règne de Louis XVI pendant les années où l'on pouvait prévenir ou diriger la Révolution française*, 2 vol., Paris, Jules Renouard, 1839.

DUBOIS, J.-B., *Notice historique sur Chrétien Guillaume de Lamoignon de Malesherbes*, Paris, Potey, 1806.

DUCHÊNE, « Monseigneur Leclerc de Juigné, archevêque de Paris et ses relations avec Louis XVI », *Revue de l'Histoire de Versailles et des Yvelines*, T. 82, 1998, pp. 47-90.

DUCKWORTH, Colin, « Louis XVI and English History : a French reaction to Walpole, Hume and Gibbon on Richard III », *Studies on Voltaire and the Eighteenth Century*, vol. 176, Oxford, The Voltaire Foundation, 1979, pp. 385-401.

DU FRESNE de BEAUCOURT, G., « Une supercherie littéraire. Les lettres de Louis XVI », Extrait de la *Revue de bibliographie et de littérature*, Paris, 1865.

DULL, Jonathan R., *The French Navy and American Independence : A Study of Arms and Diplomacy, 1774-1787*, Princeton, New Jersey, Princeton Univ. Press, 1975.

DUMAS, F., *Etude sur le traité de commerce de 1786 entre la France et l'Angleterre*, Toulouse, Privat, 1904.

DUPÂQUIER, Jacques, « Les caractères originaux de l'histoire démographique française au XVIIIe siècle », *Revue d'Histoire moderne et contemporaine*, 1976, T. XXIII, pp. 182-204.

DUPÂQUIER, Jacques, *La Population française aux XVIIe et XVIIIe siècles*, Paris, PUF, 1979.

DUPÂQUIER, Jacques (sous la direction de), *Histoire de la population française*, T. III et IV, Paris, PUF, 1988.

DUPÊCHEZ, Charles, *La Reine velue. Marie-Joséphine Louise de Savoie : 1753-1810, dernière reine de France*, Paris, Grasset, 1993.

DU PONT de NEMOURS, *Mémoires sur la vie et les ouvrages de M. Turgot*, Philadelphie, 1788.

DUPRAT, Annie, *Le Roi décapité. Essai sur les imaginaires politiques*, Paris, Cerf, 1992.

DURAND, Yves, *Les Fermiers généraux*, Paris, Maisonneuve et Larose, éd. de 1996.

DZIEMBOWSKI, Edmond, *Un nouveau patriotisme français, 1750-1770. La France face à la puissance anglaise à l'époque de la Guerre de Sept Ans*, Oxford, Voltaire Foundation, vol. 365, 1998.

DZIEMBOWSKI, Edmond, « Les enjeux politiques du patriotisme français pendant la guerre d'Amérique : les dons de vaisseaux en 1782 », *Du patriotisme aux nationalismes*, dirigé par Bernard Cottret, Paris, Créaphis, 2002.

ECHEVERRIA, Durand, *Mirage in the West : An History of the France Image of American Society to 1815*, Princeton, N.J., Princeton Univ. Press, 1957.

ECHEVERRIA, Durand, *The Maupeou Revolution : A Study in the History of Libertarianism*, Baton Rouge, Louisiana States univ. Press, 1985.

EGRET, Jean, *Les Derniers Etats du Dauphiné. Romans (septembre 1788-janvier 1789)*, Paris, Arthaud, 1942.

EGRET, Jean, « La seconde Assemblée des Notables, 6 novembre-12 décembre 1788 », *Annales historiques de la Révolution française*, 1949, pp. 193-228.

EGRET, Jean, « La dernière assemblée du clergé de France, 5 mai-5 août 1788 », *Revue historique*, 1958, pp. 1-15.

EGRET, Jean, *La Pré-Révolution française, 1787-1788*, Paris, PUF, 1962.

EGRET, Jean, *Louis XV et l'opposition parlementaire*, Paris, Armand Colin, 1970.

EGRET, Jean, *Necker, ministre de Louis XVI*, Paris, Champion, 1975.

EGRET, Jean, *La Révolution des Notables, 1789*, Paris, Armand Colin, 2ᵉ éd., 1989

ELYADA, Ouzy, « La représentation populaire de l'image royale avant Varennes », *Annales historiques de la Révolution française*, 1994, n° 3, pp. 527-546.

EMMANUELLI, François-Xavier, *Pouvoir royal et vie régionale en Provence au déclin de la monarchie : psychologie, pratiques administratives, défrancisation de l'intendance d'Aix, 1745-1790*, 2 vol., Lille, PUL, 1974.

EMMANUELLI, François-Xavier, *Un mythe de l'absolutisme : l'intendance, du milieu du XVIIᵉ siècle à la fin du XVIIIᵉ siècle*, Aix, 1981.

ESTRÉE, Paul d', *Le Maréchal de Richelieu (1696-1788)*, Paris, Emile-Paul frères, 1917.

EUDE, M., « Breteuil, Bombelles, Castries en 1791 », *Annales historiques de la Révolution française*, vol. 34, 1962.

FAGNEZ, Gustave, « La Politique de Vergennes et la diplomatie de Breteuil », *Revue historique*, 1922.

FALLOUX, vicomte de, *Louis XVI*, Paris, Delloye, 1840.

FARGE, Arlette, *Dire et mal dire. L'opinion publique au xviiiᵉ siècle*, Paris, Seuil, 1992.

FAURE, Edgar, *12 mai 1776. La Disgrâce de Turgot*, Paris, Gallimard, 1961.

FAŸ, Bernard, *L'Esprit révolutionnaire en France et aux Etats-Unis à la fin du xviiiᵉ siècle*, Paris, 1925.

FAŸ, Bernard, *La Franc-maçonnerie et la révolution intellectuelle du xviiiᵉ siècle*, Paris, Cluny, 1935.

FAŸ, Bernard, *Louis XVI ou la fin d'un monde*, Paris, Amiot-Dumont, 1955, rééd. La Table Ronde, 1981.

FAYARD, Jean-François, *La Justice révolutionnaire*, préface de P. Chaunu, Paris, Laffont, 1987.

FEHÉR, Ferenc, *The Frozen Revolution. An Essay on Jacobinism*, Cambridge, Cambridge Univ. Press, 1987.

FEJTÖ, François, *Joseph II*, nouv. éd., Paris, Perrin, 2004.

FÉLIX, Joël, *Les Magistrats du Parlement de Paris, 1774-1790. Dictionnaire biographique et généalogique*, Paris, Sedopols, 1990.

FERLING, John, *The First of Men : A Life of George Washington*, Knoxville, Univ. of Tennessee Press, 1988.

FILLEUL, Paul, *Le Duc de Montmorency-Luxembourg, premier baron chrétien de France*, Paris, Labergerie, 1939.

FLAISSIER, Sabine, *Marie-Antoinette en accusation*, Paris, Julliard, 1967.

FLAMMERMONT, Jules, *Le Chancelier Maupeou et les parlements*, Paris, A. Picard, 1883.

FLAMMERMONT, Jules, *Négociations secrètes de Louis XVI et du baron de Breteuil avec la cour de Berlin, décembre 1791-juillet 1792*, Paris, A. Picard, 1885.

FLEISCHMANN, Hector, *Les Maîtresses de Marie-Antoinette*, Paris, Ed. des Bibliophiles, 1910.

FLEISCHMANN, Hector, *Les Pamphlets libertins contre Marie-Antoinette*, Slatkine Reprints, Genève, 1976.

FLEURY, comte, *Les Drames de l'Histoire*, Paris, Hachette, 1905.

FLEURY, comte, *Les Dernières Années du marquis et de la marquise de Bombelles*, Paris, E. Paul, 1906.

FOHLEN, Claude, *Les Pères de la Révolution américaine*, Paris, Albin Michel, 1989.

FOHLEN, Claude, *Benjamin Franklin. L'Américain des Lumières*, Paris, Payot, 2000.

FONCIN, Pierre, *Essai sur le ministère de Turgot*, Paris, Germer-Baillière, 1877.

FRASER, Antonia, *Marie-Antoinette, the Journey*, Londres, Weidenfeld and Nicolson, 2001.

FREEMAN, Andrew, *The Compromising of Louis XVI : the* Armoire de fer *and the French Revolution*, Exeter, Univ. of Exeter, 1999.

FUMAROLI, Marc, *Quand l'Europe parlait français*, Paris, De Fallois, 2001.

FUNCK-BRENTANO, Frantz, *Marie-Antoinette et l'énigme du Collier*, Paris, J. Tallandier, 1926.

FUNCK-BRENTANO, Frantz, *L'Affaire du collier, d'après de nouveaux documents*, Paris, Hachette, 1901.

FURET, François, OZOUF, Mona, « Deux légitimations historiques de la société française au XVIIIᵉ siècle : Mably et Boulainvilliers », *L'Atelier de l'Histoire*, Paris, Flammarion, 1982, pp. 165-183.

FURET, François, *Penser la révolution française*, Paris, Gallimard, 1978, nouvelle éd. 1983.

FURET, François, HALÉVI, Ran, « L'année 1789 », *Annales ESC*, janv.-fév. 1989, n° 1, pp. 3-24.

FURET, François, OZOUF, Mona (sous la direction de), *Dictionnaire critique de la révolution française*, Paris, Flammarion, 1988.

FURET, François, OZOUF, Mona (sous la direction de), *Terminer la Révolution. Mounier et Barnave dans la Révolution française*, colloque de Vizille, Grenoble, PUG, 1990.

FURET, François, HALÉVI, Ran, *La Monarchie républicaine. La Constitution de 1791*, Paris, Fayard, 1996.

FURET, François, *La Révolution en débat*, Paris, Gallimard, 1999.

GARNOT, Bernard, *Le Peuple au siècle des Lumières. Echec d'un dressage culturel*, Paris, Imago, 1990.

GAUCHET, Marcel, *La Révolution des droits de l'homme*, Paris, Gallimard, 1989.

GAUCHET, Marcel, *La Révolution des pouvoirs. La souveraineté, le peuple et la représentation, 1789-1799*, Paris, Gallimard, 1995.

GAUDILLOT, Jeanne-Marie, *Le Voyage de Louis XVI en Normandie, 21-29 juin 1786, Textes et documents*, Caen, Société nationale académique de Cherbourg, 1967.

GAULOT, Paul, *Les Grandes Journées révolutionnaires, histoire anecdotique de la Convention nationale*, Paris, 1897.

GAZIELLO, Catherine, *L'Expédition de Lapérouse, 1785-1788, réplique française aux voyages de Cook*, Paris, CTHS, 1984.

GENGEMBRE, Gérard, « Chateaubriand ou la fascination du morbide », *Saint-Denis ou le Jugement dernier des rois, op. cit.*, pp. 325-332.

GENTY, Maurice, *L'Apprentissage de la citoyenneté, Paris, 1789-1795*, Paris, Messidor, 1987.

GEOFFROY, Auguste, *Gustave III et la cour de France, suivi d'une étude critique sur Marie-Antoinette et Louis XVI apocryphes*, 2 vol., Paris, Didier, 1866-1867.

GERSHOY, Léo, *L'Europe des princes éclairés (1763-1789)*, Paris, Fayard, 1966.

GEYL, Pieter, *La Révolution batave (1783-1798)*, Paris, Société des études robespierristes, 1971.

GIRAULT de COURSAC, Paul et Pierrette, *Marie-Antoinette et le scandale de Guines*, Paris, Gallimard, 1962.

GIRAULT de COURSAC, Pierrette, *L'Education d'un roi : Louis XVI*, Paris, 1972, nouv. éd. F.X. de Guibert, 1995.

GIRAULT de COURSAC, Paul et Pierrette, *Louis XVI, roi martyr ?*, Paris, Téqui, 1982.

GIRAULT de COURSAC, Paul et Pierrette, *Enquête sur le procès du roi Louis XVI*, Paris, 1982, nouv. éd. F.X. de Guibert, 1992.

GIRAULT de COURSAC, Paul et Pierrette, *Sur la route de Varennes*, Paris, La Table Ronde, 1984.

GIRAULT de COURSAC, Paul et Pierrette, *Le Voyage de Louis XVI autour du monde. L'expédition La Pérouse*, Paris, La Table ronde, 1985, F.-X. de Guibert, 2000.

GIRAULT de COURSAC, Paul et Pierrette, *Louis XVI et la question religieuse pendant la Révolution. Un combat pour la tolérance*, Paris, OEIL, 1988.

GIRAULT de COURSAC, Paul et Pierrette, *Louis XVI a la parole : lettres, discours, écrits politiques*, Paris, F.X. de Guibert, 1989.

GIRAULT de COURSAC, Paul et Pierrette, *Entretiens sur Louis XVI. Deux ou trois choses que vous devriez savoir et qu'on n'a jamais osé vous dire*, Paris, OEIL, 1990.

GIRAULT de COURSAC, Paul et Pierrette, *Louis XVI. Un visage retrouvé. Portrait physique et moral du dernier Roi Très-Chrétien*, Paris, OEIL, 1990.

GIRAULT de COURSAC, Paul et Pierrette, *Louis XVI et Marie-Antoinette, vie conjugale, vie politique*, Paris, F.X. de Guibert, 1990.

GIRAULT de COURSAC, Paul et Pierrette, *Guerre d'Amérique et libertés des mers, 1718-1783*, Paris, F.X. de Guibert, 1991.

GIRAULT de COURSAC, Paul et Pierrette, *Derniers messages de Louis XVI aux Français*, Paris, O.E.I.L, 1991.

GIRAULT de COURSAC, Paul et Pierrette, VARAUT, Jean-Marc, *Les Défenseurs de Louis XVI*, Paris, F.X. de Guibert, 1993.

GIRAULT de COURSAC, Paul et Pierrette, *Septembre 1792, la mort organisée*, Paris, F.X. de Guibert, 1994.

GIRAULT de COURSAC, Paul et Pierrette, *Le Secret de la reine. La politique personnelle de Marie-Antoinette pendant la Révolution*, Paris, F.X. de Guibert, 1996.

GIRAULT de COURSAC, Paul et Pierrette, *Histoire, historiens et mémorialistes du règne de Louis XVI et de la Révolution*, Paris, F.X. de Guibert, 1997.

GIRAULT de COURSAC, Paul et Pierrette, *Provence et Artois, les deux frères de Louis XVI*, Paris, F.X. de Guibert, 1999.

GLACHANT, Roger, *Suffren et le temps de Vergennes*, Paris, France-Empire, 1976.

GLEIZES, Henri, *Thierry de Ville d'Avray, 1732-1792*, Paris, Tallandier, 1988.

GODECHOT, Jacques, *La Contre-Révolution : doctrine et action (1789-1804)*, Paris, PUF, 1961.

GODECHOT, Jacques, *La Prise de la Bastille, 14 juillet 1789*, Paris, Gallimard, 1965.

GODECHOT, Jacques, *Le Comte d'Antraigues. Un espion dans l'Europe des émigrés*, Paris, Fayard, 1986.

GOODWIN, A., « Calonne. The Assembly of French Notables of 1787 and the Origins of the *Révolte nobiliaire* », *The English historical Review*, 1946, T. 61.

GOTTSCHALK, Louis, MADDOX, Margaret, *Lafayette in the French Revolution*, T. I, *Through the October days*, Chicago, Londres, Univ. of Chicago Press, 1969.

GOUBERT, Pierre, DENIS, Michel, *1789, les Français ont la parole. Cahiers des états généraux*, Paris, Gallimard, 1964.

GOUBERT, Pierre, ROCHE, Daniel, *Les Français et l'Ancien Régime*, 2 vol., T. I, *La société et l'Etat*, T. II, *Culture et société*, Paris, Armand Colin, 1984.

GOUJARD, Philippe, « Féodalité et Lumières au XVIIIᵉ siècle, l'exemple de la noblesse », *Annales historiques de la Révolution française*, 1977, pp. 103-118.

GRANEL, Armand, *Bibliographie de la Révolution. Louis XVI et la famille royale...*, s. l., 1905.

GRANEL, Armand, *Louis XVI, martyr de la foi, mémoire pour servir à l'introduction de sa cause*, Toulouse, E. Privat, 1908.

GRANEL, Armand, *Le Vrai Louis XVI, royauté douloureuse, royauté glorieuse*, Toulouse, Douladoure-Privat, 1913.

GRANGE, Henri, *Les Idées de Necker*, Paris, Klincksieck, 1974.

GRÉGOIRE, Henri, *Essai sur la régénération physique, morale et politique des Juifs*, Paris, Edhis, 1968.

GRÉGOIRE, H., *L'Abbé Grégoire, évêque des Lumières*, Paris, France Empire, 1988.

GRELL, Chantal, *Le Dix-huitième siècle et l'Antiquité en France, 1680-1789*, Oxford, Voltaire Foundation, 1995.

GRIEDER, Josephine, *Anglomania in France, 1740-1789*, Genève, Droz, 1985.

GRIFFITHS, Robert, *Le Centre perdu : Malouet et les « monarchiens » dans la Révolution française*, Grenoble, PUG, 1988.

GROSCLAUDE, Pierre, *Chrétien Guillaume de Malesherbes, témoin et interprète de son temps*, Paris, Fischbacher, 1961.

GROSCLAUDE, Pierre, *Malesherbes interprète de son temps : nouveaux documents inédits*, Paris, Fischbacher, 1968.

GROSJEAN, Georges, *La Politique rhénane de Vergennes*, Paris, 1925.

GRUBER, Alain-Charles, *Les Grandes Fêtes et leurs décors à l'époque de Louis XVI*, Genève, Droz, 1972.

GRUDER, Vivian R., *The Royal provincial Intendants : a Governing Elite in Eighteenth Century France*, Ithaca N.Y., Cornell Univ. Press, 1968.

GRUDER, Vivian R., « Les notables à la fin de l'Ancien Régime : l'*Avertissement* de 1787 », *XVIIIᵉ siècle*, 1982, pp. 45-55.

GUENIFFEY, Patrice, *Le Nombre et la raison*, Paris, EHESS, 1993.

GUENIFFEY, Patrice, *La Politique de la Terreur. Essai sur la violence révolutionnaire, 1789-1794*, Paris, Fayard, 2000.

GUÉRY, Alain, « Les finances de la monarchie française sous l'Ancien Régime », *Annales ESC*, janv.-fév. 1978, 33, pp. 216-239.

GUIGNET, Philippe, GREVET, René, *La France et les Français au XVIIIᵉ siècle (1715-1788). Economie et culture*, Paris, Ophrys, 1993.

GUIMBAUD, Louis, *Un grand bourgeois au XVIIIᵉ siècle, Auget de Montyon, 1733-1830*, Paris, E. Paul, 1909.

GUIOMAR, Jean-Yves, *La Nation, entre l'histoire et la raison*, Paris, La Découverte, 1990.

GUSDORF, Georges, *Les Révolutions de France et d'Amérique. La violence et la sagesse*, Paris, Perrin, 1988.

HABBAKUK, H.J., « Population, Commerce and Economic Ideas », in *The New Cambridge Modern History*, vol. VIII : *The American and French Revolutions, 1763-93*, Cambridge, Cambridge Univ. Press, 1968, pp. 40-45.

HABERMAS, Jürgen, *L'Espace public. Archéologie de la publicité comme dimension constitutive de la société bourgeoise*, trad. française, Paris, Payot, 1978.

HALÉVI, Ran, « Les représentations de la démocratie maçonnique au XVIIIᵉ siècle », *Revue d'Histoire moderne et contemporaine*, 1984, pp. 571-596.

HALÉVI, Ran, « Les Loges maçonniques dans la France d'Ancien Régime. Aux origines de la sociabilité démocratique », *Cahier des Annales*, Paris, Armand Colin, 1984.

HALÉVI, Ran, « La Révolution constituante : les ambiguïtés politiques », in Colin Lucas, *The Political Culture of the French Revolution*, Oxford, Pergamon Press, 1988, pp. 69-85.

HALÉVI, Ran, « La république monarchique », in François Furet et Mona Ozouf, *Le Siècle de l'avènement républicain*, Paris, Gallimard, 1993.

HALÉVI, Ran, « La modération à l'épreuve de l'absolutisme. De l'Ancien Régime à la Révolution », *Le Débat*, mars-avril 2000, pp. 73-98.

HALÉVI, Ran (sous la direction de), *Le Savoir du Prince du Moyen Age aux Lumières*, Paris, Fayard, 2002.

HAMON, Joseph, *Le Chevalier de Bonvouloir*, Paris, Jouve et Compagnie, 1953.

HAMPSON, Norman, « La Contre-Révolution a-t-elle existé ? », Colloque *Les Résistances à la Révolution*, Paris, Imago, 1987.

HANNIN, Valérie, « La fondation de l'hospice de la Charité : une expérience médicale au temps du rationalisme expérimental », *Revue d'histoire moderne et contemporaine*, janvier-mars 1984, pp. 116-130.

HANNIN, Valérie, « Une ambition de femme au siècle des Lumières : le cas de Mme Necker », in *Jacques et Suzanne Necker réinterprétés*, Actes de la 8ᵉ journée de Coppet (8 septembre 1984), *Cahiers staëliens*, n° 36, 1985.

HARDMAN, John, *Louis XVI*, New Haven et Londres, Yale University Press, 1993.

HARDMAN, John, *French Politics, 1774-1789, from the Accession of Louis XVI to the Fall of the Bastille*, Londres et New York, Longman, 1995.

HARDMAN, John, PRICE, Munro, *Louis XVI and the Comte de Vergennes : Correspondence, 1774-1787*, Oxford, Voltaire Foundation, 1998.

HARDMAN, John, *Louis XVI, The Silent King*, Arnold, Oxford University Press, 2000.

HAROUEL, Jean-Louis, *L'Embellissement des villes. L'urbanisme français au XVIIIᵉ siècle*, Paris, Picard, 1993.

HARRIS, Robert D., « Necker's *Compte rendu* of 1781 : a Reconsideration », *Journal of Modern History*, 1970, pp. 161-183.

HARRIS, Robert D., « French Finances and the American War, 1777-1783 », *Journal of Modern History*, 1976, pp. 233-258.

HARRIS, Robert D., *Necker, Reform Statesman of the "Ancien Régime"*, Berkeley, Univ. of California Press, 1979.

HARRIS, Robert D., *Necker and the Revolution of 1789*, Londres, Univ. Press of America, 1986.

HASTIER, Louis, *Vieilles histoires, étranges énigmes*, 1ʳᵉ série, Paris, Fayard, 1955.

HASTIER, Louis, *Vieilles histoires, étranges énigmes*, 3ᵉ série, Paris, Fayard, 1960.

HASTIER, Louis, *La Vérité sur l'affaire du Collier*, Paris, Fayard, 1955.

HATCH, Charles E., *Yorktown and the Siege of 1781*, Washington, US Government printing office, 1957.

HAUSSONVILLE, vicomte d', *Le Salon de Madame Necker*, Paris, Calmann-Lévy, 1882.

HAYNIN, Eric de, *Louis de Rohan. Le cardinal « collier »*, Paris, Perrin, 1997.

HAZARD, Paul, *La Pensée européenne au XVIIIᵉ siècle de Montesquieu à Lessing*, Paris, Hachette, 1965.

HEIDENSTAM, O.-G. de, *Marie-Antoinette, Fersen et Barnave, leur correspondance*, Paris, Calmann-Lévy, 1913.

HENNET, Albert-Joseph, *Théorie du crédit public*, Paris, Testut et Delaunay, 1816.

HÉRON de VILLEFOSSE, René, *L'Anti-Versailles ou le Palais-Royal de Philippe-Egalité*, Paris, J. Dullis, 1974.

HILLAIRET, Jacques, *Gibets, piloris et cachots du vieux Paris*, Paris, éd. de Minuit, 1956.

HINCKER, François, *Les Français devant l'impôt sous l'Ancien Régime*, Paris, Flammarion, 1971.

HIRSCH, Jean-Pierre, *La Nuit du 4 août*, Paris, Gallimard-Julliard, 1978.

HOCQUART de TURTOT, E., *La Conquête des Communes, mai-juillet 1789*, Paris, Perrin, 1910.

HOURS, Bernard, *Madame Louise, princesse au Carmel*, Paris, Cerf, 1987.

HOURS, Bernard, « Entre tradition et Lumières : l'infortune historiographique d'un prince chrétien, le dauphin, fils de Louis XV », *Homo religiosus. Autour de Jean Delumeau*, Paris, Fayard, 1997, pp. 476-482.

HOURS, Bernard, « Carrière et ambitions d'un *grand bigot* à la cour de Louis XV : le duc de La Vauguyon », *Société de cour et courtisans dans l'Europe de l'époque moderne (XVᵉ-XVIIIᵉ siècle)*, sous la direction de Klaus Malettke et Chantal Grell, Lit Verlag, Münster, Hambourg, Berlin, Londres, 2001, pp.141-151.

HOURS, Bernard, *Louis XV et sa Cour*, Paris, PUF, 2002.

HUERTAS, Monique de, *Louise de Polastron, le grand amour du comte d'Artois*, Paris, Perrin, 1983.

HUERTAS, Monique de, *La Mère de Louis XVI, Marie-Josèphe de Saxe*, Paris, Pygmalion, 1995.

HUISMAN, Philippe, JALLUT, Marguerite, *Marie-Antoinette : l'impossible bonheur*, Lausanne, Edita, 1970.

HYSLOP, Beatrice, « La fortune de Philippe Egalité », *Bulletin de la Société d'Histoire moderne*, nov.-déc. 1952.

HYSLOP, Beatrice, *French Nationalism in 1789 according to the General Cahiers*, New York, Octagon, 1968.

IKNI, Guy-Robert, « La guerre des Farines, mise au point et nouvelles recherches », *Bulletin de la commission d'histoire économique et sociale de la Révolution française*, 1981, pp. 57-84.

ISORNI, Jacques, *L'Appel de Louis XVI à la Nation*, Paris, Flammarion, 1949.

ISORNI, Jacques, *Le Vrai Procès du roi*, Atelier Marcel Jullian, Paris, 1980.

JACQUIOT, Josèphe, « L'iconographie du roi Louis XVI du château de Versailles à l'échafaud d'après les peintures, sculptures, gravures et médailles », *Bulletin de la Société archéologique de Touraine*, 1989, pp. 253-272.

JARRY, abbé Théophile, *Lettre à Mgr l'évêque de Troyes au sujet de l'oraison funèbre de Louis XVI*, Paris, P. Gueffier, 1817.

JAUME, Lucien, *Le Discours jacobin et la démocratie*, Paris, Fayard, 1989.

JAURÈS, Jean, *Histoire socialiste de la Révolution française*, éd. Mathiez, T. VI, *La Gironde,* Paris, Librairie de l'*Humanité*, 1923.

JESSENNE, Jean-Pierre, *Révolution et Empire, 1783-1815*, Paris, Hachette, 1993.

JOBEZ, Alphonse, *La France sous Louis XVI*, 3 vol., Paris, Didier, 1887-1893.

JOLLY, Pierre, *Calonne, 1734-1802*, Paris, Plon, 1949.

JOLLY, Pierre, *Necker*, Paris, PUF, 1951.

JOLLY, Pierre, *Du Pont de Nemours*, Paris, PUF, 1956.

JONES, Colin, *The Great Nation, France from Louis XV to Napoléon*, Londres, Penguin Books, 2002.

JOURDAN, Annie, *La Révolution, une exception française ?*, Paris, Flammarion, 2004.

Les Juifs et la Révolution française, colloque sous la direction de B. Blumenkranz et A. Soboul, Toulouse, Privat, 1976.

JULLIAN, Marcel, *Louis et Maximilien, deux visages de la France*, Paris, Perrin, 1998.

KANTOROWICZ, Ernst, *Les Deux Corps du roi*, Paris, Gallimard, 1989.

KAPLAN, Steven Laurence, *Le Complot de famine : histoire d'une rumeur au XVIIIᵉ siècle*, Armand Colin, Cahier des Annales, 1982.

KAPLAN, Steven Laurence, *La Fin des corporations*, Paris, Fayard, 2001.

KARAMZINE, *Voyage en France 1789-1790*, prés. par A. Legrelle, Paris, Hachette, 1885.

KARMIN, Otto, *Sir Francis d'Ivernois (1757-1842), sa vie, son œuvre et son temps*, Genève, Bader et Mongenet, 1920.

KASPI, André, *Les Américains. Naissance et Essor des Etats-Unis, 1607-1947*, Paris, Seuil, 1986.

KENNEDY, Paul, *Naissance et déclin des grandes puissances : transformations économiques et conflits militaires entre 1500 et 2000*, Paris, Payot, 1989.

KERMINA, Françoise, *Hans-Axel de Fersen*, Paris, Perrin, 1985.

KESSEL, Patrick, *La Nuit du 4 août 1789*, Paris, Arthaud, 1969.

KIENER, Michel C., PEYRONNET, Jean-Claude, *Quand Turgot régnait en Limousin*, Paris, Fayard, 1979.

KOVALEVSKY, Maxime, *La France économique et sociale à la veille de la Révolution*, Paris, Girard-Brière, 1909.

KUNSTLER, Charles, *La Vie privée de Marie-Antoinette*, Paris, Hachette, 1938.

KUNSTLER, Charles, *La Vie quotidienne sous Louis XVI*, Paris, Hachette, 1950.

KUNSTLER, Charles, *Fersen et Marie-Antoinette*, Paris, Hachette, 1961.

LABOURDETTE, Jean-François, « Parents, amis et clients d'un ministre de Louis XVI : le cas de Vergennes », *Fidélités, Solidarités et Clientèles*, Centre de Recherche sur l'Histoire du Monde atlantique, Nantes, 1983-1985, pp. 191-221.

LABOURDETTE, Jean-François, *Vergennes, ministre principal de Louis XVI*, Paris, Desjonquères, 1990.

LABROUSSE, Ernest, *Esquisse du mouvement des prix et des revenus en France à la fin de l'Ancien Régime et au début de la Révolution*, Paris, Dalloz, 1933.

LABROUSSE, Ernest, *La Crise de l'économie française à la fin de l'Ancien Régime et au début de la Révolution*, Paris, PUF, 1944.

LACOUR-GAYET, Georges, *La Marine militaire de la France sous le règne de Louis XVI*, Paris, H. Champion, 1905.

LACOUR-GAYET, Robert, *Calonne, financier, réformateur, contre-révolutionnaire, 1734-1802*, Paris, Hachette, 1963.

LACRETELLE, Charles de, *Histoire de France pendant le XVIIIᵉ siècle*, Paris, F. Buisson, 1812.

LADOUÉ, Pierre, *Les Panégyristes de Louis XVI et de Marie-Antoinette, 1793-1912. Essai de bibliographie raisonnée*, Paris, A. Picard, 1912.

LA FAYE, Jacques de, *Amitiés de reine*, Paris, Emile-Paul, 1910.

LAFUE, Pierre, *Louis XVI, l'échec de la Révolution royale*, Paris, Hachette, 1942.

LA FUYE, Maurice de, *Louis XVI*, Paris, Denoël, 1943.

LA JONQUIÈRE, Christian de, *Les Marins français sous Louis XVI : guerre d'Indépendance américaine*, Issy-les-Moulineaux, Muller, 1987.

LAMBLIN, Georges, « Louis XVI angliciste », *Etudes anglaises*, 1967, T. XX, pp. 123-135.

LA MORINERIE, M. de, « Papiers du Temple », *Nouvelle Revue*, 1ᵉʳ avril 1884.

LA ROCHEFOUCAULD, Jean-Dominique de, WOLIKOW, Claudine, IKNI, Guy, *Le Duc de La Rochefoucauld-Liancourt, 1747-1827. De Louis XV à Charles X, un grand seigneur patriote et le mouvement populaire*, Paris, Perrin, 1980.

LATREILLE, A., *L'Armée et la Nation à la fin de l'Ancien Régime*, Paris, M. Imhaus et R. Chapelot, 1914.

LAUGIER, Lucien, *Un ministère réformateur sous Louis XV. Le triumvirat (1770-1774)*, Paris, La Pensée universelle, 1975.

LAUGIER, Lucien, *Turgot ou le mythe des réformes*, Paris, Albatros, 1979.

LAVAQUERAY, E., *Necker, fourier de la Révolution*, Paris, 1933.

LA VARENDE, Jean de, *Suffren et ses ennemis*, Paris, éd. de Paris, 1948.

LAVERGNE, Léonce de, *Les Assemblées provinciales sous Louis XVI*, Paris, Michel-Lévy frères, 1864.

LE BON, Gustave, *La Révolution française et la psychologie des révolutions*, Paris, Les Amis de Gustave Le Bon, 1983.

LEBIGRE, Arlette, *La Justice du roi. La vie judiciaire dans l'ancienne France*, Paris, Complexe, 1995.

LEBRUN, François, « Les crises démographiques en France aux XVIIᵉ et XVIIIᵉ siècles », *Annales ESC*, mars-avril 1980.

LEBRUN, François (sous la direction de), *Histoire des catholiques en France*, Toulouse, Privat, 1980.

LECHERBONNIER, Bernard, *Bourreaux de père en fils : les Sanson, 1688-1847*, Paris, Albin Michel, 1989.

LECLERCQ, Dom H., *Les Journées d'octobre et la fin de l'année 1789*, Paris, Letouzet et Ané, 1924.

LECLERCQ, Dom H., *La Fédération (janvier-juillet 1790)*, 2 vol., Paris, Letouzet et Ané, 1929.

LECLERCQ, Dom H., *L'Eglise constitutionnelle (juillet 1790-avril 1791)*, Paris, Letouzey, 1934.

LECLERCQ, Dom H., *La Fuite du roi (avril-juillet 1791)*, Paris, Letouzet et Ané, 1936.

LECLERCQ, Dom H., *L'Œuvre de la Constituante (juillet-décembre 1791)*, Paris, Letouzet et Ané, 1938.

LECLERCQ, Dom H., *Feuillants et Girondins (août 1791-avril 1792)*, Paris, Letouzet et Ané, 1940.

LECOQ, Marcel, *La Conspiration du marquis de Favras, 1789-1790*, Paris, Folliquet et Riguot, 1955.

LEFEBVRE, Georges, *La Grande Peur de 1789*, Paris, Armand Colin, 1932, rééd. 1988.

LEFEBVRE, Georges, *Quatre-vingt-neuf*, Paris, Messidor-Editions sociales, 1939, rééd. 1989.

LEFEBVRE, Georges, *La Révolution aristocratique*, Paris, Les Cours de Sorbonne, CDU, 1942.

LEFEBVRE, Georges, *La Révolution française : la fuite du roi*, Paris, CDU, 1947.

LEFEBVRE, Georges, *La Révolution française*, Paris, PUF, 1951.

LEGAY, Marie-Laure, *Les Etats provinciaux dans la construction de l'Etat moderne*, Genève, Droz, 2001.

LEMAIRE, André, *Les Lois fondamentales de la monarchie française d'après les théoriciens de l'Ancien Régime*, Paris, Fontemoing, 1907.

LEMAY, Edna Hindie, *La Vie quotidienne des députés aux états généraux : 1789*, Paris, Hachette, 1987.

LE NABOUR, Eric, *Louis XVI ou le pouvoir et la fatalité*, Paris, J.-C. Lattès, 1988.

LENOTRE, G., *Marie-Antoinette. La captivité et la mort*, Paris, Perrin, 1902.

LENOTRE, G., *Vieilles maisons, vieux papiers*, 4ᵉ série, Paris, 1910.

LENOTRE, G., *Le Drame de Varennes*, Paris, Perrin, 1905.

LENOTRE, G., *Versailles au temps des rois*, Paris, Grasset, éd. de 1995.

LENOTRE, G., *Un agent des princes pendant la Révolution, le marquis de La Rouërie et la conjuration bretonne, 1790-1793*, Paris, Perrin, 1908.

LENOTRE, G., *La Guillotine et les exécuteurs des arrêts criminels pendant la Révolution*, Paris, Perrin, 1893.

LÉONARD, Emile-G., *L'Armée et ses problèmes au XVIIIᵉ siècle*, Paris, Plon, 1958.

L'ÉPINOIS, Henri de, *Vie du dauphin, père des rois Louis XVI, Louis XVIII et Charles X, d'après l'abbé Proyart et le P. Griffet, enrichie de pièces inédites*, Paris, J. Vermot, s. d.

LERNET-HOLONIA, Alexander, *La Comtesse de La Motte et l'Affaire du collier de la reine*, Elsevier-Séquoia, Paris-Bruxelles, 1974.

LE ROY LADURIE, Emmanuel, *Les Paysans du Languedoc*, Paris, SEPVEN, 1966.

LE ROY LADURIE, Emmanuel, « Révoltes et contestations rurales en France de 1675 à 1788 », *Annales ESC*, 1974, pp. 6-22.

LE ROY LADURIE, Emmanuel, *Histoire du climat*, 2 vol., Paris, Flammarion, 1983.

LE ROY LADURIE, Emmanuel, *Le Territoire de l'historien*, Paris, Gallimard, 1973.

LE ROY LADURIE, Emmanuel (sous la direction de), *L'Age classique des paysans de 1340 à 1789*, Paris, 1975.

LE ROY LADURIE, Emmanuel, « Au palmarès des pataquès », *Histoire, Economie et Société*, 1985, T. III, 4ᵉ année, pp. 433-438.

LE ROY LADURIE, Emmanuel (sous la direction de), *Les Monarchies*, Paris, PUF, 1986.

LE ROY LADURIE, Emmanuel, *Histoire de France Hachette, L'Ancien régime, 1610-1770*, Paris, Hachette, 1991.

LE ROY LADURIE, Emmanuel, *Histoire des paysans français, de la peste noire à la Révolution*, Paris, Seuil, 2002.

LEVER, Evelyne, *Louis XVI*, Paris, Fayard, 1985.

LEVER, Evelyne, *Louis XVIII*, Paris, Fayard, 1988.

LEVER, Evelyne, *Marie-Antoinette*, Paris, Fayard, 1991.

LEVER, Evelyne, *Philippe Egalité*, Paris, Fayard, 1996.

LEVER, Evelyne, *L'Affaire du collier*, Paris, Fayard, 2004.

LEVER, Maurice, *Pierre-Augustin Caron de Beaumarchais*, 3 vol., Paris, Fayard, 1999-2004.

LEWIS, Charles, *Admiral de Grasse and American independence*, US Navy Institute, Annapolis, 1945.

LIGOU, Daniel, *La Première Année de la Révolution vue par un témoin, 1788-1790*, Paris, PUF, 1962.

LIVET, Georges, « Le toucher royal au siècle des Lumières », dans *Le Sacre des rois*, Paris, Les Belles Lettres, 1975.

LJUBLINSKI, Vladimir Sergeevitch, *La Guerre des Farines. Contribution à l'histoire de la lutte des classes en France à la veille de la Révolution*, Grenoble, PUG, 1979.

LOGETTE, Aline, *Le Comité contentieux des finances près le Conseil du roi (1777-1791)*, Nancy, Société d'impressions typographiques, 1964.

LOMBARD, Paul, *Le Procès du roi*, Paris, Grasset, 1993.

LOMBARÈS, Michel de, *Enquête sur l'échec de Varennes*, Paris, Perrin, 1988.

Louis XVI, du serment du sacre à l'édit de tolérance de 1787. Catalogue de l'exposition organisée par la bibliothèque de la ville de Paris et l'Association Louis XVI, Paris, Mairie de Paris, 1988.

LÜTHY, Herbert, « Necker et la Compagnie des Indes », *Annales ESC*, 1960, pp. 851-881.

LÜTHY, Herbert, *La Banque protestante en France de la Révocation de l'édit de Nantes à la Révolution*, T. II, *De la banque aux finances*, 1730-1794, Paris, SEVPEN, 1961.

MADELIN, Louis, *Le Crépuscule de la monarchie. Louis XVI et Marie-Antoinette*, Paris, Plon, 1936.

MAIRE, Catherine, *De la cause de Dieu à la cause de la Nation. Le jansénisme au XVIIIe siècle*, Paris, Gallimard, 1998.

MANCERON, Claude, *Les Hommes de la Liberté*, T. I : *Les Vingt Ans du roi, 1774-1778*, T. II : *Le Vent d'Amérique*, T. III : *Le Bon Plaisir*, T. IV : *La Révolution qui lève*, T. V : *Le Sang de la Bastille*, Paris, Robert Laffont, 1972-1987.

MANSEL, Philippe, *La Cour sous la Révolution, l'exil et la Restauration, 1789-1830*, Paris, Tallandier, 1989.

MARAUD, Mathieu, *La Noblesse de Paris au XVIIIe siècle*, Paris, Seuil, 2000.

MARGERISON, Kenneth, « Pamphlet Literature in France during the Period of the Aristocratic Revolt », *Journal of Modern History*, 29 (1957), pp. 349-354.

MARICOURT, baron de, *En marge de notre Histoire*, Paris, Emile-Paul, 1905.

Les Marines française et britannique face aux Etats-Unis, VIIes journées franco-britanniques d'histoire de la Marine, Vincennes, Service historique de la Marine, 1999.

MARION, Marcel, *Histoire financière de la France depuis 1715*, Paris, A. Rousseau, 1914-1931.

MARION, Marcel, *Le Garde des sceaux Lamoignon et la réforme judiciaire de 1788*, Paris, Hachette, 1919.

MARION, Marcel, *Dictionnaire des institutions de la France, XVIIe-XVIIIe siècles*, Paris, Picard, 1923, rééd. 1984.

MARKOFF, John, « Images du roi au début de la Révolution », dans Michel Vovelle (sous la direction de), *L'Image de la Révolution française*, Congrès mondial du Bicentenaire, 6-12 juillet 1989, 4 vol., Oxford, Pergamon Press, 1989.

MARTINEAU, Alfred, *Bussy et l'Inde française, 1720-1785*, Paris, Société de l'histoire des colonies françaises, 1935.

MASSEAU, Didier, *Les Ennemis des Philosophes. L'antiphilosophie au temps des Lumières*, Paris, Albin Michel, 2000.

MASSON, Frédéric, *Le Département des Affaires étrangères pendant la Révolution*, Paris, 1877.

MATHIAS, Peter, O'BRIEN, Patrick, « Taxation in Britain and France, 1715-1810. A Comparison of the Social and Economic Incidence of Taxes Collected for the Central Governments », *Journal of European Economic History*, T. 5 (1976), pp. 601-650.

MATHIEZ, Albert, « Etude critique sur les journées des 5 et 6 octobre », *Revue historique*, 1898, T. 67, pp. 204-281, T. 68, pp. 258-294, T. 69, pp. 41-66.

MATHIEZ, Albert, *La Révolution française*, Paris, Armand Colin, éd. de 1959.

MATTHEWS, George T., *The Royal General Farms in Eighteenth-Century France*, New York, Columbia Univ. Press, 1958.

MAUGRAS, Georges, *La Disgrâce du duc et de la duchesse de Choiseul*, Paris, Plon-Nourrit, 1903.

MAUGRAS, Georges, *Le Duc de Lauzun et la cour de Marie-Antoinette*, Paris, Plon, 1909.

MAUREPAS, Arnaud de, « Les méthodes documentaires d'un historien méconnu, l'abbé Soulavie », *Revue d'Histoire moderne et contemporaine*, oct.-déc. 1991, pp. 626-648.

MAUREPAS, Arnaud de, BOULANT, Antoine, *Les Ministres et les ministères du siècle des Lumières. 1715-1789*, Paris, Christian, 1996.

MAUZI, Robert, *L'Idée de bonheur dans la littérature et la pensée française au XVIIIᵉ siècle*, Paris, Slatkine, 1979.

MAZÉ, Jules, *Louis XVI et Marie-Antoinette. Les Journées révolutionnaires d'octobre 1789*, Paris, Hachette, 1939.

MAZÉ, Jules, *Louis XVI et Marie Antoinette. Les coulisses de Versailles*, Paris, Hachette, 1941.

MEISSNER, Hans Otto, *La Pérouse, gentilhomme des mers*, Paris, Perrin, 2004.

MELCHIOR-BONNET, Bernardine, *Le Procès de Louis XVI*, Paris, Perrin, 1992.

MENTION, Léon, *Le Comte de Saint-Germain et ses réformes*, Paris, A. Clavel, 1884.

MERRICK, Jeffrey, *The Desacralization of the French Monarchy in the Eighteenth Century*, Baton Rouge, Louisiana Univ. Press, 1990.

MÉTHIVIER, Hubert, *La Fin de l'Ancien Régime*, Paris, PUF, 1970.

MÉTHIVIER, Hubert, *L'Ancien Régime, XVIᵉ, XVIIᵉ, XVIIIᵉ siècles*, Paris, PUF, 1981.

MEYER, Jean, *Le Poids de l'Etat*, Paris, PUF, 1983.

MEYER, Jean, CORVISIER, André, POUSSOU, Jean-Pierre, *La Révolution française*, 2 vol., Paris, PUF, 1991.

MICHEL, Jacques, *La Vie aventureuse et mouvementée de Charles Henri, comte d'Estaing*, Paris, J. Michel, 1976.

MICHEL, Jacques, *Du Paris de Louis XV à la Marine de Louis XVI : l'œuvre de Monsieur de Sartine*, 2 vol., Paris, éd. de l'Erudit, 1984.

MICHELET, Jules, *Histoire de la Révolution française*, 2 vol., Paris, R. Laffont, 1979.

MICHON, Georges, *Essai sur l'histoire du parti feuillant : Adrien Duport. Correspondance inédite de Barnave*, Paris, Payot, 1924.

MONIN, Henri, *L'Etat de Paris en 1789*, Paris, Jouaust, 1889.

MONNIER, Raymonde, « Les tambours de Santerre. Le général, la légende et l'histoire », *Saint-Denis ou le jugement dernier des rois*, Actes du colloque (février 1989) sous la direction de Roger Bourderon, Saint-Denis, PSD Saint-Denis, 1993, pp. 195-203.

MONTBAS, Hugues de, *La Police parisienne sous Louis XVI*, Paris, Hachette, 1949.

Montesquieu et la Révolution, Dix-Huitième Siècle, n° 21, 1989.

MONTGAILLARD, abbé de, *Histoire de France depuis l'assemblée des Notables (1787) jusqu'à 1825*, Paris, Moutardier, 1839.

MONTJOIE, F.-L.C. de, *Eloge historique et funèbre de Louis XVIe du nom, roi de France et de Navarre*, Neuchâtel, 1796.

MORINEAU, Michel, *Les Faux-Semblants d'un démarrage économique : agriculture et démographie en France au XVIIIe siècle*, Paris, Armand Colin, 1971.

MORINEAU, Michel, « Budgets de l'Etat et gestion des finances royales en France au dix-huitième siècle », *Revue historique*, n° 535, oct.- déc. 1980, pp. 289-336.

MORNET, Daniel, *Les Origines intellectuelles de la Révolution française, 1715-1787*, Paris, Armand Colin, 1933.

MORTIMER-TERNAUX, L., *Histoire de la Terreur*, Paris, Lévy frères, 1862-1881, T. I.

MOSSER, F., *Les Intendants des Finances au XVIIIe siècle. Les Lefèvre d'Ormesson et le Département des Impositions de 1715 à 1777*, Genève, Droz, 1978.

MOSSIKER, Frances, *Le Collier de la reine*, Paris, Julliard, 1963.

MOUSNIER, Roland, LABROUSSE, Ernest, BOULOISEAU, Marc, *Le XVIIIe siècle, Révolution intellectuelle, technique et politique (1715-1815)*, Paris, PUF, 1953.

MOUSNIER, Roland, *Les Hiérarchies sociales de 1450 à nos jours*, Paris, PUF, 1969.

MOUSNIER, Roland, *Les Institutions de la France sous la monarchie absolue, 1598-1789*, Paris, PUF, T. I, *Société et Etat*, 1974, T. II, *Les Organes de l'Etat et la société*, 1980.

MUCHEMBLED, R., *L'Invention de l'homme moderne. Sensibilités, mœurs et comportements collectifs sous l'Ancien Régime*, Paris, Fayard, 1988.

MURPHY, Oville T., *Charles Gravier, comte de Vergennes. French Diplomacy in the Age of Revolution (1719-1787)*, Albany, State Univ. New York Press, 1982.

La Naissance de la souveraineté nationale, Archives nationales, 1989.

NAMUROY, Jean de, *Louis XVII… mort au Temple*, Jacques Dervyl, Cannes, 1950.

NASSIET, Michel, « Le problème des effectifs de la noblesse dans la France du XVIIIe siècle », dans *Traditions et innovations dans la société française du XVIIIe siècle*, Actes du colloque de 1993 de l'Association des historiens modernistes des Universités, Bulletin n° 18, pp. 97-121.

NICOLAS, Jean, *La Rébellion française, mouvements populaires et conscience sociale, 1661-1789*, Paris, Seuil, 2002.

NICOLET, Claude, *La Fabrique d'une Nation. La France entre Rome et les Germains*, Paris, Perrin, 2003.

NIÉTO, P., *Le Centenaire de la Révolution dauphinoise. Vizille, un mythe républicain*, Grenoble, PUG, 1988.

NOLHAC, Pierre de, *Le Trianon de Marie-Antoinette*, Paris, Manzi, Joyant et Cie, 1914.

NOLHAC, Pierre de, *Trianon*, Paris, Louis Conard, 1927.

NOLHAC, Pierre de, *Marie-Antoinette dauphine*, Paris, Louis Conard, 1929.

NOLHAC, Pierre de, *La Reine Marie-Antoinette*, Paris, Louis Conard, 1929.

OLIVIER-MARTIN, François, *L'Organisation corporative de la France d'Ancien Régime*, Paris, Sirey, 1938.

OLIVIER-MARTIN, *L'Absolutisme français*, suivi de *Les Parlements contre l'absolutisme traditionnel au XVIIIᵉ siècle*, Paris, LGDJ, 1997.

ORMESSON, François d', THOMAS, Jean-Pierre, *Jean-Joseph de Laborde, banquier de Louis XV, mécène des Lumières*, Paris, Perrin, 2002.

OURSEL, Paul, *La Diplomatie de la France sous Louis XVI. Succession de Bavière et paix de Teschen*, Paris, Plon, 1921.

OZOUF, Mona, *La Fête révolutionnaire, 1789-1799*, Paris, Gallimard, 1976.

OZOUF, Mona, « L'opinion publique » dans Keith M. Baker, *The French Revolution and the Creation of Modern Political Culture*, vol. 1, *The Political Culture of the Old Regime*, Oxford, Pergamon Press, 1987.

OZOUF, Mona, *L'Homme régénéré. Essai sur la Révolution française*, Paris, Gallimard, 1989.

PALMER, R.R., « The National Idea in France before the Revolution », *Journal of the History of Ideas*, 1 (1940), pp. 95-111.

PAPENHEIM, Martin, « Les oraisons funèbres de Louis XVI et Marie-Antoinette des années 1814-15-16 : la rhétorique expiatoire », *Saint-Denis ou le jugement dernier des rois*, Saint-Denis, PSD, 1993.

PATTERSON, A. T., *The Other Armada : The Franco-Spanish attempt to invade Britain in 1779*, Manchester, Manchester Univ. Press, 1960.

PETITFRÈRE, C., *1784, le scandale du Mariage de Figaro : prélude à la Révolution française*, Complexe, 1989.

PEYSTER, Henri de, *Les Troubles de Hollande à la veille de la Révolution française (1780-1795). Etude sur la République des Provinces-Unies à la fin du XVIIIᵉ siècle*, Paris, A. Picard et fils, 1905.

PHILONENKO, Alexis, *La Mort de Louis XVI*, Paris, Bartillat, 2000.

PIALOUX, Paul, *Le Marquis de Bouillé. Un soldat entre deux mondes*, Brioude, L'Almanach de Brioude, 1997.

PICCIOLA, André, *Le Comte de Maurepas. Versailles et l'Europe à la fin de l'Ancien Régime*, Paris, Perrin, 1999.

PIÉTRI, François, *La Réforme de l'Etat au XVIIIᵉ siècle*, Paris, Les Editions de France, 1935.

PILLORGET, Suzanne, *Apogée et déclin des sociétés d'ordres, 1610-1787*, Paris, 1969.

PIMODAN, Claude Emmanuel, comte de, *Le Comte F.-C. de Mercy-Argenteau, ambassadeur impérial à Paris sous Louis XV et sous Louis XVI*, Paris, Plon, 1911.

PINGAUD, Léonce, *Un agent secret sous la Révolution et l'empire, le comte d'Antraigues*, Paris, Plon, 1894.

PLONGERON, Bernard, *La Vie quotidienne du clergé au XVIIIe siècle*, Paris, 1974.

POGGI, Jean, *L'Affaire du Collier de la reine*, Paris, éd. de Vecchi, 2001.

POIRIER, Jean-Pierre, *Turgot. Laisser faire et progrès social*, Paris, Perrin, 1999.

POISSON, Georges, *Cette curieuse famille d'Orléans*, Paris, Perrin, 1976.

POISSON, Georges, *Choderlos de Laclos ou l'Obstination*, Paris, Grasset, 1985.

POULOT, Dominique, *Les Lumières*, Paris, PUF, 2000.

PRADT, abbé de, *Les Quatre Concordats*, Paris, F. Béchet, 1818.

PRÉCLIN, Edmond, *Les Jansénistes du XVIIIe siècle et la Constitution civile du clergé. Le développement du richérisme dans le bas-clergé, 1713-1791*, Paris, J. Gamber, 1929.

PRICE, Munro, « The Ministry of the Hundred Hours : a reappraisal », *French History*, T. IV, n° 3, 1990, pp. 317-339.

PRICE, Munro, *Preserving the monarchy, the comte de Vergennes, 1774-1787*, Cambridge, Cambridge Univ. Press, 1995.

PRICE, Munro, *The Fall of the French Monarchy. Louis XVI, Marie-Antoinette and the Baron de Breteuil*, Londres, Macmillan, 2002.

PROYART, abbé, *Vie du Dauphin, père de Louis XVI*, Lyon, Bruyset-Ponthus, 1788.

PROYART, abbé, *Louis XVI détrôné avant d'être roi ou tableau des causes nécessitantes de la Révolution française*, Hambourg, 1800.

PROYART, abbé, *Louis XVI et ses vertus aux prises avec la perversité de son siècle...*, 5 vol., Lyon, Rusan, 1808.

PRUDHOMME, Louis-Marie, *Histoire de la vie privée et politique du vertueux Louis XVI*, 5 vol., Paris, bureau du Lavater, 1814.

PUGH, W.J., « Calonne's *New Deal* », *Journal of Modern History*, T. IX, 1939.

QUÉTEL, Claude, *De par le roy. Essai sur les lettres de cachet*, Toulouse, Privat, 1981.

QUÉTEL, Claude, *La Bastille, histoire vraie d'une prison légendaire*, Paris, Robert Laffont, 1988.

RAMPELBERG, René-Marie, *Le Ministre de la Maison du roi (1783-1788) baron de Breteuil*, Paris, Economica, 1975.

REINHARD, Marcel, *Paris pendant la Révolution*, 2 vol., Les Cours de Sorbonne, CDU, Paris, 1964.

REINHARD, Marcel, *10 août 1792, la chute de la royauté*, Paris, Gallimard, 1969.

REISET, vicomte de, *Louise d'Esparbès, comtesse de Polastron*, Paris, E. Paul, 1907.

REISET, vicomte de, *Joséphine de Savoie, comtesse de Provence, 1753-1810*, Paris, E. Paul, 1913.

RENÉE, Amédée, *Louis XVI et sa cour*, Paris, Firmin-Didot, 1858.

RENOUVIN, Pierre, *L'Assemblée des Notables de 1787. La Conférence du 2 mars*, Paris, Société d'histoire de la Révolution, 1920.

RENOUVIN, Pierre, *Assemblées provinciales de 1787. Origines, développements, résultats*, Paris, Picard-Gabalda, 1921.

RETAT, Pierre, *La Révolution du journal, 1788-1794*, Lyon, pub. du CNRS, 1989.

RETAT, Pierre, *Le Dernier Règne. Chronique de la France de Louis XVI, 1773-1789*, Paris, Fayard, 1995.

REVAULT d'ALLONNES, Myriam, *D'une mort à l'autre. Précipices de la Révolution*, Paris, Seuil, 1989.

RIBBE, Claude, *Le Chevalier de Saint-George*, Paris, Perrin, 2004.

RICHARD, Guy, *Noblesse d'affaires au XVIIIe siècle*, Paris, Armand Colin, 1974.

RICHET, Denis, « Autour des origines lointaines de la Révolution française. Elite et despotisme », *Annales ESC*, 1969, n° 1, pp. 1-23.

RICHET, Denis, *La France moderne, l'esprit des institutions*, Paris, Flammarion, 1973.

RICKARD, Charles, *Quand la Révolution criait « Vive le Roi ! »*, Rennes, éd. Ouest-France, 1988.

RILEY, James C., « French Finance, 1727-1768 », *Journal of Modern History*, 1987, pp. 209-243.

ROCHE, Daniel, *Le Siècle des Lumières en province : académies et académiciens provinciaux, 1680-1789*, 2 vol., Paris, La Haye, EHESS et Mouton, 1978.

ROCHE, Daniel, *Le Peuple de Paris. Essai sur la culture populaire au XVIIIe siècle*, Paris, Aubier-Montaigne, 1981.

ROCHE, Daniel, *Les Républicains des lettres. Gens de culture et Lumières au XVIIIe siècle*, Paris, Fayard, 1988.

ROCHE, Daniel, *La Culture des apparences : Une histoire du vêtement, XVIIe-XVIIIe siècles*, Paris, Fayard, 1989.

ROCHE, Daniel, *La France des Lumières*, Paris, Fayard, 1993.

ROCQUAIN, Félix, *L'Esprit révolutionnaire avant la Révolution*, Paris, Plon, 1878.

ROSANVALLON, Pierre, *L'Etat en France de 1789 à nos jours*, Paris, Seuil, 1990.

ROSANVALLON, Pierre, *Le Peuple introuvable. Histoire de la représentation démocratique en France*, Paris, Gallimard, 1998.

ROSSO, Corrado, *Les Tambours de Santerre. Essai sur quelques éclipses des Lumières au XVIIIe siècle*, Paris, A. Nizet, 1986.

RUDÉ, George, « La taxation populaire de mai 1775 à Paris et dans la région parisienne », *Annales de l'histoire de la Révolution française*, avril-juin 1956, n° 143, pp. 139 et suiv.

RUDÉ, George, *La Foule dans la Révolution française*, Paris, F. Maspero, 1982.

SAGNAC, Philippe, *La Fin de l'Ancien Régime et la Révolution américaine (1763-1789)*, Paris, PUF, 1952.

SAINT-VICTOR, Jacques de, *La Chute des aristocrates, 1787-1792. La Naissance de la droite*, Paris, Perrin, 1992.

SAINT-VICTOR, Jacques de, *Madame du Barry, un nom de scandale*, Paris, Perrin, 2002.

SALLIER-CHAUMONT de LAROCHE, Guy-Marie, *Annales françaises. Depuis le commencement du règne de Louis XVI jusqu'aux états généraux, 1774 à 1789*, Paris, Leriche, 1813.

SALOMON, Robert, *La Politique orientale de Vergennes (1780-1784)*, Paris, 1935.

SAVORNIN, abbé, *Notice historique sur les faits et particularités qui se rattachent à la chapelle expiatoire de Louis XVI et de Marie-Antoinette, d'après des documents officiels pleins d'émouvantes révélations*, Paris, A. Vaton, 1865.

SCOTT, Samuel F., « Problems of Law and Order during 1790, the Peaceful Year of the French Revolution », 1975, *American Historical Review*, pp. 859-863.

SCOTT, Samuel F., *The Response of the Royal Army to the French Revolution : the role and developments of the Line Army, 1787-1793*, Oxford, Clarendon Press, 1978.

SECHER, Reynald, MURAT, Yves, *Le Dauphin Louis-Joseph, fils aîné de Louis XVI*, RSE, s.l., 1998.

SÉDILLOT, René, *Le Coût de la Révolution française*, Paris, Perrin, 1987.

SEGUIN, Auguste, *Les Actes du martyre de Louis XVI, roi de France et de Navarre*, Valence, Jamonet, 1837.

SÉGUR, comte de, *Le Maréchal de Ségur (1724-1801), ministre de la Guerre sous Louis XVI*, Paris, Plon-Nourrit, 1895.

SÉGUR, marquis de, *Au couchant de la monarchie :* T. I : *Louis XVI et Turgot, 1774-1776*, T. II, *Louis XVI et Necker, 1776-1781*, Paris, Calmann-Lévy, 1909-1914.

SÉLIGMAN, Edmond, *La Justice en France pendant la Révolution (1789-1792)*, 2 vol., Paris, Plon, 1901-1913.

SÉMICHON, Ernest, *Les Réformes sous Louis XVI*, Paris, Didier, 1876.

SEVIN, André, *Le Défenseur du roi, Raymond de Sèze*, Paris, G. Enault, 1936.

SHENNAN, Joseph Hugh, *Liberty and Order in Early Modern Europe. The Subject and the State, 1650-1800*, Londres, Longman, 1986.

SILVESTRE de SACY, J., *Le Comte d'Angiviller*, Paris, Plon, 1953.

SIPRIOT, Pierre, *Les Cent Vingt Jours de Louis XVI, dit Louis Capet*, Paris, Plon, 1992.

SOBOUL, Albert, *Les Sans-Culottes parisiens en l'an II : mouvement populaire et gouvernement révolutionnaire, 2 juin 1793-Thermidor an II*, Paris, Clavreuil, 1958.

SOBOUL, Albert, *Le Procès de Louis XVI*, Julliard, 1966, rééd. Gallimard, 1973.

SÖDERHJELM, Alma, *Fersen et Marie-Antoinette. Journal intime et correspondance du comte Axel de Fersen*, Paris, B. Grasset, 1930.

SÖDERHJELM, Alma, *Marie-Antoinette et Barnave, correspondance secrète (juillet 1791-janvier 1792)*, Paris, Armand Colin, 1934.

SOLÉ, Jacques, *La Révolution en questions*, Paris, Seuil, 1988.

SOLNON, Jean-François, *La Cour de France*, Paris, Fayard, 1987.

SOREL, Albert, *La Question d'Orient au XVIIIᵉ siècle*, 2 vol., Paris, Plon, 1878-1889.

SOREL, Albert, *L'Europe et la Révolution française, La chute de la royauté (1792-1793), La guerre aux rois*, Paris, Plon, 1903-1907.

SORG, Roger, « Fersen officier français et Marie-Antoinette », *Mercure de France*, 15 juillet 1933.

SOULAVIE, abbé Jean-Louis, *Mémoires historiques et politiques du règne de Louis XVI*, 6 vol., Paris, Treuttel et Würtz, 1801.

SOURIAU, M., *Louis XVI et la Révolution*, Paris, Librairies Imprimeries Réunies, 1893.

STAËL, Germaine de, *Considérations sur la Révolution française*, 1818, rééd. Paris, Tallandier, 1983.

STONE, Bailey, « Robe against Sword : the Parlement of Paris and the French Aristocracy, 1774-1789 », *French historical studies*, 1975, pp. 278-303.

STONE, Bailey, *The Parlement of Paris, 1774-1789*, Univ. North Carolina Press, Chapel Hill, 1981.

STONE, Bailey, *The French Parlements and the Crisis of the Old Regime*, Chapel Hill, Univ. North Carolina Press, 1986.

STONE, Bailey, *The Genesis of the French Revolution, a global-historical interpretation*, Cambridge, Cambridge Univ. Press, 1994.

STOURM, René, *Les Finances de l'Ancien Régime et de la Révolution. Origine du système financier actuel*, 2 vol., Paris, Guillaumin, 1885.

STRYIENSKI, Casimir, *La Mère des trois derniers Bourbons, Marie-Josèphe de Saxe et la cour de Louis XV*, Paris, Plon, 1902.

STRYIENSKI, Casimir, *Mesdames de France, filles de Louis XV*, Paris, E. Paul, 1910.

TACKETT, Timothy, *La Révolution, l'Église, la France*, Paris, Cerf, 1986.

TACKETT, Timothy, *Par la volonté du peuple. Comment les députés de 1789 sont devenus révolutionnaires*, Paris, Albin Michel, 1997.

TACKETT, Timothy, *Le roi s'enfuit. Varennes et l'origine de la Terreur*, Paris, La Découverte, 2004.

TAILLEMITE, Etienne, *Histoire ignorée de la Marine française*, Paris, Perrin, 1988, 2ᵉ éd. 2002.

TAILLEMITE, Etienne, *La Fayette*, Paris, Fayard, 1989.

TAILLEMITE, Etienne, *Louis XVI ou le navigateur immobile*, Paris, Payot, 2002.

TAINE, Hippolyte, *Les Origines de la France contemporaine, l'Ancien Régime*, Paris, Robert Laffont, éd. de 1990.

TALMON, Jacob-Laib, *Les Origines de la démocratie totalitaire*, Paris, Calmann-Lévy, 1966.

THOMAS, Chantal, *La Reine scélérate. Marie-Antoinette dans les pamphlets*, Paris, Seuil, 1989.

TILLY, Charles, *La France conteste de 1600 à nos jours*, Paris, Fayard, 1986.

TOCQUEVILLE, Alexis de, *L'Ancien régime et la Révolution*, 1856, rééd. Paris, Gallimard, 1967.

TOCQUEVILLE, Alexis de, *Coup d'œil sur le règne de Louis XVI*, Paris, Amyot, 1850.

TODIÈRE, Louis, *Louis XVI, Marie-Antoinette et le comte de Provence en face de la Révolution*, 2 vol., Paris, Lagny frères, 1863.

TORLAIS, Dr Jean, « Louis XVI a-t-il été opéré ? », *Aesculape*, janvier 1956.

TOWER, Charlemagne, *Le Marquis de La Fayette et la Révolution d'Amérique*, 2 vol., Paris, Plon, 1902-1903.

TRUDEL, Marcel, *Louis XVI, le congrès américain et le Canada*, Québec, éd. Quartier Latin, 1949.

TRUDEL, Marcel, *La Révolution américaine. Pourquoi la France refuse le Canada, 1775-1783*, Sillery, Québec, Boréal, 1976.

TULARD, Jean, FAYARD, Jean-François, FIERRO, Alfred, *Histoire et dictionnaire de la révolution française*, Paris, Robert Laffont, 1987.

TULARD, Jean, *Les Révolutions (1789-1851)*, Paris, Fayard, 1987.

TULARD, *La Contre-Révolution. Origines, Histoire, postérité*, Paris, Perrin, 1990.

TULARD, Jean, *La France de la Révolution et de l'Empire*, Paris, PUF, 1995.

TUETEY, Louis, *Les Officiers sous l'Ancien Régime. Nobles et roturiers*, Paris, Plon, 1908.

TURQUAN, Joseph, d'AURIAC, Jules, *Monsieur, comte de Provence*, Paris, Emile-Paul frères, 1928.

VAISSIÈRE, Pierre de, *Lettres d'« Aristocrates ». La Révolution racontée par des correspondances privées, 1789-1794*, Paris, Perrin, 1907.

VAISSIÈRE, Pierre de, *La Mort du roi (21 janvier 1793)*, Paris, Perrin, 1910.

VALLENTIN, Antonina, *Mirabeau*, 2 vol., Paris, Grasset, 1946-1947.

VAN KLEY, Dale K., *The French Idea of Freedom : The Old Regime and the Declaration of Rights of 1789*, Stanford, Standford Univ. Press, 1994.

VAN KLEY, Dale K., « The Jansenist Constitutional Legacy in the French Prerevolution », *The Political Culture of the Old Regime*, K. M. Baker ed., Oxford, Pergamon Press, 1987, pp. 169-201.

VAN KLEY, Dale K., *Les Origines religieuses de la Révolution française, 1560-1791*, Paris, Seuil, 2002.

VARAUT, Jean-Marc, *La Terreur judiciaire*, Paris, Perrin, 1993.

VARAUT, Jean-Marc, « La décapitation de la monarchie », *Le Bicentenaire du procès du roi*, actes du colloque présentés par Claude Goyard, Paris, F.X. de Guibert, 1993.

VERGÉ-FRANCESCHI, Michel, *La Marine française au XVIIIᵉ siècle. Guerre, administration, exploration*, Paris, Sedes, 1996.

VERLET, Pierre, *Le Château de Versailles*, Paris, Fayard, éd. de 1985.

VIGUERIE, Jean de, « Miracles à Corbeny. Etude sur les miracles de saint Marcoul, suivie de quelques remarques sur le toucher royal aux XVIIᵉ et XVIIIᵉ siècles », *Studi e fonti di storia lombarda. Quaderni milanesi. Ricerche sul miracolo*, n° 16, 1988, pp. 5-32.

VIGUERIE, Jean de, *Christianisme et Révolution : cinq leçons d'histoire de la Révolution française*, Paris, NEL, 1986.

VIGUERIE, Jean de, « Les idées politiques de Louis XVI », *Annuaire Bulletin de la Société de l'Histoire de France*, 1981-1983, pp. 71-82.

VIGUERIE, Jean de, *Histoire et Dictionnaire du temps des Lumières*, Robert Laffont, Bouquins, Paris, 1995.

VIGUERIE, Jean de, *Louis XVI, le roi bienveillant*, Monaco, Ed. du Rocher, 2003.

VILLERS, R., *L'Organisation du parlement de Paris et des conseils supérieurs d'après la réforme de Maupeou*, Paris, Jouve, 1937.

VILLIERS, Patrick, *La Marine de Louis XVI*, Grenoble, J.-P. Debbane, 1985.

VIOLLET, Paul, *Histoire des institutions politiques et administratives de la France. Le roi et ses ministres pendant les trois derniers siècles de la monarchie*, Paris, L. Larose et L. Tenin, 1912.

VOVELLE, Michel, *Piété baroque et déchristianisation en Provence au XVIIIᵉ siècle. Les attitudes devant la mort d'après les clauses des testaments*, Paris, Plon, 1973.

VOVELLE, Michel (sous la direction de), *L'Etat de la France pendant la Révolution, 1789-1799*, Paris, 1988.

VOVELLE, Michel, *La Chute de la monarchie, 1787-1792*, Paris, Seuil, 1972, 1999.

WALTER, Gérard, *Le Comte de Provence*, Paris, Albin Michel, 1950.

WALZER, Michael, *Régicide et Révolution. Le procès de Louis XVI. Discours et controverses*, Paris, Payot, 1989.

WARD, Harry W., *The War for Independence and the Transformation of American Society*, Londres, Univ. College London Press, 1999.

WARESQUIEL, Emmanuel de, *Talleyrand, le prince immobile*, Paris, Fayard, 2003.

WEBSTER, Nesta, *Marie-Antoinette intime*, Paris, La Table Ronde, 1981.

WEIR, David R., « Les crises économiques et les origines de la Révolution française », *Annales ESC*, 46 (1991), pp. 917-947.

WEULERSSE, G., *La Physiocratie à l'aube de la Révolution, 1781-1792*, Paris, EHESS, 1984.

WHITE, E.N., « Was there a solution to the ancien régime's financial dilemma ? », *Journal of Economic History*, T. 49, n° 3, sept. 1989, pp. 545-568.

WINOCK, Michel, *1789 : l'année sans pareille*, Paris, Orban, 1988.

WINOCK, Michel, *L'Echec au roi, 1791-1792*, Paris, Orban, 1991.

WITT, Pierre de, *Une invasion prussienne en Hollande en 1787*, Paris, Plon-Nourrit, 1886.

WOLF, Gerhard, *Scipion de Chambonas, ministre des Affaires étrangères sous la Législative, juin-juillet 1792 : une contribution à l'histoire du parti Feuillant*, Paris, La Bruyère, 2000.

WOODGATE, Mildred Violet, *Le Dernier Confident de Louis XVI, l'abbé Edgeworth de Firmont (1745-1807)*, Paris, rééd. Téqui, 1992.

ZACHARY, Dominique, *Marie-Antoinette. La fuite en Belgique*, Bruxelles, Racine, 2001.

ZYSBERG, André, *La Monarchie des Lumières, 1715-1786*, Paris, Seuil, 2002.

ZWEIG, Stefan, *Marie-Antoinette*, Paris, Grasset, 1937.

Généalogie

Maison de Bourbon

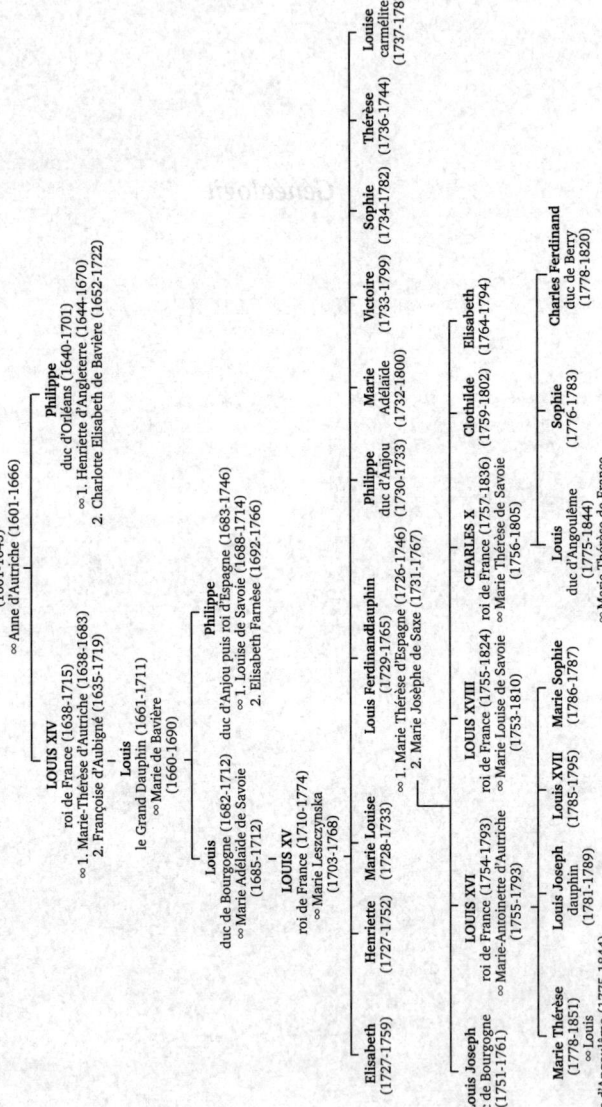

Maison de Bourbon-Orléans

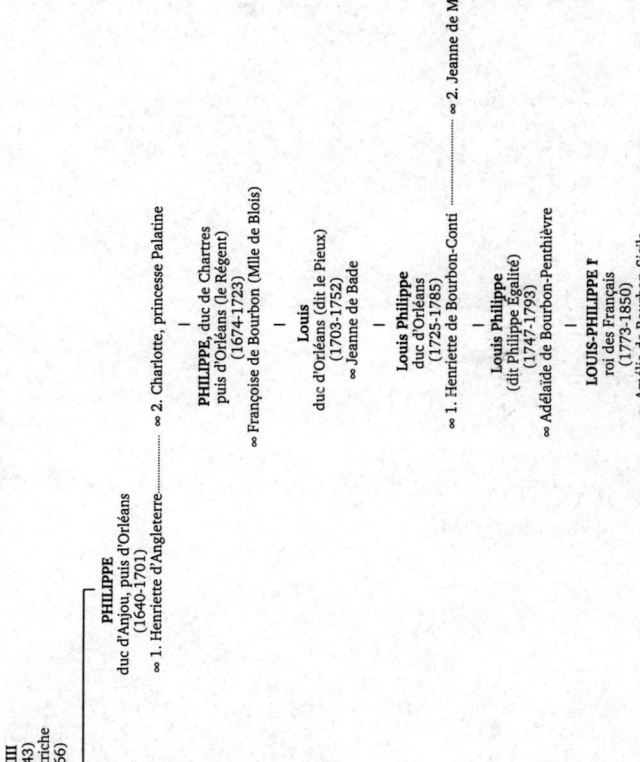

LOUIS XIII
(1601-1643)
∞ Anne d'Autriche
(1601-1666)

LOUIS XIV
(1638-1715)

PHILIPPE
duc d'Anjou, puis d'Orléans
(1640-1701)
∞ 1. Henriette d'Angleterre ········· ∞ 2. Charlotte, princesse Palatine

PHILIPPE, duc de Chartres
puis d'Orléans (le Régent)
(1674-1723)
∞ Françoise de Bourbon (Mlle de Blois)

Louis
duc d'Orléans (dit le Pieux)
(1703-1752)
∞ Jeanne de Bade

Louis Philippe
duc d'Orléans
(1725-1785)
∞ 1. Henriette de Bourbon-Conti ········· ∞ 2. Jeanne de Montesson

Louis Philippe
(dit Philippe Égalité)
(1747-1793)
∞ Adélaïde de Bourbon-Penthièvre

LOUIS-PHILIPPE Iᵉʳ
roi des Français
(1773-1850)
∞ Amélie de Bourbon-Sicile

Index

Table

Table

collection tempus
Perrin

Déjà paru

À PARAÎTRE

Composition Nord Compo
Villeneuve-d'Ascq

Impression réalisée par

La Flèche (Sarthe), le 13-10-2010
pour le compte des Éditions Perrin
76, rue Bonaparte
75006 Paris

N° d'édition : 2669 – N° d'impression : 59200
Dépôt légal : octobre 2010
Imprimé en France